Sprich uns von der Liebe...

Der Messias, Bd.1

Osho spricht

über Khalil Gibrans

»Der Prophet«

OSHO VERLAG

Die Vorgabe zu diesem Buch ist das gesprochene Wort Oshos. Seine »Talks«, über Khalil Gibrans »Der Prophet«, 1987 aus dem Stegreif vor einer großen Zuhörerschaft in der Osho Commune in Poona gehalten, wurden vom Tonband übersetzt. Die Redaktion der deutschen Übersetzung folgt der englischen Buchausgabe und gibt wie diese so genau wie möglich den spontanen Redefluß Oshos wieder.
»Sprich uns von der Liebe...« ist der erste Band der zweiteiligen Diskursserie »Der Messias«.

DANKSAGUNG
Wir danken dem Walter Verlag, Solothurn, für die freundliche Genehmigung zur Wiedergabe der Texte aus Khalil Gibrans Buch »Der Prophet«, Seite 7-37, in der deutschen Übersetzung von Karin Graf.

Titel der Originalausgabe
The Messiah, Vol. 1

1. Auflage 1995

Übersetzung: Ma Prem Raje
Umschlaggestaltung: Ma Deva Bunda
Druck: Wiener Verlag, Himberg, Österreich
Printed in Austria

scheidet, ist vor allem die Tatsache, daß der Mystiker seine Vision zu verwirklichen trachtet, während der Dichter ein Träumer und Traumtänzer bleibt. Seine wundervollen Worte über Gerechtigkeit, Freiheit, Liebe, Gut und Böse und viele hehre Ideale der Menschheit haben Khalil Gibran auf der ganzen Welt höchstes Lob und Anerkennung gebracht – doch sie haben die Welt nicht verändert.

Wenn aber ein Mensch auftritt, der diese Wahrheiten tatsächlich lebt und zu lebendiger Wirklichkeit werden läßt, wird er zur umstrittenen, unerwünschten Person, denn er ist ein unerbittlicher Spiegel für alles, was scheinheilig, lebensfeindlich und morsch ist an unserer Gesellschaft. Der Rebell stellt eine Bedrohung dar für die Orthodoxen, die etablierten Machthaber, die Priester und Politiker.

Osho ist ein »spiritueller Terrorist«, und die Umstände, unter denen dieses Buch entstand, liefern eine »Lektion«, ein Lehrstück in spiritueller Rebellion, eine atemberaubende, unter die Haut gehende Dokumentation seines vehementen Eintretens für Freiheit, Gerechtigkeit und Menschenwürde.

Besonders der vorliegende erste Band läßt erahnen, warum die christlich-fundamentalistische Regierung des US-Präsidenten Ronald Reagan diesen Mann und seine Kommune in Oregon für so bedrohlich und gefährlich hielt, daß sie ihn um jeden Preis und mit allen Mitteln loszuwerden trachtete. Die US-Behörden scheuten sich nicht, Osho ohne Haftbefehl auf brutale Weise festzunehmen und in Ketten zu legen, ihm die Kaution zu verweigern, die normalerweise bei den gegen ihn erhobenen Anklagepunkten (Verstoß gegen Einwanderungsvorschriften) gewährt wird, und ihn zwölf Tage lang quer durch die USA durch sechs verschiedene Gefängnisse zu schleusen, ohne seinen Aufenthalt bekanntzugeben. Als er endlich nach Oregon zurückgebracht wurde, willigte er auf Anraten seiner Anwälte, die um seine Gesundheit besorgt waren, in ein formales Schuldbekenntnis ein, wie es im amerikanischen Rechtssystem möglich ist, obwohl er unschuldig war und keine ausreichenden Beweise gegen ihn vorlagen. Nachdem er eine Strafe von 400.000 Dollar bezahlt hatte, wurde er auf freien Fuß gesetzt und mußte innerhalb von fünf Tagen das Land verlassen. Auf einer

Pressekonferenz am 24. Juli 1986 gab US-Staatsanwalt Charles Turner zu, daß die Beweise der Regierung gegen Osho nicht ausgereicht hätten, um ihn schuldig zu sprechen.

Als Oshos Ärzte in den folgenden Jahren aufgrund seines sich rasch verschlechternden Gesundheitszustandes und spezifischer Symptome Nachforschungen anstellten und umfangreiche Blutuntersuchungen von Experten vornehmen ließen, erhärtete sich der Verdacht, daß Osho im Gefängnis von Oklahoma mit Thallium vergiftet und radioaktivem Material ausgesetzt wurde.*

Nach seiner Abschiebung aus den Vereinigten Staaten hatten einundzwanzig Staaten Osho die Einreise, ja selbst einen kurzen Aufenthalt zum Auftanken, verweigert. Schließlich war er, nach einer monatelangen Odyssee um die ganze Welt, wieder in sein Ursprungsland Indien zurückgekommen.

Kurz nach seiner Rückkehr in den Ashram von Poona begann Osho im Januar 1987 über Khalil Gibrans Buch *Der Prophet* zu sprechen. Er knüpfte damit zunächst unmittelbar an die Zeit vor seiner Abreise nach Amerika an, denn im Mai 1981 waren eben diese Texte aus dem *Prophet* im *Satsang*, einer stillen Meditation mit Musik in Gegenwart des Meisters, vorgelesen worden. Doch jetzt redet Osho selbst jeden Morgen und jeden Abend vor einem freudig sich wieder um ihn versammelnden internationalen Publikum. Ab dem fünften Vortrag enthüllt uns Osho nach und nach, was sich währenddessen »hinter den Kulissen« abspielt: Welche Schwierigkeiten ihm die Behörden des Landes, dessen Staatsbürger er ist, in den Weg legen, um ihn daran zu hindern, seine Meditation und seine Vision vom neuen Menschen mit anderen zu teilen.

In fast jedem Vortrag wehrt sich Osho nun massiv gegen Willkür, Übergriffe, Rechtsverletzungen und Repressalien der indischen Polizei, die versucht, ihm und seinen Schülern die Grundrechte der Bewegungsfreiheit und freien Meinungsäußerung zu beschneiden und diskriminierende Regeln für die Aktivitäten innerhalb des Ashrams aufzustellen. Osho läßt aber auch die vermutlichen Draht-

*Dokumentiert in: Bhagwan: Twelve Days that Shook the World, Juliet Forman, Was Bhagwan Shree Rajneesh Poisoned by Ronald Reagan's America?, Sue Appleton, beide: The Rebel Publishing House, Köln

zieher bis hinauf in die höchsten politischen und religiösen Ränge nicht ungeschoren. Er entlarvt die Heuchelei einer Politik, die von Demokratie, Fortschritt, Frieden und Weisheit redet, aber taube Ohren hat gegenüber einer intelligenten, die Geburtenkontrolle befürwortenden Bevölkerungspolitik, der Beseitigung von religiöser Diskriminierung und Frontenbildung, taube Ohren gegenüber der Abrüstung und dem Verzicht auf Atomwaffen.

Bei manchem, was er sagt, stockt einem schier der Atem, doch so heftig seine Angriffe auf machtlüsterne Politiker, beschränkte Bürokraten und fanatische Religionsführer auch sein mögen – dahinter steht seine unendlich große Liebe zum Menschen, zum Leben, zum Wunder dieser Existenz.

Liebe kann auch bedeuten, zu brüllen wie ein Löwe, wenn die Menschlichkeit, Gerechtigkeit und Liebe mit Füßen getreten werden. Es erfordert Zivilcourage, nicht lieb zu sein wie ein Lämmchen, gehorsam und eingeschüchtert, sondern sich heftig mit Worten – und nötigenfalls auch mit Taten – zu wehren, ohne Angst vor der Obrigkeit für seine Rechte einzustehen und deren Übergriffe in ihre Schranken zu verweisen.

Die Liebe sei euer einziges Gesetz. Handelt nie gegen die Liebe. Folgt der Liebe, wo auch immer sie euch hinführt, dann werdet ihr immer unschuldig bleiben.

Osho ist kein Messias, kein Prophet, kein Retter der Menschheit, denn das hält er für beleidigend. Er ist ein Rebell der Liebe und der Wahrheit, kompromißlos verpflichtet der Bewußtwerdung und Befreiung des Menschen von seiner ganzen häßlichen Vergangenheit, von jeglicher Sklaverei physischer wie geistiger und seelischer Art, von jedem Zwang durch morsche, lebensfeindliche Strukturen der Gesellschaft, die zerstörerisch sind für die Menschenwürde, die Liebe, die Freude. Für ihn ist der höchste Wert die Freiheit:

Zerreißt alle Ketten, befreit euch von jedem Joch, und folgt eurem eigenen Wesen. Wo auch immer es euch hinführt, ist das Paradies.

Und der Weg dorthin ist nicht eine äußere Revolution, sondern innere Transformation.

Ma Prem Raje

Wir danken Swami Darshano und Ma Nekki,
daß sie die Veröffentlichung dieses Buches ermöglichten.

Am 27. Februar 1989 beschlossen die Schüler von Bhagwan Shree Rajneesh, ihn künftig OSHO zu nennen.
»Osho«, ein Wort aus dem Japanischen, wurde zuerst von Eka als Anrede für seinen Meister Bodhidharma verwendet.
»O« bedeutet »mit großer Hochachtung, Liebe und Dankbarkeit« sowie »Synchronizität« und »Harmonie«.
»SHO« bedeutet »multidimensionale Erweiterung des Bewußtseins« und »die Existenz regnet aus allen Richtungen herab«.

1

SPRICH UNS VON DER LIEBE...

Seiner Zeit eine Morgenröte...

Almustafa, der Erwählte und Geliebte,
der seiner Zeit eine Morgenröte war,
hatte zwölf Jahre in der Stadt Orphalese auf sein Schiff gewartet,
das wiederkommen und ihn zur Insel seiner Geburt
zurückbringen sollte.
Und im zwölften Jahr, am siebten Tag des Jelul,
des Monats der Ernte,
erstieg er den Hügel jenseits der Stadtmauern und schaute zur See;
und er sah sein Schiff mit dem Nebel nahen.
Da wurden die Tore seines Herzens aufgeschwungen,
und seine Freude flog weit über das Meer.
Und er schloß die Augen und betete in der Stille seiner Seele.
Aber als er den Hügel hinabstieg, überkam ihn eine Traurigkeit,
und er dachte in seinem Herzen:
Wie soll ich in Frieden und ohne Trauer gehen?
Nein, nicht ohne Wunde im Geist werde ich diese Stadt verlassen.
Lang waren die Tage der Qual, die ich in ihren Mauern verbrachte,
und lang waren die Nächte der Einsamkeit;
und wer kann seine Qual und seine Einsamkeit
ungerührt hinter sich lassen?
Zu viel von meinem Geist habe ich in diesen Straßen verströmt,
und zu zahlreich sind die Kinder meiner Sehnsucht,
die nackt in diesen Hügeln wandern,
und ich kann mich nur schwer und mit Schmerzen
von ihnen zurückziehen.
Es ist kein Gewand, das ich heute ablege, sondern eine Haut,
die ich mir mit eigenen Händen abreiße.
Auch ist es kein Gedanke, den ich hinter mir lasse,
sondern ein Herz, süß vor Hunger und Durst.

Khalil Gibran – allein schon der Name bringt eine solche Ekstase und Freude, daß man sich unmöglich einen anderen Namen denken kann, der mit ihm vergleichbar wäre. Beim bloßen Hören dieses Namens fangen Glocken im Herzen zu klingen an, die nicht von dieser Welt sind. Khalil Gibran ist reine Musik, ein Mysterium, wie es nur die Poesie in seltenen Augenblicken zu fassen vermag, aber nur ganz selten.

Du hast einen Menschen ausgewählt, der ein ganz besonders Geliebter dieser schönen Erde ist. Im Laufe der Jahrhunderte hat es immer wieder große Menschen gegeben, aber Khalil Gibran ist eine Kategorie für sich. Ich kann mir nicht vorstellen, daß es selbst in Zukunft noch jemanden geben könnte, der eine so tiefe Einsicht in das menschliche Herz besitzt – in das Unbekannte, das uns umgibt.

Er hat das Unmögliche vollbracht: Es ist ihm gelungen, zumindest einige Fragmente des Unbekannten in die menschliche Sprache zu übertragen. Er hob die menschliche Sprache und das menschliche Bewußtsein zu einer Höhe, wie kein anderer es je vermochte.

In Khalil Gibran scheinen sämtliche Mystiker, sämtliche Dichter, sämtliche schöpferischen Seelen sich die Hände zu reichen und sich zu verströmen.

Doch obwohl es ihm, mit großem Erfolg, gelang, die Menschen zu erreichen, war er sich dennoch bewußt, daß dies nicht die ganze Wahrheit ist, sondern nur ein Schimmer. Aber einen Schimmer der Wahrheit zu erheischen, ist der Anfang einer Pilgerreise, die euch zum Höchsten, zum Absoluten, zum Universalen hinführt.

Claude Bragdon, ebenfalls ein vortrefflicher Mann, hat einige schöne Worte über Khalil Gibran gesagt. Er sagte: »Seine Kraft entsprang einem großen Reservoir von spirituellem Leben, sonst hätte sie nicht so universell und so machtvoll sein können. Doch die Majestät und Schönheit der Sprache, in die er sie kleidete, waren ganz ihm zu eigen.« Ich habe diese Aussage von Bragdon immer geliebt, wenn ich ihr auch nicht zustimme.

Man muß einer schönen Blume nicht zustimmen, man muß dem sternenübersäten Himmel nicht zustimmen, und dennoch kann man sie zu schätzen wissen. Ich mache einen klaren Unterschied zwischen Zustimmung und Wertschätzung. Ein Mensch ist zivilisiert, wenn er diesen Unterschied machen kann. Wenn er diesen Unterschied nicht machen kann, lebt er noch auf einer primitiven, unzivilisierten Bewußtseinsstufe.

In gewissem Sinne pflichte ich ihm bei, denn Bragdon sagt etwas sehr Schönes; das weiß ich zu schätzen. Aber mit ihm übereinstimmen kann ich nicht, denn was er sagt, sind reine Vermutungen. Es ist nicht seine eigene Erfahrung.

Habt ihr bemerkt? Er sagt: »Seine Kraft entsprang einem großen Reservoir von spirituellem Leben, sonst hätte sie nicht so universell und so machtvoll sein können.« Das ist rational, es ist logisch, aber es wurzelt nicht in der Erfahrung. Er spürt, daß etwas, was der Verstand nicht fassen kann, durch Khalil Gibran hindurchkommt, aber er ist sich nicht sicher. Und er kann sich auch nicht sicher sein, weil es nicht seine Erfahrung ist. Er ist überaus beeindruckt von der schönen Sprache; jedes Wort ist reine Poesie. Doch er selbst kennt dieses große Reservoir von Spiritualität nicht. Er hat selbst keinen Geschmack davon bekommen. Er liebt Khalil Gibran, aber er lebt ihn nicht.

Für mich ist die Situation eine völlig andere. Darum möchte ich ein paar Dinge sagen, bevor ich anfange, die Aussprüche von Khalil Gibran zu kommentieren.

Erstens: Khalil Gibran ist zweifellos ein großer Dichter, vielleicht der größte Dichter, der je auf Erden geboren wurde, aber er ist kein Mystiker. Und es ist ein immenser Unterschied zwischen einem Dichter und einem Mystiker. Der Dichter gelangt hier und da unvermutet in den gleichen Zustand wie der Mystiker. In diesen seltenen Momenten regnen Rosen auf ihn herab. In diesen seltenen Augenblicken ist er fast ein Gautam Buddha – doch beachtet, ich sage »fast«.

Diese seltenen Augenblicke kommen und gehen. Er ist nicht Herr über diese seltenen Augenblicke. Sie kommen wie ein Windhauch, wie ein Duft, und kaum hat man sie bemerkt, sind sie schon wieder vorüber.

Das Genie des Dichters vermag diese Augenblicke in Worte zu

fassen. Solche Augenblicke kommen auch in eurem Leben. Es sind freigebige Geschenke der Existenz – oder, anders gesagt, Kostproben, die euch den Anstoß geben, euch auf die Suche zu machen, bis dieser Zustand euer ganzes Leben durchdringt: euer Blut, eure Knochen, euer Mark. Dann werdet ihr diesen Zustand atmen, euer Herz wird in ihm pulsieren, und ihr werdet ihn nie wieder verlieren können, selbst wenn ihr es wolltet.

Der Dichter wird für kurze Augenblicke zum Mystiker. Der Mystiker aber ist für immer ein Dichter. Daraus ergab sich schon immer ein sehr schwieriges Problem, das niemand zu lösen vermochte.

Ich habe eine bescheidene Lösung anzubieten. Immer wieder, tausende Male, ist diese Frage auf der ganzen Welt gestellt worden: Wenn schon der Dichter, der nur Kostproben bekommt, so viel Schönheit erschafft, so viel Poesie – die Worte werden unter seiner Berührung lebendig –, warum konnten dann die Mystiker nicht eine ebensolche Poesie hervorbringen, wo sie doch vierundzwanzig Stunden, Tag und Nacht, in diesem schöpferischen Zustand sind? Ihre Worte haben nicht diese Schönheit.

Nicht einmal die Worte von Gautam Buddha oder Jesus Christus reichen auch nur entfernt an die Worte von Khalil Gibran, Mikhail Naimy oder Rabindranath Tagore heran. Es scheint wirklich seltsam, daß diejenigen, die nur kurze Augenblicke davon erhaschen, so reiche Schöpfungen hervorbringen, während jene, die sich ständig, im Wachen wie im Schlafen, im universalen Bewußtsein aufhalten... wie kommt es, daß sie keine Khalil Gibrans hervorgebracht haben? Darauf wußte bisher niemand eine Antwort.

Meine eigene Erfahrung sagt mir: Wenn ein Bettler einen Goldschatz findet, wird er singen und tanzen, und er wird vor Freude ganz außer sich geraten. Nicht so ein Kaiser.

Der Dichter wird hier und da zum Kaiser, aber nur hier und da. Er gewöhnt sich nicht daran. Der Mystiker hingegen verschmilzt nicht bloß für einen kurzen Augenblick mit dem universalen Bewußtsein – er ist eins damit geworden. Er kann nicht wieder daraus zurückkommen.

Die kleinen Kostproben lassen sich in Worte übersetzen, denn es sind bloß Tautropfen. Der Mystiker aber ist zum Ozean geworden; darum ist die Stille sein Lied. Alle Worte erscheinen so ohnmächtig. Nichts scheint geeignet, seine Erfahrung in irgendeiner Form zu kommunizieren. Der Ozean ist so grenzenlos, und er ist ständig eins mit ihm. Es ist natürlich, daß er sein Getrenntsein vergißt.

Um zu schaffen, muß einer vorhanden sein, der schafft. Um ein Lied zu singen, muß einer vorhanden sein. Aber der Mystiker ist selbst zum Lied geworden. Sein Dasein ist seine Dichtung. Man kann es nicht drucken, man kann es nicht malen, man kann es nur trinken. Mit einem Dichter zu kommunizieren, ist eine Sache, aber mit einem Mystiker in Kommunion zu sein, ist etwas völlig anderes.

Doch es ist gut, mit den Dichtern anzufangen, denn wenn ihr nicht einmal Tautropfen aufnehmen könnt, ist der Ozean nichts für euch. Oder es wäre besser zu sagen: Ihr seid nichts für den Ozean. Euch wird selbst ein Tautropfen wie der grenzenlose Ozean vorkommen.

Über Khalil Gibran zu reden, ist etwas sehr Kostbares und beinahe unmöglich, denn ich bin kein Dichter. Ich bin Dichtung. Ich bin kein Maler, ich bin das Gemälde. Wo der Maler in seinem Gemälde verlorengegangen ist, weiß ich nicht.

Es gibt eine alte Geschichte: Ein Kaiser von Japan tat einmal unter allen Malern seines Landes und der benachbarten Länder kund, er wolle ein Gemälde haben, das wie echt aussehen sollte: »Wenn ihr eine Tür malt, sollte sie nicht wie ein Gemälde aussehen. Jeder sollte sie für so echt halten, daß er versucht, durch sie einzutreten. Solange ein Gemälde nicht so echt aussieht, ist es für mich kein Gemälde. Wer so etwas malen kann, was immer sein Begehr – und selbst wenn es mein ganzes Kaiserreich wäre –, er soll es zur Belohnung erhalten.« Die Maler kamen zu Tausenden in den Palast, um es zu versuchen. Aber wie kann man ein Gemälde malen, das aussieht, als wäre es wirklich?

Doch ein Maler sagte, er könne es malen, unter einer Bedingung: Solange er malt, darf niemand ihn dabei stören, und es darf keine zeitliche Begrenzung geben. Und er wird es nicht auf Leinwand malen, sondern auf einer großen Wand im Palast. Niemand darf hereinkommen, bis das Gemälde fertig ist, und der Kaiser soll es als erster fertig zu sehen bekommen.

Die Bedingungen wurden angenommen. Es dauerte fast sechs Jahre. Der Kaiser wurde schon alt, aber er hatte versprochen, nicht zu stören, und er hielt sein Wort. Nach sechs Jahren kam der Maler zum Kaiser und sagte: »Ihr könnt kommen.«

Er führte den Kaiser in den Raum. Der Kaiser konnte es nicht fassen: Es sah wirklich echt aus. In dem Gemälde waren riesige Bäume und ein kleiner, gewundener Fußweg.

Der Kaiser fragte: »Wohin führt dieser Weg?«

Der Maler sagte: »Ihr könnt ihn betreten...«

Und ob ihr es glaubt oder nicht – ich glaube es nicht, doch es ist zu schön! Der Maler betrat mit dem Kaiser das Gemälde, um ihm den Weg zu zeigen – und die beiden sind nie wieder zurückgekommen.

Wenn ihr das als ein historisches, faktisches Ereignis nehmt, geht ihr am Kern der Sache vorbei. Es ist ein Gleichnis. Und es ist absolut wahr, aber nicht faktisch.

Der wahre Maler löst sich in seinem Gemälde auf, und der wahre Dichter verschwindet in seiner Dichtung. Von dieser Art ist die Kreativität des Mystikers. Und weil der Mystiker sich in seiner Kreativität auflöst, hat er nicht einmal Zeit, um sein Gemälde oder seine Dichtung zu signieren. Dichter können das, denn für einen Augenblick öffnet sich das Fenster, und sie erhaschen einen Blick auf das Jenseits. Dann geht das Fenster wieder zu.

Khalil Gibran schrieb fast dreißig Bücher. *Der Prophet,* das Buch, von dem hier die Rede sein wird, war sein erstes. Die übrigen sind Schrott. Das ist ein seltsames Phänomen. Was geschah mit dem Mann? Als er dies schrieb, war er noch jung, einundzwanzig Jahre alt. Man sollte meinen, daß danach mehr und mehr hätte kommen müssen. Und er gab sich alle Mühe. Sein ganzes Leben lang schrieb er, aber nichts reichte auch nur annähernd an die Schönheit und Wahrheit des *Propheten* heran. Möglich, daß sich das Fenster nie wieder für ihn geöffnet hat.

Ein Dichter ist ein Zufallsmystiker. Es geschieht zufällig, wie ein Windhauch... man kann es nicht herbeizaubern. Und weil er weltberühmt wurde – dieses Buch ist in nahezu alle Sprachen der Welt übersetzt worden –, gab er sich große Mühe, etwas noch Besseres hervorzubringen. Aber genau deshalb versagte er. Es ist schade, daß ihm nie ein Mensch über den Weg lief, der ihm diese simple Wahrheit hätte sagen können: »Du hattest dir keine Mühe gegeben, als du den *Propheten* schufst; es geschah einfach. Und jetzt versuchst du, es zu *machen.*«

Es geschah einfach; es lag nicht an seinem Bemühen. Vielleicht war er nur ein Fahrzeug für etwas, das nicht sein eigen war... so wie ein Kind durch die Mutter geboren wird. Die Mutter kann das Kind nicht erschaffen; sie ist bloß ein Kanal.

Der Prophet gehört zu jener Kategorie von ganz wenigen Büchern, deren Entstehung nicht abhängig ist von eurem Tun, von eurer Intelligenz, von euch. Im Gegenteil, sie können nur entstehen, wenn *ihr* nicht seid, wenn ihr sie geschehen laßt, wenn ihr nicht im Weg seid. Nur wenn ihr so entspannt seid, daß ihr euch nicht einmischt... Zu jenen äußerst seltenen Büchern gehört es.

Ihr werdet Khalil Gibran darin nicht finden – das macht die Schönheit dieses Buches aus. Er ließ das Universum durch sich hindurchfließen. Er ist nur ein Medium, ein Kanal, ein hohles Bambusrohr, das den Flötenspieler nicht behindert.

Nach meiner Erfahrung sind Bücher wie *Der Prophet* heiliger als eure sogenannten heiligen Bücher. Und weil solche Bücher wahrhaft heilig sind, ist um sie herum keine Religion entstanden. Sie geben euch keine Rituale, sie geben euch keine Disziplin, sie geben euch keine Gebote. Sie ermöglichen euch nur, einen Schimmer von der gleichen Erfahrung zu erhaschen, die ihnen zugrundeliegt.

Die ganze Erfahrung läßt sich nicht in Worte fassen, aber etwas davon... vielleicht nicht die ganze Rose, aber ein paar Rosenblätter. Sie sind ein ausreichender Beweis, daß die Rose existiert. Nur muß euer Fenster offen sein, damit ein Windhauch gelegentlich ein paar Rosenblätter hereinwehen kann.

Diese Rosenblätter, die ein Windhauch in euer Sein bringt, sind in Wirklichkeit Einladungen aus dem Unbekannten. Gott ruft euch zu einer langen Pilgerreise. Wenn ihr diese Pilgerreise nicht antretet, werdet ihr ohne Bedeutung bleiben, euch irgendwie dahinschleppen, aber nicht wirklich leben. Und es wird kein Lachen in eurem Herzen sein.

Khalil Gibran umgeht seinen eigenen Namen, indem er sich einen erfundenen Namen, Almustafa, ausdenkt. Damit beginnt *Der Prophet.* Almustafa ist der Prophet.

Almustafa, der Erwählte und Geliebte, der seiner Zeit eine Morgenröte war, hatte zwölf Jahre in der Stadt Orphalese auf sein Schiff gewartet, das wiederkommen und ihn zur Insel seiner Geburt zurückbringen sollte...

Große Wahrheiten können nur in Gleichnissen gesagt werden.

Almustafa ist nur ein erfundener Name. Warum wird er *der Erwählte und Geliebte* genannt? Warum wird von ihm gesagt, er sei *seiner Zeit eine Morgenröte* gewesen? – denn er wartete zwölf Jahre lang.

Almustafas ganzes Geheimnis liegt in diesem Warten.

Er hatte keine Eile, er war nicht fordernd, er bat um nichts. Er wartete einfach nur. Um zu warten, braucht man ein ungeheures Vertrauen, daß es keine Rolle spielt, egal was passiert. Wenn euer Warten total ist, wird euer Schiff eines Tages kommen, um euch zurückzubringen zu eurem Ursprung, zu den Quellen von Leben, Liebe, Lachen.

Jeder Same muß nur eines lernen: zu warten – auf die richtige Jahreszeit, auf den Frühling. Der Same kann nichts tun; er kann den Frühling nicht herbeiholen. Der Frühling kommt von allein.

Aber wenn der Same sich zu sehr bemüht, kann gerade sein Bemühen ihn unempfänglich und verschlossen machen. Ein Same braucht nur offen und empfänglich zu sein und zu warten, bis der Frühling kommt. In seinem innersten Herzen hat der Same die eine Gewißheit: Der Frühling *wird* kommen – denn der Same hat die Blumen ringsumher gesehen, den ganzen Garten.

Ihr habt das Erblühen eines Gautam Buddha gesehen, aber das Vertrauen ist nicht erwacht. Ihr habt mir in die Augen geschaut, aber das Vertrauen ist nicht erwacht. Noch gibt es Fragen, noch gibt es Zweifel, noch gibt es Mißtrauen.

Und normalerweise sprechen die Blumen nicht zu den Samen. Aber ich versuche es. Wer weiß...? vielleicht hört es einer, vielleicht sieht es einer, vielleicht lernt einer die Kunst des Erwachens. Das ist die einzige Religion, die ich kenne.

Und im zwölften Jahr, am siebten Tag des Jelul, des Monats der Ernte...

Es gibt Zeiten, da man den Samen säen muß, und es gibt Zeiten, da man die Ernte einholen muß. Und als Almustafa sah, daß jene Zeit des Jahres, der Jelul, gekommen war, die Zeit der Ernte,

...erstieg er den Hügel jenseits der Stadtmauern und schaute zur See; und er sah sein Schiff mit dem Nebel nahen.

Es geschieht fast immer buchstäblich auf diese Weise. Wenn ihr wartet und wartet, wird euer Vertrauen immer weiter wachsen, und wenn das Vertrauen in euch zur Reife kommt, könnt ihr sicher sein, daß die Zeit gekommen ist, zu eurem Ursprung zurückzukehren.

Die Suche nach Gott ist nicht die Suche nach einem Ziel, das vor euch liegt. Es ist die Suche nach eurem Ursprung, die Suche nach dem Ort, wo ihr herkommt. Warten bedeutet: Ihr fragt nicht, ihr begehrt nicht, ihr sehnt euch nicht. Ihr sagt nicht, daß es nun genug sei. Wenn euer Warten sich vertieft, kommt ihr dem Ursprung immer näher, und der Ursprung liegt im innersten Zentrum eures Seins.

Übrigens heißt im Sanskrit das Wort für »Mensch« *purus. Purus* stammt aus einer Wurzel, die »Stadt« bedeutet, *pur.* Daher gibt es Kanpur, Nagpur, Jabalpur – das *pur* bedeutet »Stadt«. Ihr seid eine von Mauern umgebene Stadt. Und genau im Zentrum eurer ummauerten Stadt liegt euer Ursprung. Aus ihm seid ihr hervorgegangen, und eines Tages müßt ihr zu eurem Ursprung zurückkehren.

Als ihr aus eurem Ursprung hervorkamt, wart ihr unbewußt. Religion ist eine Heimreise, und ihr alle seid mit einer Rückfahrkarte gekommen. Aber diesmal, wenn ihr zurückkehrt, werdet ihr vollkommen bewußt, wach und aufmerksam zurückkehren. Das ist der Sinn der ganzen Pilgerreise: den Zyklus zu vollenden – von der Unbewußtheit zur Bewußtheit, von der Dunkelheit zum Licht, vom Tod zur Ewigkeit. Das ist der ganze Sinn eures Daseins.

…und er sah sein Schiff mit dem Nebel nahen… Natürlich, wenn man aus dem Unbewußten kommt, wird man immer durch eine Periode hindurchmüssen, in der Nebel herrscht.

Wenn ihr irgendwann einmal Bekanntschaft mit Chloroform gemacht habt, werdet ihr es verstehen. Weil ich noch nie erlebt hatte, wie es ist, Chloroform zu bekommen, fragte ich einmal einen meiner Freunde, einen sehr berühmten Arzt. Er sagte: »Was für eine Idee! Ganz ohne Operation? Was soll das bringen?«

Ich sagte: »Ich will den ganzen Zyklus erleben – vom Bewußtsein zum Unbewußtsein, vom Unbewußtsein zum Bewußtsein. Ich habe es an mir selbst erlebt, doch ich möchte ein Beispiel haben für all jene, die nicht so wach, nicht so aufmerksam und bewußt sind.«

Er sagte: »Das ist gegen unsere medizinische Praxis. Ein sonderbarer Vorschlag!«

Ich sagte: »Wer redet denn von medizinischer Praxis? Und keiner wird etwas davon erfahren. Hab keine Angst.« Er fing an zu schwitzen. Ich sagte: »Du brauchst keine Angst zu haben. Nur wenn du es *nicht* machst, werde ich überall erzählen, du hättest es gemacht.«

Er sagte: »Aber das ist ja Erpressung!«

Ich sagte: »Das ist keine Erpressung, sondern Erforschung. Also, was ist: ja oder nein?«

Er sagte: »Warte! Wenn du den Leuten das erzählst, werden sie es dir alle glauben. Es ist wohl besser, ich gebe es dir.«

Also führte er mich in seine Praxis, gab mir das Chloroform und sagte zu mir: »Zähle eins, zwei, drei und so weiter.« Ich zählte weiter. Als ich bei einundfünfzig angekommen war, sagte er: »Moment mal! Das habe ich noch nie erlebt, daß jemand weiter kommt als sieben, acht, neun – allerhöchstens.«

Ich sagte: »Deine Dosis reicht nicht. Du mußt mir mindestens dreimal so viel geben.«

Er sagte: »Mein Gott! Eigentlich nimmt man Chloroform heute gar nicht mehr – und dann gleich in dreifacher Dosis? Aber ich sehe schon... so wie du gezählt hast, und als ich ›Moment mal‹ sagte, hast du gleich die Augen aufgemacht.«

Also gab er mir eine gute Dosis. Ich sagte: »Für mich ist es nur dann eine gute Dosis, wenn ich bei neun aufhöre.«

Er sagte: »Wie meinst du das? Wie willst *du* denn wissen, ob du bei neun aufhörst?«

Ich sagte: »Ich werde es wissen, und ich werde dir sagen, wann ich aufhöre. Versuch also nicht, mich zu täuschen!«

Er gab mir eine gute Dosis, und ich entsinne mich, daß ich anfing, langsamer zu zählen, mehr aus der Tiefe. Die Zahlen kamen wie von weither, und als ich bei neun ankam, sagte ich: »Okay.«

Er sagte: »Aber man kann nicht reden, wenn man unter Chloroform steht!«

Ich sagte: »Warum sagst du das nicht gleich? Ich bin ein sehr folgsamer Patient. Deine Dosis ist immer noch nicht richtig.«

Ich konnte fühlen, daß mein Zählen wie benebelt wurde, aber das ist nichts Besonderes, denn nach der Zahl drei bin ich immer wie benebelt. Mit Chloroform kam ich ganz fehlerfrei bis einundfünfzig. Ohne Chloroform komme ich nie weiter als bis drei.

Er mußte mir die fünffache Dosis geben, aber es war eine gute Erfahrung. Beim Zurückkommen könnt ihr den ganzen Zyklus sehen, wenn ihr wach genug seid. Wenn ihr nicht wach genug seid, könnt ihr trotzdem einiges sehen: Wann ihr aufgehört habt und wann ihr euch danach wieder erinnern könnt, daß ihr bei neun aufgehört habt. Und während das Bewußtsein zurückkehrt, könnt ihr sehen, wie ihr durch einen dunklen Tunnel geht. Aber das ist nur eine Spielerei.

In der Erfahrung der Wirklichkeit geschieht es genauso. Wenn ihr aus eurer Unbewußtheit herauskommt, gibt es eine Phase, die man nebulös nennen könnte: Alles ist verschwommen, wie in Nebel gehüllt.

Da wurden die Tore seines Herzens aufgeschwungen, und seine Freude flog weit über das Meer.
Und er schloß die Augen und betete in der Stille seiner Seele.

In dem Augenblick, als er sah, daß sein Schiff gekommen war, daß es näherkam, *da wurden die Tore seines Herzens aufgeschwungen*...

Wenn ihr still warten könnt, wird eines Tages der Gast an eure Türen klopfen. Das Schiff wird kommen. Es ist immer gekommen, ausnahmslos. Und der Beweis und die Bestätigung dafür, daß ihr nicht träumt, nicht halluziniert, besteht darin, daß ihr plötzlich zum ersten Mal erlebt, wie die Tore eures Herzens aufgeschwungen werden. Bisher hattet ihr immer gemeint: »Ich bin offen«, aber es war nur an der Oberfläche gewesen. Jetzt aber ist die Freude, nach Hause zurückzukehren, so groß, daß die Macht der Freude, die Fülle der Freude, alle Türen eures Herzens aufspringen läßt.

Euer Herz ist ein Samenkorn. Wenn es vor Freude seine Türen öffnet, geht eine Blüte auf. Ihr seid nach Hause gekommen.

Es hat viele dunkle Nächte gegeben, viele Qualen und viele Alpträume, aber das ist nun alles vorbei. Eure Freude ist so groß, daß sie sich über den ganzen Ozean ausbreitet. Sie ist ozeanisch. Dieses Gefühl hat William James »ozeanisch« genannt.

Ein einziger Psychologe dieses Jahrhunderts hat das innere Sein ein wenig berührt – nicht Sigmund Freud, nicht Alfred Adler und auch nicht Carl Gustav Jung. Es war William James, und ihn beachtet niemand. Er definierte die religiöse Erfahrung als »ozeanisch«. Dahin kann er nicht auf logischem Wege gekommen sein. Zu dem Wort »ozeanisch« kann man nicht durch die Logik, durch die Vernunft, durch die Psychoanalyse gelangen. Dieser Mann muß etwas gefühlt haben, was so groß und unermeßlich war, daß er dafür kein Wort in seiner Sprache finden konnte... »Ozeanisch« hatte vor ihm noch niemand verwendet. Diesen Begriff hat William James geprägt. »Ozean« ist das eine, aber »ozeanisch« ist etwas völlig anderes.

Und er schloß die Augen...

Diese Details sind nicht unwesentlich; sie sind ungeheuer bedeutsam. Wenn ihr in eurem Inneren eine solche ozeanische Freude fühlt, könnt ihr gar nicht anders, als eure Augen zu schließen, denn es gibt dann außen nichts mehr, was sich zu sehen lohnte. Ihr habt den Seher gesehen. Dagegen muß alles, was schön ist, alles, was außen um euch herum ist und was ihr euch immer gewünscht habt, verblassen. Es verliert allen Wert. Die Augen können gar nicht anders, als sich zu schließen.

Wenn man die Statuen von Mahavira seht, von Adinatha, von Parashunyatha, fragt man sich, warum sie alle die Augen geschlossen haben. Sie haben die Außenwelt gesehen; jetzt schauen sie die Innenwelt ihres Seins. Es ist ein qualitativer Unterschied – nicht, daß die Innenwelt so viel schöner wäre. Nein, es ist eine Schönheit von ganz anderer Art. Sie ist so wirklich, daß all jene, die sie erfahren haben, immer gesagt haben: »Die Welt ist eine Illusion«, denn sie haben etwas gesehen, was viel wirklicher ist als die Steine, als die Dinge, die Berge, die Sterne...

Solche Details zeigen, daß dieser Mensch authentisch ist, daß Khalil Gibran nicht nur philosophiert. Sonst hätte er das Schließen der Augen einfach vergessen.

Und er schloß die Augen...

Und nun etwas sehr Wesentliches:

*...und betete in der Stille seiner Seele.**

Millionen Menschen beten jeden Tag, aber nicht in den Stillen ihrer Seele. Nur Worte: christliche Worte, hinduistische Worte, mohammedanische Worte, Worte aus dem Hebräischen, dem Sanskrit, dem Arabischen.

Ein Gebet, das aus Worten besteht, ist überhaupt kein Gebet. Ein Gebet besteht nur aus Stillen.

*Im englischen Original, auf das Osho sich bezieht, steht hier, anders als in der deutschen Übersetzung, der Plural: ...*in the silences of his soul*... Die wörtliche Übersetzung würde demnach lauten: *in den Stillen seiner Seele.* Die nachfolgenden Ausführungen beziehen sich auf den englischen Plural *silences.* – Anm. d. Übers.

Er hätte einfach sagen können: »Und er betete in der Stille seiner Seele«, dann hättet ihr nicht einen Augenblick darüber nachgedacht. In der Tat wäre es sprachlich richtiger gewesen, zu sagen: »Er betete in der Stille seiner Seele«, aber es wäre existentiell nicht richtig gewesen, denn in euch ist nicht *eine* Stille, sondern es gibt Schichten um Schichten um Schichten von Stille.

Diejenigen, die nach innen gegangen sind, wissen: Es gibt sieben Schichten von Stille, die mit sieben Zentren im Körper verbunden sind. Jedes einzelne Zentrum wird still. Darum hat er statt des Singulars »Stille« den Plural »Stillen« verwendet.

Und ihr werdet euch wundern: Er ist der einzige, der Stille im Plural verwendet hat. Es gibt auch andere große Dichter, aber sie haben immer nur von der »Stille der Seele« gesprochen. Sie haben offensichtlich nur das wiederholt, was sie von Generation zu Generation gehört haben. Es ist nicht ihre eigene Erfahrung.

Khalil Gibrans Ausdruck »Stillen der Seele« zeigt, daß er nicht nur einen intellektuellen Zugang, einen philosophischen Zugang, einen theologischen Zugang hat – er hat einen existentiellen Zugang. Er ist in diesen Stillen untergetaucht und hat erkannt, daß es nicht eine einzige Stille ist, sondern viele Schichten von Stille. Und jede Stille hat ihren eigenen Duft, ihren eigenen Geschmack, an dem ihr sie erkennen könnt.

Aber als er den Hügel hinabstieg, überkam ihn eine Traurigkeit, und er dachte in seinem Herzen...

Das ist so tief, daß nur jemand, der selbst auf dem Weg ist, eine solche Aussage machen kann. Nachdem er die immense Freude erfahren hat, die sich über den Ozean ausbreitet, und nachdem er in die Tiefe der Stillen eingetaucht ist... nun ein Satz über die Traurigkeit? Er ist ganz und gar authentisch. Er hat seine Erfahrung überhaupt nicht redigiert. Auch wenn es unlogisch aussehen wird: Nach einer so großartigen spirituellen Erfahrung macht er sich plötzlich Gedanken über die Traurigkeit? Doch was kann er dafür? Und ich stimme absolut mit ihm überein. Nachdem man die Gipfel der Freude erreicht hat, wird man mit der Traurigkeit konfrontiert.

Aber als er den Hügel hinabstieg, überkam ihn eine Traurigkeit...

Jedes einzelne Wort ist symbolisch. Es war zweifellos eine Gipfelerfahrung, aber ein Dichter kann nicht auf den sonnenerleuchteten Spitzen der Himalaja-Gipfel verweilen. Er muß zurückkommen. Und es ist natürlich: Nachdem er eine solche Freude erlebt hat... und dann beginnt das Fenster sich wieder zu schließen, die Blüte wird wieder zur Knopse, die Blütenblätter gehen wieder zu, so als ob nach dem Sonnenaufgang plötzlich der Abend kommt und alles dunkel wird. Als er von den Berggipfeln in die dunklen Täler des Lebens zurückkehrte, *überkam ihn eine Traurigkeit...* Aber seine Traurigkeit... es ist die Traurigkeit all derer, die eine solche Erkenntnis gehabt haben – auch wenn es vielleicht nicht die ganze Wahrheit ist, auch wenn es vielleicht nur ein Fragment dieser Erfahrung gewesen ist. Diese Worte vermitteln euch nicht nur Khalil Gibrans Erfahrung, sondern die Erfahrung eines *jeden* Menschen, der je einen solchen Zustand erreicht hat und wieder auf die Erde heruntergekommen ist.

Wie soll ich in Frieden und ohne Trauer gehen?

Er hat gesehen, daß das Schiff kommt. Hier könnt ihr die Schwäche des Menschen sehen, sein Dilemma: Diese Welt ist bekannt. Jenes Schiff ist noch in Nebel gehüllt, und man weiß nie, wo es einen hinführen wird.

Ist nicht seit jenem Augenblick, als ihr meine Weggefährten geworden seid, diese Frage immer wieder in eurem Geist aufgetaucht: »Wo wird mich diese Pilgerreise hinführen? *Wie soll ich in Frieden und ohne Trauer gehen?«* Als er sich der Erde wieder nähert, als er der Außenwelt wieder näherkommt, als er den Blumen und den Sternen wieder näherkommt, taucht das Problem auf: *Wie soll ich in Frieden... ohne Trauer gehen?* – mit einem Schiff, von dem man nichts weiß. Man kann das Schiff nicht einmal deutlich sehen; es ist in Nebel gehüllt. Wie könnte man das andere Ufer sehen? Es ist absolut unsichtbar. Und wer weiß, ob es überhaupt ein anderes Ufer gibt, denn noch nie ist jemand vom anderen Ufer zurückgekommen, um einen Augenzeugenbericht zu geben.

Wie soll ich in Frieden... gehen? Er ist zerrissen – *und ohne Trauer...?* – aus vielerlei Gründen:

Nein, nicht ohne Wunde im Geist werde ich diese Stadt verlassen.

Die Welt unserer Erfahrungen, die Welt unserer körperlichen Genüsse, die Welt unseres Geistes mit seinen Höhenflügen... »Wie kann ich das verlassen? So viel Schönheit ist hier, greifbar; ich kann sie berühren, kann sie fühlen. Und dies alles soll ich zurücklassen für etwas so Unbekanntes, Ungreifbares, Unsichtbares?« Ihr könnt ihn verstehen, wenn ihr euch in ihn hineinversetzt: Es wird ihm das Herz zerreißen. Es ist fast die gleiche Qual wie: »Sein oder Nichtsein?«, denn alles, was ihr seid, eure Wurzeln sind hier in dieser Erde.

Lang waren die Tage der Qual, die ich in ihren Mauern verbrachte...

Er ist sich sehr wohl der Tatsache bewußt:

»In dieser Stadt, die mir vertraut ist... *Lang waren die Tage der Qual...*, des Schmerzes, der Seelennot *...und lang waren die Nächte der Einsamkeit...«*

Und dennoch – und dies muß jeder, der meditiert, verstehen, denn wir alle leben vielleicht schon seit vielen Leben in dieser Welt, in diesem Körper. Wir haben uns sogar an den Schmerz so sehr gewöhnt, daß er uns fehlen würde. Wir haben uns an das Leiden gewöhnt. Ihr könnt euch ein Leben ohne Leiden, ohne Schmerz, ohne Qual nicht vorstellen. Was wäret ihr ohne sie? – denn alles, was ihr gewesen seid, besteht in diesen Dingen. Und obwohl sie nicht gerade das sind, was ihr euch ersehnt und was ihr euch wünscht, sind sie durch eure jahrhundertelange Lebenserfahrung zu eurer zweiten Natur geworden.

Khalil Gibran vermittelt hier eine tiefere psychologische Erkenntnis als alle Psychologen unserer Zeit:

...und wer kann seine Qual und seine Einsamkeit ungerührt hinter sich lassen?

Sonderbar erscheint dieser Satz, aber er ist nicht sonderbar. Ihr alle habt diese Erfahrung gemacht. Der gleiche Schmerz, das gleiche Leiden – ihr wißt, wie schwer es auf eurem Herzen lastet, und ihr wißt auch, daß ihr euch davon trennen könntet, doch ihr habt zu lange damit gelebt. Ihr habt eine Art Freundschaft, eine Art Liebesbeziehung mit dem Leiden geschlossen. Ansonsten hindert euch nichts und niemand, euch von eurem Leiden zu trennen.

An dem Tag, als ich beschloß, mich von meinem Leiden zu trennen, habe ich mich einfach davon verabschiedet. Ich ging auch niemanden fragen, *wie* ich mich davon trennen könnte. Jeder, der fragt, wie er sein Leiden loswerden kann, will es gar nicht loswerden. Dieses »Wie« erzeugt nur noch mehr Leiden.

Und überall auf der Welt gibt es Leute, die euch Leiden verkaufen wollen. Wo eine Nachfrage besteht, gibt es auch ein Angebot. Ihr fragt diese Leute: »Ich will mein Leiden loswerden, aber wie?«

Und sie sagen: »Steht auf dem Kopf! Quält euren Körper!« – das ist Yoga. Aber es dauert viele Leben, bis man das Leiden los wird; man muß nur lange genug auf dem Kopf stehen und alle möglichen Verrenkungen machen. Nur gut, daß die Leute diesen Leidensverkäufern, diesen Hausierern nicht Folge leisten, sonst hätten sie die ganze Welt in einen Zirkus verwandelt! Wenn alle Welt sich von Yoga beeindrucken ließe, stellt euch vor, was für ein großartiges Spektakel das überall gäbe!

Ich habe gehört...

Als Pandit Jawaharlal Nehru indischer Premierminister war, interessierte er sich sehr für Yoga. Vor allem den Kopfstand übte er jeden Tag am frühen Morgen.

Einmal kam ein Esel ihn besuchen – und ihr müßt wissen, es war kein gewöhnlicher Esel, sondern der Anführer aller Esel Indiens.

Die Esel haben nämlich keine Vertreter im Parlament und im Landtag, und sie haben doch schließlich auch ein paar Rechte! Also kam er als Abgeordneter, und er dachte, der frühe Morgen sei am besten, weil man da noch nicht so müde ist von den Problemen eines langen Tages; man ist noch frisch. Jawaharlal machte gerade seinen Kopfstand, *sirshasana,* im Park seiner Residenz. Und natürlich waren da auch zwei Polizisten, die am Tor standen.

Zuerst dachte der Esel: »Soll ich fragen oder einfach reingehen?« Und er sagte sich: »Wenn ich frage, gibt es vielleicht Probleme.« Aber die zwei Polizisten beachteten den Esel gar nicht. Was kann schon passieren, wenn ein Esel reingeht? Soll er ruhig reingehen.

Er spazierte direkt dorthin, wo Nehru auf dem Kopf stand, und schaute ihm in die Augen. Nehru sagte: »Mein Gott! Was ist denn mit dir los? Warum stehst du denn auf dem Kopf?« – Das fragte Nehru den Esel! Es ist gut... denn sonst würde jeder Esel Kopfstand machen! Im Yoga ist alles möglich.

In dem Moment, wo ihr fragt, wie ihr das Leiden loswerden könnt, wißt ihr ganz genau, daß ihr es gar nicht loswerden wollt, denn es gibt keinen Grund dafür. Wenn ihr nicht unglücklich sein wollt, ist es ganz einfach: Seid einfach nicht unglücklich! Ich habe es eines Tages beschlossen. Seither sind fünfunddreißig Jahre vergangen, und ich bin nie wieder unglücklich gewesen, obwohl die ganze Welt versucht, mich unglücklich zu machen. Aber sie sollten nicht vergessen, daß das unmöglich ist. Wenn ich etwas beschließe, dann beschließe ich es!

Als ich aus den amerikanischen Gefängnissen entlassen wurde, sagte der Gefängnisbeamte zu mir: »Komisch, wenn die Leute ins Gefängnis kommen, sehen sie sehr gut aus, und wenn sie wieder herauskommen, sehen sie sehr schlecht aus. Aber Sie sehen besser aus als vorher!«

Ich sagte: »Zwölf Tage totales Ausruhen – keine Probleme, keine Schüler, keine Sicherheitsvorkehrungen!« Da drinnen war ich der sicherste Mensch überhaupt.

Ich sagte zu ihm: »Nicht einmal Präsident Ronald Reagan ist so sicher. Wenn ihr wollt, daß er wirklich sicher ist, steckt ihn am besten ins Gefängnis!« – die totale Sicherheit!

Er sagte: »Ich habe noch nie jemanden gesehen – und ich gehe demnächst in Pension –, in meinem ganzen Leben habe ich das noch nie erlebt: Sie sind der erste, der so strahlend aus dem Gefängnis herauskommt!«

Ich sagte: »Ich hatte nicht so bald damit gerechnet. Ich hatte vor, mich noch ein bißchen länger auszuruhen.«

Aber nicht nur der Gefängnisbeamte sagte das. Auch meine Anwälte sagten, als sie mich wiedersahen: »Was ist passiert? Sie sehen ja viel besser aus!« Und als ich nach Hause kam, sagte Nirvano: »Warum siehst du hier nie so gut aus?«

Ich sagte: »Das hier ist kein Gefängnis! Diese zwölf Tage waren eine gute Übung, denn eines ist sicher: Wenn es eine Hölle gibt, komme ich hinein!«

Gott wird mich nicht haben wollen. Seine Priester wollen mich nirgendwo auf der Welt haben. Selbst wenn ich es irgendwie schaffe, in den Himmel zu kommen, wird Gott mich nicht reinlassen. Vielleicht haben all diese Heiligen schon eine Resolution verabschiedet: »Dieser Mann ist gefährlich. Wenn er hier aufkreuzt, nehmt euch in acht!« Aber sie haben nichts zu befürchten, denn ich werde bestimmt nicht dort aufkreuzen.

Ich sagte also: »Die zwölf Tage in amerikanischen Gefängnissen, die eine Nacht in einem englischen Gefängnis, und ein bißchen Erfahrung in Griechenland – bald bin ich wieder reif für eine Weltreise! Denn bevor man in die Hölle geht, sollte man unbedingt ein wenig Übung haben. Ich gehe nie irgendwohin, ohne meine Hausaufgaben zu machen!«

Zu viel von meinem Geist habe ich in diesen Straßen verströmt, und zu zahlreich sind die Kinder meiner Sehnsucht, die nackt in diesen Hügeln wandern, und ich kann mich nur schwer und mit Schmerzen von ihnen zurückziehen.

Was er sagt, könnte beinahe von mir sein. Wie kann ich meinen Körper verlassen ohne euch alle? Auch mein Schiff ist schon vor langer Zeit gekommen, aber ich schaue nicht einmal hin. Er hat recht.

Jeder Meister wird es genauso empfinden: *Zu viel von meinem Geist habe ich in diesen Straßen verströmt, und zu zahlreich sind die Kinder meiner Sehnsucht, die nackt in diesen Hügeln wandern, und ich kann mich nur schwer und mit Schmerzen von ihnen zurückziehen.*

Es ist kein Gewand, das ich heute ablege,
sondern eine Haut, die ich mir mit eigenen Händen abreiße.
Auch ist es kein Gedanke, den ich hinter mir lasse,
sondern ein Herz, süß vor Hunger und Durst.

2

Sprich uns von der Liebe…

Ein grenzenloser Tropfen in einem grenzenlosen Ozean…

Doch kann ich nicht länger bleiben.
Das Meer, das alles zu sich ruft, ruft mich, und ich muß das Schiff besteigen.
Denn zu bleiben, auch wenn die Stunden in der Nacht brennen,
hieße zu gefrieren und unbeweglich zu werden und in einer Form zu erstarren.
Gern nähme ich alles, was hier ist, mit mir. Aber wie wäre mir das möglich?
Eine Stimme kann nicht die Zunge und die Lippen mit sich tragen,
die ihr Flügel gaben. Allein muß sie in den Äther hinaus
Und allein und ohne sein Nest muß der Adler zur Sonne fliegen.
Als er nun unten am Hügel angekommen war,
wandte er sich wieder dem Meer zu,
und er sah sein Schiff in den Hafen einlaufen
und auf dem Bug die Seeleute, die Männer seines eigenen Landes
Und seine Seele rief hinaus zu ihnen, und er sagte:
Söhne meiner ehrwürdigen Mutter, ihr Reiter der Gezeiten,
Wie oft seid ihr in meinen Träumen gesegelt.
Und nun kommt ihr in meinem Wachen, das mein tieferer Traum ist.
Ich bin bereit zu gehen,
und meine Ungeduld erwartet mit gesetzten Segeln den Wind.
Nur einen Atemzug noch will ich tun in dieser stillen Luft, nur einen liebenden Blick noch zurückwerfen,
Und dann werde ich unter euch stehen, ein Seefahrer unter Seefahrern.
Und du, unermeßliches Meer, schlafende Mutter,
Die du allein dem Fluß und dem Strom Frieden und Freiheit bist,
Nur eine Biegung noch wird dieser Strom machen, nur ein Murmeln noch in diesem Hain,
Und dann werde ich zu dir kommen, ein grenzenloser Tropfen in einem grenzenlosen Ozean.

Almustafa sagt:
Ich kann nicht länger bleiben. Das Meer, das alles zu sich ruft, ruft mich, und ich muß das Schiff besteigen.

Das ist die Erfahrung all jener, die zu ihrer Wirklichkeit erwacht sind, die ihre spirituelle Natur verwirklicht haben. Ihre Arbeit an sich selbst ist vollendet. Sie brauchen nicht länger in den dunklen Tälern des Lebens zu bleiben. Aber sie bleiben so lange, wie die Existenz es zuläßt.

Der Grund dafür ist ihre Transformation. In dem Moment, da man sich selbst erkennt, werden die Leidenschaften – dieselbe Energie, die einen immer nach unten gezogen hat – zu einer neuen Kraft. Daher auch das (englische) Wort *compassion*, Mitgefühl. Aus Leidenschaft *(passion)* wird Mitgefühl *(compassion)*, aus Lust wird Liebe. Leidenschaft geht einher mit tausendundeinem Problem, aber Mitgefühl kennt nur ein einziges Problem.

Dazu fällt mir Gautam Buddha ein. Von ihm wird gesagt... und die Worte sind nicht wichtig, aber das, worum es geht, ist die allerschönste und allerwichtigste Erfahrung, die man überhaupt machen kann.

Als Gautam Buddha erleuchtet wurde, war eine Vollmondnacht. Zum ersten Mal sah er sich einer neuen Frage gegenüber. Er hatte sich vielen Fragen stellen müssen, und weil er all diese Fragen aufzulösen vermochte, gelangte er zu dieser letzten. Er war sich vorher nie bewußt gewesen, daß diese Frage, die letzte, an einem bestimmten Punkt auf der Reise zu den Sternen auftauchen würde. Und das war die Frage des Mitgefühls.

Als er erleuchtet wurde, verschwanden all seine eigenen Sorgen und Nöte, als ob sie nie existiert hätten, als hätte er nur geschlafen und einen Alptraum gesehen. Aber jetzt, da er erwacht war, waren alle diese Träume verschwunden. Etwas Neues – so neu, daß er es sich nie hätte träumen lassen – durchdrang mit einem Male sein ganzes Sein.

Mitgefühl ist der Name für diesen Zustand. Die ganze Energie, die sich in Leidenschaften ergangen hatte, ist nun gereinigt, verfeinert.

Sie fließt nicht mehr nach unten; sie breitet ihre Flügel aus und ist bereit, davonzufliegen. Aber was ist mit jenen Millionen und Abermillionen von Menschen, die noch in der Dunkelheit, in Blindheit umherirren? Konnte er so selbstsüchtig sein, sie einfach zu vergessen? Freunde und Feinde, Liebende und solche, die ihn haßten, Menschen, die ihn sein ganzes Leben lang unterstützt hatten, und Menschen, die ihn vernichten wollten? Doch wenn das Mitgefühl erwacht, verschwindet jeder Unterschied zwischen Freund und Feind. Dann ist die Menschheit nur noch eine einzige Karawane von Weggefährten.

Sollte er zurückschauen oder einfach weitergehen und sich in kosmischer Glückseligkeit auflösen? Er ist an den Punkt gekommen, wo es kein Hindernis mehr für ihn gibt. Er kann sich frei bewegen und sich emporschwingen wie ein Adler in den offenen Himmel der Wahrheit, Schönheit, Güte, des Wahren, des Guten, des Schönen – *satyam, shivam, sunderam.*

Aber was ist mit jenen, die zurückbleiben? Sie mögen ihn gehaßt haben – und das haben sie; viele Male hat man ihm nach dem Leben getrachtet. Aber sobald das Mitgefühl erwacht, empfindet man Mitgefühl sogar für jene, deren ganzes Sinnen und Trachten dahin ging, diesen Mann zu vernichten, seine Botschaft zu vernichten, ihn so völlig zu vernichten, daß sein Name ausgelöscht und vergessen wird. Aber dennoch sind auch sie Menschen mit den gleichen Nöten, den gleichen Problemen, der gleichen Eifersucht, und sie leiden in der gleichen Hölle.

Die Geschichte besagt, daß Buddha an den Toren zum Paradies, auf das er sein ganzes Leben lang hingearbeitet hatte, innehielt. Die Tore öffneten sich, Musik erscholl, ein Jubelgesang, denn nur sehr selten öffnen sich die Tore. Nur sehr selten gelangt ein Mensch zu solchen Höhen, daß das Paradies ihn jubelnd empfängt.

Die Torhüter baten ihn herein und sagten: »Du bist angekommen. Tritt ein!« Aber dann wunderten sie sich. Er machte ein trauriges Gesicht, denn in diesem Augenblick dachte er nicht an das Paradies und seine Gnade. Er dachte an die Millionen Seelen, die umherirren und nicht wissen, wohin sie gehen sollen, die nicht wissen, was sie tun sollen, und große Qualen erleiden.

Sollte er zurückgehen und das ganze Paradies mit all seinen Freuden vergessen? Das ewige Leben? Die nie endende Verzückung? Er hatte mit großer Mühe das Paradies erreicht, und nun, da er es gefunden hatte, nun, da das Paradies ihm einen jubelnden Empfang bereitete... sollte er durch die Tore eintreten? Aber das wäre die reine Selbstsucht gewesen, häßlich und eines Menschen wie Gautam Buddha nicht würdig.

Und so sagte er zu den Torhütern: »Bitte schließt die Tore wieder. Ich kann nicht eintreten. Ich will warten, bis auch der letzte Mensch in das Paradies gekommen ist. Ich werde die allerletzte menschliche Seele sein, und diese Tore werden sich nie wieder öffnen, wenn ich erst einmal eingetreten bin. Es kann eine Ewigkeit dauern, aber das spielt keine Rolle. Ich sehe Millionen von traurigen Gesichtern, Herzen voller Tränen, Menschen, die nie ein Lächeln gekannt haben. Ihr ganzes Leben ist ein Höllenfeuer. Nein, schließt bitte die Tore. Ich fürchte, wenn die Tore offen bleiben, könnte ich in einem schwachen Moment versucht sein, einzutreten.«

Buddha steht immer noch vor den Toren des Paradieses, weil wir alle noch herumtappen. Unseretwegen und wegen der Millionen aus der Vergangenheit und der Millionen, die erst kommen werden...

Vielleicht ist dies nur eine schöne Geschichte, aber sie enthält die reine, unverfälschte Wahrheit.

Almustafa ist in der gleichen Situation. Sein Schiff ist gekommen, *doch ich kann nicht länger bleiben*... Er möchte noch in der Welt bleiben. Er hat die Welt geliebt, auch wenn es dunkle Nächte gab – aber es gab auch wunderbare Sonnenaufgänge. Es gab Dornen, aber auch schöne Rosen. Und wenn es Menschen gab, die versuchten, ihn zu töten, so gab es doch auch Menschen, die bereit waren, jederzeit für ihn zu sterben. Nur ein Wort von ihm hätte genügt. Tausende Menschen haben zu ihm gesagt, mit ihrem ganzen Herzen und ihrem ganzen Sein:

Buddham sharanam gachchhami – Ich verneige mich vor dem Erwachten.

Sangham sharanam gachchhami – Ich verneige mich nicht nur vor dem Erwachten, sondern auch vor der Kommune von allen möglichen Suchern, die sich um ihn herum versammelt hat.

Dhammam sharanam gachchhami – ...und nicht nur vor dem Buddha, nicht nur vor seiner Kommune, sondern auch vor seiner Botschaft. Auch solche Menschen gab es.

Buddha blieb am Tor. Vielleicht kommt diese Situation im Leben eines jeden Mystikers. Aber die Existenz hat ihre eigenen kosmischen Gesetze; sie macht keine Ausnahmen. Darum habe ich gesagt, es ist eine schöne Geschichte, und sie enthält eine ungeheuer bedeutsame Wahrheit. Aber vergeßt nicht: Die Existenz erlaubt keine Ausnahmen. Buddha oder nicht Buddha – wenn man angekommen ist, ist man angekommen. Ich weiß aus eigener Erfahrung: Es gibt keine Tore zum Paradies, und es gibt keine Torhüter. *...doch ich kann nicht länger bleiben.*

Almustafa möchte noch ein wenig länger bleiben, aber das ist gegen die Grundregeln unseres Lebens. Er *muß* gehen. Er wird gehen müssen, mit tiefer Traurigkeit im Herzen. Er hat Glückseligkeit, Frieden, Stille, Losgelöstheit erlangt. Er ist zu Tausenden von Blüten erblüht. Sein Frühling ist gekommen, aber all die anderen sind noch Samen. Und Millionen haben sogar dies vergessen: daß sie Samen sind, daß sie das Potential zum Wachstum besitzen. Darum möchte eine jede verwirklichte Seele gerne ein wenig länger bleiben – nur um zu sagen, was sich praktisch nicht sagen läßt. Doch zumindest läßt sich das, was man nicht sagen kann, zeigen – vielleicht nicht durch Worte, aber durch Stille. Er möchte ein wenig länger bleiben, damit jene, die in Dunkelheit leben, wenigstens sehen können, was einem Menschen möglich ist – durch das Aroma seiner Präsenz. Ein wenig länger will er bleiben, damit einige trinken können von seinen Augen, seiner Gegenwart, seiner Gnade. Jetzt, da er eine Brücke zu sein vermag zwischen diesen beiden unüberbrückbaren Welten... Doch die Regeln lassen es nicht zu. So sehr er auch länger bleiben möchte, er wird gehen müssen.

Das Meer, das alles zu sich ruft, ruft mich, und ich muß das Schiff besteigen.

Es ist unmöglich, nein zu sagen, wenn das Universum euch ruft. Ihr seid ein Teil davon. Euer Herzschlag ist nicht verschieden vom Herzschlag des Universums. Ihr seid nicht getrennt. Nur in eurer Unwissenheit seid ihr getrennt. Wenn ihr erleuchtet werdet, wenn euer Inneres voller Licht geworden ist, wartet ein großer Schock und eine große Überraschung auf euch: »Mein Gott! Jetzt könnte ich helfen, doch das Universum ruft mich! Unfreiwillig, widerstrebend, werde ich gehen müssen, *...ich muß das Schiff besteigen.«*

Das ist eine Traurigkeit völlig anderer Art. Ihr alle kennt die Traurigkeit aus Selbstsucht. Ihr habt etwas verloren: einen geliebten Menschen, einen Freund, die Mutter, den Vater... Eure Traurigkeit hat immer etwas damit zu tun, daß ihr etwas verliert, was ihr nie verlieren wolltet. Eure Traurigkeit ist die Traurigkeit des Bankrotteurs.

Aber die Traurigkeit, von der Almustafa spricht, ist nicht *eure* Traurigkeit. Selbst eure Momente des Glücks sind geringer, viel geringer als die Momente der Traurigkeit, die ein Mensch empfindet, der vor dem Tor steht. Seine ganze Situation hat sich geändert. Er ist nicht mehr traurig um seiner selbst willen – es gibt ihn nicht mehr. Er ist nur noch reine Seligkeit, reine Ekstase. Die Frage der Traurigkeit taucht nicht mehr auf.

Seine Traurigkeit gilt den anderen. Er könnte etwas tun, aber das Schiff kommt, und das Meer ruft, und die Existenz duldet keine Ausnahmen. Er wird das Schiff besteigen müssen.

Mit Freude im Herzen über das, was ihm geschehen ist, und Tränen in den Augen – denn er wird all jene zurücklassen müssen, mit denen er so lange gelebt und gelitten hat, mit denen er beinahe eins geworden ist.

Denn zu bleiben, auch wenn die Stunden in der Nacht brennen, hieße zu gefrieren und unbeweglich zu werden und in einer Form zu erstarren.

Er ist in doppelter Bedrängnis: Er kann nicht länger bleiben – die Regeln erlauben es nicht. Aber er könnte auch nicht bleiben, selbst wenn die Existenz eine Ausnahme machen würde, denn da er weder in dieser noch in jener Welt verweilen könnte, würde es einen unerträglichen Zustand für ihn bedeuten: *Denn zu bleiben, auch wenn die Stunden in der Nacht brennen, hieße zu gefrieren und unbeweglich zu werden und in einer Form zu erstarren.*

Es gibt nur zwei Wege: entweder zurückzugehen und das Leben zu leben, das er nie leben wollte – um der anderen willen –, oder weiterzugehen und in ein neues Leben, ein höheres Leben einzutreten – ein Leben, das keinen Tod kennt.

Aber wenn er zwischen den beiden verweilte, würde er in einer Form erstarren, würde er zu einer Steinstatue.

Das Leben ist Bewegung. Es ist ein Fließen, ein Fluß, eine ständige Bewegung.

In dem Augenblick, in dem es aufhört, sich zu bewegen, wird es trübe, schmutzig und beginnt abzusterben. Solange es im Fluß ist, bleibt es frisch, jung, aufregend und ein Abenteuer, weil man nie weiß, was sich im nächsten Augenblick ereignen wird.

Die Existenz kennt nur dieses Fließen – immer in Bewegung, ohne Stillstand. Stillstand ist ein anderer Name für Tod. In jeglicher Richtung, in jeglicher Dimension gilt: Sobald ihr zum Stillstand kommt, seid ihr tot.

Aus diesem Grund bin ich gegen die Idee, daß Gott vollkommen sei. Wenn er vollkommen wäre, dann hätte Friedrich Nietzsche recht, daß Gott tot ist. Vollkommenheit bedeutet Tod. Sobald etwas vollkommen ist, bleibt nichts mehr zu tun übrig, nirgendwo mehr hinzugehen, keine Möglichkeit für weiteres Wachstum. Und weil alle Religionen dieser Welt ihren Gott absolut vollkommen gemacht haben, hat Nietzsche gesagt: »Gott ist tot.« Aber Nietzsche war nur ein Philosoph – von höchster Intelligenz, aber kein Meditierender.

Ich sage euch, es hängt von euch ab, ob euer Gott lebt oder stirbt.

Bleibt in Bewegung, und euer Gott wird lebendig sein. Bleibt stehen, und euer Gott wird tot sein.

Es ist fast so wie mit einem Vogel, der fliegt. Solange die Flügel sich bewegen, ist der Vogel lebendig. Wenn die Flügel aufhören, sich zu bewegen, wird der Vogel auf die Erde herunterfallen und tot sein. Bewegung ist gleichbedeutend mit Leben. Alles Gleichbleibende, Unbewegliche ist gleichbedeutend mit Tod. Nur der Tod bewegt sich niemals. Das Leben kennt kein anderes Gesetz als die Bewegung.

Ich habe immer eine schöne alte Geschichte geliebt...

Ein großer König träumte einmal, daß ein schwarzer Schatten vor ihm stand. Selbst im Traum verspürte er große Angst, aber irgendwie schaffte er es, den Schatten zu fragen: »Wer bist du, und was willst du hier in meinem Traum?«

Der Schatten sagte: »Ich komme mit einer Absicht. Ich bin nicht dein Feind, habe keine Angst. Ich komme, um dich zu warnen, denn morgen, wenn die Sonne untergeht, wirst du sterben. Darum tue, was in deiner Macht steht, um dem Tode zu entrinnen.

So etwas ist noch nie dagewesen«, sagte der Tod. »Nie wird jemand vor dem Tode gewarnt. Er kommt nicht auf Verabredung; er kommt einfach so und nimmt dich fort. Aber weil du ein guter Mensch bist, ein edler König, den Tausende lieben... Du hast kein Land erobert, hast keine Kriege geführt, hast niemandem Gewalt angetan. Nur deshalb breche ich zum ersten Mal meine eigene Regel und sage dir Bescheid. Du hast noch fast einen ganzen Tag, um dich in Sicherheit zu bringen – unternimm etwas!«

Wer könnte nach einem solchen Traum weiterschlafen? Der König alarmierte sofort seine Wachen. Er hatte einen alten Diener, der wie ein Vater für ihn war. Sein Vater war früh gestorben, und dieser Diener hatte ihn aufgezogen und sein Reich für ihn gehütet. Und als er ins richtige Alter kam, hatte er ihn zum König gekrönt. Natürlich ließ er diesen alten Mann rufen.

Er sagte zu ihm: »Ich habe diesen Traum gehabt... Und nun habe ich die Sicherheitsmaßnahmen verstärkt. Was kann ich noch tun? Die Zeit ist kurz. Noch nie habe ich die Zeit so dahinrasen sehen.«

Der alte Mann sagte: »Sicherheitsmaßnahmen werden nichts helfen. Wenn der Tod sogar in deine Träume kommen kann... was könnten deine Leute ausrichten, um es zu verhindern? Am besten rufst du jetzt gleich alle Weisen deines Landes – die Astrologen,

Philosophen, Schriftgelehrten und Hohepriester – und fragst sie um ihren Rat. Ich bin nur ein alter Diener.«

Unverzüglich wurden alle Weisen der Hauptstadt zusammengerufen. Sie kamen mit ihren Schriften und fingen an, miteinander zu diskutieren. Die Nacht war um, die Sonne war schon aufgegangen. Und wenn die Sonne erst einmal aufgegangen ist, dann ist der Sonnenuntergang auch nicht mehr weit. All diese Weisen – die Philosophen, Astrologen und all die anderen – waren so sehr in das Diskutieren und gegenseitige Kritisieren ihrer Standpunkte verwickelt, daß der alte Diener zum König sagte: »Laß diese Leute. Sie haben sich in all den Jahrhunderten auf nichts einigen können! Keine zwei Philosophen sind sich je über einen einzigen Punkt einig geworden. Und bei den umfangreichen Schriften, die sie mitgebracht haben, kann es noch Jahrhunderte dauern. Jeder hat seine eigene Hypothese, seine eigene Theorie über den Tod. Mein Vorschlag ist: Laß sie diskutieren! Du aber nimm dein bestes Pferd – du hast das beste Pferd der Welt – und fliehe aus diesem Palast, so schnell du kannst. Halte nicht an, bevor nicht die Sonne untergegangen ist und du noch am Leben bist.«

Der Gedanke war überzeugend.

In Tibet gibt es ein Sprichwort: Warum bellen die Hunde sich ständig an, tagein, tagaus? Das Sprichwort sagt: Weil sie Philosophen sind. Sie haben es aus ihren früheren Leben noch nicht vergessen. Darum bellen sie sich gegenseitig an; sie kennen nichts anderes.

Aber seltsamerweise bellen sie auch den Mond an. Was kümmert sie der Mond? Sie sind doch keine Astronauten! Vielleicht diskutieren sie über seine Schönheit. Für uns hört es sich an wie Bellen, aber das ist ihre Sprache.

Sie bellen auch immer Leute in Uniform an: Polizisten und Briefträger. Komische Wesen! Warum nur bellen sie die armen Briefträger und die Polizisten und die *Sannyasins** an? – weil sie absolut gegen jede Uniformität sind! Nie können sie sich auf etwas einigen, und Uniformität zeugt von Einigkeit. Deshalb habe ich es

*Ein *Sannyasin* ist traditionell in Indien ein spiritueller Sucher im orangefarbenen Gewand. Osho nannte seine Schüler Sannyasins und ließ sie rote Kleider tragen.

wieder aufgehoben...* Wozu unnötig die armen Hunde beunruhigen? Wenn ihr nicht in Uniform seid, wird der Hund euch gar nicht beachten. Ihr habt nichts zu bedeuten; ihr seid dann für ihn kein philosophisches Problem. Aber sobald ihr in Uniform seid, ist es dem Hund unmöglich, *keinen* Protest einzulegen.

Darum also sagte der alte Mann: »Du kennst das alte Sprichwort. Diese Astrologen und Philosophen werden bestimmt als Hunde wiedergeboren, und dann werden sie bellen. Und sie werden bis in alle Ewigkeit so weitermachen. Vergeude nicht die Zeit. Sie interessieren sich gar nicht für dich, sie interessieren sich nicht für deinen Tod. Sie interessieren sich nur für ihre eigene Meinung über den Tod.«

Der König entfloh aus dem Palast. Das schien eine sehr vernünftige Entscheidung. Der Tod war im Palast erschienen, darum war es wohl das Beste, sich so weit wie möglich vom Palast zu entfernen. Der König hatte ein wirklich großartiges Pferd, das brachte ihn bis über die Grenzen seines Königreiches hinaus. Er war sehr glücklich. Als die Sonne unterging, kam er in einen wunderschönen Hain von Mangobäumen – ein stiller, kühler Platz zum Ausruhen. Den ganzen Tag hatten sie nichts gegessen und sich nicht einmal um ihren Durst gekümmert, denn es war keine Zeit zu verlieren. Man stirbt nicht gleich, wenn man einen Tag lang kein Wasser trinkt und nichts zu sich nimmt.

Aber nun war der Tag fast um. Die Sonne war schon zur Hälfte unter dem Horizont, und auch die zweite Hälfte würde gleich versinken... Und dann würde die Nacht kommen, und er hatte einen schönen Platz gefunden.

So sagte er: »Dies ist der richtige Platz«, und er hielt sein Pferd an. Er stieg ab, streichelte es und sagte: »Du bist mein größter Freund. Ich habe noch nie ein Pferd gesehen, das so schnell laufen kann wie du.« Und gerade als er sein Pferd lobte, ging die Sonne unter. Da fühlte er eine Hand auf seiner Schulter. Er blickte sich um – und da war der schwarze Schatten, den er im Traum gesehen hatte.

Der Schatten sagte: »Auch ich muß deinem Pferd danken. Du

* das Tragen der roten Kleidung

hast wahrlich das beste Pferd der Welt. Ich machte mir schon Sorgen. Dies ist der Ort, der für deinen Tod bestimmt ist. Ich hatte Sorge, ob du es noch rechtzeitig schaffen würdest. Aber du bist zur rechten Zeit gekommen. Genau in dem Moment, als du zum Stillstand kamst... ich war dir gefolgt – da war meine Arbeit getan.«

Immer wenn etwas zum Stillstand kommt... Jeder Endpunkt ist ein Totpunkt. *Denn zu bleiben, auch wenn die Stunden in der Nacht brennen, hieße zu gefrieren und unbeweglich zu werden und in einer Form zu erstarren.* Man kann nicht länger bleiben. Sobald man das Schiff erblickt hat, sobald man den Ruf des Meeres vernommen hat, kann man nichts anderes mehr tun.

Gern nähme ich alles, was hier ist, mit mir. Aber wie wäre mir das möglich?

Das ist eine große Einsicht. Auch wenn das ganze Leben voller Unglück, Schmerz, Qual und Angst ist, gibt es doch auch Augenblicke der Freude, Augenblicke der Liebe. Es läßt sich schwer trennen. Alles ist durcheinandergemischt, aber das Leben ist nie absolut dunkel. Auch in der Dunkelheit gibt es ein paar leuchtende Sterne. In der Tat, je tiefer die Dunkelheit im Leben, um so mehr leuchten auch die Sterne.

Gern nähme ich alles, was hier ist, mit mir... Nichts kann man mitnehmen. Und dabei ist es so viel!

...Aber wie wäre mir das möglich?

In dem Augenblick, in dem ihr die Grenze von diesem zum universellen Leben überschreitet, müßt ihr alles zurücklassen. Ihr könnt nichts mitnehmen, außer euch selbst. Darum hatten alle intelligenten Menschen dieser Welt immer nur ein Interesse: Sich selbst zu erkennen, sich selbst zu finden – denn das ist das einzige, was ihr in diese Welt mitgebracht habt, und das ist das einzige, was ihr aus dieser Welt mitnehmen werdet. Alles andere gehört der Welt; nichts gehört euch.

Eine Stimme kann nicht die Zunge und die Lippen mit sich tragen, die ihr Flügel gaben.
Allein muß sie in den Äther hinaus.

Auch wenn es Zunge und Lippen waren, welche die Stimme, das Lied, das Gedicht gebaren... das Lied kann die Lippen und die Zunge nicht mitnehmen. Das Lied wird sie zurücklassen müssen. *Allein muß sie in den Äther hinaus*, in diese ewige Unendlichkeit des Raumes.

Und allein und ohne sein Nest muß der Adler zur Sonne fliegen.

Ihr könnt euer Nest nicht mitnehmen. Ihr habt es gebaut, es war behaglich. In Regen, Winter und Sommer war es euch Schutz, aber ihr könnt es nicht mitnehmen. Ihr könnt nicht jene mitnehmen, die euch geliebt haben. Ihr könnt nicht jene mitnehmen, ohne die ihr vermeintet, nicht leben zu können. Es war euer Liebesnest.

Allein – und absolut allein – *muß der Adler zur Sonne fliegen.* Es ist dem Adler nicht möglich, Gepäck mitzunehmen, so kostbar es auch sei.

All diese Gedanken wurden mit einen Mal sehr wichtig. Das waren sie vorher nie gewesen. Vorher hatte er sich Gedanken gemacht, wie er aus diesem Irrenhaus herauskommen könnte, das wir »die Welt« nennen, wie er dieser Menge von Irren, die euch umgibt, entkommen könnte.

Doch jetzt, in dem Augenblick, wo du es könntest, erkennst du plötzlich: Du wirst allein sein. Aber du bist nie allein gewesen. Du wurdest hineingeboren in eine Familie, in eine Gesellschaft, in eine Tradition, in eine Religion, in ein Land. Du bist mitten unter Millionen von Menschen aufgewachsen, und plötzlich mußt du *alles* zurücklassen, ohne Unterschied.

Aus solchen Erfahrungen entstand die Idee des Weltverzichts. Als Mahavira auf sein Königreich verzichtete – er sollte seinem Vater nachfolgen –, da versuchte sein jüngerer Bruder ihn zu überreden: »Du wirst König sein! Warum gehst du fort?«

Und seine Antwort war: »Es ist nur eine Frage der Zeit. Eines Tages muß man ohnehin gehen, allein. Das Morgen ist ungewiß. Darum muß ich jetzt gleich gehen. Und du bist ja hier, um König zu werden – sei *du* der König.« Und er war so total in seinem Verzicht, daß er sogar auf seine Kleider verzichtete. Er ging nackt.

In diesem Zusammenhang sind drei Namen bemerkenswert. Der eine ist Mahavira in Indien, der andere Diogenes in Griechenland, und die dritte ist Laila in Kaschmir. Sie verzichteten auf alles, aus dem einfachen Grund: Wenn ohnehin alles genommen wird, ist es ehrenvoller, selbst darauf zu verzichten. Wenn es sicher ist, absolut sicher ist, daß alles genommen wird – wozu dann unnötig diese Last schleppen und all die Probleme und Sorgen, die diese Last mit sich bringt?

Von diesen dreien ist Laila am wichtigsten, weil sie eine Frau ist. Nackt zu sein ist für einen Mann nicht so schwierig, aber für eine Frau... und eine so schöne Frau! Kaschmir hat die schönsten Frauen der Welt. Und Kaschmir liebte Laila sehr – fast ein Ding der Unmöglichkeit für Mohammedaner, denn Kaschmir ist zu neunzig Prozent mohammedanisch, und Laila war eine Hindu! Doch die Mohammedaner in Kaschmir haben einen Ausspruch: »Wir verehren nur zwei Wörter auf dieser Welt: *Allah* – Gott – und *Laila.* Diese beiden Wörter sind genug.« Sie haben Laila auf dieselbe Stufe gehoben wie Gott. Das haben sie nicht einmal mit Hazrat Mohammed, dem Begründer des Mohammedanismus, getan. Dabei ist Laila nicht einmal Mohammedanerin! Aber ihr Mut, ihre Anmut, ihre Schönheit und ihre absolute Entschlossenheit, keinerlei Besitz zu haben und wie ein Adler zu sein, ganz ohne Besitz...

So paradox es ist, aber man sollte sich merken: Sobald ihr auf alles verzichtet, besitzt ihr das ganze Universum. Dann gehört euch der ganze Himmel.

Als er nun unten am Hügel angekommen war, wandte er sich wieder dem Meer zu, und er sah sein Schiff in den Hafen einlaufen und auf dem Bug die Seeleute, die Männer seines eigenen Landes.

Nun wird es immer schwieriger für ihn. Zuerst war es ein weit entferntes Schiff, in Nebel gehüllt. Da wäre es noch möglich gewesen, sich für das Bekannte zu entscheiden und das Unbekannte zu ignorieren. Doch als er den Hügel hinabstieg, schaute er noch einmal zurück. Das Schiff hatte fast den Hafen erreicht, und er sah die Seeleute, und er sah viele *Männer seines eigenen Landes.*

Das sind alles Symbole. Khalil Gibran versucht uns durch Almustafa zu sagen, daß es unmöglich ist, das Bekannte zu wählen, sobald das Unbekannte immer näher kommt. Und in dem Moment, in dem er die Leute seines eigenen Landes sieht, da wird aus dem Unbekannten etwas Bekanntes. Jetzt ist das Risiko nicht mehr so groß. Er kennt diese Leute, er hat sie wiedererkannt. Jetzt kommt es nicht mehr in Frage, zu wählen. Als er am Fuß des Hügels angekommen ist, weiß er im Herzen, daß seine Zeit zu gehen gekommen ist. Nun kann ihn nichts mehr davon abhalten. Das einzige, was ihn hätte abhalten können, war die Unbekanntheit, die Fremdheit des Schiffes – aber nun ist es nicht mehr fremd.

Diese Leute stehen für Erfahrungen: Erfahrungen, die er jetzt als die wahre Quelle seines Lebens wiedererkennt – und nicht diese Welt, in der er stets ein Außenseiter und Fremdling war und versucht hatte, sich einzureden: »Ich bin kein Außenseiter. Ich bin Hindu. Ich bin Mohammedaner. Ich bin Christ.« Das sind alles Täuschungen, die wir kreiert haben, falsche Identitäten, damit wir nicht fühlen müssen, daß wir an einem fremden Ort sind, wo wir nicht hingehören.

Kein Mensch ist ein Hindu, kein Mensch ist ein Mohammedaner, kein Mensch ist ein Christ. Kein Mensch ist ein Deutscher, kein Mensch ist ein Japaner, kein Mensch ist ein Amerikaner. Das sind alles falsche Identitäten – Krücken. Irgendwie halten wir an unserem Glauben an diese Dinge fest, weil wir uns sonst so allein fühlen würden.

Kein Mensch ist ein Ehemann, kein Mensch ist eine Ehefrau. Bloß weil ihr neben einem Feuer gesessen habt, während ein Priester in Sanskrit Mantras rezitierte, die weder er noch ihr versteht... und ein paar Minuten zuvor wart ihr noch Fremde gewesen! In Indien – und dasselbe gilt auf die eine oder andere Weise für alle Länder – beruht das alles auf einem Ritual. Der Priester kreiert das Ritual: Ein Mann und eine Frau umschreiten siebenmal das Feuer, und aus zwei Fremden werden Eheleute, die füreinander bestimmt sind.

Als ich Professor war, gab es an meiner Universität einen Professor, der hatte eine schwere Zeit mit seiner Frau. Sie hat ihn tatsächlich geprügelt. Schließlich kam er zu mir. Ich kannte ihn nicht, aber jemand hatte mich ihm empfohlen: »Dieser Mann hat so seltsame Ideen. Vielleicht fällt ihm etwas ein.«

Er sagte: »Ich will nichts verbergen.« Und er zeigte mir seinen Rücken. Am selben Morgen hatte seine Frau ihn mit dem Stock blutig geschlagen. Er sagte: »Was soll ich nur machen?«

Ich sagte: »Du bist ein Idiot. Wie ist sie deine Frau geworden?«

Er sagte: »Wie? Wir haben die sieben Runden um den Feuergott gemacht.«

Ich sagte: »Dann macht noch einmal sieben Runden, aber diesmal in der anderen Richtung. Es ist ganz einfach! Das Feuer ist kein Problem. Wenn ihr im Uhrzeigersinn gegangen seid, dann geht diesmal gegen die Uhr, und wenn ihr gegen die Uhr gegangen seid, dann geht diesmal im Uhrzeigersinn. Und sagt euch Lebewohl. Wozu die Probleme?«

Er sagte: »Die Leute, die mich zu dir geschickt haben, hatten recht. Du bist wirklich ein Mann mit seltsamen Ideen. Darauf wäre ich nie gekommen. Eine so einfache Lösung! Wenn zwei Leute Mann und Frau werden können, indem sie sieben Runden um das Feuer machen, dann können sie in der anderen Richtung frei werden!« Er sagte: »Aber du mußt mitkommen.«

Ich sagte: »Warum willst du mir Probleme machen?«

Er sagte: »Aber wir brauchen doch einen Priester!«

Ich sagte: »Okay, dann komme ich.«

Er sagte: »Kannst du Sanskrit?«

Ich sagte: »Mach dir keine Sorgen. Euer Priester konnte es auch nicht, und du und deine Frau auch nicht. Und dieses Mal ist es ja keine Hochzeit. Ich werde es auf Hebräisch machen.«

Als er das Wort »Hebräisch« hörte, fragte er: »Bist du Jude?«

Ich sagte: »Ich bin gar nichts. Ich dachte nur, wenn ihr in Sanskrit geheiratet habt, könnte Hebräisch hilfreich sein. Auf alle Fälle müßt ihr gegen den Uhrzeigersinn gehen.«

Er sagte: »Gib mir ein bißchen Zeit...«

Ich sagte: »Du willst wohl noch einmal Prügel von deiner Frau beziehen? Du brauchst Zeit, damit du deine Frau fragen kannst, wie sie darüber denkt. Sie wird dich verprügeln. Aber dann komme ich nicht, denn wenn sie *dich* schlagen kann..., und ich bin ein Fremder. Ich will nicht unnötig Prügel beziehen!«

Wir schaffen uns Freunde und Beziehungen, die nur den einen Zweck haben: vorzutäuschen, daß wir nicht allein sind. Aber was ihr auch tut, es ist alles unecht. Tief drinnen wißt ihr, selbst wenn ihr seit dreißig oder vierzig Jahren mit eurer Frau lebt: Weder kennt ihr sie, noch kennt sie euch. Ihr könnt keine fünf Minuten lang ein nettes Gespräch mit ihr führen. Kaum kommt der Ehemann zur Tür herein, fängt er sofort an, die Zeitung zu lesen, nur um seiner Frau auszuweichen. Aber so leicht geht das nicht. Frauen werfen mit Zeitungen, mit Büchern und sie stellen das Radio ab und den Fernseher. »Ich habe den ganzen Tag auf dich gewartet, und wenn du dann endlich nach Hause kommst, weichst du mir mit solchen Tricks aus!« Geht in irgendein Haus, und ihr werdet euch wundern: Wenn die Frau in der Nähe ist, hält der Ehemann seine Zeitung vor sich hin. Er liest gar nicht darin oder hat sie schon mehrmals gelesen.

Was auch immer wir tun, es gibt keinen Klebstoff, der zwei Menschen zu einem machen könnte. Selbst ein Klebstoff »Made in Germany« bringt es nicht.

Und seine Seele rief hinaus zu ihnen und er sagte:
Söhne meiner ehrwürdigen Mutter, ihr Reiter der Gezeiten, wie oft seid ihr in meinen Träumen gesegelt.
Und nun kommt ihr in meinem Wachen, das mein tieferer Traum ist.

Es gibt nicht einen einzigen Menschen, der seine Situation akzeptiert, wie sie ist. Da ist immer der Traum, daß die Dinge besser sein könnten. Man könnte in einer besseren Welt leben. Man selbst könnte ein besseres Bewußtsein haben. ...*wie oft seid ihr in meinen Träumen gesegelt.*

Und nun kommt ihr in meinem Wachen, das mein tieferer Traum ist.

Wenn ihr meditiert, werdet ihr durch viele Schichten eures Gemüts hindurchgehen – vom Bewußten zum Unbewußten, vom Unbewußten zum kollektiven Unbewußten, vom kollektiven Unbewußten zum kosmischen Unbewußten. Das ist eure Nachtseite, die dunkle Nacht eurer Seele. Und ihr werdet auf seltsame Träume stoßen, auf seltsame Phänomene.

Die westliche Psychologie hat sich völlig in den unbewußten Teil eures Seins verrannt, die dunkle Seite eures Seins. Sie kann eine einfache, logische Wahrheit nicht sehen: Wo es Nacht gibt, da muß es auch Tag geben. Wo es Unbewußtheit gibt, mehr und immer noch mehr Unbewußtheit, da muß es in eurem Leben noch einen zweiten Flügel geben: mehr und immer mehr Bewußtheit...

Meditation und Psychologie bewegen sich in zwei entgegengesetzte Richtungen. Die Psychologie gräbt ständig in den dunklen Teilen eures Seins und findet dort nur Träume. Sie wird zur Psychoanalyse, zur bloßen Traumanalyse.

Im Osten haben wir uns um den unbewußten Teil gar nicht gekümmert, denn mit dem gleichen Aufwand kann man sich auch zur anderen Seite des Seins hinbewegen: zur helleren Seite, der Tagseite des Lebens, wo die Sonne am wolkenlosen Himmel scheint. Vom Bewußten zum Überbewußten, vom Überbewußten zum kollektiven Überbewußten, und vom kollektiven Überbewußten zum kosmischen Überbewußten... Dieses kosmische Überbewußte ist der Augenblick des Erwachens.

Khalil Gibran sagt:

»Ich habe euch in meinen Nächten gesehen; jetzt sehe ich euch mit voll erwachtem Bewußtsein. Doch dies ist mein tiefster Traum: mich selbst zu erkennen, ich selbst zu werden und mein Potential zu erfüllen. Obwohl ich euch also in vollem Erwachen sehe, ist es gleichzeitig mein tiefster Traum und meine größte Sehnsucht, nach Hause zu kommen. Es wird immer schwieriger, jetzt noch länger an diesem Ufer zu bleiben.«

Ich bin bereit zu gehen, und meine Ungeduld erwartet mit gesetzten Segeln den Wind.

»Ich warte nur noch auf den Wind, der mich nach Hause bringen wird. *Ich bin bereit zu gehen, und meine Ungeduld erwartet mit gesetzten Segeln den Wind.* Das Warten gilt nur dem Wind, damit die Segel sich im Wind blähen können und ich zu meinem Ursprung, ins Land meines tiefsten Traumes und meines tiefsten Erwachens zurückkehren kann.«

Nur einen Atemzug noch will ich tun in dieser stillen Luft, nur einen liebenden Blick noch zurückwerfen,
Und dann werde ich unter euch stehen, ein Seefahrer unter Seefahrern.

„Weil die Luft still ist, kann das Schiff noch nicht fahren. Diese kurze Zeit kann ich nutzen. Zumindest kann ich meinen letzten Atemzug atmen in Erinnerung an diese seltsame Welt. *...nur einen liebenden Blick noch...* Mit liebenden Augen kann ich zurückblicken auf die Welt, in der ich gelebt, geliebt, gelitten und mich erfreut habe. Sie war bisher mein Zuhause. Jetzt erkenne ich, sie ist nur eine Karawanserai. Aber schöne alte Erinnerungen... nur einen Blick noch zurück! Noch einen Atemzug, dann bin ich bereit...«

Und dann werde ich unter euch stehen, ein Seefahrer unter Seefahrern.
Und du, unermeßliches Meer, schlafende Mutter,
Die du allein dem Fluß und dem Strom Frieden und Freiheit bist,
Nur eine Biegung noch wird dieser Strom machen...

Khalil Gibran hat wahrhaftig eine magische Hand. Welche Worte er auch berührt... es sind gewöhnliche Wörter, wie ihr sie auch benutzt, doch sobald er sie berührt, verwandeln sie sich in Gold. Er sagt, daß jeder Fluß, bevor er in den Ozean fällt, einen Moment zögert. Er will zurückschauen auf seine lange Reise von den Bergen, auf all die Erfahrungen, die guten wie die schlechten...

Nur eine Biegung noch wird dieser Strom machen, nur ein Murmeln noch in diesem Hain,
Und dann werde ich zu dir kommen...

Gib mir noch so viel Zeit!

Ein grenzenloser Tropfen in einem grenzenlosen Ozean.

Ich bin bereit.

Die Schönheit seiner Aussage, daß alles, was auch geschehen ist, immer gemischt war... Und man weiß nie: Vielleicht gibt es nie wieder Gelegenheit, diesen fremden Ort, diese fremden Menschen zu besuchen, die ich für meine Freunde gehalten habe, für meine Ehefrauen, meine Ehemänner, meine Kinder, all die Bäume, die Berge... Nur noch einen Blick, und es ist noch Zeit, denn die Luft ist still. Wenn die Luft anfängt, die Segel des Schiffes zu blähen, bin ich bereit.

Er ist zu einem Entschluß gekommen, den jeder Sucher der Wahrheit eines Tages fassen muß.

Ich hoffe, jeder von euch wird an den gleichen Punkt gelangen, wo der Fluß einen Blick zurückwirft, bevor er verschmilzt mit dem Ozean und zum Ozean wird...

Ein grenzenloser Tropfen in einem grenzenlosen Ozean.

3

SPRICH UNS VON DER LIEBE...

Ein Sucher der Stille...

Und als er weiterging, sah er von weitem Männer und Frauen ihre Felder und Weinberge verlassen und zu den Stadttoren eilen.
Und er hörte, wie ihre Stimmen seinen Namen riefen
und von Feld zu Feld schrien,
um einander laut die Ankunft seines Schiffes mitzuteilen.
Und er sagte zu sich:
Soll der Tag des Abschieds der Tag der Ernte sein?
Und soll das heißen, daß mein Abend in Wahrheit meine Morgenröte war?
Und was soll ich dem geben, der seinen Pflug mitten auf dem Feld gelassen hat, oder dem, der das Rad seiner Weinpresse angehalten hat?
Wird mein Herz ein Baum werden, schwer von Früchten, die ich pflücken und ihnen schenken kann?
Und werden meine Wünsche fließen wie eine Quelle, damit ich ihre Becher füllen kann?
Bin ich eine Harfe, damit die Hand des Mächtigen mich berühren kann, oder eine Flöte, damit sein Atem mich durchstreifen kann?
Ein Sucher der Stille bin ich, und welchen Schatz habe ich in der Stille gefunden, den ich mit Zuversicht verteilen kann?
Wenn dies mein Tag der Ernte ist, in welche Felder habe ich den Samen gesät und zu welchen vergessenen Jahreszeiten?
Wenn dies wirklich die Stunde ist, in der ich meine Laterne hochhalte, dann ist es nicht meine Flamme, die darin brennt.
Leer und dunkel werde ich meine Laterne erheben,
Und der Wächter der Nacht wird sie mit Öl füllen, und er wird sie auch anzünden.
Diese Dinge drückte er mit Worten aus. Doch vieles in seinem Herzen blieb ungesagt. Denn er selbst konnte sein tieferes Geheimnis nicht aussprechen.

In dem Augenblick, in dem ein Mensch zu seinem eigenen Selbst zurückkehrt, nachdem er lange in fremden Ländern umherirrte und sinnlose Leben lebte, bedeutet dies nicht nur, daß *er* heimkehrt. Die Wahrheit seiner Heimkehr wird auch in Tausenden von Herzen, nah und fern, unmittelbar gefühlt.

Die Flamme der Wahrheit läßt sich nicht verbergen. Diejenigen, die Augen haben, können nicht umhin, sie zu sehen. Und es läßt sich nicht verhindern, daß der Duft seines Aufblühens diejenigen erreicht, die noch nicht tot sind, die noch lebendig sind, die noch empfindsam sind, die dafür noch empfänglich sind.

Und so geschah es. Als Almustafa sah, wie sein Schiff dem Hafen näher und näher kam, und als er erkannte, daß dieses Schiff nichts Unbekanntes war, sondern etwas, das er nur vergessen hatte... Es ist ihm vertraut. Er erkennt die Leute, die Seeleute auf dem Schiff, und plötzlich verschwindet seine Angst vor dem Unbekannten. Und mit dem Verschwinden der Angst taucht Entschlossenheit in ihm auf: »Jetzt muß ich gehen. Meine Zeit ist gekommen, diese dunkle, düstere Existenz zu verlassen und zum Ewigen, zum Höchsten aufzubrechen.«

Und als er weiterging...

...herab von dem Hügel, war er überrascht zu sehen:

...sah er von weitem Männer und Frauen ihre Felder und Weinberge verlassen und zu den Stadttoren eilen.

Es ist noch gar nichts gesagt worden. Aber etwas hat die Herzen jener berührt, die noch nicht versteinert sind, die noch fühlen können, die noch lieben können. Er hat niemandem verraten, daß sein Schiff gekommen und die Zeit seiner Abreise nicht mehr fern ist. Er macht sich gerade auf den Weg, um ihnen zu sagen: »Lange habe ich unter euch gelebt. Tausende schöner Erinnerungen trage ich in mir, aber ich werde euch verlassen müssen. Ich habe den Ruf vom Meer vernommen. Die Leute meines Landes, meiner Geburt, meines Ursprungs, auf die ich zwölf Jahre lang gewartet habe, sind gekommen.«

Ohne jeglichen Hinweis begannen die Menschen, aus verschiedenen Richtungen zu ihm zu eilen ...*ihre Felder und Weinberge* zu *verlassen und zu den Stadttoren* zu *eilen.*

Es ist nicht so, daß Kommunikation immer Worte benötigt. In der Tat, je wertvoller eine Botschaft ist, um so weniger werden Worte benötigt. Und wenn es eine Botschaft über die letztendliche Heimat ist, dann genügt Stille.

Warum fingen diese einfachen, unschuldigen Menschen plötzlich an, zu ihm hinzulaufen? – zu *eilen...* Sie hatten sich nie um ihn gekümmert. Er hatte zwölf Jahre unter ihnen gelebt, und keiner hatte ihm auch nur die geringste Aufmerksamkeit geschenkt. Und heute, da er fortgehen wird, eilen die Männer und Frauen zu ihm hin.

So ist es immer gewesen. In der ganzen Geschichte der Menschheit hat niemand die Wahrheit verbergen können. Die Wahrheit ist wie ein Licht – wie könnte man sie verbergen? Sie mag für euch ein weit entfernter Stern sein, sie mag für euch unerreichbar sein, doch niemand kann verhindern, daß ihr sie als solche erkennt.

Und vergeßt nicht: Die Wahrheit als Wahrheit zu erkennen, ist keine kleine Sache. Euer Herz wird berührt, euer Sein ist voller Freude. Einer von euch, wenigstens einer von euch, ist aufgeblüht; sein Duft hat euch erreicht. Bevor die Blütenblätter welken und die Blüte wieder verschwindet, müßt ihr schnell kommen, um wenigstens adieu zu sagen, um eure Dankbarkeit zu erweisen. Denn seine Selbstverwirklichung beweist ein für allemal, daß ihr den gleichen Samen in euch tragt. Vielleicht habt ihr nicht danach gesucht, habt ihn links liegen gelassen, habt euch in den unzähligen Dingen dieser Welt verloren...

Ein einziger Mensch, der sich seiner selbst erinnert, gemahnt viele: Was tut ihr hier? Ihr seid nicht wegen der trivialen Dinge, in die ihr verwickelt seid, hierhergekommen. Ihr habt vergessen, daß diese Erde eine Ausbildungsstätte ist, eine Schule, eine Disziplin, eine Lektion, eine Jüngerschaft.

Und er hörte, wie ihre Stimmen seinen Namen riefen und von Feld zu Feld schrien, um einander laut die Ankunft seines Schiffes mitzuteilen.

Sie hatten ihm nie geglaubt. Er hatte ihnen immer wieder gesagt: »Nur noch kurze Zeit, dann wird mein Frühling kommen. Bald kommt mein Schiff.« Sie hatten über ihn gelacht, hatten sich über ihn lustig gemacht. Sie hatten ihm nicht geglaubt. Sie dachten, er sei ein Dichter, ein Tagträumer, doch sie hatten nie damit gerechnet, daß sein Schiff wirklich kommen könnte.

Und jetzt schreien sie *von Feld zu Feld, um einander... mitzuteilen:* »Wir hatten unrecht, und er hatte recht. Wir waren viele, er war allein. Er konnte nichts beweisen, er hatte keinen Beweis für die unbekannten Länder, von denen er sprach, doch jetzt bedarf es keines Beweises mehr. Das Schiff ist gekommen.«

Es gibt Horizonte jenseits des Horizonts. Man braucht nur ein Herz, das stark genug ist, um zu warten.

Und er sagte zu sich:
Soll der Tag des Abschieds der Tag der Ernte sein?

Während der ganzen Zeit, in der er unter ihnen weilte, hatte er versucht, diese Leute um sich zu scharen, doch keiner hörte ihm zu. Er war ein Außenseiter, ein Fremder, der von fremden und mysteriösen Dingen redete, für die er keine Vernunftgründe und keinen logischen Beweis hatte. *Soll der Tag meines Abschieds der Tag der Ernte sein*... jetzt, da ich gehen werde? Sie eilen herbei und schreien seinen Namen von Feld zu Feld: »Obwohl er allein war, hatte er recht. Wir waren viele, aber wir hatten unrecht.«

Die Wahrheit ist keine Frage von Mehrheit oder Minderheit. Die Wahrheit ist immer eine Sache des Einzelnen und nie der Masse. Aber die Masse erkennt es erst zum Zeitpunkt des Abschieds – doch dann ist es zu spät.

Und soll das heißen, daß mein Abend in Wahrheit meine Morgenröte war?

Zwölf Jahre lang hatte er sich abgemüht. Immer wieder hatte er darauf beharrt, darauf hingewiesen, hatte an jede Tür geklopft: »Keine Sorge, mein Schiff wird kommen!« Aber zwölf Jahre lang hatten die Menschen immer dasselbe gehört: »Mein Schiff wird kommen, mein Schiff wird kommen«, doch es kam nie, und keiner wußte, woher es kommen sollte, und keiner wußte, daß es ein anderes Ufer gibt.

Wie tief war seine Sehnsucht gewesen, diese Menschen zu überzeugen: »Dies ist nicht eure wahre Heimat!« »Sollte *mein Abend in Wahrheit meine Morgenröte* sein? Meine letzten Worte, meine Abreise – sie werden der Beweis sein für meine Wahrheit.«

Hier geht es nicht nur um Almustafa. Hier geht es um alle Mystiker dieser Welt. Am Tag ihres Abschieds, ihres Abends – erst wenn sie gehen, erkennen es die Menschen. So blind ist die Menschheit; so irrsinnig ist diese Welt. Doch er beklagt sich nicht. Im Gegenteil, was ihn bekümmert, ist nur eines:

Und was soll ich dem geben, der seinen Pflug mitten auf dem Feld gelassen hat, oder dem, der das Rad seiner Weinpresse angehalten hat?

Ein Mensch, der die Erkenntnis erlangt hat, kennt keine Klage, kein Nachtragen. Und die Welt hat diese Menschen niemals menschlich behandelt, nicht einmal oberflächlich. Die Welt hat sie immer unmenschlich behandelt, barbarisch. Sie haben Jesus gekreuzigt – und heute ist die halbe Welt christlich.

Niemand hörte auf Gautam Buddha. Im Ursprungsland von Buddhas Erleuchtung ist der Buddhismus vollständig verschwunden. Und dieses Land behauptet ständig vor der ganzen Welt: »Wir sind das Land Gautam Buddhas«, dabei gibt es dort keinen einzigen Buddhisten – nicht einmal in dem Tempel, der zu seinem Gedenken an dem Platz errichtet wurde, wo Gautam Buddha die Erleuchtung erlangte! Er war gegen die Priester – wie jeder Mann der Wahrheit es sein muß, weil sie im Namen der Religion die Menschen ausbeuten.

Er war gegen die Vergangenheit, denn die Vergangenheit ist vergangen. Man muß in der Gegenwart leben. Und wenn die Vergangenheit zu sehr auf einem lastet, wird man den gegenwärtigen Augenblick verpassen. Dieser Augenblick ist so kurz. Man muß ihm frisch, unbelastet und unvoreingenommen gegenübertreten.

Bevor Gautam Buddha kam, war Indien nur ein pseudoreligiöses Reich von Brahmanen. Er war absolut gegen die Brahmanen, gegen die Priester. Er war gegen die *Vedas*,* denn bei genauerem Hinsehen sind sie zu achtundneunzig Prozent Schrott – aber die Inder verehren sie. Als Gautam Buddha lebte, konnte in seiner Gegenwart niemand die Stimme erheben, denn sein Gesicht, seine Augen, seine Präsenz waren so machtvoll, daß alles, was er sagte, zur ewigen Wahrheit wurde. Seine Präsenz war die Autorität. Aber als er nicht mehr da war, wurde für den Tempel, der zur Erinnerung an seine Erleuchtung errichtet wurde, ein Brahmanenpriester eingesetzt, weil man keinen Buddhisten finden konnte. Und seit fünfundzwanzig Jahrhunderten, bis zum heutigen Tage, ist dieser Tempel im Besitz eines Brahmanenpriesters. Seine Familie besitzt diesen Tempel seit fünfundzwanzig Jahrhunderten. Welch ein Widerspruch!

Die Menschen sind so blind – und sie kommen immer zu spät, sie verpassen immer den Zug. Sie erreichen den Bahnsteig, aber der Zug ist längst abgefahren. Dennoch... da ist keine Klage, sondern nur Mitgefühl: *Und was soll ich dem geben, der seinen Pflug mitten auf dem Feld gelassen hat, oder dem, der das Rad seiner Weinpresse angehalten hat?*

Die Sorge eines erwachten Menschen ist: Wie kann er euch mehr geben, wie kann er euch aufwecken? Wie kann er euch Augen geben, um zu sehen, Ohren, um zu hören, ein Herz, das fühlt? Wie kann er euch liebevoller machen?

Wird mein Herz ein Baum werden, schwer von Früchten, die ich pflücken und ihnen schenken kann?

Es ist nicht mehr viel Zeit. Irgendein Geschenk... Es bekümmert ihn nicht, was sie ihm getan haben. Er versteht: Was auch immer sie

* die heiligen Schriften der Hindus.

getan haben, haben sie in ihrem Schlaf getan, in ihrer Unbewußtheit. Ein Mensch von Bewußtsein ist kein Bettler. Er ist ein Kaiser und denkt immer, wie er noch mehr geben könnte – mehr als ihr aufnehmen könnt, mehr als ihr verstehen könnt. Er gibt und gibt... Auch wenn ihr solche Menschen kreuzigt, er versteht, daß ihr nicht anders könnt. Jesus am Kreuz betet zu Gott nur um eines – nicht für sich selbst, sondern für jene, die ihn kreuzigen: »Vater, vergib diesen Menschen, denn sie wissen nicht, was sie tun.« *Wird mein Herz ein Baum werden, schwer von Früchten, die ich pflücken und ihnen schenken kann?*

Und werden meine Wünsche fließen wie eine Quelle, damit ich ihre Becher füllen kann?
Bin ich eine Harfe, damit die Hand des Mächtigen mich berühren kann?

Die Zeit ist so kurz. Seine Sorge ist: Was kann er tun? Er hat nichts zu geben. *Bin ich eine Harfe, damit die Hand des Mächtigen mich berühren kann?* – damit ich gehen und meine Musik zurücklassen kann? Sie haben mich nicht verstanden; vielleicht kann meine Musik sie aufwecken.

...oder eine Flöte, damit sein Atem mich durchstreifen kann?

Almustafa weiß, daß es ihn als Person nicht mehr gibt. Er hat nichts zu geben. Aber er kann eine Flöte werden, ein Bambusrohr, damit der Atem des Universums ihn durchstreifen und zu einem Lied in den Herzen der Menschen werden kann, die zu ihm eilen.

Ein Sucher der Stille bin ich...

»Mein ganzes Leben lang habe ich die Stille gesucht. Ich habe kein Geld gesammelt, das ich nun verteilen könnte. Ich habe stille Augenblicke gesammelt. Ihr könnt sie euch nehmen, doch ich kann sie euch nicht geben.«

Dies ist von ungeheurer Wichtigkeit, und man muß es verstehen: Der größte Schatz kann genommen, aber nicht gegeben werden.

George Gurdjieff, einer der bedeutendsten Menschen dieses Jahrhunderts, sagt sogar: »Wenn der Schüler nicht bereit ist, es sich vom Meister zu stehlen, wird er gar nichts bekommen. Es liegt in der Natur der Sache. Die Türen des Meisters sind offen. Er will geben, er versucht, auf tausenderlei Art und Weise zu geben, aber es liegt nicht in seiner Macht, euch etwas zu geben, wenn ihr nicht bereit seid, es zu empfangen.

Wenn ihr aber bereit seid, den Schatz zu sehen, und die Türen öffnen sich, und der Meister ruft euch, dann nehmt euch soviel, wie ihr könnt. Und vielleicht tut er so, als schliefe er, damit ihr euch nicht zu schämen braucht.«

Gurdjieff sagte damit etwas, das in der langen Geschichte des Menschen noch nie gesagt wurde: Wenn der Schüler nicht bereit ist, es sich vom Meister sogar zu stehlen, wird er es nicht bekommen, denn der Meister kann es nicht erzwingen. Alles, was man euch aufzwingt, wird zur Lüge, wird zur Abhängigkeit. Ihr müßt selber Mut fassen und es euch holen.

Ein Sucher der Stille bin ich, und welchen Schatz habe ich in der Stille gefunden, den ich mit Zuversicht verteilen kann?

Er hat sich selbst gefunden. Er hat gefunden, was die Welt mit dem Namen »Gott« bezeichnet. Aber der Schatz ist so groß, so unermeßlich… und jener, der gesucht hat, ist nicht mehr vorhanden. Die Person, die sich auf die Suche gemacht hatte, hat die Quelle gefunden. Aber es geschieht gleichzeitig: In dem Moment, in dem du die Quelle findest, bist *du* nicht mehr da.

Niemand ist je in der Lage gewesen, das Höchste zu sehen – einfach deswegen, weil das Höchste sich niemals zu einem Objekt reduzieren läßt. Ihr könnt nicht einfach nur Beobachter davon sein. Wenn ihr dem Höchsten näherkommt, fängt es an, euch mit einer solchen Kraft und Gravitation anzuziehen, daß euch nicht einmal mehr Zeit bleibt, zu sagen: »Ich habe es gefunden!« Ihr habt keine

Zeit, um »Heureka!« zu rufen. Bevor ihr etwas sagen könnt, seid ihr verschwunden. Was ihr gesucht habt, wird gefunden, aber die Person, die mit der Suche begonnen hat, geht dabei verloren.

Entweder du oder Gott – beide zusammen können nicht existieren. Das ist der Grund, warum wir Gautam Buddha *Bhagwan** genannt haben, warum wir Mahavira *Bhagwan* genannt haben: Weil die Person, die die Reise begonnen hatte, nicht mehr da ist. Sie hat gefunden, und im Finden ist sie eins damit geworden.

Und noch etwas sehr Bedeutsames sagt er: *...mit Zuversicht.* Er will geben, aber es fehlt ihm die Zuversicht, daß der Schatz, den er gefunden hat, überhaupt gegeben werden kann. Dieser Schatz ist nie gegeben, immer nur gefunden worden. Jedes Individuum muß ihn selbst finden. Niemand kann ihn euch geben. Er kann keine Gabe sein. Ihr könnt ihn nicht borgen. *Ihr* müßt sterben, um ihn zu finden. Ihr müßt verschwinden, damit Gott erscheinen kann. Euer Verschwinden ist die eine Seite der Münze; auf der anderen Seite ist Gott.

Darum sagt er: »Ich bin nicht mehr vorhanden. Welche Zuversicht habe ich denn? Wenn nicht diese Menschen von sich aus anfangen, es sich zu nehmen, ist es unmöglich, es ihnen zu geben.«

Wenn dies mein Tag der Ernte ist, in welche Felder habe ich den Samen gesät und zu welchen vergessenen Jahreszeiten?

Jedesmal, wenn ich diese Stelle lese, erinnert sie mich immer an mich selbst. Mein ganzes Leben lang habe ich Samen gesät, in Felder auf der ganzen Welt. *...und zu welchen vergessenen Jahreszeiten?* Ich habe nicht auf die rechte Jahreszeit gewartet, um die Samen zu säen, denn der nächste Augenblick ist nie sicher. Vielleicht werde ich hier sein, vielleicht auch nicht. Und wenn ihr jetzt gerade verfügbar seid, ist es besser, sich nicht um den Frühling zu sorgen. Soll der Same ruhig in euch warten. Wenn der Frühling kommt, wird aus dem Samen ein Keim werden.

* *bhagwan* (sanskr.) – »der Gesegnete«, »der Erwachte«, »der Erhabene«, »der Göttliche«

Wenn dies mein Tag der Ernte ist... Almustafa muß wohl denken: »Bald wird in vielen Feldern die Erntezeit kommen. Ich mag es völlig vergessen haben,« *...zu welchen vergessenen Jahreszeiten.*

Das erinnert mich an eine sehr bedeutende Frau. Die Zahl der Frauen, die man bedeutend nennen könnte, ist sehr klein. Aber diese Frau war zweifellos bedeutend: Madame Blavatsky. Sie begründete eine große Bewegung, die Theosophische Bewegung. Und sie bereiste die ganze Welt, außer Rußland – und Rußland war ihr Heimatland.

So geschieht es immer wieder; es ist beinahe eine Regel, ein Gesetz. Madame Blavatsky bereiste die ganze Erde, nur nach Rußland konnte sie nicht fahren, an ihren eigenen Geburtsort, in ihr eigenes Land. Überall, wo sie hinfuhr, trug sie immer zwei Taschen über den Schultern, die mit Samen von schönen Blumen gefüllt waren. Und wenn sie im Zug saß, warf sie ständig Samen aus dem Fenster. Die Leute dachten, sie sei verrückt. Man fragte sie: »Wozu machen Sie das? Vielleicht fahren Sie nie wieder diese Strecke.«

Sie sagte: »Das spielt keine Rolle. Mag sein, daß ich hier nie wieder vorbeikomme, aber der Frühling wird kommen. Vielleicht werde ich nicht kommen, aber jeder, der hier vorbeifährt, wird die schönen Blumen sehen.«

Almustafa hat recht: *Wenn dies mein Tag der Ernte ist, in welche Felder habe ich den Samen gesät?* Doch Menschen wie Khalil Gibran, der hier durch den Mund seiner erfundenen Gestalt Almustafa spricht, führen keine Buchhaltung. Sie führen keine Konten, aus denen hervorgeht: *...in welche Felder habe ich die Samen gesät,* und zu welcher Jahreszeit?

Sie sind nicht zielorientiert, sie sind keine Geschäftsleute. Sie sind Liebende. Es spielt keine Rolle, wessen Feld es ist, wenn schöne Rosen daraus erblühen. Es spielt keine Rolle, wer vorbeikommt, wenn der Wind den Duft zu seinen Nasenflügeln trägt. Solche Menschen sind nicht kalkulierend. Es ist ihnen gleichgültig, ob es Tag ist oder Nacht. Es ist ihnen gleichgültig, ob ihr es verdient oder nicht. Sie fragen euch nie: »Seid ihr es auch wert, den Samen zu empfangen?« Nein, ohne sich zu merken, welche Samen sie in welche Felder zu welchen Jahreszeiten säen, machen sie einfach weiter, weil sie vertrauen. Sie wissen nur eines: Früher oder später kommt der Frühling zu jedem. Jeder Mensch muß ein Gott werden. Darum gilt es, weiter Samen zu säen. Jahrhunderte spielen keine Rolle. Gemessen an der Ewigkeit der Zeit sind eure Jahrhunderte nur wie Sekunden.

Wenn dies wirklich die Stunde ist, in der ich meine Laterne hochhalte, dann ist es nicht meine Flamme, die darin brennt.

»Die Laterne gehört mir, aber die Flamme muß göttlich sein.«

Leer und dunkel werde ich meine Laterne erheben, und der Wächter der Nacht wird sie mit Öl füllen, und er wird sie auch anzünden.

In dem Augenblick, in dem der Erwachte spricht, ist er leer. Seine Laterne ist ohne Flamme. Aber er stellt seine Laterne zur Verfügung, seine Worte, seine Gesten, seine Präsenz, damit das Göttliche von ihm Besitz ergreifen kann.

Der verwirklichte Mensch ist ein Besessener, besessen vom Ganzen. Daher kommt seine Autorität, denn es sind nicht seine Worte. Die Worte kommen vom Ganzen. Solche Worte sind heilig. *Wenn dies wirklich die Stunde ist, in der ich meine Laterne hochhalte, dann ist es nicht meine Flamme, die darin brennt.*

Almustafa sagt damit: »Mich gibt es nicht mehr. Schaut nicht auf mich. Ich bin nur eine leere Laterne. Schaut ins Innere der Laterne, auf die Flamme. Die Flamme gehört nicht mir. Die Flamme gehört auch nicht euch. Die Flamme gehört dem Ganzen.«

Es ist die gleiche Flamme, ob die Laterne von Al-Hillaj Mansur zur Verfügung gestellt wird oder von Moses oder von Kabir oder von Nanak – das spielt keine Rolle. Es geht um die Flamme, das Licht, das jene ausstrahlen, deren Schiff angekommen ist.

Diese Dinge drückte er mit Worten aus.

Aber seine Worte sind auch der reinste Honig. Seine Worte sind auch absolut still. Seine Worte sind auch nicht die gleichen Worte, die ihr in den Lexika und in den Büchern findet. Sie haben ein bestimmtes Aroma. Sie kommen aus seiner Leere. Sie kommen aus dem Jenseits.

Diese Dinge drückte er mit Worten aus
Doch vieles in seinem Herzen blieb ungesagt...

Jede verwirklichte Seele ist mit einer tiefen Traurigkeit gestorben, weil unsere Sprache so arm ist. Unsere Sprache gehört zum Marktplatz, nicht zum Tempel. Sie ist überaus nützlich, was die Dinge angeht, aber sie wird absolut ohnmächtig, wenn ihr anfangt, tiefer in euer Inneres einzudringen. In der Stille eurer Seele... was ihr dort findet, können Worte nicht ausdrücken.

Doch vieles in seinem Herzen blieb ungesagt. Nicht nur in *seinem* Herzen. In allen großen Herzen, die aufgeblüht sind, die gesegnet worden sind durch das Göttliche. Vieles ist ungesagt geblieben.

In der Tat ist das Wichtigste ungesagt geblieben.

Dafür müßt ihr die Sprache der Stille lernen. Dafür müßt ihr zu Füßen des Meisters sitzen, ohne zu fragen, nur in Stille wartend. Vielleicht wird dann von Herz zu Herz eine Synchronizität eintreten, eine Harmonie, wodurch der Tanz im Herzen des Meisters auch in eurem Herzen zu tanzen beginnt. Alles Wichtige ist nur auf diese Art und Weise kommuniziert worden.

Der Westen ist sehr arm. Nicht an materiellen Dingen, sondern an Spiritualität, denn er hat nicht die Kunst gelernt, in Stille mit jemandem zu sitzen, der überfließt von der Wahrheit, Schönheit, Glückseligkeit – aber es nicht sagen kann. Man muß fähig sein, es zu hören, ohne daß es gesagt wird. Im Westen gilt es als unzivilisiert, ja beinahe als menschenunwürdig, zu Füßen eines anderen zu sitzen. Der Westen hat keine Ahnung. Er kann es nicht wissen, weil man nicht sehen kann, was da überfließt. Aber gelegentlich passiert es doch.

Einer meiner Anwälte in Amerika, einer der besten – er ist Leiter der juristischen Fakultät an der Universität von Kalifornien –, kam mich jeden Tag in den verschiedenen Gefängnissen besuchen, in die man mich brachte, sechs Gefängnisse insgesamt. Bei seinem Besuch am ersten Tag saß ich hinter Gittern auf einem Stuhl. Jenseits des Gitters war ein Stuhl für ihn. Sein Name ist Peter Schey, ein sehr schöner Mensch. Ich fühlte, wie angespannt und nervös er auf seinem Stuhl saß.

Ich fragte ihn: »Was ist los, Peter?«

Er sagte: »Komisch, ich habe mich noch nie im Leben so gefühlt. Wenn es Ihnen nichts ausmacht: Könnte ich mich auf den Boden setzen?«

Ich sagte: »Peter Schey, Sie sind ein großer Anwalt, Dekan der juristischen Fakultät einer berühmten Universität. Warum fragen Sie mich so etwas?«

Er sagte: »Das frage ich mich auch schon dauernd. Aber bitte, gestatten Sie es mir. Etwas passiert mit mir, wenn ich Sie besuchen komme, und ich fühle mich nicht gut, wenn ich auf einem Stuhl sitze. Ich möchte auf dem Boden sitzen.«

Ich sagte: »Wenn Sie das glücklich macht, setzen Sie sich auf den Boden.«

Am dritten oder vierten Tag fragte er mich: »Was ist das für eine Magie? Seit ich auf dem Boden vor Ihnen sitze, diese fünf bis sieben Minuten, fühle ich mich den ganzen Tag so entspannt. Ich kenne sonst keine Stille. Ich bin Jurist, und ich habe noch nie mein Herz gespürt. Jetzt habe ich zum ersten Mal mein Herz schlagen hören. Zum ersten Mal fühle ich Liebe.«

Ich sagte: »Peter Schey, du bist ein Sannyasin geworden!«

Er sagte: »Du nimmst mir das Wort aus dem Mund. Dasselbe wollte ich auch gerade sagen.«

Es gibt Dinge, die sind unsichtbar. Man kann die Luft nicht sehen, aber ohne sie könnten wir nicht leben. Man kann nicht sehen, was sich überträgt, wenn ein Jünger, der neben dem Meister sitzt, still wird. Wenn er erst einmal diesen süßen Geschmack gekostet hat, kann er vielleicht niemanden davon überzeugen, aber das ist bedeutungslos. *Er* ist überzeugt.

Ich fragte Peter Schey: »Kannst du meine anderen Anwälte überzeugen?«

Er sagte: »Unmöglich. Ich kann ja nicht einmal selber glauben, was da geschieht. Ich habe keine logische Erklärung, keinen Grund dafür. Vielleicht stimmt es, was deine Feinde sagen: daß du die Leute hypnotisierst.«

Ich sagte: »Vielleicht stimmt es.« Denn wenn man Hypnose *macht*, wird sie zu einer gewöhnlichen Sache. Jeder Straßenmagier macht das. Wenn aber Hypnose von selbst geschieht, gehört sie in eine ganz andere Kategorie. Wenn ihr fühlt, daß ihr entspannt und still werdet, dann braucht ihr dafür keine logische Erklärung. Wenn ihr fühlt, daß ihr liebt...

Liebe gehört zu einer höheren Ordnung; sie ist ein Gesetz der höchsten Ordnung.

Doch vieles in seinem Herzen blieb ungesagt, denn er selbst konnte sein tieferes Geheimnis nicht aussprechen.

Nicht, daß die Mystiker nicht versucht hätten, ihre innerste Seele nach außen zu kehren. Aber das Geheimnis ist so tief, und die Reichweite unserer Worte, unserer Hände so kurz, daß es keiner je vermochte. Doch zu wissen, daß man ein Geheimnis hat, das man nicht aussprechen kann, ist eine großartige Erkenntnis.

Habt ihr je gedacht, daß ihr etwas in euch habt, das ihr nicht aussprechen könnt? Eure Erfahrung ist, daß ihr alles, was ihr habt, sagen könnt, denn alles, was ihr habt, habt ihr irgendwo gehört. Es stammt aus Büchern, von der Gesellschaft, von euren Lehrern, eurer Erziehung. Es ist alles geborgt. Es ist alles oberflächlich. Ihr werdet in euch keine einzige Sache finden, die ihr *nicht* ausdrücken könnt.

Nur ein Meditierender geht so tief, daß er die Sprache bald weit hinter sich läßt. Schon bald stößt er auf unberührtes Territorium, das noch keiner betreten hat, nicht einmal er selbst. Es ist so unberührt... und Worte, die von Millionen von Menschen seit Millionen von Jahren benutzt werden – das müssen die unreinsten Dinge dieser Existenz sein! Ihr trinkt eine Tasse Tee. Stellt euch vor, aus derselben Tasse würden Millionen von Menschen ihren Tee trinken. Bald würden sie Speichel trinken, und keinen Tee.

Worte können nicht unberührt bleiben. Aber eure Stille ist unberührt. Darum: *...denn er selbst konnte sein tiefstes Geheimnis nicht aussprechen.* Er hätte es gerne getan.

An dem Tag, als Gautam Buddha erleuchtet wurde, tauchte als erste Frage in seinem Kopf auf: »Wie kann ich darüber reden?« Nicht darüber zu reden, wäre hart, unmenschlich. Wo es doch Millionen von Suchern gibt auf dieser Welt – und du hast gefunden, was sie suchen, so gib ihnen doch wenigstens ein paar Hinweise, ein paar Anhaltspunkte, eine kleine Landkarte, einen Reiseführer. Es für sich zu behalten und nicht davon zu sprechen, entbehrt jedes Mitgefühls.

Sieben Tage lang war er beunruhigt. Diese Sorge hatte er nie gekannt. Er hatte Tausende von anderen Sorgen gehabt; sie alle waren jetzt verschwunden. Es gab nur noch diese eine Sorge, dieses eine Problem: Wie konnte er es sagen? Wie konnte er die Menschen aufwecken und ihnen in die Ohren schreien, damit etwas bis zu ihrer Stille vordrang?

Die Geschichte ist wunderbar. Bis zu dieser Stelle, denke ich – das wird mir jetzt klar –, ist es keine Story, sondern die Wahrheit. Danach wird es zu einer Story. Aber ohne die Story könntet ihr nicht die Wahrheit verstehen, mit der Gautam Buddha konfrontiert war, der er sich in seinem Inneren stellen mußte. Darum stimme ich also mit ihm bis zu dieser Stelle überein, da es eine existentielle Erfahrung ist. Es ist auch meine eigene Erfahrung.

Die Geschichte geht so: Die Götter im Himmel gerieten in große Aufregung. Wenn in Jahrmillionen ein Mensch erleuchtet wird, ist das ein so seltenes Phänomen, daß es ausgedrückt werden muß. Was ist mit jenen Millionen von Menschen, die in Dunkelheit leben, in Unbewußtheit? Wenn der Erwachte ihnen nicht helfen kann, wer sonst wird ihnen helfen? Wer wird ihnen das andere Ufer zeigen, das ferne Ufer? Sieben Tage warteten sie, und dann dachten sie, Gautam Buddha würde nie wieder sprechen. So kamen sie schließlich herab mit ihrem König Indra. Sie berührten Gautam Buddhas Füße und baten ihn, nicht stumm zu bleiben. Eine solche Blüte, von so großer Seltenheit, sollte nicht einfach verschwinden, ohne Fußspuren zu hinterlassen – damit auch andere die Quelle finden könnten. Natürlich fand dieses ganze Gespräch in der Stille statt – sie waren ja Götter vom Himmel! Weder sie noch Buddha sprachen, denn ein Gespräch von Herz zu Herz war mit ihnen möglich.

Gautam Buddha sagte zu ihnen: »Ich habe sieben Tage lang jedes Für und Wider erwogen. Ich sehe nicht ein, warum ich reden sollte. Die Menschen sind taub, die Menschen sind blind. Sie können hören, aber sie können nicht zuhören. Sie können sehen, aber sie sehen nur das Unwesentliche. Wozu sollte ich mir unnötig Probleme machen?«

Ich kann ihn verstehen. Ich mache mir tagtäglich unnötig Probleme. Ich hätte einfach stumm bleiben und mich meiner Seligkeit erfreuen können, dann würden mich nicht die Politiker belästigen, die Priester aller Religionen, die ganze Welt. Und dabei habe ich nichts getan – außer daß ich versuche mitzuteilen, was so schwer mitzuteilen ist!

Aber in gewisser Weise habe ich Erfolg gehabt. Noch nie zuvor hat jemand die Herzen so vieler Menschen erreicht. Deshalb kümmere ich mich nicht um ihre Gefängnisse, ihre Schikanen, ihre Unzivilisiertheit. Sie können mir nicht einmal sagen, weshalb sie mich schikanieren – weil ich ein »umstrittener Mann« bin. Aber wer sagt diesen Idioten: Habt ihr je von einem großen Menschen gehört, der *nicht* umstritten war? Denkt ihr, Krischna war nicht umstritten? Denkt ihr, Jesus war nicht umstritten? Oder Sokrates? Oder Pythagoras? Wenn man alle umstrittenen Menschen vernichten würde, würde man die ganze Menschheit vernichten. Dann gäbe es nur noch Büffel und Esel und Polizisten!

Wenn ich umstritten bin, dann deshalb, weil die Wahrheit umstritten ist, dann deshalb, weil euer Denken so voller Vorurteile ist, daß ihr die einfachsten Dinge nicht verstehen könnt, sondern sie zu einem Streitpunkt macht. Wenn ich umstritten bin, dann deshalb, weil euer Denken aus der Ruhe gebracht wird, weil eure Vorurteile aufgerührt werden!

Es ist besser, Sokrates zu vergiften und seine Ruhe zu haben! Es ist besser, Jesus zu kreuzigen und seine Ruhe zu haben!

Aber vergeßt nicht: Das, was bisher an Evolution des Bewußtseins passiert ist, passierte durch die Umstrittenen – nicht durch die Gehorsamen, nicht durch die Traditionsgebundenen, nicht durch die Orthodoxen. Es passierte nur durch die Rebellen. Aber der Rebell wird erst am Tag seiner Abreise verstanden. Sein Abend erweist sich als Morgen, doch dann ist es zu spät.

Gautam Buddha sagte: »Laßt mich in Ruhe. Ich habe sieben Tage ständig darüber nachgedacht. Diejenigen, die fähig sind, mir zuzuhören, werden auch ohne mein Reden zu mir kommen, und diejenigen, die nicht fähig sind, mir zuzuhören: Selbst wenn ich es von den Dächern schriee – sie würden nur wegen Ruhestörung bei der Polizei Anzeige erstatten: ›Da schreit so ein umstrittener Mann von den Dächern und stört den Frieden und die Ruhe der Leute.‹ In welchem Frieden leben denn die Leute? In welcher Ruhe leben denn die Leute?«

Buddha war absolut widerstrebend, und ich kann sein Widerstreben verstehen. Wozu die Mühe, wenn doch keiner zuhört und alle dich mißverstehen werden? Dann ist es besser zu schweigen. Diejenigen, die durstig sind, werden vielleicht kommen oder auch nicht; du bist nicht dafür verantwortlich. Du hast es geschafft! Deine Suche ist beendet.

Aber die Götter waren nicht so leicht zu überzeugen. Sie gingen und beredeten es miteinander: »Was sollen wir tun? – denn das wäre ein Unglück. Ein Buddha bleibt stumm... es wäre die größte Beleidigung für die Menschheit, wenn Buddha stumm bleibt. Es wäre der größte Verlust für die Zukunft, für die kommenden Generationen. Sie würden es uns nie verzeihen. Nur wir wissen, daß er es geschafft hat, darum ist es unsere Pflicht, ihn irgendwie zu überreden.«

Sie kamen zu einem Schluß – und diesen Schluß konnte Buddha nicht widerlegen. Ihr Argument war ganz einfach. Sie sagten: »Du hast zu neunundneunzigkommaneun Prozent recht. Aber hast du auch an die wenigen seltenen Seelen gedacht, die durstig sein mögen und sich gerade auf der Kippe, an der Grenzlinie befinden und nur einen Anstoß brauchen? Und was kann es schaden? Du vergibst dir nichts. Wenn nur ein paar Menschen zu der gleichen Erkenntnis gelangen können wie du, wird die Welt auf ewig in deiner Schuld stehen.«

Sie sagten: »Du kannst nicht leugnen, daß es ein paar Menschen auf der Welt gibt, die vielleicht gerade auf der Kippe stehen – aber keiner gibt ihnen einen Anstoß, und sie haben Angst vor dem Unbekannten. Sie brauchen jemanden, für den es nichts Unbekanntes gibt. Seine Gewißheit, seine Autorität wird ihnen helfen, einen Schritt weiterzugehen, und das genügt. Sie werden in denselben Bewußtseinszustand gelangen wie du. Beraube uns nicht einiger erleuchteter Wesen. Die Menschheit ist so arm. Mache sie ein bißchen reicher, ein bißchen schöner.«

Ein Augenblick des Schweigens... Buddha schloß die Augen und sagte dann: »Für diese wenigen will ich sprechen, auch wenn ich nicht die ganze Wahrheit sagen kann. Ich kann das größte Geheimnis nicht sagen, doch ich kann soviel sagen, daß sie zum nächsten Stern weitergehen können. Ich kann ihnen den Stern zeigen...mit meinem Finger. Es ist kein Problem für mich. An diese Grenzfälle hatte ich nicht gedacht.«

Almustafa redet – und ich rede – nur für jene wenigen, die beschlossen haben, daß sie keine Büffel bleiben wollen, für diejenigen, die auf der Suche nach Transformation sind und wissen wollen, worum es in diesem Leben überhaupt geht.

Erst in der Stunde der Trennung

Und als er die Stadt betrat, kamen alle Menschen ihm entgegen, und sie riefen ihm zu wie mit einer Stimme.
Und die Ältesten der Stadt traten vor und sagten:
Geh noch nicht fort von uns.
Eine Mittagszeit bist du in unserer Dämmerung gewesen, und deine Jugend hat uns Träume zu träumen gegeben.
Kein Fremder bist du unter uns, auch kein Gast, sondern unser Sohn und innigst Geliebter.
Laß unsere Augen noch nicht nach deinem Angesicht hungern.
Und die Priester und Priesterinnen sagten zu ihm:
Laß nicht zu, daß die Wellen des Meeres uns jetzt trennen und die Jahre, die du in unserer Mitte verbracht hast, zur Erinnerung werden.
Du bist unter uns als Geist umhergegangen, und dein Schatten ist ein Licht auf unseren Gesichtern gewesen.
Sehr haben wir dich geliebt.
Aber sprachlos war unsere Liebe und mit Schleiern umhüllt.
Nun aber ruft sie laut zu dir und möchte unverhüllt vor dir stehen.
Und seit jeher war es so, daß die Liebe erst in der Stunde der Trennung ihre eigene Tiefe erkennt.

Khalil Gibran, im Namen von Almustafa, gibt uns hier die wahre Essenz der Mystik. Er predigt nicht irgendeine Religion; er predigt Religion *an sich.*

In der Tat ist allein schon die Existenz von dreihundert Religionen auf der Erde ein eindeutiger Hinweis dafür, daß der Mensch es nicht vermochte, den wahren Geist der Religion zu begreifen. Von der Chemie kann es nicht dreihundert Versionen geben, nicht einmal drei. Die Mathematik kann es nicht in dreihundertfacher Ausführung geben. Über die objektive Welt sind wir uns ganz im klaren: Die Wissenschaft ist eins und kann nur eins sein, ohne ein Adjektiv, das darangehängt wird. Es wäre stupide, von einer hinduistischen Wissenschaft zu sprechen, einer mohammedanischen Wissenschaft, einer christlichen Physik, einer dschainistischen Mathematik. Aber genau das ist mit der Religion passiert.

Und die Religion ist eure wahre Seele, eure wahre Innerlichkeit, eure wahre Subjektivität. Wie kann es so viele Religionen geben? Es kann nur eine Religion geben: das *Religiössein.* Ich würde es nicht einmal Religion nennen, einfach deshalb, weil in dem Augenblick, in dem man ein Substantiv gebraucht, das Wachstum zu Ende ist. »Religion« bedeutet, daß etwas zum Stillstand gekommen ist. Religiössein bedeutet ein ständiges Wachsen und Blühen, immer neue Erfahrungen und neue Geheimnisse, die euch noch nicht enthüllt worden sind, von denen ihr euch nichts hättet träumen lassen.

Religion ist der Fluß der Existenz an sich. Er kennt keinen Anfang und kein Ende.

Alle Religionen sind gegen mich, aus dem einfachen Grund, weil ich ihre Falschheit bloßstelle, ihre Unechtheit, ihre Masken.

Deshalb hat Khalil Gibran einen Namen gewählt, Almustafa, durch den er die Erfahrungen aller Mystiker dieser Welt – der Vergangenheit, Gegenwart und Zukunft – ausdrücken kann.

Die Menschen haben Begrenzungen, weil sie in eine begrenzte Gesellschaft hineingeboren und von ihren Eltern als Hindus, als Mohammedaner, als Christen konditioniert werden. Almustafa wurde nicht von Eltern geboren. Er wurde überhaupt nicht geboren, er existiert gar nicht. Almustafa ist einfach ein Symbol für all jene

Flammen, die erwacht sind, während wir weiter schlafen.

Almustafa repräsentiert den zentralen Kern reiner Religiosität. Vergeßt nicht: Er predigt keine Religion. Und das war einer der Gründe, warum man ihn vor der Zeit seiner Abreise nicht verstanden hat. Er war allen verdächtig. Weil er kein Hindu ist, können die Hindus ihn nicht akzeptieren. Er ist kein Mohammedaner, also können die Mohammedaner ihn nicht akzeptieren. Er gehört zu keiner der organisierten Religionen.

Khalil Gibrans Intuition war so tief, daß er statt einer historischen Figur einen erfundenen Namen gewählt hat – so großartig und gewaltig, daß er nirgendwo hingehören muß, aber alle können zu ihm gehören.

Das ist auch meine Position – nur schwieriger als die Almustafas. Almustafa kann man nicht einsperren, Almustafa kann man nicht vergiften, Almustafa kann man nicht erschießen, Almustafa kann man nicht kreuzigen, denn Almustafa ist nur eine Idee. Doch obgleich er der reinste Ausdruck der innersten menschenmöglichen Erfahrungen ist, hat man ihn nicht verdammt. Man hat ihn nicht gesteinigt, sondern ignoriert – er sei ein »Träumer«. Doch als die Zeit seiner Abreise kam und sein Traum sich als Wirklichkeit erwies, änderte sich alles.

Und als er die Stadt betrat, kamen alle Menschen ihm entgegen...

Alle Menschen – ohne Unterschied der Ideologie, Theologie, Philosophie, ohne all ihre trivialen Unterschiede. Es gab keine Zeit zu verlieren. Sie vergaßen, daß sie Mohammedaner oder Christen oder Juden waren. Dieser Mann war im Begriff zu gehen, und was er seit zwölf Jahren ständig gesagt und ihm keiner abgenommen hatte, war nun Wirklichkeit geworden. Keiner konnte es leugnen.

...kamen alle Menschen ihm entgegen, und sie riefen ihm zu wie mit einer Stimme.

Sie haben es versäumt. Er lebte zwölf Jahre unter ihnen, aber sie konnten ihn nicht erkennen. Sie hatten ständig Fehler an ihm gefunden, und mit der Zeit hatten sie aufgehört, ihn zu beachten. Er redet unsinniges Zeug! Wer hätte je gehört, daß ein Tag kommen wird, an dem die Existenz dich willkommen heißt? Daß ein Tag kommen wird, an dem die ganze Existenz tanzt, weil du das Geheimnis von Leben und Tod gefunden hast, weil du den goldenen Schlüssel zur Tür Gottes gefunden hast?

...sie riefen ihm alle *zu wie mit einer Stimme.* Ach, hätten sie doch mit ihm gelacht wie mit einer Stimme! Dann wäre die Welt ein völlig anderer Ort gewesen, schön an sich – ohne Kriege, ohne Konflikte, ohne Diskriminierungen. Sie riefen gemeinsam, doch die Zeit war verloren.

Wenn ihr das Glück habt, einen Meister zu finden, dann verpaßt nicht einen einzigen Augenblick! Erlaubt ihm, in euch zu tanzen. Erlaubt ihm, durch euch zu lachen, *mit einer Stimme*, dann kann diese Erde zu einem Paradies werden. Sie ist es schon, nur sind wir blind und können es nicht sehen.

Und die Ältesten der Stadt traten vor und sagten...

Diese Worte hallen wie Echos in meinem Herzen wider – Lieder aus jenen Tagen, als die Menschheit noch unschuldig war, als es noch keine Nationen gab und die Menschen so frei waren wie die Vögel am Himmel. Stellt euch mal einen Vogel mit Reisepaß vor, mit einem Visum für sechs Wochen!

Die Menschen waren sehr viel schöner, als sie noch weniger wußten, und sie waren aufrichtiger, authentischer, als sie noch unschuldig waren wie die Kinder. Wir leben ein sehr verfälschtes, getrübtes, voreingenommenes Leben. Heute treten keine Ältesten mehr vor. Almustafa ereignet sich auch heute, aber anstelle der Ältesten kommen die Polizeichefs – nicht, um ihn willkommen zu heißen, sondern um ihm mitzuteilen: »Sie müssen diesen Ort innerhalb von dreißig Minuten verlassen.«

Der Mensch ist älter geworden, aber er ist nicht erwachsen geworden. Er wird nicht unschuldiger. Er wird nicht einsichtiger.

Diese Worte von Khalil Gibran gehören zu den Kindheitstagen der Menschheit, denn die Ältesten sagten:

Geh noch nicht fort von uns.

»Jetzt, da wir dich erkannt haben, jetzt gehst du. Sei nicht so hart. Habe Mitgefühl. Jetzt, da wir bereit sind, dir zuzuhören, verläßt du uns. *Geh noch nicht fort von uns*, denn wir irren umher in unserer Dunkelheit des Neides, der Wut, der Angst, der Seelenqualen – und du gehst fort? Jetzt wäre der Zeitpunkt, um zu kommen! Vergib uns, daß wir dich nicht erkennen konnten, obwohl du zwölf Jahre unter uns geweilt hast.«

Eine Mittagszeit bist du in unserer Dämmerung gewesen, und deine Jugend hat uns Träume zu träumen gegeben.
Kein Fremder bist du unter uns, auch kein Gast, sondern unser Sohn und innigst Geliebter.
Laß unsere Augen noch nicht nach deinem Angesicht hungern.

»Denn jetzt haben wir dich zum ersten Mal gesehen. Und wir haben dich nicht bloß als einen aus der Menge gesehen. Jetzt ist dein Gesicht für uns zum Gesicht Gottes geworden. Sie wäre uns unerträglich, deine Abreise. Dann wäre es besser, du würdest gehen, ohne daß wir dich erkannt haben.

Aber jetzt, da wir dein Gesicht gesehen haben und dein Mysterium, jetzt, da wir in deine Augen geschaut haben und in dein Strahlen, jetzt, da wir von deiner Präsenz berührt sind, haben Tausende von Blumen angefangen, in unseren Seelen aufzublühen.

Gib uns noch eine Chance – jetzt werden wir nicht die gleichen sein. Denn du bist nicht mehr der Mensch, für den wir dich hielten: ein wenig verrückt, wartet auf ein unbekanntes Schiff, von dem noch keiner gehört hat, ohne jeden Beweis, ja, ohne jeden Brief vom anderen Ufer, daß das Schiff zu einer bestimmten Zeit, in einer bestimmten Jahreszeit kommen wird!

Aber du warst so unschuldig, hast immer nur gewartet – Das

Schiff wird kommen. Dein Warten muß Gott selbst das Herz schwer gemacht haben. In diesen langen Jahren des Wartens wurdest du ein Magnet. Jetzt ist nicht die rechte Zeit, uns zu verlassen. Wir würden danach hungern, dein Gesicht wiederzusehen. Wo könnten wir dich finden? Bitte, geh nicht fort von uns!«

So war die Kindheit der Menschheit... und so ist die Kindheit immer noch. Ein Kind hat Vertrauen, träumt von unbekannten Ländern, es hofft, ist nie pessimistisch. Wenn es heute noch nicht passiert ist, wird es morgen passieren, aber passieren wird es.

Meine Devise im Leben ist immer gewesen: »Hoffe auf das Beste und erwarte das Schlimmste.« Dann gewinnst du in jedem Fall. Entweder erfüllt sich deine Hoffnung oder es erfüllt sich deine Erwartung. So oder so, die Erfüllung ist dir sicher.

Und die Priester und Priesterinnen sagten zu ihm...

Die bloße Erwähnung der Priesterinnen macht deutlich, daß Almustafa von jenen goldenen alten Tagen spricht, als es keine Rolle spielte, ob man Mann oder Frau war. Auch eine Frau konnte Priesterin werden. Der Mann war noch nicht zum männlichen Chauvinisten geworden. Die Frau war noch frei; sie hatte die gleichen Chancen.

Das erinnert mich an eine schöne historische Begebenheit...

Im ältesten existierenden Buch, *Rig Veda,* kommt eine Frau namens Gargi vor. Der Herrscher des Landes ließ jedes Jahr ein großes Treffen aller Weisen – Männer wie Frauen – veranstalten, um über den Sinn des Lebens zu diskutieren. Und dem Sieger bot er tausend prachtvolle Rinder, deren Hörner mit purem Gold überzogen und mit Diamanten besetzt waren.

Yagnavalkya war einer der größten Lehrer jener Tage, aber er war kein Meister. So etwas hat sich selten wieder zugetragen. Gargi war eine Mystikerin, und sie war eine Meisterin. Sie war nicht an der Belohnung interessiert. Yagnavalkya und Tausende andere trafen schon am frühen Morgen ein, und die Diskussion nahm ihren Anfang. Yagnavalkya war sich seines Sieges so sicher, daß er bei seiner

Ankunft… er kam zu spät, wie ein Politiker, und er kam mit fünfhundert Schülern, nur um dem Herrscher zu zeigen: »Ich komme nicht allein. All die anderen Teilnehmer haben keine solche Gefolgschaft!« Er muß eine gute Show abgezogen haben.

Seine Zuversicht, daß er gewinnen würde, beweist sein Ego. Ihr habt gesehen, wie Almustafa sagte: »Wie kann ich sicher sein, meine Wahrheit, meine Erfahrung mit euch zu teilen?«

Diejenigen, die wissen, zögern. Nur Idioten zögern nicht, denn um zu zögern, braucht man eine gewisse Intelligenz. Und was das Allerhöchste angeht, ist der Verstand so klein… man kann nicht sicher sein.

Ein anderer großer Seher, Mahavira, beantwortete eine Frage immer auf höchst merkwürdige Weise, wie kein anderer das je tat. Eine Frage verlangt nach einer Antwort, aber Mahavira gab sieben Antworten, die einander widersprachen.

Wenn man ihn fragte: »Existiert Gott?«, dann sagte er: »Vielleicht… *shayot* – möglicherweise.«

Dieses »vielleicht«, dieses »möglicherweise« kommt nicht aus Unwissenheit. Es rührt von der Unendlichkeit des Wortes *Gott* und der Kleinheit des Verstandes, der dies auszudrücken versucht. Er kann immer nur jeweils einen Aspekt ausdrücken. Darum verwendete Mahavira eine siebenfältige Logik. Aristoteles ist ein Kind im Vergleich zu Mahavira, und Aristoteles gilt als der Vater der westlichen Logik! Seine Logik ist zwiefältig: Ja oder Nein. Aber das Leben ist ein Regenbogen; man kann nicht so sicher sein, ob man ja oder nein sagen soll. Vielleicht ja, vielleicht nein.

Als erstes wird Mahavira also sagen: »Vielleicht ja. Doch warte… das ist nur ein Aspekt; die Sprache ist so arm. Vielleicht nein. Doch warte… vielleicht ja und nein, beides. Aber ziehe noch keinen Schluß… vielleicht ja und undefinierbar, vielleicht nein und undefinierbar. Vielleicht sowohl ja als auch nein *und* undefinierbar.«

Dies ist die Eigenschaft eines Menschen, der euch sämtliche möglichen Aspekte geben will. Und Gott läßt sich nicht auf ein einziges Wort begrenzen; darum hat Mahavira »undefinierbar« hinzugefügt. Es gibt noch eine ganze Reihe anderer Aspekte, aber ich möchte euch nicht verwirren. Das hat er bereits geschafft!

Yagnavalkya kam mit solcher Zuversicht... es war Mittagszeit, die Sonne war heiß, und die Rinder standen vor dem Palast und schwitzten. Seine Zuversicht war die eines Menschen, der viel weiß. Er war gelehrsam, ein großer Gelehrter. Er sagte zu einem seiner Schüler: »Nimm diese Rinder und führe sie in unsere Kommune. Warum sollen diese armen Rinder unnötig in der Hitze leiden? Der Sieg ist uns sicher«. Er nahm sich den Preis, bevor er den Palast überhaupt betreten hatte.

Doch hinter ihm folgte Gargi. Sie kam allein und saß schweigend während der ganzen Diskussionen, die stattfanden, und als Yagnavalkya schließlich alle Mitbewerber besiegt hatte und zum Herrscher sagte: »Bitte verzeih mir, aber die Belohnung, die Rinder, haben meine Schüler schon vor einer Weile mitgenommen«, da erhob sich Gargi. Vielleicht wäre sie nicht aufgestanden, wenn Yagnavalkya nicht eine so idiotische Zuversicht über die höchsten Dinge an den Tag gelegt hätte.

Gargi sagte: »Warte. Du hast alle besiegt, weil sie alle von derselben Kategorie sind wie du: Gelehrte. Das beweist aber noch lange nicht, daß du recht hast. Es beweist höchstens, daß du gebildeter und gelehrter bist, daß du mehr weißt als sie. Aber mehr zu wissen, beweist nicht, daß man die Wahrheit kennt. Ich habe schweigend hier gesessen und zugesehen. Wenn jemand die Wahrheit behauptet, welche Notwendigkeit hätte ich, zu sprechen? Aber das geht jetzt zu weit. Ich werde mit dir diskutieren müssen.«

Das waren noch Zeiten, als eine Frau den größten Gelehrten des Landes herausfordern konnte! Sie stellte nur zwei, drei Fragen, und Yagnavalkya war am Boden zerstört. Sie fragte: »Du hast gesagt, daß Gott die Welt erschaffen hat – Wieso? Wieso hast du das gesagt? Warst du als Zeuge dabei, als er die Welt erschuf? In jedem Fall wirst du unrecht haben: Wenn du Zeuge warst, dann war die Welt bereits erschaffen, denn *du* warst da, und du bist ein Teil der Welt. Und wenn du nicht Zeuge warst, was gibt dir das Recht...?«

Yagnavalkya war schockiert. Die Tausenden anderen Gelehrten waren schockiert. Sogar der Herrscher war schockiert. Sie hatte recht! Ein Zeuge ist nötig, ein Augenzeuge. Und sie sagte: »Nur um der Argumentation willen: Selbst wenn ich akzeptieren würde, daß Gott die Welt erschuf, will ich wissen: Welche Gründe hast du, an diese Hypothese zu glauben?«

Yagnavalkya sagte: »Alles muß erschaffen werden. Gott ist wie ein Töpfer. Diese schöne und unermeßliche Existenz kann nicht aus dem Nichts entstanden sein. Jemand muß sie erschaffen haben.«

Gargi sagte: »Akzeptiert. Aber du hast deinen Sieg vertan – bringe die Rinder zurück.«

Yagnavalkya sagte: »Wie meinst du das?«

Sie sagte: »Wenn die Existenz einen Gott braucht, der sie erschafft, wer hat dann Gott erschaffen? Wenn man als Kriterium akzeptiert, daß alles Existierende erschaffen werden muß, dann sagst du damit, daß diese unermeßliche Existenz einen Schöpfer braucht. Gewiß muß dieser Schöpfer größer, umfassender, gewaltiger sein als das Universum. Wer hat *ihn* erschaffen?«

Und Yagnavalkya kapierte sofort, daß es unmöglich geworden war, diese Frau wieder loszuwerden. Denn Gott wird von Gott Nummer zwei erschaffen, Gott Nummer zwei wird von Gott Nummer drei erschaffen... und wo ist das Ende? Schließlich bleibt die Frage offen: Wer hat den ersten Gott erschaffen? Und Gargi sagte: »Wenn aber der erste Gott keinen Schöpfer braucht, warum stellst du dann unnötig eine Hypothese auf? Wenn Gott ohne einen Schöpfer auskommt, warum kann dann nicht auch die Existenz ohne einen Schöpfer auskommen?«

Yagnavalkya wurde total wütend. Es war eine solche Niederlage – die Niederlage eines selbstherrlichen Gelehrten –, daß er alle Höflichkeit vergaß und sagte: »Weib, wenn du nicht aufhörst, wirst du gleich deinen Kopf auf dem Boden rollen sehen!«

Gargi sagte: »Ist das ein Argument? Denkst du, wenn du meinen Kopf abschneidest, wirst du mich besiegen? Es wird nur der absolute Beweis für deine Niederlage sein. Geh und bring die Rinder zurück.« Und er mußte die Rinder zurückgeben – einer Frau!

Bis heute gestatten die meisten Religionen der Frau nicht die gleichen Möglichkeiten wie dem Mann. Der Dschainismus sagt: Nur wenn eine Frau als Mann wiedergeboren wird, hat sie eine Chance, die Wahrheit zu finden. Nur der Mann ist fähig, die Wahrheit zu finden; er hat das Monopol. Sogar die Wahrheit wird monopolisiert. Die Mohammedaner erlauben ihren Frauen nicht einmal, der Welt ihr Gesicht zu zeigen. Sie erlauben ihnen nicht den Zutritt zu ihren Moscheen. Und bei den Juden gibt es einen getrennten Bereich für die Frauen. Sie haben nicht einmal die gleichen Rechte, zu suchen. Die Hindus erlauben ihren Frauen nicht, die Veden zu lesen, die Upanishaden zu lesen – das gilt als Sünde.

Was Khalil Gibran schreibt, handelt von jenen reinen und unschuldigen Tagen. Darum sagt er: *Und die Priester und die Priesterinnen sagten zu ihm:*

Laß nicht zu, daß die Wellen des Meeres uns jetzt trennen…

»Bis jetzt waren wir uns überhaupt nicht bewußt, wer du bist. Geh nicht fort, laß nicht das Meer uns trennen,

…und die Jahre, die du in unserer Mitte verbracht hast, zur Erinnerung werden.

Bleib bei uns, gib uns die gleichen Augen, wie du sie hast. Zeig uns den Weg, den du kennst, den du gegangen bist. Sonst wärest du nur eine Erinnerung, als hätten wir dich im Traum gesehen. Nein, werde nicht zur bloßen Erinnerung für uns. Es wäre uns eine Qual, daß wir dich zwölf Jahre lang ständig verpaßt haben. Es wäre unerträglich. Lebe mit uns, transformiere uns, denn wir können sehen, daß alles, was du gesagt hast… du hast gemacht, daß es Wirklichkeit wurde.«

Dies stammt zweifellos aus den alten, unschuldigen Tagen, als die Priester noch keine Ausbeuter des Menschen waren, als die Priester sich noch nicht zu Vermittlern zwischen Mensch und Gott erklärt hatten. Sie waren selbst noch Suchende, demütige Sucher.

Die heutigen Priester sämtlicher Religionen sind so tief gefallen, daß der Papst vor einigen Monaten erklärte, niemand könne Gott direkt beichten. Man muß einem Priester beichten, und der Priester gibt die Nachricht an Gott weiter. Ohne den Priester habt ihr nicht einmal das Recht, eine direkte Verbindung zur Existenz aufzunehmen!

Jeder kann sehen, was für ein Geschäft das ist, was für eine Politik das ist: der Wille zur Macht. Welche Macht hat denn der Priester, außer dem Anspruch, daß er der Vermittler sei und Gott seine Botschaften nur durch ihn übermittle? Und auch ihr müßt eure Gebete, eure Beichten durch ihn übermitteln. Das ist sein ganzes Geschäft. Er ist kein Suchender mehr; er gehört zum Marktplatz.

Aufgrund dieses Phänomens sind alle Priester gegen Menschen wie Almustafa. Warum sind sie böse auf mich? Einfach weil ich sage: Es ist euer Geburtsrecht, eine direkte Verbindung zur Existenz zu haben. Kein Vermittler wird benötigt. Dieses ganze Geschäft der Priesterschaft muß aufgelöst werden. Sie sind nichts anderes als eure Blutsauger. Sie wissen nichts von Gott. All ihr Wissen ist verbal, aus den Büchern.

Und sie haben euch auf einen solchen Zustand reduziert, daß ihr nicht einmal ein Lied an Gott oder an die Existenz singen könnt – denn für mich ist Gott nur ein anderer Name für die Existenz. Sie haben euch das Recht abgesprochen, ein Lied an die Bäume zu singen, an die Sterne, und in einer Vollmondnacht am Meeresstrand zu tanzen. Ein Vermittler ist nötig! Und diese Idioten wissen nicht einmal, wie man singt; sie wissen nicht einmal, wie man tanzt.

Ich habe gehört...

Ein katholischer Bischof und ein jüdischer Rabbiner waren gute Freunde. Einmal wollten sie zusammen Golf spielen gehen, und der Rabbiner kam zur ausgemachten Zeit in die Kirche. Aber man weiß nie, wie viele Leute zur Beichte kommen, und deshalb nahm der Bischof den Rabbi mit in den Beichtstuhl, wo er hinter dem Vorhang sitzt, während derjenige, der seine Sünden beichtet, auf der anderen Seite sitzt.

Der Bischof sagte zum Rabbiner: »Entschuldige bitte, aber wenn du mir ein bißchen helfen könntest, mache ich mich gleich fertig. Du kannst mich ja inzwischen vertreten.«

Der Rabbiner sagte: »Aber ich habe keinen blassen Schimmer, wie eine Beichte geht!«

Er sagte: »Nichts einfacher als das! Ich werde zwei oder drei Beichten abnehmen, damit du siehst, wie es geht. Es ist ein Kinderspiel. Du brauchst der Person nur zuzuhören, und dann gibst du eine Strafe, je nach Sünde – fünf Dollar, zehn Dollar…«

Der Rabbi sagte: »Das mach' ich mit links! Mit Dollars kenn' ich mich aus. Geh nur!«

Der Bischof zeigte ihm die Beichte mit zwei Leuten. Zu dem einen sagte er: »Fünf Dollar. Tu sie in den Opferstock.« Zu dem anderen sagte er: »Zehn Dollar.«

Und der Rabbi sagte: »Das hab' ich kapiert. In geschäftlichen Dingen sind wir unschlagbar. Du kannst ruhig gehen. Mach dich schnell fertig, ich kümmere mich inzwischen um die Schlange vor dem Beichtstuhl. Es wird nicht lange dauern – wozu auch? Das Wichtigste sind die Dollars. Was soll ich mir unnötig lange Geschichten anhören?«

Und der erste Mann kam und sagte: »Vater, ich schäme mich so. Das letzte Mal habe ich eine Frau vergewaltigt und dir versprochen, es nie wieder zu tun, aber das Fleisch ist schwach… Ich hab es wieder getan!«

Der Rabbi sagte: »Das genügt. Dreißig Dollar.«

Der Mann sagte: »Aber das letzte Mal hast du nur zehn Dollar Strafe verlangt.«

Der Rabbi sagte: »Mach dir keine Gedanken. Gib einfach dreißig Dollar – zehn Dollar Vorschuß. Und dann verschwinde.«

Das sind die Vermittler zwischen euch und Gott. Ihr Gott ist die größte Lüge. Sie sind die reinsten Parasiten. Sobald ihr einen Priester zu Gesicht bekommt, besorgt euch die größte Fliegenklatsche, die ihr kriegen könnt! Sie sind wie die Moskitos von Poona.

Wenn diese Erde nicht mehr die Last der Priester tragen müßte… und ich füge nicht hinzu, der Priesterinnen, denn die Priester haben alle Priesterinnen umgebracht. Im Mittelalter wurden Tausende von Priesterinnen… sie haben sie nur anders genannt, sie nannten sie Hexen und haben sie verbrannt. Darum gibt es heute nur Priester.

Aber diese Bitte der Priester und der Priesterinnen: *Laß nicht zu, daß die Wellen des Meeres uns jetzt trennen...* »Jetzt ist alles anders. Wir hatten dich nicht erkannt, wir hatten keinen Gedanken an dich verschwendet. Wir haben dich einfach ignoriert – ein Mann, der absurdes Zeug daherredet, der sagt, daß ein Schiff kommen wird, das ihn ans andere Ufer bringen wird, in die wahre Heimat, zu den Ursprüngen des Lebens und der Bewußtheit, zu Gott. Aber jetzt, da wir dich erkannt haben – sei barmherzig, habe Mitgefühl.

...und die Jahre, die du in unserer Mitte verbracht hast... Laß sie nicht zu einer bloßen Erinnerung werden. Wir wollen dich hier haben, lebendig – denn die Erinnerung wird verblassen, und bald werden wir anfangen, uns zu fragen, ob wir einen Traum gesehen haben oder ob es wirklich einen Menschen wie Almustafa gegeben hat.«

So sind auch die westlichen Historiker damit umgegangen. Sie haben dreihundert Jahre gebraucht, bis sie kapierten, daß ein Mensch wie Gautam Buddha tatsächlich gelebt hat. Wenn ihr euch die alten Geschichtsbücher anseht, die von westlichen Gelehrten geschrieben wurden, ist Gautam Buddha darin nur ein Mythos, eine Legende. Wie kann es einen solchen Menschen wirklich gegeben haben? Und das wurde nicht nur von Gautam Buddha behauptet, dasselbe wurde auch von Jesus Christus behauptet. Noch vor drei Jahrhunderten war in den Büchern der Historiker zu lesen, daß Jesus Christus nie existiert habe und daß es ein antikes Drama gewesen sei, das sich nach und nach im Denken der Menschen als Realität festsetzte. Denn wie könnte man an einen Menschen wie Jesus glauben? – ungebildet, arm, ein Zimmermannssohn – und spricht mit solcher Autorität?

Kein anderer hat den Worten so viel Gewicht gegeben wie Jesus Christus. Einfache, gewöhnliche Worte werden bei ihm zu Diamanten, sie bekommen Flügel. Sogar die Gegner Christi haben die Tatsache anerkannt: Selbst wenn er unrecht hätte, selbst wenn er ein Verrückter wäre – eines steht fest: Kein anderer hat so gesprochen wie er. Niemand hat das Herz, mit solcher Autorität zu sprechen, die keines weiteren Arguments bedarf – seine Aussage allein war genug. Er setzte seine ganze Energie ein. Aber die Historiker sagten: »Kein Mensch kann so sprechen, wie Jesus spricht. Kein Mensch kann so leben, wie Gautam Buddha lebte. Niemand kann eine solche Präsenz, ein solches Strahlen wie Zarathustra gehabt haben. Bestimmt sind diese Menschen nur Schöpfungen großer Dichter und keine Wirklichkeit.«

Darum bitten ihn die Priester und die Priesterinnen: »Du darfst nicht eine bloße Erinnerung für uns werden. Wir konnten dich nicht erkennen, als du am Leben warst, als du uns in die Ohren schriest, als du unter uns lebtest. Sobald du fort bist, werden wir anfangen zu denken, daß es wohl ein Traum gewesen sein muß.« Wo könnte man sonst einen Menschen wie Almustafa finden?

Du bist unter uns als Geist umhergegangen, und dein Schatten ist ein Licht auf unseren Gesichtern gewesen.

Jetzt, zum Zeitpunkt seiner Abreise, sehen sie ihn nicht als physischen Körper, sondern als spirituelles Phänomen. »Du bist für uns ein Geist gewesen... Vergib uns; darum konnten wir dich nicht sehen. Wir sahen nur deinen Körper. Jetzt sind wir von deinem Geist besessen, aber jetzt gehst du. Und jetzt erkennen wir: Sogar *dein Schatten ist ein Licht auf unseren Gesichtern gewesen.*

Selbst *dein Schatten ist ein Licht auf unseren Gesichtern gewesen* – ganz zu schweigen von dem, was du jetzt für uns bist. Du bist kein Schatten mehr. Du hast deinen Schatten verloren, du bist für uns reines Licht geworden.

Vielleicht warst du schon immer ein Licht, und der Schatten war unsere Schöpfung.«

Ich war Student an der Universität... Ich habe immer auf meine Weise gelebt, habe mich nie um die Welt gekümmert. Ich hatte immer eine lange Robe ohne Knöpfe. Damals hatte ich auch noch einen Körper – den ich seit dreißig Jahren vernachlässige, weil der Körper für mich jetzt keine Bedeutung mehr hat. Hier muß irgendwo Sohan sitzen... Sie hat mich in jenen Tagen gekannt; sie sagte immer: »Dein Körper sieht aus wie eine Marmorstatue.«

Damals fuhr ich als Vertreter meiner Universität zu allen Redewettbewerben im ganzen Land – wo auch immer sie stattfanden, an allen Universitäten. Ich hatte so viele Medaillen und Pokale eingeheimst, daß das einzige Problem meiner Mutter war: »Wohin soll ich nur mit all diesem Plunder, den du ständig nach Hause bringst? Du brauchst ein eigenes Haus nur für diesen Plunder!«

Meine Professoren freuten sich, meine Direktoren freuten sich. Ihre Institutionen wurden mit der Zeit berühmt, weil alle Medaillen aus dem ganzen Land an ihre Schulen gingen. Der Direktor höchstpersönlich nahm mich mit in ein Fotostudio, denn man wollte ein Foto von mir an die Zeitungen und Zeitschriften geben, um zu zeigen, daß wahrscheinlich noch nie ein Student so viele Medaillen und so viele Pokale gewonnen hatte.

Er war ein sehr penibler Mann. Alles an ihm war penibel; er rasierte sich zweimal am Tag. Als wir ins Studio kamen und der Fotograf alles arrangiert hatte, musterte mich der Direktor und sagte: »Keine Knöpfe?«

Ich sagte: »Wollen Sie *mein* Foto oder Ihres? Ich bin alles andere als penibel.«

Aber er sagte: »Wir müssen ein paar Knöpfe für dich finden... oder eine Jacke, die du drüberziehen kannst.«

Da sagte ich: »Warum setzen *Sie* sich nicht hierher – denn wer kennt mich denn schon – und lassen sich fotografieren? Mein Foto ist *mein* Foto, und ich habe noch nie Knöpfe benutzt.«

Er sagte: »Du bist wirklich sonderbar. Warum benutzt du denn keine Knöpfe?«

Ich sagte: »Ich mag die frische Luft auf meiner Brust. Ich hasse Knöpfe!« Und ich sagte: »Entscheiden Sie sich schnell, sonst gehe ich!«

Er sagte: »Nein, geh nicht! Mach es, wie du willst. Aber du bist ein seltsamer Bursche.«

Ich sagte: »Ich bin kein seltsamer Bursche, ich bin nur ich selbst. *Sie* sind ein seltsamer Bursche – mir Ihre Idee von den Knöpfen aufzudrängen! Behalten Sie Ihre Knöpfe für sich und für Ihre Kinder und Kindeskinder.«

Die Zeiten haben sich geändert. Leute, die Autorität besitzen, die über Macht verfügen, versuchen ständig, euch Dinge aufzudrängen. Aber diese unschuldigen Bauern, Gärtner, Männer und Frauen – sie sagten zu Almustafa:

Sehr haben wir dich geliebt.

»Aber wir sind unbewußte Leute. Erst jetzt fällt uns auf, daß wir dich schon immer geliebt haben, aber es war uns zutiefst unbewußt. Wir konnten es dir nicht sagen, weil es uns selbst nicht bewußt war. Durch deine Abreise sind bei uns so viele Dinge an die Oberfläche gekommen. Deine Erkenntnis ist nicht nur deine Erkenntnis – etwas ist mit uns allen geschehen.«
Sehr haben wir dich geliebt.

Aber sprachlos war unsere Liebe und mit Schleiern umhüllt.

»Schleier um Schleier – es war uns nicht einmal bewußt. Und jetzt, da wir uns dessen bewußt geworden sind, erinnern wir uns. Selbst wenn wir schon früher bewußt gewesen wären, so hätten wir doch keine Worte für unsere Liebe finden können. *Aber sprachlos war unsere Liebe...*

Nun aber ruft sie laut zu dir und möchte unverhüllt vor dir stehen.

Warte noch ein wenig, bleib ein wenig länger unter uns, damit du für uns zum Spiegel werden kannst und wir uns selbst und unsere verborgenen Schätze sehen können, und damit unsere Liebe einen Ausdruck finden kann – wenn nicht in Worten, dann in Taten. Gib uns Zeit, um sie dir zu zeigen. Was wirst du sonst denken? Zwölf Jahre hast du unter uns gelebt, und niemand hat auch nur ein einziges Mal zu dir gesagt: ›Ich liebe dich.‹ Aber jetzt hat sich alles geändert.«

Und seit jeher war es so, daß die Liebe erst in der Stunde der Trennung ihre eigene Tiefe erkennt.

Dies ist eine ungeheuer bedeutsame Aussage: *Und seit jeher war es so, daß die Liebe erst in der Stunde der Trennung ihre eigene Tiefe erkennt.*

Es gibt eine schöne Geschichte…

Gautam Buddha gab bekannt, daß er sterben würde – die gleiche Situation: Sein Schiff war gekommen. Und er fragte: »Ehe ich euch verlasse, habt ihr noch Fragen?«

Nur ein Mann unter zehntausend Sannyasins stellte eine Frage – mit Tränen in den Augen –, und es war sein eigener Bruder, sein älterer Bruder Ananda, der seit zweiundvierzig Jahren mit ihm gelebt hatte und ihm Tag und Nacht, fast wie ein Schatten, gefolgt war. Er hatte im selben Raum geschlafen, war immer bei ihm gewesen. Keiner war ihm so nah gewesen wie Ananda, und er stellte als einziger eine Frage.

Andere sagten: »Du hast uns so viel gegeben. Wir wollen dich jetzt nicht mit Fragen belästigen, in diesem Augenblick der Trennung. Laß uns nur still sitzen.«

Aber Ananda fragte: »Was ist mit mir? Seit zweiundvierzig Jahren bin ich bei dir. Andere, die nach mir kamen und nicht so lange mit dir gelebt haben, sind schon erleuchtet, aber ich bin immer noch unerleuchtet. Und jetzt gehst du fort!«

Buddha sagte: »Mach dir keine Sorgen. Wenn ich den Körper verlassen habe, wirst du innerhalb von vierundzwanzig Stunden erleuchtet sein.«

Ananda sagte: »Diese Rechnung verstehe ich nicht. Zweiundvierzig Jahre mit dir, und ich bin nicht erleuchtet. Und und vierundzwanzig Stunden ohne dich, und ich werde erleuchtet sein?«

Gautam Buddha lachte und sagte: »Ananda, weil du mir so nahe warst und weil du gleichzeitig mein älterer Bruder bist, hast du mich für selbstverständlich genommen. Erst die Trennung, erst mein Tod kann dich aufwecken. Weniger als das genügt nicht. Ich habe alles versucht, aber du denkst, du bist mit mir zusammen, du bist mein Bruder und mußt Sorge tragen für meine Erleuchtung. Und weil wir so lange zusammen sind, hast du selbst sie völlig vergessen. Das Naheliegende vergißt man immer.

Das, was man besitzt – es ist eine menschliche Neigung, es zu vergessen. Du erinnerst dich erst wieder im Augenblick der Trennung daran.

Und seit jeher war es so, daß die Liebe erst in der Stunde der Trennung ihre eigene Tiefe erkennt.

Ein Meister gibt euch sein Leben als eine Gelegenheit, zu erwachen. Er gibt euch auch seinen Tod – eine zweite und letzte Gelegenheit für euch, zu erwachen.

5

Sprich uns von der Liebe…

Mach,
daß wir uns selbst erkennen

Und andere kamen auch und flehten ihn an. Aber er antwortete ihnen nicht. Er neigte nur den Kopf; und die in der Nähe standen, sahen Tränen auf seine Brust fallen.
Und er und die Menschen schritten zu dem großen Platz vor dem Tempel.
Und aus dem Heiligtum kam eine Frau, deren Name Almitra war.
Und sie war eine Seherin.
Und er schaute sie mit unendlicher Zärtlichkeit an, denn sie hatte ihn als erste aufgesucht und an ihn geglaubt, als er gerade einen Tag in ihrer Stadt gewesen war.
Und sie begrüßte ihn und sagte:
Prophet Gottes, auf der Suche nach den letzten Dingen, lange hast du die Ferne nach deinem Schiff abgesucht.
Und nun ist dein Schiff gekommen, und du mußt gehen.
Tief ist deine Sehnsucht nach dem Land deiner Erinnerungen und der Heimat deiner größeren Wünsche; und unsere Liebe wird dich nicht binden, noch werden unsere Bedürfnisse dich halten.
Um eines jedoch bitten wir, ehe du uns verläßt: daß du zu uns sprichst und uns von deiner Wahrheit abgibst.
Und wir werden sie unseren Kindern weitergeben und sie ihren Kindern, und sie wird nicht vergehen.
In deiner Einsamkeit hast du über unsere Tage gewacht, und in deinem Wachen hast du dem Weinen und Lachen unseres Schlafes gelauscht.
Daher mach, daß wir uns selbst erkennen und sage uns alles, was dir gezeigt wurde von dem, was zwischen Geburt und Tod ist.
Und er antwortete:
Leute von Orphalese, worüber könnte ich sprechen, wenn nicht von dem, was sich selbst jetzt in euren Seelen rührt?

Khalil Gibran hat in diesen wenigen Worten das ganze Spektrum des spirituellen Wachstums festgehalten. Zuerst sahen wir, wie die unschuldigen Leute zu ihm kamen: Bauern, Gärtner, die ihre Arbeit auf den Feldern zurückließen und zu ihm eilten.

Immer wenn die Wahrheit auftritt, sind es die Unschuldigen, die so gesegnet sind, sie zu erkennen. Habt ihr je darüber nachgedacht? Nicht ein einziger Rabbi kam, um Jesus zu hören. Ist das nicht seltsam? Denn die Zeit, zu der Jesus lebte, war eine Blütezeit jüdischer Weisheit, und in Jerusalem gab es die gelehrtesten, schriftkundigsten Priester von allen Städten der Welt.

Jene, die kamen, um Jesus zu hören, waren alles ungebildete, schlichte Leute: Bauern, Fischer, Gärtner, Zimmerleute. Unter seinen Aposteln war keiner aus den oberen Schichten der Gesellschaft. Da war kein Brahmane, kein Pandit, kein Professor.

Jerusalem war der Sitz der jüdischen Universität. Die Leute kamen aus weit entfernten Ländern nach Judäa gereist, um sich in Jerusalem ausbilden zu lassen. Jerusalem war auf dem Höhepunkt seiner Blüte. Doch keiner von diesen gelehrten Leuten kam, um Jesus zu hören. Und der Grund? – weil sie glaubten, sie wüßten schon alles. Sie hatten alle Schriften gelesen, kannten alle weisen Sprüche der Vergangenheit. Ihr Gedächtnis war voll davon, aber Gedächtnis bedeutet nicht Intelligenz.

In der Tat, je mehr Kenntnisse ihr anhäuft, um so geringer ist die Chance, daß ihr jemals genügend Intelligenz entwickelt, um euch selbst zu entdecken. Euer Wissen gibt euch nicht euer wahres Sein. Es erzeugt nur ein falsches Ego. Und der Egoist kann unmöglich zum Sohn eines Zimmermannes gehen, zu Jesus, der nichts weiß, weil er keine Zeugnisse besitzt.

Nur ein einziger Mann... und weil er der einzige war, kennt man noch seinen Namen. Er war Professor an der Universität. Nicodemus war sein Name. Aber selbst er brachte nicht den Mut auf, am hellichten Tage zu Jesus zu kommen. Er hatte Angst, was die Leute sagen würden. Er war Religionsprofessor, und zu einem ungebildeten jungen Mann, der noch nie die Schriften zu Gesicht bekommen hat, hinzugehen und ihm Fragen zu stellen... Darum kam er mitten in der Nacht, als alle schliefen. Selbst die intimsten Apostel Jesu lagen im Schlaf.

Er weckte Jesus und stellte sich vor: »Ich bin Professor für Religion an der Universität. Mein Name ist Nicodemus. Bitte verzeih mir, daß ich deinen Schlaf störe.«

Jesus sagte zu ihm: »Mach dir keine Gedanken. Ich werde deinen noch viel tieferen Schlaf stören. Aber du bist ein Feigling, und dieser Weg ist nichts für Feiglinge. Man braucht Mut. Und das erste Zeichen eines mutigen Menschen besteht darin, daß er erkennt, daß er nichts weiß, daß all sein Wissen geborgt ist, daß er nur die Worte von anderen wiederholt, daß er niemals in die Stille seiner eigenen Seele eingekehrt ist, daß er blind ist.«

Diese Erkenntnis an sich ist ein großartiger Anfang. In dem Augenblick, in dem man erkennt, daß man nichts weiß, befindet man sich bereits auf dem Weg zur Erkenntnis. In den Schriften stehen nur tote Worte. Ein wahrer Sucher kann sich nicht mit ihnen zufrieden geben. Er will die Verbindung aufnehmen, solange das Wort noch lebendig, solange es Fleisch und Blut ist.

Schriften werden von jenen benötigt, die einem Menschen wie Jesus nicht unter die Augen treten können, denn er wird ihnen kräftige Hiebe versetzen, um ihnen bewußt zu machen: »Alles, was du gelernt hast, hast du im Schlaf gelernt. Und alles, was du immer nachgeplappert hast, ist mechanisch. Es ist nicht deine eigene Erfahrung.«

Die Wahrheit kann man nur durch Erfahrung kennen. Nur Lügen kann man lernen. Millionen von Bibliotheken sind voll mit Lügen, wunderschönen Lügen. Es waren nicht immer Lügen; sie waren auch einmal lebendig. Auch sie wurden einmal von jemandem geäußert, der etwas entdeckt hatte.

In einem solchen Augenblick hat das Wort Flügel. In einem solchen Augenblick ist das Wort voller Stille, Liebe, Schönheit, Wahrheit. Aber der ganze Duft des lebendigen Wortes verschwindet bald. Die Blüte verwelkt, die Blütenblätter vergehen in der Erde. Keine Spur bleibt davon zurück. Nur weit entfernte Echos hallen in den Schriften nach, von Gelehrten gesammelt und von

Forschern kommentiert. Doch all ihr Tun ist wie das Sezieren einer Leiche, und durch das Sezieren einer Leiche kann man die Seele nicht finden.

Was die Medizin ständig macht, haben diese Idioten von Anfang an gemacht. In jeder Universitätsklinik seziert man Leichen, um das zu finden, was wir Leben nennen. Könnt ihr euch eine größere Blindheit vorstellen? Und das sind sehr gebildete Leute! Und weil sie in einer Leiche das lebendige Prinzip des Lebens nicht finden können, streiten sie es ab.

Es ist sehr einfach, etwas abzustreiten. Es ist sehr einfach, nein zu sagen. Man kann es tun, während man in seinem Sessel sitzt. Keine Pilgerreise ist dafür nötig. Wenn man aber etwas finden, wenn man suchen und forschen will, dann muß man sich ins Unbekannte wagen, ganz unvoreingenommen. Alles geborgte Wissen erzeugt nur Voreingenommenheit und sonst nichts.

Ein intelligenter Mensch tut all sein Wissen beiseite und wird zum unschuldigen Kind, das nichts weiß, aber offen ist, verfügbar, empfänglich, mit Augen voller Staunen, verzaubert von den kleinen Dingen. Eine Muschel am Strand, eine Wiesenblume, die keinen anlockt – und es ist verzaubert. Es lebt in einem Wunderland. Nicht nur Alice kam ins Wunderland; jedes Kind lebt im Wunderland.

Und genau das sagte Jesus dem Nicodemus: »Solange du nicht neu geboren wirst in diesem Leben, solange du nicht wieder zum Kind wirst, besteht keine Hoffnung für dich.«

Als Almustafa die Leute kommen sah... es waren alles unschuldige Leute, keine Rabbiner, keine Päpste, keine Professoren, keine *Shankaracharyas**, keine *Ajatollahs**, sondern einfache Menschen, die wußten, daß sie nichts wissen. Aber das ist der Anfang einer ewigen Reise, in deren Verlauf man immer mehr verschwindet. Eines Tages findet man die Wahrheit, aber man findet nicht sich selbst. Der Sucher geht verloren, und das Gesuchte wird gefunden. Der Wissende ist nicht mehr, aber das Wissen, die Erkenntnis ist erblüht.

Und andere kamen auch...

* hohe Würdenträger des Hinduismus *(Shankaracharya)* und des persischen Islam *(Ajatollah)*

Wer sind diese anderen?

Und andere kamen auch und flehten ihn an, aber er antwortete ihnen nicht.

Diese anderen sind die Präsidenten, die Premierminister, die Gouverneure, die Polizeichefs – alle möglichen blinden und tauben Leute. Als sie sahen, daß die ganze Stadt Orphalese zu diesem Verrückten Almustafa eilte… Diese sogenannten Führer der Menschen sind in Wirklichkeit Gefolgsleute des Mobs, denn es ist der Mob, der ihnen Macht verleiht. Wo immer der Mob auch hinsteuert, der Führer wird so tun, als würde er ihm vorausgehen. Er achtet ständig darauf, daß er den Mob hinter sich hat. Alle Führer sind nur Gefolgsleute ihrer eigenen Gefolgsleute. Nur wegen dieser Leute verharrt die Welt in Unglück, Wahnsinn, Dummheit.

Und andere kamen… Almustafa hatte den unschuldigen Leuten geantwortet, als sie zu ihm sagten: »Vergib uns! Wir sahen dich, aber jetzt haben wir dein Gesicht zum ersten Mal wahrgenommen. Was für ein Unglück, daß dies der Tag deiner Abreise ist! Du bist zwölf Jahre unter uns gewesen, und wir dachten immer, du seist nur ein Traumtänzer. Vergib uns. Geh nicht fort, bleib noch ein wenig bei uns. Teile deine Wahrheit mit uns; jetzt sind wir dafür bereit.«

Aber dann kamen die Blinden, die Tauben, die Kenntnisreichen an. Und weil all die einfachen Leute und ihre Menge so sehr von der Gegenwart Almustafas beeindruckt waren, flehten auch sie ihn an, doch es war Heuchelei. Ihre Fragen waren nicht authentisch, sie kamen nicht aus dem eigenen Herzen. Sie wollten nur den Leuten zeigen: »Nicht nur ihr habt ihn erkannt, auch wir haben ihn erkannt.« Sie wollen immer die Leute glauben machen: »Wir haben euch etwas voraus.«

Doch Almustafa läßt sich nicht täuschen; man kann ihn nicht täuschen. *Aber er antwortete ihnen nicht.* Im Gegenteil:

Er neigte nur den Kopf; und die in der Nähe standen, sahen Tränen auf seine Brust fallen.

Diese Tränen sind seine Antwort auf diese Leute, die sich immer noch verstellen. Zum Zeitpunkt seiner Abreise – da die Unkultivierten, Unzivilisierten, die Ungebildeten und die Armen ihn erkannt haben – können *sie* ihn immer noch nicht erkennen, können sie ihn nicht sehen. Macht blendet. Wissen macht blind.

Er weint, und Tränen fallen auf seine Brust, aus Mitgefühl: »Was sind das nur für Leute, die die Welt führen?«

Der Gouverneur von Kalifornien wollte mich sehen und sandte jemanden mit einer Nachricht. Ich sagte: »Ich bin bereit. Aber er hätte nicht jemanden senden, sondern selbst kommen sollen. Was hindert ihn daran? Wenn ich ihn sehen wollte, würde ich gehen und bei ihm anklopfen; das ist die rechte Art. Er sollte kommen und an meine Tür klopfen. Jeder ist willkommen.«

Die Frau, die mir die Nachricht überbracht hatte, sagte: »Aber er ist der Gouverneur.« Ich sagte: »Und wäre er Gott – selbst dann. Wenn er mich sehen will, hat er zu kommen.« Aber die Macht, das Prestige, das Ansehen...

Einer der Präsidenten Indiens, Jakirhussain, ließ mir eine Nachricht durch einen der ältesten Parlamentsabgeordneten, Seth Govinddas, zukommen. Ich war zu Gast bei Seth Govinddas, und er versuchte, mich zu überreden.

Ich sagte: »Vergiß es. Wenn er mich sehen und treffen will, bin ich bereit, aber ich habe keinen Anlaß, zum Haus des Präsidenten zu gehen.«

Er sagte: »Du verstehst nicht. Er kann eine große Hilfe sein.«

Ich sagte: »In meinem ganzen Leben habe ich immer nur auf die Existenz vertraut und nicht auf die Hilfe von irgend jemandem.«

In der Tat war es ein Problem für Seth Govinddas, denn wenn es ihm gelungen wäre, mich zum Präsidenten zu bringen, hätte er diesem einen Gefallen getan. Doch meine klare Absage...

Er sagte: »Wie soll ich ihm das beibringen?«

Ich sagte: »Sag ihm genau, was ich gesagt habe: Der Durstige geht zum Brunnen; der Brunnen läuft nicht hinter den durstigen Leuten her. Der Durstige mag Präsident sein, das spielt keine Rolle. Ob Bettler oder Kaiser, der Durstige muß zum Brunnen gehen.«

Auch ich habe geweint, denn auch mir sind sehr viele blinde Menschen untergekommen. Selbst meine eigenen Sannyasins versuchen manchmal, mich zu überreden: »Wenn der Gouverneur oder der Premierminister oder der Präsident auf deiner Seite wäre, dann könnten dir diese kleineren Chargen, die Polizeichefs etcetera, nichts anhaben. Im Gegenteil, sie würden dich willkommen heißen.«

Da ich sagte: »Ich bin kein Geschäftsmann.«

Mein Vater sagte oft und oft zu mir: »Du weißt ganz genau, daß es nicht gut ist, beim Schlafen die Decke bis über den Kopf und über das Gesicht zu ziehen. Das ist unhygienisch.«

Ich sagte: »Ich weiß. Aber ich habe sonst keine Zeit für meine Tränen.«

In der Dunkelheit der Nacht, unter meiner Decke verborgen, kann ich nach Herzenslust weinen und Tränen über all die Dummheiten auf der ganzen Welt vergießen.

Und wenn man diesen Leuten sagt: »Ihr seid der Grund, warum diese Erde eine Hölle ist«, dann sind sie böse und wütend und sinnen auf Rache. Nun, ich kann zumindest eines für mich in Anspruch nehmen: Kein Mensch in der ganzen Geschichte der Menschheit hat so viele Feinde gehabt wie ich. Das ist eine große Auszeichnung! Dabei habe ich niemandem Schaden zugefügt.

Mein ganzes Bemühen geht dahin, euch aufzuwecken, euch eine Botschaft zu übermitteln, die ich in meinem Herzen trage, geht dahin, meine Stille und meine Glückseligkeit mit euch zu teilen. Und die Leute werden böse und wütend. Nahezu alle Länder der Welt haben entschieden, daß ich ihr Staatsgebiet nicht betreten darf.

Ich dachte, vielleicht würde sich mein eigenes Land anders verhalten, aber ich hatte unrecht. Idioten sind Idioten. Ob Amerikaner oder Inder macht keinen Unterschied.

Ich war in Bombay. Ein solcher Führer, Präsident einer mächtigen politischen Gruppe, hatte einen Brief an den Ministerpräsidenten geschrieben und mir eine Kopie davon geschickt. In dem Brief teilte er dem Ministerpräsidenten mit, meine Anwesenheit in Bombay würde die Atmosphäre verschmutzen.

Ich sagte: »Mein Gott, wie könnte jemand Bombay verschmutzen? Die schmutzigste Stadt auf der ganzen Welt!« Vier Monate war ich dort und bin kein einziges Mal ausgegangen. Ich habe nicht einmal aus dem Fenster geschaut. Ich hielt mich in einem völlig abgeschlossenen Raum auf – trotzdem riecht man es... wie wenn man auf der Toilette sitzt! Das ist Bombay.

Ich fing an zu überlegen, wie man es noch mehr verschmutzen könnte, doch ich muß leider gestehen, mir fiel nichts ein. Da läßt sich nichts machen.

Als nächstes machte man Druck auf einen meiner Sannyasins, in dessen Haus ich vier Monate zu Gast gewesen war: Wenn ich nicht aus seinem Haus verschwände, würde man ihn, mitsamt seiner Familie, seinem Haus und mir, in Brand stecken.

Manchmal fragt man sich, ob man weinen oder lachen soll.

Und täglich rief jemand an und sagte ständig: »Wann kommen Sie nach Poona? Ich bin Polizeibeamter, und ich rufe an, damit wir Ihnen Schutz geben können.« Wir erkundigten uns bei der Polizei in Bombay, wir erkundigten uns bei der Polizei in Poona, doch es hieß: »Wir haben nicht angerufen. Da gibt sich jemand als Polizeibeamter aus.«

Ich sollte letzten Sonntag kommen, aber mein Gastgeber machte sich so große Sorgen, daß er um Polizeischutz ansuchte. Am Samstagabend ließ ihn die Polizei wissen: »Wir können nur bis Thana Geleitschutz geben. Danach müßt ihr in einem anderen Bezirk anfragen, bis Chinchwad. Ab Chinchwad müßt ihr die Polizei von Chinchwad um Geleitschutz bis Poona fragen.«

Ich sagte zu meinem Gastgeber: »Mach dir keine Sorgen. Statt diese Leute um Schutz zu bitten... Ihre Art von Schutz kenne ich!«

Er sagte: »Wie meinst du das?«

Ich sagte: »Als ich in Amerika verhaftet wurde, legte man mir Handschellen an, eine schwere Kette um die Taille und Ketten an den Füßen. Ich konnte nicht einmal gehen. Und sie hatten Angst, überall auf der Straße würden Leute sein und ich könnte meine Hände heben. Darum befestigten sie noch eine weitere Kette, die meine Handschellen mit der Kette um die Taille verband, so daß ich meine Hände nicht bewegen konnte. Und dann rasten sie wie verrückt mit dem Auto. Und der Grund war, daß überall Leute waren und mir zuwinkten und das Victory-Zeichen machten. Da verstand ich, warum sie in solcher Eile waren. Überall waren Fotografen, überall waren Presseleute, und wenn die sahen, daß die Leute mich grüßten und man mich ohne Haftbefehl festgenommen hatte, dann würde es herauskommen, daß das ganze Reden über Demokratie reiner Unsinn ist. Diese ständige Propaganda über Individualität und freie Meinungsäußerung ist nur dazu da, der ganzen Welt etwas vorzumachen.

Der US Marshal, der vorne im Auto saß und mich in das Innere des Gefängnisses geleitete, sagte zu mir: »Hier sind Sie absolut sicher.«

Ich sagte: »Und Sie? Wenn Handschellen und Ketten Sicherheit bedeuten, dann sollten Sie Ihrem Präsidenten, Ihren Gouverneuren welche anlegen, denn deren Leben ist ständig in Gefahr. Zwanzig Prozent der amerikanischen Präsidenten sind ermordet worden. Das ist keine geringe Zahl. Am besten sperren Sie alle Ihre Präsidenten ins Gefängnis! Aber erzählen Sie mir keinen Unsinn.«

Um den Polizeischutz zu umgehen – denn ihn habe ich zur Genüge kennengelernt –, bin ich statt am Sonntag schon Samstag nacht von Bombay losgefahren. Mein Gastgeber war nicht überzeugt, aber am nächsten Morgen war er es, denn sein Haus war von fünfzehn Polizisten mit Schußwaffen umstellt.

Er war mit mir mitgefahren. Seine Familie informierte ihn: »Die Polizei hat das Haus umstellt. Wir stehen praktisch unter Arrest, und wir haben ihnen gesagt, daß Osho schon gestern nacht weggefahren ist.« Und sie sagten zur Polizei: »Wir hatten Sie um Geleitschutz gebeten, doch die Abfahrt war für heute Mittag um zwölf Uhr geplant. Wieso sind Sie denn schon am Morgen gekommen? Und mit Schußwaffen? Wir hatten doch nur um sechs Polizeibeamte in Zivil gebeten. Wozu dieses ganze Regiment?«

Sie blieben den ganzen Tag, weil sie dachten, ich würde um zwölf Uhr abfahren. Schließlich dämmerte es ihnen, daß ich vielleicht doch nicht mehr im Haus war. Da sagte der Kommandeur zum

Sohn meines Sannyasins: »Osho hat uns ausgetrickst.«

Merkwürdig – wir hatten sie um Schutz gebeten. Wenn wir ihn nicht haben wollen, kann man ihn uns doch nicht einfach aufzwingen: »Wir werden euch beschützen, ob ihr es wollt oder nicht.« Und wie kommt er auf Austricksen?

Ich bin um vier Uhr in der Nacht hier angekommen, und innerhalb von drei Stunden war die Polizei da. Ich schlief. Als ich die Augen öffnete, sah ich zwei Polizisten in meinem Schlafzimmer.

Ich sagte: »Ich habe nie Träume, vor allem keine Alpträume. Wie sind diese Dodos hier hereingekommen?«

Ich fragte sie: »Habt ihr einen Durchsuchungsbefehl?« Sie hatten keinen. »Wie seid ihr dann in mein privates Schlafzimmer gekommen?«

Sie sagten: »Wir müssen Ihnen eine amtliche Mitteilung machen.« Manchmal fragt man sich, ob die Leute im Schlaf reden. Ist das die Art, eine amtliche Mitteilung zu machen? Ist das die Art, ein »Diener« des Volkes zu sein? Sie sind Diener des Volkes; sie werden von *uns* bezahlt. Sie sollten sich wie Diener benehmen... aber sie benehmen sich wie die Herren.

Ich sagte: »Ich habe kein Verbrechen begangen. Ich habe nur drei Stunden geschlafen, ist das ein Verbrechen?«

Einer von ihnen sagte: »Sie sind eine umstrittene Person, und der Polizeichef findet, Ihre Anwesenheit könnte Gewalttätigkeiten in der Stadt provozieren.«

Also, diese Leute scheinen sich nicht einmal im klaren zu sein, daß ich sieben Jahre lang hier war, und es wurden durch mich keine Gewalttätigkeiten in der Stadt provoziert. Was will man mehr an Beweisen? Im Gegenteil, ein Mann dieser Stadt hat versucht, mich zu töten, mich zu ermorden. Vor den Augen von zehntausend Sannyasins und zwanzig Polizeibeamten warf er während des morgendlichen Vortrags einen Dolch nach mir. Es war praktisch unmöglich, diesen Fall zu verlieren, selbst wenn wir es gewollt hätten. Zehntausend Augenzeugen findet man nicht so leicht für einen solchen Fall – und darunter zwanzig Polizisten!

Dennoch wurde die Klage abgewiesen, als sei diese Sache nie

vorgefallen. Das sind unsere Richter, das ist unsere Polizei! Das sind unsere Polizeichefs! Wenn sie die Ruhe in der Stadt bewahren wollten, hätten sie den Mann hinauswerfen müssen, der versucht hatte, mich zu ermorden.

Als mein Anwalt am nächsten Tag zum Polizeichef ging, staunte er nicht schlecht: Auf dessen Terminkalender stand der Name genau jenes Mannes! Er scheint hinter der ganzen Angelegenheit zu stecken. Ich bin jetzt seit zwei Tagen hier, und bisher ist es in der Stadt zu keinerlei Gewalttätigkeiten kommen.

In den sieben Jahren, in denen ich hier lebte, bin ich nur viermal in eure Stadt gefahren. Sonst habe ich den *Ashram** nie verlassen. Und diese vier Male waren absolut notwendig; ich bin nicht ins Kino gegangen. Mein Vater lag im Krankenhaus im Sterben, darum mußte ich gehen. Einer meiner Sannyasins lag im Krankenhaus im Koma, da mußte ich gehen. Alle vier Male bin ich nur ins Krankenhaus gefahren, um jemanden zu besuchen, der im Sterben lag – und starb. Wenn ich in meinem Zimmer sitze, wie kann ich da Gewalttätigkeiten in der Stadt provozieren?

Und was die amtliche Mitteilung betrifft... Ich sagte: »Lesen Sie vor. Was ist mein Verbrechen?« Mein Verbrechen besteht darin, daß ich umstritten bin. Aber könnt ihr mir sagen: Hat es je einen Menschen von Intelligenz gegeben, der nicht umstritten gewesen wäre? Umstritten zu sein ist kein Verbrechen.

In der Tat beruht die ganze Evolution des menschlichen Bewußtseins auf umstrittenen Menschen: Sokrates, Jesus, Gautam Buddha, Mahavira, Bodhidharma, Zarathustra. Sie hatten Glück, daß keiner von ihnen nach Poona kam. Diese Stadt ist verdammt, denn diese Stadt hat Mahatma Gandhi ermordet, diese Stadt hat versucht, mich zu ermorden... Und sie wagen es, mir zu sagen, daß ich umstritten und gefährlich sei! Sie schämen sich nicht einmal!

Mahatma Gandhi wurde von derselben Gruppe von Leuten ermordet, die versucht haben, mich umzubringen. Noch jahrhunderte lang wird man sich an Poona erinnern als an eine Stadt von Mördern.

Aber weil er keinen triftigen Grund hatte... sonst hättet ihr mich

* Oshos Kommune und Meditationszentrum in Poona.

wieder in Handschellen und im Gefängnis sehen können, denn ich habe etwas getan, was noch nicht dagewesen ist. Dieser Polizeibeamte hat sich sehr schlecht benommen. Ich lag auf meinem Bett, und er warf mir diese Mitteilung ins Gesicht! Ein so untermenschliches Benehmen kann ich nicht tolerieren. Ich zerriß sofort das Papier und warf es weg. Und ich sagte zu diesen Polizeibeamten: »Geht und erzählt das eurem Chef!«

Ich weiß, daß man eine amtliche Mitteilung nicht wegwerfen sollte, aber alles hat seine Grenzen! An erster Stelle muß das Gesetz Menschlichkeit und Respekt für die Menschen zeigen. Nur dann kann es auch Respekt von anderen erwarten. Und diese Leute sind unsere Diener – *wir* zahlen die Steuern! Und sie spielen die Herren.

Es war richtig von Almustafa, ihnen nicht zu antworten; sie verdienen es nicht. Aber ich bin aus einem anderem Holz geschnitzt als Almustafa.

Er neigte nur den Kopf...

Das würde ich niemals tun. Eher könnte man mir den Kopf abschneiden, als daß ich ihn neige.

Und die in der Nähe standen, sahen Tränen auf seine Brust fallen.

Ja, auch ich weine und vergieße Tränen um die Menschheit, doch ich weine im Dunkeln, unter meiner Decke. Ich will nicht, daß ihr meine Tränen seht, denn meine Tränen wären schmerzvoll für euch. Meine Tränen wären wie Wunden für euch. Ihr habt nur meine Lieder erlebt... aber meine Augen haben auch Tränendrüsen. Diese Tränen gelten den Blinden und den Tauben, den Herzlosen. Diese Tränen gelten allen Sorten von Idioten.

Poona kann sich einer Sache rühmen: Ihr habt die beste Sorte Idioten auf der Welt.

Und er und die Menschen schritten zu dem großen Platz vor dem Tempel.

Jeder Satz von Khalil Gibran ist bedeutungsvoll. Warum gehen sie zum Tempel? Auf der ganzen Welt gibt es Tausende und Abertausende von Tempeln, Kirchen, Moscheen, *Gurudwaras**, Synagogen – und die Leute gehen dorthin, um zu beten. Ihre Gebete sind wie Worte, die von Papageien nachgesprochen werden. Sie kennen selbst nicht einmal die Bedeutung dieser Worte.

Nein, die Aufgabe eines Tempels ist eine völlig andere. Die Aufgabe des Tempels ist: Wenn jemand wie Almustafa heimkehrt, dann ist der Tempel der Ort, es zu verkünden. Wenn Almustafa einen Tempel betritt, wird der Tempel geheiligt. Aber ohne Almustafa ist ein Tempel nur ein Haus – leer, bedeutungslos.

Und er und die Menschen schritten zu dem großen Platz vor dem Tempel. Man sollte den Tempel nur dann betreten, wenn man es verdient, wenn man es sich verdient hat, wenn man fühlt, daß man etwas zu teilen hat: etwas Heiliges, etwas Jenseitiges.

Und aus dem Heiligtum kam eine Frau, deren Name Almitra war. Und sie war eine Seherin.

Übrigens möchte ich, daß ihr eines nicht vergeßt: Khalil Gibran ist einer der ganz wenigen, in deren Augen die Frau dem Heiligen näher ist als der Mann – aus dem einfachen Grund, weil sie mehr im Herzen als im Kopf ist. Sie weiß, wie man liebt. Wenn man nicht weiß, wie man liebt, wie kann man dann wissen, wie man betet?

Beten ist nichts anderes als die subtilste Form der Liebe: Eine Liebe, die nicht an jemand Bestimmten adressiert ist, eine Liebe zum Ganzen.

Almitra war eine Seherin. Khalil Gibran sollte man sich für immer ins Gedächtnis schreiben als einen, der den Frauen Achtung und Würde gezollt hat. All eure falschen, sogenannten religiösen Führer der Welt haben die Frau nur verdammt. Selbst der größte von ihnen, Gautam Buddha – vor dem ich alle Hochachtung habe, aber mit Vorbehalt –, selbst er, der zweifellos den höchsten bisher erreichten Gipfel, den Everest, repräsentiert, selbst er hat keine Ach-

* Tempel der Hindus

tung gegenüber den Frauen gezeigt. Er hat es jahrelang immer abgelehnt, Frauen einzuweihen. Erst nach zwanzig Jahren ständiger Weigerung, ständiger Erniedrigung und Beleidigung der Frau, gab er schließlich nach. Wegen einer eigenartigen Situation mußte er nachgeben und Frauen als Jünger akzeptieren. Aber er muß sogar in jenem Augenblick noch sehr zögernd gewesen sein. Er mußte nachgeben wegen einer Frau, die praktisch seine Mutter war, denn seine richtige Mutter war unmittelbar bei seiner Geburt gestorben. Seine eigene Mutter hatte ihn nie zu Gesicht bekommen, und er selbst hatte keine Erinnerung an sie. Die jüngere Schwester seiner Mutter blieb unverheiratet, nur weil sie sich um dieses seltene Kind kümmern wollte, das vom ersten Augenblick an Charisma hatte. Astrologen und Propheten sagten diesem Kind voraus, es werde entweder ein Weltherrscher sein oder es werde der Welt entsagen und der größte Erwachte werden, den die Menschheit je kannte.

Diese Frau zog ihn auf, kümmerte sich um ihn und opferte ihm ihr eigenes Leben, denn wenn sie selbst geheiratet hätte, würde sie eigene Kinder gehabt haben und sie hätte ihre Fürsorge teilen müssen. Sie wäre in ihr eigenes Leben, ihre Kinder, ihren Ehemann, verstrickt gewesen. Nein, sie blieb unverheiratet, damit sie ihre ganze Liebe auf Gautam Buddha konzentrieren konnte.

Als nun diese alte Frau kam, die als seine wirkliche Mutter gelten konnte, und darum bat, von ihm eingeweiht zu werden, da herrschte eine große Stille, ein langer Augenblick des Zögerns. Zwanzig Jahre ständiger Weigerung... doch wie konnte er es *dieser* Frau verweigern, die ihr ganzes Leben für ihn geopfert hatte? Und er konnte nicht einmal dieses bißchen für sie tun? – sie in *Sannyas** einweihen? Widerstrebend, meine ich, weihte er sie ein. Und warum sage ich »widerstrebend«? – weil er unmittelbar danach erklärte: »Meine Religion hätte fünftausend Jahre gedauert, aber jetzt wird sie nur fünfhundert Jahre dauern, weil eine Frau in die Gemeinschaft eingetreten ist.« Als ob eine Frau eine Krankheit wäre! Als ob Buddhas Religion jetzt nicht mehr gesund genug wäre, um fünftausend Jahre zu überleben! Der Eintritt einer Frau scheint zu bedeuten, daß seine

* Suche nach der höchsten Wahrheit

Religion ein Krebsgeschwür in sich birgt. Häßlich ist diese Aussage. Und dasselbe gilt für Mahavira, dasselbe gilt für Jesus, dasselbe gilt für Mohammed, dasselbe gilt für Moses. Und sie sind unsere Höhenflüge zu den Sternen!

Khalil Gibran scheint eine viel humanere, viel tiefere Erkenntnis zu haben. Es hat in allen Religionen Seher gegeben, doch Almitra ist eine Seher*in*. Und der Grund, den er angibt, muß in seiner ganzen Tiefe verstanden werden; ihr müßt ihn im tiefsten Teil eures Seins bewahren:

Und er schaute sie mit unendlicher Zärtlichkeit an, denn sie hatte ihn als erste aufgesucht und an ihn geglaubt, als er gerade einen Tag in ihrer Stadt gewesen war.

Zwölf Jahre lang war er in der Stadt gewesen, aber sie war die einzige, die ihn erkannte – sogar schon am ersten Tag, als er in die Stadt kam.

Die Leute fragen mich immer wieder: »Wieso hast du so viele Sannyasins mit einem weiblichen Körper?« – als ob Sannyas etwas mit dem Körper zu tun hätte! Inwiefern hätte Sannyas etwas mit dem Körper zu tun?

Bei Sannyas geht es um die Seele. Und die Frau ist offener, erreichbarer, weil sie nicht die Logik, sondern die Liebe kennt. Und das Gesetz der Liebe ist das höchste Gesetz des Lebens. Die Gesetze, die auf der Logik beruhen, sind die niedrigsten.

Einen Mann muß man erst intellektuell überzeugen. Ich habe Millionen von Sannyasins – und bestimmt sind fünfundsiebzig Prozent Frauen und fünfundzwanzig Prozent Männer. Das ist ein seltenes Phänomen, denn Buddha, Mahavira, Mohammed, Jesus – keiner von ihnen ließ Frauen zu. Ein Mann muß zuerst logisch überzeugt werden. Er beginnt von der untersten Stufe. Und dann ist es eine lange Leiter, bis er die Stufe der Liebe erreicht. Liebe ist absolut jenseits von Logik, sie transzendiert die Logik. Selbst meine eigenen Sannyasins... als erstes werden sie intellektuell überzeugt:

Dieser Mann scheint recht zu haben; was er sagt, hat Hand und Fuß. Sie wälzen alle möglichen Zweifel im Kopf, wollen um jeden Preis skeptisch sein. Wenn sich ihre Skepsis und ihre Zweifel endlich auflösen, ist eine dicke Schicht von Intellektualität abgefallen, und ihr Herz wird erreichbar.

Eine Frau aber wird sich als erstes in mich verlieben, und dann denkt sie: »Alles was er sagt, muß richtig sein. Wie könnte die Liebe unrecht haben?« Ihre Vorgehensweisen sind verschieden. Der Mann hat eine lange Route gewählt – unnötigerweise, aber es sieht männlicher aus, schwieriger, härter – und er wird lange unterwegs sein, bis er nach Hause zurückkommt.

Die Frau hat die Abkürzung gewählt – den Pfad der Liebe. Es ist nur ein Schritt. Es bedarf nicht einmal eines zweiten Schrittes. Ein Schritt, und man ist angekommen. Und auch das sage ich nur, weil es schwer zu verstehen ist, wenn ich genau das sage, was eigentlich passiert: Es ist nicht einmal ein Schritt.

Der Mann braucht unzählige Schritte, Meile um Meile, nur um nach Hause zurückzukommen – müde, erschöpft, traurig.

Darum sehen die Heiligen alle so traurig drein. Wie nennt man das? – eine Leichenbittermiene. Nette Leute, aber sie rennen ganz unnötig in alle Richtungen, um den Ort zu finden, an dem sie schon immer gewesen sind.

Um also die absolute Wahrheit zu sagen: Die Frau macht nicht einmal einen einzigen Schritt. Vielmehr ist es die Wahrheit, die einen Schritt auf die Frau zu macht. Die Frau verliebt sich ganz einfach, und das Zuhause kommt zu ihr. Sie ist immer schon da gewesen, nur hat die Liebe ihr erst die Augen geöffnet.

Almitra war die erste, die erkannte, daß Almustafa zum anderen Ufer gehört. Er ist hier ein Fremder. Er träumt nicht von einem Schiff. Er ist so liebenswert, so wunderschön, daß sie nicht an ihm zweifeln kann, selbst wenn er träumte. Durch ihre tiefe Liebe wird sein Traum zur Wirklichkeit. Das Schiff, das erst zwölf Jahre später ankommen wird, ist für Almitra schon am ersten Tag angekommen. Diese zwölf Jahre Abstand existieren nicht für sie.

Die Leute fragen mich, warum so viele Frauen Sannyasins

werden. Es ist einfach: weil sie Frauen sind, weil sie im Herzen sind, weil sie nur *eine* Sprache kennen – die Sprache der Liebe.

Und sie begrüßte ihn und sagte...

Und ihr könnt den Unterschied sehen: Die Leute, die ihn am letzten Tag erkannten... als sie sahen, daß die Trennung bevorstand, da wurde ihnen plötzlich bewußt, daß sie etwas verpaßt hatten: Unter ihnen war ein Mensch, ein Messias, eine Botschaft vom anderen Ufer. Aber sie waren einfach taub und blind gewesen, und jetzt war es zu spät. Darum sagen sie: »Verweile noch ein bißchen, nur ein kleines bißchen. Wir waren nicht imstande, deine Wahrheit zu schmecken; wir waren nicht imstande, von deinen Augen zu trinken. Schütte deine Gnade ein wenig länger auf uns.«

Aber Almitra sagt etwas völlig anderes:

Prophet Gottes, auf der Suche nach den letzten Dingen, lange hast du die Ferne nach deinem Schiff abgesucht.
Und nun ist dein Schiff gekommen, und du mußt gehen.

Nur Liebe kann es sehen. Der Verstand ist gierig. Verstand bedeutet Gier. All jene Leute, die sagen: »Verweile noch ein bißchen«... ich sage euch, wenn Almustafa ihnen nachgeben würde, würden sie ihn *wieder* vergessen. Wieder würden sie ihn für selbstverständlich nehmen – »Wozu die Eile? Und wenn das Schiff wiederkommt, können wir ihn überreden, daß er bei uns bleibt.« Die Menschen leben für das Morgen, das nie kommt. Der Verstand hat keine Verbindung zur Gegenwart. Entweder lebt er in der Vergangenheit oder er lebt in der Zukunft. Sie sind schockiert, daß sie ihn nicht erkannt haben und zwölf Jahre vergangen sind – welch ein Verlust! Und sie können sehen: Wenn er bleibt, werden sie vielleicht morgen oder übermorgen imstande sein, seine Wahrheit, seine Erfahrung zu verstehen.

Aber ich wiederhole es noch einmal: Selbst wenn Almustafa bei ihnen bliebe, würden sie ihn wieder vergessen.

Doch Almitra sagt zu ihm: »Es ist hart, es tut weh, aber es gibt keinen anderen Weg. Du hast lange genug gewartet, du hast diesen Menschen genug Gelegenheit gegeben. Jetzt mußt du gehen.«

Tief ist deine Sehnsucht nach dem Land deiner Erinnerungen und der Heimat deiner größeren Wünsche; und unsere Liebe wird dich nicht binden, noch werden unsere Bedürfnisse dich halten.

Das ist die Schönheit der Liebe, daß sie euch Freiheit gibt. Das ist das Kriterium, ob Liebe da ist oder nicht. Wenn Liebe dich an deinem Wachstum hindert, ist es keine Liebe. Liebe wird lieber leiden, als eifersüchtig zu sein. Liebe wird lieber leiden, als eine Abhängigkeit zu sein.

Almitra sagt: *...und unsere Liebe wird dich nicht binden, noch werden unsere Bedürfnisse dich halten.*

»Wir brauchen dich, natürlich brauchen wir dich, aber du bist jetzt zwölf Jahre hier gewesen – es ist genug. Wir haben dich ignoriert; vielleicht sind die Leute nicht durstig. Deshalb achte nicht auf das Flehen der Leute, daß du hierbleiben sollst. Ich weiß: *Tief ist deine Sehnsucht nach dem Land,* deine Liebe zu den Menschen, aber alles, was du tun konntest, hast du getan. Wir hätten dich gerne hier, doch unsere Liebe wird dich nicht binden. Wir brauchen dich, aber es liegt an unserer Unbewußtheit, daß wir dich verpaßt haben – *noch werden unsere Bedürfnisse dich halten.*

Um eines jedoch bitten wir, ehe du uns verläßt, daß du zu uns sprichst und uns von deiner Wahrheit abgibst.

Wir wollen nicht, daß du hierbleibst; wir wollen dir nicht zum Gefängnis werden wegen unserer Bedürfnisse und wegen unserer Liebe und wegen deines Mitgefühls. Aber wenigstens dies Eine tu für uns, bevor du uns verläßt: Sprich zu uns und gib uns von deiner Wahrheit.«

Merkt euch, die Wahrheit ist immer individuell. Es gibt keine Wahrheit des kollektiven Bewußtseins, der Menge. Die Menge besitzt nur Lügen: Hinduismus, Jainismus, Buddhismus, Mohammedanismus. Die Menge kennt nur Lügen.

Die Wahrheit ist immer individuell. Sie wird im innersten Kern eures Seins erfahren – wo ihr niemand anderen mit hinnehmen könnt. Ihr könnt nicht den Menschen mitnehmen, den ihr liebt, ihr könnt euren Freund nicht mitnehmen. Ihr müßt alleine gehen, und nur in eurem Alleinsein ereignet sich die Erkenntnis. Und weil die Erkenntnis sich im Individuum ereignet, besteht keine Notwendigkeit für eine Religion, eine organisierte Religion.

Gewiß, Religiosität ist notwendig – unorganisiert und jedem Individuum zugänglich, gemäß seinem eigenen Potential, seinen eigenen Möglichkeiten. Eine wirklich humane Gesellschaft, eine wirkliche Zivilisation wird jedem Individuum zugestehen, daß es sucht und forscht und seine *eigene* Wahrheit findet.

Gautam Buddhas Wahrheit ist euch nicht von Nutzen. Meine Wahrheit ist euch nicht von Nutzen. Ein Mensch, der die Wahrheit erkannt hat, kann euch höchstens die Gewißheit geben, daß die Wahrheit nicht bloß eine Hypothese sondern Wirklichkeit ist und daß sie die Menschen transformiert.

Ich kann euch nicht *meine* Wahrheit geben, doch meine Gegenwart kann euch dazu veranlassen, zu einer Reise zum höchsten Schrein aufzubrechen.

Aber eine Frau denkt anders als ein Mann, denn ihr Denken beruht nicht auf Gedanken. Ihr Denken beruht auf Gefühlen. – Warum spricht Almitra so? Denn sie sagt:

Und wir werden sie unseren Kindern weitergeben…

Das ist keine Gier.

…und sie ihren Kindern, und sie wird nicht vergehen.

»Wir wollen, daß deine Flamme lebendig bleibt. Wir werden sie weitergeben, von Herz zu Herz.«

In deiner Einsamkeit hast du über unsere Tage gewacht, und in deinem Wachen hast du dem Weinen und Lachen unseres Schlafes gelauscht.

Sie sagt: »Was auch immer du in deinem Wachen gesehen hast, wir haben gelacht in unserem Schlaf, wir haben geredet in unserem Schlaf, wir haben gehandelt und Dinge getan in unserem Schlaf. Wir waren uns nicht bewußt, was geschieht.«

Daher mach, daß wir uns selbst erkennen...

»Mehr erbitten wir nicht von dir. *Mach* nur, *daß wir uns selbst erkennen...«*

...und sage uns alles, was dir gezeigt wurde von dem, was zwischen Geburt und Tod ist.

Eine ungeheuer machtvolle Frage: Was ist *zwischen Geburt und Tod?* Euer Lebensprinzip – zwischen Geburt und Tod ist Gott –, aber weil ihr schlaft, wird es euch nie bewußt. Ihr seid geboren worden und ihr werdet sterben, ohne je zu erfahren, was zwischen den beiden war. Und zwischen den beiden war eure Wahrheit.

Und er antwortete:
Leute von Orphalese, worüber könnte ich sprechen, wenn nicht von dem, was sich selbst jetzt in euren Seelen rührt?

Jeder Meister weckt euch zu eurer eigenen Wirklichkeit, zu eurer eigenen Wahrheit. Er gibt euch nichts. Ihr habt es bereits. Ihr habt nur nicht nach innen geschaut. Ein wenig Stille, ein wenig Meditativsein, und ihr werdet anfangen, euch selbst zu entdecken. Die Wahrheit ist eine innere Entdeckung.

Almustafa hat recht, wenn er sagt: *Worüber könnte ich sprechen, wenn nicht von dem, was sich selbst jetzt in euren Seelen rührt?*

Ich kann die Flamme sehen, aber ihr schaut nicht nach innen. Schließt einfach die Augen, schaut nach innen. Grabt immer tiefer und tiefer, bis ihr zu den Wassern des ewigen Lebens kommt.

Sprich uns von der Liebe

Da sagte Almitra: Sprich uns von der Liebe.
Und er hob den Kopf und sah auf die Menschen, und es kam eine Stille über sie. Und mit lauter Stimme sagte er:
Wenn die Liebe dir winkt, folge ihr,
Sind ihre Wege auch schwer und steil.
Und wenn ihre Flügel dich umhüllen, gib dich ihr hin,
Auch wenn das unterm Gefieder versteckte Schwert dich verwunden kann.
Und wenn sie zu dir spricht, glaube an sie,
Auch wenn ihre Stimme deine Träume zerschmettern kann, wie der Nordwind den Garten verwüstet.
Denn so, wie die Liebe dich krönt, kreuzigt sie dich. So wie sie dich wachsen läßt, beschneidet sie dich.
So wie sie emporsteigt zu deinen Höhen und die zartesten Zweige liebkost, die in der Sonne zittern,
Steigt sie hinab zu deinen Wurzeln und erschüttert sie in ihrer Erdgebundenheit.
Wie Korngarben sammelt sie dich um sich.
Sie drischt dich, um dich nackt zu machen.
Sie siebt dich, um dich von deiner Spreu zu befreien.
Sie mahlt dich, bis du weiß bist.
Sie knetet dich, bis du geschmeidig bist;
Und dann weiht sie dich ihrem heiligen Feuer, damit du heiliges Brot wirst für Gottes heiliges Mahl.
All dies wird die Liebe mit dir machen, damit du die Geheimnisse deines Herzens kennenlernst und in diesem Wissen ein Teil vom Herzen des Lebens wirst.
Aber wenn du in deiner Angst nur die Ruhe und die Lust der Liebe suchst,
Dann ist es besser für dich, deine Nacktheit zu bedecken und vom Dreschboden der Liebe zu gehen
In die Welt ohne Jahreszeiten, wo du lachen wirst, aber nicht dein ganzes Lachen, und weinen, aber nicht all deine Tränen.

Die Menschen, die den Sinn des Lebens erkannt haben, sprechen nur zu jenen, die die Liebe verstehen können, denn die Liebe ist der Sinn des Lebens. Nur sehr wenige Menschen haben erkannt, daß die Liebe unsere innere Flamme ist. Nicht Nahrung hält uns am Leben, sondern Liebe. Und sie hält uns nicht nur am Leben, sondern gibt unserem Leben Schönheit, Wahrheit, Stille – und Millionen anderer Dinge, die keinen Preis haben.

Die Welt läßt sich zweiteilen in die Welt, in der alles einen Preis hat, und die Welt, in der Preise bedeutungslos sind. Wo Preise keine Rolle mehr spielen, entstehen Werte. Preise gibt es für Sachen, für tote Sachen.

Das Leben erkennt das, was tot ist, nicht an. Aber an einer so einfachen Wahrheit gehen die Menschen ständig vorüber. Sie versuchen sogar, Liebe zu kaufen – sonst gäbe es keine Prostituierten. Und es betrifft nicht nur die Prostituierten. Was sind denn eure Ehen? – eine dauerhafte Einrichtung der Prostitution.

Merkt euch: Erst wenn ihr in die Welt der Werte eintretet – wo Geld, Macht und Ansehen keinen Nutzen haben –, tretet ihr in das echte Leben ein. Und das Aroma dieses Lebens ist die Liebe.

Weil die Menschen so sehr daran gewöhnt sind, alles zu kaufen, vergessen sie, daß allein der Versuch, etwas zu kaufen, was man nicht kaufen kann, einem Mord gleichkommt. Der Ehemann fordert Liebe von seiner Frau, weil er sie gekauft hat, und dasselbe macht die Frau. Aber sie sind sich nicht bewußt, daß sie einander umbringen. Sie wissen nicht: Sobald die Liebe zu einer Ware wird, stirbt sie.

Die Liebe ist etwas sehr Zartes, sehr Heiliges. In all unseren Beziehungen versuchen wir, die andere Person zu einer Sache zu reduzieren. Eine Ehefrau ist eine Sache. Wenn ihr auch nur ein bißchen Intelligenz besitzt, werdet ihr sie einfach Frau sein lassen. Ein Ehemann ist nicht mehr lebendig. Laßt ihm Freiheit, denn nur in Freiheit kann die Liebe erblühen.

Aber in ihrer grenzenlosen Dummheit haben die Menschen alles kaputtgemacht, was wertvoll ist. Ihr versucht sogar, Gott zu kaufen. Wie groß ist eure Blindheit?

Leute, die es sich leisten können – und beachtet das Wort »leisten« –, haben in ihrem Haus einen eigenen Tempel. Statuen kann man kaufen, aber was auch immer man mit diesen Statuen anstellt, ist reiner Unsinn. Eine gekaufte Statue kann niemals zu einem lebendigen Gott werden. Und nicht nur die Statue kaufen sie, sie kaufen auch gleich den Priester mit, der sie verehren soll.

Ich habe Priester gesehen, die von Haus zu Haus gerannt sind, weil sie in mindestens zehn bis zwölf Tempeln den Gottesdienst abhalten müssen; nur so können sie davon leben. Und jene Leute, die sogar Gebete und Gottesdienste kaufen, sind der Meinung, die tugendhaftesten Handlungen zu vollbringen. Sie sind die Sünder!

Es wird in eurem Leben keine Blumen geben, wenn ihr nicht etwas habt, was ohne Preis ist. Gibt es etwas in eurem Leben, das keinen Preis hat?

Die Leute verkaufen sogar ihr Leben. Was sind denn eure Soldaten? Und ihre Zahl auf der ganzen Welt geht in die Millionen. Sie haben sich verkauft. Es ist ihre einzige Aufgabe, zu töten und getötet zu werden, aber soweit ich sehen kann, ist das unwesentlich. Sie haben sich selbst schon getötet an dem Tag, als sie sich verkauften. Sie mögen noch atmen, aber bloß zu atmen ist noch kein Leben. Auch die Bäume atmen, das Gemüse atmet, Kohlköpfe und Blumenkohlköpfe atmen, aber sie sind nicht lebendig, und sie wissen nichts von Liebe. Und sie haben Preisschilder. Vielleicht sind Kohlköpfe billiger und Blumenkohlköpfe etwas teurer – denn Blumenkohlköpfe sind nichts anderes als Kohlköpfe mit Universitätsdiplom. Aber tut das keinem Menschen an!

Und wenn man eine Sache nicht kaufen kann, dann kann man sie auch nicht besitzen. In eurem Tiefschlaf besitzt ihr sogar eure Kinder – »Das ist *mein* Kind!« –, ohne euch je bewußt zu werden, daß dieses Besitzen einem Mord gleichkommt.

Die Kinder kommen durch euch, aber sie gehören dem Universum. Ihr seid nur ein Kanal. Aber ihr macht alle Anstrengungen, daß euer Kind euren Familiennamen bekommt, eure Religion, eure politische Ideologie. Es soll nur ein gehorsames Objekt sein.

Als ich Student an der Universität war, erließ die indische Regierung eine Regelung, daß nur diejenigen, die am Wehrdienst teilgenommen hatten, einen Universitätsabschluß bekommen konnten. Es wurde zur Pflicht. Ich ging zum Rektor und sagte zu ihm: »Ich will gerne auf mein Abschlußdiplom verzichten, aber ich bin nicht bereit, an einer Ausbildung teilzunehmen, die nichts anderes ist als ein ausgeklügelter psychologischer Prozeß, um die Bewußtheit und das Leben eines Menschen zu zerstören und ihn zu einer Nummer zu reduzieren.«

Wenn in der Armee jemand stirbt, steht am schwarzen Brett die Mitteilung: »Nummer Sechzehn ist gefallen.« Wenn ihr das lest, daß Nummer Sechzehn gefallen ist, passiert in eurem Herzen gar nichts, denn Nummer Sechzehn hat keine Frau, keine Kinder, keine alte Mutter, keinen alten Vater, um die man sich kümmern muß. Nummern erzeugen keine Kinder. Das ist die Strategie. Aber wenn ihr einen Namen seht, werdet ihr plötzlich traurig: Was geschieht mit den Kindern, mit der Frau, mit der alten Mutter, mit dem alten Vater, der nur noch lebt, um seinen Sohn wieder nach Hause kommen zu sehen? Er weiß nicht, daß sein Sohn gar nicht mehr existiert. Er ist zur Nummer Sechzehn geworden. Die Nummer Sechzehn kann man ersetzen, und man *wird* sie ersetzen. Jemand anderer wird zur Nummer Sechzehn werden.

Einen lebenden Menschen kann man nicht ersetzen, wohl aber eine tote Nummer. Und das gilt nicht nur für die Soldaten. Wenn ihr euch selbst beobachtet: Wie oft habt ihr euch von der Menge, die euch umgibt, zur Nummer machen lassen! Selbst die Menschen, die euch sagen, daß sie euch lieben, wollen euch einfach nur besitzen und ausbeuten. Ihr seid ein Objekt ihrer Sehnsüchte, ihrer Begierden.

Die Liebe ist nicht auf dem Markt erhältlich. Um der Liebe willen müßt ihr verstehen, daß diese Existenz nichts Totes ist. Sie ist voller Licht, überströmend von Liebe, doch um diese Liebe erfahren zu können, muß man auf die Welt der Werte eingestimmt sein.

Almustafa hat einigen Leuten keine Antwort gegeben. Vielleicht waren sie es nicht wert, daß man ihnen antwortete. Sie haben ihre Seelen verloren: Einer ist Gouverneur geworden, ein anderer ist

Präsident geworden. Die Präsidenten und Gouverneure und Premierminister haben keine Seele. Sonst wäre es unmöglich, daß ein Mann wie Josef Stalin eine Million Russen töten konnte. Und das waren keine Kapitalisten – Rußland war nie so reich –, es waren arme Leute, aber sie wollten nicht anderer Leute Eigentum sein und rebellierten gegen die Sklaverei. Zuerst hatten die Zaren sie seit Jahrhunderten umgebracht, doch Stalin übertraf noch sämtliche Zaren. Aber manchmal denke ich: Vielleicht hat er lediglich tote Leute getötet? Adolf Hitler hat sechs Millionen Menschen umgebracht – aber vielleicht ist es gar nicht richtig, ihn dafür zu verdammen? Vielleicht hatten diese sechs Millionen Menschen ihre Seele schon lange verloren: Einer war zum Ehemann geworden, ein anderer zur Ehefrau, einer war zum Vater geworden, ein anderer zur Mutter.

In der Welt der Natur ist eine Frau einfach eine Frau – und keine Dame. Eine Dame ist eine Frau, die ein posthumes Leben lebt. In der Natur gibt es echte Männer, wild und in der Erde verwurzelt, aber ihr findet dort keinen eurer Gentlemen. Das sind Heuchler, die schon lange tot sind und nur noch atmen, essen und sich von der Wiege bis zum Grabe dahinschleppen. Wenn sie wirklich lebendig wären, hätten sie das Geheimnis kennengelernt, das zwischen Geburt und Tod existiert.

Almustafa weigerte sich einfach, diesen Leuten zu antworten, die vielleicht gebildet waren, die vielleicht reich waren – aber ihre Fragen waren unecht. Ihre Fragen waren amerikanisch.

Ich muß euch daran erinnern, daß das (englische) Wort für »unecht«, *phony*, aus Amerika stammt. Es kommt von »Telefon«. Wenn ihr mit jemandem am Telefon redet, habt ihr bemerkt, wie sich die Stimme verändert? Sie ist nicht mehr die gleiche, der Tonfall ist nicht mehr der gleiche, und man weiß nicht: Ist der Mensch am anderen Ende ein Amerikaner oder ein Geist?

Ich habe gehört...

Ein berühmter Psychoanalytiker behandelte einmal einen superreichen Milliardär. Sein Honorar war mehr, als Millionen Leute sich leisten könnten, aber für den Superreichen war es nur ein Klacks. Er kam regelmäßig. So verging ein Jahr, und er legte sich nach wie vor auf die Couch des Psychoanalytikers und redete über alle möglichen absurden Dinge. Genau das Zeug, womit auch eure Köpfe vollgestopft sind. Es ist aber ein Unterschied, ob man es für sich behält... doch in der Psychoanalyse muß man es hervorholen.

Der Psychoanalytiker begann sich zu langweilen, aber er konnte seinen reichen Patienten nicht einfach loswerden, weil er so viel Geld von ihm bekam. Schließlich fand er für das Problem eine amerikanische Lösung. Er sagte zu dem Reichen: »Ich habe so viele Patienten, und manchmal dauert eine Sitzung mit Ihnen drei, vier, fünf Stunden. Sie haben Zeit, und Sie haben Geld. Ich möchte Ihnen einen bescheidenen Vorschlag machen: Ich werde ein Tonbandgerät benutzen, das Ihnen zuhört. Auf diese Weise kann ich mir vier bis fünf Stunden ersparen, und abends, wenn ich Zeit habe, kann ich mir das Band anhören.«

Der Reiche sagte: »Super!«

Als der Psychoanalytiker am nächsten Tag in seine Praxis kam, war der Reiche gerade am Gehen. Er sagte zu ihm: »Wie, Sie sind schon fertig? So schnell?«

Der Reiche sagte: »Nein, aber ich habe auch mein Tonbandgerät mitgebracht. Jetzt redet mein Tonbandgerät zu Ihrem Tonbandgerät. Wozu soll ich fünf Stunden vergeuden? Wenn es mit Tonbandgeräten auch geht, wozu soll ich dann jeden Tag kommen?«

So werden die Menschen allmählich immer mechanischer. Sie sagen Dinge, sie leben ihr Leben, aber alles wie Roboter.

Dale Carnegie, einer der prominentesten Philosophen Amerikas – nirgendwo anders würde er als Philosoph gelten, nur in Amerika... Sein Buch *Wie man Freunde gewinnt und Menschen beeinflußt* verkauft sich am zweitbesten nach der Bibel. Dabei ist es voller Stuß. Er empfiehlt jedem Ehemann, mindesten drei bis vier Mal am Tag seiner Frau zu sagen: »Liebling, ich liebe dich so sehr. Ich kann ohne dich nicht leben. Ich kann mir nicht vorstellen, was ich ohne dich machen würde.« Ob man es meint oder nicht, spielt keine Rolle. Seht ihr die Falschheit? Wenn du jemanden liebst, ist es schwierig zu sagen: »Ich liebe dich«, weil Worte so unzulänglich sind. Und es drei oder vier Mal mechanisch als Routine zu wiederholen... es bedeutet gar nichts, man ist wie eine Schallplatte. Vielleicht ist die Nadel auf der Platte hängengeblieben: »Liebling, ich liebe dich.« Und der Liebling antwortet genauso, aber tief drinnen hassen sie sich gegenseitig: »Das ist die Frau, die meine Freiheit ruiniert hat.« – »Das ist der Mann, der mich in dieses Gefängnis gesteckt hat.«

Die Liebe ist der höchste Wert. Darum konnte Jesus sagen: »Gott ist Liebe.« Aber seine Aussage ist zweitausend Jahre alt. Sie bedarf einer Korrektur, sie muß ein wenig modernisiert werden. Gott ist nicht Liebe. Ich sage euch: Liebe ist Gott. Und es besteht ein enormer Unterschied zwischen den beiden Aussagen, obwohl es die gleichen Wörter sind. Wenn Gott Liebe ist, bedeutet es, daß Liebe nur eine der Eigenschaften Gottes ist. Er kann noch viele andere Eigenschaften haben: Er kann weise sein, er kann gerecht und fair sein. Er kann Vergebung sein.

Aber wenn man sagt: »Liebe ist Gott«, ist es eine völlig andere Aussage. Dann wird Gott selbst zu einer Eigenschaft all jener, die wissen, wie man liebt. Dann ist es nicht nötig, an Gott zu glauben... denn er ist nur eine Hypothese. Und es liegt an euch, was ihr aus dieser Hypothese macht.

Der jüdische Gott des Alten Testaments sagt: »Ich bin ein sehr zorniger Gott, ich bin sehr eifersüchtig. Ich bin nicht nett! Merkt euch das, ich bin nicht euer Onkel! Ich kann keinen anderen Gott dulden.«

Die Mohammedaner haben die jüdische Vorstellung von Gott übernommen. Deswegen haben sie alle Statuen und Tempel, wunderbare Kunstwerke zerstört, denn es gibt nur einen Gott und nur ein heiliges Buch und nur einen Propheten, Mohammed. Das ist eine faschistische Einstellung – häßlich und unmenschlich. Was wäre das Problem, wenn es Millionen von Göttern gäbe? Die Welt wäre viel reicher. Warum haltet ihr an einem einzigen Gott fest?

Das Judentum, das Christentum, der Islam – all diese Religionen, die an einen einzigen Gott glauben, glauben an die Diktatur, nicht an die Demokratie. Wo liegt das Problem?

Gautam Buddha war vielleicht der erste religiöse Mensch, der demokratisch war. Er sagt: »Jeder Mensch ist ein potentieller Gott, und letztlich werden alle zur Göttlichkeit aufblühen.« Das hat eine Schönheit.

Almustafa hat jenen Leuten nicht geantwortet. Statt dessen weinte er; Tränen traten ihm in die Augen, denn ihre Fragen waren unecht. Sie fragten nur, um den anderen zu zeigen, wie klug sie waren. Ihr kennt sehr genau den Unterschied zwischen einer kopfigen Frage und einer echten Suche. Wenn ihr nur euer Wissen demonstrieren wollt, ist kein Forschen in eurem Herzen. Dann fragt ihr, um zu beweisen, daß ihr nicht unwissend seid.

In der Tat, noch bevor ihr die Frage stellt, wißt ihr bereits die Antwort – nicht aus eurer eigenen Erfahrung, sondern sie ist geborgt.

Ein großer Philosoph kam in Gautam Buddhas Tagen, um ihn zu sehen, und er brachte seine fünfhundert Schüler mit. Buddha wies nie jemanden zurück. Selbst im letzten Augenblick vor seinem Tode fragte er, ob noch jemand eine Frage habe: »Jetzt gehe ich, mein Schiff ist gekommen. Und ich will nicht, daß künftige Generationen sagen, Gautam Buddha habe eine authentische Frage nicht beantwortet, als er noch am Leben war.« Buddha fragte den Philosophen: »Ist es eine Frage oder eine Suche?«

Der Philosoph sagte: »Worin besteht der Unterschied?«

Buddha sagte: »Der Unterschied ist unüberbrückbar wie Erde und Himmel. Eine Suche ist ein Durst. Eine Frage ist eine Gedankenspielerei. Wenn ein Suchen in dir ist, bin ich bereit zu antworten. Aber wenn es nur eine Frage ist, verschwende nicht meine Zeit.«

Almustafa antwortete diesen Leuten nicht, unter denen er zwölf Jahre gelebt hatte, und die ihn nie irgendetwas gefragt hatten. Aber als Almitra ihn fragte – die Frau, die ihn schon am ersten Tag erkannte, als er in die Stadt Orphalese kam –, da antwortete er. Und mit welcher Schönheit, mit welcher Poesie, mit welcher Wahrheit er antwortete!

Wahrscheinlich hat noch nie jemand auf eine solche Weise geantwortet, nicht einmal Krishna, der seinem Jünger Arjuna Frage um

Frage beantwortete. Arjunas Fragen mögen echt sein, Krishnas Antworten hingegen sind es nicht. Ihm geht es nicht um ein Suchen. Ihm geht es ausschließlich um Politik: Er will Arjuna irgendwie überreden, am Krieg teilzunehmen. Darum antwortet er ihm auf unterschiedliche und widersprüchliche Weise, und als er erkennt, daß seine Antworten Arjuna nicht überzeugen, greift er schließlich zum allerletzten Argument, dessen sich jeder Diktator auch bedienen würde.

Er sagt schließlich: »Es ist Gottes Wille, daß du an dem Krieg teilnehmen sollst.« – Schon merkwürdig, daß Gott zu ihm redet und nicht direkt zu Arjuna. Wenn ich an Arjunas Stelle gewesen wäre, hätte ich gesagt: »Was dich betrifft, mag es Gottes Wille sein – dann kämpfe! Aber was mich betrifft, ist es Gottes Wille, nicht zu kämpfen, sondern mit diesem ganzen Unsinn des Vernichtens und Tötens von Menschen Schluß zu machen und mich tiefer in den Himalaja zurückzuziehen, um zu meditieren.«

Aber er bekam es mit der Angst zu tun. Wenn es Gottes Wille war, mußte er kämpfen. Er vergaß eine einfache Sache: Wozu braucht Gott immer irgendeinen Vermittler? Warum kann er nicht direkt reden? Tatsache ist: Es gibt keinen Gott. Diese Vermittler sind die gerissensten Leute auf der Welt. Im Namen Gottes zwingen sie anderen ihre eigenen Ideen auf. Und weil sie keine zwingenden Argumente haben, bringen sie als stärkstes Geschütz Gott ins Spiel.

Ich habe mich immer gefragt: Ist Gott wirklich eine Frage für euch? Ist es eine Frage für irgendwen? Es ist eine philosophische, eine intellektuelle, eine hypothetische Frage. Was würdet ihr aber tun, wenn euch Gott begegnete? Und was würde es euch bringen, Gott zu begegnen? – Nein, die wirkliche Suche des Menschen gilt nicht Gott.

Almitra fragt Almustafa nicht: »Sprich uns von Gott.«

Nein, sie fragt:

Sprich uns von der Liebe.

Man beachte, daß nur eine Frau über die Liebe fragen kann. Der

Mann will Gott kennen, oder er will zu Gott werden. Das sind Machttrips.

Die Liebe ist kein Machttrip. Die Liebe ist die einzige Erfahrung, durch die ihr bescheiden werdet, schlicht, unschuldig.

Und was sagt Almustafa? Meditiert darüber. Jedes einzelne Wort ist von immenser Bedeutung:

Und er hob den Kopf und sah auf die Menschen...

Bevor man antwortet, muß man den Menschen ins Herz schauen, um zu sehen, ob sich dort etwas regt, ob ihr Suchen der Liebe gilt. Almitra hat eine sehr grundlegende Frage gestellt, die grundlegendste Frage überhaupt. Aber wie steht es mit den Leuten, mit der Menge, die sich dort versammelt hat?

Und es kam eine Stille über sie.

Eine große Stille, denn es waren einfache Leute, und als Almustafa umherblickte in ihre Augen, in ihre Gesichter, da war eine große Stille. Diese schlichten Menschen wollten wirklich wissen, was Almitra gefragt hatte. Vielleicht waren sie nicht so beredt, um diese Frage zu stellen; Almitra hatte ihnen ihre Stimme verliehen, als Stellvertreterin ihrer Herzen. Als er das sah...

Und mit lauter Stimme sagte er:
Wenn die Liebe dir winkt, folge ihr...

Zweifle nicht, sei nicht skeptisch, denn die Liebe winkt dir zu etwas, was du noch nicht kennst. Obgleich du den Samen in dir trägst... doch der Same kennt nicht seine eigene Blüte. *Wenn die Liebe dir winkt,* bist du gesegnet – *folge ihr,*

Sind ihre Wege auch schwer und steil.

Die Liebe ist nicht nur ein Rosenbeet.

Und wenn ihre Flügel dich umhüllen, gib dich ihr hin…

Leiste keinen Widerstand, widerstrebe ihr nicht, folge ihr nicht halbherzig. Sei nicht lauwarm.

…Auch wenn das unterm Gefieder versteckte Schwert dich verwunden kann.

Und zweifellos verwundet die Liebe die Menschen, aber diese Wunde gleicht einem chirurgischen Eingriff. Ihr tragt so viel Haß in euch. Dieser Haß muß zerstört werden. Eine Zeitlang werdet ihr vielleicht eine Wunde fühlen, ein Vakuum, wo vorher der Haß war.

Und wenn sie zu dir spricht, glaube an sie…

Er sagt nicht: »Glaube an das, was sie sagt.« Beachtet, daß er sagt: »Wenn die Liebe spricht, glaube an *sie*.« Das ist ein sehr feiner Unterschied. Wenn ich zu euch spreche, könnt ihr glauben, was ich euch sage – vom Kopf her, aber das würde überhaupt nichts helfen, denn schon morgen könnte jemand dagegen reden, mit besseren Argumenten, mit besserer Logik. Dann würdet ihr dazu übergehen.

Almustafa sagt: *Glaube an sie* –, nicht an das, was sie sagt. Das ist eine ungeheuer machtvolle Aussage: Immer wenn ein Meister spricht, kümmert euch nicht zu sehr um seine Worte. Wenn die Worte euch helfen können, an die Echtheit des Meisters zu glauben, dann haben sie ihre Aufgabe erfüllt. Wenn ihr einem Menschen glaubt, kommt es aus dem Herzen; es ist kein Argument. Wenn ihr an Worte glaubt, kommt es aus dem Kopf; es ist nur ein Argument.

Aber das Leben ist kein Argument, und die Liebe ist kein Argument. Sie ist eine Begegnung zweier Herzen, zweier Wesen – zwei Körper werden eins. Darum sagt Almustafa:

Auch wenn ihre Stimme deine Träume zerschmettern kann…

Sie *wird* deine Träume zerschmettern. Sie wird deinen Schlaf zerschmettern. Sie wird *dich* zerschmettern. An Worte zu glauben, wird nichts in dir zerschmettern. Im Gegenteil, du wirst noch mehr Wissen ansammeln, und dein Ego wird sich noch mehr schmücken.

Auch wenn ihre Stimme deine Träume zerschmettern kann wie der Nordwind den Garten verwüstet.
Denn so, wie die Liebe dich krönt, kreuzigt sie dich.

Nie zuvor hat jemand mit einem einzigen Satz die ganze Alchemie der menschlichen Transformation auszudrücken vermocht. Die Liebe wird dich krönen, aber sie wird dich auch kreuzigen. Sie wird dich kreuzigen als den, der du gewesen bist, als deine Vergangenheit, und sie wird dich krönen als den, der du sein sollst, deine Zukunft. Die Liebe ist beides: eine Krönung und eine Kreuzigung. Aus diesem Grund gehen Millionen Menschen an der Glorie der Liebe vorbei. Die Kreuzigung macht ihnen Angst... und welchen Sinn hat es, gekrönt zu werden, wenn du gekreuzigt wirst?

Aber du bist nicht einer, du bist viele. Dein wahres Ich wird gekrönt werden, und deine falschen Persönlichkeiten werden gekreuzigt werden. Und diese Vorgänge werden gleichzeitig ablaufen.

Auf der einen Seite der Tod, auf der anderen Seite die Auferstehung.

So wie sie dich wachsen läßt, beschneidet sie dich.

Du hast so viele häßliche Dinge in deinem Leben entstehen lassen. Sie müssen beschnitten werden – und dieses Beschneiden ist nicht gegen dein Wachstum. Vielmehr sind es all die Häßlichkeiten, mit denen du dich umgeben hast – deine Eifersucht, dein Dominieren, dein ständiges Bestreben, die Oberhand zu behalten –, die dich daran hindern, die Liebe zu erfahren.

Als ich diesen Satz las, ist mir meine Gärtnerin Mukta eingefallen. Sie beschneidet ständig meine Bäume. Ich weiß, es ist richtig, was sie tut, denn wenn man sie nicht zurückschneidet, können sie nicht wachsen.

Aber immer, wenn sie mich sieht – denn hier und da komme ich aus meinem Zimmer –, steckt sie schnell ihre Gartenschere weg. Mukta, ab heute brauchst du sie nicht mehr zu verstecken. Aber schneide nur das ab, was das Wachstum des Baumes beeinträchtigt. Schneide nicht nach *deiner* Vorstellung, wie der Baum aussehen sollte. Laß den Baum er selbst sein, gib ihm die Freiheit. Und wenn nicht der Gärtner seine Bäume lieben kann, wer sonst soll sie lieben? Stutze immer dann, wenn du siehst, daß es helfen wird, dichteres Laub, mehr Wachstum, mehr Blätter, mehr Blüten hervorzubringen.

Ich habe nichts gegen das Beschneiden. Ich hatte ihr gesagt, daß sie es nicht tun soll, weil vor sechs Jahren eine schöne Kletterpflanze am hinteren Zaun meines Gartens wuchs. Aber sie war wild, und Mukta ist Griechin. Damit sie einen Grund hatte, sie zurückzuschneiden, nannte sie sie »das Monster«. Das ist eine jener Strategien, deren sich der menschliche Verstand bedient. Immer wenn man etwas zerstören will, gibt man ihm zuerst einen Namen – dann fühlt man sich dazu berechtigt. Diese arme Kletterpflanze war kein Monster. Zugegeben, sie war wild, aber wild zu sein bedeutet noch nicht, ein Monster zu sein. Ich bin auch wild... aber denkt ihr, ihr könntet mich zurechtstutzen? Ich habe nicht ein einziges meiner Barthaare abgeschnitten – es sind alles noch die Originale. Eure Bärte sind alles keine Originale mehr. Ich hingegen habe nie auch nur ein einziges Haar von meinem Schnurrbart abgeschnitten.

Erst vor ein paar Tagen gab es eine Frage: »Osho, alles was du sagst, berührt mein Herz, aber eine Frage bleibt: Wie schaffst du es zu essen?« Ich kann seine Frage verstehen – ein ungestutzter Schnurrbart hat meine Lippen fast ganz zugedeckt. Deswegen komme ich auch nie, um gemeinsam mit euch zu essen. Ich esse immer alleine, damit ich meine ursprünglichen Haare behalten kann. Es ist nicht ganz einfach.

So wie sie emporsteigt zu deinen Höhen und die zartesten Zweige liebkost, die in der Sonne zittern...

Du wirst dich freuen, wenn die Liebe deine Höhen erreicht mit ihrer Zartheit und deine Zweige liebkost, die im Wind und in der Sonne und im Regen tanzen. Doch das ist nur die eine Hälfte.

Steigt sie hinab zu deinen Wurzeln und erschüttert sie in ihrer Erdgebundenheit.

Und du kannst nicht das eine wählen und das andere meiden. Die Liebe ist ein ganzheitliches Phänomen; man kann sie nicht in Bruchstücke teilen. So wie deine Höhen es brauchen, von Liebe überschüttet zu werden, so haben deine Wurzeln, die sich an die Erde klammern, es nötig, erschüttert zu werden – denn jedes Klammern ist ein Gefängnis. Die Liebe will dir Flügel zum Fliegen geben – und mit einem anhaftenden, festklammernden Verstand ist es unmöglich, in den offenen Himmel zu fliegen. Nur um dich an der Erde festzuklammern, hast du starke Wurzeln entwickelt, die in die Tiefe reichen, damit dich niemand erschüttern kann. Es geschah aus Angst, aber Angst ist der entgegengesetzte Pol der Freiheit.

Halte dich an gar nichts fest – nicht einmal an dem Menschen, den du liebst. Dein Festhalten wird die Liebe selbst zerstören, um deretwillen du dich festhältst. Werde nicht zu einer Umklammerung.

Ich habe gehört...

Ein großer Freiheitskämpfer war zu einem Ausflug in die Berge aufgebrochen. Unterwegs machte er eine Nacht Station in einer kleinen Karawanserei. Der Wirt besaß einen schönen Papagei, und wie es dessen Schönheit geziemte, hatte er ihm einen goldenen, mit Diamanten besetzten Käfig anfertigen lassen. Der Wirt liebte ebenfalls die Freiheit, darum hatte er dem Papagei nur ein einziges Wort beigebracht: »Freiheit.« Den ganzen Tag lang schrie der Papagei: »Freiheit! Freiheit!«, und das Echo seiner Stimme hallte in den Tälern wider und wider.

Der Freiheitskämpfer dachte bei sich: »Seltsam. Ich kenne den Wirt, er ist mein Freund. Ich kenne seine Freiheitsliebe – darum hat er seinem Papagei nur dieses eine Wort beigebracht: ›Freiheit!‹

Aber das ist ein großer Widerspruch. Wenn er die Freiheit liebt, sollte er den Papagei freilassen. Selbst ein goldener, mit Diamanten besetzter Käfig ist keine Freiheit.« Also wartete er. Mitten in der Nacht rief der Papagei wieder: »Freiheit! Freiheit!«, und in der umgebenden Stille hallte die Stimme des Papageis von fern und nah wider.

Der Mann kam heraus. Es war Nacht, und der Besitzer schlief. Keiner war in der Nähe. Er öffnete die Tür zum Käfig und wartete... ein so freiheitsliebender Papagei – wenn er die Tür offen sah, würde er gleich in den Himmel fliegen. Aber statt in den Himmel zu fliegen, klammerte sich der Papagei an seinem goldenen Käfig fest.

Aber der Freiheitskämpfer war kein Mann, der sich von einem Papagei unterkriegen ließ. Er steckte seine Hand in den Käfig und zog den Papagei heraus. Während er ihn herauszog, verletzte der Papagei ihn an der Hand, er zerkratzte sie und schrie dabei ständig: »Freiheit! Freiheit!« Die ganze Hand war voller Blut. Der Mann aber schleuderte den Papagei in den offenen Himmel der Vollmondnacht. Obwohl seine Hand verletzt war, verspürte er tiefe Zufriedenheit, daß der Papagei nun frei war.

Dann ging er schlafen. Am Morgen erwachte er durch dieselbe Stimme: »Freiheit!« Er sagte: »Mein Gott, er ist zurückgekommen!« Er schaute hinaus.

Die Tür war noch offen, und der Papagei saß in seinem Käfig.

Die Liebe wird dich liebkosen. Aber sie wird auch tief hinabsteigen zu deinen Wurzeln und wird sie erschüttern, um dich frei zu machen.

Es ist etwas, woran man sich erinnern muß: Die meisten von uns leben ständig in einem Zwiespalt. Einerseits wollen wir Freiheit, andererseits klammern wir uns ständig an irgendetwas.

Freiheit bedeutet Risiko.

Im Käfig ist der Papagei sicher, geschützt. In der Freiheit, wiewohl er die ganze Existenz, den ganzen Himmel gewinnt, verliert er doch die Sicherheit und den Schutz.

Aber Freiheit ist von so großem Wert, daß man alles dafür opfern kann. Und die Liebe braucht absolute Freiheit, um zu wachsen. Nur dann könnt ihr den ganzen Himmel zu eurer Heimat machen. Menschen, die Angst haben vor der Unsicherheit, vor der Schutzlosigkeit, entscheiden sich nur für das Wort »Liebe«, aber erfahren sie nie.

Wenn ihr die Liebe erfahren wollt, müßt ihr alles und jedes riskieren: all eure Anhaftungen, all eure zukünftigen Sicherheiten. Aber statt das Anhaften und die Sicherheiten und den Schutz zu opfern, haben die Menschen in ihrem Tiefschlaf die Liebe geopfert und die Sicherheit bewahrt.

Das ist eure Ehe: Die Liebe wird geopfert für die Sicherheit. Natürlich gibt es in der Ehe Sicherheit, gibt es Schutz, gibt es eine Garantie, daß eure Ehefrau auch morgen für euch da sein wird, daß euer Ehemann für euch sorgen wird. Aber was ist mit der Liebe? Die Liebe wird zu einem leeren Wort.

Hütet euch vor leeren Wörtern – und vor allem vor Wörtern wie Liebe, die *höher* sind als Gott. Gott ist nur eine Eigenschaft der Liebe. Tragt nicht länger einen leeren Behälter ohne Inhalt mit euch herum!

Das ist euer Unglück, das Unglück der ganzen Menschheit: Niemand liebt. Liebe ist riskant.

Ich lehre euch, alle Risiken einzugehen, denn selbst ein einziger Augenblick der Liebe kommt der ganzen Ewigkeit gleich. Und ein Leben ohne Liebe mag unsterblich sein, aber es wird nur ein Friedhof sein. Nichts wird darin zum Blühen kommen. Ihr werdet in Sicherheit sein – aber was werdet ihr mit eurer Sicherheit anfangen?

Wie Korngarben sammelt sie dich um sich.

Aber wenn du dich an etwas anderes klammerst, wie kann die Existenz oder Gott oder die Liebe dich um sich sammeln?

Sie drischt dich, um dich nackt zu machen…

…denn du bist umhüllt von vielen falschen Persönlichkeiten. Dein Gesicht ist nicht dein ursprüngliches Gesicht. Du trägst viele Masken.

Sie drischt dich, um dich nackt zu machen.
Sie siebt dich, um dich von deiner Spreu zu befreien.
Sie mahlt dich, bis du weiß bist.

Dieses Wort »weiß« muß man verstehen. Es ist keine Farbe. Ihr könnt den ganzen Regenbogen haben, aber es werden zwei Farben fehlen, an die ihr gewohnt seid – schwarz und weiß. Und warum haben sämtliche Mystiker das Schwarz verdammt und das Weiß gepriesen? Weiß ist nicht eine Farbe, sondern *alle* Farben. Wenn man sämtliche Farben des Regenbogens miteinander mischt, entsteht Weiß. Also ist Weiß im Grunde eine große Synthese aller Farben des Lebens. Und wenn man alle Farben wegnimmt, entsteht Schwarz. Schwarz ist Negativität, Schwarz ist nein, Schwarz ist der Tod.

Weiß ist Positivität, Weiß ist ja, Weiß ist Gott. Weiß ist die Liebe.

Sie knetet dich, bis du geschmeidig bist;
Und dann weiht sie dich ihrem heiligen Feuer, damit du heiliges Brot wirst für Gottes heiliges Mahl.

Alle Religionen dieser Welt haben die Menschen das Fasten gelehrt. Almustafa spricht von einem Fest. Im Gegensatz zu allen Religionen stimme ich mit Almustafa überein. Das Leben ist kein Fasten, es ist ein unaufhörliches Fest – ein Feiern, ein Lichterfest.

Die Liebe transformiert dein Leben in ein Lichterfest.

Und solange dein Leben nicht zu einem Fest und einem Festival wird, weißt du, daß du noch nicht die Sache erledigt hast, für die du auf diese Erde gekommen bist.

All dies wird die Liebe mit dir machen, damit du die Geheimnisse deines Herzens kennenlernst und in diesem Wissen ein Teil vom Herzen des Lebens wirst.
Aber wenn du in deiner Angst nur die Ruhe und die Lust der Liebe suchst,
Dann ist es besser für dich, deine Nacktheit zu bedecken und vom Dreschboden der Liebe zu gehen…

Die Menschen wollen Liebe, aber sie wollen nicht vorbereitet werden für all das Dreschen, für das Feuer, durch das sie hindurchgehen müssen. Sie denken, Liebe sei nur Lust. Das ist sie nicht. Die Liebe ist viel mehr: Sie ist Seligkeit, sie ist die höchste Segnung. Aber ihr werdet die Angst aufgeben müssen. Ein Mensch, der voll Angst ist, wird nie den süßen Geschmack der Liebe kennenlernen. Und wenn ihr die Liebe nicht kennengelernt habt, habt ihr überhaupt nichts kennengelernt. All eure Kenntnisse sind nutzlos, all eure Schätze sind nutzlos. All euer Ansehen ist nutzlos.

Almustafa sagt richtig:

Dann… bedecke deine Nacktheit und gehe vom Dreschboden der Liebe…

In die Welt ohne Jahreszeiten, wo du lachen wirst, aber nicht dein ganzes Lachen, und weinen, aber nicht all deine Tränen.

Du wirst niemals etwas in seiner Ganzheit, in seiner Totalität kennenlernen. Du wirst lachen, aber dein Lachen wird oberflächlich sein. Du wirst weinen, aber deine Tränen werden Krokodilstränen sein. Dein Leben wird immer nur eine Möglichkeit bleiben. Dein Potential wird nie Wirklichkeit werden. Und du wirst dein Leben im Schlaf leben – unbewußt.

Ich will euch ein Beispiel geben für diesen Schlaf und diese Unbewußtheit: Der Polizeichef – ich kann ihm verzeihen, aber ich kann ihn nicht vergessen – mußte seinen Befehl, daß ich Poona innerhalb von dreißig Minuten verlassen solle, zurückziehen, weil er keinen einzigen Grund anführen konnte. Ich habe keinerlei Verbrechen begangen. Es ist mein Geburtsrecht, mich frei zu bewegen – zumindest in diesem Land. Aber seinen Befehl zurückzunehmen, ging gegen sein Ego. Er brauchte fast einen ganzen Tag dazu… wie sollte er diesen kleinen Rückzieher formulieren? Wenn er den Befehl zurückzog, würde es aussehen, als wäre er dumm: »Warum haben Sie den Befehl überhaupt erteilt, wenn Sie keine Gründe hatten?« Er konnte ihn nicht aufheben, denn: »Wenn Sie vorhatten, den Befehl aufzuheben, warum haben Sie ihn dann überhaupt erlassen?«

Meine Anwälte saßen bei ihm im Büro, und er ging immer wieder ins Hinterzimmer, um sich mit seinen Untergebenen zu beraten – oder vielleicht waren es jene hinduistischen Chauvinisten, die hinter dieser ganzen Inszenierung standen: dieselbe Person, die einen Dolch nach mir geworfen hatte. Das waren seine Berater!

Schließlich kam er mit einem Formular... und es zeigt euch, wie verschlafen und unbewußt die Menschen sind.

Er sagte: »Ich kann den Befehl nicht zurücknehmen, ich kann ihn nicht aufheben. Ich kann ihn nur aussetzen. Das bedeutet, ich kann die Aussetzung jederzeit wieder rückgängig machen.«

Er ist in diesem Moment unfähig, einen Grund anzugeben. Trotzdem will er, daß der Befehl nur ausgesetzt wird, und auch das nur unter bestimmten Bedingungen.

Ich hatte meinem Anwalt Tathagat aufgetragen: »Ein Kompromiß kommt unter *keinen* Umständen in Frage. Lieber lasse ich mich erschießen oder kreuzigen, als einen Kompromiß einzugehen. Darum achte darauf, wenn irgendwo das Wort ›Kompromiß‹ auftaucht, werde ich es nicht akzeptieren.«

Also sagte er zu ihm: »Sie stellen Bedingungen und Kompromisse auf. Mein Meister wird das nicht akzeptieren; sie müssen das ändern.«

Wieder ging er nach hinten, und dann kam er mit der Idee: »Wir werden es nicht Kompromiß nennen und wir werden es nicht Bedingungen nennen. Wir werden es *Regeln* nennen. Ich werde Ihnen diese Regeln geben, aber Sie müssen unterschreiben, daß es die Regeln ihres Ashrams sind.«

Wer ist er, daß er uns Regeln diktiert? Kann er den Mohammedanern Regeln diktieren? Kann er den Hindus Regeln diktieren? Kann er den Christen Regeln diktieren? – Und er wußte es; darum hat er es nicht unterschrieben.

Wir geben ihm – schriftlich – unsere Regeln, obwohl er sie uns diktiert hat. Jedes einzelne Wort hat er mit seinen Leuten abgesprochen. Man weiß nicht, wer dahintersteckt – vielleicht irgend so ein Heiliger Geist! Und diese Regeln sind so idiotisch!

Eine Regel besagt, daß hier niemand Zigaretten rauchen darf.

Und während er diese Regeln aufstellte, waren in seinem Büro alle am Zigarettenrauchen, und er selbst fragte Thatagat: »Macht es Ihnen etwas, wenn ich rauche?« Eine solche Unbewußtheit! Dieser Mann muß in tiefem Schlummer liegen. Er raucht ja selbst!

Oder eine andere Regel: Keiner darf hier Alkohol trinken. Alkohol ist in diesem Land nicht verboten. Man hat es oft probiert, vor allem Leute wie Morarji Desai, die bereit sind, ihren eigenen Urin zu trinken! – Aber man hat versucht, ein Alkoholverbot durchzusetzen. Es wurde zum Verbrechen erklärt. Mehrfach hat man es probiert und wieder rückgängig gemacht, denn was passierte? – In dem Augenblick, in dem man es verbietet, fangen die Leute an, ihren Alkohol selbst herzustellen. Es geht in den Untergrund. Mehr Leute als vorher fangen an zu trinken, denn immer wenn man den Menschen etwas verbietet, wird es attraktiver. Es muß etwas dran sein!

Tausende sind in Indien gestorben, als Alkohol verboten war. Die Leute machten ihren Alkohol selbst. Sie wissen nicht, wie man das macht, und sie wissen nicht, was sie auf dem schwarzen Markt bekommen. Tausende wurden vergiftet, als sie den Alkohol vom Schwarzmarkt tranken, denn jetzt gab es keinen Standard, keine staatliche Kontrolle mehr.

Dabei ist Alkohol zumindest vegetarisch!

Wenn Tathagat zurückkommt, werde ich ihm sagen: »Geh noch einmal hin. Wir brauchen noch eine Regel: Keiner darf hier seinen eigenen Urin trinken. Er darf den Urin von jemand anderem trinken, das schon...«

7

SPRICH UNS VON DER LIEBE…

Liebe besitzt nicht

Liebe gibt nichts als sich selbst und nimmt nichts als von sich selbst.
Liebe besitzt nicht, noch läßt sie sich besitzen;
Denn die Liebe genügt der Liebe.
Wenn du liebst, solltest du nicht sagen: »Gott ist in meinem Herzen«, sondern: »Ich bin in Gottes Herzen.«
Und glaube nicht, du kannst den Lauf der Liebe lenken, denn die Liebe, wenn sie dich für würdig hält, lenkt deinen Lauf.
Liebe hat keinen anderen Wunsch, als sich zu erfüllen.
Aber wenn du liebst und Wünsche haben mußt, sollst du dir dies wünschen:
Zu schmelzen und wie ein plätschernder Bach zu sein, der seine Melodie der Nacht singt.
Den Schmerz allzu vieler Zärtlichkeit zu kennen.
Vom eigenen Verstehen der Liebe verwundet zu sein;
Und willig und freudig zu bluten.
Bei der Morgenröte mit beflügeltem Herzen zu erwachen und für einen weiteren Tag des Liebens dankzusagen;
Zur Mittagszeit zu ruhen und über die Verzückung der Liebe nachzusinnen;
Am Abend mit Dankbarkeit heimzukehren;
Und dann einzuschlafen mit einem Gebet für den Geliebten im Herzen und einem Lobgesang auf den Lippen.

Almustafa hat tiefste Einsicht in die Liebe, die je ein Mensch gezeigt hat. Das sind nicht die Worte eines Philosophen; es sind die Erfahrungen eines Mystikers.

Almustafa ist nur ein Name. Es ist Khalil Gibran, der durch ihn spricht – und das hat einen besonderen Grund. Er hätte direkt sprechen können, in seinem eigenen Namen. Es war nicht notwendig, Almustafa als Medium herzunehmen. Doch Khalil Gibran will nicht eine Religion ins Leben rufen, obgleich alles, was er sagt, das Wesen der Religiosität ausmacht. Um das zu umgehen... denn im Namen der Religion wurde den Menschen so viel Unmenschlichkeit angetan, so viel Blut wurde vergossen... Millionen von Menschen wurden getötet. Viele Tausende wurden lebendig verbrannt.

Sobald eine Religion sich organisiert und verfestigt, wird sie zu einer Gefahr für alles, was wertvoll ist im Leben. Dann hört sie auf, der Weg zu Gott zu sein; sie wird zu einem Vorwand für den Krieg.

Khalil Gibran hält sich hinter Almustafa verborgen, damit die Menschen nicht anfangen, ihn zu verehren, damit die Menschen nicht die häßliche Vergangenheit fortführen. Statt direkt zu sagen, was er sagen wollte, wählte er einen Kniff: Er schuf Almustafa. Wegen Almustafa wird dieses Buch nicht zu den heiligen Büchern gerechnet – obwohl es eines der heiligsten Bücher der Welt ist. Im Vergleich zu ihm erscheinen alle anderen heiligen Bücher unheilig.

Er schuf Almustafa, damit man sein Buch als Literatur nahm, als Dichtung. Darin zeigt sich sein Mitgefühl, und darin zeigt sich seine Größe. Ihr könnt in sämtliche heiligen Schriften schauen, aber ihr werdet keine Worte finden, die so lebendig sind, daß sie euch wie Pfeile direkt ins Herz treffen. Doch ihr werdet vieles finden, was unmenschlich ist, nicht wert, daß es in diesen heiligen Schriften steht. Aber die Menschen sind so blind. Eine kleine Geschichte über Almustafa, und schon vergessen sie eine einfache Tatsache: Solche Wahrheiten kann man nur von sich geben, wenn man sie selbst erfahren hat, wenn es die eigenen sind.

Khalil Gibran hat den Boden für mich bereitet. Er hat die Samen in unbekannte Felder gesät, zu »vergessenen Jahreszeiten«. Ich bin zur rechten Zeit hier für die Ernte. Ihr seid meine Ernte. Ihr seid die Früchte und die Blüten. Daß ich über Khalil Gibran rede, soll euch nur an eure Samen erinnern. Und außerdem an etwas, das noch wichtiger ist.

Es gibt eine uralte Geschichte aus dem Lande Khalil Gibrans, einem der schönsten Länder dieser Erde, dem Libanon. Er ist nur für zwei Dinge berühmt: Khalil Gibran und die jahrtausendealten Zedernbäume, die immer noch versuchen, nach den Sternen zu greifen. Auch Khalil Gibran hat das versucht. Den Zedern des Libanon ist es noch nicht gelungen, aber Khalil Gibran ist es gelungen. Vielleicht werden eines Tages auch die Zedern die Sterne berühren.

Vincent van Gogh, einer der größten holländischen Maler, vielleicht der größte an Intuition und Verständnis, hat in allen seinen Bildern die Bäume so gemalt, daß sie über die Sterne hinausreichen. Die Sterne bleiben zurück. Seine Zeitgenossen hielten ihn für verrückt. Man fragte ihn immer wieder: »Wo hast du je solche Bäume gesehen, die über die entferntesten Sterne hinausreichen?«

Vincent van Gogh sagte: »Ich habe keine gesehen. Aber wenn ich neben den Bäumen sitze, höre ich ihre Sehnsucht. Und ich male die Blüte, bevor noch der Same gesät ist.«

Alle seine Sterne sind eigenartig. Er malte sie als Spiralen. Selbst die Maler lachten ihn aus: »Du mußt verrückt sein. Sterne sind doch keine Spiralen!« Er sagte: »Was kann ich machen? Nicht nur in meinen Träumen, auch im Wachen fühlt mein Herz immer, daß sie Spiralen sind.« In seinem ganzen Leben konnte er kein einziges Bild verkaufen. Wer kauft schon solche Bilder? Und er malte sie mit seinem Blut, ja mit seinem Leben.

Von seinem jüngeren Bruder erhielt er jede Woche gerade genug Geld für sieben Tage, daß er zwei Mahlzeiten täglich essen konnte. Aber drei Tage in der Woche fastete er, damit er Farben und Leinwand kaufen konnte. Kein anderer Maler hat mit solcher Hingabe, mit so tiefer Liebe gemalt.

Er lebte nur, um zu malen. Er starb, als er dreiunddreißig war. Und erst vor wenigen Monaten sind die Physiker zu dem Ergebnis gekommen, daß die Sterne Spiralen sind – hundert Jahre später!

Ein Dichter hat zweifellos einen unbekannten Zugang zu manchem Wissen. Er kann es nicht beweisen; er ist kein Wissenschaftler, er ist kein Logiker. Aber seine Zeitgenossen sind immer um Jahrtausende zurück. Es ist äußerst selten, ein Individuum zu finden, das ein wirklicher Zeitgenosse ist.

Rajiv Gandhi, der indische Ministerpräsident, gewann die Wahl mit einem einzigen Wahlspruch: »Ich will Indien ins einundzwanzigste Jahrhundert führen.« Und kein Mensch in diesem riesigen Land von neunhundert Millionen hat ihn gefragt, ob denn dieses Land überhaupt schon im zwanzigsten Jahrhundert angekommen sei. Die Leute leben in jahrtausendealtem Aberglauben, in Ideologien, die nichts mit der Wahrheit zu tun haben. Und sie sind nicht bereit, aus ihrer Dunkelheit herauskommen.

Meine Leute sollen nicht nur von diesem Jahrhundert oder vom einundzwanzigsten Jahrhundert sein. Meine Leute sollen die Menschen der ganzen Zukunft sein. Wenn ihr die Herren der ganzen Zukunft sein könnt, warum solltet ihr unnötigerweise Bettler bleiben?

Lauscht diesen Worten, denn es sind keine Worte; es sind lebende Flammen, das reinste Feuer. Wenn es euch nicht verzehrt, dann habt ihr es nicht vernommen:

Liebe gibt nichts als sich selbst und nimmt nichts als von sich selbst.

Eine gewaltige Aussage! Und sie wird immer frisch bleiben. Ich kann mir keine Zeit in der Zukunft vorstellen, da diese Aussage veraltet sein könnte. Wenn ihr dies verstehen könnt, wenn ihr dies leben könnt, gehört euch die ganze Zukunft. Es kann euch die Türen öffnen zu der unbekannten Wirklichkeit, die euch erwartet.

Liebe gibt nichts als sich selbst... Ihr gebt auch, wenn ihr verliebt seid: Blumen, Eiskrem, Pralinen. Aber das ist keine Liebe, das ist ein Kuhhandel, ein Geschäft.

In der Schule erzählt die Lehrerin ihren Schülern fast eine ganze Stunde sehr eindringlich von der Bedeutung Jesu Christi. Es ist eine internationale konfessionelle Schule.

Am Ende der Stunde fragt sie: »Wer von euch kann mir den bedeutendsten Menschen der Geschichte nennen?«

Ein kleiner amerikanischer Junge steht auf und sagt: »Abraham Lincoln.« Die Lehrerin denkt, sie hört nicht recht! Jetzt hat sie ihnen eine geschlagene Stunde eingetrichtert, warum Jesus Christus den höchsten Gipfel menschlichen Bewußtseins darstellt, und dann sagt dieser Dummkopf: »Abraham Lincoln«!

Sie sagt: »Das ist nicht falsch, aber es ist auch nicht richtig. Setz dich!«

Ein Mädchen erhebt sich, um die Frage zu beantworten, und sie sagt: »Winston Churchill.«

Die Lehrerin sagt: »Mein Gott!« Aber weil die Schule in England ist und Winston Churchill englischer Premierminister war, mag sie nicht sagen: »Das ist falsch.« Sie sagt: »Du bist der Wahrheit sehr nahe.« Da fängt ein kleiner Junge an, wie wild aufzuzeigen, und das ist sehr ungewöhnlich, denn er ist sonst sehr schweigsam.

Die Lehrerin sagt: »Nun, wie ist deine Antwort?«

Er sagt: »Keine Frage, das weiß doch jedes kleine Kind! Jesus Christus ist der bedeutendste Mensch der Welt!«

Jetzt ist die Lehrerin noch mehr schockiert, denn der Junge ist Jude. Aber sie gibt ihm den Preis für die richtige Antwort, und der Junge stolziert mit seiner Trophäe davon. Doch die Lehrerin geht ihm nach und fängt ihn vor der Schule ab. Sie fragt ihn: »Sag mal, bist du nicht Jude?«

„Na klar«, sagt er. »Wo ist das Problem? Sind Sie mir nachgegangen?«

Sie sagt: »Du bist Jude, und trotzdem sagst du, Jesus Christus ist der bedeutendste Mensch der Welt?«

Da lacht er und sagt: »Naja, insgeheim weiß ich natürlich, daß Moses der bedeutendste Mensch ist. Aber Geschäft ist Geschäft!«

Liebe ist kein Geschäft, aber die Menschen haben aus der Liebe ein Geschäft gemacht. Liebe gibt nur sich selbst, denn es gibt nichts Höheres zu geben. Könnt ihr euch etwas Größeres, etwas Wertvolleres vorstellen? *Liebe gibt nichts als sich selbst und nimmt nichts als von sich selbst* – das zu verstehen, ist sogar noch wichtiger.

Liebe kennt nur Geben. Sogar der Gedanke, etwas zurückzubekommen, ist ihr fremd. Aber das ist das Wunder der Existenz: Wenn ihr Liebe gebt, kommt die Liebe tausendfach zu euch zurück – eure eigene Liebe.

Es ist nicht nötig, ein Bettler zu sein. Die Liebe macht euch zum Kaiser. Sie gibt sich selbst und stellt dann eigenartigerweise fest, daß sie sich vertausendfacht hat und von allen Seiten zu euch zurückkommt. Je mehr ihr gebt, um so mehr habt ihr davon.

Die Menschheit erscheint so arm, weil wir dieses kosmische Gesetz vergessen haben. Statt sich zu verschenken, ist die Liebe zu einem Bettler geworden, der ständig bittet. Die Ehefrau bittet: »Gib mir Liebe, ich bin deine Frau.« Der Ehemann sagt: »Gib mir Liebe.« Jeder bittet: »Gib mir Liebe.« Und wer gibt? – alle sind Bettler.

Ihr solltet zu einem Kaiser wie mir kommen, der unaufhörlich gibt, weil die Quelle unerschöpflich ist.

Und je mehr ich die Menschen geliebt habe, um so mehr hat es mich überrascht: Meine Liebe hat zugenommen, und ich habe mehr zu geben.

Ich habe eine Geschichte gehört...

Einem Mann war sein Hund gestorben. Er hatte ihn sehr geliebt, denn es war ein seltener Hund, ein wahres Prachtstück. Es war kein gewöhnlicher Hund, das Ergebnis vieler Zuchtgenerationen. Der Mann war sehr traurig. Er ging in dieselbe Tierhandlung, in der er seinen Hund gekauft hatte, und fragte nach etwas noch Besserem, damit er seinen alten Hund vergessen könne.

Der Besitzer sagte: »Kein Problem. Da habe ich einen äußerst seltenen Hund, und ganz billig!« Er zeigte ihm den Hund, und kein Zweifel, einen so schönen Hund hatte der Mann noch nie gesehen, mit einem so philosophischen Gesicht, so liebevollen Augen, einem so schönen Körper!

Er sagte: »Ich zahle jeden Preis.«

Aber der Besitzer sagte: »Er ist gar nicht teuer. Es ist der billigste Hund, den ich habe. Es gibt viel teurere Hunde, wenn Sie wollen.«

Er schaute sich um. Aber die teuren Hunde waren alle nichts im Vergleich zu diesem billigen Hund.

Er fragte den Besitzer: »Das wundert mich. Ich frage mich, warum Sie diesen Hund so billig hergeben.«

Der Besitzer sagte: »Das verstehen Sie nicht. Kaufen Sie ihn zuerst, dann werden Sie es verstehen.«

Also kaufte er den Hund – fast geschenkt! Nicht einmal einen streunenden Straßenköter bekommt man zu einem solchen Preis.

Verwundert ging er nach Hause. Am Morgen schaute er nach dem Hund, aber er war nirgends zu finden. Er sagte: »Mein Gott, wo ist denn der Hund hin? Das Haus war abgeschlossen, und ich bin allein.«

Er lief zurück in den Laden – und da saß der Hund an seinem alten Platz!

Der Besitzer sagte: »Verstehen Sie jetzt, warum er so billig ist? Er kommt immer wieder. Ich habe ihn schon tausendmal verkauft, aber er ist sehr treu. Wollen Sie Ihn haben?«

Da sagte der Mann: »Aber was habe *ich* denn davon, wenn er immer wieder zu Ihnen zurückkommt und Sie ihn schon tausendmal verkauft haben?«

Als ich diese Geschichte las, fiel mir aus meiner eigenen Erfahrung dazu nur eines ein – denn ich besitze keinen Hund, obwohl gelegentlich einer vorbeikommt. Aber ich kenne die Liebe. Sie ist nicht nur billig, sie ist vollkommen gratis.

Zu lieben kostet gar nichts, und doch kommt es immer tausendfach zu euch zurück. Ihr werdet immer reicher und reicher. Es ist ein eigenartiges ökonomisches Gesetz der Existenz.

Liebe gibt nichts als sich selbst und nimmt nichts als von sich selbst.
Liebe besitzt nicht, noch läßt sie sich besitzen.

In dem Augenblick, in dem ihr etwas besitzt, habt ihr es getötet. Und in die Millionen geht die Zahl derer auf der Welt, die ihre Liebe mit eigenen Händen getötet haben. Sie sollten sich ihre Hände ansehen – sie sind bedeckt vom Blut ihrer eigenen Liebe. Und jetzt sind sie unglücklich. Sie wollten nicht töten, hatten nie die Absicht zu töten, aber in ihrer Unbewußtheit fingen sie an, den anderen zu besitzen. Wenn sie jemanden liebten, wollten sie diese Person besitzen – *total.* Ehemänner besitzen ihre Ehefrauen, Ehefrauen besitzen ihre Ehemänner. Eltern besitzen ihre Kinder. Lehrer versuchen auf jede erdenkliche Weise, ihre Schüler zu besitzen. Politiker versuchen, Länder zu besitzen. Religionen versuchen, Millionen von Menschen und deren Leben zu besitzen. Sie alle sind Mörder, denn sobald man versucht, jemanden zu besitzen, hat man ihn getötet. Das Leben gedeiht nur in Freiheit. Wenn du liebst, wirst du deinem Geliebten mehr und mehr Freiheit geben. Und Liebe erlaubt nie jemandem, sie zu besitzen, denn Liebe ist eure Seele selbst. Wenn ihr jemandem erlaubt, sie zu besitzen, habt ihr Selbstmord begangen.

So wird die Liebe entweder ermordet oder sie begeht Selbstmord. Die Menschen sind nur wandelnde Leichen mit Bettelschalen, auf der Suche nach Liebe, nach Wärme, nach Zärtlichkeit. Aber sie werden es nicht finden, denn sie haben eine stupide Gesellschaft geschaffen, sie haben eine irrsinnige Welt geschaffen.

Der Grund, warum alle neurotisch oder psychotisch werden, ist einfach: Ihre Seelen erhalten keine Nahrung. Liebe ist die eigentliche Nahrung. Man kann allen Reichtum dieser Welt besitzen, doch wenn man keine Liebe hat, ist man der ärmste Mensch – unnötig beladen mit Reichtümern, Palästen, Imperien.

Doch jemand, der liebt, jemand, der das Geheimnis der Liebe kennt – nicht zu besitzen und nicht besessen zu werden –, ein solcher Mensch wird wirklich neu geboren. Er ist im wahrsten Sinne lebendig geworden. Ihm werden sämtliche wunderbaren Erfahrungen des Lebens zuteil, sämtliche großartigen Ekstasen der Existenz.

Wenn Liebe in eurem Herzen wächst, geht ihr schwanger mit Gott. Es ist Gott, der in euch wächst. Nach und nach werdet ihr verschwinden, und was übrigbleibt, ist reine Göttlichkeit. Es ist spürbar...

Jene, die nahe bei Gautam Buddha oder Mahavira waren, haben es gespürt. Es ist eine merkwürdige Sache, daß weder Mahavira noch Buddha an Gott glauben. Die Leute halten sie für Atheisten – aber nein, absolut nein! Sie glauben nicht an Gott, weil sie selbst Gott *sind.*

Ihr glaubt an Gott, weil euer Gott irgendwo da oben im Himmel ist, und ihr seid nur Kreaturen, die auf der Erde herumkriechen. Warum sollte ein Buddha an Gott glauben? Gott ist in ihm, er *selbst* ist zum Tempel Gottes geworden. Sie haben zwar die Existenz Gottes geleugnet, doch der Grund ihrer Leugnung ist nicht der gleiche wie der eines Atheisten.

Der Atheist leugnet Gott, weil Gott sich nicht logisch beweisen läßt. Der Atheist sollte auch die Liebe leugnen, weil die Liebe sich ebenfalls nicht logisch beweisen läßt.

Ich habe viele Atheisten getroffen, und ich habe sie immer nur eines gefragt: »Wart ihr schon einmal verliebt?«

Da waren sie immer überrascht und sagten: »Warum wechselst du das Thema? Wir sprachen über Gott.«

Ich sagte: »Ich wechsle überhaupt nicht das Thema; ich *komme* zum Thema. Seid ihr je verliebt gewesen?«

Sie sagten: »Ja, wir haben geliebt.«

„Dann«, sagte ich, »überlegt noch einmal. Könnt ihr beweisen – wissenschaftlich, rational, logisch –, daß die Liebe existiert?«

Sie sagten: »Das können wir nicht.«

Ich sagte: »Dann hört auf, Gott zu leugnen, denn aus demselben Grund habt ihr auch Gott geleugnet!«

Nur ein Mann wie Gautam Buddha hat das Recht, Gott zu leugnen – weil er ihn gefunden hat! Aber er hat ihn nicht irgendwo außerhalb gefunden, sondern in sich. Nun ist Gott für ihn kein Objekt, sondern seine eigene Subektivität.

Und es ist seltsam, daß diese beiden Menschen, Gautam Buddha und Mahavira, die einzigen auf der ganzen Welt sind, die Gewaltlosigkeit gepredigt haben. Gewaltlosigkeit ist ihr Wort für Liebe. Sie vermieden das Wort »Liebe«, denn Liebe ist in schlechte Gesellschaft geraten. Ihr geht zu einer Prostituierten und sagt: »Ich liebe dich.« Die Liebe ist in die Gosse gefallen. Deshalb mußten sie etwas Reines, noch Unberührtes finden. Gewaltlosigkeit bedeutet Liebe. Und gleichzeitig muß ich euch daran erinnern, daß die Leute, die an Gott im Himmel glaubten, nicht gewaltlos gewesen sind. Mohammed ist nicht gewaltlos, auch nicht Moses, und auch Jesus nicht.

In zwanzig Jahrhunderten haben die Christen so viele Menschen getötet, daß man sie unmöglich zählen kann. Die Mohammedaner haben seit vierzehn Jahrhunderten ständig getötet, und jene, die zu Mohammedanern wurden, sind nicht wegen der Wahrheit bekehrt worden; sie wurden bekehrt, weil sie Feiglinge waren. Der Islam kam zu den Menschen mit dem Schwert in der einen Hand und dem Heiligen Koran in der anderen: »Du kannst wählen.« Da braucht man kein Argument; das Schwert ist das Argument. Jene, die mutig genug waren, starben lieber, als aus Angst zu wählen.

Liebe kann nicht aus der Angst entstehen. Die Christen haben ihre Taktik geändert, weil die Zeiten sich geändert haben, aber es ist die gleiche Geschichte. Die Heilige Bibel in der einen Hand und einen Laib Brot in der anderen: »Du kannst wählen.« Habt ihr schon mal erlebt, daß jemand sich zum Christentum bekehrte aufgrund seiner höheren Werte, seiner größeren Wahrheit, seiner tieferen Einsichten? Habt ihr je erlebt, daß ein reicher, kultivierter, gebildeter Mensch zum Christentum übertrat? Nein, dazu braucht es Bettler, dazu braucht es Waisenkinder, denn sie brauchen etwas zu essen, sie haben Hunger. Sie hungern nicht nach Wahrheit; sie hungern nach Brot, sie hungern nach einem Dach über dem Kopf, sie hungern nach Kleidern. Und das nennt man Bekehrung?

Die christlichen Kirchen in Amerika haben sich über mich aufgeregt, einfach deshalb, weil die gebildete, talentierte junge Generation zu mir kommt. Dabei sind meine Hände leer. Ich habe weder Schwert noch Brot, weder einen Heiligen Koran noch eine Heilige Bibel. Ich kann euch nur meine Liebe geben, denn ich weiß, daß sie zurückkommt.

Die Christen sind verärgert. Über Vivekananda haben sie sich nicht aufgeregt, denn Vivekananda verhielt sich diplomatisch, wie ein Politiker. Er sagte ihnen: »Es ist alles das gleiche: Christentum, Hinduismus – ihre Lehren sind alle gleich.« Mit ihm hatten sie keine Probleme. Und vor Ramateertha hatten sie auch keine Angst. Warum regen sie sich über mich so sehr auf?

Fast schon ein ganzes Jahr lang bemühen sich meine Sannyasins in Italien – der Zitadelle der katholischen Christenheit – um ein dreiwöchiges Touristenvisum für mich, doch der Papst interveniert ständig bei der Regierung. Erst heute erhielt ich die Nachricht, daß es in Italien inzwischen zu einer brisanten Frage geworden ist. Die Regierung sagt nicht nein, denn wenn sie nein sagt, werden meine Sannyasins vor Gericht gehen. Und ja kann sie nicht sagen wegen des Papstes und der Wählerstimmen...

Schließlich hat eine politische Partei, die der Radikalen Revolutionäre, das ganze Spiel durchschaut. Seit einem Jahr geht das schon so! »Ihr solltet eine Antwort geben, entweder ja oder nein. Aber ihr sagt immer: ›Morgen‹, und morgen kommt nie.« Jetzt hat die Radikale Revolutionäre Partei vom italienischen Ministerpräsidenten verlangt: »Entweder erteilen Sie das Visum, oder Sie verweigern es.«

Wenn der Papst nach Indien einreisen darf, wer seid ihr denn, daß ihr mich hindert? Und als der Papst nach Indien kam, habe ich ihn willkommen geheißen. Und ich habe die Leute verurteilt, die mit Steinen nach ihm warfen und für seine Abreise demonstrierten. Ich habe diese Leute verurteilt – diese Hindu-Chauvinisten. Es beweist ihre Schwäche! Wenn der Papst kommt, heißt ihn willkommen und ladet ihn zu einer Diskussion ein. Ihr habt doch eure *Shankaracharyas.* Laßt offene Podiumsdiskussionen im ganzen Land stattfinden. Und wenn er im Recht ist, dann sollte dieses Land christlich werden. Denn es geht nicht darum, ob man Hindu oder Christ ist. Es geht darum, immer mit der Wahrheit zu gehen.

Ich habe den Papst wiederholt herausgefordert. Ich bin bereit, in den Vatikan zu kommen, in seine eigene Stadt, mitten unter seine eigenen Leute. Und ich bin bereit, nichts anderes zu diskutieren als den Katholizismus. Meine Bedingung ist einfach: Wenn es ihm gelingt, mich zu besiegen, werde ich katholisch. Aber wenn er besiegt wird, dann muß er Sannyasin werden! Und der Vatikan wird dann zu meinem Hauptquartier!

Aber so impotente Leute... sie beziehen nicht Stellung, setzen nur dauernd den Ministerpräsidenten unter Druck, über die Wählerstimmen: »Wenn dieser Mann einreisen darf, könnt ihr nicht mit den katholischen Wählern rechnen.« Nun, das ganze Land ist katholisch, und man findet keine Politiker mit Rückgrat. Lauter wirbellose Kreaturen!

Ein junger Mann aus Poona, Suraj Kalmadhi, ist zur Zeit Oppositionsführer im Parlament. Er hatte mir mehrfach die Botschaft geschickt, ich solle nach Indien zurückkommen, er werde für mich im Parlament kämpfen. Jetzt, da ich wieder in Poona bin, sollte er zumindest mit dem Polizeichef kämpfen! – Kein Rückgrat!

Gewiß, ein paar Leute gibt es, die nicht zur Kategorie dieser Wirbellosen zählen: Balasaheb R. Borade vom Städtischen Jugendkongreß hat mir geschrieben: »Wir werden für Sie kämpfen.«

Und heute kam der Bürgermeister von Poona, Ulhas Dhole Patil. Er sagte: »Was geschehen ist, ist so häßlich, daß ich eigens kommen mußte, um mich zu entschuldigen. Ich bitte um Verzeihung. Das hätte nicht passieren dürfen.«

Er hat mir einen Brief geschrieben, in dem steht: »Sie sind in der Stadt Poona willkommen, und ich möchte, daß Sie für immer hierbleiben.« Und vorhin kam er noch einmal, um meiner Sekretärin Neelam zu sagen: »Ich habe die Absicht, in der Stadtverwaltung von Poona eine Resolution zu verabschieden, daß die Stadtverwaltung sich entschuldigen und Sie bitten soll, Poona nicht zu verlassen, sondern hierzubleiben.«

Es scheint doch noch ein paar Lebende in dieser Stadt der Toten zu geben! Und vielleicht stehen noch ein paar Tote wieder auf und kommen aus ihren Gräbern, denn diesen Polizeichef werde ich hier nicht dulden. Entweder er oder ich! Ich halte nichts von Kompromissen.

Ich bin ein gewaltloser Mensch. Ich habe noch nie auch nur einer Ameise etwas zuleide getan. Aber an dem Tag, als ich frühmorgens in der Dunkelheit meines Zimmers miterlebte, wie herumgeschrien wurde und jemand die Tür gewaltsam öffnete, da machte ich die Augen auf. Im Halbschlaf sah ich diese zwei gespenstischen Typen. Ich wunderte mich: »Seit wann tragen denn die Gespenster Uniform?« Ich fragte sie: »Wer seid ihr? Und mit welcher Ermächtigung betretet ihr mein Schlafzimmer?« Und diese stupiden Kerle wußten keine Antwort. Sie warfen mir nur einen Fetzen Papier ins Gesicht.

Ich hatte keine Ahnung, was es war. Ich zerriß es und warf es weg. Das war der einzige Moment in meinem Leben, wo mir der Gedanke kam, einen Revolver besitzen zu wollen. Diese zwei Gespenster müssen aus meinem Schlafzimmer mehr tot als lebendig wieder herausgekommen sein.

Ich möchte Ulhas Dhole Patil sagen: »Wenn Sie das wirklich meinen – und ich glaube, Sie meinen wirklich, was Sie sagen –, dann sollte dieser Polizeichef mit diesen beiden Idioten auf der Stelle von hier versetzt werden.« Wegen dieser Leute wird man die ganze Stadt verurteilen, für die kommenden Generationen, für immer.

Man braucht sich nur anzusehen, was für Vorschläge er macht und uns aufzwingt. Und solche Leute gedenkt Rajiv Gandhi ins einundzwanzigste Jahrhundert mitzunehmen! Im Ochsenkarren, hoffe ich. Statt der Ochsen sollte man diese Leute vorspannen!

Seine Bedingungen… und er hat noch nicht einmal den Mut zu sagen, daß es *seine* Bedingungen sind. Er nötigte unsere Verwaltung, den Ashramleiter Svabhav, es zu unterschreiben, mit dem Einverständnis, daß es *unsere* Vorstellungen seien und daß wir uns an die folgenden Regeln halten werden. Nun seht euch mal diese »Regeln« an!

Zwei Regeln habe ich schon heute morgen erwähnt, doch dann sah ich diese lange Liste. Ihr müßt verstehen, und ihr müßt dafür sorgen, daß die ganze Stadt sie versteht.

Erstens: Ein Vortrag darf nur zwei Stunden dauern. Ist das die Freiheit, für die Tausende von Menschen gestorben sind? Ist das die Freiheit, für die Bharat Singh gekreuzigt wurde? Ist das die Freiheit, für die dieses Land hundert Jahre lang unaufhörlich gekämpft hat?

Das verstößt gegen die indische Verfassung. Ein drittklassiger Regierungsbeamter verletzt die Verfassung Indiens. Wer ist er denn, daß er mir vorschreiben kann, mein Vortrag dürfe nur zwei Stunden dauern? Das wird *niemals* geschehen. Aber seine Dummheit kennt keine Grenzen.

Zweitens: Nur fünf Meditationen von je einer Stunde. In dem Land, in dem die Meditation geboren wurde, in dem Land, das hundertzwölf Meditationstechniken kennt, in dem Land, in dem seit fast zehntausend Jahren sämtliche Genies nichts anderes tun, als zu meditieren, schreibt uns ein Polizeichef vor, daß wir uns daran halten sollen, nur fünf Meditationen zu machen! Und jede Meditation nur eine Stunde lang!

Was weiß *er* denn von Meditation? Wenn er nur ein bißchen Mumm hat, sollte er hierherkommen und erst uns entscheiden lassen, wieviel er über Meditation weiß. Ich wette, er weiß nicht einmal die Namen der einhundertzwölf Meditationen. Und etwas von Meditation zu wissen, ist noch etwas ganz anderes.

Die Verfassung gibt uns Religionsfreiheit. – Und weshalb sollten diese Regeln nur für uns gelten? Wenn es zu einer Regel gemacht wird, sollte es für das ganze Land gelten, für alle Tempel, für alle Moscheen, für alle *Gurudwaras.*

Dies ist ein Tempel Gottes. Kein Mensch kann uns vorschreiben, daß wir nicht länger als eine Stunde meditieren dürfen.

Heute sagt er dies... aber ich warne die Leute von Poona: Man sollte diesen Verrückten schnellstens entfernen! Heute diktiert er einer kleinen, gewaltlosen Gruppe von Menschen, die niemandem etwas zuleide tun: »Ihr dürft nur eine Stunde meditieren.«

Und mein Vortrag darf höchstens zwei Stunden dauern. Demnächst wird er euch diktieren: »Euer Vorspiel darf höchstens zwei Minuten dauern.«* Wie ist das mit dem Geschlechtsverkehr? Und wie ist das bei ihm? Welches Limit diktiert er sich selbst? Wie lang? Drei Minuten?

Und *Drittens: Die Vorträge sind für Polizeibeamte frei zugänglich.* Wozu? Vorträge sind etwas für Jünger. Das ist hier keine Polizeiakademie. Und denkt er, seine Polizeibeamten wären in der Lage, die Vorträge zu verstehen? Nur Idioten gehen in den Polizeidienst. Und aus welchem Grund sollten die Vorträge für Polizeibeamte frei zugänglich sein? Wenn sie interessiert sind, sollen sie als Jünger herkommen! Es ist für alle zugänglich. Aber wir können nicht speziell Polizeibeamte zulassen. Sie können als Menschen herkommen. Haben sie ihre Menschlichkeit schon ganz verloren?

* Osho spielt mit den Worten *discourse* (Vortrag) und *intercourse* (Geschlechtsverkehr), was sich nur frei übersetzen läßt

Und nicht nur für Polizeibeamte, auch *für Männer in deren Begleitung*... Was für »Männer«? *Shiv-Sena*-Leute? Hindu-Chauvinisten? Wer sind diese »Männer«, die die Polizeibeamten begleiten sollen? Warum können sie nicht alleine kommen? Das letzte Mal war es genauso, als derselbe Vilas Tupe einen Dolch nach mir warf. Sie hatten ebenfalls angefragt, ob zwanzig Polizeibeamte zu meinem Schutz hier sein könnten. Komisch... im Rückblick werden die Dinge jetzt klarer. Damals hatte die Polizei uns informiert: »Jemand beabsichtigt, einen Dolch nach Bhagwan zu werfen. Darum sollten zwanzig Polizeibeamte im Vortrag mit dabeisein – als Schutz.«

Der Dolch wurde geworfen, aber die zwanzig Polizeibeamten standen nur herum und taten gar nichts! Es ist offensichtlich: Sie waren da, um Vilas Tupe zu beschützen! Sonst hätten vielleicht zehntausend Sannyasins Vilas Tupe in Stücke gerissen und nicht ein Stäubchen von ihm übriggelassen. Ohne Zweifel war es eine Verschwörung zwischen der Polizei und Vilas Tupe!

Und dann versicherte uns die Polizei, wir bräuchten uns um nichts zu kümmern: »Das ist ein Polizeifall!« Zwanzig Polizeibeamte waren Augenzeugen, zehntausend Sannyasins waren Augenzeugen... doch der Richter wies die Klage ab. Die Verschwörung scheint größere Kreise gezogen zu haben. Offensichtlich war auch der Richter darin verwickelt. Der Fall war so klar, so eindeutig! Selbst wenn wir ihn hätten verlieren wollen – es war unmöglich, ihn zu verlieren! Aber die Strategie war offensichtlich. Sie sagten: »Macht euch keine Umstände, wir kümmern uns um alles. Die Polizei wird Vilas Tupe vor Gericht stellen.« Doch die Polizei tat nichts dergleichen. Der Dolch war vorhanden, in den Händen der Polizei, und sie blieben stumm. Innerhalb von fünf Minuten war Vilas Tupe frei.

Derselbe Mann, dieselbe Gruppe – und wieder wollen sie die gleiche Anzahl von Polizisten hier haben! Es ist eine einfache logische Schlußfolgerung: Die Männer, die sie begleiten sollen, sind niemand anderes als Vilas Tupe und seine Leute. Er hätte auch gleich verlangen sollen, daß mindestens einer von ihnen einen Dolch mitbringen darf!

Fünftens: Die Vorträge werden nicht provokant sein. Was ist denn sonst der Sinn des Vortrags? Er soll eure schlafenden Seelen provozieren, er soll euer Potential provozieren. Er *muß* provokant sein, sonst hat er keinen Sinn.

Das hier ist kein Vorschulkindergarten. Das ist eine Schule der Mystik, und alle Bemühungen gehen dahin, in euch eine Sehnsucht, ein ungeheures Verlangen nach der Wahrheit zu provozieren.

Aber wer ist dieser Mann, daß er versucht, meine Freiheit und eure Freiheit zunichtezumachen?

Sechstens: Sie dürfen gegen keine andere Religion gerichtet sein. Die Hindus dürfen gegen die Mohammedaner sein. Was spräche sonst dagegen, daß sie zum Beten in die Moschee gehen? Mohammedaner dürfen gegen Hindus sein. Christen dürfen gegen alle anderen sein.

Ich bin gegen *alle* Religionen, weil ich ein religiöser Mensch bin, und ein religiöser Mensch ist weder Hindu noch Mohammedaner noch Christ noch Buddhist.

Ich werde gegen *alle* Religionen sprechen, denn es sind Pseudoreligionen; es sind keine echten Religionen.

Und wenn er so intelligent ist, das Gegenteil zu beweisen, ist er willkommen. Wenn er beweisen kann, daß die organisierten Religionen echte Religionen sind... Aber den Menschen ihre Freiheit, religiös zu sein, abzusprechen, ist gegen die Menschenrechte.

Ich werde gegen sämtliche Religionen sprechen. Ich muß es tun, denn ich trete für die Religiosität ein und nicht für die Religionen.

Siebtens: Die Zahl der Ausländer, die im Ashram wohnen, wird nicht mehr als einhundert betragen.

Wir glauben nicht an Länder und wir glauben nicht an Nationen. Für uns ist niemand ein Ausländer. Wir sind Kinder desselben Universums, derselben Erde. Wer ist hier ein Ausländer? – Und was gibt ihm das Recht? An welcher Stelle gibt die Verfassung einem Polizeichef das Recht, die Zahl der Ausländer, die einem Meister zuhören, zu begrenzen? Woher nimmt er diese Zahl einhundert? Warum nicht zehntausend? Wie kommt er auf einhundert? Das ist Willkür!

Was mich betrifft, und was meine Leute betrifft, ist hier niemand ein Ausländer. Sobald ihr dieses Haus Gottes betretet, seid ihr einfach Menschen. Und ich werde nicht davon abrücken, nur wegen dieser stupiden, primitiven Staatsdiener, die keine Ahnung haben von Religion, keine Ahnung von Humanität. Er hat ja vielleicht Nerven! Aber ich werde ihn in die Schranken verweisen. Er hat sich unnötigen Ärger eingehandelt. Wer sich mit mir anlegt, wird es sein ganzes Leben lang bereuen.

Und ihre Namen werden der Polizei mitgeteilt. Hier hat jeder einen Sannyas-Namen. Alle diese Namen haben ihre Wurzel in der Sprache des Sanskrit. Wie will er herausfinden, ob ein Name einem Ausländer gehört? Ich habe meine eigenen Methoden...

Neuntens: Die Zahl der Ausländer, die wegen der Vorträge täglich den Ashram besuchen, wird eintausend nicht überschreiten. Dieser Mann scheint wirklich... entweder ist in seinem Kopf eine Schraube locker, oder sie sitzt zu fest! Aber er braucht sich keine Sorgen zu machen. Wir haben alle möglichen Gehirnmechaniker in unserem Ashram. Er soll nur herkommen. Wir werden ihm sein Gehirn schon lockern oder es ihm wieder festschrauben. Nur eines macht mir Sorgen: Was ist, wenn er gar kein Gehirn hat? – Dann wird es problematisch. Aber wir finden schon eine Lösung.

Er versteht gar nichts. Dies ist eine Demokratie. Dies ist ein freies, souveränes Land. Und wenn die Regierung Menschen aus der ganzen Welt in das Land einreisen läßt... aber offenbar steht er noch über der Regierung! Wir werden uns an keinen derartigen Schwachsinn halten, und wenn man diesen Mann nicht entfernt, wird er mich vor Gericht konfrontieren müssen. Und ich werde mich vor Gericht nicht durch einen Anwalt vertreten lassen, sondern selbst reden.

Zehntens: Keinem Ashramiten oder Besucher ist es gestattet, Schußwaffen bei sich zu haben. Und was ist mit den zwanzig Polizeibeamten? Sie werden ihre Schußwaffen draußen lassen müssen, nach seinem eigenen Diktat. Er sieht wohl einen Alptraum! Hier hat kein Mensch irgendeine Schußwaffe. Aber daß zwanzig Polizeibeamte Schußwaffen mitbringen, das will er!

Mein Anwalt Tathagat hat ihm gesagt: »In der Regel waren hier immer sieben- bis zehntausend Leute aus der ganzen Welt. Sie können diese Zahl nicht auf tausend reduzieren.« Und er sagte: »Wir haben nicht genug Leute, um zehntausend zu kontrollieren.« Und so etwas sagt ein Polizeichef! Er kontrolliert den ganzen Polizeibezirk, er hat genug Leute für den ganzen Distrikt, aber für ein zweieinhalb Hektar großes Grundstück hat er nicht genug Leute zum Kontrollieren? Und wer hat ihn überhaupt darum gebeten?

Wir sind seit 1974 hier, und es hat nie eine Notwendigkeit bestanden, unsere Leute zu kontrollieren. Es hat nie irgendeinen Kampf im Ashram gegeben. Er versteht nicht einmal, daß die Menschen, die hierher kommen, nicht zum Kämpfen kommen. Sie kommen hierher, um liebevoller zu sein, ehrlicher, aufrichtiger, wahrhaftiger. Es sind Suchende. Es besteht keine Notwendigkeit für irgendeine Kontrolle. Hier kontrolliert keiner irgendwen.

Er sollte sich eines merken: Jeder, der zum Tor dieses Tempels kommt – als Suchender, nicht als Polizeibeamter! – egal, ob seine Haut weiß oder schwarz, seine Nase lang oder kurz ist, er ist willkommen! Und wenn der Polizeichef ein Problem damit hat, kann er entweder herkommen... oder wenn er noch einmal solche unsinnigen Dinge aufbringt, werde ich ihn vor Gericht bringen.

Und er soll nicht denken, daß im Gericht von Poona die Richter diesmal genauso manipuliert werden können wie damals. Nur weil es ein Polizeifall war, haben wir uns nicht eingemischt. Jetzt wäre es eine direkte Auseinandersetzung mit mir. Und dieser Fall würde nicht in Poona enden. Er würde bis zum höchsten Gericht in Delhi gehen. Wenn nicht Gerechtigkeit geschieht, werde ich mich an die Bevölkerung des ganzen Landes wenden. Diese Regierung ist nur ein Diener des Volkes. Ich werde das Volk des Landes auffordern, all diese Idioten hinauszuwerfen. Es ist besser, er packt seine Koffer. Und er hat diese beiden Esel – er soll die Koffer auf die zwei Esel packen und verschwinden! Je früher, desto besser.

Elftens: Mitglieder des Ashrams dürfen keinerlei obszönes Verhalten innerhalb oder außerhalb des Ashrams an den Tag legen. Weiß er denn überhaupt, was das Wort »obszön« bedeutet? Man sollte die Tempel von Khajuraho abreißen, auf Geheiß des Polizeichefs von Poona, weil sie obszön sind. Die Tempel von Puri sollte man abreißen, die Tempel von Konark sollte man abreißen. Die wunderbaren Höhlen von Ajanta und Ellora – man sollte sie zerstören!

Es sind Attraktionen für die ganze Welt. Und wenn diese Dinge nicht obszön sind, dann soll er uns hier, vor meinen Leuten, demonstrieren, was Obszönität ist.

Ihr habt nackte Jaina-Mönche – ist das nicht obszön? Ihr habt nackte Hindu-Mönche – ist das nicht obszön? Und überall im Land habt ihr *Shivalingas*. Der *Shivalinga* repräsentiert den Penis des Shiva und die Vagina von Parvati! Und es gibt sie im ganzen Land, überall, in jeder Stadt, unter jedem Baum. Sie sind nicht obszön?

Und ich würde gerne wissen: Ist dieser Polizeichef nicht auch von einer Frau zur Welt gebracht worden? War nicht sein Vater obszön? War nicht seine Mutter obszön? Und während sein Vater alle möglichen Obszönitäten mit seiner Mutter anstellte... wenn meine Sannyasins damals ins Zimmer gekommen wären, um ihn einzuladen: »Hier ist eine Einladung zu Oshos Vortrag...«

Er sagt: »innerhalb und außerhalb des Ashrams«. Ganz Indien ist obszön. Eure Schriften sind obszön. Er sollte mal in eine Bibliothek gehen und sich den *Shivapuran* anschauen, damit er sieht, was Obszönität ist. Und Shiva ist einer der Götter der Hindus!

Diese Leute wollen mich etwas lehren? Es gibt nichts Obszönes auf der Welt. Alles ist natürlich. Es ist nur eure Interpretation. Ja, ich könnte verstehen, wenn er gesagt hätte: »Sie dürfen keinerlei obszönes Verhalten *außerhalb* des Ashrams an den Tag legen.« Was außerhalb des Ashrams geschieht, geht mich nichts an. Es ist ihre individuelle Verantwortung, was sie tun oder nicht tun.

Und es wird die Aufgabe des Polizeichefs und seiner Polizei sein, vor Gericht zu gehen und eine eindeutige Definition für Obszönität festzulegen. Bisher hat noch kein Gericht auf der ganzen Welt entscheiden können, was obszön ist und was nicht. Aber ich glaube, ihr habt hier einen Polizeichef, der weiß, was obszön ist! Es würde uns Spaß machen, ihn zu sehen, wie er uns eine kleine Vorführung seiner Obszönität gibt, damit wir ebenfalls verstehen, was obszönes

Verhalten ist und daß wir es außerhalb des Ashrams nicht tun dürfen.

Zwölftens: Die Polizeibeamten haben das Recht, den Ashram zu jeder Tages- und Nachtzeit zu besuchen. Ihren gesetzlichen Anweisungen ist ohne Zögern Folge zu leisten.

Dürfen meine Sannyasins ebenfalls zu jeder Tages- und Nachtzeit eure Häuser betreten? Kein Mensch, der bei gesundem Verstand ist, kann verlangen, daß Polizeibeamte in der Nacht eingelassen werden dürfen. Wozu? Wir brauchen sie nicht einmal bei Tag! Ihre Gesichter, ihre Uniformen, ihr beschränktes Hirn – wozu brauchen wir die? – Nein. Dies ist ein Tempel Gottes, und ihr werdet euch hier nach *unseren* Anweisungen verhalten müssen. Ihr könnt uns keine Befehle erteilen, es sei denn, wir machen uns eines Verbrechens schuldig. Wenn wir Menschen umbringen würden, wäre es natürlich rechtmäßig, daß ihr um Erlaubnis fragt, unser Grundstück zu betreten.

Ihr habt gesehen, was im *Gurudwara* von Amritsar geschehen ist. Die Briten haben sich dreihundert Jahre lang viel intelligenter verhalten. Sie haben den Tempel der Sikhs nie betreten. Ein Tempel sollte respektiert werden. Dies ist unser Tempel. Habt ihr die Absicht, ein neues Amritsar zu kreieren? In diesem Fall würden wir zehntausend Waffenscheine für Maschinengewehre benötigen, damit es gesetzlich ist. Aber wenn die Polizei sich auf eine solche Weise benimmt... Ich bin kein Gandhi-Anhänger. Ich glaube nicht an Gewalt, aber ich glaube auch nicht daran, daß andere meinen Leuten Gewalt antun dürfen.

Wir sind gewaltlose Menschen. Wir brauchen keine Polizei. Und es besteht keine Notwendigkeit, daß sie das Grundstück des Ashrams ohne Erlaubnis betreten und sich hier so aufführen, wie sie es in ihren eigenen Tempeln tun. Sie können bis ans Tor kommen. Dort ist die Grenze. Jenseits davon gehört es Gott – und nicht dem Polizeichef und seinen Leuten!

Liebe besitzt nicht...

Und wir glauben an die Liebe, wir glauben nicht an Maschinengewehre. Aber wenn ihr uns zwingt, werdet ihr sehen, wie ihr eure

Verfassung, eure Demokratie, euer Ansehen in der ganzen Welt zunichte macht.

...noch läßt sie sich besitzen;
Denn die Liebe genügt der Liebe.
Wenn du liebst, solltest du nicht sagen: »Gott ist in meinem Herzen«,

denn das kann zu eurem Ego werden. Darum sagt Almustafa:

...sondern: »Ich bin in Gottes Herzen.«

Er hat den ersten Satz verbessert, doch der zweite Satz, obwohl schon besser, könnte noch verbessert werden. Mein Vorschlag wäre, zu sagen: »Liebe ist, und ich bin nicht.«

Und glaube nicht, du kannst den Lauf der Liebe lenken,
denn die Liebe, wenn sie dich für würdig hält, lenkt deinen Lauf.

Entspannt euch und vertraut der Liebe. Und erlaubt der Liebe, euch mitzunehmen. So wie jeder Fluß ins Meer fließt, so mündet jeder kleine Bach der Liebe, die in eurem Herzen entspringt, im Universalen, im Höchsten, in Gott.

Liebe hat keinen anderen Wunsch, als sich zu erfüllen.
Aber wenn du liebst und Wünsche haben mußt, sollst du dir dies wünschen...

Aber wenn ihr nicht stark genug seid, um euch der Liebe völlig hinzugeben und ihr auch andere Wünsche habt, dann – sagt Almustafa – solltet ihr euch zumindest eines wünschen:

Zu schmelzen und wie ein plätschernder Bach zu sein, der seine Melodie der Nacht singt.
Den Schmerz allzu vieler Zärtlichkeit zu kennen.
Vom eigenen Verstehen der Liebe verwundet zu sein;

Und willig und freudig zu bluten.
Bei der Morgenröte mit beflügeltem Herzen zu erwachen und für einen weiteren Tag des Liebens dankzusagen;
Zur Mittagszeit zu ruhen und über die Verzückung der Liebe nachzusinnen;
Am Abend mit Dankbarkeit heimzukehren…

Wenn ihr nicht völlig loslassen könnt, dann nähert euch nach und nach, Schritt für Schritt, der Dankbarkeit.

Und dann einzuschlafen mit einem Gebet für den Geliebten im Herzen und einem Lobgesang auf den Lippen.

Und macht euch keine Sorgen um irgendwelche Polizeichefs!

8

SPRICH UNS VON DER LIEBE…

Laßt Raum zwischen euch

Dann sprach Almitra abermals und sagte:
Und was ist mit der Ehe, Meister?
Und er antwortete und sprach:
Ihr wurdet zusammen geboren, und ihr werdet auf immer zusammen sein.
Ihr werdet zusammen sein, wenn die weißen Flügel des Todes eure Tage scheiden.
Ja, ihr werdet selbst im stummen Gedenken Gottes zusammen sein.
Aber laßt Raum zwischen euch.
Und laßt die Winde des Himmels zwischen euch tanzen.
Liebt einander, aber macht die Liebe nicht zur Fessel: Laßt sie eher ein wogendes Meer zwischen den Ufern eurer Seelen sein.
Füllt einander den Becher, aber trinkt nicht aus einem Becher.
Gebt einander von eurem Brot, aber eßt nicht vom selben Laib.
Singt und tanzt zusammen und seid fröhlich, aber laßt jeden von euch allein sein,
So wie die Saiten einer Laute allein sind und doch von derselben Musik erzittern.
Gebt eure Herzen, aber nicht in des anderen Obhut.
Denn nur die Hand des Lebens kann eure Herzen umfassen.
Und steht zusammen, doch nicht zu nah:
Denn die Säulen des Tempels stehen für sich,
Und die Eiche und die Zypresse wachsen nicht im Schatten der anderen.

Almustafa hat von der Liebe gesprochen. Nun liegt es nahe, daß er als nächstes die Ehe betrachtet – aber nicht die Ehe, wie ihr sie kennt. Nicht die Ehe, wie die ganze Welt sie befolgt hat, denn sie beruht nicht auf der Liebe, sie wurzelt nicht in der Liebe. Ganz im Gegenteil, die Ehe ist eine Strategie der berechnenden Gesellschaft, der Priester und der Politiker, um der Liebe aus dem Weg zu gehen.

Darum hat es in früheren Zeiten – und in den alten Ländern des Ostens bis heute – die Kinderehe gegeben. Kinder wissen nichts vom Leben, sie wissen nichts von der Ehe. Durch ihre Unschuld haben sie allen Kulturen und Zivilisationen eine gute Gelegenheit geboten, sie auszubeuten. Noch bevor die Liebe in ihrem Herzen erwacht, sind sie schon gebunden.

Die Ehe, wie sie heute existiert, beruht nicht nur *nicht* auf Liebe, sie ist *gegen* die Liebe. Es gibt kaum etwas Destruktiveres für die menschliche Seele, für die Freude und Verspieltheit des Menschen, seinen Sinn für Humor, als die Ehe.

In der Kinderehe werden die Kinder, die verheiratet werden sollen, nicht einmal gefragt. Man befragt die Astrologen, die Handleser, konsultiert das I Ging, schaut in die Tarotkarten. Aber ausschlaggebend ist nicht das Leben der Kinder, die miteinander verheiratet werden; ausschlaggebend sind die Eltern auf beiden Seiten. Liebe steht überhaupt nicht zur Debatte. Die Eltern stellen ihre eigenen Überlegungen an: die Familie, das Prestige der Familie, das gesellschaftliche Ansehen, das Geld, das die Eltern des Mädchens an die Eltern des Jungen zahlen. Es ist sonderbar, aber die Menschen, die miteinander verheiratet werden und denen ein langes gemeinsames Leben bevorsteht, werden dabei völlig übergangen. Alles andere wird berücksichtigt. Es ist ein Geschäft.

Oder zum Beispiel die königlichen Familien: Sie lassen ihre Kinder nur in andere königliche Familien heiraten. Es ist Politik, die reine Politik. Seht euch nur die europäischen Königshäuser an: Sie sind alle irgendwie miteinander durch Heirat verbunden. So vermeidet man Konflikte, verhindert eine Invasion – und es macht sie stärker. Wenn vier oder fünf Königshäuser untereinander durch ihre

Kinder verbunden sind, besitzen sie fünfmal soviel Macht. Obwohl es absolut gegen die Physiologie ist, gegen alle medizinischen Erkenntnisse, wird es weiterhin so gemacht – als ob königliches Blut eine ganz besondere Eigenschaft hätte, verglichen mit dem Blut von normalen Sterblichen!

Turiya ist hier. Auch ihr Mann Vimalkirti war einer meiner vertrautesten Sannyasins. Er war der Urenkel des deutschen Kaisers. Selbst wenn es das Kaiserreich nicht mehr gibt, die kaiserliche Abstammung bleibt.

Vimalkirti war ein rebellischer Geist. Er heiratete aus Liebe – Turiya, eine Bürgerliche. Die ganze Familie war dagegen, und nicht nur seine Familie, sondern viele Familien, alle königlichen Familien Europas, denn es ist gegen ihre Tradition. Und weil sie alle miteinander verschwägert sind, waren Vimalkirti und Turiya praktisch Ausgestoßene.

Wenn es das Kaiserreich noch gäbe, wäre Vimalkirti deutscher Kaiser geworden. Seine Mutter ist die Tochter der Königin von Griechenland, und sie ist auch die Schwester von Prinz Philip, dem Gemahl der Königin Elisabeth von England. Sie hat wohl noch andere Geschwister, die in andere Königshäuser eingeheiratet haben. Sie waren alle dagegen, sie unternahmen alles, um Vimalkirti daran zu hindern, daß er Turiya heiratete. Aber er war ein Mann von Integrität und Intelligenz. Er konnte diesen Aberglauben nicht akzeptieren. Niemand – auch nicht die Experten – kann aufgrund von Blutproben herausfinden, welches Blut aus königlichem Geschlecht stammt. Blut ist Blut.

Als Vimalkirti und Turiya hierher kamen, war es ein großer Skandal, daß der Urenkel des deutschen Kaisers Sannyasin wurde. Und noch dazu Leibwächter von einem Bettler wie mir, der überhaupt nichts Eigenes besitzt! Sie waren so wütend, daß beim Tod der griechischen Königin… sie war zu einer Art Königinmutter geworden, weil sie so viele Kinder hatte und fast alle Königshäuser durch ihre Kinder miteinander verschwägert waren.

Ihre letzten Worte waren etwa diese: »Holt Vimalkirti, Turiya und deren Tochter von diesem gefährlichen Mann zurück!«

Doch Vimalkirti starb – und der Grund war diese idiotische Idee des Heiratens innerhalb der Königsfamilien. Man heiratet praktisch seine Schwestern, seine Brüder, weil sie alle so nahe verwandt sind. Und je enger die Verwandtschaft, um so größer die Gefahr. Zu diesem Ergebnis ist die moderne Wissenschaft gelangt, die Medizin, die Physiologie, die Chemie. Ehen sollten zwischen Menschen geschlossen werden, die möglichst weit auseinander liegen, dann werden gesündere, intelligentere, schönere Kinder geboren werden. Ansonsten kann es vorkommen, daß bestimmte Krankheiten in zwölf, fünfzehn Familien die Runde machen.

Als Vimalkirti starb, dachten wir, es sei ein Unfall, denn er hatte Übungen gemacht und war plötzlich umgefallen und bewußtlos geworden. Es wurde alles unternommen, er kam in die beste Klinik. Zareen ist hier, eine meiner Sannyasins. Vimalkirti wurde unter der Obhut ihres Ehemannes, Dr. Modi, behandelt. Doch die Ärzte waren sich einig: »Wir können ihn weiter künstlich beatmen, aber in Wirklichkeit ist er schon tot. Es war eine Gehirnblutung. Man kann nichts machen.« Nach vier Tagen wiesen sie darauf hin, daß sie auch noch andere Patienten hätten, aber nur eine einzige Intensivstation für Leute im Koma. »Vimalkirti ist tot. Wenn wir die künstliche Beatmung einstellen würden, wäre er nur noch eine Leiche.«

Ich bestand aber darauf, wenigstens die Ankunft seiner Mutter, seines Vaters, seiner Brüder abzuwarten. Sie waren schon unterwegs. Die Mutter und der Bruder kamen, aber schließlich sagten die Ärzte: »Es wird langsam unhaltbar.« Und als man die künstliche Beatmung einstellte, war er eine Leiche.

Sein Vater kam zu spät – so sind die adligen Leute. Ein alter Mann, der einmal deutscher Kaiser hätte sein können. Er sorgte sich nicht um den Tod, den möglichen Tod seines Sohnes, um die Zukunft von dessen Ehefrau und dessen Kind. Er war mit seiner Freundin in Urlaub gewesen. Er ist nur ein Postdirektor, aber von blauem Blut, selbst noch als Postdirektor.

Wir haben Vimalkirti die schönste Feier gegeben. Wahrscheinlich hätte er nicht so viel Liebe und keinen so schönen Abschied bekommen, selbst wenn er Kaiser von Deutschland geworden wäre.

Dennoch waren seine Mutter und auch sein Vater, der später kam, böse auf mich. Ihre ganze Wut auf Vimalkirti kehrte sich gegen mich. Sie konsultierten Rechtsexperten, um mich wegen des Todes ihres Sohnes bei Gericht zu verklagen. Sie mußten es aber aufgeben, weil sie mir damit Gelegenheit gegeben hätten, vor der ganzen Welt aufzuzeigen, daß dieser ganze Schwachsinn der Königsheirat verboten gehört.

Sie zogen ihre Klage zurück, weil Vimalkirti an einer Krankheit gestorben war, die er geerbt hatte. Nur wenige Tage nach ihm starb sein Onkel auf die gleiche Weise: fiel plötzlich bewußtlos um, Gehirnblutung und vorbei! Später erfuhr ich, daß auch der Großvater auf die gleiche Weise gestorben war: ohne Grund, ohne Krankheit, aus heiterem Himmel eine Gehirnblutung, und der Mann war hinüber.

Sie zogen die Klage zurück, als sie die Situation erkannten, die ich vor Gericht zur Sprache gebracht hätte: Der Großvater war kein Sannyasin, und Vimalkirtis Onkel war auch nicht mein Sannyasin! Statt mich zu verklagen, solltet ihr lieber auf euch selbst aufpassen, denn ihr könntet auf die gleiche Weise sterben. Es ist nur eine Frage der Zeit. Die Krankheit ist erblich.

Sämtliche europäischen Königsfamilien haben Erbkrankheiten. Überlegt doch: Kein einziger aus diesen königlichen Familien hat auch nur ein bißchen Intelligenz oder Genie bewiesen. Was ist der Grund? Das müßten doch die intelligentesten Leute auf der Welt sein, aber sie sind die beschränktesten. Es ist eine einfache wissenschaftliche Tatsache, daß man keine Ehe eingehen sollte, wenn man eng verwandt ist.

Wenn ihr Hindus seid, heiratet nie einen Hindu! Ein Mohammedaner wäre besser, ein Christ wäre besser. Wenn du Jüdin bist, suche dir einen Hindu. Und macht euch keine Sorgen, denn sie waren einmal sehr nahe beisammen, in ferner Vergangenheit. Heute scheint es, als wären sie getrennt wie die Äste eines großen Baumes oder die kleineren Zweige, die weit auseinander liegen. Wenn man tiefer geht, findet man aber denselben Stamm. Sie haben alle denselben Ursprung.

Meine Vision ist: Wenn die Menschen zu Übermenschen werden

wollen, sollten sie herausfinden, ob es Bewohner auf dem Mars oder auf anderen Planeten gibt. Eine Ehe zwischen ihnen und den Menschen auf der Erde würde den Übermenschen hervorbringen. Er würde ein langes Leben haben, eine hervorragende Gesundheit und hohe Intelligenz.

Statt dessen entscheiden es die Eltern, und sie richten sich dabei nach der Meinung dummer Astrologen. Was haben die Sterne mit euch zu schaffen? Wir leben auf einem so kleinen Planeten; die Sterne haben vermutlich keinen blassen Schimmer, daß unser Planet existiert. Und sie sind so weit weg! Manche Sterne sind so weit entfernt, daß die Kunde von der Existenz unseres Planeten sie nie erreichen kann.

Licht hat eine enorme Geschwindigkeit, die höchste Geschwindigkeit überhaupt. Selbst als es die Erde noch nicht gab – denn sie ist erst vier Milliarden Jahre alt –, haben bereits Millionen von Sternen ihre Strahlen ausgesandt – nicht speziell zur Erde, denn es ist ihre natürliche Strahlung. Aber sie sind so weit entfernt! Selbst wenn man berücksichtigt, daß ihr Licht sich mit der höchsten Geschwindigkeit fortpflanzt... Ein Lichtstrahl bewegt sich mit dreihunderttausend Kilometern pro Sekunde. Denkt euch eine Minute – das Sechzigfache dieser Zahl; denkt euch eine Stunde, einen Tag – diese Zahl mal sechzig, mal vierundzwanzig. Denkt euch ein ganzes Jahr – diese Zahl mal dreihunderfünfundsechzig...

Wir können uns das nicht vorstellen, und Kilometer sind nicht das richtige Maß, sonst müßten wir Tausende und Abertausende von Nullen schreiben, ein ganzes Buch voll, nur um den Stern anzugeben, der uns am nächsten liegt. Er braucht vier Jahre, um sein Licht zur Erde zu schicken. Man darf nicht vergessen, daß er gar nicht mehr da ist, wo ihr ihn seht; dort war er vor vier Jahren. Was man in der Nacht sieht, ist eine absolute Illusion. Kein einziger Stern ist an der Stelle, wo man ihn sieht. Vielleicht war er vor tausend Jahren, vor einer Million Jahren, vor vier Millionen Jahren an dieser Stelle, aber inzwischen hat er möglicherweise Millionen von Kilometern zurückgelegt.

Und es gibt noch viel weiter entfernte Sterne, deren Strahlen die

Erde noch gar nicht erreicht haben. Wenn ihr Licht endlich die Erde erreicht, wird die Erde vielleicht gar nicht mehr existieren!

(An dieser Stelle fällt der Strom aus, und damit auch die Audio- und Videoaufzeichnung. Nach ein paar Augenblicken der Stille fährt Osho zu reden fort.) Wenn man versucht, sich das vorzustellen... – Das war sicher der Polizeichef! Nach seinen Regeln dürfen wir in unseren Vorträgen keine Pausen machen!

In diesem unermeßlichen Universum ist die Erde so verschwindend klein. Selbst im Vergleich zur Sonne ist sie winzig. Die Sonne ist tausendfach größer als die Erde, und dabei ist unsere Sonne nur ein mittelmäßiges Exemplar. Es gibt Sonnen, die tausendfach größer sind und die wir als Sterne sehen. Sie wirken nur so klein, weil sie so weit weg sind. Unsere Erde ist so klein, aber wir haben sie in Hunderte von kleinen Stücken aufgeteilt. Und aus jedem Menschen haben wir für andere einen Ausländer gemacht.

Seht nur die Stupidität des ganzen: Bis 1947 waren die Menschen in Pakistan keine Ausländer; jetzt sind sie Ausländer. Die Menschen in Bangladesh waren keine Ausländer; jetzt sind sie Ausländer.

Politiker können nicht leben, ohne Konflikte, Kampf und Krieg zu erzeugen. Dafür sind all diese Unterteilungen nötig, und jeder Teil trachtet, sein Volk in der Herde zusammenzuhalten. Das ist der Grund, warum ihr nicht eine mohammedanische Frau heiraten könnt, oder einen Hindu-Mann. Eure Gesellschaft wird nach Blut lechzen: Ein Mann oder eine Frau verläßt die Herde – eine Stimme weniger! Es zählt weder die Wahrheit noch das Glück des Menschen. Alles, was zählt, ist Macht. Und Macht ist ein Bedürfnis der minderwertigsten Menschen.

Macht kann man nicht essen, Macht kann man nicht trinken – warum gibt es ein solches Streben danach? Warum will ein Mensch an die Spitze kommen und die Kontrolle über alles haben? Er leidet an einem Minderwertigkeitskomplex. Tief in seinem Inneren weiß er, daß er ein Niemand ist. Er hat Angst, wenn er sich nicht selbst beweist, daß er etwas Besonderes, etwas Außergewöhnliches ist, dann werden die anderen entdecken, daß er nur ein Niemand ist, daß er gewöhnlich ist.

Ein wirklich überlegener Mensch hat keine Machtgelüste. Der Drang nach Macht entsteht aus innerer Armut, der Drang nach Geld entsteht aus innerer Armut. Darum sind die Eltern nicht daran interessiert, daß ihre Kinder ein Leben voller Freude leben. Sie sind daran interessiert, daß sie reich werden und gute Verbindungen haben, denn die Verbindungen, die Kontakte sind hilfreich, um auf der Leiter der Macht höher emporzusteigen.

Aus diesem Grund gibt es seit Jahrtausenden eines der häßlichsten Dinge, die Ehe, und sie wurde von den machthungrigen Leuten erfunden. Almustafa spricht nicht von der Ehe, wie ihr sie kennt. Er spricht nicht einmal von der Liebesehe, die eine neuere Erscheinung in den höherentwickelten Ländern ist. Dort ist die Kinderehe verschwunden, und die Leute heiraten, weil sie sich verlieben. Aber sie wissen nichts von der Liebe; das Geheimnis der Liebe ist ihnen absolut unbekannt. Vielmehr nennen sie etwas anderes Liebe, sie nennen die Lust »Liebe«. Eure sogenannten Liebesehen sind nichts anderes als blinde Lust.

Liebe ist nie blind. Und weil diese Verwirrung besteht und ihr keinen Unterschied macht, haben die Leute angefangen, von »blinder Liebe« zu sprechen. Die Liebe gibt euch den klarsten Blick, ungetrübte Augen. Die Lust ist ganz gewiß blind, denn sie ist biologisch; sie hat nichts mit eurer Spiritualität zu tun.

Dann sprach Almitra abermals und sagte:
Und was ist mit der Ehe, Meister?

Zum ersten Mal redet sie Almustafa mit »Meister« an... denn die Zeit der Trennung kommt näher. Und alles, was er über die Liebe gesagt hat, kann nur ein Meister sagen – einer, der weiß; einer der es aus eigener Erfahrung weiß.

Und er antwortete und sprach: Ihr wurdet zusammen geboren...

Ihr dürft diese Aussage nicht mißverstehen. Er sagt nicht, daß für jeden Mann irgendwo die richtige Frau geboren wird. Was er sagt, ist etwas völlig anderes. Er sagt: *Ihr wurdet zusammen geboren…* Durch die Liebe seid ihr gemeinsam geboren worden, denn ihr seid neu, ihr seid frisch, ihr seid jung geworden, ihr seid ein Lied, ihr seid ein Tanz geworden – was ihr vorher nie wart.

…und ihr werdet auf immer zusammen sein.

Wenn ihr durch die Liebe geboren werdet, wenn euer Zusammensein nicht durch die Lust bestimmt wird, wird eure Liebe sich mit jedem Tag vertiefen. Lust nimmt jeden Tag mehr ab, weil es der Biologie egal ist, ob ihr zusammenbleibt oder nicht. Ihr Interesse ist die Fortpflanzung, und dafür ist keine Liebe nötig. Man kann immer weiter Kinder produzieren, ganz ohne Liebe.

Ich habe die verschiedensten Tiere beobachtet. Ich habe in den Wäldern, in den Bergen gelebt, und ich habe mich immer gewundert: Immer wenn Tiere Liebe machen, schauen sie sehr traurig drein. Ich habe nie Tiere gesehen, die sich freudig geliebt hätten. Es ist, als ob eine unbekannte Gewalt sie zwingt, es zu tun. Es kommt nicht aus ihrer eigenen freien Entscheidung, es ist nicht ihre Freiheit, sondern ihre Abhängigkeit. Das macht sie traurig.

Das gleiche habe ich beim Menschen beobachtet. Habt ihr einen Ehemann mit seiner Ehefrau auf der Straße gesehen? Ihr wißt vielleicht nicht, ob sie Mann und Frau sind, doch wenn beide traurig sind, könnt ihr sicher sein, daß sie verheiratet sind.

Ich reiste einmal von Delhi nach Srinagar. In meinem klimatisierten Abteil gab es nur zwei Plätze, und einer davon war für mich reserviert. Ein Paar stieg ein, eine schöne Frau und ein schöner junger Mann. Sie konnten nicht beide in dem kleinen Coupé unterkommen, so ließ der Mann die Frau zurück und ging in ein anderes Abteil. Aber bei jeder Station kam er und brachte ihr Süßigkeiten, Obst, Blumen. Ich beobachtete die ganze Szene. Ich bin nur ein Beobachter. Ich fragte die Frau: »Wie lange sind Sie verheiratet?«

Sie sagte: »Es müssen jetzt sieben Jahre sein.«

Ich sagte: »Schwindeln Sie mich nicht an. Sie können andere täuschen, aber nicht mich. Sie sind nicht verheiratet!«

Sie war schockiert. Ein Fremder, der nicht geredet hatte, der nur beobachtet hatte... Sie sagte: »Wie sind Sie darauf gekommen?«

Ich sagte: »Das ist nichts Besonderes. Eine einfache Sache. Wenn er ihr Mann wäre, dann wäre er gegangen und Sie könnten von Glück reden, wenn er bei der Station, wo Sie aussteigen müssen, wieder auftaucht!«

Sie sagte: »Sie kennen mich nicht, und ich kenne Sie nicht. Aber was Sie sagen, das stimmt. Er ist mein Geliebter. Er ist der Freund meines Mannes.«

Ich sagte: »Na, dann ist ja alles in Ordnung.«

Was läuft schief zwischen Ehemännern und Ehefrauen? – und selbst dann, wenn sie aus Liebe geheiratet haben!

Es ist keine Liebe, aber alle dachten das, so als ob sie wüßten, was Liebe ist. Es ist bloß Lust, und darum habt ihr bald genug voneinander. Die Biologie hat euch um der Fortpflanzung willen getäuscht, doch bald ist der Reiz des Neuen vorbei: immer dasselbe Gesicht, dieselbe Geographie, dieselbe Topographie... Wie oft habt ihr das alles schon erforscht!

Die ganze Welt ist traurig – und daran ist die Ehe schuld. Und niemand ist sich über die Ursache im klaren.

Die Liebe ist eines der geheimnisvollsten Phänomene. Von dieser Liebe spricht Almustafa hier.

Ihr wurdet zusammen geboren... in dem Augenblick, als die Liebe in euch erwachte. Das war eure wahre Geburt. ...*und ihr werdet auf immer zusammen sein,* weil es nicht Lust ist. Ihr könnt euch nicht langweilen, weil es nicht Lust ist.

Wenn ihr erst einmal Kinder gezeugt habt, läßt euch die Biologie im Stich, und dann findet ihr es befremdlich, mit einem Fremden zu leben. Diese Frau ist euch unbekannt; dieser Mann ist euch unbekannt. Und ihr wißt nichts anderes, als zu streiten, herumzunörgeln und euch gegenseitig das Leben schwer zu machen. Das ist keine Liebe.

Liebe ist das Erblühen der Meditation. Die Meditation bringt viele Schätze, und wahrscheinlich ist die Liebe die schönste Rose, die am Strauch der Meditation erblüht.

Ihr werdet zusammen sein, wenn die weißen Flügel des Todes eure Tage scheiden.
Ja, ihr werdet selbst im stummen Gedenken Gottes zusammen sein.
Aber laßt Raum zwischen euch...

Merkt euch diese Sätze: *Laßt Raum zwischen euch* in eurem Zusammensein. Seid zusammen, aber versucht den anderen nicht zu dominieren, versucht den anderen nicht zu besitzen und zerstört nicht die Individualität des anderen. Doch so geschieht es überall.

Warum sollte die Frau den Namen des Mannes annehmen? Sie hat ihren eigenen Namen, sie hat ihre eigene Individualität. Stellt euch vor, der Mann würde den Namen der Frau annehmen – welcher Mann wäre dazu bereit? Ihr habt die Frau kaputtgemacht, denn sie ist zurückhaltend, zart und zerbrechlich.

Weshalb sollte die Frau in das Haus des Mannes ziehen? Warum kann nicht der Mann in das Haus der Frau ziehen? Hier und da kommt es vor, daß ein Mann eine Frau unter der Bedingung heiratet, daß er in ihrem Haus leben wird, weil der Vater der Frau selbst keinen Sohn hat, der sich um sein Eigentum, um seinen Besitz kümmert. Doch habt ihr bemerkt? – wenn ein Mann ins Haus seiner Frau zieht, verurteilen ihn alle. Man lacht über ihn, als ob er seine Männlichkeit verloren hätte, aber keiner lacht über die Frau.

In der Tat würde es dem Mann viel leichter fallen, im Haus seiner Frau zu leben. Sie ist zerbrechlicher. Sie aus dem Garten, in dem sie aufwuchs, wegzuholen, sie zu entwurzeln, bedeutet den Anfang ihrer Zerstörung. Im Haus des Mannes kann sie nie ein Individuum werden. Sie wird nur eine Sklavin sein – ohne Wurzeln, mit niemandem verbunden. Sie ist nur eine Dienerin. So hat man sie überall auf der Welt behandelt.

Mein Vorschlag ist, daß ein Mann und eine Frau, die zusammenleben wollen, ihr eigenes Haus haben sollten. Keiner sollte in das Haus des anderen ziehen, denn derjenige, der in das Haus des anderen zieht, wird ein Sklave sein, und Sklaven können keine Freude haben. Sie haben ihre Integrität verloren, ihre Individualität. Sie haben sich selbst verkauft.

Aber wenn ihr zusammenlebt, *laßt Raum zwischen euch*... Der Ehemann kommt spät nach Hause. Es ist nicht notwendig, absolut unnötig, daß die Ehefrau ihn fragt, wo er gewesen ist und weshalb er so spät kommt. Er hat seinen Freiraum; er ist ein freier Mensch. Zwei freie Individuen leben zusammen, und keiner beeinträchtigt den Freiraum des anderen. Wenn die Frau spät nach Hause kommt, ist es unnötig, sie zu fragen, wo sie gewesen ist. Wer seid ihr denn? – Sie hat ihr eigenes Leben, ihre eigene Freiheit.

Aber so geschieht es tagtäglich, in jedem Heim. Sie streiten sich über Kleinigkeiten, aber im Grunde geht es immer darum, daß einer dem anderen nicht genug Raum läßt.

Es gibt unterschiedliche Vorlieben. Vielleicht hat dein Ehemann eine Vorliebe für etwas, das du nicht magst. Das bedeutet aber nicht, daß ihr Streit anfangen müßt. Nur weil ihr Mann und Frau seid, bedeutet das nicht, daß ihr die gleichen Dinge mögen müßt. Und diese ständige Fragerei! Auf dem Heimweg ist jeder Mann in Gedanken damit beschäftigt, was sie ihn wohl fragen wird und was er ihr antworten soll. Und die Frau weiß genau, was sie ihn fragen wird und was er ihr antworten wird. Und all diese Antworten sind falsch, erfunden. Er belügt sie.

Was ist das für eine Liebe, die ständig mißtrauisch ist, die ständig Angst hat vor Eifersucht? Wenn deine Frau sieht, wie du dich lachend mit einer anderen unterhältst, genügt das schon, um dir die ganze Nacht zu vermiesen. Du wirst es bereuen! Der Preis ist zu hoch für ein bißchen Spaß. Und wenn der Ehemann seine Frau mit einem anderen sieht, und sie sieht fröhlicher und glücklicher aus, dann reicht das schon, um ihr eine Szene zu machen.

Die Menschen sind sich nicht bewußt, daß sie überhaupt nicht wissen, was Liebe ist. Liebe ist nie mißtrauisch, Liebe ist nie eifersüchtig. Liebe mischt sich nie in die Freiheit des anderen ein. Liebe drängt sich dem anderen nie auf.

Liebe gibt Freiheit, und Freiheit ist nur möglich, wenn genug Raum ist zwischen euch.

Das ist die Schönheit von Khalil Gibran – seine ungeheure Einsicht. Liebe bedeutet, daß du froh bist, wenn deine Frau mit jemandem glücklich ist, denn wenn du liebst, möchtest du die eigene Frau glücklich sehen. Wenn du liebst, möchtest du deinen Mann fröhlich sehen. Wenn er mit einer anderen Frau redet und seinen Spaß hat, wird seine Frau sich freuen. Es besteht kein Anlaß zum Streit. Sie sind zusammen, um ein glücklicheres Leben zu führen, aber genau das Gegenteil passiert ständig. Es sieht so aus, als wären Ehefrauen und Ehemänner nur zusammen, um sich gegenseitig das Leben schwer zu machen und sich zu ruinieren. Und der Grund ist, daß sie nicht einmal die Bedeutung von Liebe verstehen.

Aber laßt Raum zwischen euch... Es ist kein Widerspruch. Je mehr Raum ihr euch gegenseitig gebt, um so mehr seid ihr zusammen. Je mehr ihr euch gegenseitig Freiheit laßt, um so intimer werdet ihr sein. Nicht intime Feinde, sondern intime Freunde.

Und laßt die Winde des Himmels zwischen euch tanzen.

Es ist ein existentielles Grundgesetz: Wenn ihr zuviel zusammen seid und keinen Raum für Freiheit laßt, zerstört ihr die Blüte der Liebe. Ihr erdrückt sie und laßt ihr keinen Raum zum Wachsen.

Es ist noch gar nicht so lange her, daß die Wissenschaft das territoriale Verhalten der Tiere entdeckt hat. Ihr habt sicher schon beobachtet, wie Hunde mal hier, mal da an Pfosten pissen. Denkt ihr, das sei unsinnig? Keineswegs, sie markieren ihre Grenze: »Dies ist mein Territorium.« Durch den Geruch ihres Urins hindern sie andere Hunde daran, es zu betreten. Wenn ein anderer Hund sich der Grenze nähert, wird der Hund, dessen Territorium es ist, noch nicht reagieren. Doch ein Schritt weiter, und es gibt Kampf!

Genauso machen es alle Tiere in der Wildnis, sogar der Löwe: Wenn du seine Grenze nicht überschreitest, wird er dich nicht angreifen – du bist ein Gentleman. Aber wenn du in sein Territorium eindringst, wird er dich töten – egal, wer du bist.

Das territoriale Verhalten des Menschen ist noch nicht genug erforscht. Ihr habt es bestimmt wahrgenommen, aber es ist noch nicht wissenschaftlich belegt. Wenn man in einer Stadt wie Bombay in einem Nahverkehrszug fährt... er ist überfüllt und alle stehen; nur ganz wenige haben einen Sitzplatz gefunden. Aber beobachtet die Stehenden: Obwohl sie ganz eng stehen, versuchen sie, jede Berührung zu vermeiden.

Je mehr die Überbevölkerung auf der Welt zunimmt, um so mehr werden die Menschen verrückt werden, um so mehr werden sie Selbstmorde und Morde begehen – aus dem einfachen Grund, weil sie nicht genug Raum für sich selbst haben. Wenigstens Liebende sollten dafür sensibel sein, daß die Frau ihren eigenen Freiraum braucht, genauso wie du deinen eigenen Freiraum brauchst.

Eines meiner am meisten geliebten Bücher ist Rabindranath Tagores *Akhari Kavita,* »Das letzte Gedicht«. Es ist kein Gedichtband, sondern ein Roman – aber ein sehr seltsamer, sehr tiefsinniger Roman. Eine junge Frau und ein Mann verlieben sich ineinander, und wie es so geht, wollen sie gleich heiraten. Die Frau sagt: »Nur unter einer Bedingung...« Sie ist sehr gebildet, sehr kultiviert und sehr reich. Der Mann sagt: »Ich werde jede Bedingung akzeptieren, aber ich kann nicht ohne dich leben.«

Sie sagte: »Höre dir zuerst die Bedingung an, und dann denke darüber nach. Es ist keine gewöhnliche Bedingung. Die Bedingung ist, daß wir nicht im selben Haus miteinander leben werden. Ich habe ein großes Stück Land an einem schönen See, umgeben von schönen Bäumen, Gärten und Wiesen. Ich baue dir ein Haus auf der anderen Seite, genau gegenüber von dem Haus, in dem ich lebe.«

Er sagte: »Aber wozu sollen wir dann heiraten?«

Sie sagte: »Die Ehe bedeutet nicht, sich gegenseitig kaputtzumachen. Ich gebe dir deinen Raum, und ich habe meinen eigenen. Und gelegentlich werden wir uns vielleicht beim Spaziergang im Garten begegnen. Gelegentlich werden wir uns vielleicht beim Bootfahren auf dem See begegnen – zufällig. Oder ich kann dich manchmal zum Tee zu mir einladen und du kannst mich einladen.«

Der Mann sagte: »Diese Idee ist einfach absurd.«

Die Frau sagte: »Dann vergiß die ganze Heirat. Das ist die einzig richtige Idee. Nur so kann unsere Liebe weiter wachsen, weil wir immer frisch und neu bleiben. So werden wir uns nie aneinander gewöhnen. Ich hätte das Recht, deine Einladung abzulehnen, so wie du das Recht hättest, meine Einladung abzulehnen. Unsere Freiheit würde in keiner Weise beeinträchtigt. Zwischen diesen beiden Freiheiten wächst das schöne Phänomen der Liebe.«

Natürlich konnte der Mann das nicht verstehen, und er gab die Idee auf. Doch Rabindranath hatte dieselbe Erkenntnis wie Khalil Gibran... und beide schrieben es fast zur gleichen Zeit.

Wenn es möglich ist, beides zu haben – Raum *und* Zusammensein –, dann werden *die Winde des Himmels zwischen euch tanzen.*

Liebt einander, aber macht die Liebe nicht zur Fessel.

Sie sollte ein freiwilliges Geschenk sein, im Geben wie im Nehmen, aber es sollte keine Forderung da sein. Sonst werdet ihr schon bald zusammen und doch so weit auseinander sein wie weit entfernte Sterne. Und keine Brücke des Verstehens wird zwischen euch sein, weil ihr nicht einmal Raum für diese Brücke gelassen habt.

Laßt sie eher ein wogendes Meer zwischen den Ufern eurer Seelen sein.

Macht sie nicht zu etwas Statischem, macht sie nicht zur Routine. *Laßt sie eher ein wogendes Meer zwischen den Ufern eurer Seelen sein.* Wenn ihr beides, Freiheit und Liebe, zusammen haben könnt, braucht ihr nichts anderes mehr. Dann habt ihr alles, wofür euch das Leben geschenkt wurde.

Füllt einander den Becher, aber trinkt nicht aus einem Becher.

Er bemüht sich, euch begreiflich zu machen, wie diese scheinbar entgegengesetzten Dinge – Freiraum und Zusammensein – nebeneinander möglich sind: *Füllt einander den Becher, aber trinkt nicht aus einem Becher.* Es ist ein sehr feiner, aber sehr schöner Unterschied.

Gebt einander von eurem Brot, aber eßt nicht vom selben Laib.
Singt und tanzt zusammen und seid fröhlich, aber laßt jeden von euch allein sein.

Schränkt den anderen in keiner Weise ein.

So wie die Saiten einer Laute allein sind und doch von derselben Musik erzittern.

Die Saiten der Laute sind allein, und doch erzittern sie von derselben Musik. Die Getrenntheit, der Raum, macht die Individualität der Saiten aus. Und ihr Zusammentreffen, ihr Schmelzen und Verschmelzen macht die Musik aus. Diese Musik ist Liebe.

Gebt eure Herzen, aber nicht in des anderen Obhut.

Geben ist etwas Großartiges. Die Liebe gibt bedingungslos, doch sie gibt nicht ihr Herz *in des anderen Obhut.*

Denn nur die Hand des Lebens kann eure Herzen umfassen.
Und steht zusammen, doch nicht zu nah...

Man muß sehr aufmerksam sein. Steht zusammen, doch ohne den anderen zu beeinträchtigen. Nicht zu nah zusammen... laßt Raum.

Denn die Säulen des Tempels stehen für sich...

Seht diese Säulen. Sie stehen für sich, und doch tragen sie dasselbe Dach. Da ist Raum, da ist Individualität, und doch gibt es eine Begegnung, ein Verschmelzen, weil sie dasselbe Dach tragen.

Und die Eiche und die Zypresse wachsen nicht im Schatten der anderen.

So viel Raum ist nötig, daß der andere nicht in eurem Schatten steht, sonst kann er nicht wachsen.

Warum sind Menschen, die einander lieben, ständig verärgert und frustriert? Weil ihr eigenes Wachstum nicht passiert. Einer von beiden füllt den ganzen Himmel aus und läßt nicht einmal so viel Raum für den anderen, daß Sonne, Wind und Regen ihn erreichen können. Das ist keine Liebe; das ist Vereinnahmung, Besitzergreifen.

Liebe möchte, daß ihr im selben Tempo zur gleichen Höhe emporwachst, damit ihr zusammen tanzen könnt – in der Sonne, im Wind, im Regen. Euer Zusammensein sollte eine Kunst sein.

Liebe ist die größte Kunst in dieser Existenz.

9

Sprich uns von der Liebe…

Eure Kinder sind nicht eure Kinder

Und eine Frau, die einen Säugling an der Brust hielt, sagte:
Sprich uns von den Kindern.
Und er sagte:
Eure Kinder sind nicht eure Kinder.
Sie sind die Söhne und Töchter der Sehnsucht des Lebens nach sich selber.
Sie kommen durch euch, aber nicht von euch,
Und obwohl sie mit euch sind, gehören sie euch doch nicht.
Ihr dürft ihnen eure Liebe geben, aber nicht eure Gedanken,
Denn sie haben ihre eigenen Gedanken.
Ihr dürft ihren Körpern ein Haus geben, aber nicht ihren Seelen,
Denn ihre Seelen wohnen im Haus von morgen, das ihr nicht besuchen könnt, nicht einmal in euren Träumen.
Ihr dürft euch bemühen, wie sie zu sein, aber versucht nicht, sie euch ähnlich zu machen.
Denn das Leben läuft nicht rückwärts, noch verweilt es im Gestern.
Ihr seid die Bogen, von denen eure Kinder als lebende Pfeile ausgeschickt werden.
Der Schütze sieht das Ziel auf dem Pfad der Unendlichkeit, und Er spannt euch mit Seiner Macht, damit seine Pfeile schnell und weit fliegen.
Laßt euren Bogen von der Hand des Schützen auf Freude gerichtet sein;
Denn so wie Er den Pfeil liebt, der fliegt, so liebt Er auch den Bogen, der fest ist.

Es ist nahezu unmöglich, ein Buch zu finden, das mit Khalil Gibrans *Der Prophet* vergleichbar wäre, allein schon wegen seiner besonderen inneren Folgerichtigkeit. Als erstes spricht er über die Liebe, dann spricht er über die Ehe, und als nächstes wird er über Kinder sprechen. Genauso fließt der Strom des Lebens: von der Liebe über die Ehe zu den Kindern.

Und eine Frau, die einen Säugling an der Brust hielt, sagte:
Sprich uns von den Kindern.

Bevor ich mit meinen Meditationen über Khalil Gibran beginne, muß ich noch eines erwähnen: Diese drei Fragen stammen alle von Frauen. Männer stellen auch Fragen, aber ihre Fragen sind immer abstrakt. Zum Beispiel über Gott. Wer zum Teufel ist dieser Typ? – nur eine Erfindung des männlichen Verstandes, und nichts Besonderes. Es ist keine authentische Frage. Über Himmel und Hölle und tausend andere Dinge – aber alles abstrakt. Diese Fragen berühren euer Leben überhaupt nicht. Ihr könnt sehr gut ohne einen Gott leben. In der Tat, ihr *lebt* sehr gut ohne ihn. Ob Gott existiert oder nicht, macht für euch keinen Unterschied.

Ich habe Theisten gekannt, ich habe Atheisten gekannt. Wenn man mit ihnen redet, sieht man, daß ihre Ideen einander diametral entgegengesetzt sind. Aber wenn man sich ihr Leben näher ansieht, ist es das gleiche. Ihre wirklichen Probleme kann man sehen, wenn man ihr Leben betrachtet. Sie drehen sich um die Liebe, sie drehen sich um die Ehe, sie drehen sich um Kinder. Aber in ihren Büchern, in ihren philosophischen Lehren reden sie von Dingen, die überhaupt nicht wichtig sind.

Seht ihr den Unterschied?

Die Frau ist realistischer, pragmatischer, erdbezogener. Sie hat Wurzeln. Ihre Fragen sind nicht bloß Spiele und Denksportaufgaben mit leeren Worten. Und jahrhundertelang hat man der Frau nicht einmal erlaubt, Fragen zu stellen. Daran liegt es, daß die Köpfe der Menschen voll sind mit allem möglichen Schrott und ihr Leben leer ist. Sie wissen nichts über die wirklichen Probleme, denen man sich in jedem Augenblick stellen muß, von der Wiege bis zum Grab.

Ein großer indischer Philosoph, ein Zeitgenosse, war Dr. Ranade, einer der angesehensten und studiertesten Gelehrten und Logiker. Er war Professor für Philosophie an der Universität von Allahabad. Zu seiner Zeit wurde die philosophische Fakultät der Universität von Allahabad zur bedeutendsten von ganz Indien – und Indien hat fast tausend Universitäten. Ich war wenige Tage vor seinem Tod bei ihm. Er war schon sehr alt, im Ruhestand, aber immer noch kamen Menschen von nah und fern, nicht nur aus dem Inland, sondern aus der ganzen Welt, um Fragen zu stellen und ihn zu Rate zu ziehen.

Ich saß bei ihm. Er sagte zu mir: »Was haben Sie für Fragen?«

Ich sagte: »Ich weiß nicht.«

»Warum sind Sie zu mir gekommen?«

Ich sagte: »Nur um Sie zu sehen und um die Leute zu sehen, die von morgens bis abends ständig zu Ihnen kommen.«

Ich beobachtete ihn fast sechs Stunden lang, und alle, die gekommen waren, waren mit abstrakten Fragen gekommen: »Existiert Gott? Ist die Seele eine Realität? Gibt es ein Leben nach dem Tode?« Und er antwortete ihnen.

Nach sechs Stunden sagte ich zu ihm: »Sie sind so alt, und ich bin so jung. Es sieht nicht richtig ist, wenn ich etwas sage, aber vielleicht sehen wir uns nie wieder. Bitte verzeihen Sie mir, falls ich Sie verletze: Sie haben Ihr ganzes Leben verschwendet. In diesen sechs Stunden konnte ich sehen, auf welche Weise Sie es verschwendet haben. Ich habe keine einzige Frage und keine einzige Antwort gehört, die *wirklich* das Leben betraf. Diese Leute kommen von weither, und Sie haben lange gelebt, aber was mich betrifft...

Bitte denken Sie nicht, daß ich es an Respekt Ihnen gegenüber fehlen lasse. Ich sage Ihnen das, *weil* ich Sie respektiere. Die kurze Zeit, die Ihnen noch übrigbleibt, sollten Sie nicht verschwenden. Wenigstens am Abend Ihres Lebens sollten Sie etwas erforschen, das authentisch ist.«

Er war schockiert. So hatte noch nie jemand zu ihm gesprochen. Aber er war ein aufrichtiger Mann.

Er sagte: »Ich bin alt, und Sie sind jung, aber Sie haben recht.«

Die wirkliche Frage ist nicht, ob es ein Leben nach dem Tode gibt. Die wirkliche Frage ist, ob ihr das Leben *vor* dem Tode lebt. Die wirkliche Frage ist nicht, ob Gott Liebe ist – gerecht, fair und mitfühlend. Die wirkliche Frage ist, ob ihr wißt, was Liebe ist? Wißt ihr, was Gerechtigkeit ist? Wißt ihr, was Mitgefühl ist? Habt ihr gelebt und all diese Schätze der Existenz kennengelernt?

Die wirkliche Frage ist nicht, ob die Seele existiert oder nicht. Die wirkliche Frage ist: Seid ihr je nach innen gegangen, um zu sehen, ob es eine innere Wirklichkeit gibt oder ob ihr nur ein Behältnis ohne Inhalt seid?

Khalil Gibran ist kein Philosoph des Abstrakten. Die Leute, die so sehr interessiert sind an abstrakten Dingen, laufen in Wahrheit vor den wirklichen Lebensproblemen davon. Sie sind Feiglinge und keine Philosophen. Aber diese Feiglinge beherrschen das Denken der ganzen Welt.

All diese Fragen hier kommen von Frauen. Und da war eine große Menschenmenge – da waren Gelehrte, da waren Priester, da waren Philosophen. Aber als sie fragten, hat Almustafa, stellvertretend für Khalil Gibran, ihnen nicht geantwortet. Der Fragende mag ein Idiot sein, aber das heißt nicht, daß man seine dummen Fragen beantworten muß.

Doch in dem Augenblick, als Almitra aus dem Tempel trat, begann Almustafa zu antworten – auf eine Art und Weise, wie vielleicht noch nie jemand geantwortet hat.

Wenn ihr große Philosophen, wie Martin Heidegger oder Jean Paul Sartre oder Immanuel Kant, über Kinder fragt, werden sie lachen. Sie werden sagen: »Wir sind Philosophen! Das Triviale interessiert uns nicht. Kinder? – soll das eine philosophische Frage sein? Ehe? – soll das eine philosophische Frage sein?« Schaut ins Inhaltsverzeichnis der großen philosophischen Abhandlungen dieser Welt, und ihr werdet darin nichts über Liebe, über Ehe, über Kinder finden.

Aber ich sage euch, all diese großartigen Abhandlungen sind lediglich eine Flucht vor der Realität des Lebens. Immanuel Kant interessiert sich für die Existenz Gottes, aber er ist unfähig, jemanden zu lieben. Er hatte keinen einzigen Freund. Das sind Kleinigkeiten, und diese Leute sind große Philosophen. Aber ich sage es noch einmal: Sie sind Feiglinge.

Eine Frau fragte Immanuel Kant... sie hatte lange gewartet, denn es ist nicht nach der Art eines Frauenherzens, die Initiative zu ergreifen; es nimmt ihr etwas von ihrem Charme. Aber das Leben ist kurz, man kann nicht zu lange warten. Die Jugend ist noch kürzer, und Schönheit ist eine Blume, die am Morgen erblüht und vor dem Abend verwelkt ist. Und so hat diese Frau schließlich – gegen ihr weibliches Wesen, gegen ihre Natur – zu Immanuel Kant gesagt: »Ich liebe Sie. Lieben Sie mich? Nur ein kleines Ja, und ich kann mein ganzes Leben lang warten.«

Aber Immanuel Kant konnte nicht ja sagen. Er sagte: »Ich muß erst darüber nachdenken.« Er brauchte drei Jahre, um sämtliche Bücher verschiedener Rassen und Länder aus verschiedenen Jahrhunderten zu studieren, um Informationen über die Ehe zu sammeln – sämtliche Für und Wider. Es verwirrte ihn sehr, denn sie hielten sich alle die Waage. Es gab Gründe für die Ehe, und es gab Gründe gegen die Ehe, und sie waren gleich gewichtet.

Sein Diener – sein ganzes Leben lang lebte er mit einem Diener – hatte das drei Jahre lang mit angesehen... Er sagte zu ihm: »Hören Sie: Ich bin zwar kein Philosoph, ich bin nur ein armer Mann, Ihr Diener, und es geht mich eigentlich nichts an, aber es gibt eine Grenze. Ich habe bisher der Versuchung widerstanden, Ihnen etwas zu sagen, aber heute habe ich beschlossen, zu reden.

Während Sie in der Universität waren, habe ich in Ihre Notizen für und wider die Ehe hineingeschaut. Sie halten sich die Waage. Darum können Sie zu keiner Entscheidung kommen. Ich will Ihnen nur eines sagen: Sie haben die Liebe noch nicht kennengelernt. Alle diese Argumente können Ihnen nicht die Erfahrung vermitteln. Mein bescheidener Vorschlag ist: Wenn beide Seiten im Gleichgewicht sind und eine Entscheidung schwerfällt, sollten Sie sich immer für das Ja entscheiden, denn es öffnet eine Tür zur Erfahrung. Nein verschließt die Tür zur Erfahrung.«

Immanuel Kant konnte es nicht fassen, daß ihm dieser Gedanke nie selbst gekommen war. Er beeilte sich, an die Tür der Frau zu klopfen. Ein alter Mann trat heraus. Kant stellte sich vor: »Ich bin Immanuel Kant, und wahrscheinlich sind Sie der Vater der Frau. Ich bin gekommen, um ihr mein Ja zu geben.«

Der alte Mann sagte: »Jetzt ist es zu spät. Sie ist bereits verheiratet und hat zwei Kinder. Gehen Sie und klopfen Sie woanders an.«

Aber er war ein solcher Feigling; er brachte nicht den Mut auf, sich einer anderen Frau zu nähern. Seine ganze großartige Philosophie... Und genauso ist es mit allen anderen großen Philosophen, doch niemand hat sich mit ihrer Psychologie beschäftigt: Warum interessieren sie sich für absurde, bedeutungslose Probleme und nicht für die wirklichen Lebensprobleme? Die wirklichen Probleme erfordern Mut.

Die Welt kennt nicht eine einzige Frau, die eine große Philosophin gewesen wäre. Wie kann eine Frau eine große Philosophin sein? Sie will wissen: *Sprich uns von den Kindern*... von der Ehe, von der Liebe. Eine Frau besitzt eine gewisse Echtheit, einfach weil ihr ganzes Interesse den kleinen Dingen des Lebens gilt, den intimen Angelegenheiten des Lebens – den Dingen, mit denen sie sich von Augenblick zu Augenblick konfrontiert sieht.

Das ist leider ein großes Manko. Auf der Welt gibt es so viele dumme philosophische Systeme, die auf Angst und Feigheit beruhen. Es wäre ungeheuer hilfreich für die Menschheit, wenn die Frau Gehör fände, wenn man ihre Fragen respektieren und beantworten würde – nicht nur mit dem Kopf, sondern mit dem Herzen.

Die Frage eines Mannes bedarf nicht des Herzens. In welchem Zusammenhang stünde Gott mit eurem Herzen? Oder das Leben nach dem Tode? Das sind alles kopfige Gedanken.

Beachtet, daß Khalil Gibrans *Der Prophet* eine völlig neue Dimension für die Philosophie eröffnet. Er zollt den kleinen Dingen des Lebens Anerkennung und Achtung – denn das Leben besteht aus den kleinen Dingen, und wenn ihr sie nicht lösen könnt, könnt ihr all eure großen Probleme vergessen. Wie könnt ihr hoffen, sie zu lösen? Ihr stellt diese Fragen nur, weil ihr euch die wirklichen, pragmatischen Probleme des Lebens nicht bewußtmachen wollt.

Und er sagte...

Hört sehr aufmerksam zu, denn es gibt in der ganzen Weltliteratur nur sehr wenige Aussagen von solcher Schönheit, solcher Wahrheit, solcher Aufrichtigkeit:

Eure Kinder sind nicht eure Kinder.

Ein Kind ist keine Sache. Ein Kind kann man nicht besitzen. Zu sagen: »Das ist mein Kind«, beweist eure Ignoranz.

Das Leben läßt sich niemals besitzen. Ihr könnt es mit offenen Händen halten, doch in dem Augenblick, in dem eure Hände sich zu Fäusten schließen, ist euch das Leben schon entschlüpft. Fast alle Eltern auf dieser Welt machen ihre Kinder kaputt, weil sie Besitzansprüche stellen. Ein Kind besitzen? Ihr könnt das Leben nicht erzeugen, wie könntet ihr es besitzen? Es ist ein Geschenk, das aus der Fülle der Existenz kommt. Seid dankbar, daß sie euch dazu auserwählt hat, ein Fahrzeug zu sein.

Das Kind ist durch euch gekommen, aber das bedeutet nicht, daß es euch gehört. Ihr wart nur eine Passage. Wenn die Eltern sich diese kleine, einfache Wahrheit merken würden, könnte die Welt ganz anders aussehen.

Sie sind die Söhne und Töchter der Sehnsucht des Lebens nach sich selber.

Es ist das ewige Leben, wie es durch die Berge, die Wälder, die Ebenen fließt. Das Kind, das durch euch gekommen ist, kam davor schon durch viele andere Menschen. Es hat hinter sich die Ewigkeit und vor sich die Ewigkeit. Es ist in vielen Häusern gewesen, in vielen Städten, an vielen fremden Plätzen. Unter diesen Millionen von Fahrzeugen seid auch ihr nur eines. Seid bescheiden und erweist dem Kind euren Respekt. Keine Gesellschaft auf der Welt hat den Kindern bisher Respekt erwiesen. Der ganze Respekt wird den Älteren erwiesen, den Alten, die schon fast tot sind. Den ganzen

Respekt erweist man den Friedhöfen, aber nicht den Wiegen.

Und das Kind ist das reinste Leben, noch unbefleckt.

Almustafa hat recht, wenn er sagt: *Sie sind die Söhne und Töchter der Sehnsucht des Lebens nach sich selber.*

Sie kommen durch euch, aber nicht von euch...

Sie kommen direkt vom Ursprung.

Und obwohl sie mit euch sind, gehören sie euch doch nicht.

Diese kurzen Sätze haben eine ungeheure Bedeutung. Wenn man versteht, daß das Kind die *Sehnsucht des Lebens nach sich selber* ist, dann ist das Kind dem Ursprung des Lebens näher als der alte Mensch. Der alte Mensch ist dem Tode näher... doch seltsam: Der Tod wurde immer verehrt, respektiert, und das Leben wurde zerstört und auf jede erdenkliche Weise kaputtgemacht.

Wenn euch bewußt ist, daß sie durch euch kommen, aber euch nicht gehören, dann werden Eltern niemals einem unschuldigen Kind ihre Religion, ihre Politik, ihre Vorstellungen aufzwingen. Das Kind kommt als *tabula rasa* – nichts ist daraufgeschrieben. Aber die Eltern sind in solcher Eile, aus ihm einen Christen zu machen, aus ihm einen Hindu zu machen, aus ihm einen Buddhisten zu machen.

Ich erinnere mich an meine eigene Kindheit.

Meine Eltern wollten natürlich, daß ich mit ihnen in den Tempel ging, zu der Religion, der sie angehörten, aber ich war immer schon ein bißchen verrückt. Ich sagte ihnen: »Es ist *eure* Religion, es ist euer Tempel. Ihr müßt ein bißchen Geduld haben. Gebt mir Zeit. Ich will meine eigene Religion und meinen Tempel selbst finden.«

Sie sagten: »Was redest du für einen Unsinn? Jedes Kind gehört zu der Religion, in die es hineingeboren wird.«

Ich sagte: »Jedes andere Kind mag vielleicht dazugehören, oder auch nicht, das ist seine Sache. Was mich angeht, gehöre ich zu keiner Religion. Ich habe noch nicht einmal danach gesucht! Laßt mich und helft mir, auf meinen eigenen Füßen zu stehen. Verkrüppelt mich nicht! Zerstört mich nicht! Wenn es eine Wahrheit gibt, werde ich sie finden. Aber man kann sie nicht borgen. Ihr könnt sie mir nicht geben.«

Sie waren darüber nicht sehr glücklich, natürlich nicht. Ich habe nie mit meinem Namen unterschrieben, dem Namen meiner Religion. Es war gut, daß ich etwas später als andere Kinder in die Schule kam. Der Vater meiner Mutter hatte nämlich nur eine Tochter, meine Mutter. Und er lebte in einem abgelegenen Dorf, wo noch nie jemand eine Eisenbahn gesehen hatte oder ein Auto oder einen Autobus, denn es gab keine Straße.

Aber er fragte meinen Vater: »Ich fühle mich sehr einsam, seit du meine Tochter zur Frau genommen hast. Laßt euer erstes Kind bei uns leben! Wir fühlen uns so leer. Alle Freude ist aus unserem Leben verschwunden.« Und meine Mutter war erst sieben Jahre alt, als man sie verheiratete. Das war früher so üblich in Indien – und so ist es in den Dörfern bis heute.

Sie sagten: »Unsere Tochter war unsere ganze Freude, sie war unser Lied. Sie war unser Leben... und sie ist noch so jung! Sie kann sich vielleicht gar nicht genug um das Kind kümmern. Laß den Jungen bei uns aufwachsen, und natürlich kannst du ihn später wiederhaben. Ihr werdet ja noch viel mehr Kinder bekommen!«

Das erwies sich als großer Segen für mich. Die Mutter meines Vaters war gestorben, als er heiratete; er war erst zehn Jahre alt. Als ich geboren wurde, muß er zwanzig gewesen sein, und meine Mutter siebzehn. Und die beiden wußten nicht, wie man ein Kind aufzieht. So war es eine gute Möglichkeit. Ich wurde von meinem Großvater und meiner Großmutter mütterlicherseits aufgezogen. Doch es gab keine Schule – ich habe solches Glück gehabt, mit allem –, es gab keinen Tempel, es gab keinen Priester. Ich wuchs praktisch wie ein wildes Kind auf – und ein wildes Kind bin ich bis heute geblieben. Mein Großvater mütterlicherseits starb, als ich sieben Jahre alt war – das ist alt genug, um seine eigenen Vorstellungen zu haben. Als ich zu meinen Eltern zurückkam, waren wir uns fremd. Meine Mutter hatte ich nie als Mutter gekannt. Ich kannte nur meine Großmutter.

Die ersten sieben Jahre sind die wichtigsten im Leben, sie sind die Grundlage. Als mein Vater mich zur Schule brachte und das Formular ausfüllen mußte, in dem einzutragen war, zu welcher Religion ich gehörte, hinderte ich ihn daran.

Ich sagte: »Schreib hin: Bisher gehört er keiner Religion an. Er wird sie suchen und selbst finden.«

Mein Vater sagte: »Das sieht aber seltsam aus!«

Ich sagte: »Nein. Die Wahrheit, so seltsam sie auch aussehen mag, ist nie wirklich seltsam. Und eine Lüge, wie vertraut sie auch sein mag, ist nie vertraut; sie existiert gar nicht.«

Und dieses Problem blieb mir erhalten, jedesmal wenn ich von einer Schule zur nächsten wechselte, vom College an die Universität. Überall wird einfach vorausgesetzt, daß jeder in eine Religion hineingeboren wird, und das ist absoluter Schwachsinn. Wie kann man in eine Religion hineingeboren werden? Wenn man mit einem Arzt als Vater geboren wird, bedeutet das doch nicht, daß man Arzt wird, nur weil man als Kind eines Arztes geboren wurde. Dein Vater und deine Mutter können beide Ärzte sein, selbst das macht keinen Unterschied. Wenn du Arzt werden willst, mußt du die ganze Ausbildung und alle Prüfungen selbst durchlaufen; nur so kannst du Arzt werden. Bei gewöhnlichen Dingen wißt ihr es ganz genau: Ein Kind wird nicht als Arzt geboren, wird nicht als Professor geboren, wird nicht als Wissenschaftler geboren. Wie kann es als Mystiker geboren werden?

Wenn es um das Ausfüllen von Formularen ging, gab es immer ein Problem. Der Beamte sagte: »Das Formular muß vollständig ausgefüllt werden. Du hast etwas weggelassen.«

Ich sagte: »Ich muß es weglassen, denn ich weiß meine Religion noch nicht.« Und immer wieder schickte man mich zum jeweiligen Direktor: »Was macht man mit diesem Jungen? Er sagt, er habe seine Religion noch nicht gefunden, aber das Formular muß vollständig ausgefüllt werden; nichts darf freibleiben.«

Ich sagte: »Ihr könnt mein Fomular verweigern. Ihr könnt mir die Aufnahme an eure Institution verweigern, aber ich kann nicht lügen. Ich habe keine Religion.«

Sie versuchten, mich zu überreden. Äußerst liebenswürdig sagten sie: »Es ist doch nur ein Formular. Dein Vater muß doch eine Religion haben.«

Ich sagte: »Dieses Formular betrifft *mich* und nicht meinen Vater. Was meinen Vater angeht, habe ich seine Religion neben seinem Namen hingeschrieben. Aber ich habe keine Religion.« Sie mußten es akzeptieren.

Ich sagte: »Tatsächlich sollte man diese Art von Formularen, bei denen nach der Religion gefragt wird, abschaffen.«

Sogar als ich von der Universität abging... Den Unterrichtsminister kannte ich sehr gut, denn er war Rektor an einer Universität gewesen, wo ich oft an Debattierwettbewerben teilgenommen hatte. Ich hatte alle Medaillen und alle Pokale dieser Universität gewonnen; er kannte mich also gut.

Es gab eine Regel: Wer eine Medaille drei Jahre hintereinander gewann, durfte sie behalten. Ansonsten konnte man sie ein Jahr lang behalten und mußte sie dann im nächsten Jahr, beim nächsten Wettbewerb, zurückgeben. Doch ich gewann eine Debatte nach der anderen. Er sagte: »Du bist ein komischer Vogel. Diese Medaillen, diese Pokale waren seit der Gründung dieser Universität vor fünfzig Jahren hier bei uns, denn niemand schaffte es, drei Jahre hintereinander zu gewinnen. Jetzt haben wir ein Problem: Wir müssen jedes Jahr eine neue Medaille, einen neuen Pokal besorgen, weil wir wissen, wenn du wieder dabei bist...«

Er war Unterrichtsminister geworden, darum ging ich direkt zu ihm. Ich sagte: »Ich habe meine Abschlußprüfung bestanden, als Bester der ganzen Universität, und jetzt will ich gleich eine Anstellung an einer Universität, die Sie für geeignet halten.«

Er sagte: »So geht das nicht. Zuerst müssen Sie ein Bewerbungsformular ausfüllen.«

Und wieder das gleiche Problem: »Was ist Ihre Religion?«

Ich sagte: »Was hat meine Religion mit meiner Qualifikation als Lehrer zu tun? Ich habe keine Religion. Und wenn Sie mich deswegen ablehnen, werde ich meine erste Pressekonferenz abhalten.«

Er sagte: »Tun Sie das ja nicht! Schreiben Sie irgendetwas hin, irgendeine Religion. Schreiben Sie es so, daß man es nicht lesen kann, aber das Formular muß ausgefüllt werden.«

Ich sagte: »Das kann ich nicht machen.«

Auf allen meinen Formularen seit meinem allerersten Eintritt in die Schule ist diese Zeile freigeblieben. Und sie ist immer noch leer.

Ich habe Religiosität gefunden, aber Religion habe ich keine gefunden. Und ich bin ungeheuer froh darüber, daß niemand mir seine Idee, seinen Gott, seine Vorstellung von der Existenz aufzuzwingen versucht hat.

Jedes Kind hat das Geburtsrecht, von seinen Eltern nicht gequält und nicht konditioniert zu werden. Denn das grundlegendste Recht eines jeden Menschen ist das Suchen, das Forschen, die Pilgerreise.

Und obwohl sie mit euch sind, gehören sie euch doch nicht.
Ihr dürft ihnen eure Liebe geben, aber nicht eure Gedanken...

Aber genau das Gegenteil wird getan. Erinnert euch an eure Eltern. Waren sie interessiert, euch ihre Liebe zu geben, bedingungslos? Oder waren sie interessiert, ihre Liebe dafür zu benutzen, euren Geist mit ihrer Religion, ihrer politischen Ideologie, ihrer Nationalität zu verunreinigen? Wie kommt es sonst, daß die Menschheit so geteilt ist? Welcher Kriminelle steckt dahinter? Warum muß es so viele Nationen geben? Warum muß es so viele Religionen geben?

Es gibt nur eine Menschheit. Es gibt nur eine Wahrheit. Aber man hat den Menschen nicht erlaubt, nach ihrem eigenen, ursprünglichen Gesicht zu suchen. Man hat ihnen Masken verpaßt. Und die Menschen leben ihr ganzes Leben lang in dem Glauben, es sei ihr ursprüngliches Gesicht.

Wie wollt ihr wissen, ob ihr Christen seid? Ihr habt Christus nie getroffen. Man ließ euch keine Wahl, gab euch keine Möglichkeit, selbst zu entscheiden, ob ihr Christus lieben wollt oder Gautam Buddha oder Mahavira oder Laotse oder Zarathustra.

Eure Religion ist eure Fessel. Sie ist euer Gefängnis. Euer Christentum, euer Hinduismus, euer Islam, euer Jainismus – sie alle sind Ketten, die ihr nicht sehen könnt, denn sie fesseln nicht euren

Körper, sie fesseln eure Seele. Jeder Mensch, der die Ideologien anderer übernommen hat, hat sich selbst verkauft. Er ist ein Sklave, auch wenn von sämtlichen Kanzeln sämtlicher Länder ständig verkündet wird, die Sklaverei sei verschwunden.

Ich sage, es ist nicht wahr. Gewiß, die Sklaverei hat ihre Form verändert; sie ist gefährlicher geworden. Wenn man mich in Hand- schellen legt, ist mein Geist dennoch frei. Wenn man meine Füße in Ketten legt, ist mein Geist dennoch frei. Man kann meinen Körper zerstören, dennoch ist mein Geist frei. Aber euren Verstand mit dem Hinduismus, Buddhismus, Islam, Christentum zu verunreinigen, bedeutet, eure Seele in unsichtbare Ketten zu legen. Dies ist das *wahre* Verbrechen. Und alle Eltern der Welt waren bisher dafür verantwortlich.

Ihr dürft ihnen eure Liebe geben, aber nicht eure Gedanken,
Denn sie haben ihre eigenen Gedanken.

Ihre Gedanken sind noch nicht ausgereift, sie sind noch in Saatform. Sie sind bloße Möglichkeiten, doch wenn man ihnen Freiheit und Liebe gibt, können sie zu Realitäten werden, können sie verwirklicht werden. Und wenn euer eigener Gedanke zu einer Wirklichkeit wird, beschert es eurem Sein eine solche Freude, eine solche Erfüllung, eine solche Seligkeit, wie ihr es euch nicht im Traum vorstellen könnt. Ihr könnt euch keine Vorstellung davon machen; es übersteigt die Fähigkeit eures Verstandes, es sich vorzustellen – denn es reift in eurem Herzen, es erblüht in eurem Herzen.

Ihr dürft ihren Körpern ein Haus geben, aber nicht ihren Seelen...

Mit den allerbesten Absichten werden alle Eltern zu Mördern ihrer eigenen Kinder. Man sieht auf der ganzen Erde nur tote Leute herumlaufen, die ihre Seele schon verloren haben, noch bevor sie eine Idee davon hatten, was die Seele ist.

Denn ihre Seelen wohnen im Haus von morgen, das ihr nicht besuchen könnt, nicht einmal in euren Träumen.

Ihr gehört der Vergangenheit an; eure Tage sind gezählt. Eltern haben keine Ahnung von der Zukunft. Und die Kinder werden nicht in der Vergangenheit leben, also belastet sie nicht mit euren toten Schriften. Sie werden ihre eigenen Schriften haben, sie werden ihre eigenen Heiligen haben, sie werden ihre eigenen Buddhas haben, sie werden ihren eigenen Christus haben. Warum sollte man sie mit der Vergangenheit belasten? Ihre Zukunft ist offen.

Und wenn ihr eure Kinder liebt, dann laßt die Finger von ihnen. Helft ihnen, stark zu sein, helft ihnen, fähig zu sein, sich auf die Suche nach dem Unbekannten zu machen – aber gebt ihnen nicht eure Gedanken, denn für eure Kinder sind diese absolut nutzlos. Wegen dieser Gedanken würden sie ihr eigenes Schicksal verfehlen. Ihr würdet sie davon ablenken.

Beobachtet einmal die kleinen Kinder und seht, was für einen klaren Blick sie haben.

Ich habe gehört...

In der Schule erzählt der Pastor den Kindern, wie Gott alle Dinge erschaffen hat. Das ganze Universum erschuf er in sechs Tagen, und am siebten Tage ruhte er.

Da zeigt ein kleiner Junge auf und fragt: »Die Flugzeuge auch?«

Der Priester weiß nicht, was er sagen soll. Natürlich steht im Alten und Neuen Testament kein Wort darüber, ob Gott die Flugzeuge erschaffen hat.

Ein anderer Junge fängt an, ungestüm mit der Hand zu winken.

Der Lehrer sagt: »Hast du auch eine Frage?«

Er sagt: »Nein, ich weiß die Antwort.«

Der Priester ist ungläubig, denn er selbst weiß keine Antwort, und dieser kleine Junge... Er sagt: »Na gut, versuchen wir's. Wie lautet deine Antwort? Dieser Bub hat gefragt, ob Gott auch die Flugzeuge erschaffen hat.«

Da sagt der zweite Junge: »Es steht geschrieben, daß Gott alles erschaffen hat, was fliegt – also hat er auch die Flugzeuge erschaffen!«

Kleine Kinder blicken durch! Sie haben einen klaren Verstand. Je älter ihr werdet, desto mehr Staub sammelt ihr an. Und alle geben euch fortwährend Ratschläge – Ratschläge sind das einzige auf der

Welt, was alle geben, aber keiner annimmt –, aber das trübt den Verstand der Kinder, da sie von den Erwachsenen abhängig sind.

Almustafa hat recht: *Ihr dürft ihren Körpern ein Haus geben, aber nicht ihren Seelen. Denn ihre Seelen wohnen im Haus von morgen.*

Ihr gehört zum Gestern, sie gehören zum Morgen. Gebt ihnen soviel Liebe, wie ihr könnt. Die Gegenwart ist der Moment der Begegnung, aber auch der Trennung. In der Gegenwart begegnet ihr euch, aber ihr beginnt euch auch zu trennen. Und von Tag zu Tag wird der Abstand zwischen euch und euren Kindern immer größer.

Man redet heute vom *generation gap.* Das ist eines der besten Dinge, die sich in diesem Jahrhundert ereignet haben: die Kluft zwischen den Generationen. Unternehmt alle Anstrengungen, sie zu vergrößern, macht sie fast unüberbrückbar, sonst werdet ihr euer ganzes Leben lang Leichen mit euch herumschleppen.

Gautam Buddha starb vor fünfundzwanzig Jahrhunderten. Jesus starb vor zweitausend Jahren. Sind denn die Menschen verrückt? – Warum sollte irgend jemand all diese toten Körper mit sich herumschleppen? Ihr lebt fünfundzwanzig Jahrhunderte später. Die Evolution ist bei Gautam Buddha nicht stehengeblieben. Gautam Buddha ist fünfundzwanzig Jahrhunderte zurück. Aber weil man euch diesen Toten, diesen Leichnam aufgebürdet hat, könnt ihr nicht euren eigenen Buddha hervorbringen!

Wenn ihr absolut frei seid von der Vergangenheit, werdet ihr höhere Gipfel des Bewußtseins erfahren – höher als jeder Christus und höher als jeder Buddha. Wir fallen nicht nach unten. Unser Bewußtsein greift nach den Sternen. Aber es ist schwierig, eine so offenkundige Wahrheit zu begreifen.

Die Vergangenheit ist das größte Hindernis für euer Leben.

Dieser Polizeichef... erinnert euch, ich kann ihm verzeihen, aber ich kann ihn nicht vergessen. Ich werde weiterhin auf seinem Kopf herumhämmern. Noch in seinem Grab wird mein Hammer weiter auf ihn einhämmern.

Er hat von der Ashramleitung verlangt, daß ich keine Religion kritisieren darf. Was bedeutet das? Es bedeutet, daß ich die Vergangenheit nicht kritisieren darf. Aber die Vergangenheit ist so abscheulich, daß sie alle Kritik verdient, die man nur aussprechen kann, damit sie aus euren Hirnen gelöscht wird und euer Kopf frei werden kann für die Zukunft.

Ihr seid schwanger mit vielen Buddhas und vielen Christussen. Warum solltet ihr rückwärts gehen? Da ihr aber schon so beladen seid, *muß* ich sie verurteilen und ich muß sie kritisieren. Gleichzeitig akzeptiere ich, daß jeder die Freiheit hat, *mich* zu kritisieren. Ich hätte aber nie gedacht, daß ich mich einer so impotenten Menschheit gegenübersehen würde. Es ist nichts als Impotenz, die da verlangt: »Du darfst keine Religion kritisieren.«

Die Mohammedaner können vier Frauen heiraten. Wenn man es kritisiert, kritisiert man ihre Religion, denn in ihrem heiligen Buch, dem Koran, erlaubt ihnen Mohammed, vier oder mehr Frauen zu heiraten. Die Frau ist nichts als ein Objekt eurer sexuellen Lust – und ihr wollt, daß ich das nicht kritisiere? Ich würde es nicht kritisieren, ich hätte es niemals zur Sprache gebracht, wenn Mohammed den Frauen das gleiche Recht zugestanden hätte und jede Frau vier Männer heiraten könnte. Dann wäre dieser Mann gerecht gewesen, aber so ist er einfach nur ein Macho. Und er ist mitverantwortlich für das Entstehen sexueller Perversionen auf dieser Welt, denn die Natur produziert die gleiche Anzahl von Männern und Frauen. Aber glücklicherweise weiß die Natur nichts vom Islam und dem Heiligen Koran!

Und warum sage ich »glücklicherweise«? Weil schon *eine* Frau ausreicht, um euch fertigzumachen! Und erst vier Frauen für jeden Mann...! Dann könnte man in jedem Haus einen Jesus Christus am Kreuz hängen sehen.

Ich habe gehört...

Ein Dieb wurde auf frischer Tat beim Stehlen in einem Haus ertappt. Der Richter sagte: »Um welche Zeit haben Sie das Haus betreten?«

Er sagte: »Ungefähr um zehn Uhr abends.«

Der Richter sagte: »Was haben Sie denn die ganze Nacht gemacht? Sie sind doch erst frühmorgens um sechs erwischt worden!«

Er sagte: »Das ist eine lange, traurige Geschichte. Ich sage Ihnen, mir ist jede Strafe recht, selbst die Kreuzigung würde ich akzeptieren, aber bitte bestrafen Sie mich nicht damit, daß ich zwei Frauen heiraten muß.«

Der Richter sagte: »Sie sind vielleicht komisch. Die ganze Nacht waren Sie im Haus, und Sie haben nichts gestohlen, aber man hat Sie entdeckt. Und jetzt bitten Sie mich, nicht zur Strafe zwei Frauen heiraten zu müssen. Eine solche Strafe gibt es gar nicht. Machen Sie sich deshalb keine Gedanken. Aber erzählen Sie uns die ganze Geschichte!«

Er sagte: »Die ganze Geschichte geht so: Unglücklicherweise bin ich in ein Haus geraten, wo ein Mann mit zwei Frauen lebt. Die eine Frau wohnt im Erdgeschoß und die andere im ersten Stock. Und beide versuchten, den Mann in ihr Stockwerk zu zerren. Auf der Treppe stand die eine Frau und zog ihren Mann nach oben, und die andere kam und zog ihn nach unten. Es war so spannend, daß ich ganz vergaß, weswegen ich gekommen war. Es war mir unmöglich, etwas zu stehlen: Der Mann weinte, die Frauen kreischten... Also bitte, jede Strafe, nur nicht diese!«

Die Natur bringt die gleiche Anzahl von Männern und Frauen hervor. Diese Idee der Mohammedaner ist widernatürlich, und niemand kann mich davon abhalten, sie zu verurteilen und zu kritisieren. Natürlich hat jeder das Recht, auf meine Kritik zu antworten. Aber diese Leute sind ja so impotent! Weil sie keine Antwort darauf wissen, würden sie einen glatt mit ihren Gewehren daran hindern!

Mohammed selbst heiratete neun Frauen. Wie denken diese Leute über Frauen? Sind Frauen *Dinge?* Ware? Vieh? Und wenn es nur damals, vor vierzehn Jahrhunderten, vorgekommen wäre, eine alte Geschichte, dann bräuchte man sich darüber nicht aufzuregen. Aber noch in diesem Jahrhundert hatte der Nizam von Hyderabad fünfhundert Frauen. Und ihr wollt, daß ich das nicht kritisiere? Aber der arme Nizam ist noch gar nichts im Vergleich zum Hindugott Krishna: Er hatte sechzehntausend Frauen! Und man kann dem Nizam und Mohammed zumindest eines zugutehalten: Sie heirateten diese Frauen mit der Zustimmung ihrer Eltern.

Krishna, den die Hindus für einen Gott halten, holte sich ganz einfach jede Frau, die schön war. Sie waren fast alle verheiratet, hatten Kinder, hatten Ehemänner; sie hatten ihr Haus, ihre Familie, um die sie sich kümmern mußten.

So ein kriminelles Verhalten... nur weil er die Macht hatte, und die Armee! Seine Soldaten drangen in jedes beliebige Haus ein und schleiften die Frau heraus, die er haben wollte. Auf diese Weise sammelte er sechzehntausend Frauen ein – ein großer Frauensammler! Aber was war mit den sechzehntausend Familien: ihren Kindern, ihren Ehemännern, dem alten Vater des Ehemannes, der alten Mutter des Ehemannes?

Und da soll ich diese Religionen nicht kritisieren? Wenn ihr mir darauf eine Antwort geben könnt, bin ich bereit, euch meine ganze Aufmerksamkeit zu geben. Und wenn ihr mich überzeugen könnt, daß ein derartiges Verhalten religiös ist, moralisch und eines Mannes würdig, den ihr für einen Gott haltet, dann werde ich es akzeptieren. Aber zuerst müßt ihr es mir beweisen. Doch weil ihr es nicht beweisen könnt, versucht ihr, eure Impotenz zu verbergen, indem ihr mich daran hindern wollt, die Religionen zu kritisieren.

Die ganze Vergangenheit der Menschheit ist auch meine eigene Vergangenheit, ist auch *mein* Erbe, und ich habe jedes Recht, meine Vergangenheit und mein Erbe zu kritisieren. Wo immer ich etwas Häßliches, Unmenschliches, Barabarisches sehe, *muß* ich es kritisieren, so heftig ich kann. Und jene, die nicht wollen, daß ich ihre Religionen kritisiere, sollten aus diesen Religionen austreten, denn sie sind wertlos.

Ich habe in meinem ganzen Leben nie gesagt, daß das, was ich sage, nicht kritisiert werden darf. Vielmehr habe ich immer die Leute aufgefordert, mich zu kritisieren, weil ich weiß, daß das, was ich sage, eine Wahrheit in sich birgt. Und wenn ich die Vergangenheit nicht kritisieren kann, diese häßliche Vergangenheit, diese schlimme Vergangenheit – wie können wir dann eine bessere Zukunft hervorbringen? Ihr kennt sicher den Ausspruch: »Die Geschichte wiederholt sich.« Sie wiederholt sich deshalb, weil es Leute wie diesen Polizeichef gibt. Wenn man die Vergangenheit kritisiert, wird sie sich nicht wiederholen. Wenn aber weiterhin alles mögliche im Namen von Religion erlaubt ist...

Zum Beispiel dürfen die Sikhs ein Schwert tragen, weil es ihre Religion so will. Merkwürdig! Wenn Sikhs eine gefährliche Waffe tragen dürfen, die Leben zerstören kann – was für eine Garantie, was für eine Verteidigungsmöglichkeit haben dann die anderen? Entweder sollte es allen erlaubt sein oder keinem. Eine solche Doppelmoral zeigt einfach, was für ein politisches Spiel das ist – weil ihr Angst habt! Die Engländer hatten Angst. Dreihundert Jahre lang erlaubten sie den Sikhs, ein Schwert zu tragen.

Aber dann können auch wir unsere eigenen religiösen Regeln aufstellen, und niemand darf sie kritisieren. Ich könnte es zu einer Regel machen, daß jeder Sannyasin ein Maschinengewehr haben muß, als unser religiöses Recht. Was wäre daran falsch? Der Polizeichef hat von uns verlangt, daß wir keine Schußwaffen im Ashram haben dürfen. Er sollte sich selber im Spiegel anschauen. Und warum dürfen die Sikhs Waffen haben? Ich sage nicht, daß es den Sikhs nicht gestattet sein sollte, ich sage nur: Es sollte gleiches Recht für alle herrschen.

Diese doppelte Moral ist häßlich, unmoralisch, korrupt.

Er hat verlangt, daß Polizeibeamte dem Vortrag beiwohnen dürfen. Kann er von den Mohammedanern das Gleiche verlangen? – daß Polizeibeamte ihren Gebeten, ihren Predigten in der Moschee beiwohnen dürfen? Und wenn er das dort nicht machen kann, darf er es auch mit uns nicht machen.

Er verlangt, daß Sannyasins innerhalb wie außerhalb des Ashrams kein »obszönes Verhalten« an den Tag legen dürfen. Aber alle Schriften der Hindus sind obszön, und wer genug Mumm hat, ist eingeladen, ihm zu zeigen, was in seinen Schriften steht. In der Bibel gibt es fünfhundert Seiten von absoluter Obszönität. Trotzdem bleibt es die »Heilige Schrift«. Man kann auf der ganzen Welt kein unheiligeres Buch finden.

Einer meiner Freunde hat sämtliche fünfhundert Seiten zusammengetragen und als Buch veröffentlicht. Keine Regierung würde dieses Buch in ihr Land lassen; man würde es verbieten. Komisch, diese fünfhundert Seiten stammen wortwörtlich aus der Bibel. Wenn man etwas verbietet, dann sollte man die Bibel verbieten! Aber es ist seltsam, überall herrscht eine doppelte Moral.

Die Eltern sollten ihren Kindern nicht ihre Gedanken geben, denn ihre Gedanken sind bereits überholt. Die Kinder werden ihre eigenen Gedanken haben.

Selbst die Bäume wissen es besser. In jedem Herbst fallen die alten Blätter ab und verschwinden in der Erde, um Platz zu machen für frische Blätter, die grüner, jünger und saftiger sein werden. Wenn sie weiter an ihren alten Blättern festhielten, würde es keinen Platz und keine Möglichkeit geben, daß neue Blätter erscheinen.

Habt ihr euch je gefragt, warum in der heutigen Welt keine Menschen wie Buddha, Laotse, Tschuangtse, Basho, Kabir, Jesus, Zarathustra geboren werden? Was ist passiert? Hat die Menschheit ihre Kräfte verausgabt? Nein, die Menschheit ist kraftvoller denn je, sie hat mehr Energie als je zuvor. Aber die Vergangenheit wird ständig mehr und mehr. Natürlich, denn jeden Tag fügt sich ein Tag mehr an die gestrigen Tage. Und so lastet die Vergangenheit beinahe wie ein Himalaja auf der schwachen Brust des Menschen.

Das ist der Grund, warum keine solch wunderbaren Wesen mehr unter uns sind. Und wenn hier und da ein solcher Mensch auftaucht, erscheint er als ein solcher Fremdling, als ein solcher Außenseiter, daß ihr ihn nicht dulden könnt. Ihr habt vergessen, wie die Welt sich anfühlte, als es noch Tausende von Erleuchteten allenthalben gab. Niemand war deswegen irritiert. Die Menschen waren voller Dankbarkeit.

Aber heute ist die Situation völlig anders. Diese ganze Bürde, die auf eurem Geist lastet, hindert euch daran, das Neue zu sehen. Und zwangsläufig wird das Neue dem Alten, der toten Vergangenheit sagen, es soll sich zum Teufel scheren.

Ich habe immer wieder in alle Schriften aller Religionen geschaut – sie sind alle obszön. Trotzdem wagt es keine Regierung, sie zu verbieten. Aber man verlangt, daß meine Leute sich nicht in obszöner Weise benehmen sollen.

Kümmert euch zuerst um euer eigenes Haus! Reinigt zuerst euren eigenen Verstand, und wenn ihr das nicht fertigbringt... dazu bin ich da, sind meine Leute da. Kommt zu uns – wir machen hier gute Gehirnwäsche! Dafür ist aber eines nötig: daß man sein Gehirn dabeihat!

Denn ich habe gehört...

Ein Politiker lag auf dem Operationstisch. Da gehört freilich jeder Politiker hin, aber dieser war im Begriff, verrückt zu werden. Sogar andere Irre sagten schon zu ihm: »Du bist über die Grenze!« So landete er schließlich beim Gehirnchirurgen. Der untersuchte sein Gehirn und sagte: »Ach du meine Güte! Hier scheint es sich um ein Politikergehirn zu handeln – ist ja total verdreckt!«

Also nahmen ihm die Ärzte das ganze Gehirn heraus, um es zu reinigen. Sie brachten es ins Nebenzimmer; die Reinigung würde fast sechs Stunden dauern. Und während sie nebenan das Gehirn reinigten, kamen zwei Leute gelaufen und schüttelten den Politiker, der allein im Operationssaal lag. Er öffnete die Augen.

Sie sagten: »Was machst du denn hier? Sie haben dich zum Premierminister gewählt!«

Er sprang auf und rannte mit seinen Freunden hinaus. Als die Ärzte mit dem Reinigen des Gehirns fertig waren, kamen sie zurück, aber der Mann war nicht mehr da. Es war der schwierigste Job bisher gewesen.

Sie sagten: »Mein Gott, wo ist er hin? Und ohne Hirn!«

Sie suchten überall, fragten herum, und schließlich sagte jemand: »Ich habe gesehen, wie er mit zwei anderen zum Haus des Premierministers lief.«

Also gingen die Ärzte zum Haus des Premierministers. Und da sahen sie ihn. Er war jetzt Premierminister des Landes. Die Ärzte sagten: »Sie haben Ihr Gehirn im Operationssaal vergessen!«

Er sagte: »Kein Problem. Hebt es mir nur gut auf! Solange ich Premierminister bin, brauche ich es nicht.«

Vererbt euren Kindern nicht eure miserable Vergangenheit. Sie haben ihre eigene Zukunft. Laßt sie nach ihrem eigenen Potential wachsen.

Ihr dürft euch bemühen, wie sie zu sein…

Mit dieser Stelle übertrifft Khalil Gibran an Einsicht alles bisher Dagewesene:

Ihr dürft euch bemühen, wie sie zu sein, aber versucht nicht, sie euch ähnlich zu machen.

Und was sagt die Bibel? »Gott schuf den Menschen nach seinem eigenen Bilde.« Seither versucht jeder Vater, sein Kind nach seinem eigenen Bilde zu schaffen. Almustafa sagt genau das Gegenteil:

Ihr dürft euch bemühen, wie sie zu sein, denn sie sind die Zukunft, und sie sind unschuldig. Sie sind der Existenz näher als ihr. Für euch wird sich außer dem Tod nichts mehr ereignen, aber für sie werden sich noch Millionen Dinge ereignen: Liebe wird sich ereignen, Meditation wird sich ereignen, Dankbarkeit wird sich ereignen.

Widersteht bitte der Versuchung, aus eurem Kind eine Kopie von euch zu machen. Es ist möglich, aus dem Kind eine Kopie von euch zu machen, aber dafür werdet ihr es töten müssen. Deshalb sage ich, daß alle Eltern ihre Kinder töten nur um Kopien aus ihnen zu machen. Dabei ist in jedem Kind das Potential, mit seinem eigenen, ursprünglichen Gesicht zu leben. Das ursprüngliche Gesicht hat eine Schönheit, das ursprüngliche Gesicht hat etwas vom Göttlichen. Das ursprüngliche Gesicht hat Charisma. Eine Kopie hat gar nichts.

Denn das Leben läuft nicht rückwärts, noch verweilt es im Gestern.
Ihr seid die Bogen, von denen eure Kinder als lebende Pfeile ausgeschickt werden.

…zum Unbekannten, zum Unkennbaren hin. Verwehrt es ihnen nicht. Gebt ihnen Stärke, gebt ihnen Liebe, damit sie den entferntesten Stern erreichen können.

Ihr seid die Bogen, von denen eure Kinder als lebende Pfeile ausgeschickt werden.

Der Schütze sieht das Ziel auf dem Pfad der Unendlichkeit, und Er spannt euch mit Seiner Macht, damit seine Pfeile schnell und weit fliegen.

Die Existenz will, daß ihr euch als Bogen vor euren Kindern biegt, denn sie müssen weit fliegen, und ihr müßt ihnen Stärke geben.

Laßt euren Bogen von der Hand des Schützen auf Freude gerichtet sein.

Freut euch, wenn euer Kind anfängt, sich von euch zu entfernen, wenn es anfängt, ein eigenständiges Individuum zu werden. Fühlt euch gesegnet, wenn es kein gehorsamer Idiot ist. Außer Idioten ist niemand gehorsam.

Intelligenz bedeutet Rebellion. Fühlt euch gesegnet und segnet euer Kind, denn ihr habt einem rebellischen Geist das Leben geschenkt. Darauf solltet ihr stolz sein, aber davor haben die Leute Angst.*Laßt euren Bogen von der Hand des Schützen auf Freude gerichtet sein;*

Denn so wie Er den Pfeil liebt, der fliegt, so liebt Er auch den Bogen, der fest ist.

Die Existenz liebt euch beide. Auch ihr seid Kinder dieser Existenz. Nur, eure Zeit ist vorüber. Macht Platz für die frischen Pfeile und segnet sie.

10

Sprich uns von der Liebe…

Wenn ihr von euch selber gebt

Dann sagte ein reicher Mann: Sprich uns vom Geben.
Und er antwortete:
Ihr gebt nur wenig, wenn ihr von eurem Besitz gebt.
Erst wenn ihr von euch selber gebt, gebt ihr wahrhaft.
Denn was ist euer Besitz anderes als etwas, das ihr bewahrt und bewacht aus Angst, daß ihr es morgen brauchen könntet?
Und morgen, was wird das Morgen dem übervorsichtigen Hund bringen, der Knochen im spurlosen Sand vergräbt, wenn er den Pilgern zur heiligen Stadt folgt?
Und was ist die Angst vor der Not anderes als Not?
Ist nicht Angst vor Durst, wenn der Brunnen voll ist, der Durst, der unlöschbar ist?
Es gibt jene, die von dem Vielen, das sie haben, wenig geben – und sie geben um der Anerkennung willen,
und ihr verborgener Wunsch verdirbt ihre Gaben.
Und es gibt jene, die wenig haben und alles geben.
Das sind die, die an das Leben und die Fülle des Lebens glauben, und ihr Beutel ist nie leer.

Es gibt jene, die mit Freude geben, und die Freude ist ihr Lohn.
Und es gibt jene, die mit Schmerzen geben,
und der Schmerz ist ihre Taufe.
Und es gibt jene, die geben und keinen Schmerz beim Geben kennen:
weder suchen sie Freude dabei,
noch geben sie um der Tugend willen;
Sie geben, wie im Tal dort drüben die Myrte ihren Duft verströmt.
Durch ihre Hände spricht Gott, und aus ihren Augen lächelt Er auf die Erde.
Es ist gut zu geben, wenn man gebeten wird, aber besser ist es, wenn man ungebeten gibt, aus Verständnis;
Und für den Freigebigen ist die Suche nach einem, der empfangen soll, eine größere Freude als das Geben.
Und gibt es etwas, das ihr zurückhalten werdet?
Alles, was ihr habt, wird eines Tages gegeben werden;
Daher gebt jetzt, daß die Zeit des Gebens eure ist und nicht die eurer Erben.

Almustafa betritt nun die Welt des Mannes, und insbesondere des reichen Mannes. Ehe ich etwas über seine wunderbaren Worte sage, sind einige Anmerkungen absolut notwendig.

Das bisherige Leben war durch den Ehrgeiz verdorben. Es gibt kein mächtigeres Gift als den Ehrgeiz, denn er tötet euch, selbst wenn er euch weiter atmen läßt. Der Ehrgeiz macht euch zu Kohlköpfen, und der Köder des Ehrgeizes wird jedem Kind schon mit der Muttermilch eingeflößt. Vom allerersten Moment baut sich sein ganzes Leben auf Prinzipien der Destruktivität auf. Und nichts ist destruktiver als der Ehrgeiz.

Euch allen ist gesagt worden – von Eltern, Lehrern, Priestern, Nachbarn, all den angeblich Wohlmeinenden –, daß ihr jemand Besonderer, Wichtiger, Mächtiger werden müßt. Und Geld verleiht mehr Macht als alles andere, denn sogar die Politiker sind eine Ware auf dem Markt; sie sind käuflich.

In der Tat hat sich jeder Politiker an die Superreichen verkauft. Aber der Superreiche ist der ärmste Mensch auf der Welt. Er hat es geschafft, wichtig zu werden, mächtig zu werden, doch dabei hat er seine Seele verloren. In seinem Inneren ist nur Leere und Dunkelheit. Weshalb geschieht das? Was für ein Mechanismus steckt dahinter?

Der Ehrgeiz ist eine Leiter. Ihr seht immer jemanden, der euch voraus ist. Es ist ein ständiges Wetteifern. All euer Sinnen und Trachten geht dahin, Mittel und Wege zu finden – seien sie richtig oder falsch –, wie ihr andere überflügeln könnt. Und wenn ihr schlau genug seid, könnt ihr Erfolg haben. Doch in der Welt des Ehrgeizes ist der Erfolg letztendlich ein Mißerfolg. Aber daß es ein Mißerfolg ist, merkt man erst, begreift man erst, wenn man die letzte Sprosse der Leiter erreicht hat. Man hat sein ganzes Leben vergeudet in dem Bestreben, höher, heiliger, reicher zu sein als andere. Und schließlich geht dieser Wunsch in Erfüllung.

Verdammt sind jene, die die letzte Stufe ihres Ehrgeizes erreichen! Der Ehrgeiz war Tag und Nacht ihr Traum – und es war nicht einfach, weil alle anderen ebenfalls dem Erfolg nachlaufen. Aber wenn man endlich die letzte Sprosse der Leiter erklommen hat, erlebt man eine große Überraschung und einen Schock: Das ganze Leben lang hat man nur daraufhin trainiert, zu wetteifern und zu kämpfen, und jetzt gibt es nichts mehr zu erreichen.

Es ist kein gewöhnlicher Wettbewerb. Es ist halsabschneiderisch. Es spielt keine Rolle, wie viele Menschen man dabei ruiniert. Der Blick ist auf ein weit entferntes Ziel fixiert.

Es gibt einen Ausspruch – und er muß von Dummköpfen geprägt worden sein: »Nichts ist überzeugender als Erfolg.« So etwas sagt kein Mensch, der wirklich Erfolg gehabt hat. Denn ich sage euch: »Nichts ist frustrierender als Erfolg.« Man hat sein Ziel erreicht, aber das ganze Leben ist einem dabei durch die Lappen gegangen. Es gab keine Zeit für irgendetwas – nicht einmal dafür, richtig zu atmen, nicht einmal, zu lächeln, nicht einmal, zu lieben. Was ist das für ein Leben? Wie von einem Roboter – mechanisch. Und nun, da ihr das ersehnte Ziel erreicht habt, macht sich eine ungeheure Frustration in euch breit, denn da ist nichts.

Aber nur sehr wenige haben den Mut, zuzugeben, daß das ganze eine Strategie der Gesellschaft ist, um die Menschen vom Leben fernzuhalten. Die ganze Gesellschaft ist gegen das Leben, gegen die Liebe, gegen die Lieder, gegen das Tanzen. Die Bäume sind viel glücklicher, die Blumen sind fröhlicher. Und diejenigen, die besonders empfindsam sind, können sogar die Steine predigen hören. Aber das werden nicht die Leute sein, die einem Ziel hinterherjagen, denn das Ziel ist immer morgen. In der Zwischenzeit sind sie unglücklich. Wer weiß, ob sie es schaffen werden?

Ihr habt euer ganzes Leben für den Erfolg aufs Spiel gesetzt, aber selbst wenn ihr allen Reichtum der Welt besäßet, könntet ihr ihn nicht essen. Er wird keine Nahrung für euer Leben, für eure Seele sein. Im Gegenteil, er macht euch zu einem reichen Bettler, umgeben von Reichtümern, aber im Zentrum eures Seins ist nur eine Bettelschale.

Dazu fällt mir eine kleine Geschichte ein, eine sehr alte Geschichte...

Ein König, ein großer Herrscher, verließ einmal seinen Palast, um in seinem schönen, großen Garten spazierenzugehen. Als er heraustrat, sah er sich einem Bettler gegenüber, mit einer Bettelschale.

Und der Bettler sagte: »Was für ein Glück, Euch selbst zu begegnen! Ich warte schon seit Monaten auf eine Audienz, aber wem liegt etwas daran, einem Bettler eine Audienz zu verschaffen?«

Der König sagte: »Was ist dein Begehr?«

Er sagte: »Ich begehre nicht viel. Nur diese kleine Bettelschale – füllt Sie mir mit etwas, das Ihr als großer König für Eurer würdig erachtet. Geht nicht nach meinem Wert. Ich bin nur ein wertloser Bettler. Denkt an Euch selbst. Füllt sie mit etwas, was in Euren Augen Eurer würdig ist.«

Der König war noch nie einem solchen Bettler begegnet, der nicht bettelt, weil er Hunger hat, weil er Durst hat, weil er nichts zum Leben hat. Ein Bettler, der statt dessen sagt: »Denkt an Euch selbst. Euer Almosen sollte die Handschrift eines großen Königs tragen... alles wird recht sein.«

Es war eine große Herausforderung für den König. Er ließ seinen Kanzler kommen und wollte ihm etwas sagen, doch der Bettler kam ihm zuvor: »Merkt Euch eine Bedingung: Die Schale muß bis zum Rand gefüllt sein.«

Der König sagte: »Kein Problem! Ich habe so viel, mein ganzes großes Reich, und deine Bettelschale ist so klein. Hast du Angst, ich könnte sie nicht bis zum Rand füllen?«

Und um es dem Bettler zu zeigen, trug er seinem Kanzler auf: »Fülle ihm die Schale mit Diamanten, Rubinen, Smaragden – den kostbarsten Steinen –, damit er sein Leben lang nicht vergißt, daß er einen Herrscher getroffen hat.«

Das war kein Problem, denn der Palast des Königs war voll mit Diamanten und vielerlei Edelsteinen. Doch es sollte sogleich zu einem Problem werden: Als der Kanzler die Bettelschale füllte, im selben Augenblick, da etwas in die Schale fiel, war es auch schon verschwunden. Die Bedingung, die Schale bis zum Rand zu füllen, schien unerfüllbar.

Aber der König war eigensinnig, ein Egoist, der viele Länder erobert hatte. Er sagte: »Und wenn mein ganzes Königreich herhalten muß: Ich habe mein Wort gegeben, und ich werde es halten.«

Stück um Stück verschwanden all die kostbaren Edelsteine, dann das Gold, das Silber... alles verschwand. Bis zum Abend war der König selbst Bettler geworden, aber die Schale war noch genauso leer wie am Morgen.

Der Bettler sagte: »Ich wundere mich. Ein so großer Herrscher wie Ihr vermag die Schale eines armen Bettlers nicht zu füllen?«

Die Menschen hatten das den ganzen Tag über beobachtet, und das Gerücht verbreitete sich überall im Land. Die ganze Hauptstadt lief zusammen. Die Leute eilten von weither, um es zu sehen.

Der König fiel dem Bettler zu Füßen und sagte: »Es ist mir nicht gelungen, mein Versprechen zu halten. Verzeih mir! Aber ich kann nur wissen, ob du mir verzeihst, wenn du mir das Geheimnis deiner Bettelschale verrätst. Wohin ist mein ganzes Reich verschwunden? All meine Reichtümer – wohin sind sie verschwunden? Ist es eine Zauberschale? Bist du ein Zauberer?«

Der arme Bettler lachte und sagte: »Nein, ich bin kein Zauberer. Durch Zufall – weil ich nicht einmal das Geld habe, um mir eine Bettelschale zu kaufen – habe ich diesen Totenschädel gefunden. Ich habe ihn poliert und eine Bettelschale aus ihm geschnitzt. Und dies ist das Geheimnis: Der Schädel des Menschen ist so klein, doch selbst das größte Königreich vermag ihn nicht zu füllen. Er verlangt nach immer mehr. Ich bin kein Zauberer. Das Zauberkunststück passiert im Kopf des Menschen. Und wegen dieser Schale bin ich schon seit Tagen hungrig. Alles verschwindet darin, nur das Begehren bleibt bestehen.«

Bis ein Mensch auf der höchsten Sprosse der Leiter ankommt, kann sein ganzes Leben vergangen sein. Und was findet er dort? – Nichts. Aber es braucht Mut, das den anderen zu sagen, die hinter ihm sind und sich abmühen, die Spitze zu erreichen.

Gautam Buddha verzichtete auf sein Königreich, und nicht ohne Grund. Mahavira verzichtete auf sein Königreich, nicht ohne Grund. Die vierundzwanzig *Tirthankaras*, die großen Meister der Jainas, verzichteten alle auf ihr Königreich. Sie können doch nicht alle verrückt gewesen sein!

Sie erkannten die Wahrheit: Ihre Väter waren erfolgreich gewesen – doch ihr Erfolg bestand nur in den Augen der anderen, denn die anderen können nicht das Innere sehen. Im Inneren waren sie Bettler geblieben – mehr noch als damals, ehe sie die Reise ihres Ehrgeizes antraten.

Es kommt der Tag, da ihr erkennt, daß euer ganzes Erziehungssystem, eure Eltern mit all ihren besten Absichten – daß sie alle fest schlafen. Und es gibt keinen Weg zurück; ihr könnt eure Jugend nicht zurückholen. Dann gibt es keine Möglichkeit mehr, daß die Blumen der Liebe in euch erblühen. Ihr seid trocken und hart und tot geworden, denn die Konkurrenz ist hart, und um erfolgreich zu werden, muß man hart sein. Diese Härte zerstört alle schönen Werte in euch: die Liebe, die Freude, die Ekstase. Es ist euch nie in den Sinn gekommen, zu meditieren. Geld war eure einzige Meditation.

Die erste Frage kommt von einem Reichen:

Dann sagte ein reicher Mann: Sprich uns vom Geben.

Er fragt: »Ich habe gekämpft und mich kaputtgemacht, um immer mehr zu bekommen, aber jetzt erkenne ich, daß mein Leben von Anfang an auf dem falschen Gleis lief. Bitte, *sprich uns vom Geben.* Ich will nichts mehr bekommen. Diese ganze stupide Vorstellung, immer mehr zu bekommen, ist selbstmörderisch. Vielleicht, wenn ich gebe... vielleicht beginne ich mich dann wieder etwas lebendiger zu fühlen. Vielleicht kann dadurch ein Hauch von Liebe in meine dunkle Seele kommen, ein Lichtstrahl vielleicht. Immer mehr zu bekommen – das habe ich kennengelernt. Jetzt lehre mich, zu geben. Vielleicht ist das der rechte Weg.«

Die Menschen des Ostens, die der Welt entsagen, sind die Erben einer jahrhundertealten Weisheit: »Wenn ihr einen Tanz in eurem Herzen haben wollt und Frieden in eurer Seele, wenn ihr bewußter und wacher sein wollt, dann gebt alles hin.« Das ist aber nicht *gegen* die Welt gerichtet, wie die sogenannten religiösen Lehrer aller Religionen euch ständig weismachen wollen. Sie begreifen nicht, welche Psychologie dahintersteht. Sie sehen nur, daß die großen Meister auf alles, ihren ganzen Besitz, verzichtet haben, und leiten daraus den logischen Schluß ab: Das Geheimnis muß im Verzicht liegen! Darum predigen sie seit Jahrhunderten gegen den Reichtum, gegen das Leben, gegen die Welt. Das Endresultat kann man am Osten sehen: Er ist ärmer und ärmer geworden, weil er geglaubt hat, es hätte keinen Sinn, Dinge anzuhäufen, auf die man letztlich ohnehin verzichten muß. So ist der Osten bettelarm geworden.

Aber ich sage euch: Wenn ihr nichts habt, worauf wollt ihr dann verzichten?

Mahavira lebte in großer Seligkeit, Gautam Buddha war in ständiger Ekstase. Aber denkt bloß nicht, ein Bettler, der nichts besitzt, auf das er verzichten könnte... äußerlich mag er den Anschein eines religiösen Menschen geben, aber tief drinnen wird der Wunsch nach mehr – mehr Genuß, oder danach, etwas Besonderes zu sein – immer noch im Dunkeln lauern. Gautam Buddha und seinesgleichen hatten keineswegs unrecht. Doch aus ihrer Freude, ihrem Frieden und ihrer Gelassenheit zogen die Gelehrten und Priester einen völlig falschen Schluß. Und seither lehren sie lebensverneinende Werte.

Es ist eine einfache Rechnung: Man kann nur auf das verzichten, was man hat. Wenn man aber nichts hat... dem Anschein nach ist es dasselbe: Der eine hat verzichtet, der andere hat von vornherein nichts. Beide sind in derselben Situation, aber sie haben nicht dieselben psychologischen Beweggründe, sie sind nicht in derselben spirituellen Verfassung.

Darum werde ich auf der ganzen Welt mißverstanden: weil ich die Menschen lehre, zuerst zu *haben*. Nur dann werdet ihr, wenn ihr intelligent seid, ganz von allein zum Verzicht kommen.

Religion ist nichts für die Armen. Der Arme kann so tun, als wäre er religiös, aber in seinem Inneren nehmen all seine Wünsche nach mehr ständig zu. Er mag davon reden, zu verzichten, aber er hat keine Ahnung, was Verzicht bedeutet. Verzichten ist erst der *zweite* Schritt. Der erste Schritt ist das Genießen.

Religion passiert erst, wenn ihr an den Punkt gekommen seid, an dem ihr sehen könnt, daß eure Wünsche absurd sind und euch nirgendwo hinführen. Es muß eure eigene Erfahrung sein. Nur durch diese Erfahrung löst sich die ganze psychische Struktur des Besitzenwollens auf. Dann hat es eine Schönheit.

Fünfundzwanzig Jahrhunderte sind vergangen, und der Osten hat es nicht geschafft, noch einen Buddha hervorzubringen. Wieso? – Man hat das ganze völlig mißverstanden. Der Reiche, und *nur* ein Reicher, kann fragen: »Lehre uns vom Geben.« Ein Armer kann bloß fragen: »Lehre uns vom Bekommen.« Mit anderen Worten, solange ihr mehr und immer mehr bekommen wollt, seid ihr arm.

An dem Tag, an dem ihr zu der Erkenntnis erwacht, daß dieser wahnwitzige Gedanke, immer mehr zu bekommen, nirgendwo hinführt und das Leben euch dabei nur durch die Finger schlüpft – erst dann wird es zu einer echten Frage:

Sprich uns vom Geben.
Und er antwortete:
Ihr gebt nur wenig, wenn ihr von eurem Besitz gebt.

Khalil Gibrans Worte sollte man in purem Gold schreiben. Wenn ihr daran denkt, euren Besitz aufzugeben, wird keine Revolution in eurem Leben stattfinden. Denkt daran: Es ist eure *Begierde* nach Besitz, die ihr aufgeben müßt. Eure Besitztümer sind nicht das Problem. Ihr könnt in einem Palast leben; der Palast wird euch nicht in die Quere kommen. Der Palast weiß nichts von eurer Existenz. Das Problem besteht darin, daß ihr denkt: »Es ist *mein* Palast!« Dieses Besitzergreifen müßt ihr aufgeben. Ob ihr den Palast aufgebt oder nicht, ist unwesentlich.
Ihr gebt nur wenig, wenn ihr von eurem Besitz gebt.

Erst wenn ihr von euch selber gebt, gebt ihr wahrhaft.

Ehrgeiz ist der Weg des Ego. Er läßt euch mehr und mehr zu einem Ich werden.

Es geschah einmal, als der erste Premierminister Indiens, Pandit Jawaharlal Nehru, zu einer Commonwealth-Konferenz in den Westen fuhr... Die Nummer zwei im Kabinett war Maulana Abul Kalam Azad. Man hatte ihn an die zweite Stelle gesetzt, nicht weil er besondere Fähigkeiten hatte, sondern weil er politische Macht besaß. Die Mohammedaner hatten sich in zwei Lager gespalten. Die Mehrheit folgte Muhammadali Jinnah und wollte ein eigenes Land haben, Pakistan. Maulana Azad war im Nationalkongreß verblieben und weil er ein Religionsgelehrter war – ein *Maulana* ist bei den Mohammedanern der höchste Rang –, waren viele Mohammedaner seinetwegen nicht zu Muhammadali Jinnah übergewechselt.

Maulana Azad war ein großer Redner, doch er konnte nur Urdu und Arabisch. Es ist schon verrückt: Was die Menschen nicht verstehen, das halten sie für besonders bedeutsam. Das haben die Priester auf der ganzen Welt immer ausgenutzt. Der Rabbi redet Hebräisch, und die Juden sind beeindruckt, obwohl sie kein Wort verstehen. Wenn man es übersetzt, ist es Quatsch, *rubbish.* Ich habe immer das Gefühl, daß das Wort *rubbish* von »Rabbi« abgeleitet sein muß. Eine andere Quelle konnte ich nicht finden. Der Hindu-Pandit redet Sanskrit, und ihr habt keine Ahnung, was es bedeutet, noch hat er vielleicht selbst eine Ahnung, was er da hersagt. Wenn man es übersetzt, sieht man erst, wie dumm es ist.

Alle religiösen Lehrer waren immer dagegen, daß ihre Schriften übersetzt werden, denn wenn man sie in die Sprachen übersetzt, die die Leute verstehen, schwindet die Macht der Priester. Wenn ihr einem Hindu-Priester zuhört, wie er aus den *Vedas* rezitiert, seid ihr beeindruckt. Wenn ihr euch aber die Übersetzung anseht, werdet ihr plötzlich wie aus einem Schlaf erwachen. Vielleicht zwei Prozent der Sätze in allen vier *Vedas* sind bedeutsam. Achtundneunzig Prozent sind Krampf. Und dasselbe gilt für den Buddhismus, den Jainismus und andere Religionen.

Maulana war hoch angesehen, und seinetwegen ist Indien bis heute das größte mohammedanische Land der Welt, selbst nach der Trennung von Pakistan. Kein anderes Land hat so viele Mohammedaner wie Indien. Seine Macht über die Mohammedaner war freilich groß, doch er selbst war so dumm, wie man es als Priester sein *muß.*

Sie machten ihn zur Nummer zwei, und darüber war er sehr verärgert, denn er wollte indischer Premierminister werden. Es war sehr schwierig, ihm begreiflich zu machen, daß es komisch aussehen würde, wenn das Land in zwei Teile geteilt wird – weil Hindus und

Mohammedaner nicht zusammen leben wollten –, aber *beide* Länder einen mohammedanischen Premierminister hätten. Die Hindus würden es nicht akzeptieren: »Ihr habt uns einen großen Teil unseres Landes im Namen eurer Religion weggenommen. Jetzt überlaßt Hindustan den Hindus, die in der Mehrheit sind.«

Widerstrebend war er bereit, Zweiter zu werden, weil er wußte, daß er in Pakistan gar nichts sein würde. Hier konnte er zumindest die Nummer zwei sein! Aber sein Wunsch, Premierminister des Landes zu sein, was so stark, daß er, nachdem Jawaharlal weggefahren war, dessen Chauffeur unverzüglich die Order gab: »Solange Jawaharlal außer Landes ist, bin ich der Premierminister des Landes. Ich bin der Zweite im Kabinett – der amtierende Premierminister.« So fuhr er im Auto des Premierministers, mit den Leibwächtern des Premierministers, obenauf die Flagge des Premierministers, mehrere Autos vor ihm und weitere Autos hinterdrein... Die ganze Schau eines Premierministers – für einen Tag machte er es wahr!

Einige Kabinettminister wiesen ihn darauf hin: »Einen amtierenden Premierminister gibt es nicht, weil der Premierminister nicht das formale Oberhaupt der Regierung ist. Wenn der Präsident verreist, wird der Vizepräsident vorübergehend zum amtierenden Präsidenten, aber der Premierminister bleibt der Premierminister, egal wo er ist. In der Verfassung keines einzigen Landes gibt es eine Klausel über einen amtierenden Premierminister. Es ist dumm! Laß es sein!«

Aber er hörte nicht auf sie. Jawaharlal in London wurde sofort informiert. Er rief Maulana an und sagte: »Mach keine Dummheiten. Die ganze Welt wird sich lustig machen. So etwas kann man nicht machen. Wenn du der amtierende Premierminister bist, was mache ich dann hier auf der Premierministerkonferenz? Und der Präsident, das nominelle Staatsoberhaupt, ist ja da. Geh wieder zurück in deinen Bungalow und benimm dich wie ein intelligenter Mensch.«

Aber es ist sehr schwierig, sich intelligent zu verhalten, wenn man unbewußt und voller Begierden und Ambitionen ist.

Ein Gautam Buddha ist frei von allen Ambitionen. Er kennt die ganze Schau. Aber die Tatsache, daß die vierundzwanzig *Tirthankaras* der Jainas, Gautam Buddha und die Hindu-Reinkarnationen Gottes, Rama und Krishna, weil sie alle aus königlichem Geschlecht, aus den reichsten Familien des Landes, stammten, erwies sich für das ganze Land als Unglück. Die Leute wurden zu Anbetern der Armut. Daß der Osten arm ist, daran ist dieses Mißverständnis schuld. Jahrhundertelang hat man die Menschen nach dieser dummen Logik konditioniert.

Ich sage also, wenn ihr *wirklich* religiös sein wollt, müßt ihr so total und intensiv wie möglich das Leben in dieser Welt leben, dann werdet ihr eines Tages erkennen, daß es nur ein Traum ist. Wenn es eure eigene Erkenntnis ist, daß es nur ein vergeblicher, bedeutungsloser Traum ist, dann wird dieses ganze Streben nach Besitz verschwinden. Dann werdet ihr keine Frage über das Geben stellen, denn im Geben ist immer noch das Ego vorhanden, und Unwissenheit. Wer seid ihr, daß ihr geben wollt?

Almustafa weist auf eine sehr bedeutsame Tatsache hin:

Ihr gebt nur wenig, wenn ihr von eurem Besitz gebt.
Erst wenn ihr von euch selber gebt, gebt ihr wahrhaft.

Sobald ihr nicht mehr besitzergreifend seid, verschwindet das Ego. Dann habt ihr euch selbst gegeben.

Denn was ist euer Besitz anderes als etwas, das ihr bewahrt und bewacht aus Angst, daß ihr es morgen brauchen könntet?

Alles Besitzdenken – »Das gehört mir, das ist mein!« – wurzelt in eurer Angst, was morgen sein wird. Wenn ihr nicht an euren Besitztümern hängt, werdet ihr morgen vielleicht in Schwierigkeiten geraten!

Und morgen, was wird das Morgen dem übervorsichtigen Hund bringen, der Knochen im spurlosen Sand vergräbt, wenn er den Pilgern zur heiligen Stadt folgt?

In der gleichen Situation sind all jene, die an ihrem Besitz hängen. Ein Hund, der hinter den Pilgern herläuft, versteckt Knochen im Sand, ohne zu bedenken, daß er sie morgen vielleicht gar nicht wiederfinden wird, weil die Pilgerkarawane, der er hinterherläuft, weitergezogen ist und er ihnen.

Das Heute genügt sich selbst. Und das Morgen wird für sich selber sorgen. Das ist Vertrauen, nicht, an den einen oder anderen Gott zu glauben, an das eine oder andere heilige Buch.

An dem Tag, als der Polizeichef seine Leute hierher schickte... Ohne jegliche Befugnis kamen sie in mein Schlafzimmer. Ich schlief. Ich war gegen vier Uhr in der Nacht angekommen. Es war noch dunkel, und im Halbschlaf konnte ich mir nicht erklären, was dieser ganze Lärm sollte – denn sie erzwangen sich den Eintritt mit Gewalt.

Meine Leute sagten: »Er ist spät gekommen und schläft noch. Und welchen Grund gäbe es, ihn zu sehen? Alle Vollmachten liegen bei Neelam. Sein Rechtsbeistand Tathagat ist hier. Wenn etwas anliegt, können sie es erledigen. Stört ihn nicht. Und ihr habt keinen Durchsuchungsbefehl. Ihr könnt nicht in ein privates Schlafzimmer eindringen!«

Doch Macht ist blind. Gewaltsam erzwangen sie sich den Weg in mein Zimmer. Als ich den Lärm hörte, konnte ich es nicht glauben – seit wann sind Gespenster wie Polizisten angezogen? Ich mußte mir die Augen reiben, um genauer sehen zu können, was los war. Häßliche Zeiten sind das!

Ich hatte keine Ahnung, daß sie mir einen amtlichen Befehl zustellten, denn in der Dunkelheit des frühen Morgens warfen sie mir einfach einen Fetzen Papier hin. Erst später erfuhr ich, daß es die Aufforderung an mich war, die Stadt innerhalb von dreißig Minuten zu verlassen – vom Polizeichef. Ein Polizeichef ist auch nur ein Diener des Volkes.

Dann versuchten sie immer wieder, ihn anzurufen. Immer die gleiche Antwort: »Er hält seine Andacht.« Ich frage mich, was für eine Andacht er hält, denn jede Andacht ist dumm – vor allem in diesem Land. Vielleicht betet er zum Elefantengott Ganesh. Wißt ihr, wie Ganesh entstanden ist? – ein Mann mit dem Kopf eines

Elefanten und einem Bauch, der so groß ist, als wäre er schwanger. Und er reitet auf einer armen Maus. Die Maus muß schon jahrhundertelang tot sein – seit dem Tag, als Ganesh sie sich schnappte und zu seinem Vehikel machte.

Und wie kam Ganesh auf die Welt? Nicht nur die Christen sind so töricht zu behaupten, daß Jesus von der Jungfrau Maria geboren wurde... absolut unwissenschaftlich und unmöglich! Ohne Mann kann eine Frau allein keinem Kind das Leben schenken. Aber die Geschichte von Ganesh ist noch viel abwegiger!

Shiva, der Vater von Ganesh, war ausgegangen, und Parvati, die Mutter von Ganesh, nahm ein Bad. Als sie ihren Körper abrieb, sammelte sie dabei so viel Staub... Parvati scheint in ihrem ganzen Leben nur ein einziges Bad genommen zu haben, denn um aus dem Staub eine Statue von Ganesh zu machen, mit einem so dicken Bauch, muß diese Frau von unzähligen Staubschichten bedeckt gewesen sein. Und da man weiß, daß sie keinen weiteren Sohn mehr gebar, ist es eine logische Schlußfolgerung, daß sie nie wieder ein Bad genommen hat!

Dieser Ganesh ist der beliebteste Gott in dieser Gegend von Indien. Und als sie sah, was für eine schöne Statue sie gemacht hatte aus all dem Staub, den sie beim Baden gesammelt hatte... Man muß sich zuerst einmal fragen, was für eine Frau diese Parvati gewesen ist! Und dann brachte sie durch ihre göttlichen Kräfte die Statue zum Leben. Aber weil sie mit der Reinigung noch nicht fertig war, sagte sie zu Ganesh: »Setz dich vor die Tür und laß niemanden herein.«

Da kam Shiva zurück. Ganesh hatte keine Ahnung, daß er sein Vater war, und hielt ihn auf. Und stellt euch diese Götter vor! Nur weil er von ihm aufgehalten wurde, ist Shiva so wütend geworden, daß er dem Ganesh den Kopf abschlug. Da kam Paravati angerannt: »Was hast du nur getan! Er war dein Sohn!«

Und Shiva lief umher und suchte... Sie wohnten im Himalaja. Der Kopf konnte Tausende Meter tief gerollt sein, und er war nur aus Staub. Er fand nichts, aber er traf einen Elefanten, und so köpfte er den Elefanten und klebte seinen Kopf an den Körper.

Ganesh ist der beliebteste Gott in dieser Gegend des Landes. Sehr wahrscheinlich hat der Polizeichef zu Ganesh gebetet. Zu einer solch stupiden Idee kann er beten, aber meinen vollen Namen kann er nicht schreiben. Er schreibt: »Verehrtester Rajneesh«, – nur um nicht »Bhagwan« schreiben zu müssen.

Nirgendwo – und ich bin ganz schön herumgekommen in der Welt… kein Gerichtsbeamter, kein Richter, kein Polizist war so unhöflich. Sie haben mich alle genauso angeredet wie meine Leute. Nur in meinem eigenen Land, wo man alle möglichen Stupiditäten und idiotischen Ideen als *»bhagwan«* verehrt… und Ganesh ist der Wichtigste. Immer wenn man eine neue Sache anfängt, muß man als erstes Ganesh anrufen: *»Shree Ganesh Namah.«* Und keiner fragt sich: »Wer ist dieser Kerl überhaupt? Und was soll das Ganze bringen?«

Und dieser Mann will mir vorschreiben, keine Religion zu kritisieren! Bestimmt steht dahinter seine eigene Angst: Wenn ich erführe, was für einen Gott er anbetet und an welches heilige Buch er glaubt, würde ich beides kritisieren und fertigmachen. Dabei bin ich durchaus bereit, mit ihm zu argumentieren.

Diese frei erfundenen, völlig irrationalen Geschichten… aber die Leute beten sie an. Ein wahrhaft religiöser Mensch betet nicht; er vertraut in die Existenz. Beten ist ein schwacher Ersatz, aus Plastik. Er vertraut in die Existenz, denn er weiß: »Wenn die Existenz heute für mich sorgt, wird sie das morgen genauso tun. Das Morgen kommt als Heute, und wenn die Existenz mich braucht, wird sie sich um mich kümmern.« Das ist wahres Geben.

Und was ist die Angst vor der Not anderes als Not?
Ist nicht Angst vor Durst, wenn der Brunnen voll ist, der Durst, der unlöschbar ist?
Es gibt jene, die von dem Vielen, das sie haben, wenig geben – und sie geben um der Anerkennung willen, und ihr verborgener Wunsch…

Alle Religionen haben eure verborgenen Wünsche ausgebeutet.

Einmal nahm ich an einem religiösen Treffen in Prayag teil. Ich hörte einen *Shankaracharya* vor Tausenden von Leuten sprechen, und er sagte: »Wenn ihr eine Rupie als Spende gebt, werdet ihr in der anderen Welt tausend Rupien zurückbekommen.« Ein guter Tausch! Tolles Geschäft! Aber alle Hindu-Schriften sind voll von solchen Versprechungen: »Gebt hier ein wenig, dann werdet ihr im Himmel reichen Lohn erhalten.«

Das ist nicht Vertrauen. So werdet ihr euer Besitzstreben nicht los. Hier gebt ihr eine Rupie, – und alle Leute können sehen: Was für ein frommer Mensch! Er hat einem Bettler eine Rupie gegeben! Aber sie wissen nichts von seinem geheimen Wunsch. Er gibt die Rupie, um sicherzugehen, daß er nach dem Tod tausend Rupien bekommt. Er zahlt sie in Gottes Bank ein. Aber zu was für einem absurden Zinssatz!

Die Leute geben ein bißchen, um sicher zu sein, daß sie in der anderen Welt viel bekommen werden. Und in dieser Welt bekommen sie dafür Anerkennung und Ansehen. Man hält sie für religiös.

Einer der Nachfolger von Mahatma Gandhi, Vinoba Bhave, fuhr durchs ganze Land und forderte die Menschen auf, von ihrem Grund und Boden etwas an die Armen abzutreten – ein Sechstel ihres Landes. Und er erhielt Millonen Hektar Land als Spende für die Armen. Erst später zeigte sich, daß fast alles von diesem Land nutzlos und unfruchtbar war. Aber diese Leute erhielten Anerkennung, sie erhielten Sitze in den Volksvertretungen und im Parlament. Und nicht nur, daß sie wertloses Land gaben. Tatsächlich redeten sie nur davon, haben es aber nie hergegeben. Es wurde nie an die Armen überschrieben. Und was hätte ein armer Mann schon mit diesem Land anfangen sollen? Es hatte überhaupt keinen Wert.

Doch so macht es das Ego des Menschen, um sich Anerkennung, Ansehen und Ehre zu verschaffen.

...sie geben um der Anerkennung willen, und ihr verborgener Wunsch verdirbt ihre Gaben.

Khalil Gibran ist wahrlich ein religiöser Mensch, von einer Aufrichtigkeit und Authentizität, die selten ist. Er sagt: »Diese Gaben sind nicht religiös. Sie sind verdorben.«

Und es gibt jene, die wenig haben und alles geben.
Das sind die, die an das Leben und die Fülle des Lebens glauben, und ihr Beutel ist nie leer.

Das sind jene, die vertrauen. Wenn Gott, oder die Existenz, oder wie immer ihr es auch nennen wollt, euch das Leben gegeben hat… seine Fülle, sein Überfluß wird immer verfügbar sein für jene, die vertrauen.

Als ich die Universität verließ und meine Stelle kündigte, war mein Vater natürlich sehr beunruhigt. Er eilte aus seinem Dorf herbei, das hundertzwanzig Meilen von der Universität entfernt war, und fragte mich: »Hast du denn an morgen gedacht? Hast du an Krankheit gedacht? Hast du an das Alter gedacht?«

Ich sagte: »Ich habe nie an meine Geburt gedacht, ich habe nie an meine Kindheit gedacht. Dieselbe Quelle des Lebens, die dafür gesorgt hat, wird auch hierfür sorgen. Und wenn ich einmal nicht mehr gebraucht werde, ist es unnütz, weiter für mich zu sorgen. Dann ist es gut, wenn ich verschwinde und Platz mache für jemanden, der gebraucht wird. Mach dir also keine Sorgen.«

Aber es ist sehr schwierig. Er konnte mich nicht überzeugen, obwohl er tat, was er konnte. Ich sagte zu ihm: »Denk daran, ich werde keine einzige Rupie als Erbe von dir annehmen. Du hast mir genug gegeben. Deine Liebe und die Freiheit, die du mir gegeben hast, sind etwas sehr Kostbares.«

Aber ein Vater bleibt ein Vater. Er fuhr sofort nach Hause und überschrieb einen großen Teil seines Besitzes auf meinen Namen, ohne mich zu informieren, weil er wußte, daß ich es nicht annehmen würde. Ich erfuhr erst davon, als er gestorben war. Man muß Steuern dafür bezahlen, und so erhielt ich zum ersten Mal einen Brief, in dem stand: »Sie zahlen Ihre Steuern nicht.«

Ich sagte: »Muß ich auf meinen Körper Steuern zahlen? Nicht einmal meine Kleider gehören mir. Nichts gehört mir. Ich besitze nichts. Alles ist mir von meinen Sannyasins gegeben worden. Und ich nehme nie etwas für immer an; ich nehme es nur an, um es zu benutzen. Sie können es jederzeit zurücknehmen, es gehört ihnen.«

Diese Uhr benutze ich nicht vierundzwanzig Stunden am Tag – nur für die Dauer des Vortrages, weil ich keinen Zeitsinn habe. Ich könnte sonst immer weiterreden... und gelegentlich, wenn ich vergesse, auf die Uhr zu sehen, rede ich tatsächlich immer weiter.

Meine Leute haben mich gefragt: »Sollen wir dir ein Zeichen geben?«

Ich habe ihnen gesagt: »Tut das niemals! Ich mag keine Einmischung.«

Ich sagte zu meinem Vater: »Ich vertraue der Existenz.« Und ich habe bewiesen, daß die Existenz für mich gesorgt hat – besser, als ich es selbst je vermocht hätte.

Es gibt jene, die mit Freude geben, und die Freude ist ihr Lohn.

Sämtliche Religionen haben euch angelogen.

Und der Polizeichef sagt mir, ich solle keine Religion kritisieren! Sie haben euch belogen. Sie sagen, wenn ihr hier gebt, werdet ihr im Himmel dafür belohnt werden. Dabei haben sie weder einen Beweis für den Himmel, noch haben sie irgend einen Beweis von den Millionen Menschen, die schon dahingegangen sind – nicht einen einzigen Brief, keine Postkarte, auf der steht: »Ja, es stimmt, was die Priester sagen.« All das Geld, das ihr gebt, bekommen die Priester. Aber der Wunsch, belohnt zu werden, macht euch blind für eine einfache Wahrheit: Im Geben selbst kann man eine solche Freude fühlen – wozu braucht man dann noch eine Belohnung?

Dies ist eines der Prinzipien, auf die ich am meisten Wert lege: Jede Handlung enthält ihre eigene Belohung oder ihre eigene Strafe. Es besteht kein Bedarf an einem Gott, der vierundzwanzig Stunden lang über Millionen Menschen auf dieser Erde alles in seinen Büchern registriert. Und den Wissenschaftlern zufolge gibt es mindestens fünfzigtausend Planeten, auf denen Leben existiert!

Habt Erbarmen mit diesem armen Gott! Bürdet ihm nicht unnötig diese Last auf! Das Leben hat seinen eigenen Mechanismus. Jede eurer Taten birgt entweder Lohn oder Strafe in sich. Und das Kriterium für euch könnte sein: Wenn es belohnt wird, ist es richtig. Wenn es bestraft wird, ist es verkehrt. Wenn es eine Belohnung ist, ist es eine Tugend. Wenn es eine Strafe ist, ist es eine Sünde. Es ist nicht nötig, zu jemandem hinzugehen, um ihn zu fragen. Jede einzelne Tat wird es euch selbst lehren, vierundzwanzig Stunden am Tag.

Es gibt jene, die mit Freude geben, und die Freude ist ihr Lohn.
Und es gibt jene, die mit Schmerzen geben, und der Schmerz ist ihre Taufe.

Das ist das Schöne an Khalil Gibran, daß sogar der Schmerz zu einer religiösen Transformation wird. Selbst wenn ihr nicht mit Freude, sondern mit Schmerzen gebt, wird der Schmerz euch reinigen. Dieser Schmerz ist ein Feuer; er wird alles verbrennen, was falsch in euch ist. Ihr werdet aufrichtiger, menschlicher, religiöser daraus hervorgehen. Das ist die Bedeutung der Taufe. Aber nicht der Taufe der christlichen Priester.

Und ich werde das kritisieren. Ein bißchen Wasser auf die Köpfe kleiner Babys zu tröpfeln – das ist keine Taufe, das ist einfach Dummheit.

Ich habe eine Geschichte gehört...

Ein großer Bischof wohnte gegenüber von einem großen Rabbiner, und natürlich machten sie sich ständig Konkurrenz. Warum sollte es bei den religiösen Leuten anders zugehen?

Eines Morgens kam der Rabbi nach draußen und sah in der Garage des Bischofs einen funkelnagelneuen Chevrolet stehen, das neueste Modell. Und der Bischof kam aus dem Haus und besprengte sein Auto mit Wasser. Der Rabbi konnte der Versuchung nicht widerstehen... was machte dieser Idiot?

Er ging hin und fragte ihn: »Mein lieber Herr, was machen Sie denn da?«

Der Bischof sagte: »Ich taufe es. Jetzt ist es ein christliches Auto.«

Dem Rabbi war der neue Chevrolet ein riesiger Dorn im Auge, aber ein Rabbi ist ein Jude und clever, was das Geld angeht. Er schaffte es noch am selben Tag, genug Geld aufzutreiben, um sich einen tollen Lincoln Continental zu kaufen – um Klassen besser als der Chevrolet! In Amerika ist der Chevrolet ein Armeleuteauto. Der Lincoln Continental ist viel besser, ein Auto für Reiche. Der Bischof sah ihn von seinem Haus aus.

Er sagte: »Mein Gott! Dieser Rabbiner hat es faustdick hinter den Ohren!«

Er ging zum Haus des Rabbi und fragte ihn: »Wem gehört denn das Auto?«

Der Rabbi sagte: »Wem es gehört? Ich habe es gekauft. Es ist der neueste Lincoln Continental.«

Und der Bischof sagte: »Was machen Sie denn da?« Der Rabbi schnitt mit einer Gartenschere das Auspuffrohr ab.

Er sagte: »Ich beschneide es. Jetzt ist es ein jüdisches Auto.«

Und das sind keine Witzfiguren! Solche Idioten gibt es wirklich, auf der ganzen Welt.

Die wirkliche Taufe ist das Feuer, durch das ihr hindurchgeht, der Schmerz, durch den ihr hindurchgeht. Ihr lauft nicht davor weg. Ihr habt weiter Vertrauen in die Existenz. Wenn sie euch Schmerz zufügt, muß es einen Grund dafür geben. Etwas in eurem Herzen muß verbrennen, damit ihr rein werdet.

Und es gibt jene, die geben und keinen Schmerz beim Geben kennen: weder suchen sie Freude dabei...

Sie sind die reinsten, die religiösesten.

...noch geben sie um der Tugend willen.

Sie geben nicht deshalb, weil das Geben von allen Religionen als eine Tugend gelehrt wird.

Sie geben, wie im Tal dort drüben die Myrte ihren Duft verströmt.

Sie geben, genau wie Blumen ihren Duft an die Winde verströmen, damit sie ihn mitnehmen, wohin der Wind auch weht. Sie erfahren nie, wem sie gegeben haben. Es interessiert sie nicht. Sie geben einfach aus ihrer Liebe heraus – um keines Lohnes, um keiner Tugend willen. Das sind die größten Gebenden. Sie sind sich nicht einmal bewußt, daß sie geben.

Durch ihre Hände spricht Gott, und aus ihren Augen lächelt Er...

Sie sind eins geworden mit der Existenz. Ihre Hände sind Gottes Hände, und ihre Augen sind Gottes Augen...

Durch ihre Hände spricht Gott, und aus ihren Augen lächelt Er auf die Erde.

Sie sind die höchsten Gipfel der Bewußtheit, Schönheit, Liebe. Jeder Mensch hat das Potential, die Hände Gottes, die Augen Gottes zu werden. Und solange ihr es nicht werdet, habt ihr den wahren Sinn eures Lebens verfehlt.

Es ist gut zu geben, wenn man gebeten wird, aber besser ist es, wenn man ungebeten gibt, aus Verständnis;

Wozu jemanden erniedrigen und ihn zwingen, um etwas zu bitten? Das ist häßlich. Wenn ihr seht, daß jemand Not hat und ihr in der Lage seid, sie verständnisvoll zu befriedigen, dann solltet ihr das tun.

Als ich Student an der Universität war, erhielt ich jeden Monat zweihundert Rupien, aber ich wußte nicht, von wem. Ich hatte alles unternommen, um herauszubekommen, wer es war. Am Ersten jedes Monats kam eine Geldanweisung, aber es stand nie ein Name oder eine Adresse darauf. Erst als der Betreffende starb... Es war niemand anderer als der Gründer der Universität, an der ich Student war.

Ich ging zu seinem Haus. Seine Frau sagte: »Ich mache mir Sorgen – nicht, weil mein Mann gestorben ist. Jeder muß einmal sterben. Meine Sorge ist, wo ich die zweihundert Rupien herbekommen soll, um sie Ihnen zu schicken?«

Ich sagte: »Mein Gott, also war es Ihr Mann, der sie mir geschickt hat? Ich habe nie darum gebeten, und es war gar nicht nötig, weil ich ein Stipendium von der Universität bekomme: freie Unterkunft, freie Verpflegung – alles gratis.«

Die Frau sagte: »Ich habe ihn auch oft gefragt: ›Warum schickst du ihm immer die zweihundert Rupien?‹ Und er sagte: ›Er braucht es. Er liebt Bücher, aber er hat kein Geld für Bücher. Und sein Bedarf an Büchern ist größer als sein Bedarf an Essen.‹«

Aber das war ein seltener Mensch. In seinem ganzen Leben hatte er alles, was er verdiente, gestiftet, um die Universität seiner Stadt ins Leben zu rufen.

Indien besitzt nahezu eintausend Universitäten. Ich kenne viele von ihnen. Seine Universität ist klein; es ist nur ein kleiner Ort. Aber seine Universität ist die schönste: auf einem Hügel, umgeben von hohen Bäumen, und darunter ein großer See voller Lotosblumen. Der See ist so groß, daß man das andere Ufer nicht sehen kann. Und ich erfuhr, daß er alles der Universität vermacht hatte. Niemand hatte ihn darum gebeten. Kein Mensch erwartete an einem so kleinen Ort eine so großartige Universität.

Er war ein weltbekannter Rechtsexperte, hatte Büros in London, New Delhi, Peking. Er war ständig unterwegs. Ich hatte ihn einmal gefragt, warum er diesen Platz gewählt hatte.

Er sagte: »Ich war schon überall auf der Welt, aber ich habe noch nirgends einen so schönen Hügel mit so großen Bäumen, einem so schönen See und so vielen Lotosblumen gesehen...«

Der ganze See ist mit Lotosblüten und ihren Blättern bedeckt. Frühmorgens sind auf allen Lotosblüten Tautropfen, die sich in der Nacht gesammelt haben... am Morgen kann man sie sehen. Dieser See ist der reichste auf der Welt, denn all die Tautropfen funkeln wie Diamanten.

Er führte mich herum und sagte: »Der Grund ist nicht, daß es meine Stadt ist; es ist, weil dieser Ort so schön ist.«

Aber ich hätte nie gedacht, daß er mir jeden Monat zweihundert Rupien ohne Absender zukommen lassen würde. So konnte ich ihm nicht einmal einen Dankesbrief schicken.

Es ist gut zu geben, wenn man gebeten wird, aber besser ist es, wenn man ungebeten gibt, aus Verständnis;
Und für den Freigebigen ist die Suche nach einem, der empfangen soll, eine größere Freude als das Geben.

Was können wir geben? Alles ist profan.

Almustafa hat recht, wenn er sagt, daß der wahre Gebende nicht danach trachtet, durch das Geben Freude zu erlangen. Seine Freude besteht darin, einen Menschen zu finden, dem er geben kann – der bereit ist zu empfangen, der offen ist und nicht verletzt sein wird.

Und gibt es etwas, das ihr zurückhalten werdet?
Alles, was ihr habt, wird eines Tages gegeben werden;
Daher gebt jetzt...

Der Tod wird alles hinwegnehmen. Daher seid nie besorgt um das Geben. Das Leben hat euch gegeben; das Leben wird es wieder nehmen. Warum verpaßt ihr die Gelegenheit, die Freude des Gebens zu erleben? Warum verpaßt ihr die Gelegenheit, zur Hand Gottes, zum Auge Gottes zu werden?

...daß die Zeit des Gebens eure ist und nicht die eurer Erben.

Die Menschen horten für ihre Erben. Das ist falsch, aus zweierlei Gründen: Erstens verpaßt ihr die Gelegenheit zu geben. Zweitens verpaßt derjenige, der euer Geld erbt, die Gelegenheit, es sich selbst zu verdienen. Damit schadet ihr zwei Menschen: euch selbst und euren Kindern.

11

Sprich uns von der Liebe…

Das Leben, das dem Leben gibt

Ihr sagt oft: »Ich würde geben, aber nur dem, der es verdient.«
Die Bäume in eurem Obstgarten reden nicht so, und auch nicht die Herden auf euren Weiden.
Sie geben, damit sie leben dürfen, denn zurückhalten heißt zugrunde gehen.
Sicher ist der, der würdig ist, seine Tage und Nächte zu erhalten, auch alles anderen von euch würdig.
Und der, der verdient hat, vom Meer des Lebens zu trinken, verdient auch, seinen Becher aus eurem Bach zu füllen.
Und welcher Verdienst wäre größer als der Mut und das Vertrauen, ja auch die Nächstenliebe, die im Empfangen liegt?
Und wer seid ihr, daß die Menschen sich die Brust zerreißen und ihren Stolz entschleiern sollten, damit ihr ihren Wert nackt und ihren Stolz entblößt seht?
Seht erst zu, daß ihr selber verdient, ein Gebender und ein Werkzeug des Gebens zu sein.
Denn in Wahrheit ist es das Leben, das dem Leben gibt – während ihr, die ihr euch als Gebende fühlt, nichts anderes seid als Zeugen.
Und ihr, die ihr empfangt – und ihr seid alle Empfangende –, bürdet euch nicht die Last der Dankbarkeit auf, damit ihr nicht euch und dem Gebenden ein Joch auferlegt.
Steigt lieber zusammen mit dem Gebenden auf seinen Gaben empor wie auf Flügeln;
Denn seid ihr euch eurer Schuld zu sehr bewußt, heißt das, die Freigebigkeit desjenigen zu bezweifeln, der die großherzige Erde zur Mutter und Gott zum Vater hat.

Alle Religionen der Welt lehren die Nächstenliebe, sie lehren zu dienen, zu geben. Aber seht euch die Welt an, die sie geschaffen haben! Darin gibt es weder Nächstenliebe, noch gibt es Dienen, noch gibt es Geben. Sie haben schöne Worte gebraucht, aber ihre schönen Worte sind wie die Worte eines Blinden, der vom Licht redet. So schön seine Worte auch sein mögen: Sie transportieren keine Wahrheit.

Almustafa gibt euch eines der wichtigsten Geheimnisse, das euer Leben transformieren kann.

Er sagt:

Ihr sagt oft: »Ich würde geben, aber nur dem, der es verdient.«

Das haben alle Religionen gelehrt. Die buddhistischen Schriften sind voll davon, daß man nur den Buddhisten geben soll, denn sie sind diejenigen, die es verdienen. Und die brahmanischen Schriften sind voll davon, daß man geben und teilen und dienen soll – aber nicht jenen, die in Not sind, die am Verhungern sind, die am Sterben sind, sondern den *Brahmanen**, weil sie es verdienen. Sie alle haben die Menschheit in die Irre geführt. Daher die Verwirrung auf der ganzen Welt.

Almustafa gibt euch eine sehr ursprüngliche Erkenntnis, unverbraucht, unverdorben. Es kann keine geborgte Wahrheit sein, denn es gibt keine Schrift auf der Welt, aus der sie entliehen sein könnte. Es ist eine aus dem Herzen kommende Erfahrung.

Die Bäume in eurem Obstgarten reden nicht so, und auch nicht die Herden auf euren Weiden.

Sie geben einfach aus ihrer Fülle. Wenn ein Baum schwer von Früchten ist, wird der Baum sie der Erde zurückgeben, selbst wenn keiner da ist, der die Früchte nimmt. Er kann nicht weiterleben, wenn er so schwer beladen ist, so belastet von seiner Fülle. Gebt aus eurer Fülle.

* Priesterkaste der Hindus

Sie geben, damit sie leben dürfen, denn zurückhalten heißt zugrunde gehen.

Das Leben ist eine stete Bewegung. Immer wenn der Fluß zum Stillstand kommt, tritt der Tod ein. Jeder Stillstand hat etwas vom Tod. Das Leben kennt keinen Stillstand.

Ein wirklich und wahrhaftig religiöser Mensch gibt, weil er hat. Er gibt, denn wenn er es nicht gibt, wird es zugrunde gehen. Und wenn es zugrunde geht, geht auch er zugrunde. Der religiöse Mensch läßt andere teilhaben – und ihr schuldet ihm keinen Dank dafür. Im Gegenteil, er schuldet euch Dank, weil ihr es annehmt, denn ihr habt ihm seine Bürde abgenommen, die ihn hätte das Leben kosten können. *Sie geben, damit sie leben dürfen, denn zurückhalten heißt zugrunde gehen.*

Schaut eure eigene Erfahrung an. Die Augenblicke des Gebens sind die schönsten. Die größte Freude erfahren diejenigen, die ohne Unterschied geben können. Es spielt keine Rolle, wem ihr gebt. Das Entscheidende ist: Ihr seid so übervoll, euer Geben ist ein Überfließen. Und Überfließen ist der Tanz des Lebens, das Lied der Existenz.

Aber wenn ihr euch daran klammert und es festhaltet, wird es sterben. Um zu leben, braucht es ständige Bewegung – genau wie euer Atem. Wenn ihr versucht, ihn aus Angst anzuhalten – denn wer weiß, ob er wiederkommt –, dann werdet ihr Selbstmord begehen. Ihr gebt ständig euren Atem... und es *ist* ein Geben, ob ihr euch dessen bewußt seid oder nicht. Und je mehr ihr gebt, desto reicher ist euer Geben und desto gesünder werdet ihr sein, desto jünger werdet ihr sein.

Es ist eine wohlbekannte Tatsache, daß wir in der Regel sehr oberflächlich atmen. Man findet sehr selten jemanden, der voll atmet. Wir haben in unserer Lunge eine riesige Zahl kleiner Bläschen. Selbst der gesündeste Mensch atmet nur durch einen Teil dieser winzigen Öffnungen; die übrigen bleiben ohne lebensspendenden Sauerstoff. Deshalb sind Gymnastik, Laufen, Joggen, Schwimmen so hilfreich, weil ihr dabei tief atmet. Doch bevor ihr einatmen könnt, müßt ihr eure Lunge von all dem Kohlendioxid entleeren, das sich angesammelt hat. Wenn die Lunge mit Kohlendioxid gefüllt ist, stirbt man.

Auch die Bäume, die euch hier umgeben, atmen. Sie atmen das Kohlendioxid ein, das ihr ausatmet. Ihr gebt euer Kohlendioxid den Bäumen, die es brauchen – ohne euch würden sie sterben. Und sie atmen Sauerstoff aus – ohne sie könntet ihr nicht leben. Aber in ihrer Blindheit fällen die Menschen weiterhin die Bäume, nicht wissend, daß sie damit ihr eigenes Leben fällen.

Ich habe die verschiedensten Menschen genau beobachtet: Der Geizige atmet am flachsten. Er klammert sich sogar an das Kohlendioxid, das ihm den Tod bringt. Aber wir haben seltsame Dinge geschaffen, sonderbare Menschheitsideale, und weil sie so oft gang und gäbe sind, habt ihr völlig vergessen, sie je in Frage zu stellen.

Habt ihr gewußt: In der ganzen Menschheitsgeschichte ist kein Fall bekannt, daß jemand an einem Herzanfall gestorben wäre, während er Liebe machte? Das kann kein bloßer Zufall sein. Die Menschen haben unter den verschiedensten Umständen einen Heranfall. Sex ist die einzige Situation, in der ein Herzanfall offenbar nicht auftritt. Und das scheint einfach daran zu liegen, daß ihr beim Sex tiefer und voller atmet. Ihr gebt – und indem ihr gebt, lebt ihr.

Macht euch keine Gedanken, ob der andere es verdient oder nicht. Das ist die Frage und die Sorge des Geizigen.

Ich habe diejenigen beobachtet, die nicht geizig sind. Sie bekommen keinen Herzanfall. Euer ganzes Leben ist eine organische Einheit. Was auch immer ihr tut, spiegelt eure ganze Persönlichkeit in jeder Hinsicht wider.

Almustafa hat recht:

Sicher ist der, der würdig ist, seine Tage und Nächte zu erhalten, auch alles anderen von euch würdig.

Wenn die Existenz bereit ist, einem Menschen das Leben zu geben – könnt ihr ihm nicht eine Tasse Tee geben? Wenn die Existenz bereit ist, einen Menschen siebzig, achtzig oder mehr Jahre am

Leben zu erhalten, wenn die Existenz nie darüber nachdenkt, ob er es verdient oder nicht... was habt ihr denn zu geben, daß ihr so besorgt seid? In Wirklichkeit wollt ihr gar nicht geben. Ihr sucht nur nach einer Ausrede: »Ich gebe nicht – nicht, weil ich geizig bin, sondern weil keiner da ist, der es verdient.«

Und der, der verdient hat, vom Meer des Lebens zu trinken, verdient auch, seinen Becher aus eurem Bach zu füllen.

Doch die brahmanischen Schriften sagen: »Gebt nur den *Brahmanen.* Dann ist es Nächstenliebe, dann ist es eine Tugend.« Sie sagen nie: »Gebt den *Sudras*, den Unberührbaren.« Das sind diejenigen, die es wirklich nötig hätten. Aber nach der häßlichen Klassifikation des Hinduismus verdienen sie es nicht.

Und wir sind so blind, daß wir nie sehen, daß derjenige, der es wirklich verdient, gerade derjenige ist, der es nötig hat. Er mag ein Dieb sein, er mag ein Mörder sein – wer seid ihr, ihn deswegen zu verurteilen? Mit eurem Urteil beweist ihr nur eure Unmenschlichkeit.

Ich habe gehört...

In einer Vollmondnacht kam in das kleine Haus eines Meisters, weit außerhalb der Stadt, ein Dieb.

Der Meister war wach. Er besaß nur eines: eine Decke, die er teils als Matratze, teils zum Zudecken benutzte. Und am Tage benutzte er dieselbe Decke, um seine Blöße zu bedecken, denn er besaß keine anderen Kleider.

Als er im Vollmond den Mann sah – denn die Türen waren offen, die Fenster waren offen, und der Mond schien hinein... Es war ein bekannter Dieb. Der Meister schloß die Augen, denn die Augen offenzuhalten wäre dem Dieb gegenüber respektlos gewesen, wenn er es bemerkt hätte. Da er einige Meilen aus der Stadt gekommen war, um etwas aus dem Haus eines armen Meisters zu stehlen, mußte er in großer Not sein.

Der Meister weinte und hielt sich unter seiner Decke verborgen. »Was kann er in meinem Haus schon finden? Er wird die acht

Meilen mit leeren Händen wieder zurückgehen müssen. Hätte er es mich zwei oder drei Tage vorher wissen lassen, dann hätte ich in der ganzen Stadt betteln und etwas für ihn sammeln können. Das ist nicht die rechte Art, in das Haus eines armen Mannes zu kommen!«

Es kümmerte ihn nicht, daß er ein Dieb war. Er war bekümmert, daß er nichts besaß, was der Mann von ihm stehlen und was ihn zufriedenstellen konnte.

Im Inneren des Hauses herrschte Dunkelheit, und der Meister machte sich Sorgen, der Dieb könne stolpern und hinfallen und sich wehtun. So zündete er eine Kerze an und ging hinter dem Dieb ins Haus. Der Dieb schaute sich um. Plötzlich war Licht in der Finsternis, und als er den Meister erblickte, erstarrte er vor Angst. »Wenn dieser Mann ein einziges Wort sagt, wird die ganze Stadt ihm Glauben schenken.«

Doch der Meister sagte: »Hab keine Angst. Ich komme, um dir zu helfen. Hier drinnen ist es sehr dunkel. Und außerdem lebe ich seit dreißig Jahren in diesem Haus und habe noch nichts gefunden. Aber wenn du mich zum Partner nimmst, können wir bei allem, was wir finden, halbe-halbe machen. Doch wenn du alles für dich behalten willst, ist das auch in Ordnung, denn ich habe noch nie etwas gefunden. Es gehört dir; du bist der Finder.«

Der Dieb war im Herzen berührt. Wohl hatte er das Wort »Mitgefühl« schon gehört, aber jetzt erfuhr er zum ersten Mal in seinem Leben, was es bedeutet. Da war kein Vorwurf, kein Urteil. Im Gegenteil, dieser Mann half ihm sogar, in seinem eigenen Haus etwas zu stehlen!

Der Dieb sagte: »Bitte vergib mir, Meister. Ich hatte keine Ahnung, daß es dein Haus ist, sonst hätte ich es nicht zu betreten gewagt.«

Der Meister sagte: »Du sollst nicht mit leeren Händen gehen. Ich habe nichts als diese Decke, und draußen ist es sehr kalt – bitte nimm diese Decke.«

Und er gab ihm seine Decke. Der Dieb war erstaunt, denn darunter war er nackt. Sie war alles, was er besaß. Der Dieb versuchte, es ihm auszureden...

Der Meister sagte: »Füge mir nicht noch größeren Schmerz zu. Und wenn du das nächste Mal kommst, sag mir vorher Bescheid. Ich werde mich darauf einrichten. Und wenn du etwas Bestimmtes brauchst, laß es mich wissen. Es gibt in dieser Stadt so viele, die mich lieben; ich habe so viele Jünger und Anhänger. Ich garantiere es dir. Ich schäme mich, daß meine Decke so alt ist. Sie ist es nicht wert, daß man sie herschenkt. Doch sieh meine Ratlosigkeit und habe die Güte, sie anzunehmen. Ich werde dir mein Leben lang dankbar sein.«

Der Dieb war in einem Dilemma. Was sollte er tun? So einen Menschen hatte er noch nie erlebt. Er berührte die Füße des Meisters und nahm die Decke, denn nun konnte er sie schwer ablehnen. Dann beeilte er sich, das Haus zu verlassen, denn die Gegenwart des Meisters wurde ihm unerträglich. Er hatte Kaiser gesehen und Generäle, aber einen richtigen Menschen hatte er noch nie zu Gesicht bekommen.

Als er hinausging, sagte der Meister: »Denk daran, und vergiß es nicht! Du hast mich sehr glücklich gemacht. Mein ganzes Leben lang war ich ein Bettler. Ich habe nie die Freude des Gebens kennengelernt. Du hast mich vom Bettler zum Kaiser gemacht, weil du meine alte, verschlissene Decke genommen hast. Du hast ein weites Herz, tiefes Verständnis. Komm öfter wieder.«

Als der Dieb gegangen war, saß der Meister da und zitterte. Es war so kalt... Da sah er den Vollmond durchs Fenster, und er schrieb ein kleines Haiku mit folgender Bedeutung:

Warum läßt die Existenz mich so arm sein?
Erst jetzt, da der Dieb mir begegnete,
fühlte ich meine Armut.
Könnte ich ihm diesen schönen Mond geben,
ich hätte auch ihn gegeben.

Die Frage ist nicht, ob der Mensch, dem ihr etwas gebt, es verdient. Die Frage ist, ob er es nötig hat. Gebt ihm aus Liebe, gebt aus Achtung. Verletzt nie die Würde des anderen.

Und welcher Verdienst wäre größer als der Mut und das Vertrauen, ja auch die Nächstenliebe, die im Empfangen liegt?

Das ist eine völlig neue, unberührte Aussage. Niemand – nicht Krishna, nicht Buddha, nicht Jesus – hat je dazu eine so tiefe Wahrheit von sich gegeben: *die Nächstenliebe, die im Empfangen liegt.* Alle haben immer nur von der Nächstenliebe geredet, die im *Geben* liegt.

Fühlt euch jenen zu Dank verpflichtet, die von euch empfangen. Seht ihren Mut und ihr Vertrauen – sie hätten euch auch zurückweisen können. Seht ihre Nächstenliebe. Sie haben zugelassen, daß ihr euch über sie ergießen konntet wie eine Wolke, die schwer ist vom Regen. Und wenn eine Wolke schwer ist vom Regenwasser und sich ergießen muß, denkt ihr, sie zieht umher, bis sie jemanden gefunden hat, der es verdient? Wird sie auf das Feld eines Brahmanen mehr regnen als auf das Feld eines armen Sudra? Es ist ihr egal. Sie ist einfach der durstigen Erde dankbar, die sie voller Freude empfängt. Und diese Freude wird überall sichtbar – in den grünen Blättern, in den duftenden Blüten. Mit einem Mal ist das trockene Land nicht mehr trocken. Es ist voller Saft und voller Leben.

Und doch hat das dürstende Land einen Akt der Nächstenliebe vollbracht: Es hat einer Wolke ihre Last abgenommen, es hat die Wolke befreit. Nun kann sie sich leichter in jede Richtung bewegen, in die der Wind sie weht.

Aber so hat keine Religion je darüber gedacht. Sie waren vielmehr alle interessiert am Geld und an der Macht, die sie von den Reichen bekommen können. In Wirklichkeit haben sie versucht, die Reichen zum Geben zu bewegen, aber auf eine sehr versteckte Weise.

Beim Lesen einer buddhistischen Schrift über die Nächstenliebe war ich erstaunt, wie gerissen der Verstand jener Leute ist, die ihr für religiös haltet. Ich kann nicht glauben, daß diese Worte von Gautam Buddha selbst stammen, denn sie wurden erst nach seinem Tod aufgezeichnet. Er hat zweiundvierzig Jahre lang ständig geredet. Darum gibt es so viele Schulen, genau zweiunddreißig, mit unterschiedlichen

Schriften, und sie alle behaupten: »So hat Buddha es gesagt.« Das läßt sich heute unmöglich feststellen.

Aber wenn man das liest... Zunächst handelt es von der Schönheit der Nächstenliebe, der Tugend der Nächstenliebe, dem Lohn, den man in der anderen Welt bekommen wird, wenn man Nächstenliebe übt. Und am Schluß heißt es: »Aber merkt euch: Gebt nur jenen, die es verdienen.« Und dann wird definiert, wer die Leute sind, die es verdienen. Die Definition ist so, daß sie nur für einen buddhistischen Mönch zutrifft. Gebt dem *Bhikku*, dem buddhistischen Mönch. Aber es steht nicht wörtlich: »dem buddhistischen Mönch«, sondern es wird eine Definition gegeben, die nur auf einen buddhistischen Mönch paßt.

Und dasselbe gilt für die Hindus und die Mohammedaner und die Christen. Aber keiner von ihnen hat wirklich über die Nächstenliebe des Empfangens nachgedacht, denn es ging ihnen nicht um den Menschen. Es ging ihnen ums Geld – wie sie an das Geld kommen können, wie sie die Leute zum Spenden verführen und sie davon überzeugen können, daß alles, was sie geben, eine gute Investition ist: Im anderen Leben werdet ihr ein Vielfaches zurückbekommen!

Hier steigt Almustafa zur höchstmöglichen Bewußtseinsstufe auf.

Und wer seid ihr, daß die Menschen sich die Brust zerreißen und ihren Stolz entschleiern sollten, damit ihr ihren Wert nackt und ihren Stolz entblößt seht?

Wer seid ihr? Ihr gebt etwas Profanes: Geld, Brot, Kleider, ein Obdach für die Nacht.

Es geschah einst, daß ich unterwegs von einem Dorf zu einem anderen war. Es gab in jener Gegend keine Eisenbahn, mein Chauffeur war fremd, und es gab zwei Orte mit sehr ähnlichen Namen. So gelangten wir in den falschen Ort, und es war mitten in der Nacht. Es war ein mohammedanisches Dorf. Ich wollte nur einen Schlafplatz für die Nacht.

Die erste Frage war: »Bist du Mohammedaner?«

Ich sagte: »Muß ich ein Mohammedaner sein? Ich will nur unter eurem Dach schlafen.« Sie sagten: »Wenn du ein Mohammedaner bist, bist du willkommen. Wenn du kein Mohammedaner bist, tut es uns leid« – denn das ist es, was ihre Prediger ihnen beigebracht haben.

Kurioserweise war mein Fahrer Mohammedaner. Also sagte er zu mir: »Im nächsten Haus hältst du den Mund. Du siehst vollkommen aus wie ein Mohammedaner, kein Problem! Du darfst nur nichts sagen. Laß mich nur machen. Ich werde sagen: ›Mein Meister, mein Chef, ist im Schweigen.‹«

Ich sagte: »Probier's!« – und es funktionierte! Man erwies mir alle Gastfreundschaft, ja viel mehr, weil ich im Schweigen war. Doch am Morgen bei der Abfahrt sagte ich: »Der Richtigkeit halber will ich euch sagen, daß ich gar kein Mohammedaner bin. Und ich bin auch nicht im Schweigen. Aber mein Fahrer ist natürlich Mohammedaner.«

Sie wurden furchtbar böse und wütend auf mich. Der ganze Ort kam zusammen. Mein Chauffeur sagte: »Was machst du für Scherereien? Es drehte sich nur noch um zwei Minuten. Hättest du geschwiegen, dann hätten sich alle gefreut und gedacht, daß ein großer Heiliger, ein Weiser ihr Haus und ihren Ort gesegnet hat!«

Ich sagte: »Aber es ist nicht die Wahrheit. Ich habe dir zugestimmt, weil ich müde und schläfrig war.«

Aber jetzt wurde die Situation richtig heiß. Mein Chauffeur sagte: »Du mußt etwas unternehmen, denn das sind alles Fanatiker!« Jeder, der zu einer organisierten Religion gehört, ist ein Frömmler und Fanatiker, weil er grundsätzlich die Einstellung hat, nur *seine* Religion habe recht und alle anderen Religionen hätten unrecht, ob er es eingesteht oder nicht.

Als ich die Situation sah – ich mußte pünktlich woanders sein, und der Scherz war schon zu weit gediehen –, da lachte ich und sagte: »Ihr seid wahrhaftig schlichte und unschuldige Leute! Könnt ihr denn nicht mal einen Mohammedaner erkennen?«

Da sagten sie: »Doch, das können wir schon. Du siehst aus wie ein Mohammedaner!«

Und ich sagte: »Und was mein Schweigen angeht: Es war meine letzte Nacht im Schweigen. Darum kann ich jetzt mit euch reden.«

Da lachten sie alle und umarmten mich und sagten: »Du bist uns jederzeit willkommen! Immer wenn du auf dieser Strecke vorbeikommst, steht dir überall das Haus offen!«

Und wer seid ihr, daß die Menschen sich die Brust zerreißen und ihren Stolz entschleiern sollten, damit ihr ihren Wert nackt und ihren Stolz entblößt seht?

Ist das ein Akt der Nächstenliebe? Das ist keine Nächstenliebe. Nächstenliebe stellt keine Bedingungen; Nächstenliebe kennt keine Bedingungen. Nächstenliebe gibt einfach und ist dankbar, daß der andere es genommen hat, daß er es nicht zurückgewiesen hat.

Seht erst zu, daß ihr selber verdient, ein Gebender... zu sein.

Dies sollte euer Anliegen sein: Seid ihr würdig zu geben?

...und ein Werkzeug des Gebens.
Denn in Wahrheit ist es das Leben, das dem Leben gibt – während ihr, die ihr euch als Gebende fühlt, nichts anderes seid als Zeugen.

Ist je etwas Schöneres gesagt worden? Das Leben gibt dem Leben... während ihr unnötigerweise euer Ego damit zu befriedigen trachtet, daß *ihr* die Gebenden seid. Wie könntet ihr die Gebenden sein?

Ihr seid nackt gekommen – ohne alles. Und nackt werdet ihr diese Welt wieder verlassen – ohne alles. Und zwischen diesen beiden Augenblicken der Nacktheit werdet ihr zu Besitzenden, zu Gebenden. Alles gehört der Existenz.

Wer das versteht, sieht sich selbst nur als Werkzeug, wodurch das Leben dem Leben gibt. Und er ist nur der Zeuge.

Gerade heute brachte mir Nirvano einen kleinen Zeitungsausschnitt: »Entwickelt Weisheit zur Rettung der Menschheit – Ministerpräsident Rajiv Gandhi stellte heute die Frage, ob die Menschen, die genug Wissen entwickelt haben, um die Menschheit auszulöschen, auch in der Lage sein werden, genug Weisheit zu entwickeln, um sie zu retten.«

Und Rajiv Gandhi hat das ganze Land getäuscht, als er sagte: »Wenn ihr uns an die Macht wählt, führen wir dieses Land ins einundzwanzigste Jahrhundert.« Er scheint jetzt – spät, aber doch – seine Weisheitszähne zu bekommen! War ihm denn die Tatsache nicht bekannt, daß die Menschen noch nicht einmal weise genug sind, um den Namen »Menschen« zu verdienen? Sie sind noch nicht einmal in der Gegenwart angekommen – und besonders in diesem Land. Sie sind um Jahrhunderte zurück! Als er versprach, euch ins einundzwanzigste Jahrhundert zu führen, hat er euch für dumm verkauft. Er hat euch tüchtig auf den Arm genommen.

Und jetzt: »Anläßlich der Eröffnung einer fünftägigen internationalen Konferenz zum Gedenken an Indira Gandhi unter dem Motto ›Zu neuen Anfängen‹ sagte Rajiv Gandhi: ›Die grundlegende Einstellung des Menschen hat sich nicht verändert, auch wenn er die Keule des Primitiven gegen Atomraketen zur gegenseitigen Vernichtung vertauscht hat.‹«

Nachdem Gandhi seine Rede ans ganze Land gehalten hatte, in der er sagte, daß er Indien vor allen anderen Ländern ins einundzwanzigste Jahrhundert führen werde, kam der Chefredakteur von *Illustrated Weekly* zu mir nach Amerika zu einem Interview. Seine letzte Frage war: »Haben Sie eine Botschaft für Rajiv Gandhi?«

Und meine Botschaft war: »Sagen Sie ihm: Allein dadurch, daß man mehr Technologie einführt, kann man ein Land nicht in das einundzwanzigste Jahrhundert führen. Zuerst muß man das Bewußtsein der Menschen verändern. Sie sind voller morscher Vorurteile. Sie leben in der Vergangenheit, nicht in der Gegenwart – und er redet von Zukunft! Gewiß, ihr könnt dieselbe Technologie haben wie der Westen, aber das bedeutet noch lange nicht, daß ihr die Weisheit habt, Atombomben für kreative Zwecke einzusetzen. Ihr kämpft wegen jeder Kleinigkeit. Die Mohammedaner kämpfen gegen die Hindus, die Hindus kämpfen gegen die Sikhs…«

Er ärgerte sich über meine Botschaft. Aber jetzt kommt er zur Vernunft, weil Neuwahlen bevorstehen. Jetzt braucht er ein paar neue Wahlsprüche. Es sind *meine* Worte, die er da wiedergibt, aber als ich sie ihm schickte, war er verärgert. Denn im ganzen Land hatte ihn sonst keiner gefragt: »Was redest du da für einen Unsinn?«

Die Leute in diesem Land träumen davon, die alten Zeiten, als Rama noch herrschte, wieder herbeizuholen – *Ram Raja,* das Reich Ramas. Mahatma Gandhi, der einer der gerissensten Politiker war, die die Welt je hervorgebracht hat, redete ständig davon: »Sobald das Land seine Unabhängigkeit erlangt, wird die einzige Technologie das Spinnrad sein.« Er war gegen die Eisenbahn, er war gegen das Telefon, er war gegen Telegramme, gegen Postämter. Sein ganzes Leben lang beharrte er darauf, daß das Spinnrad die letzte Erfindung der Menschheit sein solle. Alles, was danach kam, müsse man wieder aufgeben; erst dann kann der Mensch in Frieden leben.

Ich gebe ihm recht. Erst dann kann der Mensch in Frieden leben, denn erst dann wird der Mensch begraben sein! Friedhöfe sind immer die friedlichsten Orte. Die Geister kämpfen nicht, und die Geister sind keine Hindus, keine Mohammedaner, keine Christen. Ein Geist ist ein Geist. Selbst die Geister haben noch viel mehr Weisheit als ihr lebenden Menschen!

»Der Ministerpräsident bezweifelte, daß die heutige Generation in irgendeiner Weise besser sei als die früheren Generationen.« Jetzt dämmert ihm eine große Weisheit. Als erstes sollte er trachten, Charakter und Bewußtsein in seinem Kabinett, in seinem Parlament, in seiner Regierung und ihrer ganzen Bürokratie zu verändern.

Eines der Parlamentsmitglieder hat die Frage gestellt: »Ist die indische Regierung dagegen, daß Bhagwans Schüler aus anderen Ländern ihn besuchen kommen und bei ihm sind?«

Und Rajiv Gandhis Kabinettminister stritt das rundweg ab: »Das ist absolut unrichtig. Jeder ist willkommen.« Das ist eine absolute Lüge. Denn zur Zeit erhalte ich Nachrichten aus der ganzen Welt, daß Sannyasins an allen indischen Botschaften abgewiesen werden. Und ihr wißt, was gerade in Poona passiert... Was in Poona passiert – ein kleiner Staatsbeamter wie der Polizeichef hat nicht den Mut, so etwas zu tun. Er muß die Regierung von Maharastra und die Zentralregierung in New Delhi hinter sich wissen.

Wenn jeder willkommen ist, warum werden dann meine Sannyasins an allen Botschaften abgewiesen? Der Kabinettminister hat das Parlament belogen, und das Parlament zu belügen bedeutet, das ganze Land zu belügen, denn das Parlament ist die Vertretung des ganzen Landes. Das Parlament zu belügen bedeutet, die ganze Welt zu belügen. Im Parlament redet man das eine, und genau die entgegengesetzte Order wird an alle Botschaften gegeben.

Jetzt, da ich die orangefarbene Kleidung und die *Mala** aufgehoben habe, kann man die Dummheit der Politiker sehen. Weil sie meine Sannyasins nicht mehr erkennen können, fragen sie neuerdings: »Aus welchem Grund wollen Sie nach Indien einreisen?«

Und aus vielen Ländern wird mir das gleiche berichtet. Immer wenn meine Leute angeben, daß sie nach Indien reisen wollen, um die Kunst der Meditation zu erlernen, sagt man ihnen in der Botschaft: »Indien erteilt keine Einreiseerlaubnis mehr für Leute, die Meditation lernen wollen. Man kann kommen, um den Taj Mahal zu besichtigen, man ist willkommen, das Land zu besuchen – aber für Meditation wird kein Visum erteilt.« Meine Leute sind einfach und arglos; das ist ihre ganze Art, das lernen sie bei mir. Sie hätten nie gedacht, daß die indische Regierung gegen die Meditation sein könnte!

Ich möchte Rajiv Gandhi fragen: Gibt es eine andere Methode, Weisheit zu entwickeln, als durch Meditation? Dies ist meine offene Herausforderung: Er kann entweder hierherkommen, oder ich bin bereit, in sein Parlament zu kommen. Es gibt nur eine Möglichkeit, weise zu sein – und sie beruht auf einem ruhigen Geist. Doch »ruhiger Geist« ist nur ein anderes Wort für Meditation.

Weiß er überhaupt, wovon er redet? Weisheit...! Er sollte anfangen, sein Kabinett auszuwechseln! Es besteht aus charakterlosen Lügnern, und das muß ihm völlig bewußt sein. Er war anwesend, als der Minister sagte: »Wir halten niemanden ab. Bhagwans Schüler sind willkommen.« Aber alle Anzeichen sprechen dagegen.

Hunderte Sannyasins haben ihr Visum bekommen, weil sie eingesehen haben, daß es besser ist, Meditation überhaupt nicht zu

* die Holzperlenkette mit Oshos Bild

erwähnen, denn Meditation ist jetzt gleichbedeutend mit meinem Namen. Also sagen sie neuerdings: »Wir sind Touristen und wollen die schönen Städte Indiens besuchen.« Sie bekamen das Visum, aber am Flughafen von Bombay kennt man die Namen der Sannyasins, die sieben Jahre lang ständig hier bei mir, in dieser Stadt der Toten, gelebt haben.

Natürlich fühlten sich die Toten ein bißchen in ihrer Ruhe gestört, denn lebendige Leute werden sich nicht so benehmen, wie Tote es gerne hätten. Wann hätte man je gesehen, daß zwei Tote sich umarmen? Und wenn zwei Tote zwei lebendige Menschen sehen, die sich freudig umarmen, als Geste der Liebe, sind sie natürlich eifersüchtig. Sie spüren, daß sie das Leben verpaßt haben. Sie werden irritiert sein und anfangen, sich im Grab herumzudrehen.

Hunderte Sannyasins sind am Flughafen von Bombay zurückgewiesen worden. Wer bezahlt ihnen den Flug? Ihr schwerverdientes Geld? Sie haben für dieses Geld gearbeitet, nur damit sie herkommen können, um mich zu sehen und ein paar Wochen hier zu sein, und dann schickt man sie zurück.

Ich möchte Rajiv Gandhi sagen: Ihre Regierung schuldet meinen Sannyasins dieses Geld. Dieses Geld sollte zurückgegeben werden. Mit welcher Begründung weist man diese Leute am Flughafen zurück? Sie haben sich keiner kriminellen Handlungen in diesem Land schuldig gemacht. Sie kommen nicht hierher, um kriminelle Handlungen zu begehen. Das könnten sie überall sonst tun, in ihren eigenen Ländern.

Wenn sie hierher kommen, um schweigend dazusitzen und mir zuzuhören oder einfach in meiner Gegenwart still zu sitzen und meine Liebe zu teilen – wer seid ihr, daß ihr sie am Flughafen zurückweist? Und wer gibt ihnen ihr hartverdientes Geld wieder?

Die indische Regierung sollte sich einer Tatsache bewußt sein: Wenn ihr nicht mit all diesem Quatsch aufhört, dann gehe ich zum Oberen Gericht oder bis zum Höchsten Gerichtshof und bringe Rajiv Gandhi dorthin. Die Situation ist so klar, daß ich dafür nicht einmal einen Rechtsexperten benötige – der gesunde Menschenverstand reicht aus.

In diesem Zeitungsausschnitt steht, daß Gandhi eine fünftägige internationale Konferenz eröffnete. In seiner Konferenz können Leute aus anderen Ländern sich gerne diesen Unsinn anhören. Aber was weiß er denn? Wäre es eine Konferenz über Flugzeugmechanik oder eine Pilotenkonferenz, dann wäre er natürlich qualifiziert, eine Ansprache zu halten und daran teilzunehmen. Aber zum Thema Weisheit...? Was für eine Weisheit besitzt er denn?

Und die Konferenz wurde zum Gedenken an Indira Gandhi abgehalten. Was hat Indira Gandhi denn vollbracht? Ich hatte große Hoffnungen in sie gesetzt, aber sie hat gänzlich versagt. In Wahrheit hat sie die Gewalttat selbst ausgelöst. Was ist mit den Tausenden von Hindus und Sikhs, die man getötet und ermordet hat? Für sie wird keine Konferenz abgehalten, und es waren unschuldige Leute, die niemandem etwas zuleide getan hatten. Das kann man von Indira Gandhi nicht behaupten.

Und ich habe sie immer geliebt. Ich war der einzige in ganz Indien, der ihr seinen Segen gab, als sie darum kämpfte, wieder an die Macht zu kommen. Ich habe ihr meinen Segen gegeben, weil ich wollte, daß dieses Land Morarji Desai loswird. Direkt galt mein Segen Indira Gandhi, aber indirekt war es ein Weg, um zu sagen, daß man all diese senilen Leute hinauswerfen sollte. Aber sie hatte nicht den Mut, meinen Segen öffentlich anzunehmen. Zu ihrem Sekretär sagte sie: »Bhagwan ist der einzige.« Vinoba Bhave hat ihr nicht seinen Segen gegeben, dabei war er ihr spiritueller Guru, ihr spiritueller Meister. Als sie hinging, um sich seinen Segen zu holen, sagten die Leute in seinem Ashram: »Er schweigt. Sie können ihn sehen, aber er wird nicht reden.«

Die Gurus von Politikern können nichts anderes sein als Politiker. Einen Tag zuvor war er noch nicht im Schweigen, und einen Tag später hat er nicht mehr geschwiegen! Just an dem Tag, als sie kam, schwieg er. Und genau die gleiche Strategie hat der *Shankaracharya* angewendet. Auch zu ihm ging sie, um seinen Segen zu erhalten, und er schwieg.

Sie hatte immer wieder zu meiner Privatsekretärin Laxmi gesagt: »Ich will nach Poona kommen und Bhagwan treffen. Ich muß ihn vieles fragen über die Zukunft dieses Landes.« Etliche Male wurde ein Termin vereinbart – daß sie an dem und dem Tag kommen wird –, aber einen Tag vorher wurde abgesagt. Das passierte so oft, daß ich zu Laxmi sagte: »Das nächste Mal, wenn du sie siehst, sag ihr: Von Bhagwans Seite ist es ganz abgesagt, für immer.«

Was ist das für eine dumme Art... neun Monate lang hieß es ständig: Sie kommt, sie kommt, sie kommt. Und sie *kam* auch nach Poona, und Laxmi ging zu ihr, aber sie sagte: »Es tut mir sehr leid. Ich wollte in den Ashram kommen, aber ich habe zu viele Verabredungen« – Verabredungen mit Toten!

Mit wem hatte sie die Verabredungen? Sie konnte keine Zeit erübrigen, um vom Circuit House in den Ashram zu kommen, aber nach Kolhapur ist sie gefahren, weil ein *Shankaracharya* in Kolhapur zu Besuch war. Sie hat sechs Stunden vertan, doch der *Shankaracharya* war im Schweigen – denn das sind alles Politiker in verschiedenen Verkleidungen. Keiner will über etwas reden, was umstritten ist. Aber natürlich kann man verstehen, warum sie nichts Umstrittenes sagen können.

Ich habe mir kein einziges Verbrechen zuschulden kommen lassen – außer, daß ich umstritten bin. Jeder Mensch von Integrität, jeder Mensch von Erkenntnis *muß* umstritten sein. Wenn ich sehe, daß etwas falsch ist, werde ich sagen, daß es falsch ist. Und wenn ich sehe, daß etwas richtig ist, kann die ganze Welt anderer Meinung sein, aber ich werde sagen, daß es richtig ist. Es ist besser, für die Wahrheit zu sterben, als zu leben und mit Lügen Kompromisse zu schließen.

Tatsache ist, daß vierzig Jahre Freiheit von dieser einen Familie, der Familie Nehru, vergeudet worden sind. Von Jawaharlal Nehru bis Rajiv Gandhi sind vierzig Jahre dieses großen Landes schlechthin vergeudet worden. Ihr eigenes Interesse bestand darin, die Familiendynastie, die sie kreiert hatten, fortzusetzen. Welche anderen Qualifikationen hätte sonst Rajiv, um Ministerpräsident eines Landes mit so vielen Problemen zu sein? Es kann keine Feiglinge gebrauchen.

Ich könnte das ganze Schicksal dieses Landes innerhalb von zehn Jahren verändern, das wäre kein Problem. Es wäre nicht viel dazu nötig. Man muß nur den Mut haben, diesem ganzen Aberglauben ein Ende zu bereiten – ob er nun zu den Hindus, den Mohammedanern oder den Christen gehört, spielt keine Rolle.

Man muß das Wachstum dieser Massen zum Stillstand bringen! – und es ließe sich ohne Schwierigkeit stoppen. In meiner Kommune in Amerika, wo fünftausend Menschen lebten, wurde in fünf Jahren nicht ein einziges Kind geboren. Dabei gab es keinerlei Zwang. Verständnis genügte, und die Leute haben ihre Situation begriffen.

Aber statt den Menschen ihre Situation begreiflich zu machen, huldigt man weiterhin Mutter Teresa, die gegen jegliche Geburtenkontrolle ist! Jeder, der gegen die Geburtenkontrolle ist, gehört hinter Gitter – egal, ob Mutter Teresa oder Vater Papst! All diese Mütter und Väter sollten heiraten und in der Versenkung verschwinden! Was geht *sie* das ganze an? Es geht sie insofern etwas an, denn wenn man die Geburtenkontrolle einführt, wo sollen sie dann ihre Waisenkinder hernehmen? Und ohne Waisenkinder, wie kann die Zahl der Katholiken weiter zunehmen? Es ist reine Politik und hat mit Religion nicht das geringste zu tun.

Wenn Rajiv Gandhi wirklich will, daß sein Land ein wenig weiser wird, sollte er im Haus des Premierministers den Anfang machen. Sie sollten lernen, wie man meditiert. Jede Sitzung des Parlaments sollte mit einer einstündigen Meditation beginnen.

Sie sollten diesen ganzen Bürokratismus ändern, den wir von den britischen Imperialisten geerbt haben. Dieser Bürokratismus ist nicht dazu geschaffen worden, um dem Volk Freiheit und freie Meinungsäußerung zu gewähren. Dieser Bürokratismus wurde für das genaue Gegenteil geschaffen: um die Menschen kaputtzumachen – ihre Freiheit, ihre Individualität – und um jegliche Intelligenz zu zerstören. Und dieser Bürokratismus geht genauso weiter.

Wenn Rajiv Gandhi wirklich meint, was er sagt, sollte er bei seiner eigenen Regierung anfangen. Sie strotzt von allen möglichen Idioten. Ihre ganze Funktion besteht darin, die Entwicklung dieses Landes zu verhindern.

Als der Polizeichef die unnötige Störung in diesem religiösen Tempel verursachte, wo er kein Recht hat, sich einzumischen...

Und selbst wenn er hierher kommt, sollte er um Erlaubnis fragen, und er sollte seine Schuhe vor dem Tor lassen, und alle seine Schußwaffen und die Vorstellung, der Polizeichef zu sein. Man hat diese Leute dafür geschaffen, daß sie brutal sind, daß sie unmenschlich sind. Und sie sind immer noch an der Macht.

Wenn Rajiv Gandhi aufrichtig und ehrlich ist, sollte er den Polizeichef von Poona unverzüglich degradieren und vom Dienst suspendieren. Eine solche Geschichte sollte überhaupt nicht toleriert werden. Als wir immer wieder in seinem Büro anriefen, sagte man uns: »Er ist noch nicht ins Büro gekommen.« Als wir sagten: »Dann geben Sie uns bitte seine Telefonnummer«, wollte man uns seine Telefonnummer nicht geben. Es dauerte fast eine Stunde, bis unsere Leute im Büro des Polizeichefs die Telefonnummer von ihm zu Hause bekamen. Wenn er zur Bürozeit nicht in seinem Büro ist...

Und als wir bei ihm zu Hause anriefen, hieß es: »Er betet.« Immer wieder hieß es: »Er betet.« Zahlt diese Regierung Staats- und Regierungsgelder an Leute, damit sie bei sich zu Hause zu einer Zeit beten, wo sie eigentlich im Büro sein sollten?

Rajiv Gandhi sollte anfangen, etwas zu unternehmen, damit dieser Bürokratismus sich ändert. Eine kleine Akte braucht *Jahre*, bis sie bearbeitet wird. Eine ganz gewöhnliche Sache, die man innerhalb von Minuten entscheiden könnte, braucht ganze Leben. Die Akte geht immer weiter, von einem Schreibtisch zum nächsten, aber sie bewegt sich erst, wenn man den Betreffenden schmiert. Dann geht sie zum nächsten Tisch, aber dann muß man die nächste Person schmieren. Dann geht sie zum nächsten Tisch... Und die Reihe der Schreibtische von hier bis New Delhi ist lang!

Was will man erwarten von einem Land, in dem achtundneunzig Prozent der Menschen ohne Schulbildung sind? ...und sie haben keine Ahnung, was vor sich geht. Verändern Sie als erstes die Regierung. Dieses Land muß die richtigen Direktiven bekommen, aber die können Sie und Ihre Kollegen natürlich nicht geben.

Jede Universität sollte Kurse in Meditation anbieten – nicht nur für Studenten, sondern auch für andere Bürger. Jeder, der Meditation erlernen will, sollte es lernen dürfen. Aber Ihre Botschafter hindern die Leute daran – gerade wegen des Wortes »Meditation«. Sobald sie sagen: »Wir wollen meditieren lernen«, wird ihnen das Visum verweigert.

Ich würde wirklich gerne wissen, ob es eine andere Methode gibt, um weise zu werden? Hat Rajiv Gandhi einen anderen Schlüssel gefunden, den Buddha, Mahavira, Patanjali, Laotse übersehen haben? Haben all die großen Meister zehntausend Jahre lang etwas übersehen, was Rajiv Gandhi gefunden hat? – den Schlüssel zur Weisheit! Dann soll er wenigstens diesen Schlüssel an die Leute verteilen.

Man kann sehr leicht große Worte gebrauchen, um bei den Leuten Eindruck zu schinden. Weder die Leute noch Sie selbst wissen, was es bedeutet. Höchstwahrscheinlich wurde die Rede von einem Sekretär geschrieben. Das ist die übliche Routine bei all diesen Führern – jemand schreibt ihnen die Reden. Sie selbst sind nur Grammophonplatten, speziell von einer Firma namens »His Master's Voice«. Kennt ihr das Symbol? Dieser Hund scheint wirklich weise zu sein – so aufmerksam, wie er vor dem Schalltrichter sitzt und zuhört!

Indira Gandhi selbst war verantwortlich für die vielen Toten, die es gab. Und es wird noch mehr Tote geben, denn das Problem ist immer noch nicht gelöst. Indira Gandhi unterstützte Bangladesh, als es sich von Pakistan lossagte. Sie schickte Truppen nach Bangladesh – obwohl es sie gar nichts anging –, um Pandit Muzibur Rahman zu unterstützen. Er scheint auch zur Familie Nehru zu gehören! Wenn es eine Angelegenheit Pakistans ist und Bangladesh sich lossagen will und berechtigte Gründe dafür hat... Warum sollte es zweierlei Recht geben? Wenn die Sikhs ihre Freiheit wollen... jedermann hat das Recht.

Diese Politiker wiederholen stets: »Die Demokratie ist *für* das Volk, *mit* dem Volk, *durch* das Volk.« Aber immer wenn das Volk verlangt: »Wir wollen uns selbst regieren«, wird die Demokratie, wird die ganze Definition der Demokratie sogleich vergessen.

Was ist das Problem? Wenn der Punjab die Unabhängigkeit will... Die Theorie der Teilung, Mister Rajiv Gandhi, wurde von Ihrem Großvater gutgeheißen! Dieser Vorschlag stammt nicht von mir. Mahatma Gandhi und Pandit Jawaharlal Nehru waren es, die die Teilung Indiens in Pakistan und Indien guthießen. Und warum haben sie sie gutgeheißen? – Aus einem einfachen Grund: Sie wurden alle älter und machten sich Sorgen, ob es ihnen gelingen würde, noch zu ihren Lebzeiten an die Macht zu kommen. Selbst wenn es ihnen nicht gelänge, Indien als ganzes zu bekommen: Etwas ist besser als gar nichts. Deshalb haben sie die Teilung akzeptiert. Und dann hat Indira Gandhi genau die gleiche Politik vertreten: Sie unterstützte Bangladesh bei der Teilung.

Mein einfaches Verständnis sagt mir: Wenn eine bestimmte Gruppe von Menschen frei sein will, sollte ihnen niemand Hindernisse in den Weg legen. Die Freiheit ist von so hohem Wert! Indira Gandhi wäre von den Sikhs geliebt und geachtet worden, man hätte sich noch jahrhundertelang an sie erinnert, wenn sie bereitwillig und liebevoll diese Idee akzeptiert hätte: »Wenn ihr frei sein wollt, ist es euer Geburtsrecht. Ihr sollt eure Freiheit haben, und was immer wir euch an Hilfe geben können, sind wir bereit zu geben.«

Sie wäre nicht ermordet worden. Vielleicht hätten die Sikhs sogar den Gedanken aufgegeben, sich von einem Land zu trennen, das so bereitwillig, so unterstützend, so verständnisvoll ist. Was für Vorteile würde es bringen, sich davon zu trennen? Doch Indira Gandhi schuf ein Problem, das weiterbestehen wird, solange man nicht bereit ist, denjenigen die Freiheit zu geben, die es wollen.

Es gibt kein höheres Gesetz als die Freiheit.

Aber niemand wird jener Tausenden und Abertausenden von Hindus und Sikhs gedenken, die massakriert worden sind. Es war Indira, die die Armee in den Tempel der Sikhs geschickt hat – was absolut häßlich und gegen die indische Verfassung war. Sie hat die Heiligkeit eines heiligen Ortes mißachtet. Und jetzt will der Polizeichef hier das gleiche machen. Er verlangt, daß wir keine Waffen haben sollen – und wir haben gar keine. Es wäre wirklich ein Leichtes für sie, ihre Maschinengewehre mitzubringen und alle meine Leute abzuknallen. Aber das wäre ein Beweis für die zukünftige Menschheit, daß all diese Politiker Feinde der Demokratie, der Freiheit und der Menschlichkeit sind – Feinde der Geburt eines neuen Menschen.

Und ihr, die ihr empfangt – und ihr seid alle Empfangende –, bürdet euch nicht die Last der Dankbarkeit auf...

Almustafa überschüttet euch ständig mit so vielen schönen Rosen, wie er nur kann. *Und ihr, die ihr empfangt – und ihr seid alle Empfangende...* denn wir alle haben das Leben empfangen. Wir alle empfangen in jedem Augenblick die lebensspendende Luft. Wir empfangen Leben von den Früchten, wir empfangen Leben vom Wasser. Wir alle sind Empfangende. Verrennt euch nicht in die egoistische Vorstellung: »Ich bin ein Gebender.« In dem Augenblick, in dem ihr denkt, ihr wäret der Gebende, belastet ihr denjenigen, dem ihr gebt. Ihr erniedrigt ihn. In Wahrheit ist es eine sehr subtile Beleidigung. Er muß die Last weiter tragen, euch dankbar zu sein.

Bürdet euch nicht die Last der Dankbarkeit auf, damit ihr nicht euch und dem Gebenden ein Joch auferlegt.
Steigt lieber zusammen mit dem Gebenden auf seinen Gaben empor wie auf Flügeln;
Denn seid ihr euch eurer Schuld zu sehr bewußt, heißt das, die Freigebigkeit desjenigen zu bezweifeln, der die großherzige Erde zur Mutter und Gott zum Vater hat.

Es ist unnötig, daß irgendjemand denkt: »Ich bin der Gebende«, und es ist unnötig, daß irgendjemand dieser Person dankbar ist. Es ist das Leben, das gibt. Ihr seid die beiden Flügel desselben Vogels. Steigt zusammen empor. Seid nicht getrennt als Gebender und Empfangender.

Es ist etwas, an das man sich ständig erinnern muß: Teilt miteinander, und vergeßt das ganze. Der Gebende muß es vergessen, der Empfangende muß es vergessen. Beide sollten dem Leben dankbar sein, denn es ist das Leben, das gibt. Und für das Leben seid ihr nur ein Zeuge.

Ich möchte noch eines hinzufügen, was Almustafa vergessen hat: Der Empfangende ist ebenfalls ein Zeuge, nicht nur der Gebende.

Sie sind beide Zeugen des gewaltigen Dramas der Existenz und des Lebens.

Wenn es möglich wird, daß es keinen Gebenden und keinen Empfangenden mehr gibt, sondern nur ein Leben, das sich unaufhörlich zwischen zwei Ufern des Meeres bewegt, dann bekommt ihr zum ersten Mal einen Geschmack von dem, was ich Göttlichkeit nenne.

12

Sprich uns von der Liebe…

Der Wein und die Kelter

Dann sagte ein alter Mann, ein Gastwirt:
Sprich uns vom Essen und Trinken.
Und er sagte:
Könntet ihr leben vom Duft der Erde und wie eine Luftpflanze vom Licht erhalten werden!
Aber da ihr töten müßt, um zu essen, und dem Neugeborenen die Muttermilch rauben müßt, um euren Durst zu stillen, laßt es eine andächtige Handlung sein.
Und euren Tisch laßt einen Altar sein, auf dem das Reine und Unschuldige des Waldes und des Feldes geopfert wird für das, was im Menschen noch reiner und unschuldiger ist.
Wenn ihr ein Tier tötet, sagt in eurem Herzen zu ihm:
Durch die gleiche Macht, die dich tötet, werde auch ich getötet, und auch ich werde verzehrt werden.
Denn das Gesetz, das dich meiner Hand auslieferte, wird mich einer mächtigeren Hand ausliefern.
Dein Blut und mein Blut ist nichts als der Saft, der den Baum des Himmels nährt.

Und wenn ihr mit den Zähnen einen Apfel zermalmt, sagt in eurem Herzen zu ihm:
Deine Samen werden in meinem Körper leben,
Und die Knospen deines Morgens werden in meinem Herzen blühen,
Und dein Duft wird mein Atem sein,
Und zusammen werden wir uns aller Jahreszeiten erfreuen.
Und im Herbst, wenn ihr die Trauben eurer Weinberge für die Kelter lest, sagt in eurem Herzen:
Auch ich bin ein Weinberg, und meine Frucht wird für die Kelter gelesen werden,
Und wie neuer Wein werde ich in ewigen Gefäßen bewahrt werden.
Und im Winter, wenn ihr den Wein zapft, laßt für jeden Becher ein Lied in eurem Herzen sein;
Und in dem Lied laßt eine Erinnerung an die Herbsttage und den Weinberg und die Kelter sein.

Es ist bezeichnend, daß diese Frage jetzt von einem alten Mann stammt. Dies sind Gleichnisse, denn Khalil Gibran ist ein Dichter. Er hat mystische Augenblicke, doch er ist selbst kein Mystiker. Darum kann ich nicht in allen Punkten mit ihm übereinstimmen, die er dem alten Mann zur Antwort gibt.

Der alte Mann ist stellvertretend für das traditionelle Denken, für das Orthodoxe, für die Vergangenheit, für alle Toten. Aber dennoch gab es keine Notwendigkeit, ihm so zu antworten, wie er ihm antwortete. Das zeigt den Unterschied zwischen einem Dichter und einem Mystiker.

Diese Worte kommen von Khalil Gibran selbst. Jetzt ist er nicht mehr die Hand, durch die Gott spricht, die Augen, die dich mit Gottes Lächeln anlächeln. Sein Fenster, das sich für das Ewige geöffnet hatte, ist in diesem Moment geschlossen.

Ich habe über den Unterschied zwischen dem Dichter und dem Mystiker gesprochen: Der Mystiker ist immer gleich, auf der gleichen Höhe, auf den gleichen sonnenerleuchteten Gipfeln, aber der Dichter fällt immer wieder zurück.

Dann sagte ein alter Mann, ein Gastwirt:
Sprich uns vom Essen und Trinken.
Und er sagte:
Könntet ihr leben vom Duft der Erde und wie eine Luftpflanze vom Licht erhalten werden!

Aber jetzt ist die Autorität verschwunden. Die Worte sind noch immer schön, aber etwas fehlt. Bisher hatte er von den Höhen her gesprochen; jetzt steht er mitten unter der Menge, als einer von ihnen.

Aber da ihr töten müßt, um zu essen, und dem Neugeborenen die Muttermilch rauben müßt, um euren Durst zu stillen, laßt es eine andächtige Handlung sein…

Das ist ein Kompromiß. Und das ist einer der Gründe, warum die Welt auf Khalil Gibran nicht sauer reagiert hat. Er gelangt zu großen

Höhen – wenn auch durch die fiktive Gestalt Almustafas –, aber viele Male wird er wieder zurückfallen und nicht den Mut haben, gegen die Tradition, gegen das traditionelle Denken, gegen die Gesellschaft und ihr altes, tiefverwurzeltes, häßliches Verhalten anzugehen.

Es ist sonderbar, daß ein Mann wie Khalil Gibran es in Ordnung findet, daß man lebende Tiere tötet, um sie zu essen. Er wurde in eine fleischessende Gesellschaft hineingeboren; er hat sich nicht freimachen können von ihrem Zwang, ihrer Konditionierung. Sonst könnte er unmöglich sagen, daß ihr weiterhin Tiere töten könnt, um zu essen,

...und dem Neugeborenen die Muttermilch rauben müßt, um euren Durst zu stillen.

Der Mensch ist seit Tausenden von Jahren ein Jäger. Und wenn man in eine Gesellschaft hineingeboren wird, die lebende Tiere tötet, um sie zu essen, hat man zweifellos keine Hochachtung vor dem Leben. Khalil Gibran läßt den alten Mann in ihm selbst diese Dinge sagen.

Vom Göttlichen kann keine Gewalttätigkeit kommen. Gewalt ist etwas Barbarisches. Und nur weil praktisch die ganze Menschheit schläft, stellt ihr eine einfache Sache nie in Frage: Wenn ihr lebende Wesen eßt, lebende Wesen tötet, um Nahrung zu haben, wäre es nicht allzu weit hergeholt, wenn ihr auch Menschen eßt. Wo läge der Unterschied?

Das Leben ist eins – in den singenden Vögeln, den stattlichen Hirschen und dem prachtvollen Löwen. Auch sie sind unsere Brüder und Schwestern. Worin besteht der Unterschied zwischen einem Kannibalen und einem Fleischesser?

Ein Freund von mir wurde einmal in Afrika gefangen genommen, wo auch heute noch kleine Stämme von Kannibalen existieren, die Menschenfleisch essen und Menschen töten, um sie zu essen. Da sie ihm nichts anderes zum Essen anbieten konnten... und sie hatten gerade genug Menschenfleisch, darum waren sie nicht darauf aus, ihn gleich zu töten. Sie hoben ihn sich auf, genau wie alle fleischessenden Menschen sich ihr Vieh aufheben, um es im richtigen Moment zu schlachten.

Er war hungrig und mußte etwas essen. Er hatte keine andere Wahl, als an dem teilzuhaben, was sie aßen. Und er erzählte mir, daß es ihm später gelang, in finsterer Nacht zu entkommen – eine äußerst seltsame Geschichte! Er war ein Fleischesser, doch das Fleisch anderer Menschen zu essen, war für ihn ein Schock. Aber hungrig und müde wie er war, aß er es trotzdem... Und er war sehr erstaunt, denn das Menschenfleisch schmeckte vorzüglich!

Am Anfang dieses Jahrhunderts gab es in Afrika noch dreitausend Kannibalen. Jetzt gibt es nur noch dreihundert, denn wenn sie niemand anderen kriegen können – und wer reist schon in diese Gegend? –, dann fangen sie an, ihre eigenen Kinder, ihre eigenen Frauen zu verspeisen. Von dreitausend sind sie auf dreihundert geschrumpft. Überall auf der Welt gibt es ein Bevölkerungsproblem, eine Bevölkerungsexplosion. Nur diese armen Kannibalen schrumpfen dahin und werden bald ganz verschwunden sein.

Aber ich möchte, daß ihr eines in Erwägung zieht: Sobald ihr tötet – und es spielt keine Rolle, was ihr tötet –, wird immer Leben zerstört. Ob es Leben in Form eines Menschen oder in Form eines Tieres ist, spielt keine Rolle. Und diese Ignoranz setzt sich fort, ohne Rücksicht darauf, daß wir heute mit unserer modernen Technik genug produzieren können und keine Notwendigkeit mehr besteht, Vögel oder Tiere oder Menschen zu töten.

Aber weil Khalil Gibran in einer Gesellschaft von Fleischessern zur Welt kam, hängt ihm diese Konditionierung noch in seinem Unterbewußtsein nach. Er findet es ganz in Ordnung:

Aber da ihr töten müßt, um zu essen, und dem Neugeborenen die Muttermilch rauben müßt, um euren Durst zu stillen, laßt es eine andächtige Handlung sein.

Damit versucht er es zu beschönigen – *laßt es eine andächtige Handlung sein.* Ob Khalil Gibran das auch zu den Kannibalen sagen würde?: »Wenn ihr einen Menschen eßt, laßt es eine andächtige Handlung sein«?

Ich habe eine sehr schöne Geschichte gehört über den ersten christlichen Missionar, der es wagte, zu den Kannibalen nach Afrika zu gehen, um ihnen das Christentum zu predigen und sie zum Christentum zu bekehren.

Er wurde gefangengenommen, und er sah einen großen Kessel mit kochendem Wasser auf dem Feuer. Da packte ihn die Angst. Seine Freunde hatten zu ihm gesagt: »Geh nicht dorthin. Es ist unmöglich, diese Leute zum Christentum zu bekehren. Und außerdem werden sie ohnehin bald von selbst verschwinden. Bis zum Ende des Jahrhunderts wird es vielleicht gar keine Kannibalen mehr auf der Welt geben.« Aber der Missionar war beharrlich. Er wollte der Pionier sein, der sogar die Kannibalen bekehrt hatte!

Als sie ihn ins kochende Wasser steckten, fragte er: »Was macht ihr denn da?«

Sie sagten: »Das wirst du gleich sehen.«

In letzter Not sagte er: »Habt ihr je einen Geschmack vom Christentum bekommen?«

Sie sagten: »Nein, noch nicht, aber gleich werden wir einen Geschmack davon bekommen – wenn die Suppe fertig ist!«

Ich sehe keinen Unterschied zwischen Nichtvegetariern und Kannibalen. Ein Mensch, der Liebe, Mitgefühl und Verständnis hat, kann nur Vegetarier sein.

All die Bäume sind da, um uns von ihrer Fülle abzugeben. Es ist nicht nötig zu töten. Das ist bloß ein Überrest aus unseren vergangenen Tagen als Jäger, als es den Ackerbau noch nicht gab.

Es wird euch wundern, aber die Jainas, die einzige Gemeinschaft auf der ganzen Welt, die Vegetarier sind... Nicht einmal die Buddhisten sind Vegetarier, obwohl Buddha das Vegetariertum predigte. Doch was geschah dann? Wie konnte das ganze buddhistische Asien zu Fleischessern werden? Das zeigt wieder einmal, wie gerissen der menschliche Verstand ist. Wenn er nur ein winziges Schlupfloch findet, wird er sich die Gelegenheit nicht entgehen lassen, alles beim alten zu lassen. Er wird sich nicht ändern.

Die Geschichte ist die, daß Buddha es seinen Jüngern absolut verwehrt hatte, Fleisch zu essen. Denn es geht dabei nicht nur um die Hochachtung vor dem Leben. Es geht auch darum, daß euer Herz hart wird, wenn ihr keine Hochachtung für das Leben empfindet. Eure Liebe wird geheuchelt sein, euer Mitgefühl nur ein Wort.

Mahaviras und Gautam Buddhas Anliegen war, daß das Essen dem Menschen nicht nur dazu dienen sollte, zu überleben. Es sollte auch dazu dienen, ein reineres Bewußtsein zu entwickeln. Ein Fleischesser bleibt unbewußt, an die Erde gefesselt. Er kann nicht in den Himmel der Bewußtheit aufsteigen. Beides zusammen ist nicht möglich: immer bewußter zu werden und gleichzeitig nicht einmal zu wissen, was man tut. Und das nur um des Geschmackes willen – was man auch haben kann, ohne zu töten. Man kann das wohlschmeckendste Essen haben. Es ist also absolut unnötig, Fleisch zu essen – ein altes Überbleibsel aus der Vergangenheit.

Aber eines Tages ereignete sich etwas... Buddhas Lehre schrieb nämlich vor, daß seine Sannyasins nur einmal am Tag essen sollten; das genügte. Und vielleicht wird euch die Wissenschaft das gleiche sagen, daß ihr nur einmal am Tag essen sollt, denn man hat jetzt herausgefunden: Wer weniger ißt, lebt länger. Wer mehr ißt, stirbt früher.

Und der Grund dafür ist, daß das Essen um des Genusses willen zu einer Manie wird. Man will immer mehr. Die Amerikaner essen mindestens fünfmal am Tag. Und das ist nur der Durchschnitt! Ich rede nicht von den *richtigen* Amerikanern.

Als ich in Amerika war, konnte ich mich des Gefühls nicht erwehren, daß Charles Darwin ein bißchen zu früh dran war. Das passiert allen Genies. Er hat anhand der damals verfügbaren Beweise gezeigt, daß der Mensch von den Affen abstammt. Habt ihr schon mal den Affen zugeschaut? Sie kauen ständig irgendetwas. Doch es gelang Darwin nicht, das fehlende Glied zu finden, denn zwischen den Affen und dem Menschen klafft eine große Lücke. Es muß noch ein Zwischenglied geben. Sein ganzes Leben arbeitete er daran, es zu finden – ein Tier, das teils Affe, teils Mensch war. Das hätte seiner Hypothese eine absolut gesicherte Basis gegeben.

Als ich die Amerikaner sah, habe ich Charles Darwin sehr bedauert – denn *sie* sind das fehlende Glied! Entweder essen sie oder, wenn sie keinen Platz mehr haben... Dreißig Millionen Amerikaner sterben, weil sie sich überessen, und trotzdem essen sie immer weiter! Es ist eine Manie.

Man kann sich nicht den ganzen Tag lang im Wachzustand wie ein Affe benehmen. Aber man kann Kaugummi kauen, wenigstens das – ein Ersatz, der einem das Gefühl im Mund gibt, als ob man etwas ißt. Und selbst im Schlaf kann man noch mit den Zähnen mahlen. Es gibt Leute – und ich kenne persönlich welche –, die den ganzen Tag essen, und zwischendurch kauen sie Kaugummi und rauchen Zigaretten. Und in der Nacht im Schlaf können sie das, was sie tagsüber praktiziert haben, nicht einfach fallenlassen. Wahrscheinlich träumen sie von köstlichen Speisen und mahlen deshalb mit den Zähnen.

Es ist ein eigenartiger Zufall: In Amerika sterben dreißig Millionen Menschen, weil sie nichts zu essen haben. Die Amerikaner nennen sie *street people.* Die meisten, praktisch alle, sind Schwarze; sie haben kein Obdach, nichts zu essen. Und genauso viele, ebenfalls dreißig Millionen Amerikaner, ausnahmslos alle weiß, sterben, weil sie zuviel essen. Das Problem von sechzig Millionen Menschen ließe sich in Minutenschnelle lösen – durch die rechte Einsicht! Dabei schickt Amerika ständig seine Missionare in die armen Länder.

Eine klare Logik: Sie kommen nach Indien und in andere arme Länder und bringen Nahrung, Obdach, Kleider –, denn so kann man die Armen bekehren. Diese dreißig Millionen Amerikaner sind aber schon Christen, deswegen braucht man sich um sie nicht zu kümmern! Bei dem ganzen scheint es nur um die Zunahme der Zahlen zu gehen, denn letztendlich entscheiden die Zahlen, wer die Macht hat.

Noch etwas: Khalil Gibran redet von den Neugeborenen, denen die Muttermilch geraubt wird. Ich hielt einmal eine Rede vor einer Konferenz der Jainas, die als einzige Gemeinschaft auf der ganzen Welt Vegetarier sind. Ich sagte zu ihnen: »Wenn ihr richtige, vollkommene Vegetarier sein wollt, müßt ihr aufhören, Milch zu trinken und Milchprodukte zu essen. Denn wenn eine Kuh ein Kalb zur Welt bringt, ist die Milch für das Kalb. Die Kuh gibt ihre Milch nicht für euch.«

Und habt ihr beobachtet? Alle anderen Tiere hören nach kurzer Zeit auf, Milch zu trinken, und gehen zu fester Nahrung über. Nur der Mensch trinkt bis an sein Lebensende weiterhin Milch. Das muß doch physiologische und psychologische Auswirkungen haben; es ist unvermeidlich.

Erstens ist die Milch für das Kalb, und aus dem Kalb wird einmal ein Bulle. Darum enthält diese Milch alle chemischen Substanzen und Elemente, die notwendig sind, um einen starken Bullen aus ihm zu machen. Wenn nun der Mensch die gleiche Milch trinkt, muß er doch einem Bullen ähnlicher werden als einem Menschen! Und dazu kommen noch Monogamie und Enthaltsamkeit! Bullen sind freilich nicht gerade für ihre Enthaltsamkeit bekannt. Ein einziger Bulle reicht für Hunderte von Kühen. So blind sind die Menschen: Die Hindus, die Jainas, die Buddhisten – sie alle denken, Milch sei die reinste Nahrung. Das ist nicht der Fall. Diese Leute beten sogar jemanden an, wenn er sich ausschließlich von Milch ernährt!

Ich lebte einmal in einer Stadt, in der es einen großen *Ashram** gab. Ich erkundigte mich: »Was ist denn so attraktiv an diesem Mann? Ich habe ihn gesehen. Er sieht für mich aus wie ein Durchschnittsidiot.«

Sie sagten mir: »Oh nein, er ist ein großer Heiliger. Er lebt nur von Milch. Er heißt Dundadari Baba – milchtrinkender Heiliger.«

Ich sagte: »Wenn er nur von Milch lebt, sollte er besser ›gefährlicher Bulle‹ heißen!« Und am Ende stellte sich heraus, daß er tatsächlich ein gefährlicher Bulle war.

Diese Milch stammt ja nicht von einer menschlichen Mutter. Milch ist ein tierisches Produkt. Sie stammt vom Körper eines Tieres, genau wie sein Blut. Jeder, der von sich behauptet, Vegetarier zu sein, sollte alle Milchprodukte aufgeben. Sonst ist es ein Ersatz, auf Kosten der Jungtiere. Die Milch ist für sie bestimmt und nicht für euch. Die Jainas waren sehr böse auf mich, aber sie konnten es nicht widerlegen.

* nach indischer Tradition eine Gemeinschaft um einen großen Heiligen

Die Buddhisten wurden durch eine zufällige Begebenheit zu Fleischessern. Buddhas Lehre besagte, daß ein Bettelmönch nicht um sein Essen bitten durfte. Jeder Sannyasin mußte täglich betteln gehen, aber er durfte nicht darum bitten, sonst wären die Sannyasins den Leuten zur Last gefallen. Was auch immer gegeben wurde, mußte dankbar angenommen werden.

Eines Tages aber kam ein Mönch mit der Frage: »Ich habe ein Problem.« Es gab nämlich eine zweite Regel, die besagte, daß alles, was man in seiner Bettelschale vorfand, aufgegessen werden mußte. Es war nicht viel, weil man nur einmal in vierundzwanzig Stunden essen durfte. Kein Kaugummi, keine Zigaretten... Und es gab einen weiteren Grund: Nahrung war knapp, und die Leute gaben aus Ehrfurcht vor den Mönchen. Darum sollten diese kein Essen wegwerfen. Nichts aus der Bettelschale durfte weggeworfen werden.

Dieser Sannyasin kam mit seiner Bettelschale an und sagte: »Ich bin in einem Zwiespalt. Auf meinem Heimweg ließ ein Vogel im Flug ein Stück Fleisch in meine Bettelschale fallen. Was empfiehlst du mir nun? Soll ich es wegwerfen? Das verstößt gegen deine Regel, daß man nichts wegwerfen oder übriglassen darf. Man muß respektvoll mit dem Essen umgehen; es ist die Grundlage des Lebens. – Oder soll ich dieses Stück Fleisch essen? Aber das verstößt ebenfalls gegen deine Regel: daß wir kein Fleisch essen sollen.«

Da mußte sogar Gautam Buddha die Augen schließen und überlegen, was er diesem Mann sagen sollte. Beide Alternativen waren riskant. Wenn er ihm sagte, daß er es wegwerfen konnte, würden sich andere in Zukunft ein Beispiel daran nehmen. Alles, was sie nicht mochten, könnten sie wegwerfen. Wenn er aber sagte, er solle es essen, würde er ihm damit erlauben, Fleisch zu essen. Er wog sämtliche Für und Wider gegeneinander ab, und schließlich dachte er: »Ein solcher Zufall wird sich nicht alle Tage ereignen. In meinem achtzigjährigen Leben ist es der erste Fall. Also ist es besser, ich lasse es ihn essen.«

Er erlaubte ihm, das Fleisch zu essen – und das wurde zum Hintertürchen, als der Buddhismus sich über ganz Asien ausbreitete... Sie baten nicht direkt um Fleisch, aber indirekt gaben sie es durch

Freunde, enge Schüler, Sympathisanten zu verstehen. Und heute essen in ganz Asien sämtliche Buddhisten Fleisch – wegen dieses einen dummen Vogels! Sie sind dem Vogel gefolgt, nicht dem Buddha.

Dabei taten Gautam Buddha und Mahavira ihr Bestes, um den Menschen eine solche Ehrfurcht vor dem Leben beizubringen, daß sie keine Tiere töten.

Der Mensch kann Gemüse, Früchte und anderes vegetarisches Essen produzieren, und die heutige Technologie vollbringt wahre Wunder. In der Sowjetunion gibt es Früchte, von denen man noch nie gehört hat. Sie werden gezüchtet. Und gelegentlich eßt ihr etwas, das nicht die Natur hervorgebracht hat, und ihr wißt nicht einmal, daß es Züchtungen sind. Orangen kennt ihr alle – sie sind keine natürlichen Früchte, sondern eine Kreuzung zwischen Zitronen und *Mosambis.* Es läßt sich leicht nachweisen, ob eine Frucht durch Kreuzung entstanden ist: Ihre Samen sind unbrauchbar; man kann die Frucht nicht erzeugen, indem man die Samen sät. Sie kann nur durch Kreuzung hervorgebracht werden. Orangen sind wie Anglo-Inder, und daran ist nichts verkehrt. In Rußland hat man auf diese Weise Tausende von Früchten gezüchtet und sie können so köstlich und gehaltvoll gemacht werden wie nur möglich. Es besteht also heute überhaupt keine Notwendigkeit mehr, daß jemand Kannibale ist – denn für mich ist jeder, der Fleisch ißt, ein Kannibale. Wir alle sind Kinder dieser Natur. Warum sollte man die Einschränkung machen und ausschließlich die Kannibalen verurteilen, aber nicht uns selbst?

Khalil Gibran ist in die alte Falle der Tradition, der Konditionierung und Erziehung getappt. Darum kann ich ihn nicht in die Kategorie der Erleuchteten einreihen. Er ist sehr nahe dran, aber er ist noch nicht in den Tempel eingetreten. Ein bedeutender Mensch, mit großartigen Einsichten, doch er ist auf den Stufen des Tempels stehengeblieben.

Und er sagt: *Laßt es eine andächtige Handlung sein.* Mein Gefühl sagt mir, daß er vielleicht selbst sehen konnte, was er da sagte. Und um es zu verbergen, sagte er: *Laßt es eine andächtige Handlung sein.*

Aber alle Barbaren der Welt kannten in der Vergangenheit Menschenopfer, und weil es eine »andächtige Handlung« war, wurden sie nie als Kannibalen angesehen. Und selbst heute noch werden im großen Tempel von Kalkutta, dem Tempel der Muttergöttin Kali, tagtäglich Tiere geopfert – als »andächtige Handlung«. Und nach der Opferung werden sie unter den Andächtigen als *prasad*, als Gottesgabe, verteilt.

Als ich einmal dort war, traute ich meinen Augen nicht. Wie listig der Mensch doch sein kann! Weil er Fleisch essen will, hat er eine »andächtige Handlung« daraus gemacht. Ich fragte den Hohepriester des großen Kali-Tempels in Kalkutta: »Glaubst du wirklich, daß es eine andächtige Handlung ist? Was geschieht mit der Seele des Tieres?«

Er sagte: »Das geopferte Tier ist gesegnet, denn es kommt direkt ins Paradies.«

Ich sagte: »Warum opferst du dann nicht deinen Vater, deine Mutter, deine Kinder und schickst sie direkt ins Paradies? Es liegt doch auf der Hand: Du opferst sie nicht. Und warum opferst du dich nicht selber, wenn du eine solche Abkürzung entdeckt hast? Warum opferst du ein Tier? Es hat dich nicht darum gebeten, ins Paradies zu kommen! Dabei gibt es Millionen Menschen, die ständig darüber nachdenken, wie sie ins Paradies kommen und all seine Freuden genießen können. Opfere doch sie!«

In Bengalen besteht die Nahrung der Leute hauptsächlich aus Reis und Fisch. Selbst ein Mann wie Ramakrishna konnte seine alte Konditionierung nicht überwinden – genau wie Khalil Gibran. Aber es ist wieder die gleiche Gerissenheit: Sie nennen einen Fisch nicht Fisch; sie nennen ihn *jaldandi* – eine Pflanze, eine Blume des Wassers. Denkt ihr, indem man einfach den Namen ändert, kann man die Existenz überlisten?

Ich war auch in Ramakrishnas Tempel, wo er einst lebte und wo viele Sannyasins, die Ramakrishna folgten, gelebt haben. Es gibt einen Ramakrishna-Orden von Sannyasins.

Ich sagte: »Welchen Sinn hat es, das Wort zu ändern? Denkt ihr, wenn ihr einen Fisch ›Wasserpflanze‹ oder ›Wasserblume‹ nennt, ändert das etwas?« Aber all dies geschieht aus Unbewußtheit.

Und euren Tisch laßt einen Altar sein, auf dem das Reine und Unschuldige des Waldes und des Feldes geopfert wird für das, was im Menschen noch reiner und unschuldiger ist.

Diese Sätze verurteile ich absolut. Er sagt damit: Die Tiere der Wildnis sind unschuldig. Opfert sie um der größeren Unschuld willen, die in euch ist. So wie ich es sehe, dürfte das Gegenteil eher der Fall sein: Die Tiere sind viel unschuldiger als der Mensch. Habt ihr je von einem Tier gehört, das einen Weltkrieg anzettelte? Einem Tier, das zu einem Ronald Reagan wurde? Oder einem Adolf Hitler? Habt ihr je von Tieren gehört, die geldbesessen waren und Banknoten horteten? Habt ihr je von einem Tier gehört, das in der Dunkelheit der Nacht gestohlen hat? Habt ihr je von einem Tier gehört, das jemanden vergewaltigte? Und hat je ein Tier an die Tür eines Psychoanalytikers geklopft: »Herr Doktor, ich drehe durch«?

Kein Tier begeht Mord oder Selbstmord. Kein Tier in der Wildnis ist jemals sexuell pervertiert, denn dort gibt es keine Priester – und die sind absolut notwendig, um Menschen zur sexuellen Perversion zu treiben. Und das haben sie mit einer überaus raffinierten philosophischen Strategie erreicht: Sie predigen das Zölibat, und das Zölibat ist widernatürlich. Einerseits sagen sie, daß Gott den Menschen nach seinem eigenen Bilde geschaffen habe. Wenn er gewollt hätte, daß Männer und Frauen sexuell enthaltsam sein sollten – was hinderte ihn daran? Und mindestens jetzt, nach so vielen tausend Jahren...

Aber die Priester predigen das Zölibat, dabei sind gerade sie die Leute, die alle möglichen Perversionen geschaffen haben – die Homosexualität. Und die Homosexualität hat Aids hervorgebracht, die gefährlichste Krankheit, die dem Menschen je unter- gekommen ist, denn es scheint, daß wir kein Heilmittel dagegen finden können. Doch niemand hat den Mut, zu sagen, daß man das Zölibat zum Verbrechen erklären sollte, denn Aids ist eine Nebenerscheinung des Zölibats. Die Homosexualität entstand in den Mönchsklöstern, wo Frauen keinen Zutritt hatten, und in den Nonnenklöstern, wo Männer keinen Zutritt hatten.

Im ältesten Mönchskloster Europas – es ist eintausend Jahre alt, das strengste Kloster der Welt – ist die Hauptregel, daß einer, der dort eintritt, nicht wieder herauskommt, außer wenn er stirbt. Außerdem darf nicht einmal ein sechs Monate altes Mädchen in das Kloster kommen. Seit tausend Jahren hat nicht eine einzige Frau das Kloster betreten. Was sollen diese Mönche denn tun?

Enthaltsamkeit zu predigen ist genauso dumm, als würde man predigen, daß das Pissen ein Frevel ist: Nur wenn ihr aufhört zu pissen, wird Gott seine Freude an euch haben! Und ich sage euch, es finden sich immer dumme Leute, die bereit sind, sogar so etwas zu tun. Aber sie werden eine gespaltene Persönlichkeit haben. Vor der Welt werden sie so tun, als ob sie nicht pissen, aber im Inneren des Klosters, wo keiner hinkommt, werden sie pissen. Wie könnte ein Mensch leben, ohne zu pissen? Wenn er wirklich nicht pissen will, muß er aufhören, Wasser zu trinken.

Wenn ein Mann enthaltsam sein will, muß er aufhören, jegliche Nahrung durch das Essen, das Wasser, die Luft zu sich zu nehmen. Mit anderen Worten, er muß Selbstmord begehen. Nur Tote können enthaltsam sein. Je lebendiger man ist, um so mehr Energie hat man, und diese Energie muß man abgeben, weil man jeden Tag durch die Nahrung noch mehr Energie erzeugt.

Das Zölibat ist eines der häßlichsten Dinge, welche die Religionen den Menschen gepredigt haben. Sie verfolgen damit einen bestimmten Zweck. Wenn sie euch erst einmal überzeugt haben – und sie haben die ganze Menschheit überzeugt, daß die Enthaltsamkeit etwas Großartiges sei –, dann haben sie damit zweierlei erreicht: Alle, die nicht enthaltsam sind, fühlen sich schuldig und schwach: »Wir sind nicht stark genug.«

Und andererseits erzeugen sie bei allen, die ein Leben der Enthaltsamkeit auf sich nehmen, eine Art Schizophrenie. Einesteils wollen sie enthaltsam bleiben, und anderesteils – und das ist der mächtigere Teil, denn er ist der natürlichere – werden sie einen Weg finden müssen, um diese Energie freizusetzen. Aber ein solcher Mensch wird sich ebenfalls schuldig fühlen, denn er hat seine eigenen Vorsätze gebrochen.

Alle Religionen auf dieser Welt haben eines geschafft: daß jeder Mensch sich schuldig fühlt. Es ist eine großartige Strategie, um den Menschen zu versklaven, seine Würde zu untergraben, seine Individualität zu zerstören und ihn ganz unnötigerweise pervers werden zu lassen.

In England beten sie immer – bei jeder öffentlichen Veranstaltung, im Kino, überall, wo Leute zusammenkommen – als erstes: *»God save the queen.* – Gott rette die Königin.« Ich habe mich immer gefragt: »Wovor soll die Königin denn gerettet werden?« Aber erst jetzt habe ich erfahren: Sie wollen die Königin vor dem König, Prinz Philip, retten, denn er soll schwul sein. Und wer weiß, vielleicht hat er sogar Aids? Natürlich muß man da Gott zu Hilfe holen. Aber es ist nur ein Gerücht, daß er schwul sei. Ich kann keine Garantie dafür geben. Doch das Gerücht geht in ganz England um.

Der Papst vor dem jetzigen Papst war ein weltbekannter Homosexueller. Bevor er Papst wurde, war er Kardinal von Mailand, und es war Stadtgespräch, daß er immer von einem schönen jungen Mann begleitet wurde. Allmählich sprach es sich herum, daß er schwul war. Aber er war alteingesessen und mächtig; so wurde er zum Papst gewählt. Und kaum war er Papst, wurde sein Boyfriend aus Mailand sogleich herbeigerufen und zu seinem Sekretär gemacht. Die Leute halten sich hübsche Sekretärinnen, Mädchen, zur Abwechslung von der alten, morsch gewordenen Ehefrau. Er aber hielt sich einen Freund als Sekretär; alle wußten es, und keiner protestierte.

Das sind die Gründe, warum alle Religionen sich über mich ärgern, aber ich bin fest entschlossen. Es ist mir egal, wer sich über mich ärgert oder irritiert ist und mein Feind wird: Ich werde die Wahrheit sagen. Ich habe keinerlei Verpflichtung gegenüber der Vergangenheit. Ich habe das ganze hinter mir gelassen.

Vielleicht bin ich der erste neue Mensch, der Beginn einer neuen Menschheit, die natürlich sein wird, aufrichtig und wahrhaftig.

Mit diesen Sätzen hat Khalil Gibran zweifellos meinen Standpunkt untermauert, daß er noch kein Mystiker ist und kein vollkommen Erleuchteter, obwohl er schon sehr nahe heranreicht. Aber es spielt keine Rolle, ob man dem Tempel nahe ist oder weiter entfernt. Was macht es für einen Unterschied, solange man nicht im Innern des Tempels ist, ob man viele Meter oder Meilen oder Lichtjahre davon entfernt ist oder ganz nahe?

Wenn ihr ein Tier tötet, sagt in eurem Herzen zu ihm:
Durch die gleiche Macht, die dich tötet, werde auch ich getötet, und auch ich werde verzehrt werden.
Denn das Gesetz, das dich meiner Hand auslieferte, wird mich einer mächtigeren Hand ausliefern.
Dein Blut und mein Blut ist nichts als der Saft, der den Baum des Himmels nährt.

Das sind bloß Worte. Wenn er sie weggelassen hätte, wäre sein Buch unbeschmutzt. *Wenn ihr ein Tier tötet*... aber *weshalb* solltet ihr ein Tier töten? Eigenartig, wenn ihr ein Tier tötet, nennt ihr es Sport oder Jagd. Aber wehe das Tier tötet euch! Dann sagt keiner dazu Sport oder Jagd. Dann ist es ein Unglück. Eine doppelte Moral kommt immer aus dem arglistigen Verstand – auch wenn Khalil Gibran versucht, es so auszudrücken, daß alle sich täuschen lassen, vor allem diejenigen, die keine Vegetarier sind. Sie werden sehr froh darüber sein, daß Khalil Gibran, ein Mann wie Khalil Gibran, ihnen bei der häßlichsten Tat in ihrem Leben seine Unterstützung gibt.

Und wenn ihr mit den Zähnen einen Apfel zermalmt, sagt in eurem Herzen zu ihm:
Deine Samen werden in meinem Körper leben...

Das ist sehr sonderbar. Warum geht ihr nicht hin zu einem Löwen und sagt zu ihm: »Bitte friß mich! Meine Samen werden in deinem Körper leben«?

...*Und die Knospen deines Morgens*
werden in meinem Herzen blühen...

Und wann werdet ihr als Knospen im Herzen eines Löwen blühen?

...Und dein Duft wird mein Atem sein...

Laßt doch zur Abwechslung mal euren Duft der Atem eines schönen Löwen sein! – Wenn er das noch hinzugefügt hätte, würde ich nicht behaupten, daß er von seiner Höhe heruntergefallen ist.

...Und zusammen werden wir uns aller Jahreszeiten erfreuen.

Gebongt! Laßt euch von dem Tier auffressen und erfreut euch zusammen aller Jahreszeiten. Das Tier wird sich freilich mehr erfreuen, als ein Mensch es vermag!

Und im Herbst, wenn ihr die Trauben eurer Weinberge für die Kelter lest, sagt in eurem Herzen:
Auch ich bin ein Weinberg...

Aber wann steckt man *euch* in die Kelter?

...und meine Frucht wird für die Kelter gelesen werden,
Und wie neuer Wein werde ich in ewigen Gefäßen bewahrt werden.

Das sind leere Worte. Er sollte es unter Beweis stellen, indem er in den Weinberg geht, sich mit der Erde vermischt und zum Dünger wird, damit der Weinberg reicher wird. Dann wäre sein Leben in den Trauben, und wenn aus den Trauben Wein wird, wäre er in dem Wein. Aber warum diese einseitige Geschichte, daß die Trauben so denken? Das ist reine Ausbeutung, mit schönen Worten verbrämt. Diesen Teil lehne ich ganz und gar ab.

Und im Winter, wenn ihr den Wein zapft...

Aber immer seid *ihr* es, die entweder das Tier töten oder den Wein zapfen...

...laßt für jeden Becher ein Lied in eurem Herzen sein.

Das ist simpel – zu simpel!

Und in dem Lied laßt eine Erinnerung an die Herbsttage und den Weinberg und die Kelter sein.

Aber zuerst geht durch die Kelter! Das gilt nicht nur für dieses spezielle Thema. Überall, wo man eine solche Doppelmoral findet, hat man es mit einem Heuchler zu tun.

Gestern habe ich zu ein paar Äußerungen des indischen Ministerpräsidenten Rajiv Gandhi etwas gesagt. Es ist noch mehr zu mir gekommen, durch einen weiteren Zeitungsausschnitt. Er sagt: »Der Gewaltinstinkt des Menschen spiegelt sich wider in Terrorakten, dem Konzept der Machtblöcke, dem Wettrüsten und der Apartheid-Politik. Wir haben die Keule des Primitiven mit Nuklearraketen vertauscht, aber in unserem Denken haben wir uns nicht verändert.«

»Der Gewaltinstinkt«, so sagt er, »...spiegelt sich wider in Terrorakten.« Und was spiegelt sich in eurer Armee wider? Und wozu verpulvert ein armes Land wie Indien ständig fünfundsiebzig Prozent seines gesamten Einkommens für den Truppenausbau? Und nur fünfundzwanzig Prozent bleiben für die neunhundert Millionen Menschen übrig. Was zeigt sich darin für ein Instinkt?

Und seit fast fünf Jahren hat Indien Amerika ständig gebeten: »Gebt uns mehr Uran, wir wollen auch Kernwaffen produzieren.« Und Rajiv Gandhi ist zu diesem Zweck höchstpersönlich nach Amerika gefahren. Doch seltsam... die Menschen sagen das eine und tun das andere. Indien ist schon eine Atommacht – wozu? Fünfzig Prozent der Inder sind unterernährt. In den nächsten zwei bis drei Jahren werden sie verhungern. Wollt ihr ihnen eure Atomwaffen zum Essen geben, eure Atombomben?

Und die Botschaft, die ich ihm geschickt habe, war, daß es überhaupt keinen Sinn hat, Atombomben und Nuklearwaffen herzustellen, denn egal was ihr anstellt, ihr könnt keine Weltmacht wie Amerika oder die Sowjetunion werden. Sie haben einen zu großen Vorsprung. Es würde dreihundert Jahre dauern, bis aus Indien eine Großmacht wird, aber denkt ihr, die Großmächte werden auf euch warten? In dreihundert Jahren werden sie euch um mindestens sechshundert Jahre voraus sein.

Die kleinen Staaten sollten Atomwaffen und Nuklearraketen ganz einfach vergessen. Und wozu unterhaltet ihr eine große Armee und ernährt und präpariert eure Leute dafür, daß sie töten und getötet werden? Ihr solltet eines nicht vergessen: Euer Grundbedürfnis ist Essen für das Land, Kleidung für die Menschen. Ich habe Leute getroffen, die Gras essen und Baumwurzeln. Ich habe Leute getroffen, die so hungrig sind, daß sie mit einem Ziegelstein auf dem Bauch schlafen, damit sie den Hunger nicht spüren. Und dieses Land will Nuklearwaffen produzieren!

Aber als ich ihm diese Botschaft geschickt habe, war er sehr verärgert. Jetzt wäre es an der Zeit, daß er sich entschuldigt.

Er sagt, daß die Gewalt des Menschen sich im Terrorismus widerspiegelt. Aber durch wen entsteht denn der Terrorismus? Unsere eigene Erfahrung hier ist, daß die indische Regierung uns geradezu zwingt, Terroristen zu werden. Meine ganze Philosophie beruht auf Liebe und Gewaltlosigkeit – aber nicht der Gewaltlosigkeit eines Feiglings! Wenn dieser Polizeichef nicht von hier weg in ein weit entferntes *Nagaland** versetzt wird – und mit ihm die Polizeibeamten, die gewaltsam in mein Zimmer eindrangen... Wer ist verantwortlich für die Entstehung des Terrorismus?

Und wenn Rajiv Gandhi weiterhin solchen Quatsch macht... denn dieser Polizeichef kann gar nichts machen. Die kennen mich hier alle, und wenn sie nicht einen Hinweis aus New Delhi bekommen, halten sie nicht ihre Köpfe hin und kreieren sich unnötige Scherereien. Und wenn dieser Polizeichef mit Schußwaffen in den Ashram kommt, aber von uns verlangt, daß wir keine Schußwaffen haben dürfen – die wir gar nicht haben! Was wollt ihr denn? – daß man uns unterdrückt? – erniedrigt? – tötet? – hinschlachtet?

Ich liebe meine Leute. Aber mit mir könnt ihr nicht so umsprin-

* einer der kleinsten und entlegensten Bundesstaaten Indiens

gen! Wir machen still unsere Meditationen. Es gibt keinen Anlaß, daß irgendwelche Polizisten hier anwesend sein müßten. Aber wenn ihr es auf die Spitze treibt: Ich habe hier jede Menge Terroristen, die ich in friedliebende Meditierer verwandelt habe. Wenn man mich zwingt, werde ich keine Sekunde zögern. Dann wird dieses Land einen neuen Befreiungskampf erleben, denn der alte Befreiungskampf ist gescheitert. Im Namen der Freiheit haben wir überhaupt nichts erreicht. Indien ist in einer viel schlechteren Situation, als wir es jemals waren.

Der Terrorismus kommt nicht aus heiterem Himmel. Was können Individuen denn tun, wenn die Regierungen, die alle Macht haben, anfangen, ihre Individualität, ihre Freiheit, ihre freie Meinungsäußerung zunichte zu machen? Man zwingt stille, einfache Leute, die nichts mit Gewalt zu schaffen haben und nicht politisch sind... aber wenn man uns zu sehr unter Druck setzt... alles hat seine Grenzen!

Im Namen der Freiheit regiert seit vierzig Jahren eine einzige Familie. Und Rajiv Gandhi redet vom »Konzept der Machtblöcke«... Und seine Botschafter hindern meine Leute daran, hierherzukommen, um zu meditieren und mir zuzuhören. Das ist Diskriminierung! Er redet von Machtblöcken, und gleichzeitig schreibt er vor, aus welchen Gründen Ausländer hier sein dürfen. Was bedeutet denn »Ausländer«? Es bedeutet Diskriminierung und Machtblöcke.

In Amerika hat man alles unternommen, um meine Kommune zu zerstören, die wir unter enormen Anstrengungen aufgebaut hatten. Die Leute arbeiteten zwölf, vierzehn Stunden täglich, um eine Oase in der Wüste zu schaffen. Fast ein halbes Jahrhundert lang hatte diese Wüste zum Verkauf gestanden, doch es gab keinen einzigen Käufer. Wer will schon eine Wüste kaufen?

Wir haben einen Brief von einem der prominentesten Immobilienmakler entdeckt, den er vor dem Kauf dieser Wüste geschrieben hatte. Jeder Immobilienmakler wird das Grundstück preisen, für das man sich interessiert, denn er will ja seine zweiprozentige Provision bekommen. – Und das war nicht wenig, denn wir haben für diese Wüste sechs Millionen Dollar bezahlt! – Aber dieser

Mann muß ein humanes Herz gehabt haben. In seinem Brief schrieb er: »Bitte kaufen Sie dieses Land nicht. Es ist zwar sehr groß, zweiunddreißigtausend Hektar, aber es ist absolutes Ödland, und Sie werden Millionen von Dollar investieren müssen, um es bewohnbar zu machen.« Diesen Brief habe ich nie zu Gesicht bekommen, sonst hätte ich nein gesagt.

Wir haben die Wüste verwandelt. Alle Amerikaner im Umkreis lachten uns aus. Sie sagten: »Es ist unmöglich. Ihr werdet nur euer Geld und eure Arbeit hineinstecken, aber eine Wüste bleibt eine Wüste.« Anfangs machten sie sich keine Gedanken. Sie fingen erst an, sich Gedanken zu machen, als wir Erfolg hatten, denn wir steckten fast dreihundert Millionen Dollar hinein. Die Sannyasins schickten aus der ganzen Welt ihr schwerverdientes Geld, und so machten wir aus der Wüste eine Oase. Fünftausend Sannyasins lebten dort, und viermal im Jahr, zu Festivalzeiten, stieg die Einwohnerzahl stets auf zwanzigtausend Leute.

Wir hatten alle Einrichtungen für zwanzigtausend Leute. Es gab eine Halle, in der zwanzigtausend Menschen Platz hatten, um mir zuzuhören, und wir entwickelten Spezialzelte, die mit Air-Conditioning und Heizung ausgestattet waren, so daß man sie problemlos das ganze Jahr über verwenden konnte. Wir wollten für die zwanzigtausend Leute unser Bestes geben, denn sie kamen von weither. Wann hat man je davon gehört, daß jemand nach Amerika fährt, um die Wahrheit zu suchen?

Wir schufen die erste heilige Stätte von Amerika. Wir schufen eine neue Kaaba, ein neues Kashi. Alles ist dort zehnmal teurer als anderswo. Und die amerikanische Regierung unternahm alles, was illegal und kriminell ist, um die Kommune zu zerstören. Sie hätten nicht gedacht, daß wir Erfolg haben würden; darum hatten sie abgewartet. Doch als wir Erfolg hatten, war es ein Schock für sie.

Der amerikanische Justizminister hat erst vor einigen Tagen in einer Pressekonferenz die Wahrheit gesagt, als ein Journalist ihn fragte: »Warum haben Sie Bhagwan nicht ins Gefängnis gesteckt? Warum haben Sie ihn deportiert? Wenn er ein Verbrechen begangen hat, sollte er im Gefängnis sitzen.«

Und er sagte: »Dafür gab es drei Gründe: Erstens bestand unsere Priorität darin, die Kommune zu zerstören. Zweitens wollten wir Bhagwan nicht ins Gefängnis stecken, weil wir keinen Märtyrer aus ihm machen wollten. Und drittens war es nicht möglich, ihn ins Gefängnis zu stecken, weil er kein Verbrechen begangen hatte. Er hat nichts Ungesetzliches getan. Wir hatten keine Beweise gegen ihn, nicht einen einzigen.«

Und das sagte derselbe Mann, der vor Gericht sechsunddreißig Anklagepunkte gegen mich erhoben hatte! – Wer macht die Terroristen?

Man befahl mir, Amerika innerhalb von fünfzehn Minuten zu verlassen, weil man befürchtete, wenn ich in die Kommune zurückkehrte, würden fünftausend Sannyasins da sein und es würde nicht so leicht sein, mich noch einmal zu verhaften. Diese fünftausend Sannyasins würden es ihnen nicht so leicht machen.

Diese fünftausend Sannyasins sind jetzt über die ganze Welt verstreut, und sie tragen eine Wunde im Herzen. Rajiv Gandhi sollte sich vorsehen. Er sollte diesen Polizeichef von hier entfernen und sich nicht einmischen in unser Recht auf Freiheit, auf freie Meinungsäußerung, unser Recht auf Wahrheitssuche, unser Recht auf Meditation. Wir schaden damit niemandem. Aber ich denke, diese Politiker sind alle blind.

Rajiv Gandhi redet gegen das Wettrüsten, aber genau das macht er in Indien – trotz meiner Warnung, daß Indien niemals eine Weltmacht werden kann; wir sind zu spät dran. Zweitausend Jahre lang lebten wir in Sklaverei. Die Länder, die jetzt Großmächte sind, haben in Freiheit gelebt, und sie haben ein riesiges Vernichtungspotential geschaffen.

Dabei ist es so einfach, das zu sehen. Noch zu Zeiten seines eigenen Großvaters, Jawaharlal Nehru, griff China Indien an, und Jawaharlal war wütend und glaubte, seine Armee würde in der Lage sein, den Feind zumindest aus unserem Land zu werfen. Doch nein, Tausende von Quadratkilometern des herrlichen Himalaja sind noch immer in den Händen Chinas. Und diese Leute haben es akzeptiert. Heute spricht keiner mehr darüber, daß man sie besiegt hat. Und wenn China wollte, könnte es kommen und sich noch mehr holen – den ganzen Himalaja.

Seit vierzig Jahren steht die indische Armee in Kashmir ständig in Alarmbereitschaft, denn gleich nach der Unabhängigkeit hat Pakistan Kashmir angegriffen und sich ein großes Stück geholt – einen der wunderbarsten Landstriche dieser Welt. Ähnlich wie im Kaukasus haben die Menschen in diesem Teil von Kashmir eine sehr hohe Lebenserwartung. Hundertfünfzig Jahre sind keine Seltenheit; sogar hundertachtzig, zweihundert Jahre findet man gelegentlich. Und diese Hundertachtzigjährigen arbeiten immer noch auf den Feldern; sie sind noch fit.

Ihr habt es ohne Scham akzeptiert, daß Pakistan euch besiegt hat – und Pakistan ist kleiner als euer Land. Es ist so dumm, eine große Armee in Kashmir zu stationieren.

Die Politiker wollen nicht, daß die Menschen je in Frieden leben. Darum habe ich gesagt, daß ich innerhalb von zehn Jahren sämtliche Probleme beseitigen könnte, denn ich bin kein Politiker. Kashmir ist eine einfache Sache: Es ist zu neunzig Prozent mohammedanisch, und es will zu Pakistan gehören. Die Angst besteht nicht vor Pakistan, die Angst besteht vor den neunzig Prozent Mohammedanern, die in Kashmir leben. Seit vierzig Jahren macht ihr also in Wirklichkeit aus Kashmir ein Gefängnis. Es wäre einfach, mit neutralen UN-Beobachtern eine Wahl durchzuführen, um zu entscheiden, wo Kashmir hingehören soll. Wenn die Kashmiris in Indien leben wollen, sollen sie dort leben. Es ist nicht nötig, eine Mauer von Soldaten zu errichten. Aber man befürchtet, daß eine solche Wahl zugunsten Pakistans ausgehen könnte.

Und falls die Kashmiris in Pakistan leben wollen – wer seid ihr denn, daß ihr sie daran hindern wollt? Laßt sie zu Pakistan gehören. Es braucht deswegen keinen Kampf zu geben. In ganz Indien gibt es ständig irgendwo Ausschreitungen. Einen Tag in Ahmedabad, am nächsten Tag woanders. Im Punjab geht es ständig weiter… Nicht einmal in den Medien darf irgendetwas darüber veröffentlicht werden, was im Punjab passiert. Man weiß nicht genau, was die indische Armee im Punjab macht.

Und dieser Mann schämt sich nicht einmal, diese Tatsachen zu erwähnen. Indien eskaliert ständig sein Wettrüsten, und er redet davon, als ob alle Welt diese Dinge tun würde, nur wir nicht!

Politiker sind die häßlichsten Leute auf der Welt. Mahatma Gandhi ist dafür verantwortlich, Indien der Familie von Rajiv Gandhi in die Hände gespielt zu haben. Nur ein paar Fakten, damit ihr versteht, weshalb ich sage, daß er der gerissenste Politiker war, den die Welt je gekannt hat...

Ein amerikanischer Autor, der an einer Biographie Mahatma Gandhis arbeitete, fragte ihn einmal: »Sie sind gegen Waffen, gegen die Armee. Wenn das Land unabhängig wird, was werden Sie mit der ganzen Armee und all den Waffen machen?«

Und Gandhi sagte, ohne mit der Wimper zu zucken: »Die Armee wird aufgelöst. Die Leute sollen auf die Felder gehen, um zu arbeiten, und in die Fabriken, um zu produzieren. Und die Waffen werden ins Meer geworfen. Wir sind gewaltlose Menschen.«

Und als dann die Unabhängigkeit kam und der Angriff Pakistans auf Kashmir, da war es Mahatma Gandhi, der »Vater der Nation«, der als erster drei Flugzeuge segnete, die über sein Haus flogen. Man sollte nicht »Haus« dazu sagen; es ist ein Palast. Der damals reichste Mann Indiens, Jugal Kishore Birla, lebte in diesem Palast; es war sein Palast, und Mahatma Gandhi wohnte darin. Er kam in den Garten, um die Flugzeuge zu segnen, denn sie flogen voraus, gefolgt von weiteren Flugzeugen, um Pakistan anzugreifen.

Er hatte die ganze Gewaltlosigkeit vergessen und er erwähnte nie wieder, mit keinem Wort, die Waffen ins Meer zu werfen, die Armee aufzulösen und die Leute auf die Felder zu schicken, damit sie etwas produzieren... Diese unproduktive Masse der Armee, die man geschaffen hat, verbraucht fünfundsiebzig Prozent des nationalen Einkommens. Das sind einfach Schmarotzer.

Und da redet Rajiv Gandhi davon, daß die Menschen weise werden müssen! Und nur weil ich in einem meiner Vorträge gesagt hatte, daß das indische Parlament die zurückgebliebensten Abgeordneten hat, wurde mir sofort eine Klage zugestellt: »Du hast die wichtigste Institution des Landes beleidigt.« So habe ich das nie gehört. Was ich von Kindheit an ständig gehört habe, ist, daß diese Leute Diener des Volkes sind und daß das Parlament für das Volk da ist, und nicht das Volk für das Parlament.

Ich habe ihnen geantwortet, und ich habe fast zwei Monate damit zugewartet. Ich sagte: »Ich bin bereit, ins Parlament zu kommen und zu wiederholen, was ich gesagt habe – mit mehr Nachdruck. Und es ist keine Beleidigung des Parlaments. Wenn ihr meint, daß es eine Beleidigung sei, kann ich meine Therapeuten, meine Psychologen mitbringen, oder ihr könnt eure Therapeuten und Psychologen mitbringen und jeden einzelnen Abgeordneten des Parlaments testen lassen, ob er zurückgeblieben ist oder nicht. Ohne es zu überprüfen, könnt ihr nicht behaupten, daß ich euch beleidigt habe.« Die Dinge beim Namen zu nennen, ist keine Beleidigung für die Dinge.

Aber diese Politiker sind überall auf der Welt die gleichen. Ich will, daß ihr eines versteht: Ich werde auch Amerika nicht in Ruhe lassen. Sie schulden meinen Sannyasins mehr als dreihundert Millionen Dollar. Und wenn sie auch nur ein bißchen Sinn für Würde besitzen, sollten sie das Geld den Leuten zurückgeben, die es hingebracht haben, jenen Leuten, die fünf Jahre lang ununterbrochen dafür gearbeitet haben.

Ein bißchen Zeit noch... denn die Radikale Partei Italiens hat mir mitgeteilt, daß sie sich sehr freuen würde, wenn ich die Präsidentschaft über ihre Partei übernehme. Ich habe ihnen gesagt, daß ich absolut dazu bereit bin. Und wenn ich erst Präsident der italienischen Radikalen Partei bin, will ich doch sehen, wer mich daran hindert, nach Italien einzureisen. Und dann werde ich den Fall vor das internationale Gericht bringen, daß Amerika uns dreihundert Millionen Dollar schuldet; es sollte sie schnellstens zurückgeben.

Und wißt ihr: Sie haben unsere Kommune zerstört, und jetzt geben sie zu, daß es ihre Priorität war, die Kommune zu zerstören. Aber warum? Die Kommune hat ihnen nichts getan. Die Kommune war zwanzig Meilen von der nächsten amerikanischen Ortschaft entfernt, und niemand machte sich die Mühe, diese Orte zu besuchen. Wir waren autark und erzeugten unsere Nahrung selbst. Wir haben unsere Milchprodukte selbst erzeugt, wir haben alles erzeugt, was wir brauchten. Und wir haben kein Geld als Tauschmittel verwendet. Wer etwas brauchte, bekam es von der Kommune zur Verfügung gestellt. Geld konnte man spenden, aber man konnte damit nichts kaufen. Geld wurde nur gebraucht, wenn die Kommune etwas von außen kaufen wollte. Es war eine einzigartige Kommune, einmalig.

Alle waren gleich, allein schon deshalb, weil niemand sein Geld verwenden konnte. Jemand mochte Millionen von Dollars besitzen und ein anderer keinen einzigen Dollar, doch beide waren gleich, was ihr Leben in der Kommune betraf. Es war die höchste Form von Kommunismus, die sich je auf dieser Welt ereignet hat, und es war nicht nur einfacher Kommunismus. Es war gleichzeitig ein unmögliches Wunder: Es war Anarchie, denn keiner regierte.

Ihr könnt es hier sehen: Hier zwingt euch niemand, etwas zu tun. Es ist eure Liebe – wenn ihr etwas tun wollt, dann tut es. Was auch immer ihr tun wollt, ihr habt die Wahl.

Es war eine großartige Synthese zwischen zwei gegensätzlichen Philosophien: Kommunismus und Anarchismus.

Und je mehr Erfolg die Kommune hatte, um so mehr fühlte sich Amerika bedroht. Präsident Ronald Reagan ist ein christlicher Fundamentalist. Das ist nur ein anderer Name für einen christlichen Fanatiker. Alle fanatischen Christen und Ronald Reagan zusammen haben die Kommune vernichtet. – Wer macht den Terrorismus? Weil ich kein amerikanischer Staatsbürger war, schwieg ich. Aber ich bin indischer Staatsbürger, und hier werde ich nicht schweigen. Ich werde dem ganzen Land eine neue Friedensbewegung geben. Ich habe kein Interesse an Politik, aber wenn ich sehe, daß man sich weiter in meine Arbeit einmischt, ist eines sicher: Rajiv Gandhi wird nicht wieder Premierminister werden. Ich werde ihm in seinem Wahlkampf überallhin folgen. Nicht als Gegenkandidat, denn ich habe keine Lust, indischer Premierminister zu werden, sondern um ihn zu entlarven und die Leute darauf aufmerksam zu machen, daß es wieder eine Sklaverei geworden ist: Eine einzige Familie regiert weiterhin das Land, vierzig Jahre lang, und tut überhaupt nichts.

Vielleicht brauchen wir eine neue Revolution in diesem Land. Die Revolution, für die wir gekämpft haben, und die Freiheit, die anschließend kam, haben sich als trügerisch erwiesen, als Schein.

In Amerika – und daran könnt ihr die Dummheit sehen! – haben sie in The Dalles, der Hauptstadt des Bezirks, in dem unsere Kommune lag, ein Marmordenkmal errichtet, auf dem geschrieben steht: »Wir waren erfolgreich, die Feinde hinauszuwerfen; wir waren erfolgreich, die Kommune zu zerstören, die eine Gefahr für die Nation war.« Ich habe jemanden beauftragt, mir den genauen Wortlaut und ein Foto zu senden. Dann werden wir hier ebenfalls ein Denkmal errichten – dafür, daß Amerika uns dreihundert Millionen Dollar schuldet: »Im heiligen Gedenken an Rajneeshpuram« – damit es in der Geschichte festgehalten ist. Ich werde Ronald Reagan nicht so leicht davonkommen lassen. Er muß das ganze Geld zahlen, und er muß sich auch entschuldigen. Denn sein eigener Justizminister sagt: »Unsere Priorität war es, die Kommune zu zerstören.« – Aber weshalb?

Und er gibt selbst zu, daß ich keinerlei Verbrechen begangen habe und daß es keine Beweise gab. Aber trotzdem gab man mir eine Strafe von vierhunderttausend Dollar – das sind ungefähr sechzig *lakh** Rupien. Und ich besitze nicht eine einzige Rupie!

Aber wie ich es euch immer wieder sage: Ich vertraue auf die Existenz. Und ich liebe die Menschen. Innerhalb von zehn Minuten gelang es ihnen, vierhunderttausend Dollar – sechzig *lakh* Rupien – zusammenzubekommen! Selbst der Richter staunte, denn er dachte, wir würden nicht imstande sein, so viel Geld aufzubringen, und ich würde nicht aus dem Gefängnis herauskommen. Auch dieses Geld muß zurückgegeben werden, denn der Justizminister hat öffentlich zugegeben, daß es keine Beweise gegen mich gab. Wofür wurde ich dann bestraft? Und die Strafe beinhaltete auch, daß ich fünf Jahre lang nicht nach Amerika einreisen darf. Aber wenn ich kein Verbrechen begangen habe, dann müßte dieser Richter bestraft werden. Eure Rechtssprechung ist so korrupt wie nur was!

Doch ich darf nicht nur fünf Jahre lang nicht nach Amerika ein-

*6 Millionen Rupien

reisen, sondern man gab mir noch eine fünfzehnjährige Gefängnisstrafe auf Bewährung. Das bedeutet, wenn ich nach Amerika einreisen würde, müßte es gar keine Verhandlung geben, und man könnte mich gleich für fünfzehn Jahre ins Gefängnis stecken!

Und so etwas macht man mit einem Mann, von dem der US-Justizminister sagt… er ist übrigens ein enger Busenfreund von Ronald Reagan. Sie gingen zusammen zur Schule und spielten zusammen in drittklassigen Hollywood-Cowboyfilmen. Und als Ronald Reagan Präsident wurde, brachte er diesen Mann sogleich in die höchste juristische Position, als US-Justizminister. Und wenn das Justizministerium selbst, die höchste amerikanische Rechtsinstanz, sagt, es hätte keinerlei Beweise, daß ich irgendein Verbrechen begangen habe – wofür werde ich dann bestraft?

Aber ich muß mich noch ein wenig gedulden. Wenn ich erst einmal Präsident der Radikalen Partei von Italien bin, werde ich Ronald Reagan und den Richter verklagen und die UN um Intervention bitten. Und in der Radikalen Partei Italiens sind die besten und intelligentesten Leute!

Ich habe viele Sannyasins in Italien – alles alte Terroristen! Ich habe sie dazu gebracht, es aufzugeben. Doch ein einziger kleiner Hinweis würde genügen, und die indische Regierung müßte mich in ganz Indien und auf der ganzen Welt konfrontieren. Sie sollen nicht denken, ich sei allein. Ich habe auch meine Freunde, ich habe auch meine Geliebten, ich habe auch meine Sympathisanten – in Millionenzahl!

(Alles lacht.)

Sprich uns von der Arbeit

Dann sagte ein Landmann: Sprich uns von der Arbeit.
Und er antwortete und sagte:
Ihr arbeitet, um mit der Erde und der Seele der Erde Schritt zu halten.
Denn müßig sein heißt, den Jahreszeiten fremd zu werden und auszuscheren aus dem Lauf des Lebens, das in Würde und stolzer Ergebung der Unendlichkeit entgegenschreitet.
Wenn ihr arbeitet, seid ihr eine Flöte, durch deren Herz sich das Flüstern der Stunden in Musik verwandelt.
Wer von euch wäre gern ein Rohr, stumm und still, wenn alles andere im Einklang singt?
Es ist euch immer gesagt worden, Arbeit sei ein Fluch und Mühsal ein Unglück.
Aber ich sage euch, wenn ihr arbeitet, erfüllt ihr einen Teil des umfassendsten Traums der Erde, der euch bei der Geburt dieses Traums zugeteilt worden ist,

Und wenn ihr Mühsal auf euch nehmt, liebt ihr das Leben wahrhaft,
Und das Leben durch Mühsal zu lieben, heißt mit dem innersten Geheimnis des Lebens vertraut zu sein.
Aber wenn ihr in eurem Schmerz die Geburt ein Leid nennt und die Erhaltung des Fleisches einen Fluch, der euch auf der Stirn geschrieben steht, dann erwidere ich, daß nur der Schweiß auf eurer Stirn das wegwaschen wird, was geschrieben steht.
Es ist euch auch gesagt worden, das Leben sei Dunkelheit, und in eurer Erschöpfung gebt ihr wieder, was die Erschöpften sagten.
Und ich sage, das Leben ist in der Tat Dunkelheit, wenn der Trieb fehlt,
Und aller Trieb ist blind, wenn das Wissen fehlt.
Und alles Wissen ist vergeblich, wenn die Arbeit fehlt,
Und alle Arbeit ist leer, wenn die Liebe fehlt;
Und wenn ihr mit Liebe arbeitet, bindet ihr euch an euch selber und an einander und an Gott.

Mit diesen Worten vermittelt Almustafa die tiefste Erfahrung von Kreativität. Das Leben gehört den schöpferischen Menschen, denn das Leben ist nichts als ein langer, nie endender Prozeß, um mehr Schönheit, mehr Wahrheit zu erschaffen, um höhere Zustände des Bewußtseins zu erschaffen – und letztendlich den Gott in eurem eigenen Sein.

Es gibt Menschen, die meinen, sie könnten glücklich sein, ohne kreativ zu sein. Das ist unmöglich, denn Kreativität ist der einzige Weg, um mit der Ekstase der Existenz in Verbindung zu kommen.

Darum lauscht seinen Worten nicht mit dem Verstand, sondern mit dem Herzen, denn sie kommen aus dem Herzen und können nur verstanden werden, wenn ihr sie mit dem Herzen aufnehmt. Es ist keine verbale Kommunikation, von einem Gehirn zum anderen. Es ist eine *Kommunion* – ein Ruf aus der Tiefe an eure Tiefen, die ihr völlig vergessen habt.

Dann sagte ein Landmann: Sprich uns von der Arbeit.
Und er antwortete und sagte:
Ihr arbeitet, um mit der Erde und der Seele der Erde Schritt zu halten.

Habt ihr es beobachtet? Diese ganze Existenz, die euch umgibt, ist ununterbrochen schöpferisch. Die biblische Geschichte ist absurd – daß Gott alles in sechs Tagen erschaffen hat und sich am siebten Tag ausruhte. Seither hat man nie wieder etwas von ihm gehört! Er ruht sich wohl immer noch aus! Was für eine Ruhe ist das denn? Er scheint gestorben zu sein! Der bloße Gedanke, daß Gott die Existenz und alles, was sie enthält, in sechs Tagen erschaffen habe, ist blanker Unsinn.

Früher bin ich ständig durchs ganze Land gereist, fast zwanzig Jahre lang. Ich hatte einen alten Schneider, der Kleider für mich machte. Ich sagte zu ihm: »Ich brauche sie ganz dringend! Sei bitte diesmal nicht wie die Schneider! Meine Kleider müssen in sechs Tagen fertig sein, denn am siebten Tag verlasse ich diese Stadt!«

Der alte Schneider schaute mich an und sagte: »Dagegen habe ich nichts einzuwenden! Sie werden fertig sein. Aber schau dir die Welt an: Gott hat sie in sechs Tagen gemacht – und was für ein Pfusch ist dabei herausgekommen! So werden deine Kleider auch sein, aber beklag dich dann nicht!«

Sechs Tage für diese ganze Existenz? Ich sage euch, Kreativität ist etwas Kontinuierliches. Der siebente Tag kommt nie! Oder habt ihr schon mal erlebt, daß die Bäume Ferien hätten, die Flüsse Ferien hätten? Am Sonntag, dem Tag der Sonne, sollte die Sonne nicht aufgehen, denn es ist ein Feiertag. Wenn sogar Gott ruhte, warum sollte die arme Sonne aufgehen und immer weitermachen?

Die Existenz ist unaufhörliche Kreativität. Sie ist von niemandem erschaffen worden; sie selbst ist göttlich. Darum möchte ich, daß ihr es in eurem Kopf und in eurem Herzen umändert: Das Wort »Gott« bedeutet keinen Schöpfer, es bedeutet Kreativität. Und nach meiner Erfahrung sind die glücklichsten Menschen auf der Welt jene, die etwas erschaffen können. Und die unglücklichsten sind jene, die unkreativ sind. Je unkreativer ihr seid, um so weiter entfernt ihr euch von der Natur – von der Erde, dem Himmel, den Sternen, deren Tanz keinen Anfang und kein Ende kennt.

Almustafa hat absolut recht:

Ihr arbeitet, um mit der Erde und der Seele der Erde Schritt zu halten.

Wenn euch eure Arbeit nur eine Last ist, die irgendwie erledigt werden muß, haltet ihr nicht mit der ganzen Existenz Schritt, sondern ihr verliert den Anschluß.

Im Einklang mit der Existenz zu sein, ist die einzige Seligkeit, die es gibt. Und aus dem Schritt zu fallen mit der Erde und dem Himmel, ist das einzige Unglück. Der Mensch ist unglücklich, und er wird unglücklich bleiben, weil er den Kontakt zu den schöpferischen Kräften verloren hat, die ihn auf die Welt gebracht haben und am Leben erhalten. Er fühlt sich unnütz. Es sieht fast so aus, als würde er lieber die Ruhe eines Grabes genießen, als zu arbeiten, etwas zu erschaffen und mit der ganzen Existenz zu tanzen.

Denn müßig sein heißt, den Jahreszeiten fremd zu werden...

Uns ist eine so herrliche Existenz mit solch prachtvollen Jahreszeiten geschenkt worden! Im Herbst, wenn die Blätter von den Bäumen zu fallen beginnen… habt ihr das Lied vernommen? Wenn der Wind durch die toten Blätter streicht, die sich auf dem Boden angehäuft haben? Nicht einmal die toten Blätter sind so tot, wie die Menschen es sind. Sie können noch singen! Sie beklagen sich nicht, daß der Baum sie abgeworfen hat. Sie folgen der Natur, wo auch immer diese sie hinführen mag.

Das ist die Art eines wahrhaft religiösen Herzens: keine Klage, kein Groll… nur Seligkeit über alles, was die Existenz euch beschert hat – worum ihr nicht einmal gebeten hattet und was ihr euch nicht verdient habt.

Tanzt ihr, wenn es regnet? Nein, ihr habt Schirme erfunden. Und nicht nur gegen den Regen… Ihr habt unzählige Schirme erfunden, um euch vor der unaufhörlichen Kreativität dieser Existenz zu schützen.

Als ich Student an der Universität war, verließ ich sooft es regnete mit absoluter Zuverlässigkeit das Klassenzimmer, und meine Professoren kapierten: »Wenn es regnet, kann man ihn nicht aufhalten. Dann muß er gehen.« Ich hatte die einsamste Straße auskundschaftet, mit hohen Bäumen, die sich nach den Wolken streckten und sie berührten. Entlang dieser stillen, verlassenen Straße gab es nur ein paar Bungalows der Professoren und Dekane, und den Bungalow des Rektors. Es war ein stiller Ort, eine Sackgasse.

Der allerletzte Bungalow gehörte dem Leiter des physikalischen Instituts. Seine Familie hatte sich daran gewöhnt: Wenn ich dort war, mußte es bald regnen, oder wenn es regnete, mußte auch ich bald kommen. Der Regen und ich waren für diese Familie ein gleichzeitiges Phänomen.

Die ganze Familie guckte immer: »Was ist das für ein verrückter Junge?« – völlig durchnässt im strömenden Regen, im tanzenden Wind… Und weil es das Ende der Straße war, verweilte ich immer unter einem Baum, solange der Regen andauerte. Die Familie war zweifellos neugierig geworden und hätte gerne gewußt, was das für ein Junge war.

Der Leiter des physikalischen Instituts hatte sich aus anderen Gründen für mich zu interessieren begonnen. Er war ein großer Buchliebhaber und traf mich immer in der Bibliothek an. Es gab Tage, an denen wir beide die einzigen Personen in der Bibliothek waren. Nach und nach wurde er immer freundlicher und liebenswürdiger zu mir, und er sagte: »Du bist etwas seltsam! Du solltest eigentlich in deiner Vorlesung sein, aber die meiste Zeit sehe ich dich in der Bibliothek.«

Ich sagte: »Der Professor in der Vorlesung ist praktisch nie auf dem laufenden. Er sagt Dinge, die er vor dreißig Jahren gelesen hat, als er selbst an der Uni war. In den dreißig Jahren hat sich aber alles verändert. Ich möchte mit der zunehmenden Weisheit, mit dem Wissen, mit der Wissenschaft Schritt halten. In der Bibliothek kann ich tatsächlich besser up-to-date sein und bekomme die aktuellsten Informationen. Ab und zu gehe ich in die Vorlesung, wenn ich Lust zum Diskutieren habe. Meine Professoren sind froh, wenn ich in der Bibliothek bleibe, denn immer, wenn ich in ihren Stunden auftauche, gibt es Ärger.« – Denn sie waren dreißig Jahre zurück, und ich hatte immer die neuesten Informationen.

Er sagte: »Einmal möchte ich dich gerne zu mir nach Hause mitnehmen. Ich möchte dich meinen Kindern und meiner Frau vorstellen, um ihnen zu zeigen: ›Hier ist ein Student, der nicht wegen der Titel zur Universität geht, sondern um zu lernen; nicht wegen der Zeugnisse und Goldmedaillen, sondern um Schritt zu halten mit der Wissensexplosion in allen Richtungen, in allen Dimensionen. Und obwohl ich Leiter des physikalischen Instituts bin und er nichts mit Physik zu tun hat, weiß er manchmal mehr als ich. Heute ist es für mich zu spät, diesen Abstand von dreißig Jahren aufzuholen. Ich habe den Anschluß verloren.‹«

So lud er mich eines Tages ein. Er meinte, seine Familie werde sich riesig freuen, mich zu treffen, mit mir zu reden und zu hören, was ich zu sagen hatte. Doch es war ein großer Schock für ihn, denn als wir sein Haus betraten, fing die ganze Familie an zu kichern und verzog sich ins Innere des Hauses. Er sagte: »Das ist aber sonderbar! Das haben sie noch nie getan. Meine Frau ist auch Akademikerin, und alle meine Kinder erhalten eine gute Schulbildung. Das ist doch kein Benehmen!«

Ich sagte: »Sie wissen es noch nicht, aber ich kenne Ihre Familie schon! Wir sind alte Bekannte, obwohl wir nie ein Wort miteinander gewechselt haben. Wir kennen uns seit zwei Jahren.«

Er sagte: »Seltsam, davon hatte ich keine Ahnung.«

Ich sagte: »Machen Sie sich keine Gedanken. Sie brauchen sich nicht schlecht zu fühlen oder für das Benehmen Ihrer Familie zu entschuldigen. Was sie getan haben, ist völlig in Ordnung.«

Wir gingen hinein, und die Familie versammelte sich. Er fragte sie: »Was war der Grund, daß ihr alle zu lachen angefangen habt? Und warum seid ihr alle davongelaufen? Ist das die Art, einen Gast zu begrüßen? Und ich hatte angekündigt, daß ich euch einen Gast mitbringe, den ihr alle mögen werdet.«

Sie sagten: »Aber wir sind ja schon ganz verliebt in deinen Gast! Er ist der verrückteste Kerl in deiner Universität. Nicht nur, daß er *seine* Zeit verschwendet, wenn es regnet – er verschwendet auch unsere Zeit, denn wir können nicht eher reingehen, als bis er weg ist. Ein interessanter Typ!«

Dann erklärte ich es ihm: »Ich mag es, meilenweit gegen den Wind zu laufen. Man fühlt sich so lebendig! Und ich liebe lange Spaziergänge ohne Regenschirm, besonders wenn es regnet. Und an einem heißen Tag, wenn die Sonne herunterbrennt, hat es seinen eigenen Reiz, erst zu schwitzen und dann in den See zu springen. Das Wasser fühlt sich so kühl an – dieser Gegensatz!«

Jemand, der zu leben versteht, wird nicht den Anschluß verlieren.

Allerdings ist das, was Almustafa sagt, sehr bescheiden – mit dem Leben *Schritt zu halten.* Ich lehre meine Sannyasins, *vor* dem Leben herzutanzen. Wozu denn warten, bis das Leben sich bewegt? Soll doch das Leben sich bemühen, mit *euch* Schritt zu halten! Das wird euch eine große Freude und Glückseligkeit bringen, wovon Millionen von Menschen auf dieser Erde nicht die geringste Ahnung haben.

...Und auszuscheren aus dem Lauf des Lebens, das in Würde und stolzer Ergebung der Unendlichkeit entgegenschreitet.

Das Leben bewegt sich unentwegt auf das Ewige, das Unendliche, das Göttliche zu. Wenn ihr den Anschluß verliert, beginnt ihr euch wie ein lebender Leichnam zu fühlen. Dann könnt ihr nicht lachen, und ihr könnt keine Freudentränen vergießen. Dann seid ihr schon vor eurem Tod gestorben. Ihr mögt noch fünfzig Jahre leben, aber es ist ein posthumes Leben. Ihr seid nicht mehr Teil der wunderbaren Karawane des Lebens, die sich immerzu auf das Unbekannte zubewegt. Es ist ein Abenteuer, eine Herausforderung von einem Augenblick zum nächsten.

Wenn ihr arbeitet, seid ihr eine Flöte, durch deren Herz sich das Flüstern der Stunden in Musik verwandelt.

Es geht nicht um eine bestimmte Arbeit. *Jede* Arbeit, die ihr liebt... Um glücklich zu sein, braucht ihr nicht Präsident eines Landes zu werden. Vielleicht macht ihr nur Schuhe... aber wenn ihr sie mit einer solchen Intensität und Totalität macht, daß ihr völlig in eurem Tun aufgeht, dann seid ihr sehr viel gesegneter, als jeder Präsident es je sein kann.

In dem Augenblick, in dem ihr in eurer Arbeit aufgeht, werdet ihr beinahe zu einer Flöte auf den Lippen der Existenz selbst. Jede eurer Gesten verwandelt sich in Anmut, und jeder Augenblick bringt himmlische Musik auf die Erde. Ihr werdet zu einem Vehikel.

Wer von euch wäre gern ein Rohr, stumm und still, wenn alles andere im Einklang singt?

Es ist uns nahezu unvorstellbar, wie unermeßlich groß dieses Universum ist. Die jüngsten Entdeckungen der Physik zeigen, daß das Universum nicht statisch ist, in dem Sinne, daß es eine Grenze hätte. Es dehnt sich ständig aus und wird immer größer und größer. Mit Lichtgeschwindigkeit entfernen sich alle Sterne immer weiter vom Zentrum. Das Universum ist heute viel größer, als es gestern war, und morgen werdet ihr in einem noch größeren Universum leben. Die Existenz scheint grenzenlos in ihrer Ausdehnung zu sein.

Aber es gibt Menschen, die mit der Harmonie dieses riesigen Universums nicht im Einklang sind.

Sogar hier sehe ich jeden Tag zwei bis drei Personen... Während ihr alle singt und euch freut, sitzen sie da wie Tote, die man gerade aus ihren Gräbern vertrieben hat. Wenn sie an dem Tanzen und der Musik nicht teilhaben können, sollten sie nicht hier sein. Sogar wenn ich ihnen mit gefalteten Händen die Ehre erweise, sitzen sie tot und steif da.

Ihr müßt achtgeben. Wenn ihr hier einen Toten seht, sorgt dafür, daß er nie wieder in diesen Tempel der Lebenden kommen darf. Ich verschwende nicht meine Zeit mit den Toten, sonst gäbe es genug Friedhöfe, wo ich hingehen könnte und wo ich ohne Probleme – ohne jemanden zu stören und Konflikte heraufzubeschwören – zu den Toten reden könnte, nach Herzenslust.

Dies ist ein lebendiger Tempel Gottes. Wenn ihr nicht mit meinen Leuten in Kommunion sein könnt, kommt bitte nicht hierher! Dies ist kein Ort für euch. Vielleicht sind das die Agenten des toten Polizeichefs! Ich entbiete ihnen mit gefalteten Händen meinen Gruß, und sie können nicht einmal dieses bißchen Höflichkeit aufbringen! Und während ihr alle singt und feiert, beobachte ich sie. Sie wirken so häßlich, so völlig fehl am Platz.

Darum müßt ihr alle aufpassen. Wenn ihr eine tote Person neben euch sitzen seht, sorgt dafür, daß sie nie wieder durch die Tore dieses Tempels eintritt. Und komischerweise sitzen diese Toten immer auf den Stühlen! Ich weiß, man sollte den Toten Respekt zollen, aber auch die Toten haben den Lebenden gegenüber eine gewisse Verpflichtung.

Merkt euch also: Wenn ich ab morgen irgendjemanden sehe, der nicht mitmacht, werde ich zu euch runterkommen müssen, und ich werde mir diesen Mann schnappen und ihn hinauswerfen. Genug ist genug! Ich habe noch zugewartet. Und diese Leute sollte man gut durchsuchen; sie könnten Schußwaffen bei sich tragen! Wenn ihr jemanden mit Schußwaffen findet, meldet ihn der Polizei – selbst wenn er sagt, er sei ein Polizeibeamter in Zivil, selbst wenn er seinen Ausweis zeigt; denn man kann alles fälschen! Wenn man

Polizeibefehle drucken kann, denkt ihr, Ausweise kann man nicht drucken?

In diesem Tempel sind keine Schußwaffen gestattet. Es ist ein Sakrileg. Es ist gegen die Intelligenz, gegen die Liebe, gegen die Andacht. Sie können herkommen – selbst die Polizeiagenten –, wenn sie als Jünger kommen. Jeder hat ja schließlich einen Beruf... hier sind sogar Diebe und Mörder willkommen.

Und tatsächlich ist es eine psychologische Tatsache, daß die Leute, die zum Polizeidienst gehen, die gleichen Leute sind, die sich als kriminell erweisen. Kriminelle tun die gleiche Arbeit wie Polizisten; sie gehören in die gleiche psychologische Kategorie. Es sind die beiden Seiten derselben Münze. Nur sind die Kriminellen ein bißchen mutiger – sie erledigen ihren Job allein. Die schwächeren Kriminellen sind nicht so fähig, ihre Verbrechen alleine zu begehen; sie brauchen die Unterstützung der Regierung und Schußwaffen. Aber was sie tun, ist genau das gleiche – und manchmal sogar *noch* krimineller.

Jeder ist hier willkommen, außer Tote. Darum müßt ihr aufpassen. Erspart mir die Umstände, zu euch herunterzukommen und so einen Esel bei den Ohren zu nehmen. Zwingt mich nicht, das zu tun! Laßt sie nicht hereinkommen. Und ihr könnt achtgeben, schaut euch nur um. Wenn jemand wie tot dasitzt, sagt ihm ganz einfach: »Dieser Ort ist nichts für dich. Es gibt Friedhöfe – christliche, hinduistische, mohammedanische. Geh, wohin du magst, aber verschwinde von hier!«

Es ist euch immer gesagt worden, Arbeit sei ein Fluch und Mühsal ein Unglück.

Man hat den Menschen solch große Lügen aufgetischt, daß man sich fragt: Warum machen wir immer weiter, unseren Kindern dieselben Lügen aufzutischen – die euch überhaupt nichts im Leben gebracht haben. Euer Wahnsinn, eure Unbewußtheit, eure Blindheit sind schier unermeßlich.

Man kann es an diesem Land sehen. Seit fünftausend Jahren ist Indien geteilt – und daran ist einer der kriminellsten Köpfe dieser

Welt schuld. Aber die Hindus halten ihn für einen großen Seher. Sein Name ist Manu, und sein Buch heißt *Manusmriti.* Er teilt die Menschheit in vier Kategorien: Die höchste ist die der *Brahmanen* – sie arbeiten nie, verrichten nur ihre Andacht und ihre Gebete, und sie sind die höchsten. Und die niedrigste ist die der *Sudras* – das sind diejenigen, die arbeiten und die ganze Gesellschaft tragen. Man könnte problemlos ohne Brahmanen auskommen, aber gerade ihretwegen gibt es ständig Probleme. Doch ohne die Sudras könnte die Gesellschaft nicht existieren. Wer würde eure Straßen reinigen, eure Gossen, eure absolut unhygienischen, schrecklichen Toiletten?

Tatsächlich besitzen die meisten indischen Häuser überhaupt keine Toilette. Die Leute benutzen die Erde, ganz öffentlich; sie urinieren überallhin, verrichten überall ihre Notdurft. Und diese Leute halten sich für das kultivierteste Volk der Welt!

In Bombay wurde mir klar, daß die ganze Stadt in Urin und Scheiße schwimmt. Ich habe mich immer gefragt, weshalb Morarji Desai Bombay als seinen Aufenthaltsort gewählt hat. Jetzt weiß ich es. Es ist wegen des Parfums, das die großartige Stadt Bombay einhüllt... außer Morarji Desai könnte niemand anderer das genießen.

Wir sind jahrhundertelang, bis heute, so unmenschlich zu einem Viertel unserer Bevölkerung gewesen. Und sie bilden die Grundlage unserer Gesellschaft! Ohne sie könntet ihr keinen einzigen Tag überleben. Aber sie sind verdammt; man akzeptiert sie nicht einmal als Menschen. Sie können nicht mitten in der Stadt leben, sie müssen außerhalb der Stadt leben. Ihr anderer Name in Sanskrit ist *antyaja* – die, die außerhalb der Stadt leben. Und es gab Zeiten, da man sogar ihren Schatten ekelhaft fand. So mußte in Nordindien jeder Sudra eine Glocke in der Hand tragen, damit die Menschen sich zerstreuen konnten, wenn sie seine Glocke hörten. Ihr denkt, der Westen hat die Hupe erfunden? Da habt ihr unrecht. Es ist eine Erfindung der Hindu-Gesellschaft und Jahrtausende alt. Ein Sudra durfte nicht in alle Teile der Stadt gehen, nur in bestimmte, und selbst dort mußte er ständig seine Glocke läuten, damit jeder wußte, wer er war.

Wie habt ihr die Würde dieser Menschen mißachtet! Wie habt ihr sie herabgesetzt! Selbst die Hunde dürfen sich frei bewegen, die

Büffel dürfen sich frei bewegen, die Esel dürfen sich frei bewegen, die Polizisten dürfen sich frei bewegen – nur ein Sudra darf sich nicht frei bewegen, denn wenn sein Schatten auf euch fällt, müßt ihr sogleich ein Bad nehmen, um euch zu reinigen.

Im Süden gab es sogar etwas noch Absurderes: Jeder Sudra hatte hinten am Gürtel einen langen Besen festgebunden, und in der Hand die Glocke. Wozu hatte er diesen langen Besen? – damit die Erde nicht verunreinigt wurde. Wenn er sich fortbewegte, reinigte der Besen den Boden hinter ihm.

Und ihr haltet dieses Land für zivilisiert?

Ein *Brahmane* kann jede Frau heiraten – sie kann zur zweiten Kategorie der Krieger gehören; sie kann zu den *Vaishyas*, der dritten Kategorie, den Geschäftsleuten, gehören. Sie kann sogar zur vierten Kategorie der *Sudras* gehören. Doch wenn er eine Sudra heiratet, wird er aus der obersten Kaste ausgestoßen. Er wird selbst zum Sudra, das ist die einzige Strafe. Doch ein Sudra kann überhaupt keine Frau heiraten, die nicht zu seiner Kaste gehört. Das ist laut Manu ein ruchloseres Verbrechen als Mord. Und Manu gilt bis heute als der Gesetzgeber der Hindus.

Und von mir verlangt man ständig, daß ich niemanden kritisieren soll! Sagt mir doch eines: Wenn niemand diese Idioten der Vergangenheit kritisiert, wie sollen wir dann je diesen ganzen Schwachsinn loswerden?

Ein Sudra darf keine Schulbildung haben, er darf keine religiösen Schriften lesen. Natürlich kann er gar nicht lesen, weil er nie in der Schule war. Es war die britische Regierung, die ein Gesetz erließ, daß die Sudras die Schule besuchen können und auch sollen. Als ich als Kind zum ersten Mal in die Schule kam, wunderte ich mich, daß einige Kinder außerhalb der Klasse saßen. Ich fragte: »Was ist los? Warum sitzen diese Kinder außerhalb der Klasse?«

Und der Lehrer sagte mir: »Das sind Sudras. Man hat zwar dieses Gesetz verabschiedet, aber wir können unsere Kultur nicht aufgeben. Sie müssen draußen sitzen.«

Selbst wenn es ein Sudra irgendwie schafft, lesen zu lernen, darf er keine religiösen Schriften lesen. Es wird mit dem Tod bestraft.

Und ganz abgesehen vom Lesen der religiösen Schriften – er darf sie nicht einmal *hören*. Wenn Brahmanen die Veden rezitieren, darf kein Sudra zuhören.

Das ist der Respekt, den ihr der Arbeit erwiesen habt. Die Brahmanen, diese Parasiten, sind die höchste Kaste, und ihnen muß man die Füße berühren. *Es ist euch immer gesagt worden, Arbeit sei ein Fluch*... Und wenn die Religionspriester sagten, die Arbeit sei ein Fluch, dann erschien das natürlich als gegebene Tatsache, denn die Arbeitenden waren seit Jahrtausenden verflucht. Es ist ein Teufelskreis. Zuerst nimmt man dem Arbeiter seine Würde, zerstört seinen Stolz, seine Integrität. Er kann keinen anderen Beruf ausüben.

Im Hinduismus gibt es keine Beweglichkeit. Man wird als Brahmane geboren, man kann es nicht werden. Selbst wenn man mehr Bildung, mehr Weisheit hätte... nicht einmal ein Gautam Buddha kann Brahmane werden.

Die Brahmanen haben es nicht geschafft, auch nur einen einzigen Gautam Buddha hervorzubringen. Doch erstaunlicherweise haben die Sudras sehr wohl Leute hervorgebracht, die Gautam Buddha fast in nichts nachstanden – nur wurden sie von der Gesellschaft natürlich nicht anerkannt. Aber heute können wir sehen: Kabir... er war ein Weber, und die Weber gehören zu den Sudras. Er war ungebildet, darum hatte er nicht die exquisite Ausdrucksweise eines Gautam Buddha, doch was er in der schlichten, gewöhnlichen Sprache des Volkes sagte, schwingt sich zu denselben Höhen empor. Und hier und da enthält es, gerade weil es roh ist wie ungeschliffene Diamanten, ein größeres Potential, mehr Möglichkeiten, eine tiefere Bedeutung.

Buddha ist ein gut geschliffener, perfekt polierter Diamant, aber man kann jetzt nichts mehr mit ihm anstellen. Kabir ist ein Kohinoor, direkt aus der Mine. Bedenkt, daß der Kohinoor, als man ihn fand, dreimal größer war als heute, in der Krone der englischen Königin. Denn durch das Schleifen, dadurch daß man ihm seine Facetten, seine schöne Form gab und ihn polierte, sind zwei Drittel verlorengegangen. Kabir ist ein ungeschliffener, frisch entnommener Diamant; er birgt viel mehr Möglichkeiten in sich als der Kohinoor.

Raidas war ein Schuhmacher, aber er hat die gleiche Bewußtheit verwirklicht. Er war ungebildet, hatte nie von irgendwelchen religiösen Schriften gehört. Sein Beispiel beweist, daß sämtliche religiösen Schriften unnütz sind; man braucht sie nicht. Ein Raidas kann beim Schuhemachen zur selben Höhe gelangen wie ein Gautam Buddha. Wozu soll man sich dann unnötig mit religiösen Schriften belasten?

Oder Gora... er war ein Töpfer. Auch er gehört zu den Sudras, den Unberührbaren. Man darf sie nicht berühren. Doch die Dichtung von Kabir, Raidas und Gora ist so wunderbar, so authentisch, so unbefrachtet mit unnötigen Ornamenten – ganz rein und schlicht. Die Brahmanen sind nicht imstande gewesen, einen Raidas, einen Gora, einen Kabir hervorzubringen, und dennoch sind sie nach wie vor die angesehensten Leute in der Gesellschaft. Und die unproduktivsten, denn sie arbeiten überhaupt nicht; sie sind überhaupt nicht kreativ.

Ich wiederhole: Sie sind Parasiten, Blutsauger. Man sollte sie auf den Erdboden zurückholen und ihnen klarmachen: Wenn ihr nicht arbeitet und etwas erschafft, habt ihr gar nichts verdient. Warum konnten sie keinen Kabir hervorbringen, keinen Buddha? Aus dem einfachen Grund, weil sie so weit abgefallen sind von der Natur und von der Existenz. Wer unkreativ ist, kann nicht in Harmonie mit der Musik der Sterne tanzen.

Es ist euch immer gesagt worden, Arbeit sei ein Fluch und Mühsal ein Unglück.
Aber ich sage euch, wenn ihr arbeitet, erfüllt ihr einen Teil des umfassendsten Traums der Erde...

Wenn ihr mit Liebe, mit Hingabe und Freude arbeitet und etwas erschafft, dann seid ihr Teilnehmende. Unwissentlich habt ihr teil an der Kreativität der gesamten Existenz. Euer Leben wird von großer Seligkeit, von großem Segen überflutet sein.

Die Existenz hat einen Traum zu erfüllen: letztendlich in jedem Lebewesen die Eigenschaften eines Gottes zu erschaffen. Und dieser

Traum ist *euch bei der Geburt dieses Traums zugeteilt worden,* von Anfang an. Ihr seid die Pfeile der Existenz, die nach den entferntesten Sternen zielen.

Und wenn ihr Mühsal auf euch nehmt, liebt ihr das Leben wahrhaft.

Wie könnt ihr eure Liebe für das Leben zeigen?

Es gibt eine wunderbare Sufi-Geschichte…

Ein großer Herrscher pflegte jeden Tag frühmorgens bei Sonnenaufgang auf seinem Pferd in der Stadt umherzustreifen. Das war ein schöner Sport, aber auch eine Gelegenheit für ihn, zu erleben, wie die Stadt wuchs, wie seine Hauptstadt immer schöner wurde.

Er hatte den Traum, aus ihr den schönsten Ort auf der Erde zu machen. Aber er war jedesmal erstaunt und hielt immer sein Pferd an, wenn er einen alten Mann sah, der hundertzwanzig Jahre alt sein mußte. Dieser arbeitete immer im Garten, säte Samen, wässerte die Bäume – es waren Bäume, die Hunderte von Jahren bis zu ihrer Reife brauchten und viertausend Jahre alt werden konnten.

Er wunderte sich, denn dieser Mann war ja schon mit einem Fuß im Grab. Für wen säte er diese Samen? Er selbst würde nie die Blüten und Früchte zu sehen bekommen. Man konnte sich nicht vorstellen, daß dieser Mann das Ergebnis seiner Mühe je zu Gesicht bekommen würde. Eines Tages konnte er der Versuchung nicht widerstehen. Er stieg vom Pferd ab und fragte den alten Mann: »Ich komme jeden Tag hier vorbei, und jedesmal taucht dieselbe Frage auf. Jetzt kann ich nicht mehr umhin, mich in deine Arbeit einzumischen, nur für einen Augenblick. Ich wüßte gerne, für wen du diese Samen säst. Diese Bäume werden erst zur Blüte und zur Reife kommen, wenn du nicht mehr da bist.«

Der alte Mann sah den Kaiser an und lachte. Er sagte: »Wenn das die Logik meiner Vorfahren gewesen wäre, dann hätte ich keine Früchte und Blumen in diesem schönen Garten! Ich bin Gärtner seit vielen Generationen. Mein Vater und meine Vorväter pflanzten die Samen, und ich habe die Früchte genossen. Und was ist mit meinen Kindern? Und mit den Kindern meiner Kinder? Wenn sie deiner Meinung wären, gäbe es keinen Garten. Die Leute kommen von weither, um diesen Platz zu sehen, denn ich habe Bäume, die Tausende von Jahren alt sind. Ich tue einfach, was ich kann, aus Dankbarkeit.

Und was das Säen der Samen angeht... Wenn der Frühling kommt, macht es mir solche Freude, zu sehen, wie die grünen Blätter herauskommen, daß ich völlig vergessen habe, wie alt ich bin. Ich bin so jung wie eh und je. Ich bin jung geblieben, weil ich kreativ geblieben bin. Der Tod holt diejenigen, die unnütz geworden sind. Vielleicht lebe ich deshalb so lange und bin immer noch so jung. Der Tod hat Mitgefühl mit mir, weil ich mit der Existenz Schritt halte. Die Existenz würde mich vermissen; sie kann niemanden ersetzen. Vielleicht bin ich deshalb immer noch am Leben. Doch Ihr seid jung und stellt Fragen wie ein Mann, der bald sterben wird. Und das liegt daran, daß Ihr unkreativ seid.«

Der einzige Weg, das Leben zu lieben, besteht darin, mehr Leben zu erschaffen, das Leben schöner zu machen, reicher an Früchten, saftiger. Verlaßt nicht diese Erde, ohne sie ein kleines bißchen besser gemacht zu haben, als ihr sie bei eurer Geburt angetroffen habt. Das ist die einzige Religion, die ich kenne. Alle anderen Religionen sind nur ein Schwindel.

Ich lehre euch die Religion der Kreativität. Und indem ihr mehr Leben erschafft, werdet ihr selbst transformiert, denn jemand, der Leben erschaffen kann, ist Gott, ist der Göttlichkeit bereits teilhaftig geworden.

Und das Leben durch Mühsal zu lieben, heißt mit dem innersten Geheimnis des Lebens vertraut zu sein.

Was ist das innerste Geheimnis des Lebens? – daß das Leben niemals stirbt. Nur die Formen verändern sich: Alte Blätter fallen ab, neue Blätter kommen. Alte Bäume verschwinden, doch bevor sie verschwinden, haben sie überall Millionen von Samen verbreitet.

In Indien gibt es einen Baum... gleich hinter unserem Gelände ist einer. Der Name dieses Baumes ist *Semal.* Es ist ein sehr intelligenter

Baum. Er ist sehr groß, und sein Schatten bietet Platz für Tausende von Menschen. Natürlich hat er Sorge, daß seine Samen, wenn sie hinunterfallen, ohne Sonne sterben müssen. So mußte er einen Weg finden, daß die Samen so weit wie möglich verteilt werden.

Deshalb bringt der *Semal*-Baum einen Samen hervor, der von Watte umgeben ist... einer herrlichen Watte! Und durch diese Watte fällt der Same nicht direkt zu Boden, sondern der Wind trägt ihn weit fort. Der Baum hat dafür gesorgt, daß seine Kinder einen Platz finden, wo sie wachsen können.

Die Existenz ist nicht dumm. Ihre Intelligenz ist selbst nur ein anderer Name für Gott.

Dieser *Semal*-Baum wird eines Tages sterben, doch bevor er stirbt, hat er dafür gesorgt, daß Tausende von *Semal*-Bäumen, seine Kinder, dasselbe schöne Leben haben werden und im Regen, in der Sonne und im Wind tanzen.

Aber wenn ihr in eurem Schmerz die Geburt ein Leid nennt und die Erhaltung des Fleisches einen Fluch, der euch auf der Stirn geschrieben steht, dann erwidere ich, daß nur der Schweiß auf eurer Stirn das weg-waschen wird, was geschrieben steht.

Alle Religionen haben den Menschen ständig solche Lügen erzählt. Der ganze Beruf des Priesters scheint darin zu bestehen, zu lügen – und mit Methode zu lügen, so daß die Leute anfangen, es zu glauben. Sie haben gesagt: »Was ihr auch macht, ihr könnt euer Schicksal nicht ändern. Es steht euch auf der Stirn geschrieben.« Nichts steht dort geschrieben. Ihr müßt es selber schreiben – durch das, was ihr tut, durch das, was aus euch wird.

Jeder erschafft sich sein eigenes Schicksal. Und selbst wenn etwas geschrieben stünde, sagt Almustafa: »Macht euch keine Sorgen, denn der Schweiß und die Mühsal werden es wegwaschen. Seid schöpferisch, mit einer solchen Intensität, daß, selbst wenn etwas dort geschrieben stünde, es weggewaschen wird.« – Aber die Wahrheit ist, daß dort nichts geschrieben steht. Ihr kommt absolut frei auf diese Welt. Was aus euch wird, ist eure Verantwortung.

Nur Narren gehen zu den Astrologen, nur Narren haben Interesse an ihrem Geburtshoroskop. Ein intelligenter Mensch erschafft sich sein eigenes Schicksal, sein eigenes Leben. Vergeudet nicht eure Zeit mit Astrologie, Geburtshoroskopen, Tarotkarten, I Ging.

Lernt lieber, das Leben zu lieben und es durch das Herz schöner und intensiver zu machen. Was immer ihr tun könnt, tut es.

Es ist euch auch gesagt worden, das Leben sei Dunkelheit, und in eurer Erschöpfung gebt ihr wieder, was die Erschöpften sagten.

Dieser Satz ist von größerer Wichtigkeit als alle religiösen Schriften der Welt. Sie alle sagen: »Das Leben ist Dunkelheit, das Leben ist eine Strafe. Ihr müßt all dieses Unglück, all die Schmerzen und Ängste erdulden wegen eurer schlechten Taten, die ihr in früheren Leben begangen habt.« Das sagen die Leute, die selbst unkreativ und deshalb aus der Harmonie herausgefallen sind. Sie sind unglücklich.

Schaut euch eure Heiligen an – egal, ob Christen oder Hindus, Mohammedaner oder Jainas. Sie sind alle gegen das Leben, Feinde des Lebens: Ihr müßt diesem Leben entsagen; nur durch Entsagung könnt ihr Gott gefallen!

Aber wenn ihr dem Leben entsagt, ist die natürliche Folge, daß ihr unkreativ werdet. Darum sind eure Heiligen die unkreativsten Menschen auf der Welt. Sonst hätte diese Welt zu einem Paradies werden können. Aber weil sie aus der Harmonie gefallen und unglücklich sind, und weil sie ihres Unglücks müde und erschöpft sind, denken sie, daß etwas mit dem Leben nicht stimmt.

Das genaue Gegenteil ist der Fall: Alles stimmt mit dem Leben, nur mit diesen Heiligen stimmt etwas nicht. Eure sämtlichen Heiligen sind krank. Sie gehören in psychiatrische Behandlung. Aber statt ihnen psychiatrische Behandlung zu geben, habt ihr sie angebetet und ihre Egos befriedigt. Dann werden sie noch trauriger, denn Traurigkeit verschafft dem Ego eine mühelose Befriedigung.

Die Politiker müssen streiten und kämpfen, um ihr Ego zu befriedigen. Und die Leute, die hinter dem Geld her sind... es ist kein leichter Job, denn es gibt Millionen Konkurrenten. Aber die

Heiligen sind ohne Konkurrenz. Ihr Geschäft ist das einzige, das konkurrenzlos ist. Man kann auf dem Kopf stehen, solange man will, doch keiner wird kommen, um einem den Rang streitig zu machen. Ihr könnt euren Körper quälen, ihr könnt monatelang fasten, und die Leute werden kommen und euch verehren. Sie werden kommen, um euch Blumen zu bringen, eure Füße zu berühren und eure Lehre zu empfangen – die krank sein muß, weil sie aus einem kranken Geist kommt.

Die Menschheit ist von psychisch kranken Leuten gequält worden, und sie sind immer noch an der Macht.

Und die Leute hören ihnen zu, ohne sich auch nur einen Augenblick Gedanken darüber zu machen, daß kein Baum je zu einem Heiligen wird, kein Berg, kein Ozean, kein Fluß, kein Stern in dieser Existenz... Nur der Mensch kann eine solche kranke Psyche haben. Und wenn ihr anfangt, einen Kranken zu verehren, wird er anfangen, euch die gleiche Krankheit beizubringen.

Das Leben ist Licht. Das Leben ist Freude. Das Leben ist ein Fest.

Fragt jene, die das Leben gelebt haben, und nicht jene, die ihm entsagt haben. Durch ihre Entsagung haben sie ein für allemal die Türen geschlossen, um jemals die tiefsten Geheimnisse und Mysterien der Existenz erfahren zu können.

Ich habe alle möglichen Dummköpfe gesehen, aber eure Heiligen sind unvergleichlich. Sie haben den höchsten Gipfel der Dummheit erreicht.

Hört auf die Sänger, hört auf die Tänzer, hört auf die Maler, hört auf die Dichter. Hört auf all jene, die etwas Schönes erschaffen, die das Leben besser machen. Hört nicht mehr auf jene, die lebensfeindlich sind. Wenn sie lebensfeindlich sind, ist es ihre Sache. Laßt sie im Stich! Verehrt sie nicht länger, denn eure Verehrung hält sie krank. Wenn ihr aufhört, sie zu verehren, werden sie bald erkennen: »Mit mir stimmt etwas nicht.«

Ich habe eine Geschichte gehört...

Ein Hund war ein Heiliger geworden, und er predigte ständig allen Hunden in der Stadt: »Wir haben uns nur deshalb nicht zu höheren Bewußtseinsstufen entwickelt, weil wir unnötig unsere

Energie verschwenden, indem wir uns gegenseitig anbellen. Das Problem ist unser Bellen. Hört auf zu bellen!«

Und alle Hunde dachten: »Es scheint etwas Wahres an dem zu sein, was er sagt. Wir bellen wirklich unnötig – wir bellen sogar den Mond an.« Es schien ihnen logisch: »Durch das Bellen vergeuden wir unsere ganze Energie.«

Sie fingen alle an, diesen Hund zu verehren. Und je mehr sie ihn verehrten, um so mehr Autorität besaß er. Ihre Überzeugtheit überzeugte auch ihn selbst, daß das, was er sagte, richtig sein mußte, sonst würden ihm nicht so viele Hunde mit schamgebeugtem Kopf zuhören: »Unser großer Lehrer, dieser große Heilige, unser erster Heiliger in der ganzen Geschichte... aber keiner hört auf ihn! Sobald er weg ist, fangen alle zu bellen an.«

Aber alles hat seine Grenzen. In einer Vollmondnacht beschlossen sie: »Wenigstens eine Nacht lang wollen wir es versuchen, so groß die Versuchung auch sein mag – ein Polizist, der vorbeigeht, ein fremder Hund aus einer anderen Stadt... Wir wollen unsere Augen geschlossen halten. Und wenigstens eine Nacht im Jahr wollen wir der Lehre unseres Heiligen widmen!« Und alle wurden still.

Der Lehrer konnte nicht glauben, was passiert war. Die ganze Stadt war still, kein einziger Hund bellte. Er lief durch die Stadt. Die Hunde versteckten sich, wo immer sie ein Versteck finden konnten – mit geschlossenen Augen und zusammengebissenen Zähnen. Es war sehr anstrengend und sehr schwierig, aber es war ja nur für eine Nacht! »Morgen früh können wir wieder bellen, soviel wir wollen, doch unseren Entschluß sollten wir halten.«

Aber der Heilige machte sich große Sorgen: Was würde aus seiner Heiligkeit werden? Alle Hunde hatten aufgehört zu bellen. Was blieb ihm da noch zu tun? Sein einziges Geschäft war, ihnen zu predigen, daß Bellen nicht richtig sei. Mitten in der Nacht hatte der Lehrer zum ersten Mal ein komisches Gefühl in der Kehle. Er sagte: »Mein Gott, was ist nur los? Alle Hunde sind still, und in mir entsteht der starke Drang zu bellen.«

Sein Drang zu bellen war nämlich befriedigt worden, weil er bei seinen Predigten in der ganzen Stadt ständig gebellt hatte. Wohin er auch kam, seine Kehle war nie untätig gewesen. Zum ersten Mal hatte er seit sechs Stunden nicht mehr gepredigt. Und weil er ein Hund war, zog er sich in eine finstere Ecke zurück und fing an zu bellen.

Als die anderen Hunde hörten, daß ein Hund das Gelübde gebrochen hatte, konnten auch sie der Versuchung nicht widerstehen. Die ganze Stadt explodierte auf einmal. Alle Hunde bellten, wie sie noch nie in ihrem Leben gebellt hatten! Und der Lehrer kam aus seiner dunklen Ecke und sagte: »Das ist der Fluch unserer Rasse! Ansonsten könnten wir uns über die Menschheit erheben. Hört auf zu bellen! Bellen ist das einzige Problem, die einzige Sünde!«

Wenn ihr nicht zu euren Heiligen geht, ich sage euch, sie werden in der gleichen Lage sein wie der Hundeheilige. Sie werden sich beeilen, die Dinge zu tun, gegen die sie euch gepredigt haben. Gebt ihnen nur eine kleine Chance.

Aber ihr betet sie ständig an. Sie sind dauernd von einer Menge umgeben, und das ist so befriedigend. Politiker kommen, um sich ihren Segen für die Wahlen zu holen, Präsidenten, Premierminister. Und welche Qualifikation haben sie dafür? Ihre Qualifikation ist ihre Lebensfeindlichkeit.

Ich lehre euch Leben, Lieben, Lachen.

Und ich sage, das Leben ist in der Tat Dunkelheit, wenn der Trieb fehlt...

Wenn euer Verlangen, die Sterne zu erreichen, gestorben ist, ist das Leben in der Tat Dunkelheit.

Und aller Trieb ist blind, wenn das Wissen fehlt.

Alles Verlangen ist blind, wenn es nicht aus der Weisheit kommt, aus eurer Meditation, aus eurer Stille.

Und alles Wissen ist vergeblich, wenn die Arbeit fehlt...

Unkreatives, unproduktives Wissen ist öde und bedeutungslos. Es ist vergeblich.

Und alle Arbeit ist leer, wenn die Liebe fehlt.

Wenn ihr ohne Liebe arbeitet, arbeitet ihr wie ein Sklave. Wenn ihr mit Liebe arbeitet, arbeitet ihr wie ein Kaiser. Eure Arbeit ist eure Freude, eure Arbeit ist euer Tanz, eure Arbeit ist eure Dichtung.

Und wenn ihr mit Liebe arbeitet, bindet ihr euch an euch selber und an einander und an Gott.

Arbeit, die auf Liebe beruht, bringt euch näher zu euch selber und näher zu anderen, und schließlich auch näher zu Gott.

Und noch einmal zur Erinnerung: Wenn jemand nicht an unserem Lied teilnehmen will – noch ist es Zeit: Er soll verduften!

14

Sprich uns von der Liebe…

Arbeit ist sichtbar gemachte Liebe

Und was heißt, mit Liebe arbeiten?
Es heißt, das Tuch mit Fäden weben, die aus euren Herzen gezogen sind, als solle euer Geliebter dieses Tuch tragen.
Es heißt, ein Haus mit Zuneigung bauen, als solle eure Geliebte in dem Haus wohnen.
Es heißt, den Samen mit Zärtlichkeit säen und die Ernte mit Freude einbringen, als solle euer Geliebter die Frucht essen.
Es heißt, allen Dingen, die ihr macht, einen Hauch eures Geistes einflößen
Und zu wissen, daß die selig Verstorbenen um euch stehen und zusehen.
Oft habe ich euch sagen hören, als sprächet ihr im Schlaf: »Der mit Marmor arbeitet und im Stein die Gestalt seiner Seele wiederfindet, ist edler als der, der den Boden pflügt.
Und der den Regenbogen ergreift, um ihn auf einer Leinwand zum Ebenbild des Menschen zu machen, ist mehr als der, der die Sandalen für unsere Füße macht.«

Aber ich sage nicht im Schlaf, sondern in der Überwachheit der Mittagsstunde, daß der Wind zu den riesigen Eichen nicht süßer spricht als zum geringsten aller Grashalme;
Und der allein ist groß, der die Stimme des Windes in ein Lied verwandelt, das durch seine Liebe noch süßer wird.
Arbeit ist sichtbar gemachte Liebe.
Und wenn ihr nicht mit Liebe, sondern nur mit Widerwillen arbeiten könnt, laßt besser eure Arbeit
Und setzt euch ans Tor des Tempels und nehmt Almosen von denen, die mit Freude arbeiten.
Denn wenn ihr mit Gleichgültigkeit Brot backt, backt ihr ein bitteres Brot, das nicht einmal den halben Hunger des Menschen stillt.
Und wenn ihr die Trauben mit Widerwillen keltert, träufelt eure Abneigung ein Gift in den Wein.
Und auch wenn ihr wie Engel singt und das Singen nicht liebt, macht ihr die Ohren der Menschen taub für die Stimmen des Tages und die Stimmen der Nacht.

Almustafa sagt ungeheuer schöne Dinge, aber das Wichtigste fehlt. Das ist das Traurige an einem Dichter: Er gelangt zu dem tiefsten Wissen, das möglich ist, erreicht aber nie das innerste Zentrum. Nur ein Mystiker vermag das innerste Zentrum zu erreichen. Obwohl also alle diese Aussprüche wunderschön sind, dürft ihr nicht vergessen, daß ihnen etwas fehlt. Und ich werde euch zeigen, was fehlt.

Ich bin kein Dichter, aber ich kann die Schönheit von Poesie verstehen, weil ich ein Mystiker bin. Ich bin in meinem eigenen Zentrum, in meinem eigenen Sein verwurzelt. Ich möchte, daß ihr Almustafas Aussagen versteht, denn vielleicht können sie euch helfen, das Zentrum zu erreichen, das er selbst nicht einmal kennt.

Und was ich über Almustafa sage, sage ich in Wirklichkeit über Khalil Gibran. Ich habe bisher nie über ihn gesprochen. Seit vielen Jahren habe ich immer wieder daran gedacht, seinen Aussprüchen frisches Blut und frisches Leben zu verleihen. Aber jedesmal sah ich, daß etwas fehlte, und fragte mich, ob ich euch damit gerecht werde, wenn ich Khalil Gibran einfach kommentiere, ohne euch darauf hinzuweisen, daß er kein Erleuchteter ist. Ganz nahe dran, aber selbst die größte Nähe ist noch Distanz. Solange man nicht eins wird, bleibt die Distanz bestehen. Doch schließlich faßte ich den Entschluß, daß es besser wäre, Khalil Gibran und seinen Sprecher Almustafa vollständig und ganz zu machen.

Und was heißt, mit Liebe arbeiten?
Es heißt, das Tuch mit Fäden weben, die aus euren Herzen gezogen sind, als solle euer Geliebter dieses Tuch tragen.

Das ist zwar eine sehr liebevolle Einstellung zur Arbeit, doch es ist nicht die Arbeit, die aus der Liebe entspringt. Der Geliebte ist von euch getrennt. Und derjenige, der heute der Geliebte ist, wird es vielleicht morgen nicht mehr sein.

Die Liebe, wie die Menschheit sie kennt, kann ganz leicht in Haß umschlagen. Die normale Liebe ist ein doppelschneidiges Schwert. Wenn ihr jemanden liebt – und es mag Gott selbst sein –, bedeutet es nicht, daß eure Liebe nicht jeden Augenblick in Haß umschlagen kann.

Einmal kam ein Mann zu mir, und er sagte: »Ich habe einen starken Glauben an Gott.«

Ich sagte: »Ich habe dich schon mal gesehen. Damals hast du dich immer über Gott beschwert. Was ist passiert?«

Er sagte: »Ich habe mich beschwert, weil ich kein Kind hatte. Ich habe zehn Jahre lang ständig gebetet, und Gott gab keine Antwort auf mein Gebet. Also hörte ich auf zu beten und ich hörte auf, in den Tempel zu gehen. Ich fühlte mich betrogen, fühlte mich getäuscht. Es wurde mir klar, daß es keinen Gott gibt.

Aber ich war ungeduldig. Gestern wurde mir ein Kind geboren. Und weil du das Unglück meiner letzten zehn Jahre kennst, wollte ich es dir als erstes sagen, daß ich sehr glücklich bin. Gott *existiert!* Auch wenn er seine Entscheidungen hinauszögert, aus seinen eigenen uns unbekannten Gründen, wird das Gebet immer erhört – wenn nicht heute, dann morgen.«

Ich sagte: »Du bist immer noch ungeduldig. Das Kind kann sterben. Was geschieht dann mit deiner Liebe, mit deinem Vertrauen, mit deinem Glauben an Gott? Mit dem Tod deines Kindes würde auch dein Gott sterben. Er wurde mit dem Kind geboren, und mit dem Kind würde er auch wieder verschwinden, und dann würdest du ihn mehr hassen als je zuvor. Vorher hat er bloß deine Gebete nicht erhört, aber dann würde er dein langersehntes Kind von dir genommen haben.«

Er sagte: »Sag so etwas nicht!«

Ich sagte: »Ich muß es sagen, um dir bewußt zu machen, daß deine Liebe zu Gott saisonbedingt ist. Genau wie die Blumen, die zu bestimmten Jahreszeiten blühen – innerhalb von ein paar Wochen sind sie da und tanzen im Wind, und ein paar Wochen später sind sie wieder verschwunden. Deine Liebe ist nicht aus dem Zentrum deines Seins hervorgekommen. Es ist nicht deine Erfahrung, es ist nur eine Bestechung.«

Übrigens müßt ihr wissen, daß es sehr schwierig ist, die häßliche Gewohnheit der Bestechung in diesem Land zum Verschwinden zu bringen, weil dieses Land seit Jahrtausenden sogar Gott bestochen hat.

Die Leute gehen in den Tempel und sagen: »Wenn unsere Wünsche erfüllt werden, wollen wir dir Süßigkeiten und Früchte darbringen. Dann wollen wir an dich glauben. Die Erfüllung unserer Wünsche ist der einzige Beweis, daß es dich gibt.«

Darum sage ich, Khalil Gibran ist noch kein Mystiker. Wir wollen hören, was Almustafa als erstes sagt:

Es heißt, das Tuch mit Fäden weben, die aus euren Herzen gezogen sind...

Das Herz ist besser als der Kopf, aber ihr seid auch nicht das Herz. Ihr seid etwas noch Tieferes – ihr seid das Sein, das ewige Sein. In dem Augenblick, in dem euer Kopf stirbt, wird auch euer Herz aufhören zu schlagen. Euer Kopf und euer Herz gehören beide zum Körper, und damit zur Welt.

Ihr aber, in der vollkommen Reinheit eures Bewußtseins, gehört zum ewigen Fluß des Lebens. Ihr gehört zu Gott. Wenn ihr euren Glauben auf die Erfüllung irgendwelcher Wünsche gründet, ist das besser, als zu glauben, weil bestimmte Argumente euren Kopf überzeugt haben. Aber es ist noch nicht die wahre Sache.

Ihr solltet lieben, aber nicht aus irgendeinem Grund. Ihr solltet lieben, weil ihr so überfließt vor Liebe. Eure Liebe sollte nicht an einen bestimmten Geliebten gerichtet sein. Und ihr kennt alle das Auf und Ab eurer Liebe. Euer Feind kann euer Freund werden; der Freund kann euer Feind werden. Ihr seid nicht frei. Es hängt vom Objekt ab.

Eure Liebe ist erst dann Freiheit, wenn sie nicht von einem Objekt abhängig ist, sondern einfach aus eurem Sein hervorströmt, völlig grundlos. Dann kann sie sich nicht ändern. Sie wird ewig sein. Ob Gott existiert oder nicht, macht dann keinen Unterschied. Ob ihr einen Geliebter habt oder nicht, macht keinen Unterschied. Ihr werdet immer noch voll Liebe sein. Es geht nicht darum, ob man jemanden liebt. Es geht darum, ob man selbst zur Liebe geworden ist. Und das kommt nicht aus dem Herzen. Es kommt aus einer sehr tiefen Quelle, der tiefsten Tiefe eures Seins. Und es ergießt sich über alles und jeden – ob er es verdient oder nicht verdient, ob er dessen würdig oder unwürdig ist. Eine solche Liebe macht keine Unterschiede. Doch diese Art von Liebe entsteht nicht, weil ihr einen Geliebten habt. Diese Art von Liebe entsteht, weil ihr euer innerstes Zentrum erreicht habt. Sie kommt aus der Meditation. Das ist es, was fehlt. Ansonsten ist es schöne Dichtung, und alles, was er sagt, ist bedeutsam:

Es heißt, ein Haus mit Zuneigung bauen, als solle eure Geliebte in dem Haus wohnen.

Das ist die Armut des Dichters. Hin und wieder bemüht er sich, nach den Sternen zu greifen, doch er fällt stets auf die Erde zurück. Seine Dichtung ist wechselhaft: Mal schwingt sie sich auf Flügeln zum offenen Himmel empor, mal kriecht sie auf dem Boden dahin. Und solange ihr nicht Meditierende seid, könnt ihr den Unterschied nicht sehen, denn seine Worte sind immer schön. Seht nur – er sagt: *Es heißt, ein Haus mit Zuneigung bauen*… aber woher nehmt ihr die Zuneigung?

Und er sagt: …*als solle*… Beachtet diese Worte: …*als solle*… Es ist alles in der Phantasie: …*als solle eure Geliebte in dem Haus wohnen.* Das bedeutet »als ob«… ihr versucht, eine Halluzination um euch herum zu erzeugen.

Wenn ihr einen schönen Sonnenuntergang seht, sagt ihr doch auch nicht: »Schau mal, es sieht aus, als ob der Sonnenuntergang sehr schön ist.« Dieses »als ob« bedeutet Zweifel. Dieses »als ob« ist reine Vermutung.

Stellt euch vor, ihr liebt eine Frau oder einen Mann, und ihr sagt: »Es sieht aus, als ob ich dich liebe.« Meint ihr, das wird die Frau überzeugen? Wenn sie wirklich eine Frau ist und keine unechte Lady, dann wird sie euch eins drauf geben. – »Als ob«…?

Aber dieser Unterschied macht es klar: Der Mystiker spricht mit Autorität. Der Dichter hingegen kann höchstens so sprechen, daß er sich ständig auf »wenn« und »aber« beruft.

Es gibt ein bedeutendes Buch eines berühmten Philosophen mit dem Titel: »Als ob« *(As If)* Dieser Mann ist aufrichtig! Er sagt nicht: »Gott existiert.« Er sagt »als ob« – »Ich *denke,* Gott existiert.«

Hütet euch vor so häßlichen Wörtern wie »als ob«. Entweder liebt ihr oder ihr liebt nicht. Ein Zwischending gibt es nicht.

Es heißt, den Samen mit Zärtlichkeit säen und die Ernte mit Freude einbringen, als solle euer Geliebter die Frucht essen.

Die Worte sind schön, aber ihr Inhalt, ihre Substanz steht auf wackligem Boden. Dieses *»als solle«* heißt, Sandburgen zu bauen und zu glauben, daß kein Wind sie zerstören kann. Aber die Winde gehorchen nicht eurem Befehl.

Ein religiöser Mensch wird nie die Worte »als ob« verwenden. Nur der Philosoph, der Dichter, nur der Blinde denkt, »als ob« Licht sei. Er hat es nicht gesehen, er hat nur davon gehört. Alle reden davon; vielleicht haben sie recht. Aber es ist nicht seine eigene, unmittelbare Erfahrung. Und solange es nicht eure unmittelbare und eigene Erfahrung ist, wird es euch nicht befreien. Es wird eine Abhängigkeit erzeugen. Es wird euch zu Träumern machen, aber Träume haben Schlaf und Unbewußtheit nötig.

Es heißt, allen Dingen, die ihr macht, einen Hauch eures Geistes einflößen
Und zu wissen, daß die selig Verstorbenen um euch stehen und zusehen.

Das scheint eine gewisse Wahrheit zu enthalten, zumindest in dieser Stadt der Toten. Aber ich würde sie nicht »die selig Verstorbenen« nennen. Es gibt nur eine Seligkeit, und sie ist das Leben. Es ist reine Manieriertheit, Etikette, daß ihr die Toten »selig« nennt. Was macht ihr dann hier? Warum werdet ihr nicht tot und werdet selig? Als Lebende seid ihr verflucht – und erst wenn er gestorben ist, wird ein Verfluchter zu einem »Seligen«.

Erst gestern habe ich euch gesagt, daß dies der Tempel eines lebendigen Gottes ist. Wenn ihr hierherkommt, kommt mit eurem ganzen Sein und habt teil an der Freude und an den Liedern der anderen. Und trotzdem sah ich auf den Stühlen – oder habt ihr sie weggeräumt...? Ich habe eine Dame gesehen... ich werde sie nicht »Frau« nennen, denn »Frau« ist ein respektvolles Wort. Eine Dame ist jemand, der sich von den männlichen Chauvinisten hat bestechen lassen, beinahe wie eine Tote zu funktionieren. – Eine Frau habe ich noch gesehen, die nicht an eurem Singen und eurer Freude teilnimmt. Ich sehe nicht viele tote Leute hier, nur eine einzige arme Frau, die sich abseits hält, aus Angst, sich zu freuen, aus Angst, mit euch zu verschmelzen und euch in der Seele zu begegnen. Wenn ich gehe, werde ich noch mal einen Blick hinwerfen, ob das Wunder geschieht oder nicht. In der Vergangenheit geschah es: Jesus rief Lazarus, und nachdem dieser vier Tage als Toter gelebt hatte, kam er sofort heraus und war lebendig. Es ist noch zwei Stunden Zeit, daß aus der toten Dame eine lebendige Frau werden kann.

Von einer Dame erwartet man, daß sie beim Sex wie tot daliegt und sich nicht rührt, ja keine Freude zeigt oder gar schreit. Es ist eine sehr gerissene Strategie des Mannes, weil er weiß: Die Frau kann mehrere Orgasmen haben. Ein Mann kann nur einen Orgasmus haben. Seine Liebe ist in zwei, drei Minuten vorüber. Und bis dahin ist die Dame noch nicht einmal warmgeworden, geschweige denn heißgelaufen!

Seit Tausenden von Jahren hat man die Frau auf eine so gerissene Weise ausgebeutet. Man hat ihr gesagt, es sei anmutiger, wie tot dazuliegen und die ganze Tortur über sich ergehen zu lassen. Deshalb machen auch alle Frauen die Augen zu, wenn man mit ihnen Liebe macht. Sie wollen gar nicht sehen, was passiert, denn sie sind keine Teilnehmer. Ansonsten könnte es der schönste Tanz der Begegnung und Verschmelzung von zwei Liebenden zu einer Einheit sein.

Ich kann diesen Satz nicht gutheißen: *Und zu wissen, daß die selig Verstorbenen um euch stehen und zusehen.*

Aber mit einer christlichen Konditionierung... Khalil Gibran ist ein konvertierter Christ. Seine Vorfahren traten von der Religion des Islam zum Christentum über. Alle Religionen, die außerhalb Indiens entstanden, glauben, daß man nur ein Leben hat. Und dann sitzt man als Toter auf den Bäumen – selig und tot – oder man steht, je nach Belieben, und schaut zu, bis in alle Ewigkeit, bis zum letzten Tag, dem Tag des Jüngsten Gerichts.

Jesus wurde wieder und wieder gefragt: »Wann kommt der Tag des Jüngsten Gerichts?« Denn seine Apostel waren gierig, sie wollten so schnell wie möglich ins Paradies kommen. Und Jesus hat sie angelogen – oder vielleicht lebte er selbst in einer Illusion.

Er sagte: »Sehr bald. Noch in diesem Leben werdet ihr erleben, wie die Tore zum Paradies sich auftun. Ich werde mit Gottvater dastehen und auf jeden zeigen, der mir gefolgt ist – und er wird eingelassen. Und diejenigen, die mir nicht gefolgt sind, werden in die ewige Finsternis der Hölle stürzen.«

Dieser kleine Hinweis hat Bertrand Russel, der als Christ geboren wurde, sehr aufgebracht und verärgert. Er trat aus dem Christentum aus und schrieb das Buch *Warum ich kein Christ bin.* Von allen Gründen, die er anführt, ist dies der wichtigste: daß diese ganze Religion überhaupt keinen Sinn für Gerechtigkeit habe.

Wie viele Sünden kann man in einem einzigen Leben begehen? Selbst wenn man ständig sündigt, in jedem Augenblick – ohne zu essen, ohne zu trinken, ohne zu schlafen –, siebzig Jahre ohne Unterbrechung, selbst dann könnte man in siebzig Jahren nicht genug Sünden begehen, um ewiges Höllenfeuer zu verdienen. Ewig! Es sollte ein bißchen mehr Gerechtigkeit geben!

Bertrand Russel selbst sagte: »Ich habe viele Dinge getan, die von den Christen als Sünde verurteilt werden könnten, und ich habe viele Dinge geträumt, die ebenfalls als Sünde verurteilt werden könnten. Doch wenn man all meine Taten und Träume zusammenzählt – selbst der strengste Richter könnte mich nicht für länger als vier oder fünf Jahre ins Gefängnis stecken.

Aber ewige Verdammnis im Höllenfeuer! …ohne Ausweg, ohne Möglichkeit herauszukommen, ist völlig schwachsinnig, stupide und unvernünftig. Aber ein Mann wie Khalil Gibran ist immer noch mit diesem Gedanken belastet.

(Ein Mann aus dem Publikum, ein Besucher, steht auf, um die Halle zu verlassen.)

Seht euch diesen Mann an… wo gehen Sie hin? Und wenn Sie vorhatten, diesen Ort zu verlassen, warum sind Sie überhaupt gekommen? Das sind die toten Leute! Schaut euch nur sein Gesicht an… und die Frau, auf die ich hingewiesen habe. Solche Leute sollte man nicht hereinlassen. Dies ist eine Gemeinde, dies ist keine Filmvorführung!

Aber alle Religionen, die in Indien entstanden sind, sind in dieser Hinsicht rationaler. Sie glauben nicht an ein einziges Leben, sondern an die Reinkarnation. Man wird immer und immer wiedergeboren. Die ganze Ewigkeit wird euch als Leben gegeben, ohne Anfang und ohne Ende.

Ich habe heute Morgen geschaut, aber ich sehe keine einzige tote Seele, die von den Bäumen aus zusieht. Nur ein paar tote Seelen kommen aus Neugier hierher – aber vielleicht sind es nur Polizeihunde in Zivil. Doch ich werde niemanden dulden, der aus Neugier hier ist, der als Beobachter hier ist, der als Detektiv hier ist, der als Spitzel hier ist. Und ihr müßt alle aufpassen. Immer wenn ihr jemanden seht, der nicht teilnimmt… er hat zum letzten Mal diesen Tempel Gottes betreten.

Oft habe ich euch sagen hören, als sprächet ihr im Schlaf…

Aber dieses »als ob« geht weiter. Er ist sich nicht sicher, was er sagt. Es ist bloß seine Vermutung – *als sprächet ihr im Schlaf:*

»Der mit Marmor arbeitet und im Stein die Gestalt seiner Seele wiederfindet, ist edler als der, der den Boden pflügt.«

Maler, Dichter, Bildhauer, Tänzer erhalten den Nobelpreis. Habt ihr schon einmal gehört, daß ein Gärtner, der Leben erschafft, das Leben verschönert, einen Nobelpreis bekommen hätte? Ein Bauer, der den Acker pflügt und Nahrung für euch alle erzeugt – ist er je ausgezeichnet worden? Nein, er lebt und stirbt, als wäre er nie hier gewesen. Diese Ausgrenzung ist häßlich. Man sollte jede schöpferische Seele – egal, was sie kreiert – achten und ehren, um die

Kreativität zu ehren. Aber sogar Politiker bekommen den Nobelpreis – und sie sind nichts als clevere Verbrecher. Alles Blutvergießen, das sich auf dieser Welt ereignet hat, geht auf das Konto der Politiker, und sie produzieren immer noch mehr und mehr Atomwaffen für den globalen Selbstmord.

In einer wirklich und wahrhaftig menschlichen Gesellschaft wird die Kreativität geehrt und geachtet sein, denn die schöpferische Seele nimmt teil am Werk Gottes.

»Und der den Regenbogen ergreift, um ihn auf einer Leinwand zum Ebenbild des Menschen zu machen, ist mehr als der, der die Sandalen für unsere Füße macht.«

Unser Sinn für Ästhetik ist nicht sehr reich.

Dazu fällt mir Abraham Lincoln ein. Er war der Sohn eines Schusters und wurde Präsident von Amerika. Natürlich hat das alle Aristokraten gewaltig geärgert, beunruhigt und wütend gemacht. Es ist kein Zufall, daß Abraham Lincoln bald darauf ermordet wurde. Sie konnten den Gedanken nicht ertragen, daß das Land einen Schuhmachersohn zum Präsidenten hatte.

Am ersten Tag, als er seine Inaugurationsrede vor dem Senat halten sollte, just bevor er sich von seinem Sitz erhob, stand irgend so ein häßlicher Aristokrat auf und sagte: »Mr. Lincoln, sie sind zwar durch einen Zufall Präsident dieses Landes geworden, doch Sie sollten nicht vergessen, daß Sie immer mit Ihrem Vater in mein Haus kamen, um die Schuhe für unsere Familie anzufertigen. Hier sind viele Senatoren, die Schuhe tragen, die von Ihrem Vater gemacht wurden. Sie sollten Ihre Herkunft nie vergessen.«

Er dachte, damit würde er ihn erniedrigen. Aber einen Mann wie Abraham Lincoln kann man nicht erniedrigen. Nur kleine Leute, die unter Minderwertigkeit leiden, kann man erniedrigen. Die Größten der Menschen sind über jede Erniedrigung erhaben.

Abraham Lincoln sagte etwas, das sich jeder merken sollte. Er sagte: »Ich bin Ihnen sehr dankbar, daß Sie mich an meinen Vater erinnern, bevor ich meine erste Rede vor dem Senat halte. Mein

Vater war ein wunderbarer Mensch und ein sehr kreativer Künstler. Es gab keinen, der so schöne Schuhe machen konnte wie er. Ich weiß sehr wohl, was immer ich mache, ich werde als Präsident nie so groß werden, wie er es als Schaffender war. Ich kann ihn nicht übertreffen.

Und übrigens möchte ich euch Aristokraten alle daran erinnern, falls die Schuhe meines Vaters euch drücken: Auch ich habe diese Kunst von ihm gelernt. Ich bin kein großer Schuster, aber ausbessern kann ich eure Schuhe allemal. Ihr braucht es mich nur wissen zu lassen, dann komme ich zu euch ins Haus.«

Da wurde es ganz still im Senat, und die Senatoren begriffen, daß es nicht möglich war, diesen Mann zu erniedrigen. Doch er hat eine enorme Hochachtung vor Kreativität bewiesen.

Es spielt keine Rolle, ob ihr malt, bildhauert oder Schuhe macht, ob ihr Gärtner, Bauern, Fischer, Zimmerleute seid – es spielt keine Rolle. Was zählt, ist, ob ihr eure innerste Seele in das hineingebt, was ihr erschafft. Dann haben eure schöpferischen Produkte etwas von der Qualität des Göttlichen.

Außer Kreativität gibt es nichts Göttliches.

Aber ich sage nicht im Schlaf, sondern in der Überwachheit der Mittagsstunde, daß der Wind zu den riesigen Eichen nicht süßer spricht als zum geringsten aller Grashalme…

Die Existenz behandelt alle gleich. Weder geht die Sonne nur für die Reichen auf, noch ist die Vollmondnacht den Präsidenten und Premierministern der Welt vorbehalten. Wenn der Wind bläst und Düfte mit sich trägt, kümmert er sich nicht darum, ob man ein berühmter Mann ist oder ein Niemand.

Die Existenz ist der reinste Kommunismus; sie behandelt alle gleich. Zwischen dem Heiligen und dem Sünder wird kein Unterschied gemacht. Das Wasser wird zum Sünder nicht sagen: »Du darfst deinen Durst nicht löschen, weil du ein Sünder bist. Ich bin nur für die Heiligen da.« Lernt von der Existenz, denn sie ist die einzige heilige Schrift. Ich kenne keine andere Schrift, die heilig wäre – doch die Natur ist unschuldig, rein, heilig.

Wenn wir auf die Natur hören würden, dann würde der Mensch teilhaben an dieser gewaltigen Gleichheit, dieser Achtung vor jedem, dieser Ehrfurcht vor dem Leben. Aber der Mensch hat die Art der Natur vergessen; er ist absolut unnatürlich geworden. Sein Unglück ist ein Nebenprodukt seiner Unnatürlichkeit.

Und der allein ist groß, der die Stimme des Windes in ein Lied verwandelt, das durch seine Liebe noch süßer wird.

Aber ihr werdet die Namen solcher Leute nicht in euren Geschichtsbüchern finden, denn sie waren keine Mörder in großem Stil – wie Alexander der Große, der völlig grundlos tötete, bloß aus dem idiotischen Wunsch, die ganze Welt zu erobern. Diese Eroberer können keine Schaffenden sein. Sie sind die destruktivsten Menschen auf der Welt.

Die ganze Welt setzt Ronald Reagan unter Druck, daß er aufhören soll, noch mehr Nuklearwaffen zu produzieren. Doch er scheint absolut wahnsinnig zu sein; er hört auf niemanden. Und diese amerikanischen Politiker haben ständig die Sowjetunion verurteilt, aber die Sowjetunion hat angesichts der sturen Haltung von Ronald Reagan vor zehn Monaten aufgehört, noch mehr Nuklearwaffen zu erzeugen. Dazu gehört Mut.

Ronald Reagan und seine Truppe sind eine Truppe von Feiglingen. Was hat das für einen Sinn? – als die Sowjetunion noch Nuklearwaffen herstellte, hatte es einen Sinn… um nicht zurückzubleiben. Die Sowjets taten ihr Bestes, um sie zu überzeugen: »Wir sind bereit, unsere Nuklearwaffen zu reduzieren. Ihr könnt anfangen, eure im selben Verhältnis zu reduzieren.« Als sie sahen, daß sie bei einem religiösen Frömmler und politischen Fanatiker wie Ronald Reagan keine Chance hatten, haben sie von sich aus damit aufgehört, allein. Dadurch ist ihr Ansehen auf der ganzen Welt gestiegen.

Ronald Reagan ist schon besiegt. Er hat seine Feigheit unter Beweis gestellt, und seine ganze Propaganda gegen die Sowjetunion erweist sich als lauter Lügen.

Ihr werdet euch wundern, wenn ich euch erzähle, daß Amerika

mich ohne jeden Grund des Landes verwiesen hat, während die Sowjetunion mich auf ihre internationale Buchmesse eingeladen und mir mitgeteilt hat, wenn ich nicht kommen könne, solle ich jemanden mit meiner ganzen Literatur schicken. Es hieß: »Wir wollen, daß die Sowjetunion die beste Literatur der Welt kennenlernt.«

In Amerika verkauften sich meine Bücher im Wert von rund einer Million Dollar jährlich. Doch mit einem Mal ist kein Buchladen, keine einzige Buchhandelskette mehr bereit, meine Bücher ins Schaufenster zu stellen – nachdem sie ständig gesagt hatten: »Die Nachfrage übersteigt eure Lieferungen.« Welches ist heute ein faschistisches Land? Amerika hat sich in ein viel faschistischeres Land verwandelt, als die Sowjetunion oder Deutschland es je waren.

Und Ronald Reagan ist ein sehr religiöser Mensch, ein christlicher Fundamentalist. Was für eine Religiosität ist das? Er täuscht das amerikanische Volk und ist dabei, die ganze Welt zu zerstören. Ein größerer Krimineller ist auf der Welt noch nie an der Macht gewesen! Dahinter bleibt Adolf Hitler meilenweit zurück.

Aber solche Namen machen Geschichte: Dschingis Khan, Tamerlan, Schah Nadir. Sie konnten nur zerstören.

Das erinnert mich an Schah Nadir.

Er war in Indien eingedrungen, und jede Nacht wollte er schöne Frauen und Wein haben. Den ganzen Tag über brachte er Menschen um, und in der Nacht feierte er.

Eines Abends brachten ihm seine Soldaten eine Prostituierte, die sehr schön war. Sie tanzte, und Schah Nadir war sehr glücklich. In der Mitte der Nacht sagte er: »Ich bin müde, und morgen werden wir neues Land erobern. Hör auf zu tanzen.«

Aber die zarte, schöne junge Frau sagte: »In dieser dunklen Nacht muß ich durch einen Wald, wenn ich zu meinem Dorf zurück will. Erlaube mir, wenigstens über Nacht zu bleiben. Am Morgen, wenn es hell ist, werde ich gehen.«

Er sagte: »Mach dir keine Sorgen. Du bist nicht bei einem gewöhnlichen Menschen zu Gast, du bist zu Gast bei Schah Nadir. Ich werde dir deinen Weg beleuchten!«

Und er befahl seinen Soldaten, alle Dörfer und Bäume auf ihrem

Weg anzuzünden, damit sie bei hellem Licht gehen konnte. Zwanzig Dörfer mit all ihren schlafenden Lebewesen wurden in Brand gesteckt, der ganze Wald wurde in Brand gesteckt, um es mitten in der finsteren Nacht Morgen werden zu lassen, damit die Prostituierte gehen konnte – denn sie war nicht bei einem gewöhnlichen Menschen zu Gast!

Das sind die Namen, die in die Geschichte eingehen. In euren Geschichtsbüchern werdet ihr niemals jenen begegnen, die bescheiden, still und friedlich sind.

Aber Khalil Gibran hat recht:

Und der allein ist groß, der die Stimme des Windes in ein Lied verwandelt, das durch seine Liebe noch süßer wird.

Außer einem liebevollen Herzen gibt es nirgendwo etwas Großartiges. Und ihr habt alle ein liebendes Herz. Man hat euch nur nicht gesagt, daß ihr es aufmachen müßt, daß ihr es für die Existenz zugänglich machen müßt – für das Leben, die Menschen, die Bäume, die Meere... für alles, was euch umgibt.

Arbeit ist sichtbar gemachte Liebe.

Jedesmal, wenn ihr etwas erschafft, macht ihr eure Liebe zur Existenz sichtbar.

Aber eure religiösen Heiligen sagen euch, daß ihr der Welt entsagen sollt. In Indien gibt es Tausende und Abertausende von Mönchen – Hindus, Jainas, Mohammedaner –, aber sie sind alle unkreativ. Sie malen nicht oder schreiben Gedichte. Nein, die Arbeit wird verdammt, und diese Leute, die das Leben und seine Kreativität verdammen, werden verehrt.

Ich habe Leute gefragt: »Wo geht ihr hin?« Und wenn man in Indien zu einem Heiligen geht, nennt man es *seva* – Dienst. Man geht, um dem Heiligen zu dienen. Der Heilige kann nicht arbeiten, er kann nichts erschaffen. Er ist absolut unnütz, eine unnötige Last für ein armes Land – doch er braucht es, daß man ihm dient.

Ich kannte einmal einen sehr schönen Menschen, Magga Baba. Er war diese Leute so leid, die ihm ständig dienten, denn alles hat seine Grenzen. Nicht einmal schlafen ließen sie ihn! Zehn Leute massierten ihn... und er war eine so einfache, unschuldige Seele, daß er nichts sagte. »Sollen sie nur machen...«

Aber eines Nachts verschwand er. Er war schon öfter verschwunden, aber nicht von allein. Er war vielleicht der einzige Mensch, der ständig gestohlen wurde. Wenn ein Dorf ihm lange genug gedient hatte, entführte ihn ein anderes Dorf, wenn sich Gelegenheit dazu ergab. Und er widersetzte sich nie. Wenn man ihm sagte: »Setz dich in die Riksha*«, dann setzte er sich rein. Viele Male hatte man ihn in anderen Dörfern entdeckt und wieder zurückgebracht. Aber schließlich wurde er es so leid...

In jenen Tagen war ich Universitätsstudent, und gelegentlich ging ich zu ihm, nur um bei diesem stillen Mann zu sitzen, denn er redete nie mit jemandem. Aber ich war gesegnet, denn wenn kein anderer da war, flüsterte er mir etwas ins Ohr. Und das Letzte, was er mir ins Ohr flüsterte, war: »Mir kommen Tränen in die Augen, weil ich dich nicht wiedersehen werde.«

Ich sagte: »Was ist passiert? Werden sie dich wieder stehlen?«

Er sagte: »Nein, aber ich bin all diese Leute so leid, die mir dienen wollen. Ich kann nicht mehr schlafen, darum werde ich in die Berge verschwinden. Und ich werde nicht wiederkommen, denn unter Menschen ist nicht der Platz, um still zu leben.« Er war ein erleuchtetes Wesen. Aber kein Geschichtsbuch wird ihn je erwähnen.

Die Geschichte scheint wie besessen zu sein von den Mördern, den Mächtigen und allen möglichen Leuten, die der Welt nur Unannehmlichkeiten beschert haben – von Leuten, die keine Hilfe und kein Segen, sondern ein Fluch gewesen sind. Wenn die neue Menschheit entsteht, wird das erste sein, alle Geschichtsbücher auf einem Scheiterhaufen zu verbrennen. Entledigt euch all dieser Leute: Alexander der Große, Napoleon Bonaparte, Iwan der Schreckliche, Adolf Hitler, Josef Stalin, Benito Mussolini, Ronald Reagan. Laßt die Köpfe eurer Kinder nicht von solchen Leuten vergiften!

* einfache indische Version eines Taxis

Die Geschichte sollte sich der Schaffenden erinnern: jener Leute, die niemand sind, aber aufgrund dessen, daß sie niemand sind, sich in eine Flöte, in einen hohlen Bambus verwandelt haben. Der Wind bläst, und die Flöte verwandelt den Wind in eine Melodie. Das sind die Leute, die die Existenz lieben, denn sie machen sie schöner.

Aber alle Religionen sind gegen das Leben. Sie sagen: »Entsagt dem Leben«, doch zum Leben gehört die Arbeit, zum Leben gehört die Liebe, zum Leben gehört das alles. »Entsagt dem Leben, denn wenn ihr dem Leben entsagt, werdet ihr euch nach dem Tode Eingang ins Paradies verschaffen.« Aber es ist immer *nach* dem Tode. All diese religiösen Leute und die Politiker sind böse auf mich, aus dem einfachen Grund, weil ich den Menschen sage, daß das Leben *hier und jetzt* stattfindet, nicht nach dem Tod. Wartet nicht!

Das Leben besteht in der Liebe, das Leben besteht darin, kreativ zu sein, das Leben besteht darin, euer innerstes Sein zu verstehen. Nur dann könnt ihr zu einer ständig übersprudelnden Quelle von Schönheit, Liebe und Freude werden.

Wen kümmert das Leben nach dem Tod? Das Leben ist *vor* dem Tod, und wenn ihr total leben könnt, gibt es für euch keinen Tod.

Dies ist die Erfahrung all jener, die in die Stille eingetreten sind. Sie haben das größte Wunder erfahren: Ihr innerster Kern, ihr Bewußtsein, ist ewig. Das Leben kann euch die Kleider, den Körper wegnehmen, aber das Leben kann euch nicht zerstören.

Aber nur der Schaffende, der Schaffende aus Liebe, transzendiert den Tod.

Arbeit ist sichtbar gemachte Liebe.
Und wenn ihr nicht mit Liebe, sondern nur mit Widerwillen arbeiten könnt, laßt besser eure Arbeit
Und setzt euch ans Tor des Tempels und nehmt Almosen von denen, die mit Freude arbeiten.

Wenn ihr keine Schaffenden sein könnt, wenn ihr die Arbeit nicht lieben könnt, wenn ihr das Leben nicht lieben könnt, dann habt ihr nur eine Alternative: Ihr seid Bettler.

Der Liebende ist ein Kaiser, der Schaffende ist ein Kaiser. Ohne die Welt zu erobern, hat er das ganze Universum erobert – durch seine schlichte, liebevolle Kreativität. Aber wenn ihr das nicht tun könnt, dann sitzt wenigstens vor dem Tempel als Bettler.

Warum schlägt er speziell den Tempel vor? Wenn der Tempel ein lebendiger Tempel ist – und mit einem lebendigen Tempel meine ich einen, in dem der Meister noch lebendig ist –, dann werden Suchende kommen, Liebende, Schaffende, und ihr werdet ständig sehen können, daß sie Menschen sind wie ihr. Vielleicht fangt ihr dann an, euch zu schämen, daß ihr Bettler seid. Vielleicht werdet ihr eines Tages aufwachen und in den Tempel eintreten – nicht als Bettler, sondern als Sucher der Wahrheit, als Sucher der Liebe, als Schüler der Kreativität.

Denn wenn ihr mit Gleichgültigkeit Brot backt, backt ihr ein bitteres Brot, das nicht einmal den halben Hunger des Menschen stillt.
Und wenn ihr die Trauben mit Widerwillen keltert, träufelt eure Abneigung ein Gift in den Wein.
Und auch wenn ihr wie Engel singt und das Singen nicht liebt, macht ihr die Ohren der Menschen taub für die Stimmen des Tages und die Stimmen der Nacht.

Es ist ein unaufhörliches Lied. Die Vögel singen, die Blumen singen. Ob ihr es hören könnt oder nicht, ist eine andere Sache. Ihr denkt, die Blumen singen nicht? Denkt lieber, daß ihr selber taub seid! Denn ich habe sie singen gehört, habe sie tanzen gesehen. Selbst die Stille der dunklen Nacht ist ein Lied. Wenn ihr nichts tun könnt, so erlaubt wenigstens der Existenz, in euer Sein einzutreten. Sie wird euch transformieren.

Die Wissenschaft der Transformation nenne ich Meditation. Und wenn ihr nur dasitzt und den Vögeln zuhört, seid ihr von der ewigen Kreativität erfüllt.

Ich habe sieben Jahre in diesem Garten hier gelebt, bevor ich nach Amerika ging. Meine Leute hatten kleine Pflanzen gesetzt, und jetzt ist es ein richtiger Dschungel geworden, so schön, daß man gar nichts mehr tun muß – nur still sitzen im Schatten eines Baumes und fühlen, was die Bäume einander zuflüstern. Zwischen Erde und Himmel ist eine ständige Kommunion.

Wenn ihr dieses Flüstern vernommen habt, wird euer Herz anfangen, vor Freude zu tanzen. Dieses Flüstern wird zum Lied eures Lebens werden. Dieses Flüstern läßt euch das Hohelied des Salomon verstehen.

Es ist eine merkwürdige Tatsache, daß im Alten Testament, dem heiligen Buch der Juden... denn für das Neue Testament ist in ihrem heiligen Buch kein Platz; das Neue Testament betrifft Jesus und seine Lehre. Im Alten Testament gibt es nur eine einzige Stelle von spiritueller Bedeutung: das Hohelied des Salomon. Doch die Juden haben große Angst, die Menschen könnten von diesem Lied erfahren. In ihren Synagogen sprechen sie nicht darüber, denn es ist ein Lied des Lebens, nicht der Entsagung, sondern ein Lied der Freude. Es ist ein Liebeslied. Es ist der einzige Teil des Alten Testaments, der wahrhaft religiös ist. Ohne das Hohelied des Salomon hat das Alte Testament überhaupt keinen Wert, keine Bedeutung. Aber die Rabbis, die Synagogen, die Gelehrten, sie alle machen sich Gedanken über das Alte Testament und schämen sich irgendwie, daß das Hohelied Salomons darin steht – was macht man damit? Und dabei ist es die einzige schöne Stelle im ganzen Alten Testament, die wahre Essenz der Spiritualität.

15

Sprich uns von der Liebe…

Jenseits von Freude und Leid

Dann sagte eine Frau:
Sprich uns von der Freude und vom Leid.
Und er antwortete:
Eure Freude ist euer Leid ohne Maske.
Und derselbe Brunnen, aus dem euer Lachen aufsteigt, war oft von euren Tränen erfüllt.
Und wie könnte es anders sein?
Je tiefer sich das Leid in euer Sein eingräbt, desto mehr Freude könnt ihr fassen.
Ist nicht der Becher, der euren Wein enthält, dasselbe Gefäß, das im Ofen des Töpfers gebrannt wurde?
Und ist nicht die Laute, die euren Geist besänftigt, dasselbe Holz, das mit Messern ausgehöhlt wurde?
Wenn ihr fröhlich seid, schaut tief in eure Herzen, und ihr werdet finden, daß nur das, was euch Leid bereitet hat, euch auch Freude gibt.
Wenn ihr traurig seid, schaut wieder in eure Herzen, und ihr werdet sehen, daß ihr in Wahrheit um das weint, was euch Vergnügen bereitet hat.
Einige von euch sagen: »Freude ist größer als Leid«, und andere sagen: »Nein, Leid ist größer.«
Aber ich sage euch, sie sind untrennbar.
Sie kommen zusammen, und wenn einer allein mit euch am Tisch sitzt, denkt daran, daß der andere auf eurem Bett schläft.
Wahrhaftig, wie die Schalen einer Waage hängt ihr zwischen eurem Leid und eurer Freude.
Nur wenn ihr leer seid, steht ihr still und im Gleichgewicht.
Wenn der Schatzhalter euch hochhebt, um sein Gold und sein Silber zu wiegen, muß entweder eure Freude oder euer Leid steigen oder fallen.

Khalil Gibran berührt gelegentlich fast das Zentrum eures Seins. Aber manchmal geht er auch völlig am Ziel vorbei. Und wer nur Dichtung versteht, wird die Unterscheidung nicht treffen können, wann Khalil Gibran auf den sonnenerleuchteten Gipfeln weilt und wann er sich wie ihr in den dunklen Tälern aufhält.

Auch wenn er bei euch in den dunklen Tälern weilt, ist er freilich ein großer Dichter. Es gelingt ihm, Sätze von sich zu geben, die sehr tiefsinnig klingen. Aber sie sind absolut leer. Die heutigen Sätze gehören in diese Kategorie – schöne Dichtung, aber völlig inhaltlos.

Meine Kommentare zu Khalil Gibran markieren den Anfang einer neuen Art von Kommentaren. Es gibt nahezu eintausend Kommentare zur *Srimad Bhagavadgita*, der heiligen Schrift der Hindus, und sie weichen alle voneinander ab. Dasselbe gilt für andere Schriften, wie zum Beispiel Badarayanas *Brahmasutras*. Man hat sie seit Jahrhunderten immer wieder kommentiert.

Aber es gibt keinen einzigen Kommentar auf der ganzen Welt, der diejenigen Aussagen aufspürt, die unrichtig oder oberflächlich sind. Alle Kommentare stammen von Anhängern, und Anhänger sind immer blind. Sie denken, daß alles, was in der *Srimad Bhagavadgita* geschrieben steht, richtig sein müsse.

Deshalb sage ich, dies ist der Anfang einer neuen Art von Kommentaren. Ich bin kein Anhänger von irgendwem. Wenn ich die Wahrheit sehe, bin ich bereit, für sie zu sterben. Es spielt keine Rolle, von wem sie stammt – von Raidas, einem Schuster, oder Badarayana, einem großen Seher und vielleicht größten Hindu, der manches Wahre enthält. Wenn ich sehe, daß das Gesagte oberflächlich ist, werde ich es euch nicht verhehlen. Und wenn ich sehe, daß etwas falsch ist, werde ich es euch aufzeigen.

Alle alten Kommentare sind in gewisser Weise verlogen. Sie nehmen alles für wahr, und dahinter scheint der Gedanke zu stehen: »Wie könnte Badarayana unrecht haben?« Also haben die Kommentierenden versucht, Worte zu manipulieren, ihnen neue Bedeutungen, neue Nuancen zu geben, nur um die Vorstellung aufrechtzuerhalten, daß Badarayana immer recht habe. So etwas kann ich nicht tun. Ich könnte jedem zustimmen, vorausgesetzt, er sagt die Wahrheit. Und ich würde jedem widersprechen, so alt und angesehen er auch sein mag. Dennoch würde ich ihm widersprechen, denn für mich ist es irrelevant, wer das Buch geschrieben hat. Relevant ist für mich immer, mit der Wahrheit zu gehen und keine Unwahrheit um der bloßen Übereinstimmung willen zuzulassen.

Khalil Gibran kann nicht konsequent sein, weil er ein großer Dichter ist –, aber nur ein Dichter; er ist kein Mystiker. Er hat nicht die Wirklichkeit in ihrer Ganzheit erkannt. Er hat sich selbst nicht erkannt, seine eigene Individualität.

Aber was die Worte angeht, ist er ein Zauberer. Auch in diesen Sätzen liegt ein tiefer Zauber. Nur machen sie keinen Sinn.

Dann sagte eine Frau:
Sprich uns von der Freude und vom Leid.
Und er antwortete:
Eure Freude ist euer Leid ohne Maske.
Und derselbe Brunnen, aus dem euer Lachen aufsteigt, war oft von euren Tränen erfüllt.

Diese Worte haben ihre Schönheit, ihr Ausdruck hat Poesie, doch ihre Bedeutung hat keine Tiefe. Diese Aussage ist nur für jene gültig, die tief schlafen und unbewußt sind. Diese Aussage ist einfach nicht wahr; sie beweist nur eure Verschlafenheit, eure Unbewußtheit.

Für den unbewußten Menschen trifft es zu, daß seine Freude nichts anderes ist als sein unmaskiertes Leid, denn der unbewußte Mensch lebt in Widersprüchen. Seine Freude und sein Leid sind nur die beiden Seiten derselben Münze. Sein Lachen und seine Tränen sind nicht wesentlich verschieden; sie kommen aus demselben Brunnen…

In einem der wichtigsten Sätze von Friedrich Nietzsche… und es liegt nahe, in diesem Moment an Friedrich Nietzsche zu denken, weil Khalil Gibran von Friedrich Nietzsche mehr beeindruckt war als von irgendjemand sonst. In der Tat hat er das Buch *Der Prophet* unter dem Eindruck von Friedrich Nietzsches Buch *Also sprach Zarathustra* geschrieben.

Friedrich Nietzsche sagt im *Zarathustra:* »Ich lache, weil ich befürchte, wenn ich nicht lache, könnte ich zu weinen anfangen. Mein Lachen ist bloß eine Strategie, um meine Tränen zu verbergen.«

Habt ihr beobachtet: Leute, die sehr dick sind, sehen immer so aus, als würden sie mehr lächeln, als würden sie glücklicher, fröhlicher sein als andere. Was könnte der Grund dafür sein? Ein fülliger Körper kann doch keine Freude hervorrufen! Der Grund ist, daß ein dicker Mensch immer häßlicher wird, und seine Augen sind voller Tränen. Er weiß um seine Häßlichkeit, er weiß, daß er die Gelegenheit verpaßt hat, schön zu sein. Um diese Tatsache zu verbergen, lächelt er mehr, lacht er mehr und gibt sich immer fröhlich. Er mag sich dieses Phänomens gar nicht bewußt sein, denn was unbewußte Leute auch tun – sie wissen nicht, daß sie es tun.

Um diese Tatsache zu unterstreichen, möchte ich euch daran erinnern, daß die Juden die besten und schönsten Witze auf der Welt haben. Und sie sind die Leute, die am meisten gelitten haben! Ich suche seit Jahren nach einem indischen Witz, aber ich habe noch keinen gefunden. Alle Witze sind von irgendwo anders her entlehnt. Sie sind nicht in Indien entstanden. Die meisten stammen von den Juden.

Es sieht widersprüchlich aus. Die Rasse, die so viel gelitten hat, die seit fast viertausend Jahren auf jede erdenkliche Weise gequält worden ist, kein eigenes Land gehabt hat und zu Millionen hingeschlachtet und massakriert worden ist... und dennoch haben sie die pfiffigsten Witze. Der psychologische Hintergrund ist der, daß sie versuchen, ihre Wunden zu verstecken. Sie wollen ihr Leid und ihre Qualen vergessen.

Von einem meiner Sannyasins, der in einem Konzentrationslager Adolf Hitlers in Deutschland war, habe ich folgendes gehört: Der Krieg war zu Ende, und durch reinen Zufall hatte er es überlebt. Er hat mir erzählt... und er ist kein Jude, doch wenn Millionen Menschen in Gaskammern umgebracht und verbrannt werden – welche Rolle spielt es da, wer man ist? Er hatte bei einer jüdischen Familie gelebt, und so wurde er ebenfalls geschnappt. Er hatte abgestritten, Jude zu sein, aber wer sollte ihm zuhören?

Er erzählte mir: »Das seltsamste Phänomen, das ich im Konzentrationslager erlebte – wo die Juden zu Tausenden auf eine so furchtbare Weise wie noch nie zuvor entwürdigt und gedemütigt wurden... Zuerst nahm man ihnen alle ihre Habseligkeiten; nicht einmal die Armbanduhr ließ man ihnen. Man nahm ihnen die Kleider, und sie mußten nackt dastehen – Männer, Frauen und Kinder. In langen Reihen warteten sie stundenlang auf ärztliche Untersuchungen. Trotzdem machten sie ihre Witze und lachten. Sie erzählten sich gegenseitig Witze.«

Sie wußten, daß sie bald sterben mußten. Der nächste Tag war so ungewiß wie noch nie. Und noch auf dem Weg in die Gaskammern... sie wußten, daß man aus diesen Kammern nie wieder herauskam. Sie hatten Tausende Menschen in die Gaskammern gehen sehen, und sie hatten den Rauch aus den Verbrennungsöfen aufsteigen sehen. All die Menschen, die auf technischem Wege so schnell getötet worden waren... Noch fünf Minuten, und sie würden die Gaskammer betreten – sie wußten, daß sie diese schöne Welt nicht wiedersehen würden, die Bäume, die Blumen, die Menschen, ihre Kinder, ihre Frau, ihre Mutter, ihren alten Vater – und trotzdem erzählten sie sich Witze.

Das verwirrte ihn, das konnte er nicht verstehen, denn er ist Hindu. Er war zum Studium nach Deutschland gegangen. Durch Zufall hatte sich eine reiche jüdische Familie für ihn zu interessieren begonnen – denn er war ein Genie – und sie hatten zu ihm gesagt: »Du sollst nicht irgendwo anders wohnen. Sei unser Gast.« So wurde er gefangengenommen.

Aber noch mehr als die Gaskammern und das Konzentrationslager und all die Demütigungen verwirrte ihn eines: »Was sind diese Juden für Menschen? Wie können sie in einer solchen Situation lachen?«

Indien hat keine eigenen Witze, aus einem ganz bestimmten Grund: Es hat nie auf die Weise gelitten, wie die Juden gelitten haben. Und ein weiterer Grund: Seine Religion lehrt, das Leiden als eine Strafe Gottes für die schlechten Taten der Vergangenheit zu akzeptieren: »Seid geduldig, akzeptiert es, dann werdet ihr nach dem

Tod reich belohnt werden.« Aber die Juden kennen kein »nach dem Tod«. Dies ist das einzige Leben, das sie kennen. Diese Erde ist die einzige, die sie kennen. Diese Menschen, diese Bäume, diese Sonne, dieser Mond sind die einzigen, die sie kennen. Und sie sind wieder und wieder gequält worden.

Zuerst wurden sie in Ägypten als Sklaven gequält. Moses muß als einer der größten Revolutionäre der Welt angesehen werden; er stachelte sie zur Revolte an. Es war sehr schwierig, denn sie hatten sich an ihr Elend gewöhnt. Habt ihr die wunderbaren Pyramiden gesehen? Sie wurden nicht von Ägyptern errichtet – gewiß, sie wurden für die ägyptischen Könige und Königinnen errichtet, aber gebaut wurden sie von jüdischen Sklaven.

Nicht einmal die Wissenschaftler können sich vorstellen, wie man diese riesigen Steinblöcke... selbst unsere heutigen Kräne sind nicht so groß, daß man solche Blöcke auf die Spitze einer hohen Pyramide befördern könnte. Wie haben die Ägypter das vor viertausend Jahren geschafft? Das Verdienst geht nicht an die Ägypter. Im Gegenteil, die Pyramiden stehen als Verdammnis der ägyptischen Könige und Königinnen da. Es sind ihre Gräber, doch bevor ein solches Grab für einen König oder eine Königin fertiggestellt war, mußten Tausende von Juden beim Bau ihr Leben lassen.

Ägyptische Soldaten gingen hinter den Juden her, als sie die riesigen Steine auf ihren Schultern schleppten. Die Belastung war so groß, daß viele allein schon unter der Last starben und unter den Steinen, den Felsblöcken zusammenbrachen. Die Leichen warf man an den Straßenrand, und ein anderer Jude mußte an ihre Stelle treten und den Stein aufnehmen. Selbst wenn tausend Leben dabei draufgingen, um einen Stein zur Spitze der Pyramide zu schleppen, war das völlig in Ordnung. Und von beiden Seiten schlugen ägyptische Soldaten ständig auf die Leute ein: »Ihr seid faul! Ihr seid nicht wegen des Gewichts der Steine so langsam, ihr seid einfach faul!« Viele starben unter den Schlägen. Man behandelte sie viel schlimmer, als man selbst Tiere je behandeln würde.

Seit damals hat Moses es irgendwie geschafft, sie zu überzeugen: »Ihr seid Gottes auserwähltes Volk, und ich bin gekommen, um euch zu befreien.« Ich weiß, daß das eine Erfindung war, aber es war zweifellos notwendig, denn diese Juden hatten ihre ganze Menschenwürde verloren. Jemand mußte ihnen sagen: »Ihr seid Menschen, und nicht nur Menschen, sondern ganz besondere Menschen – das auserwählte Volk Gottes. Kommt mit mir, weg aus Ägypten, und ich werde euch zeigen, daß Gott ein schönes Land für euch bereithält – Israel.«

Das war alles eine schöne Erfindung. Aber es funktionierte. Die Juden verließen Ägypten. Ein Israel gab es nirgends. Vierzig Jahre lang zogen sie im Mittleren Osten umher, einer riesigen Wüste – ohne Essen, ohne Wasser, als Bettler. Und sie fragten immer wieder: »Wo ist Israel? Und wie lange dauert es noch?«

Mein Gefühl sagt mir, daß Moses müde und erschöpft war, als er schließlich den Ort erreichte, an dem er zu ihnen sagte: »Dies ist Israel.« Es war ein ödes Land. In den vierzig Jahren waren beinahe neunzig Prozent der Leute, die ursprünglich aus Ägypten ausgezogen waren, inzwischen gestorben. Vierzig Jahre sind eine lange Zeit, und wenn man leidet, ist es noch länger.

Die Zeit ist sehr elastisch. Wenn ihr glücklich seid, wird sie sehr kurz. Wenn ihr mit einem Freund zusammensitzt, scheinen die Stunden wie Minuten zu vergehen. Doch wenn man hungrig und durstig ist, ringsumher Wüste, soweit das menschliche Auge reicht – kein Garten Eden! Es war sicher, daß sie sterben würden.

Als Moses in die Gegend kam, die er Israel nannte, war er praktisch von lauter neuen Leuten umgeben, die unterwegs zur Welt gekommen waren. Es war eine große Kluft. Die Kluft zwischen den Generationen, der *generation gap*, von dem man heute spricht, wurde damals als erstes von Moses und seinen Leuten erlebt. Die neuen Leute hatten keine Ahnung, wer dieser Moses überhaupt war. Es gab keine Verständigungsmöglichkeit. Darum mußte Moses dieses Land mit der neuen Generation zurücklassen, unter dem Vorwand: »Ich muß einen unserer Stämme wiederfinden, der irgendwo unterwegs in der Wüste verlorengegangen ist.« Das stimmte.

Einer der jüdischen Stämme hatte sich verirrt und war nach Kashmir gelangt – und Kashmir sieht dem Garten Gottes weit mehr ähnlich als Israel. Darum ließen sie sich dort nieder, in dem Glauben, sie seien angekommen und alle anderen hätten den Weg in der Wüste verloren.

Moses fand sie ganz am Ende seines Lebens. Er starb in Kashmir. Ich habe sein Grab besucht... denn es gibt in Indien nur zwei Gräber mit hebräischen Grabinschriften – das eine ist das Grab von Moses, das andere das Grab von Jesus. Und beide Gräber sind in demselben Ort Pahalgam in Kashmir. Das Wort *Pahalgam* bedeutet »das Dorf des Schäfers«. Denn Jesus hatte immer gesagt: »Ich bin der Schäfer, und ihr seid meine Schafe. Folgt mir: Ich werde euch in eure wahre Heimat, in euer wahres Land führen.«

Pahalgam bedeutet in der Sprache Kashmirs »das Dorf des Schäfers«. Es ist seltsam, daß Moses und Jesus in Indien gestorben sind, wo es keine Juden gibt. Beide waren Juden. Denkt daran, Jesus hat das Wort »Christ« nie gehört. Er hat nicht gewußt, daß er als »Jesus Christus« bekannt sein würde, denn auf Hebräisch gibt es kein solches Wort wie »Christus«. Er hat von sich selbst immer als »Messias« gesprochen.

»Christus« ist die griechische Übersetzung des Wortes »Messias«. Aber seine Anhänger sind natürlich unter dem Namen »Christen« bekannt geworden. Doch Jesus wurde als Jude geboren, er lebte als Jude und er starb als Jude. Zwei große Juden – wie seltsam und wunderbar sind die Wege der Existenz! – mußten in ein Land kommen, wo es keine anderen Juden gab. Und das war gut so, denn sonst hätte man sie gekreuzigt.

Die Juden können Moses nicht verzeihen. Er hat sie getäuscht, auch wenn er derjenige ist, der sie aus langer Sklaverei befreit hat. Aber er ließ sie an diesem schrecklichen Ort zurück und verdrückte sich. Als er die Lage erkannte, daß dies das Ergebnis von vierzig Jahren war... und er war so müde, verständlicherweise.

Und sie haben auch Jesus nicht verzeihen können, denn in seinem Namen wurde die größte und ertragreichste Firma gegründet – das Christentum. Wie könnten ihm die Juden das verzeihen? Ihr eigener Sohn hat das größte Unternehmen gegründet, aber es ist in den Händen anderer!

Seit jener Zeit waren die Juden in Schwierigkeiten, denn Israel ist heute umgeben von Mohammedanern. Vor vierzehn Jahrhunderten war es umgeben von Räubern, die nichts anderes kannten, als zu töten und zu rauben, weil der Boden nichts zu Essen hergab. Karawanen, die durch die Wüste zogen, wurden ausgeraubt und hingemordet – das war der einzige Broterwerb dieser Wüstenbewohner. Zuerst haben sie die Juden gequält, soviel sie nur konnten, und dann kamen die Mohammedaner. Mohammed bekehrte diese Nomaden zur Religion des Islam.

Seit Mohammed war Israel eingeschlossen – eine kleine Insel in einem riesigen Meer von Mohammedanern. Die Mohammedaner haben ihnen keine Ruhe gelassen und haben sie gequält, und schließlich nahmen sie ihnen ihr Land und änderten sogar den Namen Israels. Vor 1947 hieß es Palästina, und es war ein mohammedanisches Land.

Und dann haben die häßlichsten Politiker von Amerika und Großbritannien nach dem Zweiten Weltkrieg es geschafft – weil sie Palästina besetzt hielten –, den Juden ihr Land zurückzugeben. Und die Juden hielten das für christliche Großzügigkeit, aber das war es nicht. Die Wahrheit ist – auch wenn keiner das sagt – die Wahrheit ist: Die amerikanischen Politiker haben sie wieder in die alte Situation gebracht, daß die Mohammedaner ihnen ständig Probleme machen können. Israel kann nicht existieren.

Aber jetzt war es zu einer Prestigefrage geworden. Die Juden hatten all ihr Geld nach Israel gepumpt, sie waren aus der ganzen Welt gekommen, um in ihrem eigenen Land zu leben. Und die Mohammedaner treiben sie in die Enge: »Dies ist nicht euer Land.«

Es ist der Gipfel der amerikanischen Gerissenheit. Auf eine zuckersüße Weise hatten sie die Juden überredet – die selbst darum gebeten hatten: »Wir brauchen ein Land, unser eigenes Land.« Jetzt sind sie von Amerika abhängig. Israel ist kein souveränes Land – kann es niemals sein. Wenn Amerika aufhört, sie mit Waffen zu beliefern, wird man sie gleich am nächsten Tag massakrieren. Es ist ein gutes Geschäft, eine gute Politik. Auf diese Weise ist Amerika viele von seinen eigenen Juden losgeworden. Dahinter steht ein fanatisches christliches Denken, aber sie haben eine sehr clevere Methode gefunden, um die Juden loszuwerden, ohne sie umzubringen.

Adolf Hitler hat sechs Millionen Juden umgebracht, aber er war zumindest geradeheraus. Amerika hat diese Juden auf Jahrhunderte in eine Lage gebracht, wo sie sich praktisch dauernd in der Gaskammer befinden. Und jederzeit kann Amerika beschließen: »Wir können keine Waffen mehr hergeben. Wir haben euch genug geholfen.« Und ihre Hilfe ist nicht umsonst, die amerikanischen Juden bezahlen dafür. Sie sind die größte Kundschaft für alle alten, ausrangierten Waffen, die Amerika nicht mehr gebrauchen kann. Diese werden an die Juden verkauft. Und Israel wird ständig Waffen brauchen und es wird ständig in Paranoia leben.

Trotz allem können sie am besten lachen. Sie erfinden immer neue, gute Witze. Psychologisch läßt sich das einfach erklären: Ihr ganzes Wesen ist voller Tränen, aber das wollen sie der Welt nicht zeigen. Ihnen genügt jeder Anlaß zum Lachen. Aus diesem Grund sage ich, daß Khalil Gibrans Äußerung oberflächlich ist.

Der Gegensatz zwischen Lachen und Tränen, zwischen Freude und Leid, ist nur ein Teil eures Verstandes. Der Verstand kann nicht ohne Gegensätze leben.

Doch Khalil Gibran kennt nichts, was über den Verstand hinausgeht. Hier und da hat er Einblicke des Herzens, aber das Herz ist nur ein Zwischenstadium in der Mitte; es ist nicht euer wahres Sein. Natürlich ist es besser als der Verstand, aber ihr dürft euch davon nicht täuschen lassen, denn es gehört, genau wie der Verstand, zum Körper. Euer Verstand und euer Herz werden beide sterben, wenn der Körper stirbt.

Findet das, was nicht sterben wird – dann werdet ihr wissen, daß dieser Gegensatz gar nicht besteht. Wenn ein Gautam Buddha lächelt, dann verbergen sich dahinter keine Tränen. In der Tat, wenn ein Gautam Buddha weint und Tränen vergießt, könnt ihr auch in seinen Tränen das gleiche Lachen, das gleiche Lächeln, den gleichen Duft wiederfinden. Seine Tränen sind keine Tränen des Leids. Sie verbergen weder das Leid noch kommen sie aus dem Leid; sie kommen aus der überströmenden Freude. Das Lachen ist

Freude, und auch die Tränen sind Freude bei einem Menschen, der das Jenseitige kennt, bei einem Menschen, der erleuchtet ist.

Und wie könnte es anders sein?...

...fragt Khalil Gibran. »Nur so kann es sein; wie könnte es anders sein?«

Je tiefer sich das Leid in euer Sein eingräbt, desto mehr Freude könnt ihr fassen.

Das ist absurd, absolut falsch.

Khalil Gibran hat sein ganzes Leben lang in Amerika gelebt. Er wurde zwar im Libanon geboren, lebte aber in Amerika. Es ist eine Tragik der Geschichte, daß nur der Osten das Geheimnis der Meditation kennt; der Westen hat davon keine Kenntnis.

Hätte Khalil Gibran im Osten gelebt, dann hätte er die gleichen Gipfel des Bewußtseins berührt wie Laotse oder Bodhidharma. Und er war sprachgewandter als Gautam Buddha oder Mahavira. Wenn er diese Höhen erreicht und auf ihnen verweilt hätte, wäre er der Größte auf Erden gewesen, denn weder Buddha noch sonst irgendjemand hat eine solche Dichtung hervorgebracht. Aber sie kennen die Wahrheit.

Er sagt: *Und wie könnte es anders sein?* Aber es *ist* anders!

Ich sage euch: Es kann anders sein! Es kann anders sein für jeden, der bereit ist zu suchen und zu forschen. Es geht nicht darum, ein Dichter zu sein. Das Dichten ist ein Talent, so wie das Malen ein Talent ist, oder das Bildhauern. Aber euch selbst zu erkennen, ist euer Grundrecht – das einzige Grundrecht, das euch keine Regierung nehmen kann, keine Atomenergie und keine Nuklearwaffen. Sie können euch vernichten, aber euer Jenseitiges können sie nicht vernichten. Euer Jenseitiges ist Teil der ganzen Existenz. Und darin gibt es keinen Widerspruch, niemals. Mit Gautam Buddhas Worten, der sagte: »Schmeckt das Wasser des Meeres von *irgendwo* – der Geschmack ist immer der gleiche, überall der gleiche.«

Weil Khalil Gibran nichts von Meditation weiß, denkt er: *Je tiefer sich das Leid in euer Sein eingräbt, desto mehr Freude könnt ihr fassen.* Wenn man die Möglichkeiten der Meditation nicht kennt, wird man schwerlich anderer Meinung sein können als er. Aber ich stimme in diesem Punkt nicht mit ihm überein, und ich widerspreche ihm absolut. Es gibt darin keinen Kompromiß und keine Annäherung. Er hat unrecht. Er weiß nicht, daß es einen Ort in eurem Sein gibt, den ihr nicht durch tieferes Leid erreicht, sondern dadurch, daß ihr euren Verstand zum Schweigen bringt und euer Herz mit Liebe füllt.

Nur dort, in dieser Stille, in dieser von Liebe erfüllten Stille erblühen die Blumen der ewigen Freude, des Lebens und der Schönheit. Dort erreicht ihr die Verwirklichung eures Potentials. Dort habt ihr keine Angst mehr vor Hiroshima und Nagasaki, und ihr habt keine Angst vor Hitlers Gaskammern, und ihr habt keine Angst vor Ronald Reagans Nuklearraketen. Denn sie können euch nur das wegnehmen, was ihr nicht seid.

Sie können nichts zerstören, was wirklich euer eigen ist. Euer Körper, euer Verstand, euer Herz – dies alles ist euch von euren Eltern, von anderen Körpern gegeben worden. Was euch nicht von euren Eltern gegeben wurde, ist euer Sein, und es hat seine eigene Geschichte: Es war in vielen Körpern, hatte viele Köpfe und viele Herzen, und es wird seine eigene Geschichte haben. Selbst wenn dieser Planet von den Idioten, die an der Macht sind, zerstört werden sollte: Euer Sein wird auf einem anderen Planeten sein. Es gibt fünfzigtausend Planeten im Universum, auf denen Leben existiert.

Der Mensch der Meditation ist absolut ohne Angst.

Ist nicht der Becher, der euren Wein enthält, dasselbe Gefäß, das im Ofen des Töpfers gebrannt wurde?

Schöne Worte. Es schmerzt, Khalil Gibran zu kritisieren, aber ich bin hilflos. Seht ihr den Irrtum? Er sagt: *Ist nicht der Becher, der euren Wein enthält, dasselbe Gefäß, das im Ofen des Töpfers gebrannt wurde?* Der Becher wurde im Ofen des Töpfers gebrannt, nicht ihr. Wie kann das Leid des Bechers, der im Töpferofen gebrannt wurde, eine Tiefe in euch erzeugen, die Freude zu fassen vermag?

Ihr werdet im Töpferofen brennen müssen, nicht der Becher. Welchen Zusammenhang gäbe es da? Der Becher kann zerbrechen, aber ihr werdet nicht zerbrechen. Der Becher kann weggeworfen werden, aber ihr werdet nicht weggeworfen werden. Ihr seid nicht der Becher. Und komisch, daß ihr versucht, Freude durch das Unglück und den Schmerz des Bechers zu erlangen!

Aber niemand will durch das Feuer gehen. Und Meditation ist zweifellos ein Gang durchs Feuer, denn sie muß all den Müll verbrennen, der eure Köpfe anfüllt. Sie muß euer Herz reinigen, an dem ihr hängt, als wäre es euer Schatz. Sie muß euch nackt machen, denn die Kleider, die ihr tragt, sind nichts anderes als euer Leid und euer Schmerz, eure Sorge und eure Angst.

Wenn ihr durch das Feuer der Meditation geht, wird alles, was nicht eure authentische Wirklichkeit ist, alles, was geborgt ist, verbrannt werden. Was dann übrig bleibt, ist die Essenz: das Unsterbliche. Selbst der Tod kann es nicht zerstören. Aber niemand will durch das Feuer gehen.

Das erinnert mich an etwas, das der Polizeichef kennen müßte:

Rama, die Hindu-Reinkarnation Gottes, kämpfte gegen seinen Feind Ramana, denn Ramana hatte ihm seine schöne Frau Sita geraubt und hielt sie in einem schönen Garten gefangen. Er behandelte sie keineswegs ungebührlich, sondern mit allem Respekt. Alle ihre Bedürfnisse wurden erfüllt, und sie wurde wie eine Königin behandelt – denn sie *war* eine Königin. Der Kampf war gegen Rama, nicht gegen Sita.

Nach dreijährigem unaufhörlichem Ringen besiegte Rama den Feind. Sita wurde befreit... und dies ist eine der häßlichsten Szenen in den Hindu-Schriften, denn die erste Frage, die Rama stellt, ist die Frage, die jeder männliche Chauvinist stellen wird: »Bist du noch rein? Und wenn du rein bist, mußt du die Feuerprobe bestehen. Du mußt durchs Feuer gehen, und wenn du lebendig aus dem Feuer wieder herauskommst, werde ich dich zurücknehmen. Wenn du aber nicht lebendig wieder herauskommst, erübrigt sich die Frage.«

Doch ich sage, es ist eine der häßlichsten Szenen in dieser beliebtesten Schrift der Hindus, dem *Ramayana*, der Geschichte des Rama. Er fragt nach Sitas Reinheit, gibt aber keinerlei Beweis für seine eigene Reinheit. Es ist eine bekannte Tatsache, daß eine Frau sehr leicht enthaltsam bleiben kann, weil sie jeden Monat während ihrer Periode sexuelle Energie los wird. Aber der Mann hat es schwerer, weil er nicht auf diese Art Energie loswerden kann. Seine sexuelle Energie sammelt sich und wird zu einer immer stärkeren Spannung. Er muß sie loswerden. Wenn er ein verständnisvoller Mensch gewesen wäre... die Hindus halten ihn für eine Inkarnation Gottes! Aber ich sage, wenn er ein Mann von Verständnis gewesen wäre, dann wäre er mit Sita Hand in Hand durchs Feuer gegangen, um ihr den Beweis für seine eigene Reinheit zu geben.

Aber diese Gesellschaft ist männlich-chauvinistisch, und alle eure Religionen sind männlich-chauvinistisch. Sie wurden von Männern geschaffen, und die Männer dominieren. Die unschuldige Sita fragt nicht einmal: »Und wie steht es mit dir? So wie ich drei Jahre von dir getrennt war, bist auch du drei Jahre von mir getrennt gewesen. Wir sind in der gleichen Situation. Nur, ich war gefangen, und der Mann, der mich gefangen hielt, weil er dein Feind war, ist einer der gelehrtesten Männer Indiens. Er hat meinen Körper nicht einmal berührt. Ich wurde wie eine Königin behandelt. Er ließ mich in seinem schönsten Garten, seinem schönsten Palast leben. Aber du warst in Freiheit – wie steht es mit deiner Reinheit?«

Nein, Sita hat das nicht gefragt. Darin liegt ihre Bescheidenheit, darin liegt ihre Schönheit und ihre Anmut. Rama ist sehr viel tiefer gefallen als Sita. Sie ging durchs Feuer, ohne zu fragen.

Ich erzähle das, damit der Polizeichef versteht, warum ich die Religionen kritisiere: weil sie auch *meine* Vergangenheit sind. Die ganze Vergangenheit der Menschheit ist auch meine Vergangenheit, und ich habe das Recht, zurückzublicken, um zu schauen, wo der Mensch in die Irre gegangen ist. Und kein drittklassiger Regierungsbeamter wird mich daran hindern!

Und selbst nachdem sie die Feuerprobe bestanden hatte, als Rama mit Sita in seine Hauptstadt in Ayodhya heimkehrte, verhielt er sich wiederum sehr brutal. Die Frau eines Wäschers war in der Nacht nicht nach Hause gekommen, und als sie am Morgen heimkam, sagte der Wäscher: »Verschwinde! Ich bin nicht wie Rama, der seine Frau zurücknimmt, nachdem sie drei Jahre in der Hand des Feindes war!« Das wurde Rama berichtet: »Ein Wäscher hat dich kritisiert.« Sita hatte vor Tausenden von Augenzeugen den Beweis erbracht, aber die Kritik eines einzigen Wäschers genügte… und jetzt war sie schwanger, doch Rama verstieß sie und schickte sie in den Wald, in eine Gemeinschaft von Brahmanenschülern. Und seit Jahrhunderten wird in unserem Land erzählt: »Welch ein großes Opfer er doch erbrachte!«

Ich kann mich nur wundern. Ist das ein Opfer? Oder ist es bloß Gier nach dem Königreich? Ist dies ein Opfer, oder ist es bloß Gier nach Ansehen? Er ist ein Feigling! Er ist ihr weder durchs Feuer gefolgt, noch ist er ihr in den Wald gefolgt. Er hätte sagen können: »Wenn die Leute in meiner Hauptstadt mir mißtrauen, verzichte ich auf das Königreich, aber ich kann nicht auf die Frau verzichten, die vor Tausenden von Augenzeugen die Feuerprobe bestanden hat.«

Er ist gierig nach dem Königreich, er ist gierig nach Ansehen. Und wer wird geopfert? – Sita wird geopfert! Aber den Leuten sagt man: »Seht, welch großes Opfer Rama erbracht hat!«

Jemand anderen zu opfern, ist sehr leicht. Wenn er sich selbst geopfert hätte, sein Königreich, sein Ansehen, würde ich ihn lieben als einen der Größten, eine große Seele. Aber wenn mir jemand ungeachtet all dieser Tatsachen sagt, ich solle Rama als Reinkarnation Gottes betrachten, dann lehne ich das ab. Er ist nicht einmal ein Mensch. Er ist ein Untermensch, nur ein Politiker.

Und der Polizeichef sagt mir, ich solle nicht kritisieren! Ich kritisiere, weil ich den Weg freiräumen will für die Menschheit, für die Zukunft. Sonst werden wir dieselben idiotischen Ideen immer weiter wiederholen.

Ich bin gegen niemanden. Mir geht es nur darum, daß der neue Mensch nicht mit der üblen Vergangenheit belastet wird. Im Grunde richtet sich meine Kritik nicht gegen die Vergangenheit. Meine Kritik ist zum Wohle des neuen Menschen – um den Boden zu bereiten für die neue Menschheit. Niemand kann mich daran hindern.

Und ist nicht die Laute, die euren Geist besänftigt, dasselbe Holz, das mit Messern ausgehöhlt wurde?

Weil er kein Verständnis hat und unfähig ist zu sagen: »Ich weiß keine Antwort auf deine Frage...« Es wäre sehr viel besser gewesen, wenn Almustafa zu der Frau gesagt hätte: »Deine Frage – du mußt jemand anderen finden, der sie dir beantwortet. Ich weiß es nicht.« Aber er versucht, seine Unwissenheit hinter schöner Poesie zu verstecken. *Und ist nicht die Laute, die euren Geist besänftigt, dasselbe Holz, das mit Messern ausgehöhlt wurde?* Die Laute wird mit Messern ausgehöhlt, nicht aber euer Herz, nicht *euer* Sein! Wenn es also besänftigt, dann ist das kein spirituelles Wachstum. Es besänftigt nicht euren Geist, wie er behauptet. Es besänftigt nur euren Kopf. Und nicht wegen der Messer, nicht wegen des Schmerzes, den die Laute erleiden muß. Was habt ihr mit Lauten und mit Bechern zu schaffen?

Ich bin total erstaunt, daß sogar ein Mann wie Khalil Gibran sich nicht bewußt ist, was er da sagt. Und keiner hat ihm je widersprochen. Und wenn Khalil Gibran es nicht einmal merkt, was soll man von den Leuten erwarten, die Khalil Gibran auf der ganzen Welt lesen? Seine Schönheit, seine wunderbare Poesie – sie sind davon wie hypnotisiert.

Aber mich kann nichts hypnotisieren. Und ich mache keinen Unterschied: Wenn ich sehe, daß etwas verkehrt ist mit Rama, dann werde ich ihn mit dem Hammer bearbeiten. Wenn ich sehe, daß etwas verkehrt ist mit Jesus, dann werde ich nicht einfach den Mund halten, nur damit die Christen sich nicht über mich ärgern, damit meine Kommunen nicht zerstört werden, damit meine Sannyasins nicht gehindert werden, damit man mich nicht schikaniert und auf jede erdenkliche Art und Weise behindert und mich bestraft, obwohl ich überhaupt kein Verbrechen begangen habe.

Die Türen sämtlicher Länder sind mir verschlossen, ich kann nicht hineinkommen. Und ich komme nicht mit einer Armee! Aber zwingt mich nicht, denn sonst könnte es mir sogar gelingen, mit einer Armee aufzukreuzen... Und Armeen brauchen kein Visum!

Khalil Gibran war nie ein Jünger. Darum hat er kein Verständnis von vielen Dingen, die nur ein Jünger verstehen kann. Er war auch nie ein Meister, darum kennt er nicht die ganze Wahrheit. Und er war nie ein Mystiker. Er war nur ein großer Dichter. Ich habe ihn für meine Kommentare ausgewählt, damit ich euch eines zeigen kann: Laßt euch nicht von schönen Worten täuschen. Schaut immer, ob sie auch einen Inhalt haben. Kümmert euch nicht um die Behältnisse – die Behältnisse können wunderschön sein, sehr ästhetisch, aber innen? – da ist nichts als Dunkelheit und Leere.

Und Khalil Gibran ist eine gute Wahl, denn gelegentlich fliegt er wie ein Adler in die Sonne, doch manchmal hockt er nur auf seinem Nest. Aber ihr könnt den Unterschied nicht sehen. Ich bemühe mich, euch darauf hinzuweisen, damit selbst der größte Dichter euch nicht täuschen und selbst der größte Name euch nicht einschüchtern kann: »Wie könnte jemand behaupten, daß Mahavira unrecht hat oder daß Gautam Buddha etwas Verkehrtes gesagt hat?«

Wenn ihr fröhlich seid, schaut tief in eure Herzen, und ihr werdet finden, daß nur das, was euch Leid bereitet hat, euch auch Freude gibt.

Das ist zu gewöhnlich. Es wäre besser gewesen, wenn er das nicht gesagt hätte. Es ist unter seiner Würde. Das weiß doch ein jeder, daß es dasselbe ist, was euch Freude bereitet, und wenn ihr es verliert, bereitet es euch Leid. Welche großartige Entdeckung läge darin? *Wenn ihr traurig seid, schaut wieder in eure Herzen*... Es ist nicht nötig, immer wieder in eure Herzen zu schauen. Das sind so offenkundige Tatsachen: ...*und ihr werdet sehen, daß ihr in Wahrheit um das weint, was euch Vergnügen bereitet hat.*

Ich sage euch: Schaut nie unnötig in eure Herzen. Denn es kann zu einer Gewohnheit werden, daß ihr bei allem, was dumm ist, in euer Herz schaut. Für so oberflächliche Dinge reicht sogar ein gewöhnlicher Verstand, ein zurückgebliebener Verstand. Darum schaut lieber in eure Zurückgebliebenheit, wenn ihr schon schauen müßt. Oder ohne zu schauen... Diese Dinge sind so oberflächlich, aber wenn ihr das Gefühl habt, daß ihr nach innen schauen müßt, dann schaut in euren zurückgebliebenen Verstand. Laßt das Herz für jene Augenblicke, da euer Verstand ohnmächtig ist, da selbst der größte Verstand hilflos ist. Dann, und nur dann, schaut in euer Herz.

Hier macht Khalil Gibran das Schauen in eure Herzen zu einer ähnlichen Sache, wie wenn ihr aus Nervosität in eurer Rocktasche Ausschau haltet nach einer Zigarette, die ihr euch anstecken könnt, um mit dem Rauchen beschäftigt zu sein und euer Problem, eure Angst und eure Nervosität zu vergessen. Die Menschen rauchen aus Nervosität.

Das Herz hingegen ist ein heiliger Schrein. Klopft an die Türen eures Herzens nur in jenen Augenblicken, da euer Verstand spürt, daß etwas über seine Fähigkeiten hinausgeht.

Doch nicht ein einziges Mal erwähnt er: »Schaut in euer Sein.« Er ist sich dessen nicht einmal bewußt, daß alle tiefen Wahrheiten und Geheimnisse nicht im Herzen enthalten sind. Es kommt der Moment, da auch das Herz euch nicht helfen kann. Khalil Gibran hat dafür keine Antwort. Aber ich habe eine Antwort:

Dann geht über das Herz hinaus und schaut in euer Sein.

Doch das sollten äußerst seltene Anlässe sein. Es sollte nicht zur Gewohnheit gemacht werden.

...daß nur das, was euch Leid bereitet hat, euch auch Freude gibt.
Wenn ihr traurig seid, schaut wieder in eure Herzen, und ihr werdet sehen, daß ihr in Wahrheit um das weint, was euch Vergnügen bereitet hat.
Einige von euch sagen: »Freude ist größer als Leid«, und andere sagen: »Nein, Leid ist größer.«

Es gibt nur zwei Arten von Philosophie auf dieser Welt. Es gibt die heidnischen Philosophen, die aber aus der Welt verschwunden sind. Sie sagen: »Eßt, trinkt und seid fröhlich, denn Freude ist größer als

Leid. Laßt euer Leben eine unaufhörliche Lust sein. Frauen und Wein – eine andere Wahrheit gibt es nicht. Verschwendet nicht die Zeit.«

Doch diese heidnischen Philosophen sind verschwunden, weil alle Priester der Welt gegen sie sind. Wenn sie recht hätten, wer würde den Priestern in den Tempeln, in den Moscheen, in den Kirchen zuhören? Geht nur in eine Kirche und seht selbst: Dort umgibt euch das Leid. Der arme Jesus Christus hängt am Kreuz... natürlich könnt ihr in der Kirche nicht tanzen. Das wäre völlig fehl am Platz. Ihr könnt in einer Kirche kein Liebeslied singen. Ihr könnt in der Kirche nicht aus dem Bauch heraus lachen. Eine Kirche ist beinahe wie ein Friedhof. Man sitzt darin, als wäre man tot: traurig und leidend. Und das wird für Religion gehalten.

Darum kann man eure Heiligen nie lächeln sehen. Ihr würdet euch wundern, wenn ihr euren Heiligen, den ihr verehrt habt, beim Kartenspielen anträfet. Ihr würdet sagen: »Mein Gott! Und diesen Mann habe ich für einen großen Heiligen gehalten!« Aber ich sehe keinen Widerspruch, warum ein großer Heiliger nicht auch Kartenspielen könnte. Er wird freilich beim Kartenspielen nicht schwindeln, das versteht sich von selbst... Aber ihr würdet es euren Heiligen nie erlauben zu tanzen.

Ich aber sage euch: Wenn ein Heiliger nicht imstande ist zu tanzen, weiß er gar nichts. Er ist nur eine Leiche, die schon seit langem tot ist. Macht einen Bogen um solche Leute, denn sie könnten ansteckend sein! Sie könnten viele Krankheiten in sich haben. Traurigkeit ist eine Krankheit; Leiden ist eine Krankheit.

Ihr werdet nie jung und lebendig sein, wenn ihr nicht lachen könnt, wenn ihr nicht tanzen könnt, wenn ihr nicht singen könnt.

Einmal war ich in einer Stadt, wo ein kleiner Junge von etwa zehn Jahren zum Jaina-Mönch geweiht werden sollte. Nun sind gerade die Jaina-Mönche von allen Menschen auf dieser Welt die kränksten. Ich fragte die Eltern des Kindes: »Seid ihr wahnsinnig? Ihr habt mehrere Kinder und seid so glücklich und stolz, daß euer zehnjähriger Sohn ein Jaina-Mönch wird. Aber versteht ihr auch, was das bedeutet? Ihr habt eurem Jungen die Kindheit genommen.

Er hat einen Quantensprung von zehn auf siebzig Jahre gemacht. Sechzig Jahre seines Lebens habt ihr ihm geraubt! Er wird nie lieben können. Er wird nie die Schönheit dieser Existenz sehen können. Er wird nie jung sein. Ihr macht einen alten Mann aus ihm! Ihr seid alle Mörder und seid auch noch stolz darauf. Und weil ihr stolz darauf seid, ist dieser unschuldige Junge, ohne überhaupt zu begreifen, was er tut, bereit, ein Mönch zu werden.«

Sie waren sehr böse auf mich. Sie forderten mich auf, ihren Tempel zu verlassen. Ich sagte: »Das ist kein Tempel. Ich werde die Polizei verständigen, daß hier ein paar Leute einen jungen Knaben von zehn Jahren umbringen. Man muß es verhindern! Laßt ihn heranwachsen. Laßt ihn seinen Himmel selber finden. Und wenn er eines Tages etwas entdeckt, das schön, lebendig und nährend für ihn ist, etwas, das ein Lied auf seine Lippen bringt und einen Tanz inz-seine Beine – dann wird er ein Heiliger sein.

Aber die Menschen sind so blind, so völlig blind. Sie können die einfachen Tatsachen des Lebens nicht sehen. Alle diese Religionen sagen: *»Nein, Leid ist größer«,* denn eure Tränen werden eure Verbrechen wegwaschen. Doch was für Verbrechen habt ihr begangen?

Es gab ein ständiges Problem mit meinem Vater, denn er sagte zu mir: »Du bist jetzt kein Kind mehr. Du solltest anfangen, in den Tempel zu gehen. Du solltest anfangen, deine Andacht zu verrichten. Du solltest anfangen zu beten.«

Aber ich sagte: »Wozu?«

Er sagte: »Um alle deine Verbrechen reinzuwaschen.«

Ich sagte: »Seltsam, ich habe gar keine Verbrechen begangen, und trotzdem soll ich sie reinwaschen?«

Und ich erzählte ihm einen Witz...

In der ersten Klasse erklärte der Herr Pfarrer seinen jüngsten Schülern: »Wenn ihr ohne Sünden lebt und alles aufgebt, was gegen die Religion ist, werdet ihr im Himmel unendlich belohnt werden.« Dann fragte er die Kinder: »Nun sagt mir, wie kommt man ins Königreich Gottes?«

Ein kleiner Junge stand auf und sagte: »Als erstes muß man sündigen.«

Er sagte: »Wie bitte? Wozu verschwende ich hier meine ganze Zeit, um euch zu sagen: ›Hört auf zu sündigen!‹«

Der Junge sagte: »Ich habe aber noch gar nicht gesündigt! Wie kann ich denn aufhören, wenn ich noch gar nicht angefangen habe? Als erstes muß ich alle Sünden begehen. Bitte zeigen Sie uns, wie man sündigt. Und wenn wir genug gesündigt haben, werden wir damit aufhören und ins Königreich Gottes kommen.«

Das war das letzte Mal. Mein Vater sagte: »Das ist erledigt. Laß mich damit in Ruhe.«

Ich sagte: »Komisch... *du* läßt mich nicht in Ruhe! Ich habe dir nie gesagt, daß du in den Tempel gehen sollst. Es ist mir egal, was nach dem Tod passiert. Mich interessiert nur, was *jetzt* passiert. Und wenn du Verbrechen und Sünden begangen hast, ist es dein Problem. Dann solltest du in den Tempel gehen und beten, aber laß mich mein Leben leben. Und wenn ich das Gefühl habe, daß mein Leben so nicht richtig ist, werde ich es aufgeben.«

Dreißig, vierzig Jahre müssen seit diesem Dialog mit meinem Vater vergangen sein, doch ich konnte bis heute nicht finden, daß das Leben ein Verbrechen oder eine Sünde wäre. Je länger ich lebe und je mehr mein Leben in die Tiefe geht, um so mehr empfinde ich, wie unglücklich diejenigen sind, die dem Leben entsagt haben. Denn das Königreich Gottes liegt nicht in der Entsagung des Lebens, sondern in der Freude am Leben, im Entdecken... wie wenn man eine Zwiebel schält. Wenn man immer weiter schält, wird man am Ende reine Leere in Händen halten, denn eine Zwiebel besteht nur aus vielen Schichten – Schicht um Schicht um Schicht. Genauso ist es mit dem Leben. Schält immer weiter, lebt immer mehr und mehr in die Tiefe, dann werdet ihr schließlich die Leere in Händen haben, die Buddha die höchste Wahrheit nennt. Dann seid ihr bereits in das Königreich Gottes eingetreten.

Aber ich sage euch, sie sind untrennbar.

Wieder kommt er zum gleichen Standpunkt, daß Freude und Leid untrennbar miteinander verbunden sind. Es ist also weder die

Freude größer, noch ist das Leid größer; *sie sind untrennbar.*

Und es trifft zu für die Blinden, für die Schlafenden, für die Unbewußten. Aber diejenigen, die nur ein bißchen wach sind, können beides transzendieren. *Sie sind untrennbar* – also könnt ihr in dem Augenblick, in dem ihr das Leid transzendiert, auch die Freude transzendieren. Im Transzendieren beider ist Stille, ist Frieden, ist Seligkeit, ist Segen.

Khalil Gibran hat die Fähigkeit, das oberflächliche intellektuelle Verstehen zu transzendieren – denn es gibt Augenblicke, in denen er sich darüber erhebt –, doch immer wieder fällt er zurück.

Sie kommen zusammen, und wenn einer allein mit euch am Tisch sitzt, denkt daran, daß der andere auf eurem Bett schläft.

Er hat recht, was die normalen, schlafenden Menschen betrifft. Aber er hat nicht recht, was einen Gautam Buddha betrifft, oder einen Mahavira, oder was mich betrifft.

Wahrhaftig, wie die Schalen einer Waage hängt ihr zwischen eurem Leid und eurer Freude.
Nur wenn ihr leer seid, steht ihr still und im Gleichgewicht.
Wenn der Schatzhalter euch hochhebt, um sein Gold und sein Silber zu wiegen, muß entweder eure Freude oder euer Leid steigen oder fallen.

Ich sage euch, der Verstand kann im Gleichgewicht sein. Wenn Leid und Freude bei euch im Gleichgewicht sind, werdet ihr einen Stillstand erleben, aber das ist nicht der Tanz, von dem ich rede; das ist nicht die Ekstase, von der ich rede. Dieser Stillstand ist eine Art Tod. Ihr habt es nicht transzendiert – die Waagschalen sind bloß im Gleichgewicht. Und *wenn der Schatzhalter euch hochhebt, um sein Gold und sein Silber zu wiegen, muß entweder eure Freude oder euer Leid steigen oder fallen* – ich sage euch, das ist absoluter Unsinn. Was passieren wird, wenn ihr stillsteht und im Gleichgewicht seid: fünfzig Prozent Freude und fünfzig Prozent Leid. Natürlich fühlt ihr dann weder Freude noch Leid. Ihr fühlt eine Art Gleichgültigkeit, eine Stumpfheit. Diese Stumpfheit ist nichts Spirituelles. Überall findet man solche stumpfen Leute. Sie wirken absolut gelangweilt. Doch wenn sie Leid fühlen, regt sich zumindest etwas; selbst wenn ihre Augen voller Tränen sind, ist es zumindest ein Lebenszeichen. Und wenn sie sich freuen, wenn sie lächeln oder lachen, und sei es noch so oberflächlich, ist es besser als dieser Stillstand.

Immer wenn etwas in euch stillsteht, habt ihr das Leben als pure Langeweile akzeptiert. Darum kann Jean Paul Sartre sagen: »Das Leben ist Langeweile.« Er muß zum Stillstand gekommen sein. Es hat nichts mit dem Leben zu tun. Es hat etwas mit seinem inneren Gleichgewicht zwischen Freude und Leid zu tun. Wenn man sich langweilt, ist es an der Zeit, sich in Bewegung zu setzen. Es bedeutet, daß man stehengeblieben ist, daß man nicht mehr atmet, daß das Herz nicht mehr pulsiert.

Wenn ihr euch an der Oberfläche aufhalten wollt, dann wählt eines von beiden – Freude oder Leid –, denn egal, was ihr wählt, ihr habt das andere mitgewählt. Heute mögt ihr Freude haben, doch morgen werdet ihr Leid haben, denn das Leben hält immer das Gleichgewicht. Aber das hat nichts mit spirituellem Wachstum zu tun.

Spirituelles Wachstum bedeutet, jenseits von Freude und Leid zu gelangen. Mit anderen Worten bedeutet spirituelles Wachstum, über alle Gegensätze hinauszugelangen.

Nur in jenem Zustand, der nicht auf Gegensätzen beruht, der nicht dualistisch ist, erfahrt ihr die Wahrheit – den Gott, der sich in euch verbirgt. Es ist ganz nahe. Mit ein bißchen Intelligenz...

Doch es ist erstaunlich: Keine einzige Religion hat die Tatsache hervorgehoben, daß Intelligenz etwas mit Religion zu tun hat. Ich habe nur meine Sehkraft verschwendet, als ich allen möglichen Unsinn aus der ganzen Welt durchgesehen habe, doch ich habe in all den heiligen Schriften keine einzige Stelle entdeckt, wo steht, daß Intelligenz die wichtigste religiöse Eigenschaft ist. Alle sagen sie, die grundlegende religiöse Eigenschaft sei der Glaube, das Gottvertrauen. Und beides ist gegen die Intelligenz.

16

SPRICH UNS VON DER LIEBE...

Vom Haus zum Heim, vom Heim zum Tempel

Dann trat ein Maurer vor und sagte:
Sprich uns von den Häusern.
Und er antwortete und sagte:
Baut eine Laube nach euren Vorstellungen in der Wildnis, ehe ihr ein Haus innerhalb der Stadtmauern baut.
Denn so wie ihr Heimkehrer in der Dämmerung seid, so seid ihr auch Wanderer, ewig Ferne und Einsame.
Euer Haus ist euer größerer Körper.
Es wächst in der Sonne und schläft in der Stille der Nacht; und es ist nicht ohne Träume. Träumt euer Haus etwa nicht, und verläßt es nicht träumend die Stadt für Hain oder Hügel?
Könnte ich eure Häuser in meiner Hand sammeln und sie wie ein Sämann in Wald und Wiese ausstreuen!
Wären die Täler eure Straßen und die grünen Pfade eure Gassen, damit ihr einander durch die Weinberge besuchen könntet und mit dem Duft der Erde im Gewand kämet!
Aber das soll noch nicht sein.
In ihrer Angst trieben eure Vorväter euch zu nah zusammen. Und diese Angst wird noch eine kleine Weile dauern.
Eine kleine Weile noch werden eure Stadtmauern eure Herde von euren Feldern trennen.

*Dann trat ein Maurer vor und sagte:
Sprich uns von den Häusern*

Als erstes möchte ich euch daran erinnern, daß ein Haus und ein Heim zwei absolut verschiedene Dinge sind. Da die Frage von einem Maurer stammt, weiß er nur, wie man Häuser baut. Häuser sind etwas Totes. Solange sie nicht erfüllt sind von eurer Liebe, eurer Stille, euren Liedern, solange ein Haus nicht zu einem Abbild eures tanzenden Herzens wird, bleibt es tot.

Doch sobald Liebe da ist, sobald Dankbarkeit da ist, sobald ein Feiern da ist, ist ein Haus kein Haus mehr – es wird zu einem Heim. Es wird lebendig. Es fängt an zu atmen. Es füllt sich mit dem Duft, den ihr hervorbringt.

Es gibt noch einen weiteren Schritt: Wenn das Heim zum Tempel wird. Doch der arme Maurer kann solche Fragen nicht stellen.

Wenn eure Meditation zu einer solchen Tiefe gelangt, daß ihr anfangt, in eurem Innern mit Gott schwanger zu gehen, wird das Heim zu einem Tempel. Doch Millionen von Menschen sind nicht so gesegnet und leben nur in Häusern. Selbst das Haus in ein Heim zu verwandeln, scheint schwierig für sie zu sein. Und weil sie ihr Heim nicht in einen Tempel verwandeln können, brauchen sie Tempel, Kirchen und Kathedralen als Wohnstätten Gottes.

Aber ich sage euch: Keine Kirche, kein Tempel, keine Synagoge kann zu einer Wohnstätte Gottes werden, wenn ihr nicht selbst erst zu einer Wohnstätte des Göttlichen geworden seid.

Wenn diese Folge von Transformationen sich vollzieht – vom Haus zum Heim, vom Heim zum Tempel –, dann benötigt die Welt keine Kirchen mehr, keine Tempel, keine Moscheen. Die Menschen gehen in den Tempel; das ist absurd. Der Tempel muß in ihr Herz kommen und ihr ganzes Sein in eine heilige, gesegnete, göttliche Stätte verwandeln.

Es wird erzählt, daß Moses, als er von seinen Gefolgsleuten zu sehr unter Druck gesetzt wurde: »Wie lange dauert es noch, bis wir die Stadt Gottes erreichen, das göttliche Land Israel? Warum fragst du nicht Gott selbst? Du hast uns doch gesagt, daß du nur ein Bote bist und die Botschaft nicht von dir, sondern von Gott kommt. Es ist genug Zeit verstrichen! Wir scheinen auf dem falschen Weg zu sein.«

Moses sagte: »Ich werde gehen, doch niemand sollte mir folgen. Man kann Gott nur in absolutem Alleinsein begegnen.«

Also wartete die ganze Karawane der Juden im Tal, während Moses auf den Gipfel des Berges Sinai stieg. Dort hatte er eine seltsame Erscheinung. Er sah nicht Gott, aber er sah etwas Wunderbares: einen grünen Busch, der von Flammen umgeben und dennoch grün war. Er hätte längst verbrannt sein müssen, aber der Busch war voll von duftenden Blüten.

Er konnte nicht glauben, was er sah. Um besser sehen zu können, trat er näher an den Busch heran. Und als er näherkam, war eine Stimme zu vernehmen. Er konnte nicht sehen, wessen Stimme es war, doch die Stimme sagte: »Moses! Laß deine Schuhe und dich selbst außerhalb dieses geheiligten Ortes. Nur dann kannst du eintreten.«

Es mag ein Gleichnis sein, und sehr wahrscheinlich ist es das, doch es enthält eine tiefe Wahrheit. Das Feuer Gottes ist nie zerstörerisch; es ist kühl und nährend. Und ein Ort, an dem diese stille, kühle, nährende Atmosphäre entsteht, wird zu einem heiligen Ort, einem Tempel. Natürlich muß man an einem solchen heiligen Ort seine Schuhe und sich selbst draußen lassen. Dies ist ein Hinweis für den Weg: Wenn ihr eure Schuhe außerhalb eures Hauses laßt, wird es zu einem Heim, aber wenn ihr euch selbst bei den Schuhen zurücklassen könnt, wird es zu einem Tempel. Dann geht ihr auf heiligem Boden.

Mich interessiert nicht der historische Wahrheitsgehalt dieser Geschichte. Mich interessiert immer nur die essentielle Wahrheit, die sie enthält.

Es ist merkwürdig, daß Almustafa keinen Unterschied zwischen einem Haus, einem Heim und einem Tempel macht. Vielleicht kennt er ihn selbst nicht.

Und er antwortete und sagte:
Baut eine Laube nach euren Vorstellungen in der Wildnis, ehe ihr ein Haus innerhalb der Stadtmauern baut.

Statt den Maurer auf die Wissenschaft der Transformation hinzuweisen, redet er davon, Häuser in der Wildnis zu bauen. Aber es werden immer noch Häuser sein! Und wenn jeder sein Haus in der Wildnis baut, wird es bald keine Wildnis mehr geben. Bald wird es Restaurants geben, Discos, Kinos, Prostituierte, Politiker. Die ganze Korona, vor der ihr euch in der Stadt fürchtet, wird eine Stadt um euch herum errichten.

In Indien pilgern die Menschen seit Jahrhunderten zu Fuß nach Badri Kedarnath. Der Himalaja ist so unberührt, so rein – nicht verunreinigt durch die Menschen und ihre Dummheiten. Und weil so viele Menschen dorthin pilgern und der schmale Fußweg so gefährlich ist, daß schon viele gestorben und nicht mehr wiedergekommen sind, wurde der Vorschlag gemacht, eine Straße zu bauen. Jetzt existiert eine Straße. Die Leute gehen nicht mehr zu Fuß, sie fahren mit dem Bus. Bei jeder Haltestelle gibt es ein Restaurant, Teebuden und alle möglichen Straßenhändler. Die Schönheit wurde zerstört. Jetzt ist Badri Kedarnath nicht mehr der gleiche heilige Ort, der er einmal war. Denn nicht der Ort macht einen Platz heilig. Es ist das liebevolle Herz – so voller Liebe, daß es zu sterben bereit ist –, was einen Ort zu einem heiligen Ort macht.

Jetzt, wo man mit dem Bus hinfährt und all die Annehmlichkeiten am Straßenrand vorhanden sind, ist eine schöne Erfahrung zunichte gemacht worden. Und die Leute, die es kaputtgemacht haben, sind der Meinung, Gott zu dienen, weil jetzt mehr Leute hinkommen können. Heute ist Badri Kedarnath ständig überlaufen. Das sind nicht die richtigen Menschen. Ihre einzige Qualifikation besteht darin, daß sie sich eine Busfahrkarte leisten können.

Hingegen wurden die Menschen, die früher zu Fuß kamen, von ihrer ganzen Stadt verabschiedet, denn die Wahrscheinlichkeit, daß sie zurückkehren würden, war nicht sehr groß. Der Pfad war zu gefährlich, die Höhe war zu gefährlich. Aber sie hatten einen Ruf vernommen und waren bereit, ihr Leben dafür zu opfern. Es waren mutige Menschen.

Damals, in der Stille und dem ewigen Frieden der Himalajagipfel, war Badri Kedarnath ein völlig anderes Phänomen. Es war ein

Tempel. Jetzt ist es nicht einmal mehr ein Heim. Es ist nur ein Haus, das von allen möglichen Geschäftsleuten umlagert und von Läden umgeben ist. Man kann alles bekommen, was man will. Es ist ein Basar geworden. Heute fahren nur Idioten dorthin, oder Touristen, was dasselbe ist. Früher einmal war es eine spirituelle Pilgerreise wegen ihres Risikos; man mußte sich selbst aufgeben – all seine Todesängste mußte man fallenlassen.

Oberflächlich hat er recht: *Baut eine Laube nach euren Vorstellungen in der Wildnis, ehe ihr ein Haus innerhalb der Stadtmauern baut.*

Die Städte sind Gefängnisse geworden. Und die Staaten sind noch größere Gefängnisse. Die ganze Menschheit lebt in Gefängnissen, ohne sich dessen bewußt zu sein. Meint ihr, Poona sei ein Ort, in dem Menschen leben? Es ist ein Gefängnis.

Gestern hat eine Zeitung eine Drohung desselben Mannes veröffentlicht, der mit dem Polizeichef und anderen unter einer Decke steckt. Sein erster Versuch ist fehlgeschlagen. Aber was ist das für eine Stadt? Ich habe nicht ein einziges Verbrechen begangen, weder in dieser Stadt noch sonst irgendwo auf der Welt. Die Polizei kennt meinen Leumund während meines siebenjährigen Aufenthaltes. Ich kam müde hier an, und schon Stunden später hat man mich aufgefordert, innerhalb von dreißig Minuten die Stadt zu verlassen, weil ich den Frieden der Stadt gefährde.

Der Polizeichef muß gedacht haben, er kann mit mir umspringen wie mit anderen Leuten, die keinen Stolz besitzen, aber ich weigerte mich zu gehen. Ich wollte wissen, welches Verbrechen ich begangen habe. Ich war schließlich sieben Jahre lang hier.

Als er sah, daß er nun Scherereien haben würde... und ich machte es seinen Beamten, die gekommen waren, klar, daß er mich vor Gericht wird konfrontieren und daß er wird beweisen müssen, aufgrund welcher Tatsachen ich den Frieden der Stadt störe. Tatsächlich stört *er* den Frieden dieser Stadt, durch seine Verschwörung mit diesen fanatischen Hindu-Chauvinisten, Rowdys und Kriminellen. Als er sah, daß er seine Aktion wird rechtfertigen müssen, hat er sie unverzüglich abgeblasen.

Vilas Tupe, der Anführer dieses häßlichen Haufens, hat erneut gedroht. Jetzt hat er eine neue Drohung gefunden, aber dieser Mann scheint ganz und gar unintelligent zu sein. Er muß es sein, denn kein Fanatiker – ob Hindu, Christ oder Mohammedaner – kann intelligent sein. Intelligenz und Fanatismus schließen sich gegenseitig aus.

Seine neue Drohung besteht darin, daß jeder Sannyasin, der aus dem Ausland kommt, sich als erstes einer medizinischen Aids-Untersuchung unterziehen müsse. Warum hat er Angst vor Aids? Ist er ein Homosexueller? Besteht diese Stadt aus Homosexuellen?

Aber noch bevor diese Drohung kam, wußte ich bereits, wenn sein erster Versuch scheiterte, würde sein zweiter Versuch darin bestehen, eine solche medizinische Untersuchung durch die gleiche Sorte fanatischer, Hindu-freundlicher Ärzte zu fordern. Wenn er die Unterstützung des Polizeichefs gewinnen konnte, wird er auch Ärzte zur Unterstützung gewinnen können, denn er ist ein Ärgernis. Da ich diese Möglichkeit vorausgesehen hatte, waren bereits alle Zentren, alle unsere Zeitschriften und Magazine auf der ganzen Welt informiert worden, daß sie publik machen sollen: Jeder, der nach Poona kommt, sollte eine Bestätigung der Gesundheitsbehörde mitbringen, daß er kein Aids hat, daß sein Test negativ ist.

In Poona gibt es auch andere Institute, wo Menschen aus der ganzen Welt hinkommen. Diese Drohung betrifft aber nur meine Leute und nicht die Leute, die am Max-Müller-Institut studieren, nicht die Leute, die Yoga bei Iyengar studieren. Seht ihr die Dummheit? Im übrigen haben meine Leute nicht das geringste Interesse, mit diesen häßlichen, toten Menschen liebevoll zusammenzusein. Nicht meine Leute stellen eine Gefahr für die Stadt dar; vielmehr stellt diese Stadt eine Gefahr für meine Leute dar. Und ich verlange, daß diese Zeitung *Tarun Bharat,* eine Marathi-Tageszeitung, diese Äußerung zurücknimmt und sich entschuldigt. Seid ihr sicher, daß es in Poona keine Homosexuellen gibt? Hat es jemals eine ärztliche Untersuchung für alle Einwohner von Poona gegeben? Vor allem für die Hindu-Mönche, die *Shankaracharyas,* die Jaina-Mönche, Acharya Tulsi und andere? Und das sind nicht wenige. Es sind mehr als zwanzig Millionen im ganzen Land.

Sie glauben an das Zölibat, und dabei ist das Zölibat die Ursache für Homosexualität. Und nicht nur Homosexualität... denn jemand anderer könnte diese Information weitergeben, und dann wäre der Ruf eines großen Heiligen in Gefahr. Darum sind eure sogenannten Heiligen auf ein noch tieferes Niveau als die Homosexualität gesunken, um ihre sexuelle Energie loszuwerden: Sodomie. Sie machen Sex mit unschuldigen Tieren. Und das ist keine neue Erscheinung.

Im Alten Testament werden die beiden Städte Gomorrah und Sodom erwähnt. Gott hatte diese Leute satt, denn Gomorrah war homosexuell, und in Sodom hatten die Menschen Sex mit Tieren. Daher kommt das Wort »Sodomie«, von der Stadt Sodom. Gott machte die beiden Städte dem Erdboden gleich. Nagasaki und Hiroshima sind nichts Neues. Das gleiche geschah in Gomorrah und Sodom schon vor Tausenden von Jahren.

Ich verlange von der Regierung und den Gesundheitsbehörden, daß jeder Einwohner von Poona – und nicht nur die Erwachsenen, denn auch Kleinkinder und sogar Neugeborene können diese Krankheit haben, wenn die Mutter oder der Vater Aids hat... man kann keine Ausnahmen machen. Jeder in dieser Stadt sollte untersucht werden!

Aber alle Länder, alle Städte, alle Religionen versuchen, diese Tatsachen zu verbergen. In Texas war noch nie publik geworden, daß jemand homosexuell war. Es ist eine der rückständigsten, ödesten Gegenden von Amerika. In dem Glauben, daß es in Texas unproblematisch sein würde, weil es dort keine Homosexuellen gab, verabschiedete die texanische Legislative ein Gesetz, wonach die Homosexualität ein Verbrechen ist und jeder, der bei einer homosexuellen Handlung erwischt wird, für fünf bis zehn Jahre ins Gefängnis muß. Die Idiotie scheint keine Grenzen zu kennen! Gerade Gefängnisse gehören zu jenen Orten, wo Homosexualität die einzige Möglichkeit darstellt, weil Männer und Frauen getrennt sind.

Doch als man das Gesetz verabschiedet hatte, war ganz Texas schockiert, denn eine Million Homosexuelle protestierten: »Es ist unser Geburtsrecht. Was wir mit unserer Sexualität machen, geht keinen etwas an. Aber wenn ihr darauf besteht...« Jetzt haben sie eine Organisation gegründet und sind alle in den Untergrund gegangen. Und was das bedeutet... keinem steht ins Gesicht geschrieben, daß er homosexuell ist. Jetzt ist die Gefahr größer, weil diese Leute sich nicht mehr als Homosexuelle bekennen und alle möglichen Kontakte mit anderen Personen haben werden.

Amerika zögert, die genauen Zahlen bekanntzugeben, wie viele Homosexuelle es dort gibt. Alle Länder zögern, denn es ist eine unschöne Angelegenheit.

Vor kurzem habe ich gehört, daß die Vereinten Nationen einen Dokumentarfilm über die amerikanischen *street people*, die obdachlosen Bettler, gedreht haben. Amerika hat dreißig Millionen Obdachlose, aber die Regierung ist nicht bereit, dieser Tatsache ins Auge zu sehen. Man hat eine Anlaufstelle für ein paar Hundert Obdachlose eröffnet, und es wurde ihnen Unterkunft, Essen, Kleider und eine Arbeit gegeben. Die UN haben dieses Experiment in ihre Dokumentation einbezogen, damit andere Länder ebenfalls sehen können, daß etwas passieren muß. Man hat das mit den besten Absichten gemacht, nicht, um Amerika zu kritisieren. Man hat es gezeigt, um Amerika positiv herauszustreichen, doch die amerikanische Regierung hat die UN gezwungen, diesen Teil wegzulassen.

Sogar die UN-Behörde war erstaunt. Sie sagten: »Das ist der wichtigste Teil! Und er gibt euch Anerkennung dafür, daß ihr etwas für diese armen hungrigen Obdachlosen tut, die nichts zum Anziehen haben und auf der Straße schlafen.« Doch die amerikanischen Politiker sahen das anders. Sie sagten: »Mag sein, daß ihr eine gute Absicht damit verfolgt, aber die Welt würde erfahren, daß es in Amerika Obdachlose gibt.« Sie haben es stets abgestritten, daß sie Bettler haben, dabei ist das absoluter Unsinn.

Mein Konflikt mit der amerikanischen Regierung begann mit der Frage der Obdachlosen, denn ich hatte dreitausend *street people* eingeladen, Teil unserer Kommune zu werden. Die Kommune war unsere internationale Zentrale. Es lebten dort Menschen aus allen Ländern, und Tausende kamen und gingen. Als die Regierung sah, daß dreitausend Obdachlose in die Kommune gekommen waren – und diese Leute waren so glücklich...! Zum ersten Mal wurden sie wie Menschen behandelt – mit der gleichen Liebe, mit dem gleichen Essen, mit den gleichen Kleidern, mit den gleichen Häusern, mit all den Einrichtungen, die auch den Sannyasins zur Verfügung standen, die Millionen von Dollars dafür gespendet hatten. Vielleicht zum ersten Mal erkannten sie, daß sie auch Menschen sind und keine Straßenhunde.

Das war der Anfang eines Konfliktes zwischen Ronald Reagan und mir. Welchen Schaden habe ich Amerika zugefügt? Wenn dreitausend Leute von einer fünftausendköpfigen Kommune aufgenommen werden können, wieso kann nicht ganz Amerika die dreißig Millionen aufnehmen?

Aber das wirkliche Problem ist, daß diese dreißig Millionen Menschen praktisch alles Schwarze sind, und davor hat man Angst. Die Nachrichtenmedien kamen ständig in die Kommune. Jeden Tag landeten ihre Flugzeuge auf dem Flugplatz der Kommune. Sie waren überrascht, als sie die dreitausend Schwarzen sahen – diesen Leuten hatten sie nie ihre Aufmerksamkeit gegeben. Aber jetzt *mußten* sie ihnen ihre Aufmerksamkeit geben.

Die amerikanische Regierung versuchte – genau wie die christlichen Kirche – auf jede erdenkliche Weise, diesen Leuten einzureden: »Für Unterkunft, Essen, Kleider und Arbeit, die ihr dort bekommt, werdet ihr, ohne es zu merken, bald euer Christentum aufgeben.« Sie hatten Angst, sie würden zahlenmäßig abnehmen – das war die Angst der christlichen Kirche.

Denn genauso machen sie es auf der ganzen Welt. Wer wird denn in Indien zum Christentum bekehrt? – die Bettler, die Waisenkinder. Aber wir haben sie nicht zu einer anderen Religion bekehrt, denn wir haben gar keine andere Religion. Mein ganzer Ansatz geht in Richtung Religiosität. Die Regierung hatte Angst, die Welt würde erfahren, daß es in Amerika Bettler gibt.

Ich war der erste auf der ganzen Welt, der über Aids geredet hat, über die Gefahren, und wie man es verhindern kann. Ich war der erste, der jedes Mitglied der Kommune einlud, sich einer medizinischen Untersuchung zu unterziehen: »Und wenn ihr Aids habt, dann braucht ihr euch nicht schuldig zu fühlen; ihr braucht euch nicht zu schämen. Wir werden für euch sorgen.« Und wir fanden zwei Personen, die Aids hatten. Wir richteten die schönsten Häuser für sie her, an der landschaftlich schönsten Stelle der Kommune, nahe am See, umgeben von Wäldern. Und niemand verachtete sie, niemand verurteilte sie – denn sie sind Opfer des christlichen Klerus, der Klöster. Sie verdienten all unser Mitgefühl, speziell da sie nicht länger als sechs Monate zu leben hatten.

Ich sagte ihnen: »Macht alles, was ihr schon immer tun wolltet, aber immer aufgeschoben habt. Die Kommune wird alles bereitstellen, was ihr braucht: Essen, Kleidung, alles was ihr braucht. Es wäre schwer für euch, in Isolation zu leben, weit weg von der Kommune.« Ich gab ihnen die Erlaubnis, zu jedem Vortrag zu kommen, zu jeder Meditation, und sagte ihnen: »Seht, wie liebevoll die Kommune zu euch ist. Seid ihr dafür achtsam, daß ihr niemand anderen mit eurer Krankheit ansteckt.« Und sie waren dankbar. Sie fragten: »Den ganzen Tag herumzusitzen ist schwierig; wir brauchen auch Arbeit. Und wir wollen keine Last für die Kommune sein.« Also sagte ich ihnen: »Es gibt genug Arbeit. Ihr könnt schöne Gärten um eure Häuser herum anlegen.«

Sie gestalteten Gärten, Steingärten bei ihren Häusern. Und ich sagte ihnen: »Ihr seid nicht getrennt von der Kommune. Es ist nur, weil diese Krankheit, für eure Brüder und Schwestern, für eure Liebsten gefährlich sein kann.« Das rechte Verständnis ist nötig.

Die ganze amerikanische Presse machte sich lustig, als ich über Aids redete. Die Politiker machten sich lustig, die benachbarten amerikanischen Städte machten sich lustig: »Das sind vielleicht komische Leute! Auf der ganzen Welt macht sich niemand Gedanken über Aids. Warum machen die sich Gedanken?« Und wir hatten ein großes Lager errichtet, wo dreitausend Leute untergebracht werden konnten. Wir wollten die erste Pflegestation für Aids-Kranke einrichten, aber man hat uns daran gehindert. Die Kommune wurde zerstört. Heute machen fast alle Regierungen im Westen dasselbe, aber ohne zu erwähnen, wer damit angefangen hat! Sie befolgen genau die gleichen Regeln, die wir für die Kommune aufgestellt hatten – Safe Sex mit Kondomen.

Wenn man zur Apotheke oder zum Arzt geht, schämt man sich zu sagen: »Ich möchte mich gegen Aids schützen und brauche Kondome.« Wir hatten unser eigenes Krankenhaus, aber weil der menschliche Verstand so ist, wie er ist, deponierten wir in jeder Toilette das ganze Paket zur Verhütung dieser Krankheit. Und als die Journalisten sahen, daß es auf jeder Toilette Kondome gab und man sie sich einfach nehmen konnte, ohne jemanden zu fragen, da haben sie negativ darüber geschrieben.

Diese Welt ist sonderbar – so blind, so häßlich. Jetzt diese Drohung... und sie betrifft nur meine Sannyasins. Wie steht es mit dem Max-Müller-Institut, wo Leute aus der ganzen Welt zum Studium hinkommen? Wie steht es mit der Universität von Poona? Wie steht es mit Iyengars Yoga-Institut? Ihre Namen werden nicht erwähnt.

Vilas Tupe möchte ich sagen: Bevor er von irgendeinem Sannyasin eine Aids-Untersuchung verlangt, sollten er und seine Parteimitglieder, der Polizeichef, alle Polizeibeamten und ganz Poona ein negatives Testergebnis und ein Zertifikat erlangen, denn ich mache mir Sorgen um meine Leute. Meine Leute wohnen auch in Hotels, und Aids ist nicht nur durch sexuelle Kontakte übertragbar; es könnte auch durch den Speichel übertragen werden. Wenn die Tasse nicht desinfiziert und sterilisiert wird, wenn der Toilettensitz nicht nach jeder Benutzung sterilisiert wird, könnte man unnötig angesteckt werden, auch wenn man kein Homosexueller ist. Und einige Experten vertreten sogar die Meinung, daß man das Aids-Virus auch über den Atem bekommen kann. Wenn man zum Beispiel neben einer Person sitzt, die Aids hat, könnte sein Atem das Virus enthalten. Und wenn man es einatmet, könnte man die schlimmste aller Krankheiten bekommen, für die es kein medizinisches Heilmittel gibt. Und die Ärzte sagen: »Wir sehen keine Möglichkeit, ein Heilmittel zu entwickeln.«

Aids ist ein langsames Sterben innerhalb von sechs Monaten. Und was unternimmt die indische Regierung dagegen? Sagt bloß nicht, wir hätten in Indien keine Homosexualität. Das müßtet ihr beweisen, denn ich kenne Professoren, die homosexuell sind, ich kenne

Studenten in den Studentenheimen, die homosexuell sind. In der Armee ist Homosexualität die einzige Möglichkeit, sich von sexueller Spannung zu befreien.

Und im ganzen Land gibt es jede Menge Prostituierte. Und für die Reichen... sie können nicht zu den Prostituierten gehen, weil es anrüchig ist, ins Rotlichtviertel zu gehen. Deshalb gibt es für jene Leute, die einen Ruf zu verlieren haben – für die Gouverneure, die Minister – eine neue Sorte von Prostituierten, die Callgirls. Man ruft sie an, und sie kommen ins Haus. Und sie sind nicht als Prostituierte registriert, sondern als Callgirls, um nicht den Eindruck zu erwecken, sie seien Prostituierte.

Die Mohammedaner sind alle homosexuell, denn wenn ein Mann vier Frauen heiraten darf, was machen dann die drei Männer, die keine Frau bekommen haben? Sie müssen entweder homosexuell werden oder, was noch schlimmer ist, Sodomisten.

Eure sogenannten Heiligen sollten alle getestet werden. Und fangt gleich bei Satya Sai Baba an, denn er ist nachweislich ein Homosexueller. Und kein gewöhnlicher Homosexueller, wie man in Büchern lesen kann, die von Leuten geschrieben wurden, mit denen er homosexuelle Beziehungen hatte. Es ist belegt, und er hat es nie bestritten oder eine Klage eingereicht. Er ist ein Zwitter: er hat sowohl männliche als auch weibliche Sexualorgane. Mit ein wenig technischer Unterstützung könnte er Sex mit sich selber haben!

Ich verlange, daß der Redakteur dieser Zeitung *Tarun Bharat* das ganze zurücknimmt und sich entschuldigt, sonst werde ich diese Leute verklagen.

Die Städte sind zweifellos krank. Dabei verlagert sich unsere Bevölkerung immer mehr von den Dörfern in die Städte, denn in den Dörfern gibt es keine Schulbildung, man kann dort nicht reich werden, man kann nicht all den Luxus haben, mit dem die Stadtmenschen leben. Die Dörfer werden verlassen, und die Städte werden übervölkert. Sein Vorschlag ist gut: »Macht euer Haus *in der Wildnis* und nicht *innerhalb der Stadtmauern*«, denn diese Städte sind ganz einfach Gefängnisse – Teile eines größeren Gefängnisses, das ihr Staat nennt.

Und in diesem Land ist es wirklich komisch: Poona gehört zu einem Staat, der Maharashtra heißt: »die große Nation«. Indien ist eine Nation, und innerhalb dieser Nation gibt es noch »große Nationen«! Und keiner sieht, wie absurd das ist. Als erstes ist also die Stadt euer Gefängnis, und euer nächstes Gefängnis ist der Staat.

Als Morarji Desai Ministerpräsident von Gujarat war, wollte er in der Legislative eine Resolution verabschieden, daß ich nicht nach Gujarat kommen darf. Einerseits sagt die Verfassung: Jeder Bürger dieses Landes hat Bewegungsfreiheit; er kann überall hingehen. Er hat die Freiheit, seinen Gedanken Ausdruck zu geben, absolute Freiheit. Das ist aber tatsächlich nicht der Fall. Die Wirklichkeit sieht anders aus.

Auch ich will, daß ihr aus allen Gefängnissen herauskommt. Aber einfach in die Wildnis zu gehen, ist nicht der richtige Weg, um aus dem Gefängnis herauszukommen. Würden die neunhundert Millionen Menschen dieses Landes in die Wildnis gehen, dann würde die Wildnis zerstört. Die Städte habt ihr bereits zerstört. Wenn neunhundert Millionen in die Berge und in die Wälder zögen, würden sie Häuser errichten. Es würden wieder Städte wachsen, denn ihr habt Bedürfnisse, die nur durch andere erfüllt werden können. Ihr könnt nicht alles selber machen. Ihr würdet einen Arzt brauchen, einen Zahnarzt, ihr würdet Kleidung brauchen und tausend andere Dinge. Und so würde wieder eine Stadt um euch herum entstehen. Ihr würdet Straßen brauchen, und Busse und Autos würden anfangen, auf diesen Straßen zu fahren.

Aber nur die Reichsten könnten es sich leisten, ein Haus in der Wildnis zu bauen, denn es wäre kostspielig. Bald würden sie Hubschrauberlandeplätze und Flugplätze brauchen, und der ganze Unsinn würde wieder da sein. Doch von der Wildnis ist nicht mehr viel übriggeblieben. Wir haben die Natur erbarmungslos zerstört. Laßt übrig, was noch da ist! Ihr könnt gelegentlich hinfahren, aber ihr werdet in den Städten leben müssen.

Doch die Stadt muß kein Gefängnis sein. Wer ist dieser Polizeichef, daß er mir sagt, ich solle die Stadt innerhalb von dreißig Minuten verlassen? Bin ich ein Gefangener? Ist er der Gefangenenwärter dieser Stadt?

Khalil Gibrans Vorschlag läßt sich nicht durchführen. Ich sage, daß die Menschen, wo auch immer sie leben, mehr auf ihre Freiheit achten und bereit sein sollten, dafür zu kämpfen. Nicht einen Zoll eures Seins solltet ihr versklaven lassen!

Staaten sind unnötig, Nationen sind unnötig. Erst wenn sie von der Erde verschwinden und die ganze Erde allen Menschen gehört… Und die Freiheit, überall hingehen zu dürfen auf dieser Erde, sollte unser Geburtsrecht sein. Das ist die einzige Möglichkeit, um die unsichtbare Sklaverei und die unsichtbaren Mauern eurer Gefängnisse zu zerstören.

Denn so wie ihr Heimkehrer der Dämmerung seid, so seid ihr auch Wanderer, ewig Ferne und Einsame.

Der Mensch ist im Grunde ein Wanderer. Es muß hart, aber ungeheuer schön gewesen sein in jenen Tagen… bevor der Ackerbau begann, mußten die Menschen Wanderer sein, weil sie Jäger waren. Die Städte sind erst mit dem Ackerbau entstanden. Wenn man sich um Felder und Obstgärten kümmern will, muß man am selben Ort bleiben. Aber in den Zeiten des Jagens wichen die Tiere vor dem Menschen zurück, und der Mensch mußte ihnen folgen.

Dieser Wanderer ist noch in euch. Er ist zum Touristen reduziert worden. Touristen sind etwas Häßliches… mit ihren Sonnenbrillen und der Kamera über der Schulter sehen sie überhaupt nichts. Sie machen die ganze Zeit Fotos, und wenn sie wieder zu Hause sind, werden sie ein schönes Album anlegen, und dann werden sie sehen, wie der Taj Mahal aussieht.

In der Seele des Menschen wohnt die Sehnsucht, neue Räume zu erforschen. Diese Sehnsucht sollte man nicht auf den häßlichen Tourismus reduzieren. Diese Sehnsucht kann man transformieren: Von dem Wunsch, den Taj Mahal und die Pyramiden und die europäischen Kathedralen zu besichtigen, kann derselbe Wanderer sich nach innen wenden. Das ist das ganze Geheimnis der Meditation.

In dem Augenblick, in dem euer Wanderer sich zu einer neuen Reise in eure innere Welt aufmacht… Und vergeßt nicht: Es ist keine kleine Welt. Euer Inneres ist ebenso groß, ebenso unermeßlich wie das äußere Universum. Denn das Äußere und das Innere müssen sich die Waage halten. Die Existenz stellt ständig ein Gleich- gewicht her. In eurem kleinen Körper gibt es eine Dimension des Bewußtseins, die ebenso unermeßlich ist wie das ganze Universum. Jeder Mensch trägt ein Universum in seinem Inneren.

Sobald der Wanderer sich nach innen wendet, wird aus eurem Wandern eine spirituelle Suche. Und ich bin wirklich froh, daß ihr eure Kameras nach innen nicht mitnehmen könnt, eure Sonnenbrillen und den ganzen Klimbim eines Touristen.

Ihr werdet allein gehen müssen, nackt, ohne Koffer.

Und in eurem Inneren ist eure wahre Freiheit, denn euer Bewußtsein kann niemand außer euch selbst berühren. Ihr seid der einzige Meister eures Seins.

Euer Haus ist euer größerer Körper.

Diese Aussage ist nichts Besonderes, aber sie hat eine spezielle Bedeutung. Habt ihr je darüber nachgedacht, wie ihr euer Haus behandelt, wie ihr mit ihm umgeht? Wenn ich euer Haus sehe, kann ich viel über euch sagen, selbst wenn ich euch überhaupt nicht kenne. Wenn ihr chaotisch seid, wird auch euer Haus chaotisch sein. Wenn ihr keinen Sinn für Schönheit habt, wird euer Haus häßlich sein. Wenn ihr keine Reinlichkeitsliebe habt, wird euer Haus es zeigen. Darum ist es richtig: *Euer Haus ist euer größerer Körper.* Behandelt euer Haus nicht schlecht!

Es wächst in der Sonne und schläft in der Stille der Nacht; und es ist nicht ohne Träume.
Träumt euer Haus etwa nicht, und verläßt es nicht träumend die Stadt für Hain oder Hügel?

Das ist sehr poetisch, aber es ist symbolisch, metaphorisch gemeint. Auch euer Haus will schön sein, genau wie euer Körper schön sein will. Euer Haus will jung und frisch sein. Genau wie euer

Körper sich nach Jugend sehnt, will auch euer Haus jung bleiben, will es nicht sterben. Euer Haus wird euch repräsentieren, eure Träume, eure Sehnsüchte, euren Seinszustand.

Denkt ihr, wenn ihr am Haus eines Gautam Buddha vorbeigeht, werdet ihr ein Haus wie alle anderen vorfinden? Nein, es wird das Aroma Gautam Buddhas ausströmen.

Ich war noch sehr jung, vielleicht zwölf Jahre alt, als ein sehr ungewöhnlicher Mensch unser Haus besuchte. Mein Vater brachte ihn mit, weil er gelehrt war –, aber nicht nur gelehrt, sondern er besaß auch eigene, authentische Erfahrung. Vielleicht war er nicht erleuchtet... es ist mir heute unmöglich, mich genau an ihn zu erinnern. Nicht einmal an sein Gesicht kann ich mich erinnern. Ich weiß nur noch, daß er ein Sufi war, ein mohammedanischer Mystiker. Mein Vater hatte ihn gehört und hatte gedacht, vielleicht könne dieser Mann etwas tun, vielleicht könne er etwas vorschlagen oder mich überzeugen – denn alle machten sich Sorgen um mich. Obwohl ich im selben Haus mit ihnen lebte, hatten sie alle das Gefühl, als sei ich ein Fremder. Und damit hatten sie nicht unrecht.

Denn ich saß zum Beispiel still da, und meine Mutter kam und fragte mich: »Ist niemand da? Ich brauche ein bißchen Gemüse.« Und ich saß da! Doch sie wußte, wenn man mich um Gemüse schickte... sie hatte damit keine guten Erfahrungen gemacht. Ein- oder zweimal hatte sie es versucht, aber dann hatte sie es aufgegeben.

Und schließlich war es praktisch so, als ob ich gar nicht anwesend wäre. Ich mußte lachen, weil sie Gemüse brauchte, aber niemand im Haus war. Ich sagte zu ihr: »Du hast mich genau beschrieben. Ich bin ein Niemand. Du hast recht, niemand ist da. Aber wenn ich jemanden sehe, sage ich dir Bescheid.«

Einmal wurde ich geschickt, um Bananen zu holen. Ich hatte noch nie Bananen eingekauft, also fragte ich den Händler – und in der ganzen Stadt hatte man allmählich kapiert: »Dieser Junge gehört nicht zu uns.« Es war eine gute Gelegenheit, mich zu betrügen, denn ich hatte immer Vertrauen. Ich fragte ihn: »Du hast viele verschiedene Sorten Bananen. Welche sind die besten?«

Und er zeigte mir die mieseste Sorte, halbverfaulte Bananen. Und er verlangte fast das Doppelte wie für die besten. Ich gab ihm das Geld und nahm sie alle. Sie waren widerlich.

Ich sagte: »Komisch, daß die besten Bananen so widerlich riechen. Ich kann den Gestank nicht ertragen.« Ich lief nach Hause und gab sie meiner Mutter: »Ich habe die besten Bananen gefunden, und deshalb waren sie doppelt so teuer.«

Sie sah die Bananen und schlug sich auf die Stirn. Sie sagte zu mir: »Bring sie weg oder das ganze Haus wird stinken!«

Ich sagte: »Aber es sind die besten Bananen!«

Sie sagte: »Tu mir noch einen Gefallen, dann werde ich dich nie wieder um etwas bitten.« – Da war eine alte Bettlerin, die unter einem Baum lebte. – Sie sagte: »Geh und bring ihr die Bananen.«

Ich nahm die ganzen Bananen und brachte sie der alten Frau, und als sie sah, wie faulig sie waren, sagte sie: »Wirf sie weg! Ich bin zwar eine Bettlerin, aber das heißt noch nicht, daß du mir alles faulige Zeug geben kannst! Ich bin auch ein Mensch!«

Ich sagte: »Mein Gott, wem soll ich sie denn geben?«

Sie sagte: »Das ist mir egal! Aber verschwinde! Dieser Gestank ist mir zuviel!« So mußte ich sie in den Fluß werfen.

Mein Vater hatte also diesen Sufi-Mystiker mitgebracht, weil er vielleicht etwas wußte. Und mein Vater wunderte sich, meine Familie wunderte sich, was dieser Mann tat... Man hatte mir ein separates Zimmer gegeben, damit ich ihnen nicht ständig ein Dorn im Auge war, denn wenn ich einfach nur dasaß und nichts tat, war das schon genug, um sich über mich aufzuregen. Alle waren beschäftigt, alle arbeiteten, nur ich saß mit geschlossenen Augen da und meditierte! Also hatten sie mir ein eigenes Zimmer mit separatem Eingang gegeben. Der Sufi kam mit meinem Vater und fing an, in meinem Zimmer herumzuschnuppern – in der einen Ecke, in der anderen Ecke...

Mein Vater sagte: »Mein Gott, ich habe ihn mitgebracht, damit er dich zur Vernunft bringt, aber er scheint selbst nicht ganz bei Trost zu sein.«

Mein Zimmer war völlig leer. Ich habe immer die Leere geliebt, denn nur Leere kann absolut sauber sein. Was auch immer man in seinem Zimmer aufhebt, wird früher oder später zu Trödel. Deshalb hatte ich nichts in dem Zimmer.

Mein Vater schaute ihn an, schaute mich an und sagte: »Ich habe ihn eingeladen, weil ich sehen wollte, was er macht..«

Und dann kam der Mann zu mir und schnupperte an mir. Das ging zu weit. Mein Vater sagte: »Ich habe dir gesagt, daß mein Junge ein bißchen spinnt, und jetzt unterstützt du auch noch seine Marotten!«

»Nein«, sagte er, »ich kann das Zimmer riechen, und ich kann ihn riechen. Es ist der Geruch der Stille, der Duft der Stille. Fühle dich gesegnet, daß du einen solchen Sohn hast! Ich mußte an beidem riechen, um festzustellen, ob dieser Duft zu seiner Gegenwart gehört, und er gehört zu seiner Gegenwart. Dieses Zimmer ist voll von seiner Gegenwart. Laß ihn in Ruhe.« Und er bat mich um Verzeihung und sagte: »Verzeih mir, ich habe dich gestört, als ich in dein Zimmer kam.«

Mein Vater führte ihn hinaus, und als er zurückkam, sagte er: »Ich habe immer gedacht, nur du bist verrückt. Aber es gibt noch verrücktere Leute… das Zimmer riechen!«

Aber ich sagte ihm: »Unser Haus ist eine Erweiterung von uns. Es repräsentiert uns auf eine subtile Weise. Und der Mann, den du mitgebracht hast, ist zweifellos ein großer Mensch, ein Mann von Durchblick und Verständnis.«

Könnte ich eure Häuser in meiner Hand sammeln und sie wie ein Sämann in Wald und Wiese ausstreuen!
Wären die Täler eure Straßen und die grünen Pfade eure Gassen, damit ihr einander durch die Weinberge besuchen könntet und mit dem Duft der Erde im Gewand kämet!
Aber das soll noch nicht sein.

Er ist ein großer Dichter und ein Visionär. So sollte die Erde sein. Doch stattdessen wächst sie in einem solchen Tempo, daß allein die Bevölkerungszunahme uns zerstören wird. Wir werden immer mehr Bäume fällen müssen, um für all die Menschen Platz zu schaffen. Wir werden immer mehr Grün zerstören müssen.

Früher dachten die Experten, daß Indien bis zum Ende dieses Jahrhunderts eine Milliarde Menschen haben wird. Inzwischen haben sie ihre Meinung geändert, weil die Wachstumsrate nicht ihren Berechnungen entspricht. Je ärmer ein Land ist, um so größer ist die Bevölkerungsexplosion. Jetzt haben sie die Zahl um fast die Hälfte höher angesetzt: Eine Milliarde und vierhundert Millionen Menschen werden am Ende dieses Jahrhunderts in Indien leben.

Zu Buddhas Zeiten gab es nur zwanzig Millionen Menschen auf der ganzen Erde. Vielleicht wäre das eine gute Grenze, dann könnte dieser Traum sich erfüllen: *Könnte ich eure Häuser in meiner Hand sammeln und sie wie ein Sämann in Wald und Wiese ausstreuen!* Doch Khalil Gibran hat nie den Versuch unternommen, seine Träume zu realisieren. Ich habe es versucht – und mir die Finger verbrannt.

Wie steht es mit den Regierungen? Sie werden nicht zulassen, daß ihr diese Erde schöner und liebevoller macht – mit mehr Blumen, mehr Grün, mehr Vögeln, mehr wilden Tieren, die ohne Angst, von euch getötet zu werden, leben können. Die Regierungen verbreiten nichts als Lügen in allem. Und ständig begehen sie alle möglichen Verbrechen gegen die Menschheit.

Erst heute morgen habe ich erfahren, daß Ronald Reagan in einer geheimen Verschwörung mit Ajatollah Khomeini stand. Weil Ajatollah Khomeini die Leute von der amerikanischen Botschaft gefangen hielt und sie nicht nach Amerika zurückkehren ließ, traf Ronald Reagan ein geheimes Abkommen mit ihm: »Wenn ihr die Amerikaner freilaßt, geben wir euch so viele Waffen, wie ihr wollt.«

Und so geht das schon seit fast zwei Jahren. Khomeini ist genauso arglistig wie Ronald Reagan. Er hat nicht alle Geiseln freigelassen. Ein paar Leute ließ er nach sechs Monaten frei und bekam dafür eine Menge Waffen. Natürlich bezahlt er Geld dafür, aber dieses Geld gehört ihm nicht, es gehört dem früheren Schah von Persien.

Und was macht Ronald Reagan? – Heimlich, damit die Amerikaner es nicht erfahren, schickt er von diesem Geld noch mehr Waffen an die Terroristen, die das kleine Land Nicaragua zu zerstören versuchen. Auf diese Weise braucht er den Senat nicht zu fragen... und er hat es zwei Jahre geheimhalten können. Waffen im Wert von vielen Millionen Dollar hat man den Terroristen geschickt, um ein armes Land zu zerstören, das ein Leben nach seiner eigenen Entscheidung leben will. Was mischt Ronald Reagan sich da ein?

Es ist erst vor kurzem durchgesickert, und Ronald Reagan leugnet, daß es irgendeine Verschwörung gegeben habe. Und der Chef des CIA, der zwischen Ajatollah Khomeini und Ronald Reagan vermittelt hat, sollte vom Obersten Gerichtshof als Zeuge befragt werden. Auf dem Weg dorthin verlor er das Bewußtsein. Er weiß wohl, wenn er die Wahrheit sagt, dann gibt es ein neues Watergate. Man hat es bereits »Irangate« getauft. Ronald Reagan wird gehen müssen, und mit ihm wird auch der Chef des CIA gehen müssen. Es ist besser, so zu tun, als sei man bewußtlos. Aber wie lange kann man bewußtlos sein? Und wenn die Sache erst einmal ans Licht gekommen ist, werden bald noch viel mehr Beweise auftauchen, denn das ganze Weiße Haus hat es die ganzen zwei Jahre über gewußt, aber sie haben geschwiegen. Manchmal denkt man, vielleicht gehören alle Politiker hinter Gitter. Die Regierungen sollten in den Händen von schlichten Menschen liegen: von Dichtern, Malern, Mystikern, Tänzern – von kreativen Menschen, und nicht von Kriminellen!

Es ist schön, was Almustafa sagt. Doch er weiß: *Aber das soll noch nicht sein.* Und die Menschen haben gehofft, und hoffen seit Millionen von Jahren: Eines Tages werden alle unsere Träume in Erfüllung gehen! Ein schöner Traum:

Wären die Täler eure Straßen und die grünen Pfade eure Gassen, damit ihr einander durch die Weinberge besuchen könntet und mit dem Duft der Erde im Gewand kämet!

Ein schöner Traum, ein schlichter Traum –, doch wie es scheint, ist die Menschheit praktisch ohnmächtig. Sie spielt weiterhin den Kriminellen in die Hände.

In ihrer Angst trieben eure Vorväter euch zu nah zusammen.

Das stimmt. Städte und Massen entstehen aus Angst. Allein fürchtet ihr euch. In der Masse ist es behaglicher. Man hat keine Angst, weil so viele Menschen um einen herum sind. Aber ihr solltet nicht vergessen, die anderen sind aus dem gleichen Grund in der Masse. Ein Feigling ist um nichts weniger ein Feigling, wenn er sich in einer Menge von eintausend Feiglingen befindet. Gewiß, er mag das Gefühl haben, daß tausend Menschen mit ihm sind. Aber es verändert nichts in seinem Inneren.

Und diese Angst wird noch eine kleine Weile dauern.
Eine kleine Weile noch werden eure Stadtmauern eure Herde von euren Feldern trennen.

Das sind nur die Worte eines Visionärs. Derartige Versprechungen haben wir ständig zu hören bekommen... *Und diese Angst wird noch eine kleine Weile dauern.* Wie klein ist eine kleine Weile? Gibt es ein Limit? Es tröstet die Menschen, aber es transformiert sie nicht. Die Angst wird nicht von allein weggehen. Laßt euch nicht trösten! Ihr werdet über die Angst hinauswachsen müssen. Sie wird durch die bloße Hoffnung nicht weggehen.

Sind nicht die Jahrmillionen, die vergangen sind, Beweis genug für das, was ich sage? Nichts verändert sich im Menschen, einfach deswegen, weil ihr immer weiter hofft. Hoffnung ist nichts anderes als Opium, eine Droge – und schädlicher als jede andere Droge, denn sie hält euch in Abhängigkeit vom Leiden: »Morgen wird alles gut«. – »Bald...« aber das Morgen kommt nie, und das »bald« dauert nun schon Millionen Jahre.

Khalil Gibran ist nie mit dem Establishment in Konflikt geraten, weil er nie versucht hat, einen Traum zu verwirklichen. Die Machthaber haben keine Angst vor euren Hoffnungen. In der Tat wollen sie sogar, daß ihr weiter hofft.

Sämtliche Regierungen der Welt und sämtliche Religionen der Welt sind gegen mich, aus dem einfachen Grund, weil ich versucht habe, einen Traum zu verwirklichen. Das ist unverzeihlich. Ich habe ein großes Verbrechen begangen, weil ich den Menschen einen Geschmack von der Wirklichkeit gegeben habe – nicht nur eine Dosis Opium, damit sie weiterträumen können.

Direkt vor meinem Haus gab es einen alten Barbier. Er war opiumsüchtig, aber ein liebenswerter Mensch. Ich liebte ihn sehr, und er liebte mich sehr, obwohl er altersmäßig mein Großvater hätte sein können. Tatsächlich hatte mein Großvater mich mit diesem Barbier bekanntgemacht. Der Mann war ständig unter dem Einfluß von Opium. Er war ein armer Mann, denn niemand – oder höchstens mal ein Unbekannter, ein Ortsfremder – kam in seinen Salon. Und man konnte es den Leuten nicht verübeln.

Ich saß oft stundenlang bei ihm, denn er erzählte immer großartige Sachen. Eines Tages sagte er zu mir: »Ich habe gehört, sie wollen Opium und alle anderen Drogen verbieten. Wenn das geschieht, müssen alle Opiumsüchtigen eine politische Partei gründen und am Wahlkampf teilnehmen.«

Ich sagte: »Deine Idee ist gut. Aber Opiumsüchtige, die eine politische Partei gründen und am Wahlkampf teilnehmen...? Das wird ein bißchen schwierig werden!«

Er sagte: »Ich glaube auch, daß es ein bißchen schwierig werden wird, denn selbst die kleinen Dinge sind schon schwierig genug! Die Leute kommen hierher und sagen: ›Rasiere mir den Bart‹, und ich rasiere ihnen den Kopf! Aber bis sie mich stoppen, habe ich schon ihren halben Kopf rasiert. Und dann sind sie sehr böse.«

Ich sagte: »Und was machst du dann?«

»Ich sage zu ihnen: ›Kein Problem. Zahl mir nur die Hälfte. Wo ist das Problem? Oder zahle mir gar nichts, wenn du böse bist.‹« Aber wer kann so weggehen? Damals gab es noch keine Punks, sonst wäre dieser arme Barbier einer der besten Punk-Friseure gewesen.

Ab und zu fragte er mich: »Was ist mit dir? Du sitzt hier stundenlang rum und verschwendest meine Zeit... und ich mache kein Geschäft. Kann ich dir nicht den Kopf rasieren? Gratis, aus reiner Freundschaft, versteht sich!«

Ich sagte: »Ich komme nicht wegen des Geschäftlichen. Ich komme, weil ich von dir hören will, was das Opium mit dir macht.«

Er sagt: »Es macht viel mit mir. Gestern abend hörte ich jemanden meine Kuh melken. Ich nahm die Laterne, und es war sehr schwierig, denn am Abend nehme ich immer eine gute Dosis. Ich ging um die Kuh herum, aber niemand war da. Trotzdem konnte ich dieses Geräusch hören. Da entdeckte ich einen Mann, der draußen pinkelte. Um herauszukriegen, wer es war, nahm ich die Laterne und ging um ihn herum. Er sagte: ›Was machst du da?‹ Ich sagte: ›Ich versuche rauszukriegen, wer meine Kuh melkt.‹ Er sagte: ›Mein Gott, ich melke doch nicht deine Kuh!‹«

»Wie du siehst«, sagte er, »macht es viel mit mir.«

Eines Tages flüsterte er mir ins Ohr: »Möchtest du nicht auch ein bißchen Opium?«

Ich sagte: »Es reicht, wenn du es nimmst! Du nimmst schon genug für das ganze Dorf!«

Aber dieser Mann war ungeheuer liebevoll. Er war sehr arm, weil nur sehr wenige Leute zu ihm ins Geschäft kamen.

Als mein Vater sah, daß ich immer dort war, sagte er: »Als ob er uns nicht schon genug Probleme machte! Wenn er jetzt auch noch anfängt, Opium zu nehmen, sind wir erledigt!«

In jener Nacht kam er an mein Bett und sagte: »Es ist nicht gut, daß du bei diesem Opiumsüchtigen sitzt und deine Zeit verschwendest.«

Ich sagte: »Ich verschwende nicht meine Zeit. Ich habe von ihm mehr gelernt als von jedem anderen.«

Er sagte: »Hast du auch schon angefangen, Opium zu nehmen?«

Ich sagte: »Noch nicht.«

Er sagte: »Wie meinst du das: ›Noch nicht‹?«

Ich sagte: »Was weiß man schon von der Zukunft? Aber das kann ich dir sagen – nur versprechen kann ich es nicht –, soviel kann ich dir sagen: Ich bin schon betrunken genug vom Göttlichen, ich brauche kein Opium und keine anderen Drogen. Mach dir also keine Sorgen.«

Er sagte: »Sagst du diesem Mann nicht, daß er aufhören soll?«

Ich sagte: »Er ist so arm und so elend. Opium ist das einzige, was ihm Träume bringt, und dann vergißt er alle seine Probleme. Es wäre hart für ihn, wenn er kein Opium mehr nehmen könnte.«

In der gleichen Situation ist die ganze Menschheit. Ihr hofft und hofft immer weiter, weil ihr anders nicht damit fertig werdet, weil ihr die häßliche Realität, die euch umgibt, nicht konfrontieren könnt.

Wenn ihr eure Hoffnungen fallenlaßt, wird es eine große Revolution geben: die Geburt einer neuen Menschheit.

17

SPRICH UNS VON DER LIEBE…

Was grenzenlos in euch ist

Und sagt mir, Leute von Orphalese, was habt ihr in diesen Häusern? Und was bewacht ihr hinter verriegelten Türen?
Habt ihr Frieden, den ruhigen Trieb, der eure Kraft offenbart?
Habt ihr Erinnerungen, schimmernde Bogen, die die Gipfel des Geistes umspannen?
Habt ihr Schönheit, die das Herz von Dingen, aus Holz und Stein geschaffen, zum heiligen Berg hinführt?
Sagt mir, habt ihr derlei in euren Häusern?
Oder habt ihr nur Bequemlichkeit und das Verlangen nach Bequemlichkeit, dem verstohlenen Ding, das euer Haus als Gast betritt, dann zum Wirt und schließlich zum Herrn wird?
Ja, und sie wird zum Bezähmer, und mit Haken und Geißel macht sie Marionetten aus euren höheren Wünschen.
Obwohl ihre Hände aus Seide sind, ist ihr Herz aus Eisen.
Sie wiegt euch in den Schlaf, nur um neben eurem Bett zu stehen und sich über die Würde des Fleisches lustig zu machen.
Sie verspottet euren gesunden Verstand und legt ihn in Distelwolle wie ein zerbrechliches Gefäß.

Wahrhaftig, das Verlangen nach Bequemlichkeit tötet die Leidenschaft der Seele und folgt dann grinsend ihrem Leichenzug.
Aber ihr, Kinder der Erde, ihr Ruhelosen in der Ruhe, ihr werdet weder in die Falle gehen noch gezähmt werden.
Euer Haus soll kein Anker, sondern ein Mast sein.
Es soll kein schimmerndes Häutchen sein, das eine Wunde bedeckt, sondern ein Augenlid, das das Auge behütet.
Ihr sollt nicht eure Flügel falten, damit ihr durch Türen kommt, noch eure Köpfe beugen, damit sie nicht gegen eine Decke stoßen, noch Angst haben zu atmen, damit die Mauern nicht bersten und einstürzen.
Ihr sollt nicht in Gräbern wohnen, die von den Toten für die Lebenden gemacht sind.
Und obwohl von Pracht und Glanz, sollte euer Haus weder euer Geheimnis hüten, noch eure Sehnsucht beherbergen.
Denn was grenzenlos in euch ist, wohnt im Palast des Himmels, dessen Tor der Morgennebel ist und dessen Fenster die Lieder und die Stille der Nacht sind.

Es ist eines der traurigsten Beispiele, daß ein Mann wie Khalil Gibran seine christliche Erziehung nicht abstreifen konnte. Ebensowenig konnte er sich von der Unwissenheit des Westens über die wahre Heimat der menschlichen Seele freimachen. Er redet weiterhin über Häuser, als ob er noch nie das Wort »Heim« vernommen hätte. Aber solange nicht euer Haus in ein Heim transformiert wird, könnt ihr die Tore des göttlichen Tempels nicht erreichen.

Das Haus ist das Oberflächlichste in eurem Leben. Das Heim berührt euer Herz. Doch ihr werdet nie ganz zufrieden und erfüllt sein, wenn nicht euer Heim zu einem Tempel Gottes wird.

Es ist sehr tragisch: Er ist ein großer Denker, ein großer Philosoph und einer der größten Dichter, die je auf dieser Erde gewandelt sind; dennoch ist er so arm wie alle anderen, denn er kennt nicht das Ewige, das Höchste, das in euch wohnt.

Almustafa spricht weiter und sagt:

Und sagt mir, Leute von Orphalese, was habt ihr in diesen Häusern?

Niemand kann etwas in diesen Häusern haben. Eure Häuser, solange es nur Häuser sind, werden euer Grab sein und nichts anderes. Gewiß, sie geben euch eine gewisse Sicherheit, Geborgenheit... aber sie nehmen euch umgekehrt so viel dafür weg, daß sie euch genauso seelenlos zurücklassen wie sie selbst.

Es gibt eine alte Geschichte...

Ein König hatte viele Königreiche erobert und sich dadurch verständlicherweise viele Feinde geschaffen. Er hatte viele Menschen getötet, und nach und nach begann er zu befürchten, daß ihm das gleiche passieren könne, daß man ihn ermorden könnte. Um sich zu schützen, errichtete er einen wunderschönen Palast ohne Fenster, mit einer einzigen Tür. Der Palast war wunderbar, aus feinstem Marmor gehauen.

Der König war so mißtrauisch und hatte solche Angst vor dem Tod, daß ihm ein einziger Wächter nicht genug erschien. Er hatte sieben Wächter an das Tor gestellt, in einer bestimmten Anordnung: Der erste Wächter mußte von dem zweiten Wächter bewacht werden, und der zweite Wächter mußte von dem dritten Wächter bewacht werden... Nur so konnte er absolut sicher sein, daß kein Mörder in den Palast eindringen konnte.

Einer seiner Freunde, der ebenfalls ein großer König war, hörte von diesem schönen Palast mit seiner perfekten Sicherheit. Er kam, um den Palast zu sehen. Der Besitzer des Palastes freute sich riesig, den Freund zu sehen. Er geleitete ihn hinein und führte ihn herum – alles an dem Palast war ein Kunstwerk. Und das Bewachungssystem war seine eigene Erfindung; so etwas hatte es noch nie gegeben: Ein Wächter bewacht den anderen... es war siebenfache Sicherheit.

Der königliche Gast war sehr angetan, und er sagte: »Ich werde mir genau so einen Palast bauen lassen.« Das sagte er, als sie aus dem Palast herausgetreten waren und in dem schönen Garten standen, der ihn umgab. Ein Bettler saß am Tor des Gartens; er fing an zu lachen.

Das ärgerte natürlich den Besitzer des Palastes, und er fragte den Bettler: »Was hat dein Lachen zu bedeuten? Erkläre es mir, oder du sollst sogleich deinen Kopf verlieren!«

Der Bettler sagte: »Das ist nicht nötig, denn auch ich war einmal ein großer König, noch größer als ihr. Mein Königreich war größer als eure beiden Königreiche zusammen. Doch nur um Sicherheit zu finden, bin ich geflohen und habe auf all meine Paläste und meine Wächter verzichtet. Als Bettler bin ich absolut sicher. Niemand beachtet mich. Wer würde eine Kugel für einen armen Bettler verschwenden? Wir drei sitzen im selben Boot. Ihr habt eure Idee von Sicherheit, und ich habe die meine. Ich muß euch aber darauf hinweisen, daß eure Idee eine schwache Stelle hat!«

Die beiden Könige konnten nicht glauben, daß dieser Bettler ein großer König gewesen sein sollte, größer als sie selbst. Sie fragten ihn: »Dann zeige uns bitte die schwache Stelle.«

Er sagte: »Selbst wenn ihr euren Palast von sieben*hundert* Wächtern bewachen ließet – die Türe bleibt, und durch diese Türe kann jederzeit der Tod hereinkommen. Wenn ihr wirklich absolut sicher sein wollt, zieht euch ins Innere des Palastes zurück und sagt euren Maurern und Steinmetzen, sie sollen die Tür zumauern. Dann werdet ihr absolut sicher sein. Dann wird nicht einmal der Tod hereinkommen können!«

Die beiden Könige sagten: »Was schlägst du da vor? Der Tod bräuchte dann gar nicht mehr zu kommen; wir wären bereits tot ohne den Tod! Diese schönen Paläste würden unser Grab sein. Wenn nicht einmal eine einzige Tür da ist, was unterscheidet dann einen Palast von einem Grab?«

Der Bettler sagte: »Ihr scheint Intelligenz zu besitzen. Jetzt kann ich euch sagen, weshalb ich gelacht habe. Jetzt werdet ihr es verstehen können. Ihr habt alle Türen und Fenster verschlossen – so viel Leben ist euch bereits entgangen. Nur ein kleines bißchen Leben ist noch übriggeblieben, denn eine Tür ist noch offen. Und ihr stimmt mir zu: Wenn auch diese Tür geschlossen wird, wird das Haus zu einem Grab. Aber zu neunundneunzigkommaneun Prozent ist es bereits ein Grab; nur noch nullkommaeins Prozent sind übrig. Das ist kein Leben, das ist ein Alptraum! Wenn ihr wirkliche Sicherheit wollt, schließt euch mir an. Als ich noch König war, war mein ganzes Leben eine einzige Paranoia. Seit ich ein Bettler bin, ist mein Leben absolute Freiheit. Ich besitze nichts, ich bin niemand – wer sollte mich umbringen? Und weswegen?«

Die Geschichte ist bedeutsam, denn Almustafa fragt die Leute von Orphalese:

Und was bewacht ihr hinter verriegelten Türen?

Habt ihr je darüber nachgedacht, was ihr zu verlieren fürchtet? Ihr habt nichts. Unter den Kleidern ist jeder genauso nackt, wie er bei seiner Geburt war – genauso nackt, wie er bei seinem Tod sein wird. Und wovor habt ihr Angst? Was bewacht ihr?

Habt ihr Frieden, den ruhigen Trieb, der eure Kraft offenbart?
Habt ihr Erinnerungen, aus der Vergangenheit... *schimmernde Bogen, die die Gipfel des Geistes umspannen?*

Deshalb habe ich gesagt, daß Khalil Gibran seine christliche Erziehung nicht abstreifen konnte: weil er über *die Gipfel des Geistes* spricht. Der Geist kennt keine Gipfel. Er kennt nur die allerdunkelsten Täler.

Der Geist kennt überhaupt keine Schönheit, keine Stille, keinen Frieden, keine Freude. Alles, was er kennt, ist Wahnsinn.

Ein großer jüdischer Philosoph, Joshua Learman, hat ein Buch geschrieben: *Peace of Mind* (Frieden des Geistes). Ich denke, daß niemand gegen den Titel Einspruch erhoben hat. Das Buch ist auf der ganzen Welt verkauft worden, in vielen Sprachen, vielen Ausgaben. Als mir dieses Buch in die Hände fiel, schrieb ich einen Brief an Joshua Learman, und ich sandte ihm das Buch zurück mit der Bemerkung: »Ich kann Ihr Buch nicht zu lesen anfangen, weil schon der Titel im Grunde nahelegt, daß der Autor keine Ahnung hat von dem, was über den Geist hinausgeht.«

Frieden des Geistes – in der Tat ist nur dann Frieden, wenn der Geist *nicht* ist. Darum ist »Frieden des Geistes« nicht möglich. Der Geist *ist* das Problem. Der Geist ist euer Unfrieden, eure Misere.

Ihr könnt freilich an der ganz normalen Sorte Wahnsinn leiden, und keiner wird es bemerken, weil alle zur selben Kategorie gehören. Nur dürft ihr die Grenze des normalen Wahnsinns nicht überschreiten. Sobald ihr die Grenze überschreitet, erklärt man euch für verrückt. Zwischen den Verrückten und den nicht Verrückten besteht nur ein quantitativer, aber kein qualitativer Unterschied. Und ein quantitativer Unterschied ist nahezu bedeutungslos. Ihr bewegt euch ständig an der Grenze; jede Kleinigkeit kann euch aus der Normalität hinauswerfen. Wenn eure Geschäfte scheitern, wenn ihr Konkurs macht, wenn eure Frau mit einem anderen abhaut... Und der Geist ist so dumm! Jahrelang habt ihr gehofft: »Wenn meine Frau, diese Nervensäge, doch endlich sterben würde!« Und dann haut sie mit einem anderen ab, und ihr seid verzweifelt!

Haltet ihr das für geistig gesund? Ihr solltet froh sein! Ihr solltet es feiern! Und ihr solltet für den armen Kerl beten, der jetzt eurer Frau ausgeliefert ist. – So würde sich jedenfalls jemand verhalten, der geistig gesund ist.

Ich habe gehört...

Ein Mann kam aufs Postamt und sagte zum Postbeamten, mit Tränen in den Augen: »Bitte schreiben Sie: Ich melde, daß meine Frau seit sieben Tagen abgängig ist.«

Der Postbeamte sagte: »Das tut mir sehr leid für Sie, aber ich kann Ihnen leider nicht helfen. Das hier ist die Post, nicht die Polizei. Die Polizeistation ist genau gegenüber, auf der anderen Straßenseite.«

Der Mann sagte: »Dort kann ich aber nicht hingehen!«

Der Postbeamte sagte: »Sie sind vielleicht komisch! Sie kommen ins Postamt, um ein Verbrechen zu melden, und Sie können nicht die paar Meter zur Polizei gehen?«

Er sagte: »Das Problem ist, sie ist mir schon einmal abgehauen. Dummerweise habe ich es gleich der Polizei gemeldet, und am nächsten Tag hat man sie gefunden. Diesmal habe ich sieben Tage gewartet. Falls die Polizei es von alleine rauskriegt, ohne meine Anzeige, ist meine Frau schon über alle Berge!

Nur, meine Nachbarn geben mir seit sieben Tagen keine Ruhe. Sie sagen: ›Wie kannst du nur dasitzen und so lustig auf deiner Flöte spielen? Wir haben dich noch nie Flöte spielen hören. Bist du übergeschnappt? Benimm dich wie ein normaler Mensch, nicht so abnormal! Geh und erstatte Anzeige!‹ Weil ich diese Idioten satt habe, bin ich gekommen, um Anzeige zu erstatten. Bitte schreiben Sie es auf irgendein Schmierpapier und werfen Sie es in den Papierkorb, damit meine Nachbarn endlich aufhören, mir in den Ohren zu liegen. Mein ganzes Leben lang hab ich nie Spaß gehabt. Diese sieben Tage waren ein Geschenk des Himmels – keine Sorgen, keine Probleme!«

Wenn man keine Frau hat, ist es äußerst schwierig, Sorgen und Probleme zu haben. Und wenn man keinen Mann hat, wo soll man all die Probleme und Eifersüchteleien hernehmen?

Aber so sind die »normalen« Leute.

Ich schrieb an Joshua Learman: »Sie haben keine Ahnung: ›Frieden‹ und ›Geist‹ schließen sich gegenseitig aus. Frieden kommt mit der Transzendenz des Geistes. Man kann sich entweder für den

Geist oder für den Frieden entscheiden, aber man kann nicht beides haben.« Dieser Feigling hat meinen eingeschriebenen Brief nie beantwortet.

Almustafa fragt: *Habt ihr Frieden?* Frieden ist nicht etwas, das ihr auf dem Marktplatz kaufen könnt. Frieden ist etwas, das ihr euch verdienen müßt, indem ihr Zeuge eures Verstandes werdet.

Sobald der Verstand ruht, ist Frieden – der Frieden, der über alles Verstehen hinausgeht, weil niemand da ist, der ihn verstehen könnte. Dieser alte Genosse Verstand, der immer versucht hat, alles zu verstehen, ist nicht mehr da. ...und *den ruhigen Trieb, der eure Kraft* offenbart?* Immer noch besteht diese Anziehung der Macht.

Frieden ist nicht Macht. Frieden ist Einfachheit, Frieden ist Bescheidenheit.

Sind die Rosen im Garten mächtig? Sie sind schön, aber nicht mächtig. Ihre Dornen sind mächtig, aber sie sind nicht schön. Ein starker Windstoß, und all eure Rosen werden verschwinden. Ihre Blütenblätter werden auf den Boden fallen und zum Ursprung zurückkehren – zu dem Saft, aus dem sie entstanden sind; sie sind zur selben Quelle zurückgekehrt. Habt ihr je etwas Bescheideneres und dabei so Schönes wie eine Rose gesehen?

Wollt ihr eine Rose werden – oder ein Maschinengewehr? Wollt ihr ein Meditierender werden – oder ein Polizeichef? Der Polizeichef hat Macht. Welche Macht hätte ein Meditierender?

Habt ihr Erinnerungen...? Almustafa zeigt hier seine völlige Unwissenheit, denn alle Erinnerungen sind Teil eures Geistes, eures Gedächtnisses, das ein Apparat ist. Ein Computer ist sehr viel besser in der Lage, all die Erinnerungen zu speichern.

...schimmernde Bogen, die die Gipfel des Geistes umspannen? Kein Mensch hat je so einen Unsinn geredet! *...schimmernde Bogen, die die Gipfel des Geistes umspannen?* Es gibt schimmernde Bogen, aber man sieht sie erst, wenn der Geist nicht mehr den Weg verstellt.

Der Geist ist euer Feind, und diesen Geist, euren Verstand, macht die Gesellschaft immer stärker und stärker, indem sie ihn schult, erzieht und trainiert. Euer Feind ist in eurem Inneren, und die

* Khalil Gibran benutzt hier das englische Wort *power,* das *Kraft* ebenso wie *Macht* bedeutet

Gesellschaft gibt ihm unaufhörlich Nahrung. Praktisch ein Drittel eines Menschenlebens dient der Anstrengung, den Feind in euch so stark wie möglich zu machen.

Und niemand denkt je darüber nach: Gibt es in uns noch etwas anderes als den Geist? Und wenn es noch etwas anderes in uns gibt, dann ist das, was all eure Universitäten und Colleges, all eure Schulen machen, Gift für euch, denn je stärker der Geist wird, um so schwieriger wird es, über ihn hinauszugehen.

Aus diesem Grund haben die Leute das Gefühl, daß Meditation so schwierig sei. Meditation ist nicht schwierig. Es ist euer Geist, der so stark geworden ist, daß ihr nicht über ihn hinausgehen könnt. Er ist eine chinesische Mauer geworden. Und die Menschen werden geachtet für ihren Geist!

Die Menschen sollten für eine einzige Sache geachtet werden: In einen Zustand zu kommen, in dem der Geist verschwunden ist – mit all seinen Erinnerungen und all dem Müll, den ihr immer für Wissen gehalten habt.

Wenn ihr in den unschuldigen Zustand eines Kindes zurückgekehrt seid, werdet ihr diese schimmernden Gipfel überall um euch herum sehen können. Wo auch immer ihr hinschaut, werdet ihr das Unsichtbare sehen... es ist nicht unsichtbar. Es ist nur unsichtbar, weil euer Geist euch nicht erlaubt, es zu sehen. Wenn der Geist nicht mehr da ist, wird plötzlich alles zu einem Mysterium an sich.

Und ihr seid umgeben vom Wunderbaren; es ist nicht nötig, danach zu suchen. Darum sage ich immer und immer wieder: Wo auch immer ein Mensch in Meditation sitzt, dieser Ort wird heilig, geheiligt. Er wird zu einer wahren Kaaba.

Der Geist kennt nur Täler, keine Gipfel. Der Geist kennt nur Dunkelheit, kein Licht. Der Geist kennt nur den Tod, nicht das Leben. Und diejenigen, die sich auf ihren Geist beschränkt haben, haben die großartige Chance verpaßt, die die Existenz ihnen gegeben hat, um das Jenseitige zu erforschen. Das Jenseitige wird nicht durch Raketen erforscht. Das Jenseitige wird erforscht, indem ihr eure Augen schließt und die Alchemie erlernt, wie man den Geist transzendiert.

Dieses Transzendieren nenne ich »Zeugesein«.

Wenn ihr euren Geist geduldig beobachten könnt, wird eines Tages der Frühling kommen: Der Geist ist verschwunden, und ihr seid umgeben von unzähligen Blumen – Blumen der Ewigkeit, Blumen der Liebe, Blumen der Schönheit.

Und er fragt die armen Leute von Orphalese etwas so Dummes:

Habt ihr Schönheit, die das Herz von Dingen, aus Holz und Stein geschaffen, zum heiligen Berg hinführt?

Allein die Worte stinken nach Christentum. Schönheit können nur diejenigen erleben, die mit absoluter Klarheit sehen können, denen kein Staub der Vergangenheit die Augen trübt. Nur unschuldige Augen können Schönheit sehen. Und nur der Unschuldige lebt durch das Herz. Almustafa erwähnt hier das Wort »Herz«, aber es ist so, wie wenn man zu einer Frau sagt: »Ich denke, ich liebe dich.« Was hat Liebe mit Denken zu tun? Das Denken vermag zu zweifeln, doch es vermag nicht zu vertrauen, es vermag nicht zu lieben.

Habt ihr Schönheit, die das Herz von Dingen, aus Holz und Stein geschaffen, zum heiligen Berg hinführt? Wo ist dieser heilige Berg? Für die Hindus ist der Himalaja der heilige Berg. Für die Jainas sind Sikhari und Girnar die heiligen Berge. Für die Juden ist der Sinai der heilige Berg.

Aber ich sage euch: Wenn ihr aus dem Gefängnis eures Verstandes heraustreten könnt, erklimmt ihr den heiligen Berg, der in eurem Inneren ist. Jeder trägt diesen heiligen Himalaja in sich – die höchsten Gipfel, die immer noch jung sind und weiter wachsen und bedeckt sind von ewigem, nie geschmolzenem Schnee. Jeder hat diesen Himalaja in seinem eigenen Sein. Er muß nur trachten, den Verstand von einem Stein des Anstoßes in einen Trittstein zu verwandeln – und das ist die ganze Kunst der Religiosität.

Sagt mir, habt ihr derlei in euren Häusern?

Ihr könnt derlei in eurem Bewußtsein haben, aber nicht in euren Häusern.

Oder habt ihr nur Bequemlichkeit und das Verlangen nach Bequemlichkeit, dem verstohlenen Ding, das euer Haus als Gast betritt, dann zum Wirt und schließlich zum Herrn wird?

Genau das sage ich: Die Konditionierung wird zu eurer zweiten Natur. Sie klebt an euch, ihr klebt an ihr. Euer Geist kann mit schönen Worten angefüllt sein, mit großartigen Philosophien, doch ihr bleibt an die kleinen Dinge des Lebens gekettet. Ich bin nicht gegen diese kleinen Dinge. Ich sage, was ist falsch daran, diese Bequemlichkeit zu genießen? Die Religionen haben alles, was angenehm ist, so sehr verdammt, daß etwas so Einfaches wie die Bequemlichkeit zu einer Sünde geworden ist. Alle Religionen predigen: »Quält euch, denn sich selbst zu quälen, ist eine Tugend. Es wird euch ins Königreich Gottes bringen.« Und ich habe mich schon immer, seit meiner frühesten Kindheit, gefragt: Wenn im Paradies die Bequemlichkeit annehmbar ist – und nicht nur annehmbar, sondern wenn sie als Belohnung auf jeden Heiligen wartet –, wie kann sie dann hier auf Erden eine Sünde sein? Was ist das für eine Logik?

Als Swami Muktananda starb, sprang einer seiner Jünger, der den Verlust nicht überwinden konnte, am nächsten Tag in einen Brunnen und starb. Er wollte bei seinem Meister sein. Und als er durch die Tore des Paradieses eintrat, war er schockiert und schloß für einen Augenblick die Augen. »Was sehe ich da? – Muktananda, mein großer Meister, der immer gelehrt hat, man müsse auf jedes Vergnügen verzichten...« – Muktananda lag unter einem schönen, blühenden Baum, der nie gekannte Düfte ausströmte. Er lag im Gras, nackt, mit einer nackten Frau – aber keiner gewöhnlichen Frau, sondern einem berühmten Hollywood-Filmstar, mit Marilyn Monroe. Selbst Präsident Kennedy war hinter dieser Frau her. Und was Präsident Kennedy nicht vergönnt war, Muktananda bekam es! Natürlich dachte der Jünger: »Da sieht man, daß Tugend, Entsagung und die Kasteiung des Körpers viel verdienstvoller sind, als Präsident von Amerika zu sein.«

Er beeilte sich, die Füße des Meisters zu berühren, und schaute sich um. Vielleicht wartete auch auf ihn irgendwo eine besondere

Belohnung, eine Sexbombe? Aber es war niemand zu sehen.

Er sagte: »Meister, ich wußte immer, daß du belohnt werden wirst! Und jetzt kann ich mit eigenen Augen sehen, wie deine Belohnung aussieht!« Da unterbrach ihn die nackte Marilyn Monroe und sagte: »Halt die Klappe, du Idiot! Ich bin nicht seine Belohnung! Er ist meine Strafe!«

Es ist doch eine einfache Rechnung: Wenn ihr im Himmel, im Paradies, in *moksha* alles bekommt, was seligmachend und angenehm ist, dann müßt ihr auf Erden soviel wie möglich genießen – als Training! Sonst werden eure doofen Heiligen große Probleme haben. Ihr ganzes Leben lang haben sie Unbequemlichkeiten trainiert, und plötzlich steht ihnen alles zur Verfügung, was schön, bequem und luxuriös ist. Sie werden damit nichts anzufangen wissen.

Und es sieht so aus, als wäre die Erde nicht in Harmonie mit dem Himmel. Es erscheint widersprüchlich. Gott erschuf beides – Himmel und Erde. Gott erschuf alles; es muß eine Unterströmung geben, die alles zu einem harmonischen Ganzen macht.

Ich bin nicht gegen die Behaglichkeit. Aber natürlich bin ich dagegen, daß man davon abhängig wird.

...und mit Geißel macht sie Marionetten aus euren höheren Wünschen.

Ihr müßt der Herr bleiben, wenn ihr nicht in der anderen Welt zum Sklaven werden wollt. Liebt alles, doch geratet nicht in Abhängigkeit. Genießt alles, was das Leben euch zu bieten hat – aber wie ein Kaiser, nicht wie ein Bettler. Doch Almustafa sagt:

Ja, und sie wird zum Bezähmer...

Eure Begierde, eure Bequemlichkeit, euer Luxus, sagt er, *...wird zum Bezähmer, und mit Haken und Geißel macht sie Marionetten aus euren höheren Wünschen.*

Wenn ihr es zulaßt, wird sie zu eurem Herrn. Wie sonst könnten

Ich habe jeden möglichen Luxus kennengelernt, ich bin in den größten Palästen der Welt gewesen, aber ich habe nie zugelassen, daß etwas zum Herrn über mich wurde.

In unserer Kommune in Amerika hatten wir ein zweiunddreißigtausend Hektar großes Grundstück – fast so groß wie ein kleines Land. Und meine Sannyasins brachten mir Geschenke ihrer Liebe aus der ganzen Welt. Ich sagte zu ihnen: »Was soll ich mit so vielen Rolls Royce anfangen?« Den Rolls-Royce-Rekord hielt ein milliardenschwerer Araber-Scheich – er hatte dreiunddreißig Rolls Royce, alt und klapprig, nur zum Herzeigen. Ich hatte dreiundneunzig Rolls Royce, und zwei Rolls-Royce-Limousinen... und fünf waren bestellt, das macht insgesamt einhundert. Aber ich war nie in der Garage, die Gesprächsthema auf der ganzen Welt war. Ich selbst habe nie alle die Rolls Royce in einer Reihe stehen sehen.

Ich fuhr immer einen Rolls Royce – irgendeinen, den meine Leute, die sich um die Rolls Royce kümmerten, für den betreffenden Tag aussuchten. Alle waren absolut gleich, denn mir gefiel nur dieses eine Modell. Selbst für mich war es schwer zu sagen, ob sie mir nicht jeden Tag dasselbe Auto gaben. Und für sie war es auch ein Problem. Einer meiner Chauffeure, Anandadas, ist hier. Es war ein schwieriges Problem, all die Rolls Royce sauber und instand zu halten. Sie waren alle das neueste Modell, und sie brachen alle Rekorde. Ich glaube nicht, daß irgendjemand sonst auf der Welt je wieder so viele Rolls Royce haben wird!

Aber ich war nicht ihr Besitzer. Ich habe nie zurückgeschaut. Ich habe nie gefragt, was aus diesen Rolls Royce wurde. Was geschah mit diesen zweiunddreißigtausend Hektar Land, in die wir dreihundert Millionen Dollar investierten? Ich habe nie nachgefragt. Es ist nicht meine Lebensart, zurückzuschauen.

Wie könnte irgendetwas euch zum Sklaven machen?

Meine Sannyasins hatten mir Tausende von Uhren, Einzelstücke, gebracht. Aber was bedeutet mir das? Ich schaue bei jedem Vortrag vielleicht ein- oder zweimal auf die Uhr. Und manchmal vergesse ich sogar das! Ich habe alle diese Uhren in der Kommune zurückgelassen, denn ich besitze gar nichts. Ich kann etwas benutzen, wenn ihr es mit so viel Liebe bringt, aber ich kann es nicht besitzen, weil ich keinen Wunsch habe, irgendetwas zu besitzen.

Auf diese Weise bleibt das Leben leicht und unbeschwert. Auf diese Weise bleibt das Leben ein Tanz. Auf diese Weise kann man immer höhere Gipfel erreichen, denn mit Lasten, mit Besitztümern – und seien sie noch so wertvoll – kann man nicht sehr hoch fliegen. Je dünner die Luft wird, um so schwerer wird die Last. Allein schon den eigenen Körper zu tragen, wird zu einer Bürde.

Die US-Regierung beschlagnahmte alle meine Uhren. Ich hatte die Uhren an die Sannyasins verteilt. Nur sechsundvierzig Uhren waren in der Kommune geblieben; alle anderen Uhren wurden von meinen Leuten benutzt. Diese sechsundvierzig Uhren wurden beschlagnahmt. Und weil diese Uhren von mir benutzt wurden, hatte man mir versprochen, sie zurückzugeben, wenn ich aus dem Gefängnis entlassen würde.

Ich hatte immer gedacht, Amerika sei ein reiches Land mit superreichen Leuten, aber ich fand heraus, daß sie genauso von den Dingen versklavt sind wie alle anderen auch. Als ich aus dem Gefängnis freikam, haben sie die Uhren nicht zurückgegeben. Jede Uhr hatte einen Wert von zehn *lakh** Rupien, fünfzehn, zwanzig, fünfundzwanzig, dreißig *lakh* Rupien. Sie stellten ihre Habgier unter Beweis, und ihre Armut – und ihre Kriminalität, denn sie hatten keinerlei Berechtigung, diese Uhren für sich zu behalten. Es gab einen fast sechsmonatigen ununterbrochenen Rechtsstreit – ich war nicht dabei –, bis sie schließlich vor Gericht in die Rückgabe einwilligten. Doch als unsere Anwälte zur Übergabe kamen, gab man ihnen nur zwölf Uhren zurück. Es hieß, die anderen Uhren würde die Regierung behalten. – Aus welchem Grund? Ich habe noch nie gehört, daß eine Regierung eine Armbanduhr verwendet.

Sie waren wie hypnotisiert von diesen Uhren… der Gouverneur, der Justizminister und vielleicht sogar der Präsident selber! Und es gab Ausstellungen dieser Uhren in Washington, in Portland, in San Francisco. Es waren alles Unikate, jede Uhr ein Einzelstück, das nie wieder hergestellt wird. Wozu haben sie diese Ausstellungen organisiert?

* Ein *lakh* (Hindi) entspricht hunderttausend Einheiten.

Und meine Anwälte wollten wissen, was mit den anderen Uhren geschehen sei, doch der Präsident schwieg, der Justizminister schwieg... vielleicht haben sie sie verschluckt! Aber ich möchte sie daran erinnern, daß meine Sannyasins überall in Amerika leben. Diese Leute mögen sich die Uhren untereinander aufgeteilt haben, aber sie werden sie nicht benutzen können, denn es sind Unikate, und meine Sannyasins können sie sofort erkennen. Sie können sie also behalten, aber sie können sie nicht benutzen.

Und sie haben sich ein kriminelles Verhalten gegenüber einer Einzelperson zuschulden kommen lassen, als sie von mir verlangten, Amerika innerhalb von fünfzehn Minuten zu verlassen – denn es ist klar: Wenn ich wenigstens noch eine Woche dort gewesen wäre, hätte ich sie gezwungen, alles zurückzugeben, was sie der Kommune weggenommen hatten!

Ihr erster Gedanke war wohl: Wer würde darum kämpfen, wenn ich nicht mehr da bin? Sie beschlagnahmten das ganze Geld, das wir auf der Bank hatten. Und wie hätten die fünftausend Sannyasins leben können? Sie mußten abreisen. Ihre Rückflugtickets in ihre Länder mußten wir von außerhalb besorgen. Mit welcher Begründung wurden ihre Gelder auf der Bank beschlagnahmt?

Und es ist noch immer keine Genehmigung für den Verkauf der Immobilien der Kommune erteilt worden. Seit fast einem Jahr zögert man es immer wieder hinaus, und es heißt: »Nächste Woche«, aber die nächste Woche kommt nie. Sie wissen ganz genau, daß der Preis täglich sinkt, wenn man das Grundstück nicht instandhält. Je länger sie die Sache hinauszögern, um so mehr wird es an Wert verlieren.

Und wir können es nicht instandhalten. Wo einmal fünftausend Sannyasins lebten, sind heute nur noch zwölf Sannyasins, die wir als Wächter dort behalten, weil sich amerikanische Polizisten und amerikanische Wachen auf dem Kommunegrundstück befinden. Sie hätten es gerne, wenn alle Sannyasins weggingen, damit sie die ganzen Gebäude und Häuser und alles, was fünftausend Leute in fünf Jahren durch zwölf, vierzehn, manchmal sechzehn Stunden Arbeit am Tag geschaffen haben, mit ihren Bulldozern plattmachen können.

Und kürzlich bin ich von meinen Sannyasins informiert worden, daß es eine unnötige Verschwendung ist, weil man die Genehmigung zum Verkauf des Grundstücks gar nicht erteilen wird. Zwölf Leute dort zu halten... in erster Linie sind sie sehr traurig. Sie vermissen all die Freude und unser Tanzen und Feiern. Jetzt ist es eine Wüste. Sie haben gesagt: »Es ist absolut sinnlos. Besser, wir gehen.« Die amerikanische Regierung hätte es gern, daß diese Sannyasins gehen, denn dann gehört das Land ihnen. So habgierig sind diese Leute!

Ich bin in Amerika sehr desillusioniert worden: Daß das reichste Land der Welt so arm ist, und so kriminell! Nicht nur in anderen Ländern ist es so; es ist das gleiche auf der ganzen Welt. Und das hat einen sonderbaren Grund:

Weil den Menschen jahrtausendelang beigebracht wurde, daß sie allen Bequemlichkeiten entsagen sollen, daß sie dem Reichtum, dem Luxus, daß sie allem entsagen sollen, was sie glücklich machen könnte – darum ist die Unterdrückung so massiv geworden, daß sie jetzt überall zutage tritt. Alles hat seine Grenzen.

Diese unterdrückten Menschen sind fast wie wahnsinnig besessen von dem Wunsch, alle Genüsse zu haben. Und das Problem ist: Alles, was in ihnen unterdrückt ist, zieht sie zu den Genüssen hin, aber ihre Religion hindert sie und redet ihnen ein, es sei gegen Gott. Die Religionen haben den Menschen schizophren gemacht.

Ich sage euch, genießt euer Leben in seiner Totalität, ohne Schuldgefühle. Denn das Leben ist von der Existenz gegeben, und der Begriff der Schuld ist vom Menschen erzeugt – und zwar vom primitiven Menschen, der noch keine Ahnung hatte, was Bequemlichkeit ist, was Luxus ist, was Schönheit ist.

Obwohl ihre Hände aus Seide sind, ist ihr Herz aus Eisen.

Das ist wahr. Wenn ihr euren Wünschen ins Netz geht und ihr Sklave werdet, werdet ihr euch Schwierigkeiten einhandeln, von denen ihr keine Ahnung habt. *Obwohl ihre Hände aus Seide sind, ist ihr Herz aus Eisen.* Aber ist es nötig, den Wünschen ins Netz zu gehen? Benutzt sie! Sie dienen euch. Alles, was die Wissenschaft hervorgebracht hat, kann euch dienen. Alles, was das menschliche Genie kreiert hat, kann euer Leben freudiger, glücklicher, gesünder machen. Aber es bleibt euer Diener, und ihr bleibt der Herr.

Das Problem entsteht nur, wenn der Verstand zum Herrn wird. Dann seid ihr im Gefängnis. Und wenn ihr nichts kennt, was außerhalb eures Verstandes liegt, kennt ihr euch selbst noch nicht, und ihr wißt nicht, daß ihr der Herr seid. Ich möchte, daß ihr den Verstand als Diener benutzt, und euer Bewußtsein als Herrn.

Als Diener ist der Verstand etwas Schönes. Als Herr ist er ein Monster. Es liegt in eurer Hand.

Die Religionen haben danach getrachtet, der Welt zu entsagen, weil sie kein Verständnis hatten, daß es unnötig ist, zu entsagen, wenn man hier, in dieser Welt, Herr bleiben und die Welt mit all ihren Schönheiten und all ihren Schätzen benutzen kann.

Sie wiegt euch in den Schlaf, nur um neben eurem Bett zu stehen und sich über die Würde des Fleisches lustig zu machen.

Alles das geschieht aus einem einzigen Grund. Ihr habt nicht viele Probleme, ihr habt nur ein einziges Problem: Wie könnt ihr sein, ohne im Verstand zu sein? Sobald ihr außerhalb des Verstandes seid, wird der Verstand sofort zu eurem Diener. Und das sage ich euch aus meiner eigenen Autorität, meiner eigenen Erfahrung.

Ich bin kein Philosoph, und ich bin kein Dichter. Ich habe das Leben gelebt, ich habe von all seinen Freuden und all seinem Leid gekostet. Aber ich habe immer weiter nach etwas gesucht, das jenseits vom Verstand ist.

Denn solange ich nicht etwas finden konnte, was jenseits vom Verstand war, würde mein ganzes Leben sinnlos sein. Der Tod würde alles zerstören, denn der Verstand gehört zum Körper, genau wie das Herz. Bevor der Tod an eure Türe klopft, müßt ihr in euch etwas finden, was unsterblich ist. Und wenn ihr es gefunden habt, seid ihr Herr über euer eigenes Schicksal. Dann ist es nicht nötig, zu entsagen.

Darum bin ich gegen die Entsagung. Das ist etwas für Feiglinge und Weltflüchtige. Es ist nichts für Leute, die eine gewisse Würde, Individualität und Intelligenz besitzen.

*Sie verspottet euren gesunden Verstand...**

Wenn ihr im Verstand gefangen seid, geschieht zweierlei: Einerseits verspottet er eure Sinne. Darum versuchen eure Heiligen auf jede erdenkliche Weise, ihre Empfindsamkeit abzustumpfen. Doch ein Mensch, der nicht empfindsam ist – empfindsam für Schönheit, empfindsam für all die Mysterien, die euch umgeben –, ist nicht lebendig. Jeder eurer Sinne ist nichts als eine Verlängerung eures Bewußtseins.

Wenn ihr nicht zulaßt, daß der Verstand sich einschaltet, werden eure Augen das sehen, was man nicht sehen kann, und eure Ohren werden das hören, was man nicht hören kann, und eure Hände werden das berühren, was man nicht berühren kann. Doch der Verstand wirkt in beide Richtungen. Auf der einen Seite zerstört er den Körper...

In Indien lebte einmal ein großer Dichter, Surdas. Er war auch ein großer Musiker, daher sein Name, der »Meister der Musiknoten« bedeutet. Natürlich muß er ein überaus empfindsamer Mensch gewesen sein – alle kreativen Menschen sind empfindsam. Aber er war auch ein Mönch, und eines Tages sah er eine wunderschöne Frau. Er war betteln gegangen, als diese Frau aus einem Haus trat, und er bekam Angst vor seinen Augen, weil die Schönheit dieser Frau eine fast hypnotische Wirkung ausübte. Am nächsten Tag kam er an dieselbe Tür. Er hatte sich beide Augen herausgerissen und bot sie der Frau auf einem Teller dar. Das Blut rann noch.

Die Frau konnte es nicht fassen; sie war völlig schockiert. Sie sagte: »Was ist geschehen?«

Er sagte: »Es ist nicht deine Schuld. Meine Augen waren schuld. Sie hätten sich nicht so sehr für die Schönheit interessieren dürfen, denn die Schriften sagen: Wer auf die Sinne hört, zerstört sein

* Original: *It makes mock of your sound senses,* wörtlich: *Sie verspottet eure gesunden Sinne.*

Leben durch Sinnlichkeit.« Bis dahin war er nur ein gewöhnlicher Bettler gewesen, aber jetzt, da er seine Augen zerstört hatte, wurde er mit einem Mal ein großer Heiliger. Von da an wurde er verehrt.

Und das haben eure Heiligen auf der ganzen Welt gemacht: Sie haben ihre Empfindsamkeit zerstört – aus Angst, wenn sie ihren Sinnen freien Lauf lassen, würden diese sie versklaven. Aber ich sage euch, diese ganze Argumentation ist absurd.

Selbst wenn ihr eure Augen zerstört, könnt ihr damit nicht eure Lust zerstören. Ich bin mir absolut sicher, daß Surdas weiter von dieser schönen Frau geträumt hat, denn zum Träumen benötigt man keine Augen und auch keine Augengläser.

Die ganze Vergangenheit hat in einem paranoiden Zustand gelebt. Wir müssen sie gänzlich tilgen, erbarmungslos, denn das ist die einzige Methode, um von ihr frei zu werden, um neu geboren zu werden, um die Sonne und den Mond mit frischen Augen zu sehen und mit Genuß zu essen.

Der Jainismus hat es zu einem Grundprinzip gemacht, daß man nicht mit Genuß essen darf. Vom Jainismus hat Gandhi alle fünf Prinzipien entlehnt. Das erste Prinzip ist *aswad*, Geschmacklosigkeit – man sollte essen, ohne zu schmecken. Was verlangt ihr von den Menschen? Um das Essen geschmacklos zu machen, hat Gandhi allen Speisen die bitteren Blätter des *Neem*-Baumes beigemischt. Ihr solltet das wenigstens ein einziges Mal probieren! Denn die paar Neurotiker, höchstens zwanzig, die in Gandhis Ashram lebten, mußten von einer Sauce aus *Neem*-Blättern eine ganze Tasse voll essen. Ein einziges Blatt erzeugt schon eine solche Bitterkeit im Mund, daß der bittere Geschmack stundenlang anhält. Und das nennt man »religiöse Disziplin«.

Sich zu verlieben, war in Mahatma Gandhis Ashram nicht erlaubt. Tee war nicht erlaubt in Mahatma Gandhis Ashram. Solche unschuldigen Dinge – Tee und Kaffee! Aber weil ihr sie genießt, war es ein Problem! Euer Genuß muß gänzlich zunichte gemacht werden. Ihr solltet leben wie ein Leichnam, wie ein Geist – ohne Sinne, körperlos.

Einerseits zerstört also der Verstand eure Sinne und andererseits erlaubt er euch nicht, bis zum Herrn eures Hauses vorzudringen. Diese Feindseligkeit ist von sämtlichen Religionen, von sämtlichen Machthabern unterstützt worden – von all denen, die gegen den Menschen und gegen seine Evolution sind.

Wahrhaftig, das Verlangen nach Bequemlichkeit tötet die Leidenschaft der Seele und folgt dann grinsend ihrem Leichenzug.

Wie könnte Bequemlichkeit die Leidenschaft der Seele töten? Wenn überhaupt, dann vermag sie diese zu intensivieren! Wenn schon der Körper einen solchen Genuß ermöglicht, wie groß wird dann erst die Seligkeit der Seele sein!

Der Körper steht am Beginn eurer Suche nach Seligkeit. Vom Genuß zur Seligkeit – das ist kein Widerspruch. Lebt das Leben eures Körpers mit Totalität und Intensität – das, was ich den *Zorbas* nenne. Diese Freuden werden euch darauf stoßen, daß das Leben nicht da aufhört. Die Genüsse des Körpers und der Sinne werden euch zu einer Pilgerreise bringen, zu einer Suche nach mehr. Und diese Suche ist ohne Ende.

Es gibt Karawansereien, Herbergen für die Nacht. Aber wenn ihr weitersucht, werdet ihr entdecken, daß die Existenz von einer Fülle ist, die unerschöpflich ist.

Aber ihr, Kinder der Erde, ihr Ruhelosen in der Ruhe, ihr werdet weder in die Falle gehen noch gezähmt werden.

Da sagt er etwas Richtiges. Aber es scheint geborgt zu sein, weil er keinen Schlüssel mitliefert. Jemandem bloß zu sagen: »Lache!«... Der andere wird sagen: »Gib mir wenigstens einen Hinweis, worüber. Wegen nichts und wieder nichts zu lachen... auch du würdest mich dafür verurteilen.«

Er sagt: *Kinder der Erde... ihr werdet weder in die Falle gehen noch gezähmt werden.* Sehr richtig! Aber alle werden gezähmt, und alle gehen in die Falle! Es kann nicht darum gehen, es zu vermeiden. Worum es geht, ist: Wie kommt man aus all diesen Fallen heraus?

Selbst Khalil Gibran ist nicht aus diesen Fallen herausgekommen. Er ist sein ganzes Leben lang Christ geblieben. Das wertet seine ganze Dichtkunst ab. Wenn er wirklich verstanden hätte, was er sagte, hätte er das Christentum aufgeben müssen.

Ein Mensch sollte nicht in Ketten leben. Und selbst wenn es goldene Ketten sind, macht es keinen Unterschied. Egal, ob die Ketten im Namen Jesus Christi oder im Namen Gautam Buddhas gemacht sind: Ketten bleiben Ketten, Gefängnisse bleiben Gefängnisse. Aber er blieb in Ketten, und ich finde es wirklich schade für ihn, denn er war kein Mann, der sich so leicht verlieren konnte. In ihm kann ich ganz deutlich die Möglichkeit für einen Gautam Buddha sehen, doch weil er Christ blieb, verpaßte er es.

Das ist aber der Grund, warum seine Bücher nicht auf der schwarzen Liste des Papstes stehen. Meine Bücher stehen auf der schwarzen Liste. Kein Katholik darf sie lesen; es ist eine Sünde.

Aber im Lande Italien sind nicht alle tot. Die Radikale Partei Italiens hat mich eingeladen, ihr Präsident zu werden, und ich werde ihre Einladung annehmen. Allerdings habe ich einen Vorschlag: Weshalb beschränkt ihr die Radikale Partei auf Italien? Macht sie zu einer Internationalen Radikalen Partei, damit alle meine rebellischen Leute ihr beitreten können. Denn wenn ich sehe, wie häßlich die Politiker sind, muß ich etwas unternehmen.

Euer Haus soll kein Anker, sondern ein Mast sein.

Aber er redet weiter über das *Haus.* Er muß in einem früheren Leben Maurer gewesen sein; er weiß nur, wie man ein Haus macht. Was er sagt, ist richtig, aber ehe ein Haus zu einem Mast werden kann, wird es – und muß es – erst zu einem Heim werden. Es wird ein Tempel werden müssen; nur dann kann es zu einem Mast werden. Er überspringt die wesentlichen Schritte.

Es soll kein schimmerndes Häutchen sein, das eine Wunde bedeckt, sondern ein Augenlid, das das Auge behütet.
Ihr sollt nicht eure Flügel falten, damit ihr durch Türen kommt, noch

eure Köpfe beugen, damit sie nicht gegen eine Decke stoßen, noch Angst haben zu atmen, damit die Mauern nicht bersten und einstürzen.

Aber sein ganzes Leben lang hat er sich nie so verhalten, wie er sagt. Wäret ihr ihm begegnet, dann wäret ihr überhaupt nicht beeindruckt gewesen. Im Gegenteil, ihr hättet gedacht: »Es wäre ein großer Segen gewesen, wenn ich diesen Mann nie getroffen hätte. Ein ganz normaler Christ. Hier und da fliegt er hoch hinauf, aber dann kommt er mit einem großen Plumps auf die Erde zurück. Er hat nicht die Flügel...

Ihr sollt nicht in Gräbern wohnen, die von den Toten für die Lebenden gemacht sind.

Und wo hat *er* gelebt? Was ist die Kirche? – ein zweitausend Jahre altes Grab. Was ist die heilige Bibel? – ein von Toten geschriebenes Buch. Was sind all die anderen Schriften der anderen Religionen? – die überaus häßliche Begierde der Toten, weiterhin über all jene zu herrschen, die noch kommen und auf der Erde leben werden. Und sie herrschen in der Tat. Ich habe Klage um Klage vor Gericht konfrontiert, weil ich gegen irgendeinen Toten etwas gesagt hatte. Er mag schon fünftausend Jahre tot sein, aber es gibt immer noch Idioten, die ihm folgen. Und wenn ich ihnen helfen will, diesen Toten loszuwerden... Ich weiß, ihr liebt eure Mutter, ihr liebt euren Vater, aber das heißt doch nicht, daß ihr sie nach ihrem Tod euer ganzes Leben lang auf euren Schultern tragen müßt.

Ich weiß, ihr werdet trauern und tiefen Kummer haben, und trotzdem müßt ihr den Leichnam eurer Mutter, eures Vater, eures Geliebten dem Feuer überlassen oder dem Grab. Ihr könnt ihn nicht im Hause behalten.

Aber wie steht es mit eurem Denken? Euer Denken ist nichts anderes als ein Friedhof. Tausende von Toten beherrschen,dominieren und führen euer Leben.

Und obwohl von Pracht und Glanz, sollte euer Haus weder euer

Geheimnis hüten, noch eure Sehnsucht beherbergen.
Denn was grenzenlos in euch ist, wohnt im Palast des Himmels...

Nein. Dreimal nein!

Das Grenzenlose wohnt nicht im Himmel, es wohnt in euch.

Und genau das verurteilt er: »Laßt euch nicht von den Toten beherrschen.« Aber das ist es, was alle toten Menschen auf der ganzen Welt immer geglaubt haben: daß Gott hoch droben im Himmel wohnt.

Ich sage euch: Es gibt keinen Gott irgendwo anders als in euch. Gott ist das innerste Zentrum eures Lebens und eures Bewußtseins. Macht euren Körper zu einem Tempel Gottes.

Denn was grenzenlos in euch ist, wohnt im Palast des Himmels, dessen Tor der Morgennebel ist und dessen Fenster die Lieder und die Stille der Nacht sind.

Schöne Worte, doch leer und ohne Inhalt. Große Dichtung, aber ohne jede Erfahrung. Immer wenn ihr also Khalil Gibran lest, oder irgend jemand anderen, denkt daran: Fallt nicht den schönen Ausdrücken zum Opfer!

Erfahrung ist das einzige, was euch befreien kann, was euch erwecken kann, was euch zu einem Teil des unsterblichen Ozeans der Existenz und des Lebens machen kann.

Ich habe gesagt, daß diese Stadt eine Stadt der Toten sei, doch täglich kommen Briefe – und zweifellos schreiben Tote keine Briefe, und diese Briefe beweisen Leben und Verständnis. Erst gestern erhielt ich wieder einen Brief des Bürgermeisters von Poona:

»Mit meiner tiefsten Liebe und Freude möchte ich feststellen, daß Bhagwan Shree Rajneesh, derzeit wohnhaft in 17 Koregaon Park, Poona, meiner Heimatgemeinde, ohne Zweifel ein Erleuchteter ist. Seine autoritativen Ansichten über Religion werden in diesen turbulenten Zeiten sehr gebraucht. Er ist einer der hervorragendsten großen Mystiker und spirituellen Meister unserer Zeit. Sein Lebenswandel und sein liebevolles Verhalten können und haben niemals juristische Probleme hervorgerufen, noch hat er sich zu irgendeiner Zeit irgendeines Vergehens gegen strafrechtliche Bestimmungen schuldig gemacht. In der Tat sind seine Lehren äußerst förderlich für die Schaffung einer überaus friedlichen und ruhigen Atmosphäre, insbesondere unter den gegenwärtigen Umständen, da das ganze Land sich in einer sehr unruhigen Phase befindet.«

18

SPRICH UNS VON DER LIEBE…

Scham war sein Webstuhl

Und der Weber sagte: Sprich uns von den Kleidern.

Und er antwortete:

Eure Kleider verbergen viel von eurer Schönheit, doch verstecken sie nicht das Unschöne.

Und obwohl ihr in Gewändern die Freiheit des Persönlichen sucht, könnt ihr darin einen Zügel und eine Kette finden.

Könntet ihr der Sonne und dem Wind mit mehr Haut und weniger Kleidung begegnen!

Denn der Atem des Lebens ist im Sonnenlicht, und die Hand des Lebens ist im Wind.

Einige von euch sagen: »Der Nordwind hat die Kleider gewebt, die wir tragen.«

Und ich sage: Ja, es war der Nordwind,

Aber Scham war sein Webstuhl, und Schlaffheit sein Faden.

Und als seine Arbeit getan war, lachte er im Wald.

Vergeßt nicht, daß Züchtigkeit ein Schild gegen die Augen der Unreinen ist.

Und wenn die Unreinen nicht mehr sind, was ist Nichtigkeit dann anderes als eine Fessel und eine Trübung des Geistes?

Und vergeßt nicht, daß es die Erde freut, eure nackten Füße zu spüren und daß die Winde sich danach sehnen, mit eurem Haar zu spielen.

Wieder hat Almustafa einen großen Höhenflug und kommt den Sternen wirklich nahe. Ich betone, er kommt sehr *nahe*, denn wieder verfehlt er ein paar wesentliche Dinge. Wäre er am Ziel, hätte er sie nicht verfehlt.

Es ist eines der grundlegenden Prinzipien des Lebens, daß das Betreten der Brücke, die euch mit dem Ganzen verbindet – und sei es für noch so kurze Zeit – eure Augen, eure Wahrnehmung zu reinigen anfängt. Doch selbst beim allerletzten Schritt dieser Reise wird euch noch nicht das ganze Geheimnis enthüllt.

Nicht, daß die Existenz geizig wäre; die Existenz ist sehr gerecht. Sie enthüllt euch nur soviel, wie ihr aufnehmen könnt. Wenn ihr noch nicht fähig seid, die Wahrheit aufzunehmen, schützt euch die Existenz, indem sie es euch noch nicht enthüllt. Wenn ihr nicht vollkommen bereit wäret für die Liebe und die Existenz eröffnete euch alle Mysterien der Liebe, würde es euch keine Freude bringen, sondern Schmerz. Es würde euch nicht Erkenntnis bringen, sondern euch blenden.

Wenn ein Blinder operiert wird, wird er noch einige Tage vom Licht und von der Sonne ferngehalten. Seine Augen bleiben noch mit einer Binde bedeckt. Würde man dem Blinden, nachdem er operiert wurde und nun nicht mehr blind ist, unvermittelt sagen: »Du kannst jetzt nach Hause gehen. Jetzt kannst du die Sonne sehen, die Bäume, die Vögel, die Leute, mit denen du zusammenlebst«, dann würde er mit verbrannten Augen nach Hause kommen; er würde wieder blind werden. Und eine zweite Operation würde sehr viel schwieriger sein.

Die Natur mag langsam sein, aber sie meint es gut mit euch. Sie gibt euch nur soviel, als ihr verarbeiten könnt.

Darum sage ich, Almustafa ist manchen schönen Erfahrungen, manchen Offenbarungen sehr nahe gekommen. Aber er hat das Ziel noch nicht erreicht. Seine Aussagen sind wahr, aber nur teilweise. Und ich möchte euch daran erinnern, daß eine Halbwahrheit sich manchmal als gefährlicher erweist als eine Lüge. Man kann sich von einer Halbwahrheit sein ganzes Leben lang täuschen lassen, aber niemand läßt sich so lange von Lügen täuschen.

Deshalb möchte ich die Wahrheit vervollständigen und euch zeigen, warum ich meine, daß es nur eine Halbwahrheit ist.

Und der Weber sagte: Sprich uns von den Kleidern.

Das ist das Schöne an Khalil Gibran: Er bringt großartige Einsichten in ganz gewöhnliche Dinge. Wenn ihr einen Philosophen über Kleider fragt, wird er lachen. Er wird sagen: »Geh zu einem Weber oder zu einem Schneider. Philosophie hat nichts mit Kleidern zu tun.«

Aber es gibt nichts Unwichtiges im Leben. Wenn etwas unwichtig erscheint, bedeutet das nur, daß eure Wahrnehmungsfähigkeit noch nicht klar genug ist. In dem Augenblick, in dem eure Wahrnehmung klar ist und eure Augen unschuldig sind, wird der kleinste Kieselstein am Strand genauso mysteriös wie der größte Stern am Himmel – denn beide gehören zum selben Mysterium.

Und er antwortete:
Eure Kleider verbergen viel von eurer Schönheit, doch verstecken sie nicht das Unschöne.

Dies ist eine Halbwahrheit. Die Kleider wurden von den Unschönen entdeckt, um das Unschöne zu verstecken. Man sieht keine Tiere, keine Vögel mit Kleidern. Der Mensch ist das einzige Lebewesen auf diesem Planeten, das Kleider erfunden hat. Wozu?

Oberflächlich gesehen, scheinen sie euch vor dem Regen, vor dem Winter, vor dem Sommer zu schützen. Doch wenn die Tiere und die Bäume alle auch ohne Kleider geschützt sind, muß der Mensch einem Trugschluß unterliegen. Gewiß, heute trifft es zu, daß die Kleider euch vor dem Winter und dem Regen und der Hitze schützen, denn ihr seid schwächer geworden. Weil ihr seit Jahrtausenden Kleider benutzt, habt ihr eure Stärke verloren, die jedem Neugeborenen von der Natur mitgegeben wird.

Doch warum haben die Menschen überhaupt angefangen, sich für Kleider zu interessieren? Der erste Grund war – und in der biblischen Geschichte liegt eine gewisse Wahrheit –, daß Adam und Eva, sobald sie die Frucht der Erkenntnis gegessen und ihre Unschuld verloren hatten, sich ihrer Nacktheit schämten. Der Mensch hat versucht, seine Nacktheit zu verbergen. Und die Leute, die weniger schön sind, sind mehr auf Kleider fixiert. Je schöner ein Mensch ist, um so mehr würde er seine Schönheit lieber nicht hinter Kleidern verstecken.

In Indien gibt es Millionen von Statuen. Die schönsten sind die von Mahavira, der fast vierzig Jahre lang nackt lebte. In Griechenland ist nur ein einziger Mann bekannt, der es wagte, in seiner Nacktheit zu leben: Diogenes. Er war ein Zeitgenosse von Alexander dem Großen. Alexander war interessiert, denn er hatte so viel von Diogenes gehört – er war einer der interessantesten Menschen, die die Menschheit hervorgebracht hat. Aber die Leute an seinem Hof hielten Alexander immer davon ab: »Du kannst ihn nicht an den Hof einladen, er ist nackt!« Doch schließlich ergab sich eine Gelegenheit. Als Alexander auf dem Weg nach Indien war, kam er an einen Wald und einen Fluß, wo Diogenes lebte. Jetzt war keiner mehr da, der ihn hindern konnte. Er ließ sein Heer ein wenig ausruhen und sagte, er wolle einen Mann besuchen, der in der Nähe wohnte.

Seine Leibwächter und sein Premierminister wollten ihn begleiten, doch er lehnte ab. Er war selbst ein wenig unsicher, anderen zu zeigen, daß er einen nackten Mann besuchte. Aber als er Diogenes sah, sagte er als erstes: »Ich habe noch nie einen so schönen Körper gesehen. Und wenn ich dich anschaue, ist mir absolut klar und es leuchtet mir ein, daß die Kleider von den Unschönen erfunden wurden.«

Almustafa sagt: *Eure Kleider verbergen viel von eurer Schönheit* – nicht *viel*, sondern fast neunundneunzig Prozent. Nicht einmal ihr selbst kennt euren Körper. Würde man euch euren Körper ohne Kopf zeigen – ihr könntet ihn nicht als euren Körper erkennen. Ihr habt ihn euch nie angeschaut. Wir kennen die Menschen nur nach ihren Gesichtern. Doch der ganze Körper ist eine organische Einheit, und wenn nicht der ganze Körper schön ist... das Gesicht allein kann sehr täuschen. Es ist nur ein kleiner Teil.

Der ganze Osten mokiert sich, und die Leute fühlen sich überlegen, wenn sie von den Schönheitskonkurrenzen im Westen hören, wo nackte Frauen nichts dagegen haben, daß Tausende von Menschen und eine Jury entscheiden, welcher Körper der schönste ist.

Der Osten hält sich für sehr kultiviert. In Wirklichkeit bringt ihr es nicht einmal über euch, einen nackten Körper zu betrachten. Nicht daß ein nackter Körper an sich etwas Obszönes wäre! Ihr könnt einen nackten Körper nur deshalb nicht anschauen, weil ihr so voller Unterdrückung seid. In euren Träumen schaut ihr euch nackte Körper an, in euren Phantasien begehrt ihr nackte Körper. Und ich verurteile nicht eure Träume und eure Sehnsüchte; ich verurteile eure Unterdrückung!

Ein Mensch, der unterdrückt ist, kann sich sehr leicht vormachen, daß er kultiviert sei, zivilisierter als andere.

Wenn die Menschen wieder zivilisierter werden... was sie schon einmal waren, doch es war ein Geschenk der Natur. Jedes Kind wird nackt geboren, ganz ohne Scham. In den Kindestagen der Menschheit waren alle nackt. Darum sage ich, die biblische Geschichte enthält etwas Wahres. Nachdem sie wissend wurden, schämten sich Adam und Eva ihrer Nacktheit. Weshalb solltet ihr euch eurer Nacktheit schämen?

Und es gibt solche Idioten auf der Welt... Im viktorianischen Zeitalter – Bertrand Russel erinnert sich an seine Kindheit, und er lebte fast ein ganzes Jahrhundert und hatte im Laufe dieses Jahrhunderts tausende Veränderungen miterlebt – in jener Zeit trugen sogar die Hunde Kleider! Und es ist erwähnenswert, daß es in London eine Gesellschaft gab, die nur aus alten, häßlichen, abgetakelten Frauen bestand, die viel Aufhebens machten und alle Leute zwangen, ihre Hunde nicht nackt herumlaufen zu lassen – es könnte die Kinder und die Moral verderben! So hat man spezielle Gewänder für Hunde angefertigt.

Besonders in England, wenn die Leute mit ihren Hunden spazieren gehen, halten sie sie an der Kette, denn sie haben Angst, weil die Hunde noch nicht die Frucht der Erkenntnis gegessen haben. Und wenn so ein Hund eine schöne, junge Hundedame zu Gesicht bekommt, kann er sich die Gelegenheit nicht entgehen lassen! Und alle Hunde, die niemandem gehörten, wurden erschossen.

Es sieht idiotisch aus, aber die Dummheit kennt keine Grenzen: Sogar die Stuhlbeine hat man mit schönen Kleidern bedeckt, weil sie »Beine« heißen und bei jemandem seine unterdrückte Sexualität anregen könnten. Spinnen die Menschen?

Aber ihr werdet eines bemerkt haben: Schönheitskonkurrenzen gibt es nur für Frauen, weil wir in einer männlich-chauvinistischen Gesellschaft leben. Warum gibt es nicht auch männliche Schönheitskonkurrenzen? Und die Tausenden von Leuten und die Jury, die sich diese Prozession schöner Frauen anschauen, sind nichts als Voyeure.

Die Frauen der Welt sollten verlangen: »Wir wollen auch unser Urteil abgeben, und es sollte auch Schönheitskonkurrenzen mit nackten Männern geben. Und Publikum und Jury sollten nur aus Frauen bestehen!« Ich bin mir ziemlich sicher, wenn sie dabei blieben, würden die Schönheitskonkurrenzen mit Frauen aufhören. Die Männer werden ihre Nacktheit nicht herzeigen wollen, denn sie haben keinen so schönen Körper wie die Frauen.

Früher war der Körper des Mannes sogar schöner. Wenn ihr zurückgeht in die Zeit, bevor das Christentum die Unschuld Italiens verdorben hat, werdet ihr euch wundern: Als die römische Zivilisation auf ihrem Höhepunkt war, stellten sämtliche Statuen jener Tage schöne, junge Männer dar. Ihr werdet keine einzige römische Statue von einer Frau finden.

Aber die Kleider haben die Schönheit von beiden zerstört – mehr vom Mann und weniger von der Frau, weil die Frau mehr körperorientiert ist. Sie kümmert sich mehr um ihren Körper. Und das hat einen biologischen Grund.

Die Sexualität des Mannes ist lokal, auf seine Geschlechtsorgane beschränkt. Und das Denken des Mannes ist ego-bezogen und sehr konkurrenzorientiert. Ich bin unzähligen Männern begegnet, die mich gefragt haben – weil sie niemand anderen fragen konnten: Ihr Geschlechtsorgan ist sehr klein, und sie haben Angst, jemand könnte es bemerken. Und dann gibt es auch Männer mit einem sehr großen

Genital. Das ganze Denken des Mannes konzentriert sich auf die Genitalien.

Die Sexualität der Frau hingegen ist nicht lokal; sie ist im ganzen Körper. Das war einer der größten Fehler, den Gott gemacht hat, als er die Welt erschuf. Mann und Frau sollten zusammen leben, sie sollten einander lieben, doch die Frau wurde viel reicher ausgestattet, was ihre sexuelle Energie angeht. Viel reicher, weil ihr ganzer Körper pulsiert; jede Zelle ihres Körpers gerät ins Tanzen. Und weil der Mann nur eine genitale Sexualität besitzt, ist sein restlicher Körper in sexueller Hinsicht ziemlich tot. Das hat zu einem der schwerwiegendsten Probleme geführt.

Es ließe sich lösen, aber wenn ich eine Lösung vorschlage, werde ich auf der ganzen Welt verdammt, daß ich solche Vorschläge mache. Niemand hat den Mut, meine Vorschläge zu kritisieren oder zu verurteilen – nein, man verurteilt *mich*. Die Leute sind nicht imstande, das zu kritisieren, was ich sage.

Weil der Mann nur eine genitale Sexualität hat, ist er beim Sex in zwei Minuten fertig. Und er ist nicht interessiert an einem Vorspiel mit dem Körper seiner Geliebten, noch ist er an einem Nachspiel interessiert. Für ihn ist die Frau einfach nur ein Abfalleimer. Um die Last der sexuellen Energie, die ihn bedrängt, loszuwerden, benutzt er die Frau auf eine sehr unmenschliche Weise als sexuelles Objekt.

Wenn ihr die Sache wirklich versteht, werdet ihr zuerst den ganzen Körper der Frau zum Pulsieren bringen. Legt eine schöne Musik auf, nehmt Räucherwerk, tanzt miteinander. Gebt ihr die Möglichkeit, sich vorzubereiten. Ihr ganzer Körper muß in einer bestimmten Einstimmung, einer gewissen Erregung sein, von dem Wunsch und der Sehnsucht entflammt, zu verschmelzen und sich aufzulösen.

Doch der Mann hat Angst, denn die Frau ist zu mehrfachen Orgasmen fähig, während der Mann mit einer einzigen Ejakulation am Ende ist – ich würde es nicht einmal einen Orgasmus nennen.

Der Orgasmus ist etwas Spirituelles. Wenn der Mann den ganzen Körper der Frau in Erregung bringt, wird sie verlangen, daß er sie befriedigt. Und die Frauen *sind* unbefriedigt, darum sind sie ständig gereizt, ärgerlich, zickig und nörgeln an den Männern herum. All diese Probleme sind Nebenerscheinungen ihres Unbefriedigtseins.

Es gibt Millionen von Frauen, die noch nie einen Orgasmus erlebt haben. Eine Frau kann nur dann einen Orgasmus erleben, wenn ihr ganzer Körper wie ein Musikinstrument angeregt wird. Wenn ihr ganzer Körper von innen her zu tanzen beginnt, mit jeder Faser, jeder Pore – erst dann wird sie fähig sein, einen Orgasmus zu haben. Ihren ganzen Körper orgasmisch zu machen, ist die Aufgabe des Vorspiels. Doch der Mann hat es immer eilig. Was hat es für einen Sinn, zwanzig bis dreißig Minuten zu verschwenden, wenn der Job in drei Minuten effizient erledigt werden kann? Und viele Frauen haben mir berichtet, wenn ihr Geliebter oder Ehemann fertig ist, sind sie noch nicht einmal warm geworden. Und sobald er fertig ist, dreht er sich um und vergißt die Frau; er hat sie benutzt. Sein Zweck ist erfüllt: er fällt in den Schlaf.

Für die meisten Männer ist Sex tatsächlich nichts anderes als ein Schlafmittel. Von seiner Last befreit, fängt der Mann sofort zu schnarchen an. Und viele Frauen – intelligente, mutige Frauen – haben mir erzählt, daß sie weinen, während er daliegt und schnarcht. Ihre Tränen fließen – Tränen des Schmerzes, der Verletztheit, der Erniedrigung. Man hat sie zu einer Sache reduziert.

Diese Art, Liebe zu machen, findet gar nicht zwischen zwei Menschen statt. Eigentlich braucht der Mann nur eine Plastikfrau, die er in seiner Hosentasche aufbewahren kann. Dann kann er sie, sooft er will, mit Luft aufpumpen, und die Frau ist bereit. Das wäre sinnvoller.

Ich habe gehört...

Zwei Männer hatten einen Job in Alaska angenommen, in der Nähe des Nordpols. Sie waren dabei, alles Nötige einzukaufen, denn sie würden mindestens zwei Jahre lang dort sein. Der Ladenbesitzer sagte: »Es steht mir zwar nicht zu, mich einzumischen, aber ich habe schon viele auf so einen Job gehen sehen, und sie kriegen immer das gleiche Problem: Wie wollt ihr's zwei Jahre ohne Frauen aushalten?«

Sie sagten: »Darüber haben wir uns noch gar keine Gedanken gemacht.«

Der Ladenbesitzer sagte: »Aber für dieses Problem habe ich die Lösung.« Er kam mit einem kleinen Päckchen an, in dem sich eine Plastikpuppe befand, klein zusammengefaltet. Und er sagte ihnen: »Ihr könnt sie einfach mit dem Mund aufblasen, oder mit dieser kleinen Pumpe – genauso wie ihr Luft in einen Fahrradschlauch, einen Reifen oder Fußball pumpt. So blast ihr sie auf. Und diese Sorte Frau ist eine Rarität: kein Nörgeln, kein Streit, keine Ausgaben, kein Essen. Ihr könnt das Päckchen in der Hosentasche aufbewahren, und immer, wenn ihr es braucht, blast ihr es auf, und die Frau wird lebendig. Ich wette, so eine tolle Figur habt ihr noch nie gesehen!«

Klar, eine von Menschen produzierte Frau kann nicht fett werden, sie kann nicht mager werden, sie kann keine Krankheiten bekommen und sie kann nicht sterben. Plastik ist das einzig Unsterbliche, was der Mensch produziert hat. Völlig problemlos! Und nie wird sie sagen: »Heute nicht! Ich habe Kopfweh – nicht heute!« Und ich weiß, daß alle Frauen, die sagen: »Ich bin müde und habe Kopfweh«, im Grunde nur die häßliche Situation vermeiden wollen, daß man sie als Sexobjekt benutzt. Es gibt keine größere Beleidigung. Aber eine solche Plastikfrau beklagt sich nie und sagt niemals: »Heute nicht, ich bin müde und habe Kopfweh.« Sie steht immer zur Verfügung.

Einer der Männer sagte: »Das ist alles Unsinn. Mit so einem Quatsch habe ich nichts zu schaffen. Wenn jemand erfährt, daß ich eine Plastikfrau bei mir habe, wird er mich auslachen.«

Aber der andere sagte: »Ich finde das logisch und durchaus vernünftig. Ich werde es kaufen.« Und er kaufte die Frau.

Sie waren gute Freunde, aber ein jedes Dreieck bringt nun mal Probleme, sogar mit einer Plastikfrau! Der Besitzer der Frau schärfte seinem Freund ein: »Merk dir eines: Ich dulde keine Ein-mischung in mein Privatleben!«

»Was für ein Privatleben?«

»Falls du dich für meine Frau interessierst! Denn manchmal werde ich tagelang weg sein, auf dem Meer oder im Schnee, und meine Frau wird allein zu Hause bleiben. Dann mußt du sie wie deine Mutter behandeln.«

»Was für ein Unsinn! Ich kann sie nicht mal wie meine Frau behandeln, und du sagst mir, ich soll dieses Plastikspielzeug wie meine Mutter behandeln! Sag mal, spinnst du?«

»Nein, ich stelle nur die Verhältnisse klar, denn ich bin ein sehr eifersüchtiger Mann.«

»Eifersüchtig – worauf?«

»Wenn ich dich je erwische, daß du versuchst, meine Frau zu verführen, ist es das Ende unserer Freundschaft, und es gibt Mord und Totschlag!«

Der andere Mann sagte: »Wegen dieser Plastikpuppe würdest du mich umbringen?«

»Dich vielleicht nicht. Ich mag keine Kugel auf dich verschwenden. Aber es könnte schon sein, daß ich meine Frau umbringe.«

Und eines Tages geschah es. Er wollte ausgehen und sah so glücklich drein wie noch nie. Er sagte: »Ich werde meinen Job um zwei Jahre verlängern, denn zu Hause wartet meine Ehefrau auf mich, und zwei Frauen... Das würde die Probleme nicht nur verdoppeln, sondern vervierfachen.«

Der andere sagte: »Mach doch, was du willst. Ich glaube, jetzt bist du total übergeschnappt!«

Als der Mann gegangen war... und er sah so entspannt aus: keine Streß, keine Probleme, keiner, der ihm was dreinredete... Wo findet man schon eine solche Frau? Nach und nach begann sich der andere doch für sie zu interessieren. Seine Sexualität... und zwei Jahre sind in Alaska besonders lang, weil jede Unterhaltung fehlt. Als der Freund weg war, dachte er: »Vielleicht bringt es diese Plastikfrau. Ich leide, während er seinen Spaß hat!«

Und da sein Freund an diesem Abend nicht zurückkommen wollte, öffnete er die Packung und blies die Frau auf. Er war so ausgehungert, hatte den Sex seit Monaten verdrängt, und die Frau war genauso, wie man sich eine Schönheitskönigin vorstellt – die gleichen Kurven! Er genoß es unheimlich, sie zu lieben. Doch dann passierte ein Unglück. Und das Unglück geschah, als er mit den Brüsten der Frau spielte. Plötzlich ergriff ihn ein unbändiges Verlangen, ihre Brustwarzen in den Mund zu nehmen. Er war so ausgehungert – wie alle Heiligen –, daß er an ihr zu saugen begann. Aber da war nichts zu saugen, nur Plastik. Im Dunkeln saugte er an ihren Brüsten und vergaß dabei völlig, daß es nur eine Plastikfrau war. So passierte es, daß er ein Loch hineinbiß. Die Luft zischte heraus, und die Frau segelte aus dem Fenster!

Er sagte: »Mein Gott! Ich habe schon viele Frauen gesehen, aber eine fliegende! Nur weil ich sie ein bißchen in die Brust gepiekst habe!« Draußen schneite es, und es war dunkel. So sagte er sich: »Morgen früh werde ich sie suchen und wieder zurücktun.«

Aber der Freund kam mitten in der Nacht zurück. Er sagte: »Die Arbeit war früher zu Ende.« Er suchte sein Päckchen, aber die Frau war nicht da.

Er sagte: »Heh du! Wo ist meine Frau?«

»Es tut mir schrecklich leid. Ich konnte der Versuchung nicht widerstehen, und dummerweise habe ich sie in ihre schönen Titten gebissen. Ich hätte nie gedacht, daß sie aus dem Fenster fliegen würde! Sie muß irgendwo da draußen liegen, aber es schneit so stark. Sie muß unter dem Schnee sein. Morgen früh werden wir sie reinholen und versuchen, sie zu reparieren.«

Doch der andere Mann sagte: »Hast du vergessen, was ich dir gesagt habe? Du sollst dich aus meinem Privatleben 'raushalten! « Und er war so wütend, daß er den Freund erschoß.

Am nächsten Tag kam er in das Geschäft zurück. Der Besitzer sagte: »Was ist los? Das letzte Mal war doch dein Freund dabei!«

Er sagte: »Das war kein Freund, das war ein Feind – er hat meine Frau umgebracht! Ich bin gekommen, mir eine neue zu holen. Ich habe diesen Mann getötet. Jemand mußte ihm eine Lektion erteilen! So was Unmoralisches und Verdorbenes! Er verdiente den Tod!«

Das gleiche haben die Männer mit den wirklichen Frauen gemacht. Aber sie sind nicht aus Plastik. Und weil ihnen die Erfahrung des Orgasmus abgeht, wird ihr Leben immer frustrierter, voller Wut und Zorn. Es ist eine einfache Sache, aber die Lösung ist sehr schwierig. Wenn ein Mann wirklich mit dem Körper der Frau spielt und alle Zellen ihres Körpers aus ihrem Schlummer weckt, wird er nicht imstande sein, sie zu befriedigen. Die intelligenteste Lösung wäre, immer mindestens fünf Freunde zusätzlich einzuladen. Dann könnte man eine völlig neue Frau erleben – fröhlich, nie unzufrieden und niemals ärgerlich.

Doch das Ego des Mannes… statt daß er wissenschaftlich vorgeht bei dieser Sache, für die ihn keine Verantwortung trifft! – Gott ist schuld! Er hätte sie gleichmachen sollen. Wenn die Frau sechs Orgasmen haben kann, sollte der Mann genauso viele haben können. Oder er hätte auch den Frauen eine genitale Sexualität geben sollen. Dann wäre das Leben friedlicher.

Aber die Frauen sollten darauf pochen: »Genug mit diesem Voyeurismus! Wir wollen auch unsere Schönheitskonkurrenzen auf der ganzen Welt haben, unter den gleichen Bedingungen.«

Aber der Mann ist häßlich; er ist häßlich geworden und versteckt seine ganze Häßlichkeit unter den Kleidern. Und er ist neidisch. Er zwingt auch die Frau, sich von oben bis unten zu verhüllen.

Almustafa hat recht: *Eure Kleider verbergen viel von eurer Schönheit, doch verstecken sie nicht das Unschöne.*

Doch meine Äußerungen, die mit der wissenschaftlichen Forschung übereinstimmen, wird mancher obszön nennen… Es ist keine Liebe. Es ist nur ein Druckablassen. Es hat nicht mehr Bedeutung als ein Niesen – ein genitales Niesen. Und wenn der Nieser vorbei ist, schläft der Mann ein. Schon das gewöhnliche Niesen gibt euch ein solch gutes Gefühl im Kopf. Die Frauen sollten sich das nicht mehr gefallen lassen! Sie sind nicht dazu da, Hilfsmittel für euer Niesen zu sein. Sie sollten ihre eigene Sexualität verstehen und ihre Forderungen stellen.

Die Monogamie ist etwas absolut Unnatürliches. Und vergeßt nicht, ich kann nichts dafür! Euer Gott ist für all dies verantwortlich!

Die ganze Existenz wurde offenbar von einem sehr dilettantischen Schöpfergott erschaffen; er hatte keine Ahnung. Und wie hätte er eine Ahnung haben sollen, denn in der christlichen Dreifaltigkeit kommt keine Frau vor! Es ist ein Schwulenverein. Als Aids in die Welt kam, muß es in der christlichen Dreifaltigkeit seinen Anfang genommen haben, denn dort sind die ältesten Homosexuellen.

Was sollen sie denn sonst auch machen? Wenn man die Welt in sechs Tagen erschaffen hat, was macht man danach? Gott darf ja nicht einmal rauchen!

Und obwohl ihr in Gewändern die Freiheit des Persönlichen sucht, könnt ihr darin einen Zügel und eine Kette finden.*

Sie verleihen euch keine Privatheit. Sie geben euch nur eine dünne Wand, die euch einschließt, so daß ihr mit eurem eigenen Gefängnis herumlauft.

Wenn ihr nie nackt in der Sonne wart und euren ganzen Körper habt nähren lassen von den Vitaminen, die die Sonne in euch erzeugt, wenn ihr nie nackt im Wind wart, dann seid ihr Gefangene. Ich sage nicht, daß ihr auf öffentlichen Plätzen oder auf der Straße unter all den idiotischen Leuten nackt herumlaufen sollt. Sie sind blind und taub, beschränkt und herzlos, und sie würden es nicht verstehen. Aber immer wenn ihr ungestört seid, genießt es, euch von den Kleidern zu befreien.

Bertrand Russell hatte eine Schule für kleine Kinder eröffnet, und um diese Schule rankten sich viele Gerüchte. Er war ein umstrittener Mann – wie es jeder, der denken kann, sein muß. Schließlich klopfte der Bischof der Stadt bei dieser Schule an. Ein kleines nacktes Mädchen, vielleicht neun Jahre alt, öffnete ihm die Tür.

Der Bischof machte schnell die Augen zu und sagte: »Mein Gott!« Aber das Mädchen sagte: »Gott hat alle Menschen nackt erschaffen!«

Und man hat noch nie gehört, daß Gott Kleider benutzt. Also muß er nackt sein! Und was ist mit eurem heiligen Geist? Soviel man weiß, kaufen sich Geister keine Kleider – ob heilig oder unheilig!

Übrigens ist dieser sogenannte heilige Geist der Christen eine ganz und gar unheilige Idee, denn dieser heilige Geist machte die unschuldige, jungfräuliche Maria schwanger – die Mutter von Jesus Christus. Er ist ein Sexualtäter. Trotzdem gilt er als heilig und als Teil Gottes. Diese Dreifaltigkeit ist nichts Neues; sie ist fast das

* im englischen Original *privacy*, Privatheit

Gleiche wie *Trimurti* bei den Hindus, die drei Gesichter Gottes: Gottvater, Gottsohn und der heilige Gottgeist. Aber kein Platz für eine Frau! Entweder haben sie Plastikfrauen gefunden, oder sie müssen homosexuell sein!

Noch eine Möglichkeit gäbe es: daß der heilige Geist bisexuell ist – mal Mann, mal Frau. Mal für den Vater und mal für den Sohn. Geister können jede Form annehmen.

Und da nötigt man mich ständig, auf der ganzen Welt, keine der Religionen zu kritisieren. Aber was kann ich machen? – Diese Religionen verdienen es, kritisiert zu werden. Ja, sie verdienen es, komplett verbrannt zu werden. Ihre heiligen Schriften sind absolut unheilig.

Darum merkt euch: Was auch immer ich sage, ist nicht nur für euch. Es ist für alle meine Sannyasins rund um die Welt, für meine Sympathisanten, meine Geliebten – und das müssen Millionen sein. Und nicht einmal nur für sie ist es. Ich rede auch für die zukünftigen Generationen.

Doch was immer ich auch sage – und es sind auch ein paar Spinner hier unter euch –, ihr dürft mich nicht mißverstehen. Daß mein Feinde mich mißverstehen, kann ich begreifen. Doch wenn *ihr* mich mißversteht, tut es mir im Herzen und in der Seele weh.

Ich habe gehört, daß ein paar Leute ins Büro gekommen sind und gesagt haben: »Aber Osho hat es uns erlaubt! – denn es gibt nichts, was obszön ist. Wir können auf der Straße tun und lassen, was wir wollen.«

Das wäre dumm, denn eure Dummheiten werden *euch* nicht wehtun, aber die ganze Verantwortung fällt auf mich. Ich habe in vielen Gefängnissen für euch gelitten. Ich habe in den Händen dieser unmenschlichen Polizisten für euch gelitten. Ich habe auf verschiedenste Weise durch fast alle Regierungen der Welt für euch gelitten. Wenn ich also derartige Sachen sage, dann seid intelligent und verständig, denn ihr seid umgeben von allen möglichen Bigotten, Fanatikern, und was immer ihr tut, fällt letztlich auf mich zurück. Keiner wird um euch Aufhebens machen. Keiner wird auch nur nach eurem Namen fragen.

Einige Sannyasins sind kürzlich aus Nepal gekommen, und sie dachten, wenn sie auf der Straße über die Grenze kommen, würden sie keine Probleme haben, weil es dort noch keine Computer gibt. Die Regierungscomputer in sämtlichen indischen Botschaften auf der ganzen Welt und in allen internationalen Flughäfen Indiens sagen: »Diese Person ist ein Schüler von Bhagwan Shree Rajneesh und darf nicht einreisen.« Umso erstaunter waren sie, als sie sahen, daß sogar beim Grenzübertritt auf der Straße – nicht auf dem Flughafen! – die Polizei ein dickes Buch mit allen Namen der Sannyasins hat, die sie zusammentragen konnte. Im Ministerium hat der egoistischste und machthungrigste Mann, Arun Nehru, alle Dokumente und Namen in den Computer eingeben lassen. Und wenn keine Computer zur Stelle sind, wird es in ein dickes Buch geschrieben. Er hat eine Aussage vor dem Parlament gemacht. Auf die Frage eines Abgeordneten: »Ist es richtig, daß Bhagwan Shree Rajneeshs Sannyasins nicht nach Indien einreisen dürfen?« sagte er: »Das ist absolut unrichtig. Jeder ist willkommen.«

Diese Politiker können schamlos lügen. Fast alle Parlamente Europas haben – unter dem Druck der Amerikaner – Resolutionen, Gesetze und Erlässe verabschiedet: »Dieser Mann ist sehr gefährlich und sollte nicht ins Land dürfen.« Und weil sie Jahr für Jahr Dollarkredite in Milliardenhöhe bekommen und Amerika weiß, daß sie sie nicht zurückzahlen können... denn womit sollten sie sie zurückzahlen? Sie sind ökonomische Sklaven. Selbst die großen Nationen, die einst die ganze Welt regierten, sind heute in der Position von Bettlern. Und sie haben nicht einmal die Courage, die amerikanische Regierung zu fragen: »Was meint ihr mit ›gefährlich‹? Hat er eine Nuklearrakete bei sich? Kommt er mit Atombomben?«

Nein. Einundzwanzig Länder haben beschlossen, mich nicht einreisen zu lassen, weil sie befürchten, ich könnte ihre Religion zerstören, ich könnte ihre Moral zerstören, ich könnte das Denken ihrer jungen Leute korrumpieren.

Und ich wundere mich: Was haben diese Idioten eigentlich in den letzten zweitausend Jahren gemacht? Wenn eine Moral, die seit zweitausend Jahren gepredigt wird, von jemandem, der mit einem dreiwöchigen Touristenvisum kommt, zerstört werden kann – was ist das denn für eine Moral? Was habt ihr denn für eine Religion?

Wenn ein einziger Mann kommen und in drei Wochen eure ganze Tradition und eure ganze Vergangenheit demolieren kann, dann verdienen sie es, demoliert zu werden! Ihr haltet die Leute zum Narren. Die einfache Schlußfolgerung ist, daß ihr sie zum Narren gehalten habt und nicht wollt, daß ich aufzeige, wie ihr sie getäuscht habt. Das ist keine Moral und das ist keine Religion!

Und ich kann es in drei Wochen schaffen. Mehr Zeit brauche ich nicht dafür. In der Tat, durch ihre Absage gestehen sie ein, daß ein einzelnes Individuum sie besiegt hat, das nicht einmal ein Messer zum Gemüseschneiden besitzt! Solch impotente Religionen, eine solch impotente Moral – man braucht nur den Finger daraufzulegen, und die intelligenten Menschen werden es sofort sehen.

Was auch immer ich also sage, ihr müßt sehr klar damit umgehen, wenn ihr mich lebendig sehen wollt – denn jetzt gibt es für all diese Länder keine andere Möglichkeit mehr, als mich zu ermorden. Und wenn ihr euch unvernünftig benehmt, werdet ihr es euer ganzes Leben bereuen. Und ich möchte nicht, daß irgendjemand etwas bereuen muß. Ihr würdet euch schuldig fühlen, daß ihr bei meiner Ermordung eine Rolle gespielt habt.

Darum tut nichts, was gegen die Blinden und Toten und Tauben geht. Da ihr wißt, daß sie mit der Vergangenheit beladen sind und nicht einmal den Mut haben, mich zu verstehen, müßt ihr euch so verhalten, daß ihr ihnen keine Gelegenheit gebt.

Laßt mich allein kämpfen, denn ich bin allein genug.

Könntet ihr der Sonne und dem Wind mit mehr Haut und weniger Kleidung begegnen!

Es ist eine einfache physiologische Tatsache, daß eure ganze Haut atmet – einatmet, ausatmet –, nicht nur eure Nase. Würde man eine dicke Farbschicht auf euren Körper auftragen, die jedes Ein- und Ausatmen durch die Haut verhinderte, und wenn nur eure Nase freibliebe, so würdet ihr dennoch innerhalb von drei Stunden sterben. Die Nase allein genügt nicht. Sie ist der wichtigste Teil, aber nicht genug. Euer ganzer Körper besteht aus einigen Milliarden lebender Zellen. Sie alle brauchen Sauerstoff, und sie alle müssen Kohlendioxid ausscheiden. Eure Kleider verhindern das.

Eure Kleider sind nicht eure Freunde. Aber weil ihr seit Jahrtausenden Kleider verwendet, hat es euren Körper geschwächt, und darum müßt ihr sie verwenden. Aber hier und da, wenn die Jahreszeit es erlaubt und keine Fanatiker in der Nähe sind, zieht euch völlig nackt aus, so wie Gott euch gesandt hat. Dann werdet ihr spüren, wie ihr einen frischen Schub von Lebendigkeit, Jugend und Frische bekommt.

Die Sonne ist euer Freund. Der Wind ist euer Freund. Der Regen ist euer Freund. Eure Kleider sind eure Feinde. Doch weil ihr schwach geworden seid – und der Mensch ist heute das schwächste Tier in dieser Existenz –, müßt ihr Kleider verwenden. Benutzt sie, doch gebt eurem Körper ab und zu die Gelegenheit, zu seinem natürlichen Recht zu kommen.

Denn der Atem des Lebens ist im Sonnenlicht, und die Hand des Lebens ist im Wind.
Einige von euch sagen: »Der Nordwind hat die Kleider gewebt, die wir tragen.«
Und ich sage: Ja, es war der Nordwind,
Aber Scham war sein Webstuhl, und Schlaffheit sein Faden.

Weil man euch ständig eine bestimmte Idee eingehämmert hat – daß euer Körper häßlich sei, daß euer Körper eine Strafe sei –, seid ihr voller Scham, nackt gesehen zu werden. Almustafa hat recht: *Scham war sein Webstuhl.* All eure Kleider sind auf dem Webstuhl der Scham gewebt.

Aber was ist an ihnen schamvoll? Die Bäume sind nackt, alle Tiere sind nackt, alle Vögel sind nackt. Was ist Scham? Und die Kleider haben eurer Gesundheit, eurer Schönheit immensen Schaden zugefügt – aus dem einfachen Grund, weil sie zu einer Barriere zwischen euch und dem Leben geworden sind. Die ganze Existenz ist nackt, nur der Mensch nicht. Aus welchem Grund sollte er Scham empfinden? Es ist *euer* Körper, es ist euer Tempel – es ist der Ort, wo Gott wohnt. Scham ist da völlig fehl am Platz.

Aber auf diese Weise haben die Religionen euch ausgebeutet, haben die Politiker euch ausgebeutet. Eure sogenannten Führer sind keine Führer, sondern Mörder. Sie haben die ganze Menschheit auf vielfältige Art gemordet, haben euch versklavt und geschwächt.

Ein wahrhaft religiöser Mensch wird sich seines Körpers nicht schämen, denn sein Körper ist ein Geschenk. Sich seines Körpers zu schämen bedeutet, die Existenz zu verdammen.

Und als seine Arbeit getan war, lachte er im Wald.

Er sagt, als das Werk vollbracht war, dem Menschen Scham beizubringen, hat dieselbe Energie, die euch Scham über euch selbst empfinden läßt, im Wald gelacht. Tatsächlich lachen alle Bäume, wenn sie euch sehen; alle Vögel lachen, wenn sie euch sehen: »Was für eine seltsame Kreatur ist dieser Mensch! Warum versteckt er sich?«

Der kleine Rosenstrauch schämt sich nicht dafür, daß er klein ist. Noch sind die Zedern des Libanon, die fünfzig, achtzig Meter hoch in den Himmel ragen, stolz darauf. Es ist dieselbe Natur, die den Rosenstrauch hervorbringt, es ist dieselbe Natur, die die Zeder hervorbringt. Wir kommen alle von derselben Mutter.

Wir kommen aus derselben Quelle. Sich zu schämen bedeutet, den Stab zu brechen – nicht über euch, sondern über die Quelle, die euch alles gegeben hat, ohne etwas dafür zurückzuverlangen.

Vergeßt nicht, daß Züchtigkeit ein Schild gegen die Augen der Unreinen ist.

Man hat euch in der Vergangenheit immer und immer wieder gesagt, daß Züchtigkeit eine große Tugend sei. Das ist eine komplette Lüge. Züchtigkeit ist nur *ein Schild gegen die Augen der Unreinen.* Und wer sind die Unreinen? Wenn man die Vergangenheit versteht und die Religionen, die sie uns gebracht hat, ist es verblüffend... Einerseits lassen die Religionen euch eure Energien unterdrücken – vor allem euren Sex, und das ist die einzige Energie, die ihr habt.

Habt ihr je gehört, daß ein impotenter Mensch erleuchtet wurde? Habt ihr je gehört, daß ein impotenter Mensch ein großer Dichter oder ein großer Maler oder ein großer Tänzer oder ein großer Sänger gewesen wäre? Ein Impotenter hat nicht die Energie dafür. Es geht nicht nur darum, daß er keine Kinder hervorbringen kann. Er kann auch keine Gedichte hervorbringen, er kann überhaupt nichts hervorbringen.

Er ist ein Heiliger, enthaltsam. Nur impotente Menschen sind enthaltsam. Bei allen jenen, die nicht impotent sind, ist die Enthaltsamkeit geheuchelt. Und ich fordere alle eure *Shankaracharyas* heraus, die vorgeben, enthaltsam zu sein: Sie sollten sich von medizinischen Experten untersuchen lassen. Und man wird finden, daß keiner von ihnen enthaltsam lebt, es sei denn, er erweist sich als impotent.

Ihr solltet euch merken: Sex ist Energie. Und Energie ist Gott. Und man will mir befehlen, nicht über Sex zu reden! Es bedeutet, mir zu befehlen, nicht über Gott zu reden, nicht über das Leben zu reden. Worüber soll ich denn sonst reden? Aber diese Leute haben ja keine Ahnung, wovon sie reden. Wenn Gott euch sexuelle Energie gegeben hat, ist sie heilig. Alles, was von Gott kommt, ist heilig – und alles ist von Gott. Und mit »Gott« meine ich nicht irgendeine Person. Ich meine die ganze Existenz.

Wenn der Kuckuck zu singen anfängt – habt ihr euch je Gedanken gemacht, wozu sein Lied da ist? Es ist dazu da, einen Geschlechtspartner anzulocken. Aber niemand verurteilt den Kuckuck deswegen als obszön. Wenn die Blumen sich öffnen und ihren Duft verströmen – was meint ihr, was sie tun? Sie machen Reklame: »Ich bin aufgeblüht! Jetzt können die Schmetterlinge kommen, und die Bienen. Sie sind willkommen.« Aber wofür? – die Blume will ihren Pollen den Schmetterlingen und den Bienen mitgeben. Denn in der ganzen Existenz gibt es diese Trennung: Es gibt männliche und es gibt weibliche Pflanzen. Die männliche Pflanze muß ihre Samen der weiblichen Pflanze senden, der Geliebten. Niemand wird die Pflanzen dafür verurteilen. Ihr nehmt sogar Blumen mit in euren Tempel als Gabe für euren Gott. Ihr seid euch nicht einmal bewußt, daß ihr eurem Gott sexuelle Energie darbringt!

Habt ihr den Tanz des Pfaus gesehen? Denkt ihr, er tanzt für euch? Und erinnert euch: Der schöne Schwanz in allen Regenbogenfarben, der tanzende Pfau – sie sind männlich. Er lockt ein Weibchen an. Nur bei den unnatürlichen Menschen müssen die Weibchen die Männchen anlocken.

Überall in der Natur ist es das Männchen, das das Weibchen anlockt. Und aus diesem Grund ist überall in der Natur das Männchen schöner, denn das Weibchen braucht keine Schönheit. Es genügt, daß es das Weibchen ist. Seltsam, nur der Mensch steht ständig auf dem Kopf, in *shirshasana.** Es ist das Männchen, das schöner sein sollte, damit das Weibchen von ihm angezogen wird.

Doch die Religionen haben alles durcheinandergebracht. Das geht so weit, daß ihr, wenn ihr einen reichen Mann mit seiner Frau seht, denkt, er sei ihr Diener. Und die Frau sieht aus, als wäre sie bloß eine Reklame für all seinen Reichtum. Die ganzen Diamanten, Smaragde, Rubine, das ganz Gold... es ist eine Reklame für den Mann. Der ist bloß Geschäftsmann. Eine schöne Frau zu haben, ist eine geschäftliche Strategie, damit er seine Kunden zum Abendessen nach Hause einladen kann, und dann wird seine Frau sie mit ihrer Schönheit hypnotisieren, damit er sie übers Ohr hauen kann! Aber der Mann ist nur zum Diener, zum Geschäftsmann geworden. Sein Reichtum wird durch die Ehefrau publik gemacht. Seine eigenen Schätze, seine Schönheit, sein Genie müssen verborgen bleiben.

Wohlgemerkt, immer wenn ihr die Natur durcheinanderbringt und anfangt, eure eigenen Regeln zu fabrizieren, ist es ein unverzeihliches Verbrechen.

Vergeßt nicht, daß Züchtigkeit ein Schild ... ist. Die Züchtigkeit, die Bescheidenheit der Frau im Osten wird auf der ganzen Welt hoch gepriesen, doch sie ist ein Schild. Im Westen ist die Frau nicht bescheiden. Sie steht auf ihren eigenen Füßen und ist dem Manne

* Yoga-Kopfstand

gleichgestellt. Bescheidenheit ist kein Thema. Die indische Frau hat man seit Jahrtausenden zur Bescheidenheit verbogen. Züchtigkeit ist ihre größte Zier.

Almustafa zeigt wirklich großes Verständnis für die Tatsachen, wenn er sagt, es sei *gegen die Augen der Unreinen.* Wer sind die Unreinen? – die Leute, die ihre Natur unterdrückt haben, die ihre sexuellen Begierden unterdrückt haben. Sie können im Ganges untertauchen, sooft sie wollen, aber das macht nur den Ganges unrein. Ihre Unreinheit bleibt, weil sie nicht körperlich ist, sondern tief in ihrem Geist sitzt.

Ich habe gehört...

Drei alte Rentner saßen auf einer Parkbank. Es war ihre tägliche Gewohnheit. Den ganzen Tag über gab es nichts zu tun, und es war ihr einziger Spaß, ihre einzige Unterhaltung, sich gegenseitig die vergoldeten Erinnerungen aus ihrer Vergangenheit zu erzählen. Eines Tages geschah es, daß wieder alle drei beisammensaßen. Einer war fünfundsiebzig, einer fünfundachtzig und der dritte fünfundneunzig. Der jüngste, der Fünfundsiebzigjährige, sagte: »Ich bin völlig durcheinander und sehr traurig.«

Seine beiden alten Kumpel fragten ihn: »Erzähl uns, was passiert ist.«

Er sagte: »Eine schöne Frau war bei uns daheim zu Gast. Als sie ein Bad nahm, schaute ich durchs Schlüsselloch, und meine Mutter erwischte mich dabei. Findet ihr nicht, daß unter diesen Umständen jeder traurig wäre und sich erniedrigt fühlen würde?«

Aber die beiden Älteren lachten. Sie sagten: »Mach dir nichts draus! In der Jugend macht jeder mal so was, und jeder wird mal erwischt. Dazu ist ein Schlüsselloch doch da!«

Der Mann sagte: »Ihr versteht nicht! Es geschah nicht in meiner Jugend, es war heute früh!«

Aber das ist nur möglich, wenn ein Mensch stets unterdrückt und unterdrückt und unterdrückt. Dann ist er nie frei. Sein Inneres ist unrein und schmutzig. Wenn er total gelebt hätte, würde er all diese Begierden transzendiert haben, und er wäre absolut rein.

Auf der einen Seite haben die Religionen den Menschen unrein und schmutzig gemacht – schmutzig im Denken. Und auf der anderen Seite haben sie den Frauen beigebracht, züchtig zu sein – als Schild gegen das Unreine. Wenn ein alter Mann zu euch ins Haus kommt, berührt die Inderin seine Füße, nennt ihn Papa und senkt den Blick. Das ist ein Schild.

Eine gesunde menschliche Gesellschaft wird keinen Schild brauchen, denn es wird keine alten Schmutzfinken geben. Meine Sannyasins brauchen keinen Schild. Sie haben ihr Leben fröhlich und dankbar gelebt, und sie haben das alles transzendiert – oder werden es transzendieren. Aber sie werden nicht auf all diesen unterdrückten schmutzigen Begierden hocken.

Der zweite alte Mann sagte: »Das ist gar nichts. Du erzählst immer so drittklassige Geschichten. Mir ist etwas sehr Erniedrigendes passiert. Seit drei Tagen habe ich mit meiner Frau keine Liebe mehr gemacht. Und jedesmal, wenn ich es probiere, sagt sie: ›Ich habe Kopfweh.‹«

Der Älteste fing an zu lachen und sagte: »Erzähl unserm Jüngsten erst mal, was du unter Liebe verstehst, denn er kennt dein Geheimnis nicht.«

Er sagte: »Es ist kein Geheimnis. Liebe ist für mich, wenn ich jede Nacht vor dem Einschlafen die Hand meiner Frau nehme und dreimal drücke. Aber seit drei Tagen hat sie mich nicht gelassen – das tut weh!«

Und dann fragten sie den Ältesten: »Hast du uns etwas zu erzählen?«

Er sagte: »Mir geht es gar nicht gut. Heute Morgen, als ich mit meiner Frau Liebe machen wollte, sagte sie: ›Du Idiot! Was machst du denn schon wieder?‹

Ich sagte: ›Das gleiche, was ich seit fast einem halben Jahrhundert mache: Ich mache Liebe.‹

Sie sagte: ›Liebe… ach du meine Güte! Das ist schon das dritte Mal in dieser Nacht, daß du Liebe machst. Läßt du mich jetzt endlich schlafen?‹

Ich sagte: ›Das dritte Mal? – Das bedeutet, daß ich mein Gedächtnis verliere!‹«

Das sind eure unreinen Leute: Das Alter, vor dem immer Respekt zu haben man euch beigebracht hat! Züchtigkeit ist zweifellos ein Schild gegen diese häßlichen Kreaturen, die die Religionen hervorgebracht haben. Die Verbrechen der Religionen sind unzählbar!

Und wenn die Unreinen nicht mehr sind, was ist Nichtigkeit dann anderes als eine Fessel und eine Trübung des Geistes?

Wenn diese unterdrückten Menschen einmal von der Erde verschwinden, was wird Nichtigkeit dann sein? – Nur eine unnötige Fessel. Die Mohammedaner erlauben ihren Frauen nicht einmal, ihr Gesicht zu zeigen. Das ist Züchtigkeit – ein Schutz, ein Schild gegen all die unterdrückten Leute ringsumher. Aber wenn es keine unterdrückten Leute gibt, werden die *burkhas*, die Schleier, nur Fesseln sein, und *eine Trübung des Geistes* Sie werden verschwinden.

Das wird ein wichtiger Tag sein, an dem eine Frau und ein Mann sich einfach als Menschen begegnen können, ganz ohne Schild, ganz ohne Barrieren, mit offenen Herzen.

Dies ist meine ganze Bemühung für meine Leute: sie so vollkommen lebendig zu machen, daß dabei all diese Dinge verschwinden und sie frei, authentisch und aufrichtig daraus hervorgehen.

Und vergeßt nicht, daß es die Erde freut, eure nackten Füße zu spüren und daß die Winde sich danach sehnen, mit eurem Haar zu spielen.

Die ganze Existenz freut sich über eure Freude. Die ganze Existenz singt mit euch, und sie tanzt mit euch. Und wenn jemand erleuchtet wird, feiert es die ganze Existenz – denn wir sind nicht getrennt. Wir sind alle ein kosmisches Ganzes.

Die Gaben der Erde

Und ein Kaufmann sagte:
Sprich uns vom Kaufen und Verkaufen.
Und er antwortete und sagte:
Die Erde gibt euch ihre Frucht, und es wird euch an nichts mangeln, wenn ihr nur wißt, wie ihr eure Hände füllt.
Im Austausch der Gaben der Erde werdet ihr Fülle finden und gesättigt sein.
Doch wenn der Austausch nicht in Liebe und freundlicher Gerechtigkeit stattfindet, wird er bloß einige zur Gier und andere zum Hunger führen.
Wenn ihr Arbeiter des Meeres, der Felder und der Weinberge auf dem Markt die Weber, Töpfer und Gewürzhändler trefft,
Dann beschwört den höchsten Geist der Erde, in eure Mitte zu kommen und die Waagen und die Rechnungen zu segnen, die Wert gegen Wert abwägen.
Und duldet bei euren Tauschgeschäften nicht die mit leeren Händen, die ihre Worte gegen eure Arbeit verkaufen möchten.

Solchen Männern solltet ihr sagen:
«Kommt mit uns aufs Feld oder fahrt mit unseren Brüdern zur See und werft eure Netze aus;
Denn das Land und das Meer werden sich euch gegenüber genauso freigebig zeigen wie uns.»
Und wenn die Sänger und Tänzer und die Flötenspieler kommen, nehmt auch von ihren Gaben.
Denn auch sie sind Sammler von Früchten und Weihrauch, und was sie bringen, obwohl aus Träumen geschaffen, ist Kleidung und Nahrung für eure Seele.
Und bevor ihr den Marktplatz verlaßt, seht zu, daß niemand mit leeren Händen seines Weges gegangen ist.
Denn der höchste Geist der Erde wird nicht friedlich auf dem Wind schlafen, bis die Bedürfnisse auch des Geringsten unter euch befriedigt sind.

Khalil Gibran weiß genau, was nottut, doch er ist absolut unwissend, wie der Mensch transformiert werden kann.

Es ist einfach, sehr einfach, schöne Worte für die Grundbedürfnisse des Menschen zu finden. Doch solange man nicht weiß, wie der Mensch seine Bedürfnisse befriedigen kann, mögen die Worte noch so schön sein, aber sie ergeben überhaupt keinen Sinn.

Und das trifft nicht nur auf Khalil Gibran zu. Das ist auch der Fall bei vielen anderen großen Dichtern, Denkern und Philosophen. Sie reden, als ob die Dinge bereits auf dem Markt zu haben wären, als bräuchte man nur zu gehen und sie zu kaufen.

Sie sagen ständig zu den Menschen: »Liebt, seid mitfühlend. Seid gütig und freut euch, zu teilen.« Aber es sind leere Worte. Es tut gut, sie zu lesen, aber es ist nichts als Unterhaltung.

Was gebraucht wird, ist aber nicht Unterhaltung. Was gebraucht wird, ist Transformation.

Es genügt nicht, jemandem zu sagen: »Liebe!« Die wirkliche Frage ist: Wie kann er dahin kommen, daß Liebe in ihm entsteht? Welche Methoden, welche Techniken bringen ihn zu den Blumen der Liebe? Davon redet keiner.

All diese Worte sind ungeheuer schön – doch so schön sie auch sein mögen, so sind sie doch leer. Es ist, als würdet ihr zu einem Hungrigen sagen: »Iß und nimm nahrhaftes Essen zu dir.« Doch die Frage ist: Wo gibt es dieses nahrhafte Essen? Und wie kann der Hungrige es finden?

Dies ist ein Irrtum, der sich seit Jahrhunderten fortsetzt, ohne daß irgendjemand es in Frage stellt. Mahavira sagt den Leuten immerzu: »Seid gewaltlos.« Doch die Frage lautet: Da der Mensch vom Tier abstammt, ist sein ganzes Wesen voller Gewalt. Wie kann er die Gewalttätigkeit loswerden? Wie kann er die gleiche Energie, die heute Gewalt ist, in Gewaltlosigkeit umwandeln? Niemand stellt diese Frage. Alle sind hypnotisiert von schönen Worten. Die Worte sind richtig, aber sie führen nicht zum Erwachen einer neuen Menschheit.

Sie alle sind gescheitert, ganz und gar gescheitert. Die bedeutendsten Menschen der Vergangenheit sind alle an ein und demselben

Punkt gescheitert. Und warum hat niemand es in Frage gestellt? – weil kein Mensch sich ändern will. Es ist schön, zuzuhören, es ist schön, ein Anhänger von Gautam Buddha oder Jesus Christus zu sein. Es stärkt das Ego. Wenn ihr wirklich daran interessiert wäret, eure Energien zu transformieren, würdet ihr fragen: »Was du sagst, ist richtig, doch zeige uns den Weg, die Markierungen dorthin.«

Es ist schon sonderbar! Die großen Leute reden von den Sternen, und natürlich ist man beeindruckt. Aber die Frage ist, wie man dorthin gelangt. Das ist auch das Problem bei Khalil Gibran, und in noch viel größerem Maßstab, denn er selbst ist kein transformierter Mensch.

Er ist sehr sprachgewandt; großartig sind seine Worte. Doch ich will bei jedem einzelnen Satz prüfen, ob er Substanz hat oder ob es nur seine Sehnsucht, sein Wunsch, sein Traum ist. All die Träumer haben der Menschheit große Hoffnung gemacht – und durch die Hoffnung haben sie jegliche Revolution des menschlichen Bewußtseins verhindert. Die Menschen haben immer gewartet.

Und sie haben den Menschen eine falsche Vorstellung gegeben, als wüßten sie, welches ihre wahren Bedürfnisse sind und wie sie sich erfüllen lassen. Dabei wissen sie überhaupt nicht, wie tief diese Bedürfnisse reichen und daß ihr neu geboren werden müßt, wenn ihr nicht nur mit Worten spielen und eure Zeit vergeuden wollt.

Ich bin nicht hier, um meine Zeit und eure Zeit zu vergeuden. Ich meine es ernst.

Und ein Kaufmann sagte:
Sprich uns vom Kaufen und Verkaufen.
Und er antwortete und sagte:
Die Erde gibt euch ihre Frucht, und es wird euch an nichts mangeln, wenn ihr nur wißt, wie ihr eure Hände füllt.

Das hat einmal gestimmt, vor Tausenden von Jahren. Es stimmt nicht mehr für Khalil Gibrans Zeit und unsere Zeit. Die Erde ist nicht mehr in der Lage, uns zu ernähren, denn in unserer Dummheit haben wir sie übervölkert. Er sagt kein einziges Wort gegen die

Überbevölkerung, weil die christliche Kirche gegen die Geburtenkontrolle ist. Er sagt nichts über die Legalisierung der Abtreibung, weil die christliche Kirche dagegen ist.

Heute können die Früchte des Baumes dieses riesige Menschenmeer nicht mehr ernähren. Es *war* einmal möglich, als die Menschheit nur aus ein paar Millionen Menschen bestand und jedem Menschen Tausende von Bäumen zur Verfügung standen. In unserer Unwissenheit haben wir all diese Bäume gefällt, um drittklassige Skandalblätter zu drucken. Millionen von Bäumen werden zerstört – damit wir unsere Zeitungen haben können. Es scheint, wir sind auf dem Weg in den Selbstmord.

Ich war schon früher einmal in Nepal gewesen, aber das letzte Mal war ich erstaunt: Alle großen Bäume waren verschwunden. Solche Bäume wachsen nicht innerhalb von Tagen oder Wochen. Sie sind nicht wie die Blumen, die immer zur selben Jahreszeit wiederkommen. Diese Bäume brauchen Jahrhunderte, um groß zu werden – und Sekunden, um sie zu fällen. Sie sind unersetzlich. Doch Nepal ist ein armes Land, und darum hat es alle seine großen, wunderbaren Wälder an die sogenannten Großmächte der Welt verkauft. Und mit der elektrischen Säge verschwinden täglich Hunderte von Bäumen.

Doch Khalil Gibran sagt nichts, was irgendwie vernünftig und durchführbar wäre.

Ich möchte vorschlagen, daß wir all diese unsinnigen Zeitungen aufgeben. Es gibt heute bessere Medien. Wir haben Radios, wir haben das Fernsehen – wozu denn weiterhin Tausende und Abertausende von Zeitungen und Journalen drucken? Das Fernsehen würde nicht diese Bäume zerstören, und auch das Radio würde die Bäume nicht zerstören.

Aber selbst ein armes Land wie Indien hat so viele Zeitungen, so viele Zeitschriften, die wöchentlich oder zweiwöchentlich, monatlich oder zweimonatlich oder jährlich erscheinen… und niemand spricht darüber, daß wir mit der Natur auf unverzeihliche Art und Weise umgegangen sind. Die Natur wird sich dafür rächen – und das tut sie bereits.

Im zwanzigsten Jahrhundert zu behaupten:

Die Erde gibt euch ihre Frucht, und es wird euch an nichts mangeln, wenn ihr nur wißt, wie ihr eure Hände füllt.

Alle wissen, wie sie ihre Hände füllen! Er redet wohl zu den Idioten! Aber wo sind die Früchte, und wo sind die Bäume? Diese Aussage von ihm ist schlichter Unsinn.

Im Austausch der Gaben der Erde werdet ihr Fülle finden und gesättigt sein…

Auch das stimmt nicht. Die Erde gibt euch seit Millionen von Jahren, doch ihr habt ihr nichts zurückgegeben, um sie zu nähren.

Die Hindus verbrennen nach wie vor ihre Leichen. Es geht gegen die Natur. Die toten Körper sollten an die Natur zurückgegeben werden… denn was sind eure Körper? Die Natur hat euch Nahrung gegeben, die Sonne hat euch Leben gegeben, die Luft hat euch unaufhörlich Energie gegeben. Wenn ihr sterbt, sollte euer Körper zu den ursprünglichen Quellen zurückkehren – Erde zu Erde. Ihr solltet der Dünger sein für die zukünftigen Generationen.

Wir haben diese Erde so sehr ausgebeutet, daß sie ihren Überreichtum an Schätzen verloren hat. Wir wären heute technisch in der Lage, alle chemischen Stoffe an die Erde zurückzugeben. Doch der Geist des Menschen hängt noch an der toten Vergangenheit. Er tut immer weiter dieselben stupiden Dinge, ohne zu sehen, daß er sich selbst damit tötet.

Ich besuchte einmal eine Stadt, in der einer der angesehensten Hindu-Mönche lebte, Karpatri. Seine einzige Auszeichnung besteht darin, daß er sein Essen mit bloßen Händen ißt. Das ist die Bedeutung des Wortes *karpatri* – *kar* bedeutet Hände, und *patri* bedeutet Tasse, Schale. Sonst ist nichts Außergewöhnliches an diesem Mann. Aber weil er immer nur mit bloßen Händen bettelt und aus den Händen ißt, wurde er zu einem der angesehensten Heiligen der Hindus.

Er hielt gerade einen religiösen Vortrag. Ich bat meinen Freund, das Auto anzuhalten, denn ich wollte ein paar Worte hören. Ich saß im Auto und hörte seinem Vortrag zu. Und ich war sehr verwundert, denn es war eine gebildete Stadt, mit einer eigenen Universität, einer medizinischen Fakultät, einer eigenen Landwirtschaftsfakultät. Doch keiner sagte etwas zu diesem Idioten!

Die Regierung hatte vor kurzem einen riesigen Stausee angelegt, denn das Land ist trocken und der Regen nicht mehr so zuverlässig. Darum hatte man den Stausee angelegt, um elektrischen Strom für Tausende von Dörfern und alle möglichen wissenschaftlich-technischen Zwecke zu produzieren, und auch, um genug Wasser für die Bewässerung des ganzen Landes zu haben, das allmählich zu einer Wüste wurde. Der Stausee war gerade fertig geworden und wartete auf seine Einweihung durch den indischen Präsidenten – denn in Indien haben der Präsident und der Ministerpräsident nichts anderes zu tun, als Brücken und Stauseen einzuweihen, ja sogar Lichtspielhäuser und Restaurants!

Was für ein unseliges Land, das von allen möglichen Idioten beherrscht wird! Wozu braucht man eine Einweihung? Der Stausee ist fertig, die Erde dürstet – aber man muß warten, weil der Präsident zu viele andere Termine hat! Und sie sind alle von der gleichen Art: Eine kleine Straße – doch der Präsident höchstpersönlich muß sie einweihen kommen! Ich kann keinen Zweck darin sehen, außer daß bei der Eröffnung der Straße sein Foto in jeder Zeitung abgedruckt wird und er Gelegenheit hat, eine Rede vor Leuten zu halten.

Karpatri erzählte seinen Tausenden von Anhängern: »Benutzt das Wasser aus dem Stausee nicht zur Bewässerung!«

Ich mußte aus dem Auto aussteigen. Und ich sagte: »Das ist vielleicht seltsam! Diese Leute sterben vor Hunger, die Erde ist durstig, alles ist dürr! Es gibt überhaupt kein Grün mehr!« Ich wollte seine Logik verstehen – mit welchem Argument...?

Sein Argument war absolut lachhaft. Er sagte: »Ihr dürft dieses Wasser nicht benutzen, weil man seine Elektrizität herausgeholt hat; es ist impotent geworden. Die Elektrizität war seine wirkliche Kraft, und wenn ihr es zum Bewässern nehmt, werden eure Ernten, wird euer Getreide ohne Kraft sein. Und jeder, der von diesem Getreide ißt, wird impotent.« Und wer will schon impotent werden!

Und Tausende von Zuhörern pflichteten diesem Manne bei! Ich sagte zu meinem Freund und Gastgeber: »Ich hätte nie gedacht, daß ihr in eurer kultivierten Stadt einen so stupiden Quatsch gestatten würdet! Das nennt ihr einen religiösen Vortrag? Dieser Mann redet nicht nur Unsinn, mir scheint, er ist verrückt! Wasser wird doch nicht impotent! Elektrizität ist nicht die Kraft des Wassers. Die Kraft des Wassers besteht darin, den Durst der Erde zu stillen. Und der beste Beweis, daß es potent ist, besteht darin, daß die Erde wieder grün wird!«

Nun war Karpatri nicht nur ein religiöser Heiliger der Hindus, er war auch der Führer einer politischen Partei der Hindus, *Rara Parishad.* Er hatte Abgeordnete im Parlament sitzen. Welche Leute wählen und unterstützen so jemanden? Solche Leute sollten hinter Gittern sein! Was sie in erster Linie brauchen, ist nicht, verehrt und respektiert zu werden. Was sie brauchen, ist eine Gehirnoperation! Sie müssen einen Tumor im Gehirn haben, der ihnen nicht erlaubt, einfache Tatsachen zu sehen. Und wenn das eure »großen Führer« sind – und er ist einer der großen Führer, sowohl religiös als auch politisch –, wie steht es dann um die armen, ungebildeten, gewöhnlichen Leute?

Wir haben die Erde ausgebeutet. Wir haben ihre Säfte aus den Früchten, aus dem Getreide geholt, und wir kümmern uns nicht im mindesten darum, wenigstens die gleiche Menge von chemischen Stoffen, die wir durch ihre Früchte herausholen, wieder zu ersetzen.

Es ist gute Dichtung, aber von der Dichtung allein kann man nicht leben. Er sagt:

Im Austausch der Gaben der Erde werdet ihr Fülle finden und gesättigt sein.

Er redet von den Anfängen der Menschheit, als es den Tauschhandel gab und die Menschen Dinge austauschten, und als es noch kein Geld als Tauschmittel gab. Jemand hatte eine Kuh und mehr

Milch, als er benötigte, aber keine Kleider. Also mußte er hingehen und jemanden finden, der mehr Kleider hatte und Milch brauchte. Es war eine solche Verschwendung von Zeit und Energie, und es war nicht immer leicht. Wenn man ein Pferd haben wollte, mußte man die richtige Person finden. Man mußte von Dorf zu Dorf ziehen, um die richtige Person zu finden, die ein Pferd geben wollte im Austausch zu dem, was man selber hatte und was der andere brauchte.

Das war möglich, als es noch sehr wenige Menschen auf der Erde gab. Heute ist allein die Idee des Tauschens absurd. Denkt nur, für jedes eurer Bedürfnisse müßtet ihr vielleicht im ganzen Land suchen, bis ihr den Richtigen findet. Geld ist eine der großartigsten Erfindungen des Menschen, um diese ganzen Probleme zu vermeiden. Ob ihr Milch braucht oder nicht, ob ihr ein Pferd habt oder nicht, spielt keine Rolle. Jeder, der Milch braucht, kann sie für Geld bekommen, und jeder, der ein Pferd zu verkaufen hat... man kann es ihm abkaufen. Geld ist eine Abkürzung.

Und selbst wenn ihr nur eine einzige Rupie in eurer Tasche hättet... Habt ihr je daran gedacht, wie viele Dinge in eurer Tasche sind? Wenn ihr jemanden braucht, der euch massiert – er ist in eurer Tasche. Wenn ihr Zigaretten rauchen wollt – sie sind in eurer Tasche. Wenn ihr einen Film sehen wollt – er ist in eurer Tasche. Natürlich könnt ihr nicht *alle* diese Dinge für eine Rupie haben, aber ihr könnt euch aussuchen, was ihr wollt.

Khalil Gibran hätte bei einem Mann wie Mahatma Gandhi Unterstützung gefunden, denn dieser redete von einer so primitiven Welt, daß außer dem Tauschhandel... Geld wäre unmöglich gewesen. Und vielleicht wird es euch überraschen, zu erfahren, daß es nicht der Westen war, der das Geld und die Währung erfunden hat, sondern China. Es kennt seit dreitausend Jahren Geldscheine.

Als Marco Polo zum ersten Mal Geldscheine sah, konnte er es nicht glauben, denn in den europäischen Ländern des Westens gab es zwar Geld, aber nur Goldmünzen. Wollte man zehntausend Goldmünzen mit sich tragen, würde man entweder unter dem Gewicht zusammenbrechen oder man würde beraubt werden, weil jeder sehen konnte, daß man zehntausend Goldmünzen bei sich hatte. Und welchen Sinn hat es, eine solche Last von Ort zu Ort mit sich zu schleppen? Den gleichen Zweck erfüllt ein kleines Stück Papier, einfach eine Zehntausend-Rupien-Note mit dem Versprechen der Regierung, daß man, wann immer man Gold haben will, zum Schatzamt kommen, diesen Schein vorzeigen und das Gold dafür mitnehmen kann. Das Gold bleibt im Schatzamt verwahrt.

Zweifellos waren diese Leute vor dreitausend Jahren sehr intelligent! Wenn man vergleicht..., dachte Marco Polo. Er hatte viele Dinge aus China nach Europa gebracht. Die Druckerpresse wurde in China zur selben Zeit erfunden, denn ohne Druckerpresse hätte man keine Geldscheine haben können. Er brachte Geldscheine mit, um sie dem Papst zu zeigen, denn in jener Zeit war der Papst für die ganze westliche Welt maßgeblich. Der ganze päpstliche Hofstaat lachte über Marco Polo. Sie sagten: »Geld nennst du das? Willst du uns zum Narren halten?«

Und der Papst nahm aus seiner Tasche eine Goldmünze und warf sie auf den Boden – natürlich erzeugte sie einen Klang. Und er sagte zu Marco Polo: »Jetzt wirf deinen Geldschein. Es ist nur ein Stück Papier! Man hat dich zum Narren gehalten.«

Marco Polo versuchte alles. »Man hat mich nicht zum Narren gehalten! Ganz China, das ist ein Fünftel der Welt, benutzt bereits diese Scheine.«

Der Tauschhandel verschwand, weil er mit dichter werdender Bevölkerung unmöglich wurde. Das Geld kam auf, aber in Form von solidem Gold. Dann verschwand auch das Gold, verschwand das Silber, und Scheine tauchten auf. Inzwischen sind auch sie überholt.

In unserer Kommune in Amerika hatten wir nur Geldkarten, denn ein Geldschein ist etwas Schmutziges. Er geht durch die Hände von so vielen Menschen – jemand kann Aids haben, jemand kann Tuberkulose haben, jemand kann Typhus haben. Man kann nicht seine Geschichte kennen, man kann nicht wissen, durch wie viele Hände er gegangen ist. Ich habe seit dreißig Jahren keinen Geldschein angefaßt. Es ist absolut unhygienisch und gegen die medizinischen Erkenntnisse.

Aber die Menschen auf der ganzen Welt erscheinen so beschränkt... sie hören nicht hin, wenn bessere Methoden vorgeschlagen werden. Alles, was ihr braucht, ist ein Bankkonto, und mit einer kleinen Karte, die nur von euch benutzt wird, könnt ihr euch alles kaufen – und die Bank muß es bezahlen. Eure Karte ist absolut hygienisch. Sie gerät nie in die Hände von allen möglichen Leuten, von Prostituierten, von Heiligen. Das heutige Geld ist eine häßliche Sache.

Khalil Gibran sagt:

Doch wenn der Austausch nicht in Liebe und freundlicher Gerechtigkeit stattfindet, wird er bloß einige zur Gier und andere zum Hunger führen.

Deshalb sage ich, er findet wunderschöne Worte, aber völlig bedeutungslos. *Doch wenn der Austausch nicht in Liebe... stattfindet...* Aber wie kann er in Liebe stattfinden? Habt ihr ein liebendes Herz? Habt ihr je geliebt? Ihr habt immer verlangt, daß man euch liebt, aber ihr habt nie eure Liebe jemandem dargebracht. Habt ihr eine Energie in euch kennengelernt, die ihr Liebe nennen könnt? Selbst wenn ihr sagt: »Ich liebe dich«, ist es im Grunde keine Liebe, sondern nur biologische Lust. Auf diese Weise wird dieselbe Frau, derselbe Mann, die ihr heute liebt, morgen zu einer Zentnerlast auf eurer Brust und droht, euch kaputtzumachen.

Ihr seid in euren eigenen Versprechungen gefangen, denn um eure Lust zu befriedigen, hattet ihr der Frau Versprechungen gemacht, sonst wäre sie nicht bereit gewesen, die ganze sexuelle Gymnastik mitzumachen. Ihr habt sie bestochen, mit schönen Worten und Versprechungen: »Ich werde dich immer lieben. Andere mögen geliebt haben, aber nur zu ihren Lebzeiten. Ich aber werde dich immer lieben, meine Geliebte – über den Tod hinaus. Nicht nur in diesem, sondern in allen zukünftigen Leben werde ich dich lieben.« Jetzt seid ihr in einem Netz gefangen. Sobald eure Lust befriedigt und eure biologische Energie verbraucht ist, erscheint euch diese Frau wie eine absolute Fremde.

Morgens wacht ihr auf – ob Mann oder Frau – und fragt euch: »Wer ist dieser Fremde? Und was macht er in meinem Bett?« Erst wenn ihr ein bißchen wacher geworden seid, fällt es euch ein: »Ach ja, das ist mein Ehemann, das ist meine Ehefrau.« Und dann geht die ganze Geschichte wieder von vorne los: »Liebling...«

Früher einmal pflegten Geschichten mit den Worten: »Es war einmal...« zu beginnen. Heute beginnen sie mit: »Liebling...« Und das schon am frühen Morgen! Und beide sind so liebevoll, denn beide warten darauf, daß der andere aufsteht und den Tee macht.

Wie kann man erwarten, daß die Menschen *in Liebe* austauschen. Sie haben mit Liebe keine Erfahrung. Sie haben noch nie jemanden geliebt.

Ja, mit Lust haben sie Erfahrung. Sie haben dieses häßliche Wort »Lust« in das schöne Wörtchen »Liebe« verpackt. Denn wenn ihr zu einer Frau sagt: »Ich habe große Lust auf dich«, wird sie sofort den Polizeichef informieren: »Hören Sie, ein Osho-Schüler hat mitten auf der Straße zu mir gesagt: ›Ich habe große Lust auf dich‹!«

Damit sie euch zu Hilfe kommen können, haben sie ein Haus gleich neben unserem Tempel gemietet. Dutzende von Polizisten warten Tag und Nacht mit geladenen Pistolen nur darauf, daß ihr etwas anstellt, damit sie auf unser Grundstück kommen können! Und nichts Besonders – es genügt, wenn ihr bloß eine Zigarette raucht! Dabei rauchen sie alle! Und wenn ihr jemanden an der Hand haltet, denkt daran, daß nebenan die Polizei mit geladenen Pistolen wartet! Sie haben dieses Haus für spezielle Zwecke gemietet.

Das Haus hat früher einmal uns gehört. Früher wohnten unsere Leute darin, und wir hatten den Besitzer wieder gefragt. Er war sehr erfreut und sagte: »Ich habe nichts gegen eure Leute einzuwenden. Ihr könnt das Haus haben, es steht leer.« Aber es muß sogar hier ein paar Polizeihunde geben – denn ein Informant ist für mich kein Mensch, er ist nur ein Polizeihund, der überall herumschnüffelt. Solche Polizeihunde müssen dem Polizeichef Bescheid gegeben haben: »Sie wollen das Haus mieten, und der Besitzer ist einverstanden.« Der Polizeichef rief sogleich den Besitzer an und sagte zu ihm: »Geben Sie dieses Haus nicht an Bhagwans Schüler.«

Wahrscheinlich hat er das auch allen anderen Hausbesitzern im Koregaon Park gesagt – denn die Häuser stehen leer. Dieser Besitzer wird ihm gesagt haben: »Das Haus steht leer, und Sie nehmen mir die Chance, Miete dafür zu bekommen.« Also hat die Polizei es gemietet, nur um uns daran zu hindern. Jetzt leben darin Polizeileute und beobachten uns. Und falls etwas passiert, was auch nur im entferntesten nach Liebe aussieht, ist das ein Vergehen.

Die Gesellschaft ist gegen die Liebe, die Regierung ist gegen die Liebe, die Erziehung ist gegen die Liebe.

Ich entsinne mich...

Ich saß einmal beim Rektor der Universität, an der ich Philosophie unterrichtete. Er liebte mich, und wenn er mich gelegentlich auf dem Korridor sah, schickte er sofort jemanden, um mich zu holen: »Wenn Sie keine Vorlesung und keine anderen Verpflichtungen haben, kommen Sie doch zu mir und trinken Sie eine Tasse Tee mit mir.« Er liebte es, über die jenseitigen Dinge zu diskutieren. Er hatte eine philosophische Ader. Eines Tages, als ich bei ihm saß, kam eine Studentin höheren Semesters heulend herein und sagte: »Ich werde ständig von einem jungen Mann schikaniert. Er studiert dasselbe Fach und besucht dieselben Vorlesungen wie ich. Er belästigt mich andauernd auf die eine oder andere Weise.«

Der Rektor fragte: »Erzähl mir, was er macht.«

Sie sagte: »Er läßt die Luft aus meinem Fahrrad oder wirft einen Stein nach mir, wenn kein anderer in der Nähe ist. Und dauernd schreibt er mir Briefe ohne Unterschrift. Ich weiß aber, daß er es ist. Ich weiß, daß sie von ihm kommen.« Und sie hatte drei bis vier Dutzend Briefe mitgebracht.

Der Rektor sagte: »Ich kenne den Jungen. Du bist nicht die erste, die sich über ihn beschwert. Er ist seit fünf Jahren an dieser Universität, und von Anfang an hat er solche Sachen gemacht. Ich bin es leid; er ist vielfach bestraft worden. Jetzt kann man ihn nur noch aus der Universität rauswerfen.«

Ich sagte: »Moment mal. Zuerst müssen wir entscheiden, wen wir rauswerfen sollen.«

Er sagte: »Wie meinen Sie das?«

Ich sagte: »Ich meine, ob ich rausgeworfen werden muß, oder Sie, oder dieses Mädchen, oder dieser Junge – es gibt vier Beteiligte.«

Er sagte: »Sind Sie plötzlich verrückt geworden?«

Ich sagte: »Seien Sie still. Lassen Sie mich mit dem Mädchen reden. Und du sei mal ganz ehrlich und authentisch: Macht es dir nicht eigentlich Spaß, belästigt zu werden?«

Einen Augenblick war Stille, und ihre Tränen versiegten. Ich fragte sie: »Wenn niemand dir die Luft aus deinem Fahrradreifen ausließe, wenn niemand Steine nach dir würfe, wenn niemand dir Briefe schriebe – wäre dir das lieber?«

Sie sagte: »So habe ich noch nie darüber nachgedacht. Nein, das wäre mir nicht lieber.«

Und ich fragte sie: »Sei ehrlich: Daß du hierherkommst und dich beschwerst – macht es dir nicht insgeheim Freude, daß gerade du für ihn das schönste Mädchen bist? Und die Beweise dafür hast du alle mitgebracht!«

Sie sagte: »Aber woher wissen Sie das?«

Ich sagte: »Es geht nicht darum, woher ich das weiß. Es ist psychologisch ganz einfach: Eine Frau leidet am meisten, wenn niemand sie anschaut.« Wenn man sie allerdings länger als drei Sekunden anschaut, wird sie sehr böse. Drei Sekunden ist das Limit, haben die Psychologen festgestellt. Drei Sekunden gilt noch als Zufall, als beiläufig, doch wenn jemand länger als drei Sekunden schaut, wird es zu einem Glotzen. Wenn aber eine Frau nie von jemandem angeglotzt wird, leidet sie ungeheuer.

Ich sagte zu dem Mädchen: »Ich kann sehen, daß du stolz darauf bist, trotz der Tränen.« Sie war ein schönes Mädchen. Ich sagte: »Dieser Junge hat nichts Böses getan. Er ist nur ein bißchen dumm und weiß nicht, wie man ein Mädchen überredet.«

Ich sagte zum Rektor: »Sie brauchen sich nicht einzumischen. Schicken Sie den Jungen zu mir. Ich werde ihm beibringen, wie man eine Frau liebt.«

Er sagte: »Soll das hier eine Universität sein, eine Stätte der Weisheit?«

Und ich fragte das Mädchen: »Was willst du? Sag es, und es wird geschehen. Wenn du willst, daß der Junge rausgeworfen wird, dann wird er rausgeworfen.«

Sie sagte: »Nein, ich will nicht, daß er rausgeworfen wird. Ohne ihn würde mir an dieser ganzen Uni etwas fehlen. Er ist schön.«

Der Rektor sagte: »Komisch... wenn er schön ist und du nicht ohne ihn sein kannst, warum bist du dann gekommen, um dich über ihn zu beschweren?«

Ich sagte zu ihm: »Das ist die beste Reklame.«

Und zu dem Mädchen sagte ich: »Wir brauchen also den Jungen nicht kommen zu lassen?«

Sie sagte: »Es ist nicht nötig, denn selbst wenn er die Luft rausläßt... er hat immer eine Pumpe dabei, um mir zu helfen. Und wenn er Steine nach mir wirft, paßt er auf, daß er mich nicht trifft und mir nicht wehtut. Und wenn er mir Briefe schreibt, steht nichts Schlimmes drin. Vielleicht haben Sie recht. Vielleicht bin ich wirklich aus dem Grund hergekommen, den Sie genannt haben.«

Ich sagte zu dem Rektor: »Überlassen Sie das mir. Mischen Sie sich ja nicht ein, sonst organisiere ich eine Versammlung sämtlicher Jungen und Mädchen an dieser Universität und sage ihnen, daß man den Rektor rauswerfen sollte, weil er nicht einmal die Liebe respektiert.«

Da sagte er zu dem Mädchen: »Du kannst jetzt gehen. Du brauchst diese Dinge nicht zu hören. Vergiß, was er gesagt hat. Das ist eine Sache zwischen ihm und mir.« Und dann wandte er sich zu mir und sagte: »So etwas sollten Sie nicht vor den Studenten sagen!«

Ich sagte: »Eine Frage noch! Dann gehe ich, denn ich habe eine Vorlesung. Und weil ich gerade dieses Thema behandle...«

Er sagte: »Welches Thema?«

Ich sagte: »Dieses Thema! – denn ich habe kein Programm. Ich mache nie Pläne, was ich unterrichten werde. Dieses Thema ist großartig... aber noch eine Frage, bevor ich gehe. Erinnern Sie sich noch an die Zeit, als Sie selbst jung und Student an der Universität waren? Und seien Sie aufrichtig – haben Sie nie ein Mädchen voll Sehnsucht und Verlangen angeschaut? Haben Sie nie Liebesbriefe geschrieben?«

Er sagte: »Man kann Ihnen sehr schwer etwas vormachen. Sie haben einen solchen Röntgenblick, daß ich weiß, Sie finden die Wahrheit heraus. – Sie haben recht. Aber heute bin ich Rektor, und ich muß eine Universität von zehntausend Studenten leiten.«

Ich sagte: »Sie haben keine Ahnung, wie man das macht! Jemanden rauszuwerfen… nur weil ein Junge ein Mädchen liebt? Und es ist ohne Frage ein schönes Mädchen, finden Sie nicht? Möchten Sie ihr nicht einen Liebesbrief schreiben?«

Er sagte: »In meinem Alter?«

Ich sagte: »Liebe kennt kein Alter.«

Er sagte: »Das stimmt, aber sagen Sie es keinem. Wenn meine Frau erfährt, daß ich Ihnen gestanden habe, daß ich dieses Mädchen mag, dann macht sie mir zu Hause die Hölle heiß!«

Weil die jungen Leute nicht die Erlaubnis der Älteren bekommen und man ihnen keine Gelegenheit gibt… kein Vater, keine Mutter, kein älterer Bruder, kein Professor, kein Lehrer erzählt seinen Studenten, seinen Kindern je von seinen eigenen Erfahrungen.

Natürlich bleibt dann in der Liebe jeder praktisch ein Amateur. Er kommt nie über das ABC hinaus, doch man kann die Liebe nur hinter sich lassen, wenn man auch das XYZ erfahren hat.

Liebe ist eine Energie, die in euch schlummert.

Meine Erfahrung ist, wenn ihr euren Verstand von all dem Zeug leeren könnt, mit dem ihr vollgestopft seid… In dieser Leere erblüht die Blume der Liebe, der Freude, des Friedens – alles Schöne in dieser Existenz. Und solange ihr es nicht besitzt, wie könntet ihr es jemandem geben? Eure Hände sind leer, euer Herz ist leer.

Khalil Gibran redet weiter von schönen Dingen, aber diese schönen Dinge brauchen ein klares Verständnis, wo und wie ihr sie finden könnt. Und wenn ihr sie habt, bekommt alles, was ihr tut, den magischen Anstrich dieser Erfahrung. Und dabei geht es nicht nur um Austausch. Ein Mensch, der die Liebe kennt, berührt sogar einen Stuhl mit Liebe, obwohl der Stuhl es nicht spüren wird. Aber wer weiß? Vielleicht hat der Stuhl eine andere Sensibilität als wir.

Ein Mensch, der die Liebe kennt, kann nichts ohne sie tun. Er ist dazu nicht fähig. Und wenn ich das sage, sage ich es mit absoluter

Autorität. Ich kann nicht einmal die Hand bewegen ohne Liebe, auch wenn ich sie nur in der Luft bewege. Seit ich mein eigenes inneres Sein kenne, ist jede Handlung, ob klein oder groß, erfüllt von Liebe und Freude und Frieden und Stille.

Und Gerechtigkeit ist bloß ein Nebenprodukt der Liebe. Ein Mensch, der in der Liebe lebt, kann nicht ungerecht sein. Doch weder eure Richter noch eure Gesetzgeber wissen, was Liebe ist. Das ist der Grund, warum es so häßliche Gesetze gibt, unmenschlich und ohne Güte.

Gerechtigkeit ist das Nebenprodukt. Es tut nichts zur Sache, ob man an der Universität Recht studiert und alles über die Gesetze gelernt hat, und es tut auch nichts zur Sache, ob man Richter ist. Ich bin vor Gericht gewesen und habe die Richter gesehen – sie sind so tot, so elendiglich tot und absolut unberührt von dem, was sie tun. Es sind Techniker. Sie kennen nur den ganzen juristischen Jargon.

Im ersten Gericht, vor das ich nach meiner Verhaftung in Amerika gestellt wurde, war ich hoffnungsvoll, denn die Polizeirichterin war eine Frau. Aber ich ließ dabei völlig außer acht, daß eine Frau möglicherweise hungriger nach Macht ist, hungriger nach Ansehen, hungriger, auf der Leiter des Erfolges emporzusteigen, weil man es ihr seit Jahrhunderten verwehrt hat. Ich dachte nur: Sie ist eine Frau, und sie wird verstehen!

Aber sie war bestochen vom Weißen Haus – wie mir jemand von der höchsten Rechtsbehörde von Carolina mitteilte.

Der US-Marshal, der mich vom Gericht ins Gefängnis hin- und hertransportierte, sagte mir unterwegs: »Es ist absolut ungerecht, was da passiert, aber Sie werden es hinnehmen müssen! Es kann sich nur um ein paar Tage handeln. Die können es nicht länger als eine Woche hinziehen, Sie im Gefängnis zu behalten, weil der Druck aus der ganzen Welt zunimmt. Sämtliche Nachrichtenmedien der ganzen Welt beschäftigen sich nur mit der einen Frage: Warum man Sie verhaftet hat und wo Sie festgehalten werden.«

Und warum hat man mich nicht nach Oregon, nach Portland gebracht, wo das Gericht entscheiden sollte, ob ich auf Kaution freigelassen werden solle oder nicht? Warum hat man mich zwölf Tage lang von einem Gefängnis ins nächste gebracht? Der Hauptgrund war diese dicke Frau, die Schuldgefühle gehabt haben muß, denn sie hat mir kein einziges Mal in die Augen geschaut. Und sie muß auch Angst gehabt haben, denn sie ließ mir durch den Marshal ausrichten: »Sagen Sie Bhagwan, daß er bei Gericht seine Mütze nicht aufbehalten darf. In Amerika gilt das als Mißachtung des Gerichtes.«

Ich sagte zu dem US-Marshal: »Ich *werde* meine Mütze tragen, und wenn sie den Mut hat, soll sie es mir im Gericht sagen. Diese Frage muß erst entschieden werden – ob die Mütze eine Achtung oder Mißachtung des Gerichtes darstellt.«

Er wurde ganz nervös. Er ging hinein und erzählte es der Frau. Sie sagte: »Lassen Sie ihn. Ich werde die Frage nicht ansprechen. Er kann die Mütze tragen.« Vielleicht bin ich der erste, der in einem amerikanischen Gericht seine Mütze aufbehalten hat, denn es gilt als »Mißachtung des Gerichtes«.

Ich war bereit zu kämpfen. Ich machte mir keine Gedanken über die Kaution und all die Gesetze und die Verbrechen, die sie mir zur Last legten. Sechsunddreißig Verbrechen – das alles kümmerte mich nicht. Ich wollte diese Frau direkt konfrontieren, und ich wollte sehen, wieviel Mut sie hatte. Ich wollte hören, wie die Mütze als Mißachtung des Gerichtes bezeichnet werden konnte. . Warum war dann meine Robe keine Mißachtung des Gerichtes? Ich würde beides zusammen ausziehen, um dem Gericht meinen Respekt zu erweisen!

Sie kapierte, daß es besser war, sich mit diesem Mann nicht anzulegen. Der US-Marshal kam angerannt und sagte: »Sie können sie auflassen; kein Problem. Machen Sie sich keine Gedanken deswegen.«

Ich sagte: »Was ist passiert? Hat sich das Gesetz in Amerika geändert?«

Und der gleiche Marshal erzählte mir auf dem Weg ins Gefängnis – weil man mir die Kaution verweigerte... Es ist ein sonderbarer Fall, ein historisches Phänomen, denn der US-Anwalt argumentierte drei Tage lang ununterbrochen und konnte nicht beweisen, daß ich auch nur ein einziges Verbrechen begangen hätte. Und schließlich gab er selber zu: »Es ist mir nicht gelungen, ihm irgend etwas nachzuweisen, aber ich möchte den Richter darauf aufmerksam machen, daß die Regierung es nicht befürwortet, Bhagwan gegen Kaution freizulassen.«

Und vor aller Welt wird behauptet, das Justizministerium unterstünde nicht der Regierung und die Regierung dürfe sich nicht einmischen.

Der Marshal sagte mir: »Die Wahrheit hinter den Kulissen ist, daß diese Frau bestochen ist. Man hat ihr gesagt, wenn sie Ihnen die Kaution verweigert, dann wird sie Bundesrichterin.« Sie war nur staatliche Richterin, und Bundesrichterin zu werden war ihr ganzer Ehrgeiz.

Ich sagte: »Hätte sie mich gefragt, dann hätte ich die Kaution sausen lassen. Ich hätte zu meinen Anwälten gesagt: ›Streitet euch nicht. Wenn dadurch, daß ich für ein paar Tage im Gefängnis bleibe, einer armen Frau geholfen wird, Bundesrichterin zu werden, dann laßt es gut sein.‹«

Gerechtigkeit ist ein Nebenprodukt der Liebe.

Aber weder der Mann noch die Frau weiß es. Sie haben vergessen, was Liebe ist. Nur das Wort ist übriggeblieben, so wie das Wort »Gott« – völlig inhaltsleer. Wenn ihr das Wort »Gott« öffnet, ist darinnen nichts. Dasselbe gilt für das Wort »Liebe«.

Liebe entsteht nur in jenen, die sich selbst kennen. Liebe ist das Licht, das ein meditatives Herz erfüllt. Liebe ist die Flamme, die in euch entsteht, wenn ihr dafür Platz schafft.

Eure Gedanken müssen rausgeworfen werden, eure Vorurteile müssen rausgeworfen werden. Und dann ist Gerechtigkeit keine Frage – man kann nicht mehr ungerecht sein, zu niemandem. Nicht einmal zu seinen Feinden kann man ungerecht sein.

Er redet schöne Worte:

Doch wenn der Austausch nicht in Liebe und freundlicher Gerechtigkeit stattfindet, wird er bloß einige zur Gier und andere zum Hunger führen.

Aber genau das ist passiert. Es gibt keine Gerechtigkeit auf der Welt, es gibt keine Liebe auf der Welt – es gibt nur Gier und Hunger. Der Hunger kommt von der Gier, denn einige wenige Leute sind so hypnotisiert vom Geld, daß sie es immer weiter horten, ohne sich darum zu kümmern, daß je mehr Geld sie horten, um so mehr Menschen in Äthiopien sterben werden, in Indien, im ganzen armen Osten.

Euer ganzes Geld ist mit Blut getränkt. Eure Bankkonten zeigen, wie viele Menschen ihr ermordet habt.

Das (englische) Wort *greed* (Gier) ist ein sehr schönes Wort, denn seine Bedeutung ist von unglaublicher Treffsicherheit. Es stammt aus einer Sanskrit-Wurzel, und im Sanskrit hat jedes Wort eine solche Bedeutung und Tiefe, wie sie in anderen Sprachen fehlen.

In Sanskrit heißt der Geier *giddha,* und der Geier frißt die Leichen von Menschen, Tieren, Vögeln. Er lebt nur vom Tod der anderen, sein Leben hängt vom Tod der anderen ab. Das englische Wort *greed* ist eine Abwandlung in der langen Geschichte des Wortes *giddha.* Alle Gierigen sind sich absolut unbewußt über die Tatsache, daß ihre Gier irgendwo anders Armut, Hunger, Krankheit und Tod hervorruft.

Darum hat er recht: Solange es Gier gibt, wird die Welt in zwei Klassen geteilt sein – die Habenden und die Habenichtse. Das ist keine humane Art, die Welt zu gestalten. Es ist absolut häßlich. Wenn Geier sie gestalten würden, wäre es relevant. Aber es sind Menschen, die sie gestalten, und so ist es absolut irrelevant.

In Afghanistan, wie ich kürzlich erfahren habe... seit einer ganzen Weile nun schon werden die armen Afghanen sinnlos getötet. Die Afghanen gehören zu den schönsten Menschen auf der Erde; sie sind großgewachsene, schöne Menschen und leben lang – länger als andere. Man wird keinen dicken Afghanen finden. Sie sind wie schöne, hochgewachsene Bäume; eins neunzig ist fast Durchschnittsgröße. Schöne Gesichter, schöne Körper – ein schlichtes Volk, völlig zufrieden, obwohl sie nichts haben.

Doch wegen der Habgier Amerikas sind sie zwischen den amerikanischen und sowjetischen Streitkräften fast zermalmt worden.

Afghanistan ist zu einem Schlachtfeld geworden. Amerika liefert Waffen an die eine Partei, eine bestimmte Gruppe von Politikern. Und die anderen Afghanen wußten sich dagegen nicht anders zu wehren, als die Sowjetunion um Hilfe zu bitten, denn sie sind Grenznachbarn. Amerika ist weit entfernt. Aber die Gier hat Flügel wie die Geier, große Flügel.

So liefert nun die Sowjetunion allerlei ausrangierte Waffen. Und Amerika liefert an die andere Partei ihre ausrangierten Waffen, und die Afghanis bringen sich gegenseitig um.

Die Sowjetunion scheint jetzt in ein neues Zeitalter einzutreten. Unter dem neuen Parteichef ist sie nicht mehr die alte, geschlossene, stalinistische Gesellschaft von früher; sie ist dabei, sich zu öffnen. Die Freilassung des Akademiemitglieds Sacharow aus lebenslanger Haft stellt für die Sowjetunion ein historisches Ereignis dar. In den siebzig Jahren seit der Revolution ist zum ersten Mal jemand lebendig aus lebenslanger Haft zurückgekommen. Eine lebenslange Strafe bedeutete sonst immer, daß man erst wiederkommt, wenn man tot ist.

Und Sacharow zeigt den Geist des neuen Menschen. Vor seiner Freilassung telefonierte er mit dem Parteichef, und er sagte ihm: »Ich bin nur einverstanden, aus Sibirien zurückzukommen, wenn meine persönliche Würde, meine freie Meinungsäußerung, meine Bewegungsfreiheit – und zwar innerhalb wie außerhalb Rußlands –, wenn alle diese Dinge gewährleistet sind. Nur dann komme ich zurück. Was hätte es sonst für einen Sinn? Der Tod kommt überall, in Sibirien wie in Moskau. In Sibirien würde ich wenigstens mit der tiefen Genugtuung sterben, daß ich für die Freiheit sterbe. In Moskau hätte ich nicht einmal diese Genugtuung.«

Und der neue Parteichef akzeptierte seine Bedingungen: »Niemand wird sich in Ihr Recht auf freie Meinung einmischen. Sie werden Ihre Arbeit als Physiker und Mitglied der Akademie der Wissenschaften wieder aufnehmen können, und Ihre Bewegungsfreiheit ist gänzlich Ihre Sache. Sie können hingehen, wohin Sie wollen.«

Rußland kommt zweifellos aus der Dunkelheit in ein neues Zeitalter, während Amerika in die Dunkelheit zurückfällt.

Man hat mich dafür bestraft, daß ich meine Meinungsfreiheit ausübe. Man hat mich bestraft, weil ich das Christentum und seinen Aberglauben kritisiere. Man hat mich aus Amerika ausgewiesen, und man hat meine Kommune mit absolut häßlichen und faschistischen Methoden vernichtet, deren sogar ein Adolf Hitler sich geschämt hätte!

Die Sowjetunion ist dabei, sich zu öffnen. So will die Sowjetunion sich aus Afghanistan zurückziehen, doch Amerika ist dazu nicht bereit. Das ist zu einem Problem geworden. Wenn die Sowjetunion sich völlig aus Afghanistan zurückzieht, wird Amerika ganz Afghanistan übernehmen. Das würde so etwas wie einen Verrat an den Afghanis darstellen, die in ihrem Kampf gegen Amerika von der Sowjetunion abhängen. Sie sind ein armes Volk, ohne Truppen, ohne Waffen, aber ein sehr stolzes Volk.

Die britische Regierung hatte es wieder und wieder probiert, denn ein kleiner Teil Afghanistans grenzte damals an Indien. Die besten Afghanis sind die Paschtunen, ein schönes und einfaches Volk. Die britische Regierung hatte viele Male versucht, die Paschtunen und Paschtunistan einzusacken, denn wenn erst einmal Paschtunistan erobert ist, dann ist die afghanische Grenze nicht mehr weit, und der zweite Schritt wäre die Eroberung Afghanistans.

Doch die britischen Imperialisten bekamen schlicht Angst, weil die Paschtunen lieber bereit waren zu sterben, als sich versklaven zu lassen. Sie hatten nicht die Waffen, hatten keine Armee, aber sie erklärten: »Wir werden uns euren Waffen mit blanker Brust entgegenstellen. Ihr könnt alle Paschtunen töten – von den Kleinkindern bis zu den Ältesten, alle Männer und Frauen –, aber solange noch ein einziger Paschtun am Leben ist, könnt ihr nicht behaupten, ihr hättet uns besiegt. Ihr werdet uns erst besiegt haben, wenn Paschtunistan zu einem einzigen Friedhof geworden ist. Wenn ihr einen Friedhof erobern wollt...? Wir sind bereit!«

Als sie die Entschlossenheit dieser Menschen sahen – und sie kannten deren Stolz –, da ließen die britischen Imperialisten die ganze Idee fallen. Deshalb wurde Afghanistan von den Engländern immer in Ruhe gelassen – weil die Paschtunen dazwischenlagen.

Jetzt will die Sowjetunion sich aus diesem unnötigen Blutvergießen zurückziehen; es liegt keine Gerechtigkeit darin. Die Afghanen haben niemandem etwas zuleide getan. Sie sind kein politisches Volk und an Eroberungen nicht interessiert. Indien ist zweitausend Jahre lang ständig von anderen erobert worden, von sämtlichen Nachbarn – mit Ausnahme Afghanistans und der Paschtunen. Ein wahrhaft freiheitsliebendes Volk hat kein Interesse, andere zu versklaven – obwohl sie arm waren und es sehr verführerisch gewesen wäre, Indien zu überfallen. Aber der schlichte Wunsch, frei zu sein, hat eine Nebenwirkung: Auch die anderen sollen frei sein.

Wer die Liebe kennt, kennt Gerechtigkeit.

Wer Liebe und Gerechtigkeit kennt, kann nicht gierig sein, denn seine Gier würde an irgendeiner Stelle jemanden töten.

Wenn man durch das Töten von Menschen ein größeres Bankkonto haben kann – was hat man gewonnen? Wenn man all diese Menschen tötet, wird man seine eigene Seele töten.

Wenn ihr Arbeiter des Meeres, der Felder und der Weinberge auf dem Markt die Weber, Töpfer und Gewürzhändler trefft,
Dann beschwört den höchsten Geist der Erde,in eure Mitte zu kommen und die Waagen und die Rechnungen zu segnen, die Wert gegen Wert abwägen.

Das ist schiere Ignoranz. Was meint er mit »beschwört den Geist der Erde«? Das machen die religiösen Leute schon seit Jahrhunderten! In Indien ist das etwas Alltägliches: Wenn der Regen ausbleibt, beschwören sie den Geist des Himmels. Aber der Regen kommt trotzdem nicht. Wenn zuviel Regen kommt und es Überschwemmungen gibt und Tausende von Dörfern überflutet sind, beschwören sie wieder den Geist des Himmels. Aber was tut ihr in euren Beschwörungen? Ihr betet zum leeren Himmel, der eure Sprache nicht versteht... Und es funktioniert nie. Und obwohl sie wissen, daß es nicht funktioniert, machen sie trotzdem seit Jahrhunderten das gleiche immer weiter.

Khalil Gibran wiederholt hier nur einen sehr primitiven Aberglauben der ganzen Menschheit. Es geht nicht darum, den Geist des Himmels oder der Erde zu beschwören. Es geht darum, eure eigene Seele zu finden.

Darum sage ich euch: Beschwört euer Bewußtsein. Beschwört die Stille in eurem Sein. Das geschieht nicht durch Mantras, Gesänge und Gebete. Es kann nur durch Meditation geschehen. Eine andere Methode gibt es nicht.

Allein eure meditative Stille, vom Duft der Liebe getränkt, wird jede eurer Handlungen segnen. Und sie wird auch eure Untätigkeit segnen – wenn ihr gar nichts tut. Allein eure Stille wird zu einer charismatischen Präsenz und erzeugt Wellen der Liebe, die über den weiten Ozean bis hin zu den Sternen reichen.

Erweckt euch selbst! Seltsam, die Menschen haben versucht, den Geist der Erde zu erwecken, doch sie selbst schlafen tief und schnarchen! Ihr seid der Geist der Erde. Ihr seid der Geist des Himmels. Außer euch gibt es sonst kein Bewußtsein. Nur ihr könnt voller Liebe sein, nur ihr könnt gerecht sein.

Und duldet bei euren Tauschgeschäften nicht die mit leeren Händen...

Wer sind »die mit leeren Händen«? Vielleicht hat Khalil Gibran selbst keine Ahnung, wer die mit leeren Händen sind.

Eure Heiligen, eure Mönche, eure sogenannten spirituellen Führer – das sind die mit den leeren Händen. Sie produzieren gar nichts, sie erschaffen nichts. Sie sind eine Bürde für die Menschheit.

Es gibt Millionen dieser Leute. Jede Religion hat Millionen von Mönchen, die von eurer Arbeit leben. Das sind die wahren Parasiten. Man müßte eine Art »Fliegenklatsche« für diese Parasiten erfinden.

Und duldet bei euren Tauschgeschäften nicht die mit leeren Händen,
die ihre Worte gegen eure Arbeit verkaufen möchten.

Die Prediger, die Priester – was haben sie anzubieten? Bloß Worte, die sie von anderen gehört haben. Aber sie wollen euch ihre leeren Worte weiter im Austausch gegen eure Arbeit verkaufen. Ihr macht, erschafft, erzeugt die Dinge. Und sie, die Unproduktiven, die Unkreativen, sind zu euren Führern geworden – zu Vermittlern zwischen euch und Gott. Sie sind Schwindler von der gemeinsten Sorte – denn alles, was sie sagen, sind Lügen. Aber sie verkaufen euch diese Lügen seit Jahrhunderten.

Es ist an der Zeit, diesen Blutsaugern Einhalt zu gebieten. Wenn wir von diesen Priestern und Predigern frei sein können, wird die Menschheit von einer großen Last befreit sein – befreit von Schuld, befreit von Angst. Befreit von Gier, denn der Himmel ist nichts anderes als Gier, die bis ins Jenseits reicht. Befreit von der Hölle, denn die Hölle ist nichts anderes als Angst, die über den Tod hinausreicht. Diese Leute sind sehr perfekt und beredt, denn es ist seit Jahrhunderten ihr Metier.

Solchen Männern solltet ihr sagen:
«Kommt mit uns aufs Feld oder fahrt mit unseren Brüdern zur See und werft eure Netze aus;
Denn das Land und das Meer werden sich euch gegenüber genauso freigebig zeigen wie uns.»

Ich stimme mit dem Geist dieser Aussage überein, aber ich würde nicht sagen: *...oder fahrt mit unseren Brüdern zur See und werft eure Netze aus...* denn wiederum läßt er außer acht, daß Lebewesen getötet werden. Wo ist da seine Liebe? Wo ist da seine Gerechtigkeit? Deshalb sage ich, Khalil Gibran träumt schöne Träume, aber es ist nicht *seine* Erfahrung, im hellen Tageslicht einer erwachten Seele erfahren. Ein großer Dichter, doch all seine Poesie erreicht nur ab und zu die Gipfel und fällt wieder und wieder in die Tiefe zurück.

Und wenn die Sänger und Tänzer und die Flötenspieler kommen,
nehmt auch von ihren Gaben.

Ihr könnt es sehen – er ist wie eine Welle, er steigt und fällt. Hier hat er sich wieder zu einer großen Erkenntnis emporgeschwungen:

Und wenn die Sänger und Tänzer und die Flötenspieler kommen, nehmt auch von ihren Gaben, denn auch sie sind Schaffende. Aber beachtet die Tatsache, daß er völlig vergißt, die Mystiker einzuschließen.

Die Mystiker sind die größten Schaffenden auf der Welt, doch ihre Kreativität ist nicht sichtbar. Sie sind keine Bildhauer, deren Statuen man sehen könnte, und sie sind keine Dichter, deren Dichtung man sehen könnte. Sie sind keine Töpfer, sie sind keine Tänzer, sie sind keine Sänger. Was schaffen sie? – Sie schaffen den Menschen. Sie schaffen höhere Gipfel des Bewußtseins im Menschen.

Alles was groß ist im Menschen, ist von den Mystikern geschaffen worden, doch es ist unsichtbar, versteht sich.

Es ist bezeichnend, daß Khalil Gibran die Mystiker völlig vergißt. Aber *ich* kann sie nicht vergessen. Ich möchte euch sagen, daß die Mystiker nicht auf eure Marktplätze kommen werden. Ihr werdet zu den Mystikern gehen müssen. Denn auf dem Marktplatz würde man sie nicht verstehen: Was für eine Ware haben sie mitgebracht? Selbst der Flötenspieler kann die Menschen überzeugen, daß er etwas mitgebracht hat; er hat Unterhaltung gebracht – ein schönes Lied. Doch was hätte der Mystiker vorzuzeigen?

Seine Hände sind leer, aber seine Seele ist voll.

Doch um das zu sehen, werdet ihr zu den Mystikern gehen müssen. Denn nur jene, in deren Sein sich der Drang, die Suche nach der Wahrheit erhoben hat, werden in der Lage sein, etwas zu verstehen.

Denn auch sie sind Sammler von Früchten und Weihrauch, und was sie bringen, obwohl aus Träumen geschaffen, ist Kleidung und Nahrung für eure Seele.

Nein, absolut nein! Träume können keine Nahrung für die Seele sein. Träume können höchstens Unterhaltung für den Verstand und für das Herz sein. Wenn ihr hungrig seid im Körper, wird Musik nicht helfen. Dann braucht ihr Brot.

Wenn ihr hungrig seid in der Seele, auch dann wird Musik nicht helfen. Dann braucht ihr Meditation. Dann braucht ihr den Segen eines Menschen, der angekommen ist und der so überfließt in seiner Seele, daß er bereit ist zu teilen.

Und bevor ihr den Marktplatz verlaßt, seht zu, daß niemand mit leeren Händen seines Weges gegangen ist.
Denn der höchste Geist der Erde wird nicht friedlich auf dem Wind schlafen, bis die Bedürfnisse auch des Geringsten unter euch befriedigt sind.

Wieder bringt er etwas Unsinniges herein: den »Geist der Erde«. In dem, was er sagt, liegt eine gute Absicht: *Und bevor ihr den Marktplatz verlaßt, seht zu, daß niemand mit leeren Händen seines Weges gegangen ist.* – Nicht, weil der Geist der Erde nicht friedlich schlafen wird. Er schläft friedlich, egal ob ihr da seid oder nicht! Er wacht nie auf. Aber der Geist jener, die mit leeren Händen gegangen sind, wird nicht friedlich schlafen können. Wie kann man friedlich schlafen, wenn man hungrig ist?

Je länger ich mir Khalil Gibran ansehe, um so mehr fühle ich, er ist ein Einäugiger. Er hat nicht zwei Augen, darum fehlt das Gleichgewicht. Für eine ausgewogene Betrachtungsweise braucht man zwei Augen, so wie man zum Fliegen zwei Flügel braucht. Mit nur einem Flügel kann man nicht hoch fliegen. Man kann flattern, aber nicht fliegen. Der Einäugige sieht auch, aber nur die halbe Sicht. Und die halbe Sicht kann sich, was die innere Welt angeht, manchmal als sehr gefährlich erweisen.

Er macht sich nicht Gedanken über diejenigen, die mit leeren Händen gehen – daß sie nicht friedlich schlafen werden. Er macht sich Gedanken über den *Geist der Erde... auf dem Wind... bis die Bedürfnisse auch des Geringsten unter euch befriedigt sind.*

Manchmal scheint er von seinen eigenen Worten hypnotisiert zu sein, und Worte haben die Tendenz, daß ein Wort zum andern führt. Und dann vergißt er... oder vielleicht kennt er gar nicht die ganze Wahrheit! Doch alles, was er sagt, ist ein guter Anfang. Mit dieser neuen Sorte von Kommentaren, werden wir uns viele große Dichter anschauen, denn ich habe meine komplette Sicht. Wenn ich sehe, daß etwas falsch ist, spielt es keine Rolle, wer es behauptet hat. Falsch ist falsch und richtig ist richtig. Das hat noch nie jemand gemacht, und natürlich werde ich es mir mit vielen Leuten verderben.

Es gibt Millionen Menschen, die Khalil Gibran lieben. Sie werden sehr verärgert sein. Aber soll ich mich um die Leute kümmern und um ihren Ärger, oder soll ich mich darum kümmern, was wahr ist und was nicht?

Ich entscheide mich bedingungslos für die Wahrheit. Selbst wenn die ganze Welt gegen mich ist, spielt das keine Rolle. Es genügt mir und bringt mir absolute Befriedigung, daß ich immer auf der Seite der Wahrheit gestanden habe. Ich habe nie versucht, die Wahrheit auf meine Seite zu ziehen.

20

SPRICH UNS VON DER LIEBE…

Verbrechen – ein psychologisches Phänomen der Masse

Dann trat einer der Richter der Stadt vor und sagte:
Sprich uns von Schuld und Sühne.
Und er antwortete und sagte:
Wenn euer Geist mit dem Wind wandert, begeht ihr, allein und unbewacht, ein Unrecht an anderen und dadurch an euch selber.
Und für dieses begangene Unrecht müßt ihr am Tor der Seligen anklopfen und eine Weile unbeachtet warten.
Wie der Ozean ist das Göttliche in euch;
Es bleibt ewig unbefleckt.
Und wie der Äther erhebt es nur die Beflügelten.
Wie die Sonne auch ist das Göttliche in euch;
Es kennt nicht die Gänge des Maulwurfs, noch sucht es die Höhlen der Schlange.
Doch das Göttliche wohnt nicht allein in eurem Sein.
Vieles in euch ist noch Mensch, und vieles in euch ist noch nicht Mensch,
Sondern ein formloser Zwerg, der im Nebel schlafwandelt und nach seinem Erwachen sucht.
Und von dem Menschen in euch möchte ich jetzt sprechen.
Denn er ist es und nicht das Göttliche in euch und auch nicht der Zwerg im Nebel, der Schuld und Sühne kennt.

Ich fühle immer wieder Traurigkeit und Mitleid für Khalil Gibran. Er gehört eigentlich nicht zur Masse. Er gehört zu den höchsten Gipfeln des menschlichen Bewußtseins, doch er kennt nicht den Weg.

Im Wesen scheint er ein Dichter zu sein, doch hier und da, in seinen Träumen, bekommt er auch die sonnenerleuchteten Gipfel seines Bewußtseins zu Gesicht. Und er hat sein Bestes versucht, zu vermitteln, was seine Träume ihm enthüllten – doch Träume enthüllen nicht die Wahrheit.

Selbst der großartigste Traum ist höchstens der Schatten einer Vollmondnacht, gespiegelt in einem See. Wenn der See still ist und keine Welle, kein Lüftchen sich rührt und ihn beunruhigt, dann wird er zum Spiegel, und man kann den Mond darin sehen. Aber es ist nicht der wirkliche Mond, es ist nur sein Spiegelbild. Ein Steinchen, in den See geworfen, macht, daß das ganze Silber des Mondes sich in Kräuseln überallhin ausbreitet und der Mond verschwindet.

So ist es leider mit Khalil Gibran. Wenn er den Mond beschreibt, beschreibt er in Wahrheit das Spiegelbild des Mondes. Und das Spiegelbild ist fast genau wie der Mond – und manchmal sogar noch schöner. Der See erhöht noch die Schönheit. Die Stille, die den See umhüllt, macht den Traum noch reicher. Aber so reich ein Traum auch sein mag, es bleibt dennoch ein Traum.

Wieder kann ich den Unterschied erkennen zwischen dem Dichter und dem Mystiker. Der Dichter kann höchstens das Spiegelbild sehen; der Mystiker sieht den Mond. Sie sind sich sehr nah, und manchmal vermag der Dichter den Mond so realistisch zu beschreiben, daß fast jeder getäuscht wird. Zudem hat der Dichter eine Beredtheit, die für den Mystiker nicht nötig ist. So könnt ihr getäuscht werden. Der Mystiker mag in seinem Ausdruck gewöhnlich aussehen, und der Dichter ist imstande, seine Träume durch seine Beredtheit zu verschönern.

Ich fühle Traurigkeit und Mitleid für Khalil Gibran, daß er sich mit dem Spiegelbild im See zufriedengab. Er hat nie darüber nachgedacht, *wovon* es eine Spiegelung ist. Er ist ein großer Träumer, und seine Träume haben seine Worte verzaubert. Immer wieder werdet ihr sehen, wie er ganz nahe an die Wahrheit herankommt, aber immer wieder geht er am Wesentlichen vorbei.

Dann trat einer der Richter der Stadt vor und sagte:
Sprich uns von Schuld und Sühne.
Und er antwortete und sagte:
Wenn euer Geist mit dem Wind wandert, begeht ihr, allein und unbewacht, ein Unrecht an anderen und dadurch an euch selber.

Das könnte ein Erwachter nie sagen, einer, der den wirklichen Mond gesehen hat. In der Tat wird er das genaue Gegenteil sagen.

Laßt mich Khalil Gibran wiederholen, um euch zu zeigen, daß er immer wieder ein Gautam Buddha ist, aber es immer wieder verfehlt. Ich fühle nicht für jeden Traurigkeit und Mitleid, doch Khalil Gibran hat das Potential, nur ist er sich dessen nicht bewußt.

Er sagt: *Wenn euer Geist mit dem Wind wandert, begeht ihr, allein und unbewacht, ein Unrecht an anderen und dadurch an euch selber.* Die Wahrheit ist, *wenn euer Geist mit dem Wind wandert,...* werdet ihr, *allein,* absolut allein, zum ersten Mal wissen, was Tugend ist.

Die Menschen begehen nie Verbrechen an anderen oder an sich selbst, wenn sie absolut allein sind. Sie begehen Verbrechen in der Masse, mit der Masse – denn in der Masse und mit der Masse fühlen sie sich nicht verantwortlich für das, was sie tun. Sie sind nur ein Rädchen in der Maschine. Dann können sie leicht sagen: »Ich habe etwas getan, was alle anderen auch getan haben.«

In Indien kommt es fast täglich irgendwo zu Ausschreitungen zwischen Hindus und Mohammedanern, Jainas und Mohammedanern. Ich lebte einmal in einer Stadt, die in erster Linie für ihre Krawalle berühmt ist. Jeder kleinste Anlaß, und die ganze Stadt war in Aufruhr, denn die Bevölkerung der Stadt besteht fast zu gleichen Teilen aus Mohammedanern und Hindus. Schon die kleinsten und stupidesten Dinge, die man für religiös und spirituell hält...

Wenn zum Beispiel jemand mit seiner Musik, mit Trommeln, Liedern, Flöten an einer mohammedanischen Moschee vorbeikommt und nicht mit der Musik aufhört, reicht das schon, daß

Hunderte von Menschen getötet und Dutzende von Häusern angezündet werden.

Und die ersten Opfer solcher Gewalttätigkeiten sind immer die Frauen. Sie werden vergewaltigt, werden entführt. Die Hindus können keine Frau akzeptieren, die von einem Mohammedaner vergewaltigt wurde. Und selbst wenn sie nicht vergewaltigt wurde, sondern nur die Nacht im Hause eines Mohammedaners verbringen mußte, genügt das für den primitiven Verstand der Hindus, um diese Frau zu verdammen. Sie hat ihre Seele, ihre Spiritualität verloren. Sie ist nicht mehr akzeptabel.

Ich beobachtete fast zwanzig Jahre lang ständig diese Gewalttätigkeiten und fragte mich: Wie können so nette, schöne, liebevolle Leute – wie können sie sich plötzlich so verändern? Ein bloßes Gerücht genügt, und das Töten und Morden und die ganze Gewalttätigkeit nehmen ihren Anfang.

Einer der Professoren an der Universität – ein sehr netter, freundlicher Mann... Als ich einmal Zeuge wurde, wie er einen Hindu-Tempel in Brand steckte, konnte ich der Versuchung nicht widerstehen und fragte ihn. Nachdem die Krawalle vorüber waren und das Ausgangsverbot wieder aufgehoben war, sagte ich zu ihm: »Von jedem anderen hätte ich geglaubt, daß er so häßlich und gewalttätig sein kann, nur nicht von Ihnen! Darf ich Sie etwas fragen? Hätten Sie auch allein diesen Hindu-Tempel angezündet, der weder Ihnen noch sonst jemandem schadet?«

Er sagte: »Warum fragen Sie mich das?«

Ich sagte: »Ich möchte die Psychologie des Verbrechens verstehen.«

Da kamen ihm Tränen in die Augen, und er sagte: »Allein ist es unvorstellbar, aber in der Masse wird man zu einem Teil der Masse.«

Wenn so viele Leute den Tempel in Brand stecken, kommt ein unbewußter Drang nach Gewalt, Zerstörung und Animalität an die Oberfläche. Der Einzelne vergißt völlig seine Individualität; er wird zu einem Rädchen in der Maschinerie. Und was immer er tut, tut er nicht selbst. Die unbewußte Masse tut es, und der Einzelne wird von der Masse mitgezogen.

Khalil Gibran scheint absolut unwissend darüber zu sein, daß man, wenn man in völligem Alleinsein *mit dem Wind wandert,* nicht kriminell wird, sondern erleuchtet.

Das Verbrechen an sich ist ein psychologisches Phänomen des Mobs. Bewußtheit scheint eine gewisse Ähnlichkeit mit dem Wasser zu haben: Wasser hält immer das gleiche Niveau. Sobald jemand in der Masse aufgeht, begibt sich seine Bewußtheit auf dasselbe Niveau, in dieselbe Blindheit wie der Mob.

Im Alleinsein sind Menschen zu Everests geworden, zu den höchsten Gipfeln des Bewußtseins. Aber die Masse ist noch nie zu Bewußtsein aufgestiegen. Noch nie hat man von einer Masse gehört, daß sie erleuchtet wurde. Es ist immer das Individuum, das die Fähigkeit hat, mit dem Wind emporzusteigen wie ein Adler, der allein Richtung Sonne fliegt, zu immer größerer Freiheit.

Der Mob besteht immer aus den Sklaven, aus den ängstlichen Leuten, aus den Leuten, deren Sein von Angst erfüllt ist. Löwen halten sich nie in der Masse auf. Sie stehen allein in ihrer Würde und ihrem Stolz, in ihrer ganzen Pracht und Herrlichkeit. Nur die Schafe, die Feiglinge, die voller Angst sind und sich ständig Sorgen um ihren Tod machen – sie bleiben in der Herde.

Ihr werdet kein Schaf allein sehen. Allein fängt es an, sich verloren zu fühlen. Es weiß nicht, was es tun soll, wohin es gehen soll. Es hat sich immer nach der Herdenpsychologie gerichtet.

Verbrechen entsteht nicht im Alleinsein des Menschen. Es entsteht in den Feiglingen, die nicht fähig sind, allein zu sein. In der Menge gibt es eine gewisse Sicherheit, eine gewisse Behaglichkeit. Beobachtet nur eine Herde Schafe, wie sie sich bewegt. Sie lassen nicht einmal Zwischenräume. Dicht an dicht gedrängt bewegen sie sich, als hätten sie ein einziges Bewußtsein. Und sie sind glücklich in ihrer Nicht-Individualität.

Verbrechen kommt nicht durch die Individuen, es kommt durch jene, die das Alleinsein und die windigen Höhen nicht erleben und ihre Flügel nicht öffnen können aus Angst, daß sie verloren gehen könnten. Khalil Gibrans Gedanke ist absolut irreführend – kategorisch falsch. Doch der letzte Teil seiner Aussage enthält, wenn man ihn getrennt vom Rest betrachtet, ein Spiegelbild des Mondes – wenn er sagt: Wenn ihr ein Unrecht an anderen begeht, begeht ihr auch ein Unrecht an euch selbst. Ich sage, es ist ein Spiegelbild, denn in einem Spiegelbild passiert eine Veränderung. Wenn ihr vor dem Spiegel steht, wird euer rechtes Auge im Spiegelbild zum linken Auge, und euer linkes Auge wird im Spiegelbild zum rechten Auge. Das gleiche ist auch mit dieser Aussage passiert, die ebenfalls ein Spiegelbild ist – aber es ist nur ein Spiegelbild und kann nicht wirklich die Wahrheit darstellen.

Er sagt, wenn ihr ein Verbrechen gegen andere begeht, begeht ihr auch ein Verbrechen gegen euch selbst. Die Wahrheit ist: *Bevor* ihr ein Verbrechen gegen andere begeht, habt ihr bereits ein Verbrechen gegen euch selbst begangen. Wenn ihr nicht zuerst ein Verbrechen gegen euch selbst begangen habt, ist es unmöglich, ein Verbrechen gegen andere zu begehen.

Das beweist meine Hypothese, daß er nur das Spiegelbild sieht. Wie könnt ihr voller Haß gegen andere sein, wenn ihr nicht voller Haß gegen euch selbst seid? Und wie könnt ihr liebevoll zu anderen sein, wenn ihr nicht liebevoll zu euch selbst seid? Zuerst kommt immer ihr selbst – und ihr tut anderen das gleiche an, was ihr euch selbst antut. In Wirklichkeit ist es also praktisch genau umgekehrt.

Im Alleinsein wird eure Freiheit geboren, eure Unabhängigkeit. Im Alleinsein hat euer Bewußtsein keine andere Beschäftigung. Alleingelassen fängt es an, sich auf sich selbst zu besinnen. Es kann nirgendwo hingehen. Und wenn das Bewußtsein den Kreis schließt und zur Quelle zurückkehrt, von der es seinen Anfang nahm, wird euer Leben nicht mehr das alte, unbewußte Leben sein. Denn das auf sich selbst gerichtete Bewußtsein vertreibt jegliche Dunkelheit aus allen Ecken und Ritzen eures Seins. Und wenn ihr voll Licht geworden seid, habt ihr zum ersten Mal die Göttlichkeit erfahren.

Im Alleinsein begeht niemand ein Verbrechen – kann niemand ein Verbrechen begehen!

Und für dieses begangene Unrecht müßt ihr am Tor der Seligen anklopfen und eine Weile unbeachtet warten.

Es ist unnötig, am Tor der Seligen zu warten, denn in eurem Alleinsein seid ihr selbst selig geworden. Das ist die Bedeutung des Sanskrit-Wortes *bhagwan* – »der Selige«.

Aber selbst Menschen wie Jesus wissen nicht, was sie sagen und was sie tun. Sein ganzes Leben lang sagte er den Leuten: »Ihr seid Schafe, und ich bin euer Schäfer.« Was für eine Erniedrigung! Einen Menschen ein Schaf zu nennen, bedeutet, ihm all seine Würde zu nehmen, seine Freiheit zu zerstören, ihn zum Teil des Mobs zu machen. Aber alle Religionen haben das getan, ob sie es zugeben oder nicht, aus einem einfachen Grund: Wenn nicht die Menschen Schafe sind, wie können sie selbst die Schäfer sein? Die Priester, die Theologen, die Politiker – sie alle sind darauf angewiesen, daß ihr Schafe bleibt, nur eine Herde.

Sie unternehmen alle Anstrengungen, um eure Individualität zu zerstören, um euer Alleinsein zu zerstören – denn wenn ihr allein seid, werdet ihr Löwen sein. Und Löwen brauchen keine Schäfer.

Ja, vielleicht ab und zu – als Frühstück!

Mein Anliegen mit euch besteht darin, euch aus dieser fortwährenden Konditionierung herauszuholen, daß ihr zu einer Menge gehört. Nein, ihr seid nur ihr selbst. Und ihr seid keine Schafe, ihr seid Löwen!

Und darin kann man den Unterschied zwischen Jesus und Gautam Buddha sehen. Gautam Buddha sagte immer, wenn ein Mensch in die Meditation eingeweiht wird, wenn er in seine Seele eintritt – wo niemand anderer eintreten kann, wo er absolut allein sein wird –, dann bricht aus ihm ein Löwengebrüll hervor. Buddha gibt euch Würde, er transformiert euch aus der Welt der Schafe in die Herrlichkeit eines Löwendaseins.

Ich will, daß meine Leute Löwen sind. Ihr könnt zusammen sein, aber nicht als Menge, sondern als eine Versammlung von Löwen – jeder für sich ein Individuum, das auch allen anderen genug Raum läßt.

Wegen Menschen wie Jesus – so schön sie in vieler Hinsicht auch sein mögen –, leidet die Welt unter allen Arten von Unterdrückung und Ausbeutung. Was bleibt Schafen denn anderes übrig? Niemand hat je davon gehört, daß in einer Schafherde eine Revolution ausgebrochen wäre. Sie sind sehr gehorsam gegenüber der Herde. Sie sind sehr gehorsam gegenüber dem Schäfer.

Und der Schäfer wird sie nicht retten, denn er hat sie bereits vernichtet. Sich selbst einen Schäfer zu nennen und alle anderen Menschen bloß Schafe, beweist ein tiefverwurzeltes Ego – und keine Erleuchtung, in der das Ego sich auflöst, in der man existiert, aber nicht mehr als »Ich«, nicht mehr als Ego, sondern frei von dem Wunsch, überlegen und heiliger als andere zu sein.

Die Mißverständnisse, die man bei Khalil Gibran findet, sind eng verbunden mit den Mißverständnissen, die man bei Jesus Christus findet. Er liebte Jesus, und seine Sprache spiegelt Jesus, seine Aussagen spiegeln Jesus – doch er ist viel poetischer. Seine Ausdrucksweise ist sehr viel schöner, aber laßt euch nie vom Ausdruck täuschen, so schön er auch sein mag! Wenn ihr all diese schönen Ausdrücke auseinandernehmt, werdet ihr nichts an ihnen finden. Oder was ihr findet, ist nur Dunkelheit, Mißverstehen und Unwissenheit.

Diejenigen, die sich auf die Suche nach der Wahrheit aufgemacht haben, sind immer allein gegangen. Und diejenigen, die den Sinn des Lebens finden wollten, sind immer in ihr Inneres gegangen, wo sonst niemand hingelangt.

Alleinsein außen... Alleinsein innen... und schließlich kommt ihr an den Punkt, wo ihr wie ein Löwe brüllen könnt. Natürlich werden Millionen Schafe über euch wütend sein, weil sie nicht wie ein Löwe brüllen und nicht wie ein Adler emporfliegen können. Man hat ihnen gesagt, daß sie nur an die Herde glauben sollen, in die sie rein zufällig hineingeboren wurden.

Ein Mensch, der Teil der Herde bleibt, erlangt nie seine wahre Individualität. Er bleibt unwirklich.

Ihr habt vielleicht schon den Ausspruch gehört, den es in vielen Sprachen gibt: Ein Schaf, das sich im Löwenfell verbirgt... Solche Aussprüche stammen nicht aus jahrhundertealter Weisheit, sie stammen aus jahrhundertealter Unwissenheit.

Ich möchte das Sprichwort richtigstellen. Die Wahrheit ist: Ihr seid Löwen, die man gezwungen hat, in einem Schaffell zu leben.

Und es ist unnötig, und es gibt kein Tor, wo ihr anklopfen könnt, um die Seligen zu finden. Vielmehr gibt es einen Ort, wo der Selige bereits auf euch wartet – in eurem Inneren. Weder Jesus noch sonst irgendjemand kann euch dorthin führen – nur ihr selbst. Wenn ihr dagegen revoltiert, ein Schaf zu sein, und Mut faßt, wie ein Löwe zu brüllen und euch wie ein Löwe zu bewegen, werdet ihr selbst die Seligen sein.

Wie der Ozean ist das Göttliche in euch; es bleibt ewig unbefleckt.

Das ist die Schönheit von Khalil Gibran, daß er zwar immer wieder hinfällt, aber auch immer wieder aufsteht. Er lebte fast sein ganzes Leben lang in Amerika, und jeder Amerikaner hat den Leitspruch: »Probiere es – immer und immer und immer wieder!« Und der Arme tut sein Bestes, aber er fällt! Das müßt ihr berücksichtigen, und ihr müßt sehr aufmerksam und sehr wach sein, wenn ihr Khalil Gibran oder jemand anderen lest.

Ein großes Unglück ist der Menschheit widerfahren. In den Köpfen der Leute hat sich eine Idee festgesetzt: Wenn jemand recht hat, hat er *immer* recht, und wenn jemand unrecht hat, hat er *immer* unrecht. Wenn jemand ein Heiliger ist, ist er immer – tagaus, tagein – ein Heiliger, und wenn jemand ein Sünder ist, ist er immer – tagaus, tagein – ein Sünder. Das entspricht nicht der Realität. Sogar Sünder haben Augenblicke, in denen sie Heilige sind, und auch Heilige machen mal Urlaub.

Für dieses Unglück ist Aristoteles, der Vater der westlichen Logik, verantwortlich, denn er akzeptiert nur zwei Kategorien: Man kann nur entweder recht oder unrecht haben. Er läßt außer acht, daß viele Zwischenstufen zwischen richtig und falsch möglich sind. Und er hat auch die einfache Tatsache vergessen, daß man in *einer* Sache recht und in einer anderen unrecht haben kann.

Aber dafür braucht man große Bewußtheit – und besonders bei Leuten wie Khalil Gibran, deren Worte hypnotisierend wirken. Sie sind beinahe wie ein Schlummerlied – sehr einschläfernd, obwohl sie falsch sind. Man ist so beeindruckt von ihnen, daß man jedes Interesse verliert, wach, bewußt und aufmerksam zu bleiben.

Wie der Ozean ist das Göttliche in euch...

Das ist wahr. Euer Sein beschränkt sich nicht auf eure Knochen. Euer Sein beschränkt sich nicht auf den Hautsack, in dem ihr lebt – ihr nennt ihn euren Körper. Euer Sein ist so unermeßlich wie der Ozean.

Alle Flüsse dieser Welt führen ständig alle Arten von Abfall, Müll, Schmutz und Schlamm mit sich, denn sie fließen über Tausende von Meilen. Und seit Millionen von Jahren münden sie in den Ozean, doch der Ozean bleibt unverschmutzt. Diese Wahrheit muß man sich merken. Sie sollte in goldenen Lettern geschrieben werden.

Ihr habt alle möglichen Taten, gute wie schlechte, begangen. Ihr habt recht und unrecht gehabt, ihr habt all die Tage und Nächte eures Lebens gesehen, ihr seid in den Tempeln gewesen und bei den Prostituierten – doch euer Sein bleibt unverschmutzt wie der Ozean. Ihr seid so unermeßlich groß... diese Kleinigkeiten zählen in der letzten Rechnung überhaupt nicht.

Daher sage ich euch, beurteilt nie jemanden nach einer kleinen Tat, die er begangen hat. Jemand hat gestohlen, jemand hat gemordet, jemand hat gelogen... das sind alles kleine Taten. Beurteilt nicht den Menschen und sein ganzes Leben aufgrund einer kleinen Tat.

Und merkt euch die höchste Wahrheit: Was auch immer ihr tut, euer innerster Kern bleibt unverschmutzt. Es gibt keine Möglichkeit, euer Sein zu verunreinigen, eure Seele zu verderben. Wenn euch – in einer Sekunde – euer inneres Sein bewußt wird, werdet ihr staunen: »Ich wurde von allen verdammt, ich habe mich selbst verdammt, doch mein wahres Sein bleibt davon unberührt. Es ist immer unschuldig, immer rein.«

Ich will euch eine schöne Geschichte erzählen...

Es lebte einmal vor Tausenden von Jahren ein Mann. Sein Name war Valmik, und von Beruf war er ein Räuber. Und wenn es nötig war, zögerte er nicht, Menschen zu töten. Sobald sie ihm Widerstand leisteten, wenn er ihnen ihr Geld, ihre Wertsachen abnahm, zögerte er keinen einzigen Augenblick, sie zu töten. Und er war ein starker Mann.

Zu jener Zeit kannte man ihn nicht als Valmik, man nannte ihn Valya Bhil. Die *Bhils* sind primitive Stämme, Ureinwohner. Und wer sollte Valya Bhil »Valmik« nennen? – denn Valmik bedeutet das gleiche, aber es ist respektabler. Er war ein Räuber und Mörder, und jeder wußte das.

Es war sehr selten, daß Leute durch den Wald kamen, in dem er lebte. Die Straße war fast unbenutzbar geworden, denn jeder, der auf diesem Weg kam, wurde ausgeraubt oder getötet.

Narada war ein Musiker und Dichter, ein sehr schöner Mann, und beim Herumziehen spielte er immer auf einem einfachen Musikinstrument... und wißt ihr, je einfacher ein Instrument, um so schwieriger ist es, gute Musik darauf zu spielen. Er trug immer ein einfaches Instrument, eine *Ektara* – eine einseitige Sitar. Man kann leicht Musik machen, wenn man viele Saiten hat, weil man viele Noten auf verschiedenen Saiten erzeugen kann. Die Ektara hat aber nur eine einzige Seite – das ist die Bedeutung von *ektara. Ek* bedeutet »eins«, und *tara* bedeutet »Saite«. Sie war fast zum Markenzeichen von Narada geworden. Ihr werdet keine Statue und kein Bild von ihm ohne seine Ektara finden.

Er war ein meisterhafter Musiker und ein großer Dichter – und vielleicht der einzige Mann in Indien, der die Komik dieser Existenz erkannte, denn er lachte ständig.

Als er weiterziehen wollte, sagten die Leute zu ihm: »Geh nicht, sonst wirst du deine Ektara verlieren! Diesem Valya ist es egal, wer du bist, und wenn du versuchst, deine Ektara zu retten, wirst du deinen Kopf verlieren. Du nimmst besser einen anderen Weg, auch wenn es etwas länger dauert.«

Narada sagte: »Wenn ich nichts davon gewußt hätte, würde ich vielleicht die andere Route nehmen, aber jetzt ist es eine Herausforderung zwischen Valya und Narada. Ich möchte diesen Mann kennenlernen, der aus euch allen solche Angsthasen macht! Ein einziger Mann, und der ganze Verkehr auf dieser Straße liegt brach. Das muß wohl ein Löwe im Wald sein... dabei haben früher Tausende diese Straße genommen. Jetzt geht dort keiner mehr. Die Straße ist geschlossen – aber nicht wegen Reparaturarbeiten!«

Narada ging, denn er vertraute seiner Musik mehr als der Mordlust eines Mannes. Was wäre das für eine Musik, wenn sie nicht den tierischen Mordinstinkt eines Menschen zu transformieren vermochte?

Valya hörte die Musik – sie war bezaubernd, hatte etwas Magisches. Und als er Narada allein sah – ohne Waffen, ohne Besitztümer, nur mit seiner Ektara... und der Mann war noch schöner als seine Musik! So muß es auch sein, denn der Schöpfer ist immer größer als seine Schöpfung; die Schöpfung kann nicht größer sein, als ihr Schöpfer.

Zum ersten Mal zögerte Valya und war unentschlossen, ob er diesen schönen Mann weiterziehen lassen sollte. Eine Ausnahme zu machen, wäre jedoch nicht recht gewesen. Er schuldete es seinem Ruf, daß niemand auf dieser Straße durchkam, ohne ausgeraubt oder getötet zu werden.

Also warnte er den großen Musiker und Seher: »Ich bitte dich, geh zurück. Wenn du nicht zurückgehst, werde ich dir deinen Besitz nehmen müssen, was es auch sei. Wenn du Widerstand leistest, wirst du vielleicht dein Leben verlieren. Und ich will dir nichts tun. Ich will weder dein Instrument nehmen, noch will ich dir das Leben nehmen. Und sag später nicht, ich hätte dich nicht gewarnt.«

Doch Narada spielte weiter auf seiner Ektara. Und statt auf der Straße weiterzugehen, kam er und setzte sich neben Valya, der gerade damit beschäftigt war, sein Schwert zu schärfen.

Narada sagte: »Du bist ein schöner Mann. Warum tust du so etwas?«

Er sagte: »Was kann ich sonst tun? Ich bin ungebildet. Ich bin ein Unberührbarer, aus der niedrigsten und der am meisten verdammten Kaste der Hindus. Ich kann nicht in den Tempel gehen, ich kann nicht in die Stadt gehen, aber ich muß für meine Frau sorgen und für meine alte Mutter, meinen Vater, meine Kinder.«

Narada sagte: »Wenn das so ist, dann will ich zu dir nach Hause gehen und jeden fragen. Denn du tust Dinge, die unmenschlich sind. Wer wird dafür bestraft werden? Du begehst alle diese Dinge für deine alte Mutter und deinen Vater. Frage sie: ›Wirst du auch die Strafe mit mir teilen?‹ Frage deine Frau, frage deine Kinder: ›Was auch immer ich tue, tue ich für euch – werdet ihr meine Strafe mit mir teilen?‹«

Valya lachte, und er sagte: »Du scheinst sehr schlau und gerissen zu sein! Ich gehe nach Hause, und währenddessen verschwindest du! Niemand kann Valya beschwindeln!«

Narada sagte: »Keine Rede von Schwindeln! Du kannst mich mit einem Strick an einen Baum binden. Und du weißt, hier kommt niemand vorbei. Ich werde warten. Und was immer du nachher tun willst, kannst du tun. Aber zuerst bring mir die Antwort.«

Er hatte nie darüber nachgedacht. Er ging nach Hause und fragte seinen Vater, seine Mutter, seine Frau, seine Kinder – keiner von ihnen war bereit, die Strafe mit ihm zu teilen. Sie sagten: »Das geht uns nichts an. Du bist verantwortlich, für deine Familie zu sorgen; es interessiert uns nicht, wie du das machst. Was du machst, ist ganz allein *deine* Sache.«

Das war ein großer Schock für ihn. Er konnte nicht glauben, daß die Eltern, die er so sehr liebte, die Frau, die er so sehr liebte, seine eigenen Kinder, für die er alle möglichen Verbrechen beging… daß sie es glatt ablehnten: »Es ist deine Pflicht, für uns zu sorgen. Daß wir deine Strafe mit dir teilen – davon kann keine Rede sein!«

Er kehrte mit Tränen in den Augen wieder, band Narada los, berührte seine Füße und sagte: »Durch eine einzige Frage hast du mich verwandelt. Ich habe keine Familie mehr. Wenn sie nicht meine Strafe mit mir teilen wollen, lieben sie mich nicht. Ich habe in einer Illusion gelebt. Sie liebten das ganze Geld, das ich ihnen brachte, aber als die Frage der Strafe aufkam, hat kein einziger von ihnen geantwortet: ›Ich werde sie mit dir teilen.‹ Nein, ich habe keine Familie.«

Und er warf sein Schwert im Wald fort und bat Narada: »Initiiere mich, damit ich einmal die gleiche Musik, die gleiche Poesie und die gleiche Freude in mir fühlen kann, die ich in deinem Gesicht sehe.«

Narada sagte: »Dazu ist nicht viel nötig – nur der Name Gottes. Du mußt anfangen, den Namen Gottes, *Ram,* zu singen.«

Ihr müßt wissen – und das ist ein wenig verwirrend –, es ist nicht derselbe Name, über den ich schon gesprochen habe: König *Rama,* der mit seiner Frau so primitiv und grausam und so häßlich umging. *Ram* ist älter als jener Rama, von dem ich euch erzählt habe. Tatsächlich wurde er Rama genannt, weil der Name Ram schon vor ihm existierte. Es ist die Hindu-Entsprechung für Gott.

Narada sagte: »Es genügt, wenn du ruhig dasitzt und wiederholst: *Ram, Ram, Ram,* so daß alles, was in deinem Kopf vor sich geht, allmählich durch *Ram* ersetzt wird. Und das Schöne ist, wenn es alles ersetzt hat, verschwindet es ebenfalls. Genauso, wie wenn du eine Kerze anzündest... Die Flamme ist nicht ohne die Kerze möglich, doch allmählich wird die Flamme zuerst die Kerze herunterbrennen, und wenn die Kerze am Ende ist, wird auch die Flamme automatisch verschwinden.«

Das ist etwas sehr Bedeutsames. Er sagte also: »Tu einfache Dinge. Laß dich nicht auf komplizierte Dinge ein, denn du bist ein einfacher Mann, ein tapferer Mann. Und in ein paar Monaten werde ich wiederkommen, um zu sehen, wie es läuft. Wenn du Hilfe brauchst, kannst du immer mit mir rechnen.«

Dieser Valya war ein ungebildeter, primitiver, unzivilisierter Mensch ohne Kultur, ein Eingeborener. Er fing mit Vertrauen an – denn ein so einfacher Mensch hat immer Vertrauen. Er fing an zu wiederholen: »*Ram... Ram... Ram... Ram...*« Und Narada hatte ihm gesagt: »Wiederhole es immer schneller. Laß keinen Zwischenraum zwischen den zwei *Ram.*«

Der Arme kam in Schwierigkeiten. Wenn man immer »*Ram, Ram, Ram...*« wiederholt, ...und er war ungebildet, er hatte den Namen noch nie gehört. So brachte er es durcheinander und fing bald an zu sagen: »*Mara, Mara, Mara...*« *Ram* bedeutet Gott, aber wenn man es wiederholt und zwei *Ram* aneinanderhängt... Diese Verwechslung kann nur einem ungebildeten Mann passieren, denn *Mara* bedeutet »Sterben, Sterben, Sterben...«

Aber in gewisser Weise ist diese Geschichte bedeutsam. Wenn ihr wirklich den Zustand der Göttlichkeit erlangen wollt, ist der Tod eures Egos eine absolute Notwendigkeit. Es war zwar ein Fehler, doch als nach drei Monaten Narada wiederkam, war Valya transformiert. Er strahlte Licht aus und durchströmte die ganze Atmosphäre mit einer neuen Energie.

Selbst Narada fühlte sich unterlegen. Sein ganzes Leben lang hatte er den Namen Gottes wiederholt, rezitiert, gesungen und er hatte auf seinem Musikinstrument gespielt, doch er hatte keinen solchen Gewinn daraus gezogen wie Valya. Dieser war sich selbst ein Licht geworden. Eine Aura von Licht war um ihn. Narada konnte ihn nicht mehr *Valya* nennen, denn das wäre respektlos gewesen. Er änderte *Valya* in *Valmik* und sagte zu ihm: »Du hast ein Wunder vollbracht, denn ich habe diesen Namen mein ganzes Leben lang wiederholt, und du hast mich in nur drei Monaten weit hinter dir gelassen. Ich werde mehrere Leben brauchen, um dich einzuholen.«

Er sagte: »Ich habe nichts anderes getan, als was du mir gesagt hattest. Ich habe wiederholt: ›*Mara, Mara, Mara*...‹«

Narada sagte: »Mein Gott! Das habe ich dir nie gesagt! Ich habe *Ram* gesagt.«

Er sagte: »Ich bin ein ungebildeter Mann und habe keine Ahnung von Religion und all so was. Mein ganzes Leben habe ich nur geraubt und gemordet. Ich habe es mir nicht gemerkt. Statt *Ram* habe ich es verdreht: das *M* von *Ram* habe ich vor dem *R* gesagt. Vergib mir!«

Narada sagte: »Da ist nichts zu vergeben. Du bist so unschuldig und ohne Gier, ohne den Wunsch, eine Belohnung im Himmel zu erlangen, daß du sogar durch das Wiederholen von *Mara, Mara* ein neuer Mensch geworden bist. Mach dir keine Gedanken. Mach weiter! Was auch immer du getan hast, ist richtig.«

Er sagte: »Aber wie kann das sein? Was ist mit meinen Mordtaten? Ich kann nicht zählen, und darum kann ich nicht einmal sagen, wie viele Menschen ich umgebracht habe. Was ist mit meinen Raubtaten?«

Narada sagte zu ihm: »Vergiß das alles. Du hast den Ozean deines Seins erreicht. Du strahlst es aus. Selbst ein Blinder könnte es sehen oder zumindest fühlen: die Freude, das Aroma. Und denke überhaupt nicht über das nach, was du getan hast. Das sind kleine Taten.

Kleine Flüsse voller Schlamm und Dreck sind in den Ozean gestürzt, und der Ozean wird niemals von diesen Flüssen verunreinigt. Er bleibt unverschmutzt.«

Und wie der Äther erhebt es nur die Beflügelten.
Wie die Sonne auch ist das Göttliche in euch;
Und wie der Äther erhebt es nur die Beflügelten...

Alles, was ihr braucht, sind Flügel, ist der Mut, allein zu sein in diesem unendlichen Himmel – ohne Führer, ohne Landkarte, ohne Straßen, ohne Wegweiser, ohne Meilensteine. Ihr braucht nur Mut und Flügel, und der ganze Himmel gehört euch. *Wie die Sonne auch ist das Göttliche in euch.* Euer innerstes Sein ist, anders betrachtet, wie die Sonne.

Es kennt nicht die Gänge des Maulwurfs, noch sucht es die Höhlen der Schlange.

Sie steigt empor, um mit allen zu teilen und um allen täglich frisches Leben zu bringen. Doch sie kennt nicht *die Gänge des Maulwurfs, noch sucht* sie *die Höhlen der Schlange.* Sie ist verfügbar; die Schlange kann aus ihrer Höhle herauskommen, der Maulwurf kann aus seiner Höhle herauskommen. Euer Selbst ist gleichfalls wie die Sonne – es ist verfügbar, aber ihr lebt in einer Höhle, in den verschiedensten Arten von Höhlen. Die Sonne wird nicht an eure Türen klopfen. Sie ist bereits in eurem Inneren. Ihr müßt alle Türen und alle Fenster aufmachen, damit der Duft des Lebens anfangen kann, sich über euch zu ergießen, damit euer Licht, das immer in euch geschlummert hat, anfängt zu strahlen.

All diese vorangehenden Zeilen unterstütze ich mit meinem ganzen Sein. Aber wiederum sagt er:

Doch das Göttliche wohnt nicht allein in eurem Sein.

Auch das ist richtig – was auch immer in eurem Sein wohnt, wohnt in *jedem* Sein. Und die Gesamtheit des Seins von allen ist der Ozean des Bewußtseins. Ihr könnt es Gott nennen. Ich bevorzuge das Wort *Göttlichkeit*, denn es ist mehr eine Eigenschaft als eine Sache. Es ist mehr eine Präsenz als eine Person.

Vieles in euch ist noch Mensch, und vieles in euch ist noch nicht Mensch...

Vieles in euch schläft noch – euer Menschsein, eure Menschlichkeit. *Und vieles in euch ist noch nicht Mensch...* eure tierischen Ursprünge sind ebenfalls noch vorhanden.

Die Hindus in Indien haben eine sehr schöne Vorstellung von einer ihrer Inkarnationen Gottes, die halb Mensch und halb Tier ist. Die ganze Welt hat darüber gelacht: »Was ist das für ein Blödsinn?« Aber es ist ein Symbol eurer inneren Psychologie: Ihr seid zur Hälfte Mensch und zur Hälfte seid ihr noch Tier. Und das Problem ist, daß das Tier völlig wach ist und der Mensch völlig am Schlafen.

...Sondern ein formloser Zwerg, der im Nebel schlafwandelt und nach seinem Erwachen sucht.

Der Mensch in euch versucht zu erwachen. Ihr kennt das auch: Manchmal wollt ihr aus einem Alptraum aufwachen, aber es geht nicht. Ihr könnt die Augen nicht öffnen, ihr könnt die Hände nicht bewegen – alles ist wie gelähmt. Die Wirkung des Alptraums ist so stark, daß ihr für ein paar Augenblicke wie tot seid. Wenn ihr aufwacht, werdet ihr darüber lachen, doch während ihr schlaft, zittert ihr vor Furcht. Und selbst wenn ihr aufwacht, werdet ihr die Nachwirkungen noch spüren; es wird euch nachhängen. Ihr seid schweißgebadet, selbst wenn es eine kühle Nacht ist, aber euer Alptraum war so gefährlich, daß der Körper ihn als Realität erlebt hat. Der Körper ist blind. Er fing an, vor Angst zu schwitzen. Ihr könnt fühlen, daß euer Herz lauter schlägt. Obwohl ihr schon wach seid, sind die Wirkungen des Alptraums noch spürbar. Obwohl der Elefant schon aus der Tür gegangen ist, ragt sein Schwanz noch ins Zimmer.

Und von dem Menschen in euch möchte ich jetzt sprechen.
Denn er ist es und nicht das Göttliche in euch und auch nicht der Zwerg im Nebel, der Schuld und Sühne kennt.

Ab hier wird es eine Hypothese. Er weiß es nicht. Er tappt selbst im Dunkeln. Was er sagt, da ist etwas Wahres daran, aber auch etwas Falsches. *Denn er ist es und nicht das Göttliche** *in euch und auch nicht der Zwerg im Nebel, der Schuld und Sühne kennt*... Er teilt euch in drei Teile: erstens der Zwerg, das Tier; zweitens der Mensch, der noch schläft und im Dunkeln tappt und versucht, aufzuwachen; und drittens das göttliche Selbst. Diese Unterteilung ist falsch. Es gibt kein göttliches Selbst, nur den erwachten Menschen. Das göttliche Selbst ist ein anderer Name für den Erwachten. Darum konnte ein Mensch wie Gautam Buddha sagen, daß es keinen Gott gibt.

Man kann die Atheisten ignorieren, die nie ihr inneres Sein erforscht haben, doch man kann Gautam Buddha oder Mahavira nicht ignorieren. Und beide sagen, daß es keinen Gott gibt.

Mit anderen Worten: Wenn Gott schläft, nennen wir ihn »Mensch«, und wenn der Mensch erwacht ist, nennen wir ihn »Gott«. Das Erwachen des Menschen ist seine Göttlichkeit. Einen anderen Gott gibt es nicht.

Es ist also keine dreifache Unterteilung. Ihr seid unterteilt in das Tier und den Menschen. Das Tier muß einschlafen, der Mensch muß erwachen, und beides passiert gleichzeitig. Den erwachten Menschen könnt ihr »Gott« nennen.

H. G. Wells hat über die Weltgeschichte geschrieben. Als er über Buddha schreiben sollte, hat er viel über Buddha nachgelesen und war sehr verwirrt: Was sollte er über diesen Menschen sagen? – Was er dann sagte, ist so bedeutsam, daß es vielleicht schwierig sein wird, in diesem Jahrhundert eine noch bedeutsamere Aussage zu

* *god-self* – das »göttliche Selbst«

finden. H. G. Wells sagte über Buddha: »Gautam der Buddha ist der gottloseste und zugleich der göttlichste Mensch.«

Wenn ihr erwacht seid, braucht ihr keinen Gott.

Euer Erwachen, eure Erleuchtung wird euch zum Lachen bringen: »Ich habe Gott im Himmel gesucht, und er war in meinem Inneren verborgen!«

Eine kleine Geschichte...

Es ist nur eine Geschichte, doch voller Bedeutung und Witz. Als Gott die Welt erschuf, lebte er selbst noch auf der Welt. Doch er wurde es müde, denn von morgens bis abends kamen alle zu ihm mit ihren Klagen: Der eine wünscht sich ein Kind, des anderen Kind ist krank, einem ist das Kind gestorben, ein anderer hat sich verliebt und die Eltern erlauben ihm nicht, die Frau zu heiraten... Millionen von Problemen, aber nur ein armer Gott! Und wer ihn bei Tag nicht erreichen konnte, belästigte ihn noch in der Nacht – er konnte nicht schlafen.

Schließlich fragte er seinen Berater: »Was soll ich machen? Diese Menschen bringen mich noch um! Sie lassen mir keine Ruhe und kommen mit tausendundeinem Problem zu mir. Sie sollten ihre Probleme selber lösen. Ich habe ihnen alle Fähigkeiten und die Intelligenz gegeben, all ihre Probleme zu lösen. Aber sie wollen alle Verantwortung auf mich abwälzen und denken: ›Was geht uns das an? Wozu hast du uns überhaupt erschaffen? Wenn du uns erschaffen hast, solltest du dich auch um unsere Problem kümmern!‹«

Der Berater flüsterte ihm ins Ohr: »Es gibt einen Ort, wo diese Menschen nie hinkommen.«

Und Gott sagte: »Dann zeig ihn mir.«

Und er sagte: »Versteck dich einfach im Inneren der Menschen. Sie werden dich überall auf der ganzen Welt suchen, aber sie werden nie nach innen gehen. Dort hast du deine Ruhe und kannst dich entspannen!«

Und dort ruht er immer noch und entspannt sich.

Wenn ihr wissen wollt, ob diese Geschichte wahr ist, geht nach innen!

Blätter vom selben Baum

Oft habe ich euch von einem, der ein Unrecht begeht,
reden hören, als sei er nicht einer von euch, sondern ein Fremder und ein Eindringling in eure Welt.
Aber ich sage euch, selbst wie der Heilige und Rechtschaffene
nicht über das Höchste hinaussteigen kann, das in jedem von euch ist,
So kann der Böse und Schwache nicht tiefer fallen als das Niedrigste, das auch in euch ist.
Und wie ein einzelnes Blatt nicht ohne das stille Wissen des ganzen Baumes vergilbt,
So kann auch der Übeltäter kein Unrecht tun, ohne den verborgenen Willen von euch allen.
Wie in einer Prozession geht ihr zusammen eurem göttlichen Ich entgegen.
Ihr seid der Weg und die Reisenden.
Und wenn einer von euch fällt, fällt er für die hinter ihm, eine Warnung vor dem Stolperstein.
Ja, und er fällt für die vor ihm, die, obgleich schneller und sicherer im Schritt, den Stein des Anstoßes nicht entfernten.

Und noch dies, mögen die Worte euch auch schwer auf dem Herzen liegen:
Der Ermordete ist nicht ohne Verantwortung an seiner Ermordung.
Und der Beraubte nicht schuldlos an seiner Beraubung.
Der Rechtschaffene ist nicht unschuldig an den Taten des Bösen,
Und der mit sauberen Händen ist nicht rein von den Taten des Missetäters.
Ja, der Schuldige ist oft das Opfer des Geschädigten.
Und noch öfter ist der Verurteilte der Sündenbock für den Schuldlosen und den nicht Beschuldigten.
Ihr könnt nicht den Gerechten vom Ungerechten trennen und nicht den Guten vom Bösen;
Denn sie stehen zusammen vor dem Angesicht der Sonne, wie der schwarze und der weiße Faden zusammengewebt sind.
Und wenn der schwarze Faden reißt, wird der Weber das ganze Gewebe prüfen und auch den Webstuhl untersuchen.

Der bloße Gedanke, über andere zu urteilen, ist absolut unreligiös. Doch alle Religionen haben das Verbrechen begangen, über andere zu urteilen. Alle Religionen haben euch Ideen darüber gegeben, was gut und was schlecht, was richtig und was falsch, was Tugend und was Sünde ist. Sie haben euch durch diese Ideen verdorben, denn ein und dieselbe Handlung kann in dem einen Zusammenhang gut und in einem anderen schlecht sein. Man kann nicht das ganze Leben eines Menschen nach einer einzigen Tat beurteilen.

Und wer seid ihr überhaupt, daß ihr ein Urteil fällt? Wer hat euch die Autorität verliehen, daß ihr jemanden als Heiligen oder als Sünder beurteilt? Ihr habt nicht den Blick, um in das Sein eines Menschen zu schauen, in seine innere Wirrnis, in seine unbewußten Sehnsüchte. Alles was ihr sehen könnt, ist seine Handlung, aber sein Bewußtsein könnt ihr nicht sehen. Und ohne sein Bewußtsein zu kennen, ist euer Urteil nicht nur oberflächlich, sondern geradezu unmenschlich. Euer Bestreben, andere zu beurteilen, ist nichts anderes als der Wunsch, zu verdammen oder zu loben.

Ihr verdammt das, was ihr selbst tun wollt, aber Angst habt vor den Folgen. Ihr seid Feiglinge. Und ihr lobt das, was ihr selbst sein wollt. Es ist eure Begierde, eure Sehnsucht, euer Drang nach Macht, Ansehen, Berühmtheit. Betrachtet euch selbst, denn eure Urteile sagen viel mehr über euch selbst aus als über denjenigen, über den ihr urteilt.

Ein Mensch von wirklichem Verständnis ist urteilsfrei, weil er weder einen Wunsch unterdrückt noch nach Macht, Ansehen oder Berühmtheit strebt. Er ist rein und unverdorben. Wie könnte er urteilen?

Khalil Gibran sagt hier ein paar äußerst bedeutsame Dinge:

Oft habe ich euch von einem, der ein Unrecht begeht, reden hören, als sei er nicht einer von euch, sondern ein Fremder und ein Eindringling in eure Welt.

Habt ihr eine Ahnung, was Unrecht ist? Denn was Unrecht ist in einer Kultur, ist in einer anderen Recht. Was Unrecht ist in dem einen Jahrhundert, wird Recht in einem anderen. Was heute Recht ist, kann morgen Unrecht sein, und was in diesem Augenblick Recht ist, kann schon im nächsten Augenblick Unrecht sein.

Das Leben ist ein solcher Fluß – ein unaufhörliches Fließen, das ständig die Richtung wechselt und sich einen Weg sucht, den es nicht kennt, das sich auf das Meer zu bewegt ohne jede Landkarte, ohne Führung. Genau wie ein Fluß ist der Fluß eures Lebens.

Es geschah einmal, daß Laotse vom Kaiser von China zum höchsten Richter des Landes bestellt wurde.

Laotse versuchte ihn davon abzubringen, doch vergeblich: »Du wirst es bereuen, wenn du mich zum höchsten Richter deines obersten Gerichtes machst, denn meine Art zu sehen und zu verstehen ist völlig anders als die deine.«

Doch der Kaiser beharrte darauf, denn er hatte schon so viel von der Weisheit dieses Mannes gehört. Er sagte: »Ich habe mich entschieden. Du kannst es nicht ablehnen.«

Der erste Fall am ersten Tag, als Laotse den Sitz des obersten Richters einnahm, handelte von einem Mann, den man auf frischer Tat im Haus des reichsten Mannes der Hauptstadt beim Stehlen ertappt hatte. Es gab eigentlich nichts zu entscheiden. Der Täter wurde während der Tat ertappt, es gab Augenzeugen, und er gab selbst zu: »Alles, was sie sagen, stimmt.«

Laotse gab sein berühmtes Urteil, so einzigartig und so verständnisvoll, wie nie zuvor und nie wieder danach ein Urteil gegeben wurde. Das Urteil war, daß der Dieb für sechs Monate ins Gefängnis gehen mußte – und der reiche Mann mußte ebenfalls mit ihm für sechs Monate ins Gefängnis gehen! Der ganze Gerichtshof, die ganze Richterbank konnten nicht fassen, was er da sagte. Sie dachten, sein Urteil würde seine Weisheit unter Beweis stellen; stattdessen bewies es, daß er verrückt war! Was hatte der Reiche denn verbrochen?

Der Reiche sagte: »Ich traue meinen Ohren nicht. Man stiehlt mir mein Geld, und ich werde bestraft? Mit derselben Strafe, die du dem Dieb gibst?«

Laotse sagte: »Du hast das *erste* Verbrechen begangen. Der Dieb kommt erst an zweiter Stelle. Nur meinem Mitgefühl hast du es zu verdanken, daß ich dir bloß sechs Monate gebe. Du müßtest eigentlich für länger ins Gefängnis als der Dieb. Du hast das ganze Geld der Hauptstadt gehortet, hast verschuldet, daß Tausende Menschen hungrig sind, daß sie Hungers sterben – und sie sind die Leute, die Dinge herstellen. Du bist der größte Ausbeuter. Das Geld gehört ihnen. Er hat es nicht gestohlen; er hat nur das Geld wieder zurückgeholt, wo es hingehört. *Du* bist der Dieb, der größte Dieb der Hauptstadt. Du kannst also dankbar sein, daß ich dich nicht für sechs Jahre ins Gefängnis schicke.«

Seine Begründung war absolut richtig: Wenn die Leute auf der einen Seite immer mehr Geld horten, wer macht die Diebe? Und wenn jemand aus Hunger, aus Elend, Krankheit, Alter keinen anderen Weg findet, um zu überleben, als zum Dieb zu werden – wer ist dafür verantwortlich? Es herrschte Stille im ganzen Gericht.

Der Reiche sagte: »Vielleicht hast du recht, doch bevor du mich ins Gefängnis schickst, möchte ich den Kaiser sehen.«

Und zum Kaiser sagte er: »Du hast als obersten Richter des höchsten Gerichtshofes einen Verrückten eingesetzt. Und merke dir: Wenn ich ein Dieb bin, dann bist du ein noch größerer Dieb. Und wenn ich heute ins Gefängnis gehe, dann warte nur, auch deine Stunde wird kommen! Wir treffen uns im Gefängnis. Du hast das ganze Land ausgebeutet, und wenn du deine Haut retten willst, solltest du diesen Mann schnell absetzen und sein Urteil aufheben.«

Der Kaiser sagte: »Es ist meine Schuld. Dieser Mann hat alles versucht, um mich davon abzubringen.

Er sagte zu mir: ›Mach mich nicht zum höchsten Richter deines obersten Gerichtes, denn meine Art zu sehen und zu verstehen ist völlig anders als deine Art zu sehen und zu verstehen. Du lebst in völliger Dunkelheit und Blind- heit. Du kannst die einfachen Tatsachen nicht sehen: daß der Dieb kein Verbrecher ist, sondern ein Opfer. Er braucht soviel Mitgefühl wie möglich; stattdessen wird er bestraft. Und der Reiche braucht von niemandem Mitgefühl, aber keiner kommt je auf die Idee, daß er bestraft werden sollte. Deine ganze Clique macht alle Gesetze, die euch selbst begünstigen und die Armen benachteiligen, denen ihr alle das Blut absaugt.‹«

Laotse wurde seiner Pflichten enthoben, und der Kaiser sagte: »Du hattest recht. Bitte verzeih mir. Unsere Denkweise ist sehr verschieden.«

Laotse sagte: »Hast du je darüber nachgedacht? Du sagst, unsere Denkweise ist völlig verschieden... wenn du je darüber nachgedacht hättest, wäre sie nicht so verschieden. Sie ist verschieden, weil ich die Ursache an ihrer Wurzel zu sehen versuche: Warum gibt es so viel Böses? Warum gibt es so viel Unrecht? Du aber bist nur daran interessiert, mehr und mehr Macht anzuhäufen, mehr und mehr Reichtümer. Gier ist gedankenlos, Ehrgeiz ist blind.

Und es ist gut, daß du schon am ersten Tag etwas verstanden hast, denn in meinen Augen bist du ein Verbrecher. Früher oder später hätte ich dich ins Gefängnis gebracht. Es ist besser, daß du mir das Problem erspart hast, dich ins Gefängnis stecken zu müssen. Aber merke dir: Du bist die Ursache all dieser Verbrechen, und du wirst nie dafür bestraft, sondern die armen Opfer werden bestraft.«

Was ist Unrecht? Wer soll es definieren?

Für die Jainas ist Gewalt Unrecht. Jede lebenszerstörende Tat ist ein Verbrechen, ist eine Sünde. Für die Hindus, für die Mohammedaner, für die Christen hingegen ist Gewalt eine Lebensart.

Wie viele Leben habt ihr schon zerstört, nur für eure Nahrung? Und ohne jemals zu überlegen: »Was tue ich da?« Und selbst die größten unter euch sind so blind und so verhaftet an die Vergangenheit, daß ich mich zuweilen frage, ob die Menschheit jemals aus dieser Dunkelheit herauskommen wird.

Selbst ein Mann wie Ramakrishna tötet Fische zum Essen. Selbst ein Mann wie Jesus ist ein Fleischesser. Einerseits reden sie ständig über Liebe, über Gott, über all diese großartigen Dinge... aber sie haben gar kein Recht, über Liebe zu reden, denn sie haben überhaupt keine Achtung vor dem Leben.

Die Christen sehen nichts Verkehrtes darin, Alkohol zu trinken. Auch Jesus trank Alkohol. Und die Hindus... seit Jahrhunderten haben alle ihre sogenannten Heiligen Drogen genommen: Marihuana, Haschisch – und man hat sie verehrt, und niemand hat je gedacht, daß ein Mensch, der drogenabhängig ist, kein Heiliger sein kann. Ja, man kann Drogen als Medizin verwenden – das ist eine völlig andere Geschichte. Aber nicht aus Abhängigkeit.

Und so ergeht es allen. Was ist Unrecht? Und was ist Recht? Und wer soll es entscheiden?

Das allererste – für mich von größter Wichtigkeit – ist, wie ihr es für euch selbst entscheidet. Kümmert euch nicht um andere. Deren Probleme sind deren Probleme. Urteilt nicht über sie; es geht euch nichts an. Aber was ist das Kriterium für euch selbst?

Keine Religion hat euch das Kriterium gegeben, und dennoch sagt man mir immer wieder, ich solle keine Religion kritisieren. Sie haben euch Ideen gegeben, um andere zu beurteilen, starre Ideen, aber das Leben ist nie starr. Doch sie haben euch nie gesagt, wie sie zu ihren Schlußfolgerungen gekommen sind, daß etwas Unrecht oder Recht sei. Es waren ihre Vorväter, die ihnen diese Ideen gegeben haben.

Alle Traditionen sind blind. Und jeder traditionsgebundene Mensch ist krank, weil er ist nicht zu eigenem Verstehen gelangt ist.

Aber ich gebe euch das Kriterium. Ich sage nicht, was Recht und Unrecht ist. Ich gebe euch das Kriterium, so daß ihr in jeder Situation, in jedem Zusammenhang immer fähig sein könnt, in dem betreffenden Zusammenhang und in der jeweiligen Situation zu beurteilen, was richtig und was falsch ist.

Eine so einfache Sache hat man seit Jahrtausenden versäumt! Vielleicht ist es zu einfach, zu offensichtlich, und man hat es deshalb übersehen. All die sogenannten großen Denker und Philosophen und Theologen sind Sterngucker. Sie sehen nicht das Naheliegende. Ihre Augen sind auf das weit Entfernte fixiert, auf einen imaginären Gott, ein Paradies nach dem Tode.

Ich kümmere mich einen Deut um eure Götter, und ich kümmere mich einen Deut um das, was nach eurem Tod passiert. Mein Interesse ist, was genau jetzt mit euch passiert, mit eurem Bewußtsein, denn das wird immer bei euch sein, über den Tod hinaus, wo auch immer ihr seid. Euer Bewußtsein wird das Licht tragen, welches Unrecht vom Recht unterscheidet.

Alles, was euch wacher, bewußter, friedlicher, stiller, freudiger, feierlicher macht, ist gut. Alles, was euch unbewußt, unglücklich, neidisch, wütend und destruktiv macht, ist falsch.

Ich gebe euch keine Liste von Dingen, die richtig oder falsch sind. Ich gebe euch einfach die Klarheit, in jedem Augenblick eures Lebens zu urteilen – ohne daß ihr die zehn Gebote oder die *Srimad Bhagavadgita* konsultieren müßt, ohne daß ihr die Toten befragen müßt.

Warum fragt ihr nicht die lebende Quelle des Seins in euch? Ihr seid die einzige heilige Schrift auf der Welt. Und wenn ihr nicht klar seid über diese einfache und offensichtliche Sache... versucht es nur! Jeder Augenblick bietet euch Gelegenheit dazu. Und ihr werdet sehen, daß dieses Kriterium immer hilfreich ist, und es wird euch nicht von den Toten diktiert. Es ist euer eigenes Verständnis, das sich einfach ständig mit den Situationen verändert.

Hört auf niemand anderen als auf euer eigenes Bewußtsein. Wenn ihr wütend werdet, verliert ihr die Bewußtheit; ihr werdet unbewußt. Die Wut umhüllt euch wie eine schwarze Wolke. Ihr könntet einen Mord begehen, ihr könntet Leben zerstören. Wenn ihr hingegen Liebe fühlt, beginnen Glocken der Freude in eurem Herzen zu läuten und ihr könnt fühlen, daß eure Bewußtheit zunimmt.

Und wenn ihr in der Liebe an Bewußtheit verliert und unbewußt werdet, dann erinnert euch: Was ihr Liebe nennt, ist Lust. Und diese Art von Liebe ist nicht das Wahre, denn sie wird euch nicht helfen zu wachsen, euch auszudehnen und euer Potential zu verwirklichen. Alles, was euch hilft, euer Potential zu verwirklichen, ist gut. Es ist nicht nur ein Segen für euch, es ist ein Segen für die ganze Existenz. Denn niemand ist eine Insel. Wir sind alle ein riesiger, unbegrenzter Kontinent, in den Wurzeln miteinander verbunden. Unsere Äste mögen getrennt sein, doch unsere Wurzeln sind eins.

Sein eigenes Potential zu verwirklichen, ist die einzige Moral, die es gibt. Sein eigenes Potential zu verwirken und in Dunkelheit und Beschränktheit zu verfallen, ist die einzige Sünde, das einzig Böse.

Khalil Gibran hat recht, wenn er sagt:

Oft habe ich euch von einem, der ein Unrecht begeht, reden hören, als sei er nicht einer von euch, sondern ein Fremder und ein Eindringling in eure Welt.
Aber ich sage euch, selbst wie der Heilige und Rechtschaffene nicht über das Höchste hinaussteigen kann, das in jedem von euch ist,
So kann der Böse und Schwache nicht tiefer fallen als das Niedrigste, das auch in euch ist.

In dieser Existenz ist niemand ein Fremder. Der Sünder und der Heilige leben nicht in zwei getrennten Welten. Der wahre Heilige ist jener, der die Wahl getroffen hat, so bewußt zu werden, daß ein drittes in ihm entsteht: der Zeuge – ein Beobachter, der den Sünder beobachtet, den Heiligen beobachtet, und der weiß, daß der Heilige und der Sünder die beiden Seiten ein und derselben Münze sind. Manche wählen die eine Seite, manche wählen die andere Seite, doch man darf nicht vergessen, daß die andere Seite auch immer vorhanden ist. Jeder Sünder kann in Sekundenschnelle zum Heiligen werden, und jeder Heilige kann ebenfalls in Sekundenschnelle fallen und zum Sünder werden. Es gibt keinen qualitativen Unterschied zwischen ihnen. Beide unterdrücken eine Hälfte ihres Seins. Der Heilige unterdrückt den Sünder...

Ich habe mich immer sehr gewundert, daß alle religiösen Schriften, die von sogenannten Heiligen geschrieben wurden, unentwegt den Sünder verdammen. Warum geben sie sich alle so sehr mit dem Sünder ab? Sie sollten doch eigentlich das Lied ihrer Erfüllung singen, sie sollten die Welt von der Schönheit wissen lassen, die sie erfahren haben, sie sollten das Licht und den Duft verbreiten. Aber nein, ihr ganzes Anliegen ist, ständig die Sündigen zu verdammen – in solchen Einzelheiten, daß man sich fragen muß, was sie in sich selbst unterdrückt haben. Sie versuchen es zu genießen, indem sie wenigstens darüber reden.

Ich habe gehört...

Eine Frau kommt zu einem katholischen Priester zur Beichte. Sie sagt: »Vater, vergebt mir. Ich bin schon wieder vergewaltigt worden. Betet zu Gott für mich!«

Der Priester sagt: »Das sieht aber merkwürdig aus. Das ist nun schon das dritte Mal! Jeden Sonntag kommst du, um zu beichten, daß du vergewaltigt worden bist. So ein seltsamer Zufall!«

Sie sagt: »Na ja, in Wirklichkeit bin ich eigentlich nur einmal vergewaltigt worden.«

»Aber«, sagt der Priester, »dafür wurde dir doch schon vergeben. Ich habe zu Gott für dich gebetet. Warum bemühst du mich immer wieder?«

Sie sagt: »Weil es mir so Spaß macht, darüber zu reden. Die bloße Erinnerung macht mir Freude. Natürlich habe ich mich nach außen gewehrt, aber innerlich hat mir das ganze eigentlich Spaß gemacht. Und in den letzten drei Wochen hat mich keiner vergewaltigt. Was soll ich denn machen? Und jetzt wollt Ihr mir sogar diese Freude nehmen!«

Mein Gefühl und meine Einsicht sagen mir, daß die sogenannten Heiligen alle Sünden, deren der Mensch fähig ist, bis in solche Einzelheiten verdammen, weil sie Spaß daran zu haben scheinen, darüber zu reden, darüber zu schreiben, darüber zu predigen.

Andererseits hofft jeder Sünder, daß aus ihm eines Tages ein Heiliger wird, daß er eines Tages das häßliche Leben eines Sünders fallenlassen wird. Er träumt immer davon, ein Heiliger zu werden, weil er diesen Teil unterdrückt hat. Und eure Heiligen träumen immer von allen möglichen Sünden, die sie verpaßt haben, die sie unterdrückt haben.

Sünde und Tugend sind nicht verschiedene Dinge. Haltet daher einen Menschen nicht für einen Heiligen, nur weil er das, was eure Schriften als Sünde bezeichnen, aufgegeben hat. Nichts wird aufgegeben. Alles sammelt sich nur weiter im Unterbewußtsein an und wird früher oder später explodieren, und das mit aller Macht.

Ich lehre euch, euch nicht um Sünder oder Heilige zu kümmern; sie gehören in die gleiche Kategorie.

Ich möchte, daß ihr zum Beobachter werdet. Und wenn ihr jenen Teil in euch beobachten könnt, der ein Sünder ist, und jenen Teil, der ein Heiliger ist – eure Dunkelheit ebenso wie euer Licht –, ohne zu urteilen, dann geschieht ein Wunder. Und es ist das einzige

Wunder, denn es transformiert den Menschen zu einem religiösen Wesen. Der Heilige und der Sünder – beide verschwinden. Wählt ihr aber den einen, dann bleibt der andere bestehen, denn sie gehören zusammen, sie sind nicht getrennt. Sie sind untrennbar miteinander verbunden.

Darum solltet ihr nicht wählen. Ich sage euch: Werdet zu wahlfreier Bewußtheit, dann seid ihr über beides – über die Dualität von gut und schlecht, von Gott und dem Bösen – hinausgegangen. Diese Transzendenz wird euch all die Blumen bescheren, von denen ihr noch nicht einmal geträumt habt, all die Musik, die kein Instrument je hervorbringen kann, und die Poesie, die sich nicht in Worte fassen läßt.

Aber ich sage euch, selbst wie der Heilige und Rechtschaffene nicht über das Höchste hinaussteigen kann, das in jedem von euch ist,
So kann der Böse und Schwache nicht tiefer fallen als das Niedrigste, das auch in euch ist.
Und wie ein einzelnes Blatt nicht ohne das stille Wissen des ganzen Baumes vergilbt,
So kann auch der Übeltäter kein Unrecht tun ohne den verborgenen Willen von euch allen.

Es ist eine sehr tiefe Erkenntnis, daß ein einzelnes Blatt nicht vergilbt ohne das Wissen des ganzen Baumes. Man kann nicht das einzelne Blatt verurteilen, denn der ganze Baum weiß davon. Er läßt es zu. Wenn ein einzelner Mensch bösartig wird, geschieht es nicht, ohne daß ihr alle in eurem innersten Sein an seiner Bösartigkeit teilhabt.

Wir alle sind Blätter von demselben Baum. Verurteilt nicht, wenn ihr grün seid und ein einzelnes Blatt gelb geworden ist. Vielleicht fällt dieses einzelne Blatt nur vom Baum, um Platz zu machen für einen neuen Gast, ein neues Blatt, jung und frisch. Vielleicht seid ihr Klammerer und braucht ein wenig länger, um zu vergilben. Doch bevor ihr selbst gelb werdet, verurteilt ihr dieses Blatt, als verriete es den Baum. An jeder Regung des kleinsten Blattes ist jedoch der ganze Baum beteiligt.

Dies ist eine große Erkenntnis. Wenn es also einen Mörder gibt, sind wir alle für seine Tat verantwortlich. Und solange nicht die ganze Menschheit ihre Veranwortung für die Mörder und Diebe und Vergewaltiger übernimmt, wird sich nichts ändern. Seit Jahrhunderten verdammen wir sie, und was wir mit ihnen machen, ist so absurd...

Wenn jemand bei einem Selbstmordversuch ertappt wurde, haben wir ihn jahrhundertelang mit dem Tode bestraft. Sonderbare Weisheit! Was er selber tun wollte, geben wir ihm als Strafe!

Wenn ein Mörder zum Tode verurteilt wird, wird unsere ganze Gesellschaft zum Mörder, wird unser Gesetz zum Mörder. Worin besteht denn der Unterschied? Dieser Mensch hat ein Leben vernichtet, und wir vernichten ein anderes. Denkt ihr, wenn ihr diesen Mörder vernichtet, könntet ihr den Ermordeten wieder ins Leben zurückholen? Nein, statt eines Ermordeten gibt es jetzt zwei Ermordete. Welche Gerechtigkeit! Welche Liebe!

Wenn ein Mensch einen anderen ermordet hat, regt sich tief in uns derselbe verborgene Wunsch, doch er ist zum Gesetz geworden vor dem Gericht. Wir haben daraus ein Gesetz gemacht, und unser Gesetz ist genauso mörderisch wie ein Mörder.

Das ist keine Gerechtigkeit, das ist schiere Rache! Ihr nehmt Rache im Namen der Gerechtigkeit. Weil dieser Mensch nicht gehorchte, darf er nicht am Leben bleiben. Aber seid ihr euch sicher, daß nicht dieser Mörder – hätte ihn nicht das Gesetz umgebracht – ein großer Dichter oder Musiker oder Maler hätte werden können? Oder vielleicht sogar ein Mystiker? Man nimmt ihm jede Möglichkeit zu wachsen, ohne sich je Gedanken darüber zu machen, weshalb er überhaupt zum Mörder wurde. Keiner interessiert sich für die Ursachen, alle sehen nur die Symptome. Vielleicht ist dieser Mensch durch die Gesellschaft zum Tier erniedrigt worden. Und wenn er wie ein Tier behandelt wird, benimmt er sich auch wie ein Tier. Doch vergeßt nicht: Er ist das Opfer, und ihr seid die Ursache.

So nehmen die Gesetze ständig zu, und es gibt neue Gesetze, neue Gerichte, neue Richter, mehr Polizei, mehr Soldaten. Und trotz all dem ist es euch nicht gelungen, die Zahl der Verbrechen zu verringern. Auch sie nehmen ständig zu, als ob es eine tiefe Beziehung zwischen beidem gäbe. Das Wachstum eures Rechtssystems und das Wachstum des Verbrechens halten sich die Waage. Ein seltsamer Zufall!

Wenn euer Vorgehen richtig wäre, dann müßten doch all die Polizisten, all die Soldaten, all die Gerichte, all die Parlamente, all die Rechtsexperten... doch mit alldem habt ihr es nicht geschafft, irgendetwas zu verhindern. Es ist eine Schmach für euer Dasein, und es wirft ein schlechtes Licht auf eure Intelligenz. Etwas an der Wurzel ist falsch an diesem ganzen System!

Auch ein Mörder oder ein Dieb sollte mit Würde behandelt werden. Er ist ein Mensch. Und wenn er einen Mord begangen hat, ist er psychisch krank. Kranke Menschen bestraft man nicht, sondern man schickt sie in eine psychiatrische Klinik, wo jemand sich um sie kümmert.

Gefängnisse sind unnötig. Man sollte alle Gefängsnisse in schöne psychiatrische Pflegeheime umwandeln, wo man jenen Menschen, die durch das häßliche Verhalten der Gesellschaft ihre Menschlichkeit verloren haben – durch Ausbeutung, Unterdrückung und vielfältige Verdrängung –, wo man diesen Menschen ihre Würde und Ehre wiedergibt, wo man sie geistig und körperlich behandelt, wo man sie unterrichtet und ausbildet, damit sie produktiv und kreativ werden können, und wo man ihnen all die Möglichkeiten gibt, die sie vorher nie hatten. Erst dann, würde ich sagen, existiert ein System der Gerechtigkeit, existiert ein Rechtssystem.

Doch was heute existiert, ist das genaue Gegenteil. Und das sage ich aus meiner eigenen Erfahrung.

Erst heute morgen bin ich informiert worden, daß in sämtlichen Zeitungen berichtet wird, ein Sannyasin und seine Freundin seien mit Drogen geschnappt worden. Jetzt muß wohl der Polizeichef seine Aktion gegen mich rechtfertigen. Also erfindet man Schein-Sannyasins oder schleust Drogen ein. Nur zwei, drei solcher Fälle, ein bißchen Propaganda in den Zeitungen, und man wird sagen können, die Anordnung des Polizeichefs, daß ich Poona innerhalb von dreißig Minuten verlassen soll, sei gerechtfertigt.

Dieser Polizeichef scheint ein perfekter Feigling zu sein. Er konnte meinen Anwälten keine überzeugenden Argumente liefern für diesen seltsamen, absurden Befehl, daß ich Poona innerhalb von dreißig Minuten verlassen solle. Dies ist *mein* Land, und er ist *mein* Diener, so wie er der Diener des ganzen Volkes ist. Seltsam, daß die Diener sich wie die Herren aufführen und groteske, unsinnige Befehle erteilen. Dennoch war er nicht bereit, diese Anordnung zurückzunehmen, weil es gegen sein Ego ging – auch wenn er keinerlei Beweise hatte, um sie zu erteilen. Wenn er auch nur ein bißchen Rechtsempfinden hätte, hätte er sich entschuldigt und den Befehl zurückgenommen.

Er wollte ihn nicht aufheben. Meine Anwälte brauchten einen ganzen Tag, und das Ergebnis war, daß er den Befehl nur aussetzte. Das heißt, er könnte den Fall jederzeit wieder aufnehmen. Er könnte versuchen, Situationen zu kreieren, die belegen, daß sein ursprünglicher Befehl berechtigt war. Er könnte Leute mit verbotenen Drogen hier in den Ashram senden, wo man sie erwischen würde. Und wenn ihr sie am Tor nicht reinlaßt, könnten sie anfangen, mit euch zu kämpfen und euch zu attackieren. Er hat ein Haus direkt neben dem Ashram gemietet. Auf diese Weise könnten innerhalb von einer Minute seine Leute mit Schußwaffen in den Ashram kommen. Das ist seine ganze Absicht.

Aber ich möchte euch warnen. Und ich will ihm und der Regierung sagen, daß eine solche Gemeinheit nichts mit Gerechtigkeit zu tun hat und daß wir das nicht dulden werden.

Heute wurde erneut eine amtliche Mitteilung von einem der Ashramtreuhänder in Empfang genommen. Zwei Dinge waren daran sehr auffallend: Erstens wurde diese Mitteilung nicht *mir* gegeben – ein Feigling bleibt ein Feigling. Der Polizeichef muß begriffen haben, daß er einen Fehler gemacht hat. Mit mir in Konflikt zu geraten, bedeutet, mit Feuer in Konflikt zu geraten – man verbrennt sich und löst sich auf... Dies hier ist kein gewöhnlicher Ort, hier ist ein Tempel Gottes. Die Menschen hier sind Suchende, und sie sind nicht gekommen, um mit irgendwem zu kämpfen.

Er hat also diese Mitteilung nicht auf meinen Namen ausgestellt – weil er weiß, daß ich anfangen werde, ihn so hart zu treffen, wie ich nur kann... Jetzt versteckt er sich auch noch hinter einem Untergebenen. Der Befehl ist von einem Polizeiinspektor. Hat er seine Autorität vergessen? Noch vor ein paar Tagen hatte *er* den Befehl gegen mich ausgestellt. Jetzt kommt der Befehl weder mit meinem Namen noch mit seinem, sondern im Namen von seinem Untergebenen, einem gewöhnlichen Polizeiinspektor.

Und wiederum stellt er groteske Forderungen: Daß wir ihm jeden Tag mitteilen müssen, wie viele Ausländer hier sind, daß wir mitteilen müssen, wie viele Ausländer im Ashram untergebracht werden können. Würde man das von jedem Tempel des Landes, jeder Moschee des Landes, jedem *Gurudwara* des Landes, jedem Ashram des Landes verlangen, dann wäre es angemessen. Wenn es aber nur von mir oder von meinen Leuten verlangt wird, ist es grotesk. Eine solche Diskriminierung kann nicht geduldet werden.

Ich habe den Treuhändern mitgeteilt, daß sie ihm sagen sollen, unsere Anwälte seien unterwegs und werden mit ihm alle seine grotesken Forderungen diskutieren. Und wenn wir nicht zu einer Einigung kommen, werden wir ihn in der höheren Instanz, bis zum höchsten Gerichtshof, verklagen.

Und falls er nur eine Marionette in den Händen von New Delhi ist, dann gibt es über dem Obersten Gerichtshof noch ein Gericht: das Volk dieses Landes. Ich werde in jedes Dorf dieses Landes gehen – nicht nur, um ihn hinauszuwerfen, sondern um diese ganze Bürokratie und diese völlig blinde und taube Regierung hinauszuwerfen.

So provoziert eure Gesellschaft die Menschen! Ich war noch nie an Politik interessiert, noch bin ich es jetzt. Aber provoziert einen Löwen nicht, während er meditiert! Ich könnte all diese Strohmänner, von Poona bis Delhi, aus ihrer Machtposition werfen – allein! Ich brauche dazu die Unterstützung von niemandem. Und ich will keine Macht für mich selbst. Ich will nur aufzeigen, wie unsinnig dieses ganze System ist, das die britischen Imperialisten geschaffen haben, und das nach wie vor besteht und die Würde der

Menschen mit Füßen tritt! Was soll der Quatsch, daß der Ashram jeden Tag die Namen von tausend Ausländern, die in den Ashram kommen dürfen, berichten muß? Ist dies ein Ashram, oder denkt er, es sei ein Regierungsgefängnis?

Ich würde mich sehr freuen, wenn er den Mut hätte, hierher zu kommen und mit mir zu diskutieren, vor meinen Leuten. Ich kenne das Gesetz nicht, aber ich kenne etwas Höheres. Gesetze sind nur vom Menschen gemacht, und sie ändern sich ständig. Aber ich kenne etwas, das ewig ist und nicht vom Menschen gemacht.

Und wenn ich es richtig verstehe, verrichtet er während der Bürozeiten seine Andacht. Ich muß mit ihm auch über Andacht reden, und ich möchte sehen, welcher Art seine Religiosität ist, denn was er da zeigt, ist keine Religiosität. Es ist häßlich und brutal, unkultiviert und primitiv. Dieser Mann sollte unverzüglich degradiert, abgesetzt und nach Nagaland geschickt werden, wo man zumindest denken wird, er sei zur Schule gegangen.

Ich warne euch noch einmal: Stört mich und meine Leute nicht! Wenn ihr meine Leute in irgendeiner Weise stört, werde ich eure ganze Regierung stören. Ist Mahatma Gandhi je gefragt worden, wie viele Ausländer sich bei ihm in seinem Ashram aufhielten? Nicht einmal von der britischen Regierung. Was ist das für eine Freiheit? Mahatma Gandhi scheint unter der britischen Regierung freier gelebt zu haben, als wir unter unserer eigenen Regierung leben.

Die Leute, die wir gewählt haben, können wir jederzeit wieder absetzen. Und in mir ist genug Feuer, um all diese Marionetten und Dummköpfe zu verbrennen, denn ich sehe in dieser Regierung keinen einzigen Menschen von Kaliber und Charakter.

Welche Absicht steckt dahinter, daß Polizeileute mit geladenen Schußwaffen sich nebenan aufhalten? Was für ein Notfall ist eingetreten? Wir haben hier sieben Jahre lang ohne jeden Streit und ganz ohne Schußwaffen gelebt, und wir haben immer noch keine ohne Schußwaffen. Aber wir brauchen auch keine Schußwaffen; wir haben des Feuer unserer Seelen.

Ich habe noch nie jemanden verflucht. Ich behalte es bei mir, sammle die Kraft. Wenn ich mich einmal entschließen sollte, wird es kein gewöhnlicher Fluch sein. Es wird eine Atombombe sein!

Wie in einer Prozession geht ihr zusammen eurem göttlichen Ich entgegen.

Urteilt nicht, wer recht hat und wer unrecht. Geht in einer Prozession zusammen eurem innersten Tempel Gottes entgegen.

Ihr seid der Weg und die Reisenden.

Ein kleiner Zusatz, und sein Satz wird noch tiefer sein: *Ihr seid der Weg… ihr seid die Reisenden und ihr seid das Ziel und ihr seid der Ursprung* In der Tat, ihr seid die ganze Welt, eine Miniaturwelt. Wenn ihr schlaft, dann werdet ihr unnötig leiden und Alpträume haben. Wenn ihr wach seid, dann werdet ihr erfüllt sein von gewaltigem Segen und Ekstase, wie nur sehr wenige Menschen auf dieser Welt sie kennengelernt haben.

Doch ich habe ungeheures Vertrauen in euch: daß jeder von euch den höchsten Gipfel des Bewußtseins erreichen kann – trotz sämtlicher Polizeichefs und ihrer Clique! Für mich sind sie Kriminelle.

In Amerika habe ich vor Gericht meinen Mund gehalten, einfach weil ich nur Tourist war. Ein Tourist hat keine Rechte. Das Land kann jederzeit sagen: »Du mußt gehen«, und er kann nicht einmal eine Begründung verlangen. Das sollte nicht so sein, aber es ist so.

Aber hier in diesem Land brauche ich nicht einmal Rechtsexperten und Anwälte und all diesen Quatsch. Ich werde sie selbst konfrontieren vor den höchsten Gerichten – vom Polizeichef bis zum Premierminister. Sie sollten sich ihre Schritte sehr sorgfältig überlegen. Keiner von ihnen hat den Mut und die Intelligenz. Denn ich bin zwanzig Jahre lang ständig in diesem Land umhergereist und kenne die Führer dieses Landes – alles heiliger Kuhdung. Man könnte nicht einmal eine Gehirnoperation an diesen Leuten vornehmen, denn man würde nichts als Kuhdung vorfinden.

Ihr würdet euch wundern, wenn ihr erfahrt, daß einer von Mahatma Gandhis intimsten Gefolgsleuten und ein Ashramit… er war ein kultivierter und gebildeter Mann, Universitätsprofessor, und quittierte den Dienst, um nahe bei Mahatma Gandhi sein zu können. Dieser Mann wurde wie ein Gott verehrt. Dabei bestand seine einzige Qualität darin, daß er sechs Monate lang nur Kuhdung aß und den Urin von Kühen trank. Das war sechs Monate lang seine ganze Ernährung, und es machte ihn so rein, daß er Mahatma Gandhi, Vinoba Bhave, Shanker Rao Dev und all die anderen großen Anhänger von Mahatma Gandhi in den Schatten stellte. Innerhalb von sechs Monaten war er an der Spitze, weil keiner zu tun wagte, was er tat. Wenn man bei diesem Mann eine Gehirnoperation durchführte – was würde man wohl finden?

Ich habe viele Präsidenten der Regierungspartei gut gekannt, und ich denke, keiner von ihnen besaß irgendwelche höheren Qualitäten von Intelligenz. Und nun dünkt sich sogar ein gewöhnlicher Polizeichef für so mächtig, mir einen Befehl zustellen zu können, daß ich seinen Bezirk innerhalb von dreißig Minuten verlassen muß. Es ist gut, daß Buddha, Mahavira, Bodhidharma, Tilopa und all die Großen verschwunden sind, bevor die Zurückgebliebenen in diesem Land an die Macht kamen. Könnt ihr einen umstritteneren Menschen finden als Gautam Buddha? Dieser Polizeichef hätte ihm sofort den Befehl erteilt, Poona zu verlassen, weil er umstritten war.

Jeder, der auch nur ein bißchen Einsicht und Klarheit besitzt, *muß* umstritten sein. Und jede Kultur, jede Gesellschaft, die einen umstrittenen Menschen zu vernichten sucht, vernichtet damit ihre eigenen Blumen.

Wie in einer Prozession geht ihr zusammen eurem göttlichen Ich entgegen. Ihr seid der Weg und die Reisenden... Ihr seid das Ziel und ihr seid der Ursprung, denn am Ende dieser ganzen Pilgerreise werdet ihr zu euch selbst kommen – freilich mit neuen Augen, neuen Erkenntnissen, einem neuen Bewußtsein.

Ihr werdet die Reise in der Finsternis beginnen und werdet heimkommen in der Zeit des frühen Morgens, wenn die Sonne aufgeht und die Vögel angefangen haben, zu singen und euch willkommen zu heißen.

Und wenn einer von euch fällt, fällt er für die hinter ihm, eine Warnung vor dem Stolperstein.

Ihr sollt nicht verdammen, nicht verurteilen.

Ja, und er fällt für die vor ihm, die, obgleich schneller und sicherer im Schritt, den Stein des Anstoßes nicht entfernten.

Wir sind ein verbundenes Ganzes – Vergangenheit, Gegenwart und Zukunft. Wir sind eine organische Einheit, und alle, die versucht haben, eine Teilung zwischen den Menschen zu erzeugen – sei es wegen der Religion oder der Politik oder aus irgendeinem anderen Grund – sind Kriminelle. Man sollte sie liebevoll und fürsorglich behandeln, denn sie sind psychisch krank.

Und noch dies, mögen die Worte euch auch schwer auf dem Herzen liegen:
Der Ermordete ist nicht ohne Verantwortung an seiner Ermordung
Und der Beraubte nicht schuldlos an seiner Beraubung

Wem wollt ihr die Schuld geben? – denn ihr tut das gleiche auf eure Weise. Vielleicht hat man so einen unglücklichen Burschen geschnappt und euch nicht. Aber es besteht kein großer Unterschied. Auch ihr habt einen Mörder in euch, und ihr habt die ganze Menschheit in euch, mit all ihren Schwächen ebenso wie mit all ihren Möglichkeiten, zu den Sternen zu fliegen.

Darum helft, aber urteilt nicht. Wenn jemand fällt, reicht ihm die Hand, denn in seinem Fallen seid auch ihr gefallen. Und wenn jemand aufsteigt, dann feiert es, denn in seinem Aufsteigen seid auch ihr aufgestiegen.

Der Rechtschaffene ist nicht unschuldig an den Taten des Bösen,
Und der mit sauberen Händen ist nicht rein von den Taten des Missetäters.
Ja, der Schuldige ist oft das Opfer des Geschädigten.

Und noch öfter ist der Verurteilte der Sündenbock für den Schuldlosen und den nicht Beschuldigten.

Ich bin in vielen indischen Gefängnissen gewesen, als Besucher, um mit den Gefangenen zu reden und ihnen ein Verständnis für einfache Methoden der Meditation zu vermitteln. Und ich war überrascht, denn sie waren unschuldiger als eure Politiker, unschuldiger als die Gefängnisbeamten. Es sind einfache Leute. Manche taten vielleicht etwas Unrechtes, weil sie so einfach sind und sich der Folgen nicht bewußt waren. Manche taten vielleicht gar nichts Unrechtes, waren vielleicht unschuldig, konnten aber, weil sie arm waren, keine bessere Verteidigung gegen die Behörde bekommen, die ihnen erfundene Verbrechen zur Last legt.

Jetzt ist es auch meine persönliche Erfahrung – denn ich hatte das Gefängnis nur von außen gekannt – und ich bin froh, daß ich das Gefängnis auch von innen kennengelernt habe. In den sechs amerikanischen Gefängnissen, in denen ich war, ist mir kein einziger Insasse begegnet – und in jedem Gefängnis waren sechshundert, siebenhundert, tausend Leute –, der kriminell wirkte. Aber die anderen – das Gefängnispersonal, die Polizei, die Richter –, sie hatten keine Gesichter, die man unschuldig nennen könnte. Sie waren berechnend.

Ihr werdet euch wundern, aber es war ihnen bekannt, daß ich Vegetarier bin. In jedem Gefängnis, in das ich kam, sagte ich, daß ich Vegetarier bin, und keiner sagte etwas. Aber zu den Essenszeiten kamen sie dann und teilten mir mit: »Wir haben kein vegetarisches Essen.«

Ich schlug ihnen vor: »Ihr könnt mir Obst geben.«

Doch dieselbe Antwort: »Wir haben kein Obst.«

Und es war gelogen, denn als die anderen Gefängnisinsassen das hörten... die Zellen lagen dicht nebeneinander. Als der Wärter fort war, sagten sie: »Er lügt! Wir haben Gemüse, wir haben Milch, wir haben Obst, Nüsse! Das könnte man alles nehmen!«

Und die Insassen fingen an, mir Obst zu bringen, das sie bekommen hatten, aber ich nicht. Sie fingen an, mir Milch zu bringen, die sie bekommen hatten, aber ich nicht.

Und ich sagte: »Aber es gehört doch euch, und ihr braucht es. Ich komme schon zurecht. Zehn, zwölf Tage... da stirbt man nicht gleich. Es dauert neunzig Tage, bis ein Mensch ohne Nahrung stirbt, also macht euch keine Sorgen.«

Aber mit Tränen in den Augen, voller Liebe, sagten sie: »Nein, du mußt es annehmen, denn wir können alles vertragen. Wir bekommen ja das normale Essen.«

Und immer wenn ich bei meiner Ankunft oder bei meiner Abreise in einem Gefängnis über den Korridor ging, standen sie alle hinter ihren Gitterstäben und riefen: »Bhagwan! Du wirst gewinnen! Wir wissen nicht viel über dich, aber wir haben dich im Fernsehen gesehen! Deine Augen sagen genug, um uns zu überzeugen!« Und in allen Zellen machten sie das Victory-Zeichen mit zwei Fingern.

Und immer wieder sagten sie: »Wir freuen uns so! Wir werden uns unser ganzes Leben daran erinnern, daß wir zumindest eine Nacht mit dir zusammen waren!«

Sie schrieben mir Briefe, die von einer Zelle zur nächsten an mich weitergereicht wurden: »Bhagwan, wir lieben dich! Sie können dich nicht länger als eine Woche festhalten, und wenn du zurückgehst, vergiß uns nicht!«

Und sie hatten Zeitungsausschnitte von meinen Fotos und schickten mir die Fotos: »Bitte unterschreibe es zum Beweis, daß wir eine Nacht, einen Tag, ein paar Stunden mit dir zusammen waren!« Ich habe Tausende Fotos signiert, an die Namen von Menschen, die ich nicht einmal kenne.

Sie waren so liebevoll, so hilfsbereit, so menschlich. Eine solche Menschlichkeit habe ich in den Augen der Richter und Staatsanwälte nicht gesehen.

Es ist eine sonderbare Welt, in der die Unschuldigen leiden, weil die Gerissenen es immer wieder schaffen davonzukommen. In der die Armen leiden, weil sie sich keine Verteidigung leisten können.

Es geht nicht darum, ob man das Verbrechen begangen hat oder nicht. Es geht darum, wessen Anwalt tüchtiger, cleverer, raffinierter ist in der Anwendung des Gesetzes.

Das Gesetz kann nicht über die Wahrheit entscheiden. Aber so geschieht es. Wir leben in einer barbarischen Welt, in der alle möglichen Diskriminierungen vorherrschen.

Ist dies hier ein Tempel Gottes oder eine Polizeistation, daß wir anzeigen sollen, welche Ausländer hier sind? Für uns gibt es keine Ausländer. Uns gehört die ganze Menschheit, uns gehört die ganze Erde. Der Tag ist nicht mehr fern, an dem es keine Grenzen mehr geben wird – weder von Nationen noch von Religionen.

Und ich würde mich selbst und meine Leute für die Geburt einer neuen Erde und einer neuen Menschheit opfern. Ich würde das liebend gerne tun. Denn ein Leben, das nicht bereit ist, sich für die Wahrheit, für die Schönheit zu opfern, ist überhaupt kein Leben. Ein solcher Mensch ist bereits gestorben.

Ihr könnt nicht den Gerechten vom Ungerechten trennen und nicht den Guten vom Bösen;
Denn sie stehen zusammen vor dem Angesicht der Sonne, wie der schwarze und der weiße Faden zusammengewebt sind.

Urteilt nicht, diskriminiert nicht. Die Existenz weiß, was nötig ist, so wie der Weber weiß, daß schwarze ebenso wie weiße Fäden nötig sind, um ein schönes Muster zu weben.

Und wenn der schwarze Faden reißt, wird der Weber das ganze Gewebe prüfen und auch den Webstuhl untersuchen.

Das genau versuche ich zu tun. Wenn ein einzelner Mensch unbewußt ist und in seiner Unbewußtheit unrechte Dinge tut, verurteile ich ihn nicht. Vielleicht ist er nur der schwächste Teil dieser Gesellschaft, vielleicht ist seine Krankheit in der ganzen Gesellschaft verbreitet. Vielleicht ist er das schwächste Glied, und die Krankheit tritt bei ihm zutage, aber er ist nicht identisch mit der Krankheit.

Ich kann mir nicht vorstellen, warum ein Mensch zum Dieb werden sollte, wenn es keine Ausbeutung gäbe, warum ein Mensch zum Vergewaltiger werden sollte, wenn es keine durch das Gesetz und die Gesellschaft aufgezwungene Form der Ehe gäbe, warum es Prostituierte geben sollte, wenn es den Menschen erlaubt wäre, in Liebe frei zusammenzuleben.

Aber die Prostituierten werden gequält und schikaniert, auf jede erdenkliche Weise, von der Polizei, von der Regierung. Dabei sind sie nur die armen Opfer dieser Gesellschaft, in der der Ehemann die Ehefrau nicht liebt, die Ehefrau den Ehemann nicht liebt... aber trotzdem müssen sie zusammenbleiben, weil das Gesetz es so will. Und Liebe ist eine unentbehrliche Nahrung!

In Indien kennt man bisher nur weibliche Prostituierte, doch in England oder Amerika sind innerhalb der letzten zwanzig Jahre auch männliche Prostituierte aufgekommen. Ein großartiger Fortschritt der Evolution! Demnächst werden wir vielleicht bald wieder auf Bäumen leben, wie unsere Vorfahren.

Das ist keine Evolution. Unser ganzes gesellschaftliches Gefüge ist morsch.

Ich bekomme ständig zu hören: »Wenn du dich einfach nur mit deinen Schülern auf das Meditieren konzentrieren und nichts gegen oder über die Gesellschaft, die Religion, die Vergangenheit, die Tradition und das Gesetz sagen würdest, dann hättest du keine Feinde!«

Natürlich würde ich dann keine Feinde haben, denn dann würde ich nicht an den festverwurzelten Interessen aller rütteln. Und ich würde nichts für die Revolution tun, die in meinem Innersten lodert!

Ich möchte euch alle in Brand stecken!

Bevor ich gehe und meinen Körper verlasse, möchte ich, daß Millionen von Körpern rund um die Welt mit dem gleichen Feuer brennen.

22

SPRICH UNS VON DER LIEBE…

Sünder und Heilige: Das Drama der Schlafenden

Wenn einer von euch die untreue Ehefrau zur Anklage bringt,
Soll er auch das Herz ihres Ehemannes in die Waagschale legen und seine Seele mit gleichem Maß messen.
Und der den Übeltäter auspeitschen will, soll den Geist dessen erforschen, dem Übles getan wurde.
Und wenn einer von euch im Namen der Rechtschaffenheit strafen und die Axt an den Baum des Bösen legen möchte, soll er ihn bis zu seinen Wurzeln prüfen;
Und wahrhaftig, er wird die Wurzeln des Guten und Bösen finden, des Fruchtbaren und des Unfruchtbaren, alle ineinander verflochten im stillen Herzen der Erde.
Und ihr Richter, die ihr gerecht sein wollt,
Welches Urteil sprecht ihr über den, der zwar aufrichtig im Fleisch, im Geist aber ein Dieb ist?
Welche Strafe verhängt ihr über den, der im Fleisch tötet, im Geist jedoch selber getötet wird?
Und wie verfolgt ihr den, der in seinen Handlungen ein Betrüger und Unterdrücker,
Doch auch gekränkt und verletzt ist?

Und wie werdet ihr die bestrafen, deren Reue schon größer ist als ihre Untaten?
Ist nicht die Reue das Recht, das von dem Gesetz gesprochen wird, dem ihr gern dienen würdet?
Doch ihr könnt nicht dem Unschuldigen Reue auferlegen, noch sie dem Herzen des Schuldigen abnehmen.
Unaufgefordert wird sie in der Nacht anklopfen, damit die Menschen wachen und sich anschauen.
Und wie wollt ihr Gerechtigkeit verstehen, wenn ihr nicht alle Taten im vollen Licht anschaut?
Erst dann werdet ihr wissen, daß der Aufrechte und der Gefallene nichts als ein Mensch sind, der zwischen der Nacht seines kleinlichen Ichs und dem Tag seines göttlichen Ichs im Dämmer steht,
Und daß der Eckstein des Tempels nicht höher ist als der niedrigste Stein in seinem Fundament.

Khalil Gibran sagt wunderschöne Dinge, und hier und da kommt er der Wahrheit ganz nahe. Aber die meiste Zeit trifft er am Ziel vorbei. Er ist ein wunderbarer Dichter, aber kein besonders guter Bogenschütze.

Er ist genau wie ein Arzt, der euch helfen möchte, aber nur die Symptome eurer Krankheit kennt und an diesen Symptome herumdoktert. Doch die Symptome sind nicht die Ursache. Wenn man die Symptome kuriert, wird die Krankheit irgendwo anders zutagetreten. Sein Denken dreht sich mehr um die Taten als um den Ursprung der Taten. Und kein Mensch hat jemals eine Transformation erfahren, wenn er sich nicht von Angesicht zu Angesicht mit den Ursachen konfrontiert hat.

Er sagt:

Wenn einer von euch die untreue Ehefrau zur Anklage bringt,
Soll er auch das Herz ihres Ehemannes in die Waagschale legen und seine Seele mit gleichem Maß messen.

Das ist gut, darin ist Mitgefühl, aber keine wirkliche Einsicht in den Ursprung des Problems. Das Problem ist: Wer seid ihr, daß ihr Treue von irgendjemandem verlangt? Ob es eure Ehefrau ist oder euer Ehemann, Treue zu verlangen bedeutet, Sklaverei zu verlangen. Hinter dem schönen Wort »Treue« verbirgt sich eine häßliche Krankheit, der wahre Krebs der Seele, der die Freude der Menschen getötet hat.

Was gibt euch das Recht, von eurer Frau oder von eurem Mann Treue zu fordern? Das wahre Problem wird nicht angerührt. Das wahre Problem ist die Ehe. Die Ehe hat den Menschen eine falsche Vorstellung gegeben: daß Liebe etwas Beständiges sei.

Nur Steine sind beständig. Nur tote Menschen sind beständig. Nur Idioten verändern sich nie. Je intelligenter ihr seid, um so mehr wird euer Leben ein Leben ständiger Veränderungen sein.

Verurteilt nicht die Frau oder den Mann wegen ihrer Treulosigkeit! Erstens ist es von vornherein falsch, Treue zu fordern. Es gab eine Zeit, einen Frühling, in dem die Treue und die Liebe in euch blühten. Doch ihr habt es nicht gemacht. Ihr könnt es nicht machen, denn es ist etwas, das mit euch geschieht. Es kommt und geht wie ein Windhauch.

Freut euch, wenn es kommt. Und wenn es geht, sagt lebewohl. Zeigt euch dankbar für all die schönen Tage, in denen der Hauch der Liebe euch umtanzte und euch tanzen ließ, in denen der Hauch der Liebe euch durchwehte und euch singen ließ.

Jawohl, es ist traurig, doch es ist keine Sünde.

Khalil Gibran käut immer noch die alte, verrottete Vorstellung von der Treue wider. Doch Treue bedeutet schlicht und einfach Sklaverei – eine Sklaverei, die gegen euch selbst gerichtet ist. Millionen Paare auf der ganzen Welt sind sich bewußt, daß keine Liebe mehr zwischen ihnen ist, aber wegen ihres Ansehens, ihres Rufes, wegen der Gesellschaft und aus anderen Gründen tun sie trotzdem weiter so, als ob sie einander liebten. Dieser Betrug ist die wahre Sünde, das wahre Vergehen.

Wenn ihr jemanden geliebt habt und die Liebe verschwunden ist, dann müßt ihr ehrlich und aufrichtig sein und euer Herz öffnen – trotz aller Traurigkeit und allen Kummers, aber dennoch dankbar. Wenn die Liebe ein paar Tage, ein paar Monate gehalten hat, solltet ihr diese Monate im Gedächtnis bewahren, sollten diese süßen Erinnerungen euer Herz erfüllen. Ihr solltet euch freuen, wenn eure Frau ehrlich und aufrichtig mit euch umgeht, und auch ihr solltet ehrlich und aufrichtig mit ihr sein.

Das Problem der Treulosigkeit hat den Menschen das Leben so sehr zur Hölle gemacht wie kaum ein anderes Problem. Und es hat in euch alle möglichen häßlichen Dinge hervorgerufen.

Erstens läßt es euch ständig auf Beobachterposten sein. Ihr werdet zum Schnüffler, der darüber wacht, ob eure Frau, euer Mann euch treu ist oder nicht. Doch warum sollte irgendjemand einem anderen treu sein? Liebe ist treu, aber wenn die Liebe verschwindet, verschwindet auch die Treue.

Khalil Gibran weist auf eine wichtige Sache hin:

Wenn einer von euch die untreue Ehefrau zur Anklage bringt,

Soll er auch das Herz ihres Ehemannes in die Waagschale legen…

…denn die Liebe, wie auch das Verschwinden der Liebe, ereignet sich fast gleichzeitig bei beiden. Wenn die Liebe aus dem Herzen der Frau verschwunden ist, wird sie auch aus dem Herzen des Mannes verschwunden sein.

Vielleicht ist Lust übriggeblieben, denn Lust ist beständiger als Liebe, weil sie nicht zu eurem Sein gehört. Sie gehört zu eurer Körperchemie, euren Hormonen. Sie ist etwas Biologisches und nichts Spirituelles.

Doch beharrlich hat sich ein großes Mißverständnis gehalten: Ihr nennt eure Lust »Liebe«. Nicht, um andere zu täuschen – und sie mögen sich täuschen lassen –, sondern um euch selbst zu täuschen, vielleicht unbewußt. Ihr könnt nicht ohne eure Frau leben. Es ist zu einer Gewohnheit geworden.

Aber die Liebe ist keine Gewohnheit, und die Liebe kennt keine Einschränkungen. Wenn eine Frau dich lieben kann, warum sollte sie nicht auch jemand anderen lieben können? Vielleicht findet sie jemanden, der noch liebevoller ist als du.

Doch die Gesellschaft erwartet von euch, daß ihr aneinander festhaltet – egal, ob ihr euch liebt oder nicht. Dann lebt ihr in Mißtrauen, dann lebt ihr in ständiger Sorge, und früher oder später, ob ihr es aussprecht oder nicht, läßt es sich nicht mehr verbergen.

Ihr könnt weder eure Liebe verbergen noch könnt ihr das Fehlen eurer Liebe verbergen. Eine Flamme kann man nicht verbergen, und auch ihr Fehlen kann man nicht verbergen. Als die Flamme noch brannte, jung und flackernd, war überall Licht. Wenn die Flamme verschwindet, ist der Raum voller Dunkelheit.

Ich bin in diesem Punkt nicht mit Khalil Gibran einer Meinung. Ich bin dafür, daß ihr liebt – und eure Liebe kann euer ganzes Leben lang dauern, aber sie braucht nicht gefesselt und in ein Gefängnis gesteckt zu werden. In einer authentischeren menschlicheren Gesellschaft wird die Ehe ein Verbrechen sein.

Zwei Menschen, die sich lieben, die sich miteinander wohlfühlen – wozu brauchen sie die Ehe? Und wenn sie eines Tages entdecken, daß jener unbekannte Besucher, jener Gast aus der anderen Welt fortgegangen ist, daß sie einander fremdgeworden sind, dann verlangt die Wahrheit, daß sie, bei aller Traurigkeit und allem Schmerz, ihre Herzen füreinander öffnen und sich eingestehen, daß sie nicht mehr in Harmonie miteinander sind und es Zeit ist, sich zu trennen. Trennt euch als Freunde. Eine Scheidung ist unnötig.

Die Scheidung ist das Nebenprodukt der Ehe. Wenn man keine Ehe braucht, braucht man auch keine Scheidung. Beides ist häßlich, erzwungen.

Es ist ein Grundrecht des Menschen, der Liebe aufzumachen, wenn sie an seine Tür klopft. Es spielt keine Rolle, wer als Liebender gekommen ist, ob es euer alter Partner ist oder ein neuer Gast. Im Leben des Menschen sollte die Liebe herrschen und nicht diese künstliche Ehe.

Zuerst kreiert man etwas Unnötiges, unter dem die Menschen leiden. Und nachdem sie jahrelang gelitten haben, wollen sie sich schließlich trennen. Ist es euch aufgefallen? Wenn ihr heiraten wollt, geht ihr einfach zum Standesamt und schließt die Ehe, aber wenn ihr euch trennen wollt, werden die Gesellschaft, das Gesetz, die Regierung, sie alle werden versuchen, euch Probleme zu machen.

Die Ehe ist ihre Erfindung, und die Scheidung ist die Antwort, die der rebellische Geist des Menschen darauf gefunden hat. Ein Mensch, der keinen Funken von Rebellion besitzt, hat überhaupt keinen Lebensfunken. Leichen können sich dauerhaft lieben, schon allein deshalb, weil sie nicht zur Behörde gehen können, um sich scheiden zu lassen.

Es ist gut, was Khalil Gibran sagt: Wenn ein Ehemann seine Ehefrau zur Anklage bringt, weil sie ihm untreu war, ist es nicht richtig, nur die eine Seite zu hören. Weshalb war sie untreu? Weil keine Liebe mehr da ist. Und weil der Ehemann sich in der Gesellschaft frei bewegen, neue Kontakte mit Frauen haben oder und sogar zu Prostituierten gehen kann, während die Frau ans Haus gebunden ist, das einmal ein Heim war. Als die Liebe noch zu Gast war, war es ein Heim. Jetzt ist es wieder ein totes Haus.

Und es ist natürlich, daß es Streit gibt, ständiges Herumnörgeln, ständige Probleme, wenn die Liebe geht. Ihr hattet diese Frau oder diesen Mann gewählt, um ein friedliches und glückliches Leben zusammen zu haben. Jetzt lebt ihr zwar zusammen, aber ohne Freude, ohne Frieden, ohne Liebe.

Die Prostitution ist eine Nebenerscheinung der Ehe. Sämtliche Religionen predigen die Ehe, und sämtliche Religionen verdammen die Prostitution, aber niemand sieht die Verbindung. Warum gibt es Prostituierte? Liebe läßt sich nicht kaufen. Nur Lust läßt sich kaufen – aber etwas ist besser als gar nichts. Die Ehe ist keine natürliche Erscheinung. Sie ist künstlich, willkürlich. Und wenn die Liebe verschwindet, könnt ihr nichts tun, um sie zurückzuholen. Ihr könnt Theater spielen, aber das wird euch nur zum Heuchler machen. Euer Theater wird die Frau nicht täuschen, denn sie kennt eure Liebe, und diese kann durch euer Theaterspielen nicht ersetzt werden. Die einzige Möglichkeit ist, sich zu trennen – in aller Freundschaft, denn schließlich habt ihr einander viel gegeben.

Aber statt daß sie in Freundschaft auseinandergehen, trennen sich die Menschen als Feinde. Sie fechten ihren Fall vor Gericht aus, nur um die Tatsache zu belegen, daß sie einander nicht mehr lieben. Die Liebe ist etwas Unsichtbares, doch das Gericht will objektive Beweise. Die Frau muß beweisen, daß der Mann zu anderen Frauen geht oder daß er impotent ist. Sie tut dem Mann weh – demselben Mann, den sie einmal geliebt hat. Wir zwingen sie geradezu, ihm wehzutun. Und der Mann tut der Frau weh, indem er behauptet, sie sei untreu, sie habe mit anderen geschlafen oder sie sei unfruchtbar. Aber das sind alles nur Ausreden.

Und seht, wie lächerlich das ist: Wenn sie heiraten wollen, brauchen sie keine Gründe anzugeben, warum sie heiraten wollen. Es wäre viel besser, wenn man die Ehe erschweren würde. Es sollte eine Zweijahresfrist geben, in der sie zusammenleben und herausfinden können, ob sie nach zwei Jahren überhaupt noch zusammenleben wollen. Und ich weiß, daß diese zwei Jahre genug sein würden! Danach wird es unnötig sein zu heiraten und es wird unnötig sein, sich scheiden zu lassen!

Etwas, das die Menschen ständig übersehen – und vielleicht wollen sie es nicht sehen –, ist die Tatsache, daß das Leben nichts anderes als Veränderung kennt. Leben *ist* Veränderung. Nur der Tod ist von Dauer.

Ich traf einen alten Freund am Londoner Flughafen. Ich fragte ihn: »Wie geht es dir?«

Er sagte: »Alles in Ordnung…« Das war so seine Art. Auf alles sagte er: »Alles in Ordnung.« Wie geht es deiner Frau? – »Alles in Ordnung.« Wie geht es deinen Kindern? – »Alles in Ordnung.« Und ich sagte: »Wie geht es deinem alten Vater?«

Er sagte: »Seit fünf Jahren ist mit ihm alles in Ordnung.«

Zuerst verstand ich nicht, was er meinte. – »Seit fünf Jahren ist mit ihm alles in Ordnung…«

Ich fragte: »Wie meinst du denn das?«

Er sagte: »Er ist gestorben. Jetzt hat er keine Probleme mehr. Und wir haben auch keine Probleme mehr. Jetzt ist für ihn alles in Ordnung in seinem Grab.«

Nur für die Toten ist alles in Ordnung. Für die Lebenden ist alles in Unordnung!

Es ist gut, daß Khalil Gibran diese Frage aufbringt: Wenn einer der Partner den anderen zur Anklage, Verurteilung und Bestrafung bringt, muß auch er selbst durchleuchtet werden. Denn die Liebe ist ein Fluß zwischen zwei Ufern. Wenn sie verschwindet, kann sie unmöglich nur von einem Ufer verschwinden. Kein Fluß kann fließen, wenn er nur ein Ufer hat. Die Liebe war eine Bewegung von Energie zwischen zwei Menschen. Wenn einer von beiden nicht mehr da ist, mag der andere sich sehnen, doch diese Sehnsucht ist nichts anderes als Lust. Es ist keine Liebe.

Lust kann beständig sein. Darum gibt es bei Tieren keine Ehe, keine Scheidung. Wenn die Jahreszeit kommt, um Nachwuchs zu produzieren, wählen sie ihren Partner, meistens einen neuen. Nur die Menschen haben die fixe Idee, daß es beständig sein müsse. Doch niemand vermag immer und beständig zu lieben.

Mulla Nasruddin wurde zum Berater des Königs ernannt. Der Berater mußte immer in der Nähe des Königs sein, weil jeden Augenblick irgendein Problem auftauchen und sein Rat nötig werden könnte. So hielt er sich fast vierundzwanzig Stunden lang beim König auf. Er schlief im Palast und begleitete den König den ganzen Tag überallhin.

Am ersten Tag saßen sie zu Tisch. Der Koch hatte wunderbare gefüllte *Bindhis** gemacht. Der König ließ es sich munden, und er fragte Nasruddin: »Mulla, wie findest du diese *Bindhis*?«

Mulla sagte: »Mein Herr, *Bindhis* sind das beste Gemüse überhaupt: für die Gesundheit, ein langes Leben, für die Intelligenz – und sie schützen vor allen möglichen Krankheiten. Die alten Schriften beschreiben sie als die beste Medizin zur Vorbeugung, und Euer Koch ist wahrlich ein Meister!«

Als der Koch das hörte, fing er an, jeden Tag *Bindhis* zu kochen. Am zweiten Tag fand der König das noch in Ordnung, am dritten Tag wurde es ihm langsam zuviel, und am vierten Tag begann er, ärgerlich zu werden. Am fünften Tag warf er den ganzen Teller zu Boden und ließ seinen Koch rufen: »Bist du verrückt? Jeden Tag *Bindhis*, *Bindhis*, *Bindhis!* Bin ich ein Mensch oder ein Büffel?«

Der Koch sagte: »Ich bin ein ungebildeter Mann, aber ich hörte Euren weisen Berater sagen: ›*Bindhis* sind der reinste Nektar. Sie verhindern Krankheiten, halten jung, verlängern das Leben, steigern die Intelligenz.‹ Und so dachte ich, wenn *Bindhis* so viele positive Eigenschaften haben, sollte mein König soviel *Bindhis* wie möglich bekommen.«

Der König sagte: »Mulla, was meinst du?«

Mulla sagte: »*Bindhis?* – das reinste Gift! Rührt es nicht an!«

Der König sagte: »Du bist mir vielleicht einer! Noch vor fünf Tagen hast du sie so gelobt!«

Da sagte Mulla: »Wißt ihr, mein Herr, ich bin *Euer* Diener, und nicht der Diener der *Bindhis*. Was immer Ihr mögt, werde ich preisen. Selbst wenn es Gift wäre, würde ich es Nektar nennen. Und wenn Ihr etwas nicht mögt – und wäre es Nektar, ich würde es Gift nennen. Ich bin *Euer* Diener.«

Ihr wollt verschiedenes Essen kosten, wollt verschiedene Kleider tragen. Ihr wollt neue Orte besuchen, wollt neue Freunde treffen.

* gefüllte Okraschoten

Was ist daran falsch, einen neuen Geliebten zu finden? Wer sagt euch, das sei Untreue? Der bloße Gedanke, daß es Untreue sei, ist faschistisch, denn er fordert: »Eßt ständig *Bindhis*, *Bindhis*, *Bindhis...*« Und *Bindhis* können nicht reden, sonst hätten sie alle vom Boden her geschrien: »Du bist uns untreu geworden! Wir waren fünf Tage verheiratet, und jetzt wirfst du uns auf den Boden! Ist das der Dank?«

So wie ich es sehe, solltet ihr nur der Liebe treu sein, nicht dem Geliebten. Beide sollten der Liebe treu bleiben, solange sie anhält. Und wenn sie euer ganzes Leben anhält – wunderbar! Aber wenn sie nicht euer ganzes Leben anhält – um so besser! Es ist kein Verbrechen.

Aber dieses Besitzergreifen, diese Habgier... Warum haben die Menschen überhaupt angefangen zu heiraten? Die Ehe gab es nicht immer auf der Erde. Der Mann fing an, die Frau zu heiraten, damit er sichergehen konnte, daß er immer eine Frau zur Verfügung hatte, wenn er eine haben wollte. Er konnte Liebe und Treue von ihr fordern. Und er ist soweit gegangen mit seiner absurden Forderung, daß seine treue Ehefrau beim Tode ihres Manne ebenfalls sterben sollte. Sie sollte lebendig auf den Scheiterhaufen ihres toten Ehemannes springen!

In Indien mußten Millionen lebendiger Frauen sich opfern, nur um der Gesellschaft zu beweisen, daß sie ihren Männern treu waren. Aber niemand hat es je hinterfragt, daß in zehntausend Jahren kein einziger Mann auf den Scheiterhaufen seiner Frau gesprungen ist. Sind alle Ehemänner untreu?

Die Welt gehört dem Mann, und er hat die Gesetze und die Moral und die Ethik so gemacht, daß die Frau zur Sklavin wurde. Sogar über seinen Tod hinaus macht er sich Sorgen. Wenn seine Frau ihn überlebt... die Zeit heilt alle Wunden. Sie könnte sich wieder verlieben, und dann kann er nichts dagegen machen, weil er tot ist. Er kann sich höchstens im Grab herumdrehen. Es ist besser, die Frau gleich mitzunehmen!

Und die Gesellschaft hat die Frau gezwungen. Wenn sie dazu nicht bereit war – und wer wird dazu schon bereit sein...? Das heißt doch nicht, daß sie nicht traurig und verzweifelt über seinen Tod war, aber deswegen muß man doch nicht Selbstmord begehen! Wenn sie sich weigerte, wurde sie von der ganzen Gesellschaft verurteilt und boykottiert, mit der Begründung, sie sei eine untreue Frau. Sie verlor alle Ehre, alles Ansehen – die sie bekommen hätte, wenn sie ins Feuer gesprungen wäre! Doch was bringen euch Ehre und Ansehen, wenn ihr tot seid?

Ich stimme mit Khalil Gibran überein: Wenn einer der Partner... und es ist fast immer der Mann, der die Frau wegen Untreue vor Gericht bringt. Gibran sagt ganz richtig, daß auch das Herz des Mannes erforscht werden sollte. Vielleicht hat er ja angefangen; vielleicht ist er als erster untreu gewesen, und seine Frau hat es ihm nur nachgemacht.

Und doch kann ich seiner oberflächlichen Analyse nicht beipflichten. Allein der Gedanke der Untreue ist häßlich, unmenschlich und lebensfeindlich.

Die Scheidung sollte so leicht gemacht werden, daß einer der Partner das Standesamt nur zu informieren braucht: »Wir haben uns getrennt.« Es sollten keine Beweise und keine Einwilligung beider Partner für die Trennung nötig sein. Wenn einer von beiden die Trennung wünscht, sollte das genügen.

Wenn jedoch eine Person jemanden heiraten will, reicht natürlich einer allein nicht aus; dann ist das Einverständnis beider nötig. Aber unsere ganze Gesellschaft steht auf dem Kopf. Heiraten ist leicht, man braucht keine Beweise. Doch die Scheidung wird so schwer gemacht wie nur möglich, so häßlich wie nur möglich. Um eine Scheidung zu bekommen, muß das Paar lügen. Entweder muß die Frau sagen, der Mann sei impotent, oder der Mann muß beweisen, daß die Frau sich in jemand anderen verliebt hat. Und das braucht gar nicht der Fall zu sein! Die Liebe kann ganz einfach so verschwunden sein. Aber das Gericht glaubt nicht an unsichtbare Dinge. Man muß solide, logische, rechtskräftige Beweise erbringen, sonst wird man vom Gericht zum Zusammenleben gezwungen.

Sämtliche Kulturen und Zivilisationen zwingen die Menschen zum Zusammenzuleben. Darum sieht man so selten ein lächelndes

Gesicht, darum sieht man so selten glückliche Menschen – speziell, wenn sie in Begleitung ihrer Ehefrauen oder Ehemänner sind. Es ist fast unmöglich für sie, auch nur zu lächeln. Wenn die Frau jemanden anlächelt, genügt es, daß der Ehemann durchdreht. Wenn der Ehemann eine andere Frau nur anschaut... Und wenn eine schöne Frau vorbeigeht, wäre es geradezu unmenschlich, sie nicht anzuschauen! Aber er darf nicht schauen, weil seine Frau ihn aus dem Augenwinkel beobachtet. Wenn er eine andere Frau nur anschaut, genügt es, um ihnen beiden das Leben zur Hölle zu machen.

Was für eine kranke Gesellschaft haben wir geschaffen! Und die Regierungen sind dazu da, diese Gesellschaft zu bewahren, denn je unglücklicher die Menschen sind, um so gehorsamer werden sie sein.

Einer meiner Freunde bewarb sich um eine Stelle und hatte ein Bewerbungsgespräch. Die erste Frage, die überhaupt nichts mit der Arbeit selbst zu tun hatte, war: »Sind Sie verheiratet?«

Da er mich seit Jahren kannte, sagte er: »Was für eine unsinnige Frage stellen Sie mir da? Was hat denn meine Ehe mit meiner Arbeit zu tun? Hier sind meine Zeugnisse, meine Qualifikationen – und Sie fragen mich, ob ich verheiratet bin?«

Der Mann, der ihn interviewte, sagte: »Beruhigen Sie sich. Wir nehmen keine Ledigen, sie sind nicht so anpassungsfähig! Ein verheirateter Mann paßt sich an. Er ist ein Sklave, und wir brauchen Sklaven. Wir wollen hier keine Herren und keinen Aufstand! Wir wollen nur unsere Geschäfte machen und unsere Industrien und das ganze Geldimperium in Schwung halten. Wir brauchen Leute, die sich anpassen können. Verheiratete Männer haben sich am besten bewährt, weil sie schon dressiert sind; sie sind nicht mehr so wild. Ihre Frauen haben dem Establishment einen großen Dienst erwiesen!«

Der Freund sagte mir: »Diese Konfrontation hat mich verwirrt.«

Ich sagte: »Diese Gesellschaft ist nichts für rebellische Geister. Diese Gesellschaft ist dazu da, um auszubeuten. Von Kindheit an wird euch Gehorsam beigebracht. Während der ganzen Schulzeit wird euch Gehorsam beigebracht. Gehorsam ist ein anderes Wort dafür, daß man nicht selbst denken und entscheiden darf. Man muß einfach den Anordnungen folgen.«

Wenn die Ehe aus der Welt verschwindet, die Scheidung aus der Welt verschwindet und die Menschen sich frei entscheiden können, mit einem Partner zusammenzusein, solange sie wollen... Streit ist unnötig. Sobald ihr zu streiten anfangt, wird es Zeit... Streit ist ein eindeutiger Hinweis, daß sich die Wege von nun an trennen sollten.

Und wenn einer von euch im Namen der Rechtschaffenheit strafen und die Axt an den Baum des Bösen legen möchte, soll er ihn bis zu seinen Wurzeln prüfen;
Und wahrhaftig, er wird die Wurzeln des Guten und Bösen finden, des Fruchtbaren und des Unfruchtbaren, alle ineinander verflochten im stillen Herzen der Erde.

Ich habe euch gesagt, daß Khalil Gibran sich von seiner christlichen Erziehung nie freimachen konnte. Er war ein Mann von großer Intellektualität, aber er erkannte nicht, daß nicht einmal Jesus sehen konnte, was er selbst hier sagt. Und er war ein Verehrer von Jesus.

Er sagt, daß der Gute und der Böse nicht getrennt sind. Irgendwo, tief verborgen in der Dunkelheit der Erde, sind ihre Wurzeln ineinander verflochten. Darum solltet ihr den fruchtlosen Baum nicht verdammen, denn vielleicht erhält der fruchtlose Baum nicht genug Nahrung, nicht genug Wasser. Die Früchte fallen nicht vom Himmel; sie brauchen Nahrung. Vielleicht steht der fruchtlose Baum im Schatten eines großen Baumes und hat keinen Raum zum Atmen, und die lebensspendenden Lichtstrahlen der Sonne können ihn nicht erreichen. Seid nicht so schnell mit einem Urteil bei der Hand!

Aber er hat Jesus Christus nie kritisiert – und das halte ich für unaufrichtig. Es erscheint mir unmöglich, daß ihm Jesus Christus nicht einfiel, als er diese Sätze schrieb. Wenn sogar ich, der ich mit Jesus Christus nichts am Hut habe, es nicht vergesse... Und seine ganze Erziehung war christlich. Eine solche Erziehung macht euch blind.

Ihr könnt nichts Falsches darin sehen, ihr könnt nur noch das Falsche bei allen anderen sehen.

Jesus ist in meinen Augen gefallen, wegen kleiner Einzelheiten. Ein Beispiel: Er zog mit seinen Aposteln umher, und in drei Dörfern, durch die sie kamen, ließ man sie nicht bleiben. Man gab ihnen kein Essen und kein Wasser, und so mußten sie nach einem anderen Platz suchen. Unterwegs kamen sie bei Sonnenuntergang an einen Feigenbaum, der keine Früchte trug, denn es war nicht die Zeit für Feigen. Und Jesus verfluchte diesen Feigenbaum: »Wir sind hungrig, und du hast den eingeborenen Sohn Gottes nicht gebührend empfangen! Du hättest mit saftigen Früchten bereitstehen müssen! Ich verfluche und verdamme dich auf immer und ewig! Du sollst nie ein schöner Baum werden!«

Was für eine Intelligenz hat dieser Mann? Was hätte der arme Feigenbaum denn tun sollen? Es war nicht die Zeit für Früchte.

Khalil Gibran hat die Tatsache völlig ignoriert, daß Jesus in vielfacher Hinsicht ein Fanatiker war, ein bißchen geisteskrank. Er hätte eine intensive Schulung irgendwo im Osten gebraucht, damit er meditativer wird. Er konnte die simple Tatsache nicht sehen, daß dieser arme Baum nichts dafür konnte! Es braucht Zeit, die rechte Jahreszeit, Nahrung… nur dann können Früchte wachsen.

Bevor ihr jemanden verurteilt, habt Geduld und denkt, daß ihr vielleicht an seiner Stelle genauso geworden wäret.

Ein Mensch mit Gerechtigkeitssinn versetzt sich selbst immer in die Lage dessen, über den er zu urteilen sucht.

Jede juristische Fakultät sollte es zu einem Teil ihrer Grundausbildung für alle jene machen, die Richter, Anwälte, Rechtsexperten werden wollen: Bevor man über jemanden urteilt, sollte man sich in seine Lage versetzen. Dann wird es fast unmöglich, einen Menschen zu verdammen. Ihr könnt einen Menschen höchstens deswegen verurteilen und ihn bestrafen, weil er anders aufgewachsen ist als ihr. Ein Hungriger stiehlt Essen – aber versetzt euch einmal in seine Lage!

Es geschah einmal, daß eine Frau mit ihrem Kind zu dem Sufi-Mystiker Farid kam und ihn fragte: »Baba, außer dir kann niemand mein Kind ändern. Er ißt zuviel Süßigkeiten, er wird zu dick, und der weiße Zucker ist das reinste Gift. Aber er hört nicht auf mich.«

Farid sagte: »Bringe ihn mir in zwei Wochen wieder.«

Die Frau sagte: »Kannst du ihm nicht gleich jetzt etwas sagen?«

Farid sagte: »Nein, ich brauche zwei Wochen, um die ganze Situation zu verstehen.« Die Frau war verwundert. Sie hatte Farid über die großen Themen des Lebens reden hören... und jetzt brauchte er zwei Wochen Vorbereitungszeit, um einem kleinen Kind zu sagen, daß es nicht so viele Süßigkeiten essen solle?

Aber da er nicht bereit war, kam sie nach zwei Wochen wieder. Farid sagte zu dem Jungen: »Mein Kind, seit zwei Wochen versetze ich mich in deine Lage, denn ich esse selber gerne Süßigkeiten. Mit was für einem Gesicht hätte ich dir einen Rat geben können? Ich habe also zwei Wochen auf Süßigkeiten verzichtet. Ich habe abgenommen, fühle mich gesünder, jünger und besser denn je zuvor. Du bist noch jung, du hast noch lang zu leben. Aber bitte hör auf, zu viele Süßigkeiten zu essen. Ich sage nicht, daß du ganz aufhören sollst – gelegentlich kannst du etwas essen.«

Der Knabe berührte die Füße von Farid. Seine Mutter war überrascht, denn er war keiner von dieser Sorte. Er hatte noch nie jemandem die Füße berührt.

Sie sagte: »Ich bin verwirrt, und ich wundere mich über dich. Du hast zwei Wochen gebraucht, um ihm diese einfache Sache zu sagen, die du ihm gleich am ersten Tag hättest sagen können! Weder ich noch mein Junge haben gewußt, daß du gerne Süßigkeiten ißt...«

Farid sagte: »Es geht nicht darum, ob du es weißt oder ob er es weiß. Meine Worte wären Lügen gewesen, und Lügen können niemanden transformieren. Zuerst mußte ich mich in seine Lage bringen. Diese zwei Wochen sind schwierig gewesen, aber ich habe durch deinen Jungen eine große Erkenntnis gewonnen. Ich bin ihm sehr dankbar.«

Und sie fragte ihr Kind: »Warum hast du Farids Füße berührt? Du hast noch nie die Füße von jemand berührt, und überhaupt, wir sind Hindus, und er ist Mohammedaner.«

Der Knabe sagte: »Ich kann dir keine Erklärung geben, aber ein

Mann, der zwei Wochen lang auf Süßigkeiten verzichtet hat, um mir eine Antwort zu geben – einen solchen Mann muß man achten. Er ist nicht wie deine anderen Papageien, zu denen du mich gebracht hast. All diese Mönche, die immer gleich einen Spruch zur Hand hatten – wie die Papageien, immer das gleiche. Dieser Mann ist anders. Er achtet mich, obwohl ich noch ein Kind bin, und er hat wegen mir gelitten. Ich werde seinen Rat befolgen.«

Khalil Gibran sagt etwas Richtiges, doch obwohl er Bücher über ihn geschrieben hat, hat er Jesus nie dafür kritisiert, daß es krank und nicht bloß ein Fehler war, den Feigenbaum zu verfluchen. Nur ein Geisteskranker kann so etwas tun.

Urteilt von vornherein nie über jemanden. Aber wenn ihr schon urteilen *müßt*, wenn ihr der Versuchung nicht widerstehen könnt, zu urteilen... merkt euch, ich nenne es eine Versuchung, denn wenn ihr über jemanden urteilt, stellt ihr euch über ihn. Ihr werdet zum Richter, so als ob er bei euch vor Gericht stünde. Ihr vergeßt euer eigenes Menschsein.

Außerdem erwähnt er nicht, daß ihr auch in eure eigene Seele schauen solltet. Vielleicht schläft euer Mörder nur und kann jeden Moment provoziert werden. Denn kein Mensch, der jemanden ermordet hat, hätte einen Moment vorher vorausgesehen, daß er jemanden ermorden würde.

In meiner Kindheit kannte ich einmal einen Mann, der hatte eine Sportschule in der Nähe meines Hauses. Er war ein guter Ringer, ein sehr liebevoller Mensch. Ich war nicht am Ringen mit dem Körper interessiert, ich hatte meine eigene Art zu ringen. Wenn man körperlich ringt, kann man nur mit einem einzigen Körper ringen. Ich ringe mit der ganzen Vergangenheit, ich ringe mit allen sogenannten Zeitgenossen, und ich ringe auch mit jenen, die noch gar nicht geboren sind. Manchmal ging ich zu ihm, nur um dort zu sitzen und zuzuschauen. Seine Schüler übten das Ringen, und gelegentlich kam er zu mir und sagte: »Komisch, warum kommst du her, wenn du nicht mitmachen willst?«

Ich sagte: »Ich will nicht mitmachen, aber ich nutze jede Gelegenheit, um zu beobachten, denn das ist mein größter Wunsch: ein

Beobachter zu werden. Es spielt keine Rolle, was ich beobachte.«

Er sagte: »Du bist eigenartig.« Aber er fing an, mich zu mögen. Ich hätte nie gedacht, daß dieser Mann eines Tages zum Mörder werden könnte.

Er wurde vor meinen eigenen Augen zum Mörder. Es war noch nicht sehr spät in der Nacht, erst etwa zehn Uhr. Ich war am Lesen, und plötzlich sah ich ihn auf der Straße kommen. Ich versteckte mich hinter einem Baum. Ich wunderte mich: Was machte er hier? Und dann kam der Mann vorbei, den er ermorden würde. Und er erschoß ihn, und er wußte nicht, daß es einen Beobachter gab.

Das Problem für mich war, daß ich mir einen Moment vorher nicht gedacht hätte, es mir nicht im Traum hätte vorstellen können, daß dieser schöne Mensch zu einem Mörder werden könnte. Er wurde geschnappt. Es gelang mir, ihn zu besuchen... Er sollte zum Tode verurteilt werden.

Ich fragte ihn nur eines: »Dieser Mörder muß schon immer in dir geschlummert haben. Warst du dir dessen bewußt?«

Er sagte: »Ich war mir nie dessen bewußt. Es wurde mir erst bewußt, als es schon zu spät war. Aus Wut habe ich diesen Mann getötet«.

Der andere hatte ebenfalls eine Sportschule eröffnet und trainierte Leute, die gegen die Ringer des ersten kämpfen sollten. Und dieser andere Mann war sehr reich. Er gab seinen Ringern genug zu essen – Milch und andere nahrhafte Dinge –, was der arme Mann nicht konnte. Er bekam Angst, daß seine Leute beim alljährlichen Wettkampf diesmal nicht gewinnen würden. Darüber wurde er so wütend, daß er ihn einfach erschoß.

Er sagte: »Aber wo warst du?«

Ich sagte: »Ich war da, wo ich immer bin – ich habe beobachtet. Das ist meine ganze Lebenseinstellung. Ich lerne viel, indem ich nur beobachte – andere, mich selbst, ihre Handlungen, meine Handlungen. Ich kann zwar ihren Verstand nicht sehen, aber ich kann meinen Verstand sehen, und ich kann ihn beobachten.«

Bevor in eurem Verstand eine Regung, eine Versuchung auftaucht, über jemanden zu urteilen, schaut erst in euch selbst hinein.

Ihr werdet die gleiche Person in euch selber schlummern finden. Dann geht es in Wirklichkeit nicht mehr darum, den anderen zu verurteilen, sondern euch selbst zu transformieren – denn ihr sitzt alle im selben Boot.

Welches Urteil sprecht ihr über den, der zwar aufrichtig im Fleisch, im Geist aber ein Dieb ist?

Er fragt alle, denn jeder ist ein Richter. Es ist zu einer unbewußten Gewohnheit in euch geworden. Ihr urteilt ständig.

Gestern hat die Anordnung des Polizeiinspektors von Poona – die vom Polizeichef ausgegangen sein muß – eine so lächerliche Forderung enthalten, daß ich nicht verstehen kann, wie jemand, der auch nur ein bißchen Intelligenz besitzt, so etwas von uns verlangen kann.

Er fordert... zu allererst: Wer ist er, daß er fordern kann? Wir sind keine Gefangenen, wir sind freie Bürger diese Landes. Er kann ersuchen, aber er kann nicht fordern. Er fordert von uns, daß wir eine Anschlagtafel vor dem Tor aufstellen, auf der stehen soll: »Kein Anhänger von Bhagwan Shree Rajneesh darf illegale Tätigkeiten innerhalb oder außerhalb des Ashrams ausüben«.

Da wurde mir zum ersten Mal bewußt, daß es nur *uns* untersagt wird. Alle anderen dürfen illegale Tätigkeiten innerhalb und außerhalb ihrer Häuser ausüben. Also habe ich zu meinen Leuten gesagt: »Antwortet ihm und ladet ihn für nächste Woche zu einer Diskussion ein. Und sagt ihm, statt von uns eine so lächerliche Anschlagtafel zu verlangen, wäre es besser, wenn er Tafeln in ganz Poona aufstellt, daß es *außer* den Anhängern von Bhagwan Shree Raneesh jedermann gestattet ist, illegale Tätigkeiten auszuüben – und nicht als Ersuchen, sondern als Forderung!«

Ich habe schon viele Idioten gesehen, und ich dachte, ich kenne alle Sorten. Aber in Poona entdecke ich immer noch neue Kategorien von Idioten. Allein schon die Formulierung dieses Satzes ist illegal, und ich habe meinen Leuten gesagt, daß wir ihn vor Gericht bringen werden. Was bedeutet es? Die Implikationen sind klar: Nur unsere Leute dürfen keine illegalen Aktivitäten ausüben. Wie steht es mit den anderen?

Wir sind eine kleine Minderheit. Aber vielleicht hat er gar nicht durchblickt, was er da fordert. Er wird sich vor Gericht lächerlich machen. Und vor Gericht werden wir fragen: »Erhalten alle diese Polizeileute ihr Gehalt aus öffentlichen Geldern, um den Leuten illegale Tätigkeiten beizubringen? Sie sollten eine Schule in Poona eröffnen für alle, die illegale Tätigkeiten lernen wollen…« Aber natürlich sind meine Anhänger davon ausgeschlossen!

Manchmal bin ich wirklich überrascht über diese Narren.

Er fordert, daß nur eintausend Ausländer bei meinen Vorträgen zuhören dürfen. Gibt es irgendeine Stelle in der indischen Verfassung, die diese Zahl festlegt? Gibt es irgendein Gesetz, das diese Zahl festlegt, wie viele Leute mir zuhören dürfen? Und mit welcher Begründung sind es eintausend? Warum nicht eintausendundeins? Das wäre viel typischer für Indien, denn es ist eine indische Tradition: Wenn jemand euch ein Geschenk macht, gibt er euch nicht zehn Rupien, er muß elf geben. Er wird euch nicht hundert Rupien geben, er muß hundertundeins geben. Eintausendundeins wäre viel indischer, wenn es auch keine Begründung, kein Argument dafür gibt.

Warum eintausend? Warum nicht zehntausend? Und wer seid ihr, daß ihr diese Zahl festlegen könnt? Habt ihr das gleiche für Rajiv Gandhi festgelegt, wie viele Leute ihm zuhören dürfen? Habt ihr es für irgendeine andere religiöse Institution festgelegt – eine Moschee, einen Tempel, eine Kirche? Oder müßt ihr eure Verfassung für mich und meine Anhänger völlig umschreiben?

Warum wird uns diese spezielle Aufmerksamkeit zuteil? Wir kümmern uns nicht ein bißchen um *euch*; warum macht *ihr* euch Gedanken?

Ich werde diese Leute vor Gericht bringen. Sie sind blind.

Er fordert, daß wir jeden Tag mitteilen, wie viele Leute sich im Ashram aufhalten. Habt ihr von anderen Ashrams im ganzen Land das gleiche gefordert? Oder werden wir gegenüber allen anderen diskriminiert? Dann werdet ihr ein besonderes Gesetz in eurem Parlament dafür erlassen müssen.

Die ganze Welt wird lachen, daß ein drittklassiger Polizeiinspektor so etwas entscheidet und fordert. Und euer Polizeichef ist ein ausgemachter Feigling, denn er war von Anfang an im Bilde. Als er sah, daß er keine Begründung hat... und ich bombardiere ihn ständig. Dieser Brief ist jetzt von einem Polizei*inspektor*. Und sie waren so dumm, den Brief an jemanden zu adressieren, der im Ashram keinerlei Position innehat. Er ist kein Verantwortlicher des Ashrams, er ist kein Treuhänder des Ashrams.

Jetzt sind diese Feiglinge völlig verängstigt, aber ich werde diesen Polizeiinspektor bloßstellen und ihn zwingen, die Tatsache zuzugeben, daß ihm dieser Brief vom Polizeichef diktiert wurde. Wenn er seine Haut retten will, sollte er wahrheitsgemäß sagen, daß der Brief vom Polizeichef diktiert wurde. Deshalb haben sich auch diese Irrtümer eingeschlichen. Er ist nicht an den Veranwortlichen des Ashrams adressiert, er ist an keinen der Treuhänder adressiert.

Er ist an einen Sannyasin adressiert, der überhaupt nichts damit zu tun hat. Er hätte ihn verweigern können. Aber ich will eine klare Konfrontation. Er hatte mich gefragt: »Soll ich ihn verweigern? Ich habe nichts damit zu tun. Es geht mich nichts an.«

Ich sagte: »Mach dir keine Gedanken, nimm ihn an. Und sag ihnen: ›Unsere Rechtsexperten werden nächste Woche hier sein. Zuerst müßt ihr jede Forderung durch eine Begründung untermauern – aus der Verfassung oder aus Gerichtsbeschlüssen. Und wenn wir zu keinem Ergebnis kommen, werdet ihr euch meinen Rechtsexperten vor Gericht gegenübersehen, damit ein Richter entscheiden kann, was für einen Unsinn man da mit uns anstellt.‹«

Und euch allen möchte ich sagen: »Seid sehr aufmerksam!«

Denn diese Leute suchen nach etwas, womit sie ihre Anordnung begründen können – weshalb ich Poona innerhalb von dreißig Minuten verlassen soll. Bisher haben sie keinerlei Rechtfertigung dafür. Denkt also daran, wenn ihr auf der Straße seid – gebt ihnen keinen Anlaß! Sie wollen um jeden Preis eine Gelegenheit finden, um einen Beweis in die Hand zu bekommen. Erst kürzlich kamen zwei Personen in Polizeiuniform ans Ashramtor. Sie wollten den ganzen Ashram besichtigen. Und als man sie bat, sich auszuweisen –

denn wie sollen wir sonst entscheiden, ob sie echte Polizisten sind oder Schauspieler aus einem Hindi-Film, wo jeder ein Polizeiinspektor oder ein Polizeichef sein kann? Sie sagten, sie hätten ihre Identitätsausweise in ihrer Riksha vergessen. Sie wollten sie holen gehen, denn die Riksha stand vor dem Tor. Und sie gingen und kamen nicht wieder.

Solche Leute könnten hier mit den verschiedensten Drogen auftauchen, und sie könnten die Drogen irgendwo im Ashram verstecken, um zu beweisen, daß hier Drogenhandel betrieben wird.

Jeder Sannyasin muß wachsam sein. Ich befinde mich total auf dem Kriegspfad, und jeder Fehler von eurer Seite würde mir schaden. Tut also nichts, was gegen diese Blinden und Tauben und ihre stupiden Vorstellungen geht. Seid wachsam, daß ihr ihnen nicht ins Netz geht.

Sie haben die ganze Sache von mir auf meine Anhänger verlagert. Die erste Order war gegen mich gerichtet. Als sie sahen, daß es unmöglich ist, irgend etwas zu beweisen, was ihre Order gegen mich untermauert, haben sie es jetzt verlagert. Die zweite Order... diese lächerlichen, grotesken Forderungen richten sich alle an meine Jünger. Jetzt versuchen sie mir auf dem Umweg über euch zu schaden.

Ihr müßt also sehr aufmerksam und wach sein. Und das ist ein gutes Training, denn wir werden uns diesem Problem auf der ganzen Welt gegenübersehen. Und nun, da sie uns provoziert haben, werden sie es bereuen.

Auch falls jemand mit euch auf der Straße zu kämpfen anfängt, geht und informiert die nächste Polizeistation, daß ihr ein Jünger von Bhagwan Shree Rajneesh seid und ein paar ungute, fanatische und bigotte Leute euch attackiert haben. Kämpft nicht gegen sie. Ich will, daß ihr euch das ganz klarmacht, denn ich habe mit eigenen Augen Ausschreitungen zwischen Hindus and Mohammedanern gesehen. Die Hindu-Polizei stand einfach daneben und beobachtete die ganze Szene, die ganze Schau. Hindus bringen Mohammedaner um, und die Polizei verhindert es nicht. Aber wenn die Mohammedaner anfangen, Hindus umzubringen, schreitet man dagegen ein. Die Mohammedaner werden verhaftet, und man wird sagen: »Das sind die Leute, die Gewalt und Unruhe stiften in der Stadt.« Und das gleiche passiert in den Städten, wo eine mohammedanische Polizei nur zuschaut, wenn Hindus lebendig verbrannt und ihre Tempel zerstört werden. Aber wenn ein Hindu sich dagegen wehrt, wird er sofort verhaftet: »Er erzeugt einen Aufruhr.«

Ich kenne sämtliche Strategien dieser stupiden Bürokratie. Geht ihnen nicht ins Netz. Ich habe Politiker gesehen… sie legten einfach eine tote Kuh vor einen Hindu-Tempel. Natürlich denken die Hindus, das müssen Mohammedaner getan haben – und gleich gibt es Krawalle. Und dann halten dieselben Politiker Reden für den Frieden und die Brüderlichkeit.

Wir leben in einer wirklich wahnsinnigen Welt.

Ich kenne diese Politiker. Sie haben Krawalle angezettelt, und wenn Hunderte Menschen verbrannt und getötet und Moscheen und Tempel zerstört worden sind, werden sie eine öffentliche Versammlung aller Religionen einberufen und über Frieden, Menschlichkeit und Fortschritt reden. Dabei sind gerade sie die Leute, die jeden Fortschritt verhindern!

Unlängst habe ich euch gesagt, wenn alle umstrittenen Menschen aus dieser Menschheit verschwänden, würden nur noch Büffel und Esel übrig bleiben. Ich möchte hinzufügen, daß auch noch die Politiker und Polizisten übrig bleiben würden – und die Politiker würden Krawalle anstiften zwischen den Büffeln und den Eseln, die eigentlich sehr friedliebende und gewaltlose Leute sind. Niemand hat je davon gehört, daß ein Esel einen Büffel attackiert hätte oder ein Büffel einen Esel. In Millionen von Jahren haben sie nie irgendwelche Krawalle inszeniert. Um Krawalle zu inszenieren, dafür braucht man Politiker. Und um dann Ausgangssperren zu verhängen und die Esel und Büffel in den Knast zu stecken, dazu braucht man die Polizei.

Ihre Macht, die Macht der Politiker, beruht auf eurer Unbewußtheit. Und es sind nicht nur die Polizeibeamten hier in Poona; dahinter steht die ganze Politik der Hindu-Chauvinisten.

Ich werde überall Gegner haben, einfach deshalb, weil ich weder ein Christ bin noch ein Hindu noch ein Mohammedaner noch ein

Jaina oder ein Buddhist oder ein Sikh... All diese religiösen Leute, die sich gegenseitig bekämpft haben, werden sich verbünden. Endlich haben sie einen gemeinsamen Feind gefunden! Und die Politiker sind immer auf Seiten der Masse, weil sie die Masse ausbeuten, ihre Stimmen.

Wir sind eine Minderheit, aber jede Minderheit hat das Recht, auf dieser Welt zu existieren. Am Anfang war ich allein, eine Minderheit von einem. Dann fingen Menschen an zu mir zu kommen, Liebende und Wahrheitssucher. Wie haben sie es erfahren? Wie haben sie angefangen, sich in meiner Richtung zu bewegen? Und die Karawane wurde immer größer und größer, und heute umspannt sie die ganze Erde.

Nur um euch zu schützen, habe ich die Malas aufgehoben. Ihr mögt traurig darüber sein, aber es ist notwendig, damit man euch nicht als meine Leute erkennt. Sonst wird man euch überall schikanieren. Das trifft nicht nur auf Indien zu. In Australien hat man Sannyasins geschlagen, in England hat man Sannyasins geschlagen. In Deutschland haben Sannyasins ihren Job verloren. Es ist ein globales Phänomen.

In Amerika wurde unsere Kommune zerstört. Und jetzt geben sie zu – derselbe US-Justizminister gibt zu, daß sie nichts gegen mich vorliegen hatten. Warum hat man mir dann vierhunderttausend Dollar als Strafe abgeknöpft? Warum hat man mir für die nächsten fünf Jahre untersagt, nach Amerika einzureisen? Und der Justizminister selbst hat in einer Pressekonferenz zugegeben: »Unsere Priorität bestand darin, die Kommune zu zerstören.« – Aber warum?

Wenn jemand etwas Unrechtes getan hat, sollte man ihn vor ein Gericht stellen. Fünftausend unschuldige Menschen – warum wollte man sie vernichten? Denkt ihr, nur weil Mahatma Gandhi von einem Hindu ermordet wurde, sollte man alle Hindus vernichten? Denkt ihr, weil es in Poona viele Kriminelle gibt, die ins Gefängnis kommen, sollte es Priorität der Regierung sein, die ganze Stadt zu vernichten?

Ich werde den Fall vor den Obersten Gerichtshof in Amerika bringen, denn derselbe Justizminister Meese steht auch hinter dem ganzen Iran-Skandal. Ronald Reagan und Ed Meese und der CIA-Chef – diese drei Leute sind in der gleichen Situation wie Richard Nixon vor ein paar Jahren. Aber ihr Verbrechen ist natürlich viel größer. Schon bald, das prophezeie ich, werden sie in der Versenkung verschwinden. Ich möchte nur, daß sie an eines denken, wenn sie in der Versenkung verschwinden: Erinnert euch an Rajneeshpuram und euer kriminelles Vorgehen gegen fünftausend unschuldige Menschen.

Das ganze Weiße Haus sollte man schwarz anmalen, denn es ist der häßlichste Ort auf der Erde, der unheiligste. Alle möglichen Verbrechen nehmen vom Weißen Haus ihren Ausgang. Vielleicht haben sie es deshalb von Anfang an das Weiße Haus genannt: um alles, was dunkel und böse ist, hinter dem Namen »Weißes Haus« zu verstecken.

Darum müßt ihr sehr aufmerksam sein – nicht nur hier, sondern auch, wenn ihr zurück nach Hause fahrt. Egal, wo ihr seid, ich empfehle euch, keine Malas, keine orangenen Kleider zu tragen, wenn ihr dadurch Probleme habt. Schweren Herzens sage ich das, aber ich liebe euch, und ich will nicht, daß ihr Probleme bekommt. Ich bin selbst bereit, Probleme auf mich zu nehmen, aber nicht auf eure Kosten.

Und auf diese Weise werdet ihr viel mehr Menschen zu mir bringen können, die Suchende sind, aber Angst haben, Sannyasins zu werden. Ihr könnt meine Fotos bei euch zu Hause haben, doch jetzt sollte die Sannyas-Bewegung völlig in den Untergrund gehen. Ich werde in eurem Herzen sein. Ihr braucht euch keine Sorgen zu machen wegen der Mala und der Kleider.

Meine ganze Religion besteht nur aus einem: Erinnert euch an Meditation. Alles andere ist unwesentlich.

Khalil Gibran fragt:

Welche Strafe verhängt ihr über den, der im Fleisch tötet, im Geist jedoch selber getötet wird?

Euer ganzes Rechtssystem ist oberflächlich. Wenn jemand *im*

Geist ... getötet wird, kennt euer Recht nicht einmal einen Weg, um es herauszufinden. Und praktisch ist jeder im Geist getötet worden. Erst wenn jemand euren Körper tötet, nimmt das Gesetz es wahr. Das Gesetz ist noch von der primitivsten Art. Eure Richter vermögen nicht aus euren Augen abzulesen, was eurem Sein angetan wurde.

Und wie verfolgt ihr den, der in seinen Handlungen ein Betrüger und Unterdrücker,
Doch auch gekränkt und verletzt ist?

Jeder *Betrüger und Unterdrücker* muß durch die Umstände dazu gemacht worden sein. Doch welche Abhilfe kennt euer Recht, um die Umstände zu beseitigen, unter denen Mörder, Diebe, Ausbeuter und all die Kriminellen entstehen? Wir haben kein wirklich echtes Rechtssystem – denn ein Richter wird nur dann ein wahrer Richter sein, wenn er Meditation kennt, wenn er die Liebe kennt, wenn er fähig ist, in den tiefsten Kern eures Seins zu schauen, wenn er sich selbst in eure Lage versetzen und sich alle Umstände ausmalen kann.

Doch darum kümmert sich kein Jurastudium. Und deshalb nimmt das Verbrechen weiter zu, während die Unschuld weiter abnimmt – und wir alle sind dafür verantwortlich.

Ich möchte, daß meine Sannyasins zuerst eine innere Transformation durchmachen – und dann gegen alles rebellieren, was falsch ist, überall in der Gesellschaft.

Wir müssen eine neue Welt erschaffen... denn eine größere Schöpfung gibt es nicht.

Und wie werdet ihr die bestrafen, deren Reue schon größer ist als ihre Untaten?

Zuerst einmal ist schon der Gedanke der Strafe an sich verkehrt, weil uns die jahrtausendealte Erfahrung lehrt, daß Strafe gar nichts ändert. Jemanden ins Gefängnis zu schicken, bedeutet, ihn an die

Kriminellenfachhochschule zu schicken. Vielleicht war es sein erstes Verbrechen... er war noch unerfahren, sonst hätte man ihn nicht erwischt. Aber im Gefängnis trifft er die ausgereiften Verbrecher.

Ich habe gehört...

Ein junger Mann wurde zu drei Jahren verurteilt, weil er Medikamente für seine sterbende Mutter gestohlen hatte. Ich sehe das nicht als Verbrechen. In meinen Augen kann so etwas nur in einer kriminellen Gesellschaft vorkommen. Seine Mutter liegt im Sterben, und niemand kümmert sich darum. Er hat nicht einmal genug Geld für Medikamente oder einen Arzt. Was erwartet ihr von ihm?

Er wurde zu drei Jahren Gefängnis verurteilt, und als er in die Zelle kam, lag ein Häftling auf dem Bett und zwei andere gaben ihm eine Massage.

Der Mann fragte: »Wieviel haben sie dir aufgebrummt?«

Er sagte: »Drei Jahre.«

Der andere sagte: »Das ist okay. Du kannst das Bett an der Tür haben, denn wir anderen sind länger hier – zwanzig Jahre, dreißig Jahre. Du bist noch ein junger Knabe. Bleib dort drüben. In drei Jahren kommst du sowieso wieder raus, drum bleib gleich bei der Tür!«

Habt ihr je gehört, daß ein Verbrecher, den man bestraft hat, in die Gesellschaft verändert zurückkommt? Ja, irgendwie verändert ist er schon, denn er kommt mit der großen Erkenntnis zurück: Es ist nicht verkehrt, ein Verbrechen zu begehen, aber es ist verkehrt, sich erwischen zu lassen. Darum muß man geschickter vorgehen, nicht so dilettantisch. Nachdem er mit all den alten Verbrechern zusammengelebt hat, kommt er jetzt mit Hochschuldiplom wieder heraus.

Und draußen wird ihm die Gesellschaft nicht die Würde geben, die jedem Menschen gebührt, egal ob er gut oder böse ist. Die Gesellschaft wird ihn als böse, schlecht, kriminell ansehen. Wer wird ihm Arbeit geben? Wer wird ihm ein Dach über dem Kopf geben? Bald werden ihn die Umstände zwingen, wieder ein Verbrechen, diesmal ein größeres, zu begehen, denn jetzt ist er Experte.

In meinem Dorf gab es einen sehr liebenswerten Mann, einen Mohammedaner, mit dem mich eine tiefe Freundschaft verband.

Meine ganze Familie, mein ganzes Dorf, meine Lehrer, sie alle waren gegen meine Freundschaft mit diesem Mann – sein Name war Bartak Ali –, denn er war drei Monate im Gefängnis, einen Monat draußen, sechs Monate im Gefängnis, zwei Monate draussen, drei Jahre im Gefängnis... Als ich ihn das letzte Mal sah, war er nach fünf Jahren Gefängnis gerade wieder herausgekommen. Einer meiner Nachbarn, ein sehr reicher Mann, hatte ihn ins Gefängnis gebracht, weil er ihn auf frischer Tat beim Stehlen ertappte.

Aber Bartak Ali war kein Mann, der sich erniedrigen ließ. Er hatte kein Geld, als er aus dem Gefängnis entlassen wurde, aber er mietete sich eine *Tonga*, einen Pferdewagen. Der Fahrer fragte: »Wo willst du denn hinfahren? – du hast doch kein Zuhause.«

Er sagte: »Ich habe ein Zuhause, das ist da, wo ich gerade herkomme. Drei Viertel meiner Zeit ruhe ich mich zu Hause aus, und ein Viertel der Zeit komme ich in die Welt hinaus, um zur Abwechslung mal zu sehen, wie es dort so läuft. Fahr mich zu Mr. Mody's Laden.« Das war der Laden, wo man ihn beim Stehlen erwischt hatte, und Mody war der Mann, der ihn für fünf Jahre ins Gefängnis gebracht hatte.

Der Fahrer sagte: »Du bist wirklich einmalig!«

Er sagte: »Wo soll ich sonst hingehen? Er hat mir mein Zuhause genommen, er hat mich ins Gefängnis geschickt. Ich habe nicht einmal Geld, um dich zu bezahlen. Er wird dich bezahlen. Er wird dir Geld geben müssen, und mir wird er eine Wohnung finden müssen. Und wenn er es nicht tut, werde ich etwas Größeres anstellen, damit ich für immer zu Hause bleiben kann.«

Das war der Zeitpunkt, als ich ihn traf, als er soeben vom Wagen stieg. Der Reiche bekam fast einen Nervenzusammenbruch, als er ihn sah, denn er war ein sehr starker Mann, und sehr imposant. Wer ihn einmal gesehen hatte, konnte ihn nicht mehr vergessen

Er sagte: »Guten Morgen«, und Mr. Mody zitterte. Er betrat den Laden, setzte sich auf einen Stuhl und sagte zu ihm: »Bezahle den Fahrer, denn ich habe kein Geld. Und suche mir einen Platz zum Schlafen und eine Arbeit – oder zahle mir Geld ohne Arbeit, das ist mir auch recht.«

Ich war anwesend und sagte: »Bartak, alles hat seine Grenzen! So wie dieser Mann gebaut ist, kann er einen Herzinfarkt kriegen! Du hättest in mein Haus kommen können, oder in jedes andere Haus. Du hast so viele Freunde!«

Er sagte: »Warum soll ich irgendwo anders hingehen? Dieser Mann ist schuld! Er hat den Richter gezwungen... und nur fünf Jahre! Ich würde lieber für immer friedlich in meinem Zuhause leben. Jetzt ist er verpflichtet!«

Und Mr. Mody sagte stotternd: »Keine Sorge!« Und er zahlte den Fahrer und bestellte Essen aus einem Restaurant für Bartak Ali und er sagte: »Ich habe ein kleines Haus am Fluß, wo ich selten hingehe. Dort kannst du bleiben.«

Bartak Ali sagte: »Was ist mit meinen Unkosten?«

Er sagte: »Darum kümmere ich mich schon, aber belästige mich nicht zu sehr... mein Herz rast, wie noch nie. Geh jetzt! Hier ist der Schlüssel. Zweimal am Tag bekommst du Essen und morgens Tee, alles was du brauchst.«

Er sagte: »Merke dir, wenn auch nur einmal etwas fehlt, verschwindet dein Safe. Denn ich weiß jetzt viel besser Bescheid, wie man Dinge verschwinden läßt. Das letzte Mal war es ein neues Spiel für mich. Ich bin eigentlich Taschendieb, aber in den Taschen findet man solchen Schrott und es ist so mühsam, daß ich dachte, ich müßte mal was Besseres ausprobieren. Und jetzt bin ich absoluter Profi – ich habe fünf Jahre an der Verbrecherakademie studiert!«

Eure Gefängnisse sind Hochschulen: Sie produzieren Verbrecher und bilden sie aus. Es ist keine Bestrafung; es ist einfach dumm. Niemand braucht eine Bestrafung. Jeder, der etwas Unrechtes tut, braucht das Mitgefühl der ganzen Gesellschaft; er ist ein Teil von uns.

Es geschah in einem Gericht. Ein Mann hatte jemanden ermordet, und der Richter verurteilte ihn zum Tode.

Der Mann sagte: »Das ist sehr ungerecht, denn ich habe ihn nicht ermordet – meine Hand ist schuld.«

Der Richter war in guter Stimmung, darum sagte er: »Das ist wahr. Deine Hand hat den Mann getötet, also werden wir deine Hand ins Gefängnis schicken.«

Er sagte: »Genau. Die Verbrecher sollten bestraft werden!« und er schob den Ärmel hoch und nahm die Hand ab – sie war künstlich! Er gab sie dem Richter und sagte: »Euer Ehren, kann ich jetzt gehen?«

Wer auch immer Unrecht tut, ist nur ein Teil, aber kein künstlicher, sondern ein natürlicher, existentieller.

Und Khalil Gibran fragt, was mit jenem sei, dessen *Reue größer ist als* seine *Untaten* – welch größere Strafe wollt ihr ihm noch geben? Wenn er bereit ist, wenn er versteht, daß etwas Unrechtes durch ihn geschehen ist, wenn ihn sein Gewissen schwer drückt, wenn er sich seiner Tat schämt – welch größere Strafe könntet ihr ihm geben?

Auch hier ist wiederum der christliche Einfluß spürbar. Es ist keine ursprüngliche Idee. Das Christentum sagt euch: Geht in die Kirche und beichtet, dann wird Gott euch vergeben. Eure Beichte ist eure Reue.

Aber das ist zu einfach. Dann seid ihr wieder frei, um ein Verbrechen zu begehen. Am nächsten Sonntag könnt ihr unter vier Augen beichten, der Priester muß Stillschweigen bewahren, und es wird euch vergeben. Nein, Reue allein ist zuwenig. Und Reue kann einen Menschen schneller kaputtmachen als jede Strafe, durch die Schuldgefühle. Ich bin gegen die Buße, gegen die Reue.

Mein ganzer Ansatz dreht sich um das Verstehen. Der Mensch muß verstehen, daß sein Unterbewußtsein animalisch ist. Was er getan hat, hat er getan, weil er sich nie darum bemüht hat, über das Unbewußte, das gewöhnliche Bewußtsein hinauszukommen und sich weiterzuentwickeln zum Überbewußtsein und zu den höheren Ebenen des Seins.

So wie aus der Unbewußtheit das Verbrechen entsteht, entsteht aus dem Überbewußtsein alles Wertvolle und Schöne.

Jeder, der etwas Unrechtes begangen hat, sollte eine Mysterienschule aufsuchen – einen Meister, der ihn lehren kann, bewußter zu werden.

Bewußtheit läßt sich steigern, und auf dem höchsten Gipfel werden Verbrechen und Sünde und alles Unrechte unmöglich. Aber durch Reue kann man nicht dorthin kommen. Obwohl es kein christliches Buch ist, wiederholt Khalil Gibran, weil er christlich erzogen wurde, was er gehört hat – vielleicht unbewußt. Jesus sagt in der Bibel ständig: »Bereut! Bereut, dann wird euch vergeben werden.« Eine einfache Formel – zu einfach, um die Menschen zu transformieren.

Doch ihr könnt nicht dem Unschuldigen Reue auferlegen, noch sie dem Herzen des Schuldigen abnehmen.

Eure Richter sind mit Sicherheit dazu nicht fähig. Je länger sie ihren Dienst als Richter versehen, um so härter werden ihre Herzen.

Und wie wollt ihr Gerechtigkeit verstehen, wenn ihr nicht alle Taten im vollen Licht anschaut?

Urteilt nicht über eine einzelne, bruchstückhafte Tat. Ihr könnt einen Roman auch nicht beurteilen, indem ihr eine Seite aus der Mitte herausreißt und sie lest. Ihr könnt so nicht beurteilen, ob der Roman ein großes, schöpferisches Kunstwerk oder nur Krampf ist. Wie könntet ihr jemanden nach einer kleinen Tat beurteilen?

Aber ihr seid selbst nicht in der Lage, *eure* Ganzheit zu sehen. Wie könntet ihr da imstande sein, das ganze Leben eines anderen Menschen zu sehen? Fangt zuerst bei euch selber an, und je mehr ihr euch selbst versteht, um so mitfühlender werdet ihr sein.

An dem Tag, an dem ihr euer ganzes Sein versteht, werdet ihr wissen, daß es keine Sünder und keine Heiligen gibt – das ganze ist ein Drama der Schlafenden.

Erst dann werdet ihr wissen, daß der Aufrechte und der Gefallene nichts als ein Mensch sind, der zwischen der Nacht seines kleinlichen Ichs und dem Tag seines göttlichen Ichs im Dämmer steht,
Und daß der Eckstein des Tempels nicht höher ist als der niedrigste Stein in seinem Fundament.

Niemand ist tiefer, niemand ist höher. Niemand ist ein Sünder, niemand ist ein Heiliger. Wir sind alle ein einziges Ganzes.

Wenn jemand eine Sünde begeht, haben wir sie begangen.

Und wenn jemand ein Gautam Buddha wird, haben auch wir einen Geschmack vom Jenseitigen bekommen.

23

Sprich uns von der Liebe…

Liebe, das einzige Gesetz

Dann sagte ein Rechtsgelehrter:
Aber wie ist es mit unseren Gesetzen, Meister?
Und er antwortete:
Es freut euch, Gesetze zu erlassen,
Doch mehr freut es euch, sie zu brechen.
Wie Kinder, die am Meer spielen und mit Ausdauer Sandburgen bauen, um sie dann lachend zu zerstören.
Aber während ihr eure Sandburgen baut, bringt der Ozean mehr Sand an den Strand,
Und wenn ihr sie zerstört, lacht der Ozean mit euch.
Wahrhaftig, der Ozean lacht immer mit den Unschuldigen.
Aber was ist mit denen, für die das Leben kein Ozean ist und für die von Menschen gemachte Gesetze keine Sandburgen sind,
Sondern für die das Leben ein Fels ist und das Gesetz ein Meißel, mit dem sie es gern nach ihrem Ebenbild formen möchten?
Was mit dem Krüppel, der die Tänzer haßt?
Was mit dem Ochsen, der sein Joch liebt und den Elch und das Wild des Waldes für streunende und heimatlose Wesen hält?
Was mit der alten Schlange, die ihre Haut nicht abstreifen kann und alle anderen nackt und schamlos nennt?
Und was mit dem, der früh zum Hochzeitsfest kommt und dann übersättigt und müde seines Weges geht und sagt, daß alle Feste Gesetzesübertretungen seien und alle Feiernden Gesetzesbrecher?

Was soll ich von jenen sagen, außer daß auch sie im Sonnenlicht stehen, aber mit dem Rücken zur Sonne?
Sie sehen nur ihre Schatten, und ihre Schatten sind ihre Gesetze.
Und was ist ihnen die Sonne anderes als etwas, das Schatten wirft?
Und was heißt, die Gesetze anzuerkennen anderes als sich zu bücken und ihre Schatten auf der Erde nachzuzeichnen?
Aber ihr, die ihr mit dem Angesicht zur Sonne geht, welche auf die Erde gezeichneten Bilder können euch halten?
Ihr, die ihr mit dem Wind reist, welcher Wetterhahn soll euch den Weg weisen?
Welches Menschengesetz soll euch binden, wenn ihr euer Joch zerbrecht, aber an niemandes Gefängnistür rüttelt?
Welche Gesetze sollt ihr fürchten, wenn ihr tanzt, aber über niemandes eiserne Ketten stolpert?
Und wer soll euch vor Gericht stellen, wenn ihr euer Gewand herunterreißt, aber es niemandem an den Weg legt?
Leute von Orphalese, ihr könnt die Trommel dämpfen und die Saiten der Leier lockern, doch wer soll der Lerche befehlen, nicht zu singen?

Dann sagte ein Rechtsgelehrter:
Aber wie ist es mit unseren Gesetzen, Meister?
Und er antwortete:
Es freut euch, Gesetze zu erlassen,
Doch mehr freut es euch, sie zu brechen.
Wie Kinder, die am Meer spielen und mit Ausdauer Sandburgen bauen, um sie dann lachend zu zerstören.

Dies ist eine wichtige Aussage. Man muß sie verstehen, mit all ihren Auswirkungen. Zunächst, wer sind die Leute, die es freut, Gesetze zu erlassen?

Khalil Gibran hat völlig außer acht gelassen, welche Art von Leuten die Gesetze erlassen. Es sind die Schwächsten der Menschheit. Weil sie schwach sind, schließen sie sich in in der Masse zusammen, und alle Gesetze, die sie erlassen, sind nur dazu da, den Starken und ihrem Mob Grenzen zu setzen. Die schwächere Mehrheit der Menschheit erläßt die Gesetze durch ihre Vertreter, um ihre Schwäche zu verbergen und durch die Mehrheit stark zu sein.

Eure Gesetze kommen nicht aus der Liebe, aus der Aufrichtigkeit, aus der Stille. Eure Gesetze kommen aus der Angst. Und alles, was auf Angst beruht, ist häßlich.

Obwohl die Gesetze dazu da sind, die Schwachen zu schützen, sind die Starken viel schlauer, viel gerissener. Die Gesetze werden von den Vertretern der Schwachen gemacht, um diese zu schützen, aber in der Tat dienen sie dazu, die Schlauen und Gerissenen, die Reichen und Mächtigen gegen die Armen, gegen die Schwachen zu schützen. Es ist eine sehr komplizierte Sache. Ihr macht die Gesetze und werdet zu Opfern euer eigenen Gesetze, weil ihr nicht verhindern könnt, daß die Starken eure Gesetze übernehmen und sie gegen euch verwenden.

Als Adolf Hitler in Deutschland war, wurde er gewählt – auf demokratischem Wege zum Reichskanzler gewählt. Doch sobald er Reichskanzler war, wurde er selbst zum Gesetz. Und dann wurden dieselben Gesetze gegen die gleichen Leute verwendet, die ihn gewählt hatten.

Es gibt kein Recht auf dieser Welt, weil der wichtigste Stein des Fundamentes fehlt: Die Liebe fehlt – wie könnte es da Recht geben?

Napoleon Bonaparte soll einmal gesagt haben: »Ich bin das Gesetz. Mein Wort ist Gesetz.« In der ganzen Vergangenheit der Menschheit hat immer gegolten: Wer die Macht hat, hat das Recht. Wir sind aus dem dunklen Zeitalter noch nicht herausgekommen. Der Mächtige hat immer noch recht.

Der Mächtige sollte nicht recht haben. Recht ist etwas viel Höheres als Macht. Macht ist animalisch, Recht ist menschlich.

Doch wozu existieren all diese Armeen? Und warum verbietet man den Leuten, Waffen zu haben, aber die Polizei und die Regierung und die Armee… sie dürfen verheerende Waffen, mörderische Waffen haben, »um euch zu beschützen«. Und denkt daran: Wer auch immer die Macht hat, im Namen des Schutzes wird er zu eurem Herrn. Seine Macht zerstört eure Würde, eure Menschlichkeit, euren Stolz.

Die Welt braucht Abrüstung – nicht nur in der Sowjetunion und in Amerika. Die ganze Welt braucht Abrüstung. Da man das Volk entwaffnet hat, für wen tragt ihr all diese Waffen? Zu welchem Zweck? – Nur um euch selbst immer mächtiger zu machen und um das Volk immer mehr zu schwächen. Sie können nicht kämpfen, sie können nicht einmal daran denken zu kämpfen. Sie haben nicht die Mittel dafür.

Statt die Menschen liebevoller, verständnisvoller, humaner im Umgang miteinander zu machen, wenden eure sogenannten Regierungen einfach das Gesetz des Dschungels an: Wer die Macht hat, hat das Recht.

In Aesops Fabeln gibt es eine schöne Geschichte…

Alle Fabeln Aesops sind schön, aber diese Fabel paßt besonders gut zu dem Thema, über das wir reden.

Ein kleines Lamm trinkt Wasser aus einem Bach, da kommt ein Löwe und sieht seine Chance für ein gutes Frühstück. Er sagt zu dem Lamm: »Du hast vielleicht Nerven! Ich bin hier, um Wasser zu trinken, und du machst es trübe, indem du den Schlamm aufwirbelst!«

Doch das Lamm muß äußerst intelligent gewesen sein. Es sagte: «Onkel, die Strömung des Baches fließt nach unten. Du aber stehst bachaufwärts von mir. Wie kann ich dir das Wasser schmutzig machen? Das Wasser wird nicht flußaufwärts fließen. Das ist doch logisch!«

Als er sah, wie intelligent das Lamm war, sagte der Löwe: »Dein Vater hat mich beleidigt.«

Das Lamm sagte: »Wann?«

Und der Löwe sagte: »Gestern erst.«

Das Lamm sagte: »Dann muß es jemand anders gewesen sein, denn mein Vater ist seit sechs Monaten tot. Wie hättest du ihn gestern treffen können?«

Alle seine Bemühungen waren vergeblich, zu einem guten Frühstück zu kommen, indem er dem Lamm weismachte, es habe ein Verbrechen gegen ihn begangen.

Das Lamm sagte: »Und selbst wenn mein Vater dich beleidigt hätte, wäre ich unschuldig und du dürftest nicht auf mich böse sein.«

Der Löwe war perplex. Wie war diesem intelligenten Lamm beizukommen? Schließlich sagte er: »Du weißt ja nicht, wie man mit älteren Personen redet. Du benimmst dich mir gegenüber respektlos! Ständig fällst du mir ins Wort und widersprichst mir. Das kann ich nicht dulden.«

Das Lamm sagte: »Wozu die Umschweife? Wenn du mich fressen willst, friß mich.«

Macht bedarf keiner Argumente. Doch im Anfang glaubte der schwächere Teil der Menschheit, daß es nur einen Weg gebe, sich zu schützen, und der bestand darin, Gesetze zu machen. Jeder, der das Gesetz übertritt, muß bestraft werden, und jeder ist vor den Augen des Gesetzes gleich. Doch dabei war ihnen überhaupt nicht bewußt, daß die Starken, die Gerissenen, die politisch Schlauen, immer erfolgreich sind, wenn sie es auf die Macht anlegen.

Was ist denn eure sogenannte Demokratie, deren Definition lautet: »Regierung des Volkes, für das Volk, durch das Volk?« Zuweilen werden Lügen in wunderschönen Worten ausgedrückt. Keine einzige Regierung dieser Welt ist eine Regierung des Volkes oder durch das Volk oder für das Volk. Das ist eine Täuschung – damit die Stärkeren und Schlauen und Gerissenen gewählt werden können. Und sobald sie gewählt sind, haben sie alle Macht in Händen, und sie benutzen all diese Macht zu ihrem eigenen Wohl und nicht zum Wohl des Volkes.

Wer sind die Gesetzesmacher? Und warum braucht man überhaupt Gesetze? Und wozu braucht man Regierungen, Armeen, die Polizei? – Um euch für immer zu versklaven, indem man euch große Verheißungen macht, aber die Ware nie liefert.

Es ist Zeit, daß die Menschen ihre Aufmerksamkeit von den Gesetzen abwenden. Sie haben sich nicht als hilfreich erwiesen, sie haben sich als schädlich und vergiftend erwiesen – für die Liebe.

Außer Liebe sollte es kein Gesetz geben.

Wenn die Herzen der Menschen voller Liebe sind, braucht man überhaupt kein Gesetz.

Dann sagte ein Rechtsgelehrter:
Aber wie ist es mit unseren Gesetzen, Meister?
Und er antwortete:
Es freut euch, Gesetze zu erlassen…

Es freut euch, weil diese Gesetze euch mächtig machen.

Doch mehr freut es euch, sie zu brechen.

Es ist eine unleugbare Wahrheit, daß die meisten Politiker aus dem Juristenberuf kommen. Die größten Kriminellen auf der Welt kommen aus dem Juristenberuf. Weil sie die Gesetze kennen, kennen sie alle Schlupflöcher. Die Unschuldigen haben keine Möglichkeit, die Sprache der Rechtsexperten zu verstehen.

Mulla Nasruddin war zu einem Anwalt gegangen und sagte: »Ich brauche Ihre Hilfe. Die und die Vorwürfe sind von der gegnerischen Partei gegen mich erhoben worden. Was sagen Sie dazu?«

Der Anwalt sagte: »Sie brauchen sich keine Gedanken zu machen. Ich garantiere Ihnen, daß derjenige, der diese Verbrechen begangen hat, von denen Sie mir erzählt haben, nur von einem großen Rechtsexperten gerettet werden kann. Sie sind hier an der richtigen Adresse!«

Da machte Mulla Anstalten, das Zimmer zu verlassen. Der Rechtsexperte sagte: »Und was ist mit meinem Honorar? Ich bekomme immer das halbe Honorar im voraus und die andere Hälfte, wenn Sie gewinnen.«

Mulla Nasruddin sagte: »Diese Verbrechen habe nicht ich begangen, sondern die andere Partei. Ich brauche Ihre Hilfe nicht.«

Wenn ihr zu einem Anwalt geht, ist er immer bereit, für euch zu kämpfen. Zweifellos können nicht beide Streitparteien recht haben. Sie können beide unrecht haben, aber sie können nicht beide recht haben. Was das Recht betrifft, kann nur einer recht haben. Doch kein Anwalt sagt zu seinem Klienten: »Ihr Fall steht auf schwachen Füßen, Sie können ihn nicht gewinnen.« Er würde seinen Beruf verlieren. Sogar zu einem Mörder sagt er: »Machen Sie sich keine Sorgen. Wenn ich Sie verteidige, sind Sie kein Mörder. Vergessen Sie das ganze. Sie müssen es geträumt haben.«

Ein merkwürdiger Beruf: Zwei Anwälte müssen bezahlt werden, der Richter muß bezahlt werden – aus den Taschen von Leuten, die kein Geld damit verdienen.

Wenn das Verbrechen aus der Welt verschwinden würde, dann würden die Anwälte verschwinden, die Richter verschwinden, die Gerichte verschwinden. Sie beweisen eure Häßlichkeit und sie beweisen eure Unintelligenz. Einerseits werden also die Gesetze von Leuten gemacht, aber die gleichen Leute schützen die Kriminellen, und die gleichen Leute brechen die Gesetze, die sie gemacht haben. Es ist fast ein Spiel, sagt Khalil Gibran...

...wie Kinder, die am Meer spielen und mit Ausdauer Sandburgen bauen, um sie dann lachend zu zerstören.

Sie haben einen wunderbaren Beruf geschaffen. Für diesen Beruf braucht man das Verbrechen. Mehr Verbrechen bedeutet mehr Geld, mehr Verbrechen bedeutet mehr Gerichte, mehr Verbrechen bedeutet mehr Gefängnisse. Denkt ihr, diese Leute würden die Welt gerne ohne Verbrechen sehen? Sie würden ihre ganze Macht verlieren, ihren Beruf, all ihre Klienten. Sie würden Bettler sein. Heute sind sie die Herren.

Und es ist merkwürdig, daß die Urteile immer zugunsten der Reichen ausfallen, zugunsten der Ausbeuter – nie zugunsten der Armen, Schwachen, Unterdrückten, Ausgebeuteten. Was ihr Recht und Gesetz nennt, ist in der Tat ein organisiertes Verbrechen, das sich hinter einer raffinierten Sprache verbirgt.

Wenn die Menschen wirklich daran interessiert sind, das Verbrechen loszuwerden, sollten sie aus jedem Gericht ein Meditationszentrum machen.

Jedes Gefängnis sollte den Menschen, die man zwangsweise dorthin gebracht hat, die nötige psychologische und körperliche Hilfe geben, daß sie ihre Würde wiedererlangen, zum Beispiel, indem sie ein Handwerk oder eine Kunst erlernen. Und in jedem Menschen schlummern Talente. Diese Talente sollte man hervorholen, damit sie, wenn sie wieder in die Welt hinaustreten, nicht mehr von Verbrechen abhängig sind. Sie sollten die Fähigkeit erlangen, sich ihr Geld selbst zu verdienen – denn das haben sie verdient. Und außerdem lernen sie, wie sie still, friedlich und meditativ sein können.

Mein Vorschlag ist, daß zumindest alle Politiker an einen solchen Ort geschickt werden sollten, den ihr bisher Gefängnis, »Freiheitsstrafe« genannt habt. Ich würde solche häßlichen Wörter gar nicht mehr verwenden wollen. Man sollte sie für ihr spirituelles Wachstum in Meditationszentren und meditative Gemeinschaften schicken. Wenn wir die Politiker transformieren könnten – die Kriminellen, die Macht haben –, dann könnte ohne große Mühe das Verbrechen von der Welt verschwinden.

Denn es sind nicht die Schwachen, die Verbrechen begehen. Es sind die Starken, die Verbrechen begehen. Der Schwache schützt nur sich selbst und macht Gesetze. Aber er ist sich nicht bewußt, daß er zwar in der Mehrheit sein mag, doch wenn ein Parlamentsabgeordneter für fünf Jahre gewählt wurde, ist er der Herr. Und ihr wechselt zwar eure Herren alle fünf Jahre, wie im Rotary Club, aber was spielt es für eine Rolle, wer der Herr ist? Wer auch immer die Herren sind, sie werden auf tausenderlei Art destruktiv für die Menschheit sein.

Aber während ihr eure Sandburgen baut, bringt der Ozean mehr Sand an den Strand,
Und wenn ihr sie zerstört, lacht der Ozean mit euch.

Er spricht in einer metaphorischen, symbolhaften Sprache. Er sagt, daß die ganze Existenz über die Dummheit lacht, in der die Menschheit ständig weiter lebt: Sandburgen zu bauen und zu hoffen: »Diese Burg wird nicht zerstört werden«.

Wie viele Gesetze sind im Laufe der Jahrhunderte geschaffen worden? Und jedes Gesetz wurde gebrochen. Um das Gesetz zu schützen, werden noch mehr Gesetze geschaffen. Jetzt haben wir die lächerliche Situation, daß es alle möglichen Gesetze gibt, die anfangs von den Schwachen geschaffen wurden, um sich zu schützen, aber heute sind sie in den Händen der Stärksten und werden gegen die Schwachen, gegen die Armen verwendet.

Es ist äußerst merkwürdig, wie diese Gesetzesmacher die ganze Menschheit in einen untermenschlichen Zustand gebracht haben. Denn sie haben die Gewehre, doch euch erlauben sie nicht einmal ein Papiermesser. Und die Macht verlagert sich ständig in neue mächtige Hände, während die große Mehrheit der Menschen immer weiter hofft, daß es eines Tages keine Verbrechen, keine Vergewaltigung, keinen Mord mehr geben wird.

Aber die Verbrechen haben zugenommen, die Morde haben zugenommen, die Selbstmorde haben zugenommen, die Vergewaltigungen haben zugenommen – und das Gesetz ist so oberflächlich, daß es nicht an die Wurzel des Problems geht.

Khalil Gibran sagt, der Ozean, die Erde, der Mond, die Sterne – sie alle lachen: Was für eine Sorte Mensch ist auf dieser Erde entstanden? Ihr seid zum Gespött des ganzen Universums geworden.

Wahrhaftig, der Ozean lacht immer mit den Unschuldigen.

Hier scheint Khalil Gibran wieder abzurutschen. Zuerst sagt er, sie lachen mit den Gesetzesmachern und den Gesetzesbrechern, und jetzt sagt er: *Wahrhaftig, der Ozean lacht immer mit den Unschuldigen.* Ich sage euch, der Ozean weint und schluchzt mit den Unschuldigen und für die Unschuldigen. Das Lachen mit den Gesetzesmachern und Gesetzesbrechern ist ein verurteilendes Lachen. Aber wie können die Erde, der Ozean, die Berge mit den Unschuldigen lachen, die ständig gequält und schikaniert werden und für die es keine Möglichkeit gibt, Einspruch zu erheben?

Sie können höchstens an den leeren Himmel appellieren. Sie mußten einen Gott erschaffen, um einen kleinen Trost zu haben, daß sie sich beschweren können, daß es zwar Gerichte gibt, aber das höchste Gericht ist dort oben über den Wolken im Himmel.

Und sämtliche Religionen haben die Leute getröstet. Jesus sagt: »Selig sind die Armen, denn ihrer ist das Königreich Gottes. Selig ist derjenige, der in der Reihe hintenan steht, denn er wird als erster im Königreich Gottes willkommen geheißen werden.« Reiner Trost, damit sie das Leiden irgendwie durchhalten in der Hoffnung, daß sie eines Tages die ersten, und die ersten die letzten sein werden. Eines Tages werden die Unschuldigen als rein und sauber erklärt werden, und die sogenannten Gewinner werden in alle Ewigkeit besiegt sein.

Ich habe mich immer immer gefragt, wie ein Mensch vom Kaliber Khalil Gibrans es geschafft hat, in der drittklassigsten Religion der Welt zu verbleiben.

Aber was ist mit denen, für die das Leben kein Ozean ist und für die von Menschen gemachte Gesetze keine Sandburgen sind,
Sondern für die das Leben ein Fels ist und das Gesetz ein Meißel, mit dem sie es gern nach ihrem Ebenbild formen möchten?

Manchmal scheint er sein Augenlicht eingebüßt zu haben. Er hat vergessen, daß Gott den Menschen nach seinem Ebenbild geschaffen hat. Jeder Vater hat seither dasselbe getan und versucht, seine Kinder nach seinem Ebenbild zu formen, damit sein Ebenbild zurückbleibt, wenn er einmal nicht mehr da ist.

Doch in dem Augenblick, da jemand versucht, sein Ebenbild zu erschaffen, wird er gewalttätig, kann er nicht liebevoll sein. Er gestattet dem anderen nicht, sein eigenes, ursprüngliches Gesicht zu haben, sondern gibt ihm eine Maske, die aussieht wie er selbst.

Einmal saß ich frühmorgens im Garten einer Familie, bei der ich wohnte. Das einzige Kind der Familie, ein etwa acht oder neun Jahre alter Junge, der sich mit mir sehr angefreundet hatte, saß bei mir. Ich fragte ihn: »Was möchtest du denn im Leben einmal werden?«

Er sagte: »Wahrscheinlich werde ich im Irrenhaus landen.«

Ich sagte: »Du möchtest ins Irrenhaus?«

Er sagte: »Ich will nicht ins Irrenhaus, aber mein Vater will, daß ich Arzt werde, meine Mutter will, daß ich Ingenieur werde, mein Onkel will, daß ich Professor werde, die Großeltern... Jeder hat ein Bild, und jeder will mir sein Bild überstülpen. Mich fragt überhaupt keiner, was ich werden will. Ich interessiere sie überhaupt nicht; sie interessieren sich nur für ihre eigenen Ziele. Sie wollen aus mir eine genaue Kopie von sich selbst machen – jeder. Es ist klar: Ich werde im Irrenhaus landen – ein bißchen Arzt, ein bißchen Ingenieur, ein bißchen von allem.«

Ich sagte: »Du bist sehr intelligent! Niemand kann dich in ein Irrenhaus stecken. Heute abend werde ich mit deinen Eltern und Großeltern reden.«

Er sagte: »So ging das von Anfang an. Sobald ich sprechen konnte... jeder, der zu uns kam – als Gast, als Freund –, sagte zu meinem Vater: ›Die Augen hat er von dir.‹ Und sie sagten: ›Und die Nase hat er von seiner Mutter‹, und so weiter und so fort. Und ich habe mich gefragt, ob ich eine Mischung aus all diesen Leuten bin – nichts sieht aus wie von mir! Meine Augen sehen aus wie mein Vater, meine Nase sieht aus wie von meiner Mutter, meine Hautfarbe sieht aus wie von meinem Onkel. Habe ich irgendetwas, das mir gehört, oder bin ich nur ein Puzzlespiel? Die Nase von dem einen, die Augen von dem anderen, die Hautfarbe wieder von jemand anderem, die Haare von einem anderen... Seither machen sie mich fast verrückt.«

Dieses ganze Verbrechen nimmt bei Gott seinen Anfang.

Es ist kein Zufall, daß ihr alle Gott »Vater« nennt. Alle Väter versuchen, dasselbe zu machen, was er machte. Und weil niemand er selbst sein darf, gibt es Widerstand, gibt es Wut, gibt es Gewalt, gibt es eine tiefe Frustration im Herzen. Und das alles zusammen hat den Verbrecher hervorgebracht.

Wenn man den Menschen sein läßt und ihm hilft und ihn liebt, *so wie er ist,* wenn keine Ansprüche an ihn gestellt werden und ihm die Freiheit gelassen wird, er selbst zu sein, kann das Verbrechen von dieser Erde verschwinden. Und mit dem Verbrechen werden alle Verbrecher – die Politiker, die Richter, die Juristen – ebenfalls verschwinden.

Natürlich steckt dahinter ein so riesiges Interesse, daß sie einen Mann wie mich nicht einmal werden reden lassen wollen. Denn ich kann den Rebellen in euch aufwecken.

Sie haben diesen Rebellen so tief in euer Unterbewußtsein hinuntergedrängt! Aber ich kann ihn euch wieder ins Bewußtsein bringen und euch helfen, ihn auf das Niveau des Überbewußtseins zu heben. Aber dann werdet ihr nicht mehr wie eure Väter aussehen. Ihr werdet nur wie ihr selbst aussehen. Und ihr werdet nicht die ganze Frustration, die Wut, den Ärger und die Gewalt in euch haben, die vorhanden sind, weil euch so viel Gewalt angetan wurde.

Merkt euch ein grundlegendes Gesetz der Existenz: Was auch immer man euch antut, gebt ihr an die Gesellschaft zurück. Wenn ihr kriminell seid, hat die Gesellschaft mit euch etwas getan, was kriminell ist.

Wir haben fünf Jahre lang zusammengelebt, mit fünftausend Sannyasins, und wir brauchten nie einen Richter oder ein Gericht. Es gab keinen Streit, denn jeder war allen anderen dankbar, daß sie ihm so viel Raum ließen, daß sie ihm sein eigenes Sein ließen. Wie hätte da jemand gewalttätig sein können?

Gewalt, Ungesetzlichkeit, Kriminalität – das sind alles nur Symptome einer sehr tiefliegenden Ursache, und die Ursache ist, daß es niemandem gestattet wurde, sein eigenes Schicksal zu erfüllen.

Wie könnt ihr da zufrieden sein, wie könnt ihr glücklich sein, wie könnt ihr liebevoll sein? Es ist unmöglich – es ist gegen alle Vernunft.

Was mit dem Krüppel, der die Tänzer haßt?

Wie kann das Gesetz einem Krüppel helfen, der die Tänzer haßt? Dies ist eine sehr bedeutsame Aussage.

Die ganze amerikanische Regierung war wütend auf uns, weil sie verkrüppelt waren und wir tanzten. Das konnten sie uns nicht verzeihen. Sie waren blind, und wir erfreuten uns an sämtlichen Farben des Regenbogens und am Licht der Sonne und des Mondes. Wie könnten sie euch das verzeihen?

Es ist medizinisch erwiesen, aber sämtliche Regierungen versuchen es vor den Menschen zu verbergen... sie sind gegen Drogen, und sie sind auch gegen Marijuana. Dabei ist Marijuana harmlos. Es macht entspannter, freudiger und hat keine Nachwirkungen. Aber Marijuana ist illegal, und Alkohol ist legal. Und wer sind die Gesetzesmacher? Der Alkohol zerstört euch, er kann euch ein frühes Ende bereiten. Bei Marijuana ist das nicht der Fall. Doch es ist ein Verbrechen, Marijuana zu besitzen, und Alkohol dürft ihr trinken, soviel ihr wollt.

Offenbar weil Marijuana die Menschen entspannt und fröhlich macht, können die Krüppel, die nicht tanzen können, es auch niemand anderem gestatten zu tanzen. Die Unglücklichen, die nicht glücklich sein können, können es nicht zulassen, daß irgendjemand anderer glücklich ist.

Alkohol macht euch nicht glücklich. Er läßt euch nur euer Unglück vergessen. Aber morgen wird das Unglück wieder da sein, nicht weniger, sondern mehr als vorher – und mit Kopfschmerzen und einem Kater. Aber das ist legal, das Gesetz unterstützt es, und Marijuana ist illegal.

Nur Aldous Huxley, der ein sehr verständnisvoller Mann war, wagte es zu sagen, daß man Marijuana auf der ganzen Welt legalisieren und den Alkohol verbieten sollte. Er war es, der die Verbindung zwischen Marijuana und den alten Zeiten der Veden aufzeigte, als man etwas benutzte, das *Somras* hieß. Es war eine Droge, die nur im Himalaja gefunden wurde. Die beschriebenen Wirkungen sind sehr ähnlich wie die von Marijuana.

Aldous Huxley war ganz schön mutig, als er sagte, wir könnten heute mit unserer modernen wissenschaftlichen Technik die schädlichen Substanzen aus den Drogen herausziehen und Drogen herstellen, die nicht nur harmlos, sondern sogar unterstützend für die Gesundheit, für das psychische Gleichgewicht sind und uns Einblicke in die andere Welt geben können. Für diese neue wissenschaftliche Errungenschaft verwendete er den Namen *Somras*.

Im ältesten Buch der Welt, dem *Rig Veda*, ist erwähnt, daß die Seher vor dem Gebet *Somras* nahmen, und dann war es leicht für sie, zu tanzen, zu singen und fröhlich zu sein. Aldous Huxley sagte, eines Tages, wenn die Menschheit zur Vernunft gekommen ist, werden wir eine synthetische Droge herstellen, die überhaupt keine schlechten Nebenwirkungen hat und vom Körper in vierundzwanzig Stunden rückstandslos abgebaut wird. Er nannte sie *Soma*, in Erinnerung an diese ersten Pioniere, die *Somras* kannten, den Saft des *som*. Das Wort *som* bedeutet »Mond«. Sobald sie *Somras* tranken, wurde die Erde für sie so schön wie eine Vollmondnacht. Daher der Name *Somras*

Doch keiner hörte auf ihn. Die Menschheit hört immer mit Verspätung zu, und wenn sie endlich anfängt zuzuhören, ist es zu spät.

Ich habe 1950 zum erstenmal gesagt, daß man die Geburtenkontrolle durchsetzen sollte und daß jeder, der dagegen ist, ein Verbrecher sei. Man hat mich gesteinigt, weil ich gegen ihre Religion redete: Die Kinder kommen von Gott! Damals hatte Indien eine Bevölkerung von vierhundert Millionen. Wenn man damals auf mich gehört hätte, gäbe es heute nicht solche Schwierigkeiten. Die Bevölkerung beträgt heute mehr als das Doppelte – beinahe neunhundert Millionen Menschen.

Doch den Politikern geht es nur um ihre Macht. Es ist ihnen egal, ob am Ende dieses Jahrhundert fünfzig Millionen Menschen in diesem Land verhungern werden. In jeder Straße, in jedem Haus werden die herumliegenden Leichen verwesen. In der Tat wird es besser sein, zu sterben, als unter fünfzig Millionen Toten zu leben – denn niemand wird sie alle auf den Friedhof oder zur Verbrennung schaffen können. Und wenn fünfzig Millionen Menschen um euch herum sterben, könnt ihr da lachen? Könnt ihr tanzen? Könnt ihr feiern?

Was mit dem Krüppel, der die Tänzer haßt...

...mit den zurückgebliebenen Leuten, die das Genie hassen, die Jesus Christus gekreuzigt haben, die Al-Hillaj Mansur getötet haben, mit den Leuten von Athen, die Sokrates vergifteten? – Das alles ist in diesem kleinen Satz enthalten: daß der Krüppel nicht dulden kann, wenn jemand tanzt.

Athen war auf dem Höhepunkt seiner Kultur und Zivilisation, aber weit unter dem Genie des Sokrates. Sie konnten ihn nicht dulden; sie konnten nicht so hoch fliegen. Es war beleidigend für sie. Sie sahen keine andere Möglichkeit, als diesen Menschen zu vernichten, denn er erinnerte sie ständig daran, daß sie Krüppel waren.

Welches Gesetz gäbe es, so fragt Almustafa, das die Tänzer vor den Krüppeln schützen könnte?

Woher kam die Wut, die Adolf Hitler Millionen von Juden in Deutschland vernichten ließ? – Weil sie reich und intelligent waren, während er Schwierigkeiten hatte, eine Arbeit zu finden. Weil es zuwenig Soldaten für den Ersten Weltkrieg gab, war er schließlich in die Armee eingetreten. Dieser Mann, der keinerlei Qualifikationen, keine höheren menschlichen Werte besaß, sammelte in sich einen enormen Haß auf all jene an, die Geld besaßen, Bildung besaßen, Kultur besaßen. Vierzig Prozent der Nobelpreise sind an Juden gegangen, und die Juden sind nur eine kleine Minderheit auf der Welt. Für den Krüppel Adolf Hitler war es schwierig, diese Menschen zu dulden. Sobald er es geschafft hatte, an die Macht zu kommen, war das erste: »Der Niedergang Deutschlands und die verlorenen Kriege gehen auf das Konto der Juden.« Was für eine irrelevante, sinnlose, absurde Behauptung! Doch er wiederholte es immer wieder, bis die Leute anfingen, es ihm zu glauben.

Das ist beinahe so, als hätte er gesagt: »Der Niedergang Deutschlands geht auf das Konto der Fahrräder. Vernichtet die Fahrräder, dann werdet ihr über die Welt herrschen.« Doch im Namen der arischen, nordisch-deutschen Überlegenheit... für die er selbst nicht gerade ein gutes Beispiel abgab, denn er sah aus wie eine schlechte Kopie von Charlie Chaplin – nur noch lächerlicher!

Doch wenn man das Ego der Ignoranten aufbaut... so wurde das nordische deutsche Volk überzeugt: »Dieser Mann hat recht. Nur eine Rasse auf dieser Welt kann die auserwählte Rasse sein, und die Juden erzählen uns seit Jahrhunderten, daß sie das auserwählte Volk Gottes seien. Wenn die nordischen Arier das auserwählte Volk und Herrscher über die ganze Welt sein wollten, dann ist der Feind niemand anderer als die Juden. Man muß sie völlig ausradieren. Keine Spur sollte auf der Welt davon übrig bleiben, daß es je eine jüdische Rasse gegeben hat.«

Das überzeugte die Leute, und so tötete man sechs Millionen Juden. Selbstverständlich wurde ihr Geld nicht verbrannt, und ihre Häuser wurden nicht verbrannt. Ihre Fabriken wurden nicht verbrannt. Sie wurden alle von den Deutschen übernommen, und die Deutschen waren überaus zufrieden: »Dies ist eine gute und große Sache! Adolf Hitler hat viele Deutsche reich gemacht.«

Man kann so viele Juden töten und ihr Geld rauben, wie man will, aber man wird niemandem sein Genie rauben können, und man wird niemandem seinen Lebensfunken rauben können. Adolf Hitler blieb ein zurückgebliebener menschlicher Winzling – ein häßliches Schwein.

Wie kann man die Krüppel daran hindern, die Tänzer zu vernichten? Wie kann man die Stummen daran hindern, die Sänger zu vernichten? Es gibt nur eine Möglichkeit: Selbst wenn ein Mensch verkrüppelt ist, so hat er doch irgendein Talent in sich verborgen. Helft ihm, seine Begabung hervorzuholen und sie auszudrücken. Ein Krüppel kann malen, ein Krüppel kann meditieren, ein Krüppel kann Gedichte schreiben, ein Krüppel kann zum besten Sänger der Welt werden. Statt daß er sich darauf konzentriert, die Tänzer zu vernichten, kann man ihm eine Ausbildung, eine Förderung angedeihen lassen, damit er sich keinem anderen Menschen in irgendeiner Weise unterlegen zu fühlen braucht.

Was mit dem Ochsen, der sein Joch liebt und den Elch und das Wild des Waldes für streunende und heimatlose Wesen hält?

Was mit dem Ochsen, der sein Joch liebt... denn das Joch, die Sklaverei... doch zu welchem Preis! Kein Ochse wird als Ochse geboren. Vergleicht den Ochsen mit dem Bullen, und ihr werdet den Unterschied sehen!

Der Bulle ist eine Pracht, ein wundervolles Phänomen von Kraft und Stärke. Aber er wird kastriert – und das darf man nicht vergessen! –, weil nicht so viele Bullen gebraucht werden.

Ein Bulle reicht aus, um Tausende Kühe zu decken, so viel Kraft hat er. Einen Bullen könnt ihr nicht vor euren Wagen spannen. Er ist so stark, daß er mitsamt dem Wagen und euch in den Graben springt, wenn er eine schöne Kuhlady auf der Straße kommen sieht. Dann kann er sein ganzes Geschäft vergessen und sein Joch abwerfen – zuerst das Wichtigste!

Ein Bulle hat keinen anderen praktischen Nutzen, außer mehr Bullen zu erzeugen. Aber noch bevor sie Bullen werden und sich ihrer Stärke bewußt werden können, werden sie kastriert. Man muß sie impotent machen. Dann wird aus dem Prachtbullen ein armer Ochse, der immer nur seinen Ochsenkarren zieht. Natürlich hat er Sicherheit: immer genug zu fressen, einen Unterstand gegen den Regen und die Hitze. Und natürlich denkt er, daß der Elch und der Hirsch und all die wilden Tiere in ihrer Schönheit... Der Ochse ist ein Verbrechen an den armen Tieren, die nicht reden können, die keinen Anwalt haben und nicht fragen können: »Mit welchem Recht macht man uns impotent?« Aber um sich zu trösten, hält der Ochse das Wild und den Elch und die anderen wilden Tiere für umherstreunende Vagabunden. »Ich bin nützlich, denn ich ziehe einen Ochsenkarren!« Und das Joch, die Sklaverei, ist seine Sicherheit.

Die Ochsenkarren sollten aus der Welt verschwinden. Wenn es Busse und Eisenbahnen und Autos gibt, welche Notwendigkeit gibt es, Millionen von prächtigen Bullen kaputtzumachen? Macht euch keine Gedanken, wo sie ihr Futter herbekommen und wie sie leben würden. Alle wilden Tiere leben und bekommen ihr Futter und sind ungeheuer glücklich. Die Bullen würden auch in den Wäldern, in den Bergen leben, wie ihre Schwester und Brüder.

Ein Ochsenkarren ist etwas Häßliches. Er zeigt die Gewalt des Menschen gegen ein stummes Tier, das nicht protestieren kann. Doch irgendwie gelingt es ihm, sich selbst zu trösten. Und genauso ist es mit allen Menschen, die sich selbst irgendwie trösten.

In dieser bildhaften Sprache sagt Khalil Gibran den Menschen: »Ihr fangt an, eure Sklaverei zu lieben, weil sie euch Sicherheit und Geborgenheit gibt – obwohl ihr all eure Würde, Freiheit und Herrlichkeit verliert.«

Was mit der alten Schlange, die ihre Haut nicht abstreifen kann...

Jedes Jahr streifen die Schlangen ihre alte Haut ab, und sie schlüpfen ganz einfach heraus mit einer frischen, jungen Haut. Genau wie die Bäume ihre alten Blätter fallenlassen und bald schon frisches grünes Laub und Blüten tragen. Doch die alte Schlange ist so altersschwach geworden, daß sie nicht mehr aus ihrer ramponierten Haut herauskommt. Aber sogar sie findet einen Trost:

Was mit der alten Schlange, die ihre Haut nicht abstreifen kann und alle anderen nackt und schamlos nennt?

Das betrifft meine Leute. Durch euer Tanzen, durch euer Singen, durch eure Liebe werden all die Verkrüppelten wütend, denn sie können nicht tanzen. Aber sie haben die Macht, euch am Tanzen zu hindern. Und ich sage euch: Es ist besser zu sterben, als mit eurem Tanzen aufzuhören aus Angst, daß man euch töten könnte. Denn was ist ein Leben, das kein Lied kennt, keinen Tanz, keine Liebe? Das sind die Leute, die Nacktheit obszön nennen. Bringt tausend von diesen Leuten nackt zusammen, und ihr werdet euch wundern, wie häßlich sie aussehen! Hinter ihren Kleidern verstecken sie ihre Häßlichkeit.

Doch wenn sie jemanden sehen, der nackt *und* schön ist, können sie diese Person unmöglich dulden, denn es erinnert sie an ihre eigene Häßlichkeit. Wie sehr sie sie auch unter den Kleidern zu verbergen trachten, spielt keine Rolle – sie wissen es. Man kann andere täuschen, doch wie könnt ihr euch selbst täuschen? Nacktheit wird obszön – doch alle Tiere und alle Vögel sind nackt!

Aber ich sage euch nicht, daß ihr nackt in den Straßen herumlaufen sollt. Die Zeit dafür ist noch nicht reif. Wartet noch ein bißchen… Laßt mich erst meine Leute überall auf der Welt haben. Dann werden wir nackt protestieren. Man fordert von uns, daß wir die Schußwaffen fallenlassen – wir werden sogar die Kleider fallenlassen!

Und wenn sie sich schämen, ist es nicht Scham über eure Nacktheit. Es ist die Scham über ihren eigenen Körper und über das, was sie mit sich selbst getan haben. Sie haben sich hinter ihren Kleidern versteckt und sich nicht genug um ihren Körper gekümmert.

Weil ihr derzeit unter diesen Krüppeln lebt, solltet ihr noch nicht in den Straßen tanzen, denn von diesen verkrüppelten Leuten gibt es zu viele, und wir sind zu wenige. Es ist nur wegen dieser häßlichen Leute, daß ich euch sage, ihr sollt nicht nackt auf die Straße gehen, denn ihr provoziert sonst ihre Wut, ihren Neid, ihre Armut. Sie haben keinen so schönen Körper.

Aber ich verspreche euch, der Tag ist nicht mehr fern, da wir genug Leute haben werden. Dann können wir alle Straßen aller Städte dieser Welt mit nackten Tanzenden füllen, mit Tausenden von singenden Menschen, und ihnen zeigen: »Wir haben gefunden, was euch fehlt! Seid nicht böse! Macht mit, und wir werden euren Körper gesund machen, werden euren Geist gesund machen!«

Doch dafür ist es noch ein bißchen zu früh. Im Augenblick benehmt euch lieber so, wie die Blinden und die Tauben und die Verkrüppelten wollen, daß ihr euch benehmen sollt. Es ist nicht unsere »Regel« – es ist nur eine vorübergehende Anpassung an eine irrsinnige Welt. Sobald wir genug Leute haben, werden wir diesen Irrsinnigen zeigen: »Solange ihr nicht nackt auf die Straße kommt, seid ihr obszön! Wovor habt ihr Angst? In euren vier Wänden könnt ihr Kleider tragen, aber nicht draußen!«

Und was mit dem, der früh zum Hochzeitsfest kommt und dann übersättigt und müde seines Weges geht und sagt, daß alle Feste Gesetzesübertretungen seien und alle Feiernden Gesetzesbrecher?

Dies scheint, oberflächlich betrachtet, keine besondere Bedeutung zu haben, doch es hat eine Tiefe, die man erst entdecken muß.

Ich weiß, daß alle politischen Führer, alle Bürokraten rauchen und trinken. Sogar zur Zeit der Prohibition gab es im Kabinett von Morarji Desai Leute, die Alkohol tranken. Ich denke nicht, daß daran etwas verkehrt ist. Wenn Morarji Desai die Freiheit hat, seinen eigenen Urin zu trinken... und Alkohol ist rein vegetarisch! Aber es ist abnormal. Er glaubt daran, daß man jede Krankheit kurieren kann, einfach indem man den eigenen Urin trinkt. Man braucht keine Kliniken, keine Ärzte, keine Medikamente.

Ich hatte einmal eine Diskussion mit ihm, und ich sagte: »Sagen Sie mir doch, wie Sie eine Person heilen können, die an Krebs erkrankt ist, indem Sie ihr den eigenen Urin zu trinken geben? Oder jemanden, der an Tuberkulose leidet? Der Urin holt alle Giftstoffe aus dem Körper, und Sie führen sie ihm wieder zu! Wenn Sie etwas verbieten, sollten Sie verbieten, daß jemand seinen eigenen Urin trinkt. Sie können ja sagen: ›Ich bin eine Ausnahme. Ich bin der indische Ministerpräsident – nur Ministerpräsidenten dürfen das.‹ Und ich kenne die Mitglieder Ihres Kabinetts persönlich. Sie alle trinken Alkohol. Was steckt dahinter, daß Sie anderen Leuten Ihre Ideen aufzwingen?«

Mahatma Gandhi war Vater von vier Kindern, und nachdem er vier Kinder gezeugt hatte, fing er an, sexuelle Enthaltsamkeit zu lehren. Gebt wenigstens jedem die gleichen Chancen. Und was passierte schließlich mit seiner Enthaltsamkeit? Es war nichts als Unterdrückung.

Im späten Alter von siebzig fing er an, mit einem nackten Mädchen zu schlafen. Seine Jünger wollten diese Tatsache vor der Öffentlichkeit nicht publik werden lassen, weil er sonst seine Heiligkeit, sein Ansehen als Mahatma, verlieren würde. Als Siebzigjähriger mit einem nackten Mädchen zu schlafen!

Doch sie konnten es aus einem einfachen Grund nicht geheimhalten. Ein paar Jahre zuvor hatte sich Gandhis Prävatsekretär Pyarelal in eine Frau verliebt. Er war ein junger, intelligenter Mann und ein sehr guter Autor. Gandhi mischte sich ein und stellte ihm ein Ultimatum: »Entweder bleibst du enthaltsam, oder du verläßt den Ashram. Oder wenn du unbedingt heiraten willst, dann heirate meinetwegen – aber bleibe enthaltsam.«

Komische Logik! Faste, aber stelle die köstlichsten Speisen neben dich auf den Tisch. Auf diese Weise wird das Fasten sogar noch schwieriger, denn du kannst an nichts anderes mehr denken als an die leckeren Speisen, und ihr Duft erinnert dich ständig daran, daß du hungrig bist.

Es war dieser Pyarelal, wenn ich das richtig sehe, der aus schierer Rache das Geheimnis vor der ganzen Welt preisgab. Er schrieb eine Biographie Mahatma Gandhis und widmete darin fast hundert Seiten dieser unnatürlichen Idee der Enthaltsamkeit. Und vor seinem Tod, fing Mahatma Gandhi schließlich an, mit einem Mädchen zu schlafen. Selbst heute reden die Gandhi-Anhänger nicht darüber. Filme werden über ihn gedreht, aber dieser Teil kommt nicht vor. Und Leute wie Vinoba Bhave, Kaka Kalelkar, sehr enge Schüler von ihm, schrieben Briefe an Pyarelal, die er veröffentlicht hat: »Du kannst sonst alles machen, was du willst, aber das halte geheim!« Das sind die Wahrheitssucher!

Was soll ich von jenen sagen, außer daß auch sie im Sonnenlicht stehen, aber mit dem Rücken zur Sonne?

All jene Leute, die andere verdammen, verurteilen, nur um sich überlegen zu fühlen, tun nichts anderes: Sie stehen in der Sonne, aber nicht mit dem Gesicht, sondern *mit dem Rücken zur Sonne*. Sie wollen nichts sehen. Sie sind vollkommen zufrieden mit ihrer Blindheit. Ihre Blindheit dauert schon so lang, sie ist schon so alt, daß sie zu ihrer Philosophie, zu ihrer Religion, ihrem Lebensstil geworden ist. Sie können es nicht ändern – dabei wäre es leicht zu ändern: Nur eine Drehung um einhundertachtzig Grad, und es gäbe keine Dunkelheit mehr, sondern nur noch Licht. Doch selbst wenn man diese Leute zwingen würde, würden sie die Augen zulassen. Sie stehen mit dem Gesicht zu ihren Schatten; sie sehen nur ihre Schatten, und ihre Schatten sind ihre Gesetze. Die Frage war: »Sprich uns von den Gesetzen.« Almustafa sagt sehr richtig:

Sie sehen nur ihre Schatten, und ihre Schatten sind ihre Gesetze.

Ihre Gesetze machen sie in ihrer Blindheit, in ihrer Dunkelheit, in ihrer Unbewußtheit.

Und was ist ihnen die Sonne anderes als etwas, das Schatten wirft?

Die Sonne ist ihnen kein Licht, sondern nur *etwas, das Schatten wirft.* Wenn ihr den Rücken zur Sonne haltet, werdet ihr naturgemäß zum selben Schluß kommen.

Und was heißt, die Gesetze anzuerkennen, anderes als sich zu bücken und ihre Schatten auf der Erde nachzuzeichnen?

Sie haben kein Licht, nur ihren eigenen Schatten. Was bleibt dann übrig? *Und was heißt, die Gesetze anzuerkennen, anderes als sich zu bücken und ihre Schatten auf der Erde nachzuzeichnen?*

Und diese Zeichnungen ihrer eigenen Schatten auf der Erde wollen sie anderen aufzwingen.

Aber ihr, die ihr mit dem Angesicht zur Sonne geht, welche auf die Erde gezeichneten Bilder können euch halten?

Ein schöner Satz: *Aber ihr, die ihr mit dem Angesicht zur Sonne geht, welche auf die Erde gezeichneten Bilder können euch halten?* Die Sonne ist euer Gesetz. Das ist es, was ich auch sage: Die Liebe sei euer einziges Gesetz. Handelt nie gegen die Liebe. Folgt der Liebe, wo auch immer sie euch hinführt, dann werdet ihr immer unschuldig bleiben.

Ihr, die ihr mit dem Wind reist, welcher Wetterhahn soll euch den Weg weisen?

Ihr solltet einfach ein Leben des Mitfließens leben. Die Winde werden euch liebevoll dorthin führen, wo euer Schicksal liegt.

Welches Menschengesetz soll euch binden, wenn ihr euer Joch zerbrecht, aber an niemandes Gefängnistür rüttelt?

Es liegt allein in eurer Hand, ob ihr Sklaven bleiben oder freie Menschen werden wollt. Ihr wurdet frei geboren. Die Sklaverei war eine Gabe all jener, die vorgeben, euch zu lieben. Vielleicht sind sie sich nicht einmal bewußt, daß sie euch zu Sklaven machen.

Zerreißt alle Ketten, befreit euch von jedem Joch, und folgt eurem eigenen Wesen. Wo auch immer es euch hinführt, ist das Paradies. Die Frage ist nicht, nach dem Paradies zu suchen. Ich sage, wenn ihr einfach eurer Natur folgt, werdet ihr dort, wo ihr hinkommt, das Paradies finden.

Welche Gesetze sollt ihr fürchten, wenn ihr tanzt, aber über niemandes eiserne Ketten stolpert?

Das ist speziell für euch: Tanzt, aber stolpert über niemandes Ketten. Wenn jemand beschlossen hat, in Ketten zu bleiben, ist es sein Problem.

Und wer soll euch vor Gericht stellen, wenn ihr euer Gewand herunterreißt, aber es niemandem an den Weg legt?

Wer hätte das Recht, euch daran zu hindern, eure Hüllen, eure Konditionierungen abzuwerfen und ein eigenständiges Individuum zu werden? Doch werft eure Hüllen und Kleider niemandem in den Weg.

Leute von Orphalese, ihr könnt die Trommel dämpfen und die Saiten der Leier lockern, doch wer soll der Lerche befehlen, nicht zu singen?

Der Polizeichef von Poona!

Über Osho

In der Regel leben wir alle in der Welt der Zeit – Vergangenes zurückrufend, Zukünftiges vorausnehmend; nur in seltenen Augenblicken rühren wir an die zeitlose Dimension der Gegenwart: in Momenten von großer Schönheit oder plötzlicher Gefahr, in Begegnungen mit geliebten Menschen oder wenn das Unverhoffte an unsere Tür klopft.

Nur sehr wenige Menschen treten aus der Zeit und dem Reich unserer Vorstellungen heraus und beginnen ein Leben in der Welt des Zeitlosen. Und von diesen wenigen haben nur die wenigsten versucht, uns ihre Erfahrungen mitzuteilen: Menschen wie Laotse, Buddha, Bodhidharma – oder in unserem Jahrhundert Gurdjieff, Raman Maharshi und J. Krishnamurti. Regelmäßig werden sie von ihren Zeitgenossen für verrückt erklärt, als Ekzentriker oder arme Irre verschrieen. Nach ihrem Tode avancieren sie dann zu »Philosophen«, werden zur Legende, blutlos abstrakten Wesen, allenfalls tauglich als Archetypen für unsere kollektive Sehnsucht, über all das kleinlich Platte und Sinnlose unseres Alltags hinauszuwachsen.

Osho wurde am 11. Dezember 1931 im indischen Bundesstaat Madhya Pradesh geboren. Von frühester Kindheit an bewies er einen rebellischen, unabhängigen Geist und erforschte seine eigene Wahrheit, statt sich von dem Wissen und Glauben anderer Leute beeinflussen zu lassen.

Nach seiner Erleuchtung im Alter von einundzwanzig Jahren schloß Osho sein Universitätsstudium ab und lehrte danach mehrere Jahre lang Philosophie an der Universität von Jabalpur. Zwischendurch bereiste er ganz Indien, sprach zu riesigen Menschenmengen, traf sich mit Vertretern der gebildeten Schichten und forderte das gesamte religiöse und politische Establishment seines Landes in öffentlichen Debatten heraus, wobei er mit brillanter Rhetorik die heiligsten Glaubenswerte der indischen Kultur angriff. Er las unersättlich alles, was ihm Aufschluß über Ursprung und

Zusammenhänge der heute geltenden Glaubenssysteme und Ideologien gab, kurz er studierte die kollektive Psychologie des modernen Menschen.

Ende der sechziger Jahre entwickelte Osho seine einzigartigen dynamischen Meditationstechniken. Der heutige Mensch, sagt er, ist so befrachtet mit längst überholten Weltbildern und Traditionen und so belastet durch die Ängste des modernen Lebens, daß er einen tiefen Reinigungsprozeß durchmachen muß, ehe er in den Zustand der völlig entspannten, von allen Gedanken befreiten Meditation gelangen kann.

In den frühen siebziger Jahren wurden erstmals westliche Therapeuten, Künstler und Intellektuelle auf Osho aufmerksam. Ab 1974 wuchs in Poona eine Kommune um ihn heran, und der Besucherstrom wurde zur Flut. Osho sprach zweimal täglich, Tag für Tag. Mit den Jahren hat er praktisch jeden einzelnen Aspekt der Entwicklungsgeschichte des menschlichen Bewußtseins durchleuchtet. In einer brillanten, humorvollen, ebenso lockeren wie universal informierten modernen Sprache hat er speziell für uns Heutige herausgeschält, worauf es bei der spirituellen Suche ankommt – nicht aus der Warte des spekulierenden Intellektuellen, sondern aus ureigener Anschauung und Erfahrung.

Er gehört keiner Tradition an. »Ich bin der Anfang eines vollkommen neuen religiösen Bewußtseins«, sagt er. »Bitte bringt mich nicht mit der Vergangenheit in Verbindung – sie ist es nicht einmal wert, erinnert zu werden.«

Seine »Talks« zu Schülern und Suchern aus aller Welt füllen über sechshundert Bücher, in über dreißig Sprachen übersetzt. Er sagt über sein Gesamtwerk: »Meine Botschaft ist eine Wissenschaft der Transformation. Nur wer bereit ist, sich als das aufzulösen, was er ist, um in etwas Neues hineingeboren zu werden – so neu, daß es vorläufig nicht einmal vorstellbar ist... nur diese wenigen Mutigen werden bereit sein, mir zuzuhören; denn schon das Zuhören wird riskant sein. Indem ihr zuhört, habt ihr schon den ersten Schritt getan, um neugeboren zu werden. Es ist also keine Philosophie, aus der ihr euch einfach ein Mäntelchen machen könnt, mit dem ihr herumstolziert. Es ist keine Doktrin, in der ihr Trost für quälende Fragen finden könnt. Nein, meine Botschaft ist nicht irgendeine verbale Mitteilung. Sie ist weitaus riskanter. Sie ist nichts Geringeres als Tod und Wiedergeburt.«

Osho verließ am 19. Januar 1990 seinen Körper, als Folge einer Vergiftung, die ihm durch US-Regierungsvertreter beigebracht wurde, nachdem man ihn 1985 unter dem Vorwand formaler Einwanderungsverstöße inhaftiert und mehrere Tage lang inkognito versteckt gehalten hatte.

Seine Kommune in Poona ist heute Treffpunkt und spirituelle Heimat von Hunderttausenden aus fast jedem Land der Erde. Inspiriert von der Vision Oshos, ist dieser Ort eine Art Labor oder Experimentierfeld, um den neuen Menschen entstehen zu lassen, einen Menschen, der mit sich und seiner Umgebung in Harmonie lebt, frei von all den Ideologien und Glaubenssystemen, die heute die Menschheit zerreißen.

Über die Osho Commune International

Die Osho Commune International ist nach wie vor das größte spirituelle Wachstums-Centrum der Welt. Internationale Besucher strömen zu Tausenden herbei, um sich hier inmitten von üppigem Grün und gepflegten Anlagen zu entspannen, an Meditationen, Therapien, körperlichen Regenerationsprozessen und kreativen Progammen teilzunehmen – oder einfach den Geschmack eines »Buddhafeldes« kennenzulernen.

Die *Osho Multiversity* der Kommune bietet Hunderte von Workshops, Gruppen und Trainings an, geordnet nach neun verschiedenen Fakultäten: *Osho School for Centering; Osho School of Creative Arts; Osho International Academy of Healing Arts; Osho Meditation Academy; Osho School of Mysticism; Osho Institute of Tibetan Pulsing; Osho Center for Transformation; Osho School of Zen Martial Arts; Osho Academy of Zen Sports and Fitness.*

All diese so verschiedenartigen Programme sind dazu da, jedem auf seine Art die Chance zu bieten, das Aha-Erlebnis der Meditation zu erfahren – jenen Trick, einfach nur unbeteiligter Zeuge der eigenen Gedanken, Emotionen und Handlungen zu sein, ohne zu urteilen oder sich zu identifizieren.

Anders als in alten östlichen Traditionen ist Meditation in Oshos Kommune keine isolierte Disziplin, sondern untrennbar mit dem Alltag verbunden – Teil der Arbeit, des Umgangs mit anderen, der Lebensprozesse schlechthin. Die Folge davon ist, daß die Menschen hier sich nicht von der Welt abkehren, sondern vielmehr ihren Geist der Wachheit und des Feierns in sie hinaustragen, in tiefer Achtung vor dem Leben.

Weitere Titel von Osho, dem zeitgenössischen Interpreten aller großen spirituellen und philosophischen Überlieferungen der Welt:

Buddha •	**Das Herz Sutra**
	DM 36,00 · SFr 36,20· ÖS 281,-
	Der Weg des Buddha
	DM 49,80 · SFr 49,70· ÖS 389,-
Jesus •	**Ich aber sage euch**
	DM 39,80 · SFr 39,80 · ÖS 311,-
	Die verbotene Wahrheit
	DM 19,80 · SFr 20,40 · ÖS 155,-
	Komm und folge... zu dir
	DM 24,80 · SFr 25,30 · ÖS 194,-
Meditation •	**Meditation – Die Kunst der Ekstase**
	DM 24,80 · SFr 25,30 · ÖS 194,-
	Meditation – die erste und letzte Freiheit
	DM 39,80 · SFr 39,80 · ÖS 311,-
	Das orangene Buch
	DM 14,80 · SFr 15,30 · ÖS 116,-
Tantra •	**Vom Sex zum kosmischen Bewusstsein**
	DM 34,80 · SFr 35,00 · ÖS 272,-
	Die tantrische Vision
	DM 24,80 · SFr 25,30 · ÖS 194,-
	Tantrische Transformation
	DM 24,80 · SFr 25,30 · ÖS 194,-
Nietzsche •	**Zarathustra – Ein Gott der tanzen kann**
	DM 44,80 · SFr 44,80 · ÖS 350,-

(Eine Auswahl)

Ein kostenloses Verzeichnis aller lieferbaren Titel von Osho, auch der Originale in englischer Sprache, ist erhältlich bei:

OSHO VERLAG
Venloer Straße 5-7,
D-50672 Köln

Tel. 0221·57 40 743,
Fax 0221·52 39 30

Für weitere Informationen über Osho:

Osho Commune International
17 Koregaon Park, Poona 411001 MS, Indien
Tel. 0091·212·628561, Fax 0091·212·624181